高等学校交通运输与工程类专业教材建设委员会规划教材

Bridge Engineering

桥梁工程

|第4版|

陈宝春　主　编
苏家战　赵　秋　副主编

人民交通出版社股份有限公司

北　京

内 容 提 要

本书在第3版的基础上进行了大幅的修订,以桥梁结构体系为主线,以常用桥型的结构与构造、主要施工方法为主要内容,加强了桥梁下部的介绍,并根据我国目前常见的应用对桥梁墩台类型进行了重新划分,扩充了无伸缩缝桥梁的介绍,增设了第九章桥梁设计、第十章桥梁施工与养护,使桥梁工程教学顺序更合理、逻辑性更强;在第3版的基础上,进一步精简了手算方法,删减了立交桥和弯、斜桥的内容。本书采用最新的规范,反映了最新的桥梁工程技术成果和发展趋势,同时更新了算例和复习与思考题。本书共分十章,内容包括概论,简支梁桥,连续梁桥与连续刚构桥,拱桥,悬索桥,斜拉桥,桥面系、支座与附属设施,桥墩与桥台,桥梁设计,桥梁施工与养护等。

本书主要面向土木工程专业道路桥梁工程方向、道路桥梁与渡河工程专业师生,亦可供相关专业人员参考。

图书在版编目(CIP)数据

桥梁工程 / 陈宝春主编. —4 版. —北京：人民交通出版社股份有限公司,2022.12
ISBN 978-7-114-18374-4

Ⅰ.①桥… Ⅱ.①陈… Ⅲ.①桥梁工程 Ⅳ.①U44

中国版本图书馆 CIP 数据核字(2022)第 236567 号

高等学校交通运输与工程类专业教材建设委员会规划教材
Qiaoliang Gongcheng

书　　名：	**桥梁工程(第4版)**
著 作 者：	陈宝春
责任编辑：	卢俊丽　　王景景
责任校对：	赵媛媛
责任印制：	刘高彤
出版发行：	人民交通出版社股份有限公司
地　　址：	(100011)北京市朝阳区安定门外外馆斜街3号
网　　址：	http://www.ccpcl.com.cn
销售电话：	(010)59757973
总 经 销：	人民交通出版社股份有限公司发行部
经　　销：	各地新华书店
印　　刷：	北京印匠彩色印刷有限公司
开　　本：	787×1092　1/16
印　　张：	30.75
字　　数：	708 千
版　　次：	2009 年 2 月　第 1 版
	2013 年 10 月　第 2 版
	2017 年 2 月　第 3 版
	2022 年 12 月　第 4 版
印　　次：	2024 年 6 月　第 4 版　第 2 次印刷　总第 15 次印刷
书　　号：	ISBN 978-7-114-18374-4
定　　价：	79.00 元

(有印刷、装订质量问题的图书,由本公司负责调换)

第4版前言
FOREWORD

本教材自2009年出版以来,根据教学实践和技术发展,处于不断的修订之中,其中较大的修订是第2版和第3版,但教材框架均无大的变化。在此过程中,教学改革使专业课时不断减少,对教材的精简度提出了新的要求,而现有的教材难以满足此要求。同时,教学过程中发现,对教材编排顺序和内容进行相应的改进,可以更适应教学安排逻辑要求,更适应工程技术发展。为此,决定编写第4版。

第4版在第3版教材基础上进行的主要调整与修改有:

(1)教材总体以桥梁结构体系为主线,用5章(从第二章到第六章)对简支梁桥、连续梁桥与连续刚构桥、拱桥、悬索桥、斜拉桥的结构与构造、主要施工方法进行介绍。

(2)较大幅度精简了手算计算方法。例如:对于荷载横向分布计算方法,以铰接板法和刚性横梁法为主,其他方法仅作简要的原理介绍;对于拱桥的内力计算,删除了悬链拱轴线拱的恒载、活载内力简化方法的详细介绍。

(3)将原来第二章桥面系与支座内容移到第七章,并增加了附属设施的内容。这样的调整,一方面可以保持桥梁结构体系主线的连续性,使其在第一章的简要介绍后,不被打断。另一方面,将这部分内容放到第七章,可通过支座,使教材内容从上部结构过渡到第八章的桥墩与桥台。

(4)第三章对连续梁桥与连续刚构桥的讲述顺序做了较大的调整。第四章~第六章中讲述拱桥、悬索桥、斜拉桥时,都是将结构与施工方法分开介绍,施工方法放在最后。但连续梁桥与连续刚构桥结构受力特点及其构造受到施工方法的极大影响,如先简支后连续的连续梁以正弯矩受力为主,而先悬臂后连续的连续梁以负弯矩受力为主,它们的结构布置与构造设计有很大的差别。因此,第三章首先介绍了连续梁和连续刚构桥的结构与构造共性内容,将施工方法和结构特点放在一起介绍,悬臂法、逐孔法和其他方法及其相应的内容用了3节的篇幅(第三节~第五节)。最后介绍设计计算要点。

(5) 加强了桥梁下部结构方面的介绍,将原来分散在各章的内容归并到第八章中。根据我国目前常用的桥梁墩台类型和国际上常见的分类方法,重新梳理了桥墩、桥台的类型。在内容上,按我国目前常见的应用,桥墩主要按柱墩、墙式墩(含重力式)、空心墩和其他桥墩来介绍;桥台则按全挡土桥台和埋置式桥台的分类,着重介绍重力式U形桥台和埋置式桥台。还将第3版第二章"桥面系与支座"中对无伸缩缝桥梁(无缝桥)的内容移到第八章,因为无缝桥的主要结构措施是在桥台和桥墩上,与伸缩缝相关性较弱。无缝桥从根本上免除了伸缩缝带来的病害与维修、更换问题,具有改善行车条件、提高桥梁使用寿命、减少养护维修费用等优点,具有良好经济和社会效应,是我国桥梁工程可持续发展的一个重要方向。为此,无缝桥的介绍篇幅从第3版约1页扩增到10余页;内容从第3版的基本原理简要介绍,扩增为对无缝桥桥台、桥墩、主梁、翼墙、引板与接线等结构与构造、计算与施工要点等介绍。

(6) 增设了第九章桥梁设计。将第一章的部分内容移到此章,避免了原教材第一章内容偏多、偏杂的问题。这样安排后,学生通过前面各章的学习,对桥型、结构等有了一定认识,在此基础上,更易于接受与理解桥梁设计的技术要求、工作内容。同时,第九章也能与第一章形成一个呼应。在这一章教学时,可对前述各章进行简要的回顾,同时也可为桥梁课程设计和毕业设计打下基础。

(7) 增设了第十章桥梁施工与养护。将第3版简支梁一章介绍的混凝土桥梁施工的内容移到此章,在前面第三章到第六章介绍连续梁桥、拱桥、悬索桥、斜拉桥施工特点的基础上,对其共性问题进行补充介绍,形成本章的第一、二节。我国越来越多的桥梁建成投入使用,伴随着时间的推移,桥梁的养护任务越来越重,相应人才培养的需求越来越大。本章的第三、四节以第3版第一章第五节为基础,进行了内容修订与扩充,对桥梁使用管理的工作内容、技术要求、养护与维修要点等进行介绍。在这一章的最后一节对桥梁发展进行了展望。

(8) 其他的修订还包括:立交桥的内容在城市道路课程中已有介绍,本教材中予以删除;将原第六章弯、斜桥的内容缩减后,放到第九章的桥梁平面布置一小节中;第七章增加附属设施一节,使之成为"桥面系、支座与附属设施";第九章增加桥梁主要结构与跨越能力、结构用主要材料与桥型关系、材料发展趋势、组合结构的主要类型等内容。

(9)修订了附录中的中英文术语对照表。这项工作的开展,得益于近年来我们负责的《公路桥涵设计通用规范》(JTG D60—2015)等10余本国家和行业有关桥梁的标准规范的英文版的翻译工作。此外,在正文中直接标注了主要的参考文献,以便学习时查找;还对更新的规范、各章文字和图、桥梁跨径纪录等进行了修改。

本版教材的总体内容与第3版相比,略有增加。本教材以中等课时的桥梁工程必修课为主要教学对象。实际应用中,也有少课时的选修、必修和课时较少的课程选用本教材。我们认为在课时受限、无法全部讲授的情况下,第一章~第四章、第七章~第八章是需要保证的基本内容,第五章~第六章为大跨径桥梁可视课时的许可选择讲授,第九章可放到课程设计或毕业设计时讲授,第十章可以自学。

本版教材的编写工作始于2018年。改版过程中,我们在福州大学"中加班"(与加拿大曼尼托巴大学合作办学的本科土木工程专业)的"桥梁工程"课程教学中,采用改版后(第4版)的教学内容、章节顺序和相应的PPT(采用英语编写),学生仍使用第3版的教材,由陈宝春、苏家战讲授。经过了4年(2019—2022年)的授课实践,在学生只有第3版教材的情况下,仍取得很好的教学效果,表明第4版教材的总体安排、逻辑顺序、结构体系合理。在授课实践中,对教材不断修改、打磨。陈宝春负责教材的编写和英语PPT的制作,苏家战负责制图和排版等具体工作,后期赵秋负责制作中文PPT并对全书提出修改意见。

为提高教材的编写质量,使教材的内容能反映我国桥梁建设的实际,教材编写过程中专门向众多桥梁工程单位专家征求建议与意见,得到了积极与认真的反馈。在此,特别感谢这些专家:四川省公路规划勘察设计研究院有限公司牟廷敏,广西路桥工程集团有限公司韩玉、青志刚、蒙立和、林峰,同济大学建筑设计研究院(集团)有限公司林英,福州市规划设计研究院集团有限公司肖泽荣,中科永正(福建)工程咨询有限公司王远洋等。教材还经过其他院校任课教师的审阅,如福建农林大学黄文金、厦门大学高婧、福建工程学院欧智菁等,特此致谢。同时,特别感谢福建工程学院林上顺,他兼具桥梁设计与教学经验,对教材改版提出了许多宝贵的意见。本版教材在改版之初曾在桥梁工程教学的教师群中征求意见,教材改版的情况在2020年长沙召开的第七届桥梁教学研讨会上进行了交流,收到许多有益的建议;人民交通出版社股份有限公司的李喆、卢俊丽、任雪莲、刘倩等编辑对本版教材进行了精心的审校,提出许多建设性的建议,付出了辛勤的努力,一并感谢。

尽管编者十分努力且得到大家的大力支持,将近5年尤其是3年疫情期间集中精力对本版教材进行了精心打磨,然而,受时间与能力所限,编者认为教材仍有不足之处,希望广大师生在应用过程中,能及时将意见与建议反馈给我们,以便今后的修订。来信请寄:福州市大学新区学园路2号 福州大学土木工程学院(邮编350116)苏家战,电子邮件请发至:jiazhansu@fzu.com。

编 者
2022年12月

目录
CONTENTS

第一章　概论 ··· 1
 第一节　桥梁的组成与分类 ·· 2
 第二节　桥梁发展概述 ·· 10
 第三节　桥梁所受的作用(荷载) ··· 24
 复习思考题与习题 ·· 39

第二章　简支梁桥 ·· 41
 第一节　混凝土简支梁构造 ·· 41
 第二节　荷载横向分布计算 ·· 57
 第三节　主梁内力与变形计算 ··· 75
 第四节　横梁内力计算 ·· 85
 复习思考题与习题 ·· 90

第三章　连续梁桥与连续刚构桥 ··· 93
 第一节　概述 ·· 93
 第二节　一般性的结构与构造 ··· 98
 第三节　悬臂法及其相应的结构 ··· 108
 第四节　逐孔法及其相应的结构 ··· 116
 第五节　其他施工方法及其相应的结构 ·· 121
 第六节　设计计算要点 ··· 126
 复习思考题与习题 ··· 139

第四章　拱桥 ·· 141
 第一节　概述 ·· 141
 第二节　结构与构造 ··· 150

第三节	设计计算要点	170
第四节	施工方法	180
复习思考题与习题		187

第五章 悬索桥 189

第一节	概述	189
第二节	结构与构造	194
第三节	计算理论简介	210
第四节	施工方法	217
复习思考题与习题		220

第六章 斜拉桥 222

第一节	概述	222
第二节	结构与构造	229
第三节	计算理论简介	247
第四节	施工方法	253
第五节	部分斜拉桥	257
复习思考题与习题		259

第七章 桥面系、支座与附属设施 261

第一节	桥面一般构造	261
第二节	桥面板	272
第三节	伸缩缝	288
第四节	支座	298
第五节	附属设施	309
复习思考题与习题		316

第八章 桥墩与桥台 318

第一节	概述	318
第二节	桥墩类型与构造	320
第三节	桥台类型与构造	338
第四节	墩台计算要点	350
第五节	无伸缩缝桥梁的桥墩与桥台	366
复习思考题与习题		381

第九章 桥梁设计 383

第一节	概述	383
第二节	纵、横断面设计	397
第三节	平面设计与弯桥、斜桥	403

  第四节 桥型选择 ··· 412
  复习思考题与习题 ··· 426
第十章 桥梁施工与养护 ··· 427
  第一节 混凝土简支梁施工 ··· 427
  第二节 其他桥梁施工 ··· 437
  第三节 桥梁使用管理 ··· 445
  第四节 桥梁养护与维修 ··· 457
  第五节 桥梁发展展望 ··· 464
  复习思考题与习题 ··· 465
附录一 中英文术语对照表 ··· 466
附录二 常用桥梁规范及其在本书中的简称 ··· 473
参考文献 ··· 475

第一章
概论

桥或桥梁(bridge)是跨越江河、山洞等障碍,供人、车通行的人工构造物,是道路的重要组成部分。在道路工程总造价中,桥梁造价所占的比例随着地形、地貌复杂程度以及道路等级的提高而提高。在施工技术上,桥梁施工难度一般比路基工程大,施工机械设备使用多,对技术工种和技术工人的数量和要求也较高。在施工工期上,大桥或特大桥往往成为一条线路工期的控制节点。在运营维护上,人为因素、自然环境和自然灾害等将引起桥梁的劣化、损伤,甚至倒塌,修复或重建的难度大、工期长,导致的直接和间接损失也大[1-2]。

桥梁作为交通的重要组成部分,与政治、经济、军事、科技、文化和艺术等有着密切的关系。政治安定、经济繁荣,桥梁建设就得到发展;反之,桥梁建设就会停滞不前。战争既可促进桥梁技术的进步,也会带来极大的破坏。桥梁与科技有着密切的关系,自不待言;桥梁建筑风格、造型和装饰等,也反映着一时一地的文化与艺术特性。

桥梁工程(bridge engineering)是一门专业主干课程,为将来从事桥梁工程规划、勘测设计、施工、养护与管理和科研等工作的本科生,传授专业知识和培养专业能力。

涵洞(culvert)是为保证地面水流能够横穿道路而设置的小型排水构造物,一般由基础、洞身和洞口等构筑物组成。涵洞还可起到灌溉、通人或车及过管线的作用。在我国公路工程中,涵洞指跨径小于5m的单孔或全长小于8m的多孔结构物、管涵和箱涵。

我国公路工程设计或施工规范中,大多将桥梁与涵洞放在一起,称为"桥涵",如《公路桥涵设计通用规范》(JTG D60—2015)[简称《公桥通规》(JTG D60—2015)]。本书的内容虽然涵盖"桥涵",但以桥梁为主,没有对涵洞进行专门的叙述。

本章作为全书的"概论",介绍桥梁的组成与分类、国内外桥梁的发展概况、桥梁的设计荷载等。

第一节 桥梁的组成与分类

一、桥梁组成

1. 桥梁基本组成

梁式桥是最常见的一种桥梁形式。图 1-1 以梁式桥为例,介绍了桥梁的基本组成、一些重要的参数和部分名词术语。

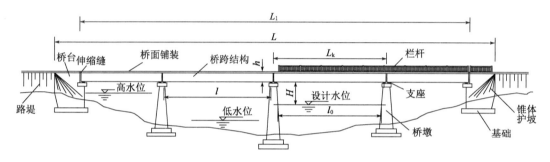

图 1-1 桥梁的基本组成

桥梁结构可分为上部结构(superstructure)、下部结构(substructure)和支座(support or bearing)。

上部结构包括承重结构(resistance structure, primary structure)、联结构造(bracing, secondary members)和桥面系(deck system, floor system)。

下部结构包括桥墩(pier)、桥台(abutment)和基础(foundation)。下部结构有时仅指桥墩和桥台,而将基础单独列出。桥梁上、下部结构之间常采用支座连接。

除此之外,桥梁还有一些附属构造,如导流堤和防撞墩等。

表 1-1 给出了桥梁的组成部分及其作用。

桥梁的组成及其作用   表 1-1

桥梁的组成部分		各组成部分的作用
上部结构	桥面系	桥面结构以及桥面铺装、防水、护栏等附属设施	形成服务于交通需要的桥面,将交通荷载传给承重结构
	承重结构	主梁(或拱,或索)	支承桥面系,架立在支座上或直接支承于墩台上,将荷载传给支座和下部结构
	联结构造	纵向的及横向的	位于承重结构之间,以承受水平荷载为主
支座		固定支座、活动支座(或全约束支座,或鞍座)	支承上部结构,将荷载传给墩、台,并满足上部结构的变形需要和位移控制需要

续上表

桥梁的组成部分			各组成部分的作用
下部结构	桥墩、桥台	桥台(位于岸边或连接路堤) 桥墩(位于桥跨中间)	支承上部结构,将上部结构荷载传至基础(桥台兼起挡墙作用)
	基础	浅基础或深基础(桩基础、沉井基础或沉箱基础)	将桥墩或桥台传来的荷载传递和分布到地基(土壤或基岩)中去

(1) 上部结构

桥梁上部结构(或称为桥跨结构、桥孔结构),是指在线路遇到障碍(如河流、山谷、其他线路)而中断时,跨越障碍的主要承载结构和其他使承载结构发挥通行功能的构造物。按上部结构中承重结构的类型,可将桥梁分为梁桥、拱桥、悬索桥、斜拉桥等。这些桥梁的主体结构、受力特点和计算要点,将分别在第二章~第六章进行介绍。上部结构中的桥面系将在第七章介绍。

(2) 桥墩与桥台

桥墩、桥台及其基础统称为下部结构,主要作用是承受上部结构传来的荷载,并将荷载及其自重传给地基。桥墩位于桥梁的中间部位,支承相邻的两孔桥跨结构上。桥台位于全桥的两端,前端支承桥跨结构上,后端与路基衔接,抵挡台后路基填土,并把桥跨结构与路基连接起来。桥墩与桥台将在第八章进行介绍。

(3) 基础

基础是使桥上全部荷载传至地基的结构。基础工程经常需要在水下施工,施工难度较大、较为复杂。基础属于《基础工程》[3]教材的内容,本书不进行专门介绍。

(4) 支座

在桥跨结构与桥墩、桥台的支承处所设置的传力装置,称为支座。支座既要传递很大的荷载,又要满足桥跨结构所产生的变位要求,还要根据设计要求起到限位作用。支座的类型与构造、设计与计算将在第七章进行介绍。

(5) 桥梁与道路的连接

路堤与桥台衔接处,一般需要在桥台两侧设置石砌的锥形护坡或挡墙,以保证路堤边坡的稳定。这部分内容也在《基础工程》[3]教材中进行介绍。

2. 桥梁纵断面

主桥(main bridge),指多孔桥梁的主要跨段。在设计时,其跨径根据洪水设计流量、通航(或跨线道路通行)要求或结构构造等确定。

引桥(approach bridge, approach span),指桥梁中连接主桥和路堤的部分。

桥梁纵坡(bridge longitudinal gradient, bridge gradient),指桥梁纵断面上的坡度。

主桥、引桥和桥梁纵坡是反映桥梁纵断面总体设计的重要内容。

净跨径(clear span),用 l_0 表示。梁式桥的净跨径是指设计洪水位上相邻两个桥墩(或桥台)之间的净距;拱式桥的净跨径是指每孔拱跨的两个称为拱脚截面最低点之间的水平距离;其他不设支座的桥梁为上、下部结构相交处内缘间的水平距离。

单孔跨径(single span):也称为标准跨径(nominal span),用 L_k 表示。对于梁(板)桥、斜拉桥和悬索桥,单孔跨径是指相邻两桥墩中心线之间的距离,或桥墩中心线至桥台台背前缘之间的距离;对于拱桥和拱式涵洞(拱涵),则是指净跨径。

计算跨径(effective span,design span),以 L_0 表示。设支座的桥梁,指支承桥跨结构相邻桥墩或桥台上的支座中心线之间的距离;对于不设支座的桥梁(如拱桥、刚构桥、箱涵等)为上、下部结构相交面中心点的水平距离。

净跨径、单孔跨径和计算跨径反映的都是单孔结构的跨越长度。一般而言,同类型桥梁的设计、施工难度与复杂程度,随桥梁跨径的增大而增大。

桥梁全长(total length of bridge),简称桥长,以 L 表示。对于有桥台的桥梁,是指桥梁两端桥台的侧墙或八字墙后端点之间的距离;对于无桥台的桥梁,是指桥面行车道的全长。

多孔跨径总长(total length of spans),以 L_1 表示。对于梁式桥、板式桥涵,是指多孔标准跨径的总长;对于拱式桥涵,是指两桥台内起拱线间的距离;对于其他形式桥梁,是指桥面行车道的长度。

桥梁全长、多孔跨径总长是反映一座桥梁工程规模的一个重要指标。在一条线路总长中,桥梁和涵洞长度所占比值,既反映了桥涵在整条线路建设中的重要程度,也反映了整条线路的建设难度和费用高低。

桥下净空(clearance of bridge span),指为满足桥下通航(或行车、行人)的需要和保证桥梁安全而对上部结构底缘以下规定的空间限界。

桥下净空高度(clearance height under the bridge),以 H 表示,指设计洪水位或计算通航水位或桥下道路路面最高位至桥跨结构最下缘之间的距离。

桥梁建筑高度(construction depth of bridge),以 h 表示,指上部结构底缘至桥面顶面的竖直距离,即桥上行车路面高程至桥跨结构最下缘之间的距离。

桥下净空、桥下净空高度和桥梁建筑高度这三个指标都与桥下的通行有关。桥下净空高度是桥下净空的主要内容。桥梁的建筑高度不得大于其容许建筑高度,否则就不能保证桥下的通航要求或其他交通的通行要求。

低水位(low water level),指枯水季节河流中的最低水位。

高水位(high water level),指洪峰季节河流中的最高水位。

设计水位(design water level),指与设计流量相对应的水位。

通航水位(navigable water level),指通航的河流能保持船舶(队)正常航行时的最高和最低水位。

设计水位、通航水位是跨河桥梁纵断面设计中要考虑的重要参数。低水位则对确定桥墩、桥台及其基础的各种设计高程和施工方法具有重要的意义。纵断面设计中,要保证安全排洪,还要考虑到冲刷等建桥对所跨越河流的水文特性的影响,这些与高水位密切相关,而高水位需要根据桥梁设计洪水频率来确定。这方面的内容,详见《桥涵水文》[4]教材和其他相关专著、手册和规范。

有关桥梁纵断面的设计,将在第九章第二节"一、纵断面设计"中介绍。

3. 桥梁横断面

桥梁净空(clearance profile of bridge)或桥面净空(clearance above bridge floor),指桥梁行车道、人行道上方应保持的空间限界。其中,(桥梁)净宽(clear width)以 B_0 表示,指行车道和人行道的有效使用宽度。行车道净宽与车道(lane)数、行车速度有关。

桥梁宽度(bridge width)或桥梁全宽(overall width of bridge),以 B 表示,指桥梁结构横桥

向的宽度。

行车道或车行道(carriage way,roadway),指桥上供机动车行驶的部分。

非机动车道(bicycle lane,bicycle path),指桥上供非机动车行驶的部分。

人行道(sideway,padestrian walkway),指桥上专供行人通行的部分。一般用路缘石或护栏及其他类似设施将其与行车道隔离。

桥梁横坡(cross-slope,cross fall),指为了排水而在桥面铺装上沿横桥向所设置的坡度。

桥面系,指上部结构中直接承受车辆、人群等荷载并将其传递到主梁(或主拱、主索)的整体桥面构造系统。它包括桥面铺装(wearing surface, wearing source, overlay)、桥面板(deck slab)等桥面构造、人行道等。

图1-2为上、下行分离式的公路T梁桥横截面一般布置示意图,相关构造的介绍详见第七章。桥梁横断面布置是桥梁总体设计的内容,根据道路等级、桥梁宽度和行车速度等条件确定,详细的介绍见第九章第二节。

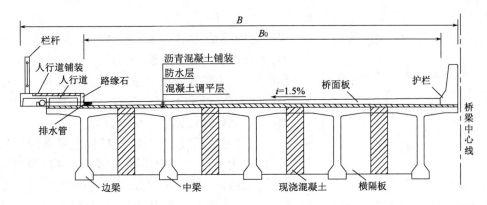

图1-2 公路T梁桥横截面一般布置示意图

4. 桥梁平面

桥梁根据道路平面线形和支承情况,可分为正交桥、斜交桥和曲线桥,如图1-3所示。

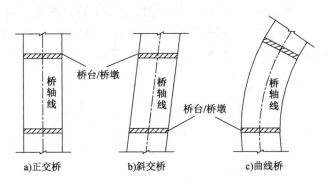

图1-3 桥梁平面形状

正交桥也称为正桥(straight bridge,right bridge):桥轴线与桥台、桥墩呈直角相交的直线形桥梁。一般情况下,如果不指明是斜桥或曲线桥的桥梁,均默认为正桥。

斜交桥或斜桥(skewed bridge):桥轴线与桥台、桥墩不呈直角相交的直线形桥梁。

曲线桥或弯桥(curved bridge):桥轴线在平面上呈曲线的桥。

绝大部分桥梁为正交桥,但在高等级公路中,为服从道路线形的要求,斜交桥和曲线桥采用得较多。斜桥与弯桥的受力有其特殊之处,将在第九章第三节中介绍。

二、桥梁的分类

桥梁的分类方式多种多样。不同的分类方式所反映的桥梁特征也不同。对于桥梁工程师来说,最常用的分类是按结构类型和材料类型分类[1]。本书的编排,以结构类型分类为主、以材料类型分类为辅。其他的分类,仅在这里给予简要介绍。

1. 按结构类型分类

桥梁是一种跨空受力结构,按结构类型分类时,主要依据上部结构的受力特点。拉、压和弯曲是跨空结构的三种基本受力方式。桥梁上部结构按此可归结为梁式、拱式、悬吊式三种基本体系,以及它们之间的各种组合,相应的桥梁类型主要有梁桥、刚构桥、拱桥、悬索桥和斜拉桥。这里分别对它们进行简述。

(1)梁桥(beam bridge, girder bridge)

梁桥是古老且最常用的桥型之一。梁在竖向荷载作用下,结构受弯、受剪作用,无水平反力,如图1-4所示。梁桥的截面主要以T形、工字形或箱形为主;当跨径较小时,可采用板式截面。对于跨径较大的钢桥,可采用桁式结构,整体结构仍然受弯、受剪作用,但各杆件则以受拉、受压为主。

当梁桥跨径较小时,结构材料主要采用钢筋混凝土、预应力混凝土或钢-混凝土组合材料;当跨径较大时,可采用钢结构。当梁桥跨径较小时,纵桥向受力体

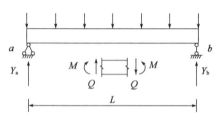

图1-4 梁的受力特点

系可采用简支梁,而跨径较大时,可采用连续梁。前者将在本书的第二章进行介绍,后者在第三章进行介绍。

(2)刚构桥(rigid frame bridge)

刚构桥上部结构的梁(板)和下部结构的柱(墙)之间采用刚性连接,如图1-5所示。若下部结构是竖直的[图1-5a)],竖直荷载作用下,上部结构的受力特点与梁桥相近,下部结构的弯矩要大于梁桥的墩台结构。单跨的整体式桥台桥梁(整体桥),将主梁与桥台及桩基础连成一体,可视为如图1-5a)所示的单跨刚构桥。整体桥将在第八章第五节的无伸缩缝桥梁中进行介绍。

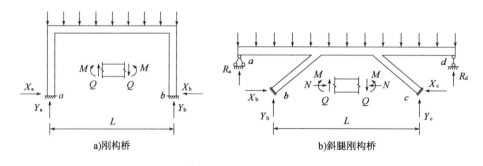

a)刚构桥　　　　　　　　　b)斜腿刚构桥

图1-5 刚构桥受力特点

结构中有斜撑连接上、下部结构的刚构桥,见图1-5b),称为斜腿刚构桥。竖直荷载作用

下,斜腿刚构桥的主支承处有水平推力,使斜腿与中间的主梁中产生压力,而弯矩和剪力则小于同跨径的简支梁。实际上,斜腿与中间的主梁部分可以看成一个三折线拱,其受力特点与刚架拱(图4-14)相近,本书中不单独介绍。刚构桥的上部结构以钢筋混凝土、预应力混凝土结构为主。

(3)拱桥(arch bridge)

拱桥的主要承重结构是拱或称为主拱。在竖向荷载作用下,拱内的弯矩、剪力比同跨径的简支梁小,但有水平反力,称之为水平推力。水平推力使拱受压力作用,见图1-6,详见第四章第一节"二、拱的受力特点"。因此,拱桥的跨越能力比梁桥强,主拱除采用钢、钢-混凝土组合材料外,还可采用抗拉强度弱的砖、石、混凝土等材料。但是拱桥的下部与基础受力较大,需要有较好的地质条件,以承受水平推力的不利作用。由于拱桥的主拱在合龙之前不能发挥拱的作用,因此其施工常需要其他辅助设施或构造,难度较大。本书的第四章将对拱桥进行介绍。

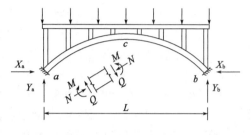

图1-6 拱的受力特点

(4)悬索桥(suspension bridge)

悬索桥,又称为吊桥,以悬索为主要承重结构。现代悬索桥,通常由主缆、加劲梁、索塔、锚碇等部分组成(图1-7)。主缆以受拉为主,广泛采用高强钢缆;锚碇承受主缆产生的水平反力(拉力),有隧道锚和重力式锚,较多采用混凝土结构;加劲梁可视为通过吊索悬吊于主缆下的弹性连续梁,以受弯为主,较多采用钢结构;索塔为主缆提供竖向支承,以受压为主,常用混凝土结构或钢结构。

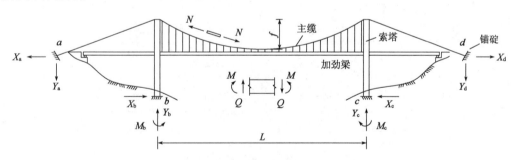

图1-7 悬索桥受力特点

悬索桥在所有桥型中跨越能力最强,但其结构相对较柔,刚度小、变形大、动力振动问题突出。在施工方面,主缆可以通过细小的钢丝或钢丝束集合而成,不需要大型的吊装设备;当主缆架设完成后,加劲梁可直接悬吊在主缆下方,因此虽然跨径往往很大,然而施工风险和难度并不是很大。

本书第五章介绍悬索桥。

(5)斜拉桥(cable-stayed bridge)

斜拉桥是一种组合结构,通常由索塔、斜拉索、主梁等主要部分组成(图1-8)。斜拉索以受拉为主,索塔以受压为主,主梁以受压、受弯为主。斜拉索向上的拉力分力,为主梁提供弹性支承,减小主梁的弯矩,从而使斜拉桥具有较大的跨越能力。

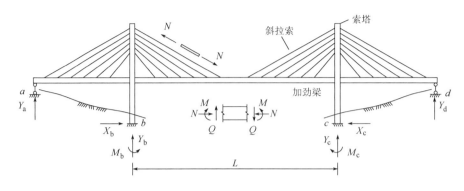

图1-8 斜拉桥受力特点

斜拉桥与悬索桥一样均属于索支承桥梁(cable supported bridge),其跨越能力仅次于悬索桥,刚度小于梁式桥和拱式桥,但大于悬索桥。由于斜拉桥是一种自锚体系,不需造价昂贵的锚碇,在一定的跨径范围内,其经济性优于悬索桥。另外,斜拉桥可采用悬臂施工,施工难度小于拱桥。

本书第六章介绍斜拉桥。

(6)其他组合桥梁

上述几种基本桥型之间还可以进行组合,形成新的桥型。如拱与梁组合成为系杆拱桥[图1-9a),在第四章拱桥中介绍]、连续梁与刚构组合成为连续刚构桥[图1-9b),在第三章与连续梁桥一起介绍]。

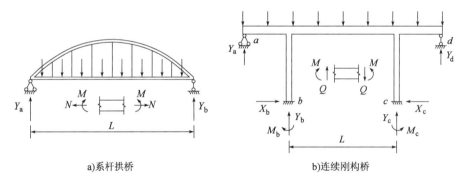

a)系杆拱桥　　b)连续刚构桥

图1-9 其他组合桥梁形式的受力特点

2. 按材料类型分类

桥梁按上部结构的主要建造材料分类,可划分为木桥(timber bridge)、石桥(stone bridge)、混凝土桥(concrete bridge)、钢桥(steel bridge)、组合桥(composite bridge)和混合桥(hybrid bridge)等。这种划分依据其主要建造材料或主要结构所用的材料。实际上,一座桥一般是由不同的材料建成的,例如一座钢梁桥,其主梁是由钢材制成,但其墩台可能用的是混凝土材料。

材料科学与技术的发展及其在桥梁中的应用,推动着桥梁技术的进步。随着桥梁建筑材料从木、石、藤等天然材料,到铁、钢、钢筋混凝土和预应力混凝土材料等人工材料,桥型不断丰富,跨径也不断得到突破。

在现代桥梁中,钢和混凝土是两种主要建筑材料。在石材丰富的发展中国家,因为劳动力和原材料价格比较便宜,石材在桥梁中仍有应用,尤其是在桥梁墩台中。此外,木材、铝材、不锈钢等也被用于现代桥梁的建造。近十年来,碳纤维等新材料在桥梁维修加固中的应用也越来越多。

混凝土桥梁包括钢筋混凝土桥梁(reinforced concrete bridge,RC bridge)和预应力混凝土桥梁(prestressed concrete bridge,PC bridge)。近年来,高性能混凝土(high performance concrete,HPC)在桥梁中的应用越来越多,超高性能混凝土(ultra-high performance concrete,UHPC)在桥梁中的应用也处于研究与推广之中。不配筋的素混凝土,在桥梁中主要用于墩台和基础。在上部结构中,素混凝土除可用于拱桥外,其他桥型中极少采用。由于素混凝土的抗拉能力弱,一般将其归到圬工桥梁中,而不在通常所说的混凝土桥梁中。

这里所说的组合桥指主要受力构件的截面由两种或两种以上材料组成的桥梁,与前面所说的不同结构之间的组合(如斜拉桥、系杆拱桥、连续刚构桥等)不同。最常见的材料组合是钢与混凝土的组合,如钢-混凝土组合梁(steel-concrete composite beam)、钢管混凝土(concrete-filled steel tube,CFST)拱和柱。

不同材料桥梁的设计和施工将分别在第九章和第十章中有较详细的介绍。

3. 按用途分类

桥梁按用途分类,可分为公路桥(highway bridge)、城市桥(municipal bridge)、铁路桥(railway bridge)、公铁两用桥(highway and railway bridges)、人行桥(pedestrian bridge,foot bridge),以及管道桥、水路桥、机场跑道桥等。

公路桥与城市桥均以通行汽车为主,与专供铁路列车行驶的铁路桥相比,活载相对较轻,桥的宽度相对较大(其中,城市桥的宽度更宽)。公铁两用桥是指能同时通行汽车和铁路列车的桥梁,一般规模较大。它可做成双层桥面桥(double-deck bridge),如我国武汉长江大桥、南京长江大桥等;也可做成同一平面的,如澳大利亚的悉尼海港(Sydney Harbour)桥。人行桥是指专供行人通行的桥梁,具有活载较小、桥面较窄、结构造型较灵活、对美学要求较高、总造价不高等特点,因此常采用一些造型独特的新颖结构。

我国不同用途的桥梁一般所属管理部门不同,按其用途与所属管理部门分类,主要分为公路桥、城市(市政)桥、铁路桥和其他专用桥。公路桥归交通、公路系统管理,城市桥归市政建设系统管理,铁路桥归铁道系统管理,其他专用桥则是根据其用途和业主不同,分属矿山、林业、港口等部门管理。不同用途桥梁的设计、施工、管理等规范和标准也不同,主要有公路、市政与铁路三大体系。

本书以公路桥梁为主,兼顾城市桥梁,基本不涉及铁路桥梁。书中较多引用的一些规范及其简称,见附录二。

4. 按单孔跨径或多孔跨径总长分类

公路桥涵按单孔跨径 L_k 或多孔跨径总长 L,可分为特大桥(super-large bridges)、大桥(large bridges)、中桥(medium bridge)和小桥(small bridge),《公桥通规》(JTG D60—2015)的分类见表1-2。单孔跨径 L_k 反映的是技术复杂程度,多孔跨径总长 L 反映的是工程建设规模。在确定桥涵分类时,符合其中一个指标即可归类。存在差异时,可采取"就高不就低"原则。在计算桥梁长度时,曲线桥宜按弧长计算,斜交桥宜按斜长计算。

桥梁涵洞分类 表1-2

桥涵分类	多孔桥梁总长 $L(m)$	单孔跨径 $L_k(m)$
特大桥	$L \geqslant 1000$	$L_k \geqslant 150$
大桥	$100 \leqslant L < 1000$	$40 \leqslant L_k < 150$
中桥	$30 \leqslant L < 100$	$20 \leqslant L_k < 40$
小桥	$8 \leqslant L < 30$	$5 \leqslant L_k < 20$
涵洞	—	$L_k < 5$

5. 其他分类

按跨越障碍分类，桥梁可分为跨河桥、跨谷桥、跨线桥（立交桥）、高架桥等。跨河桥（river crossing bridge）最常见，本书也将以跨河桥为主要介绍对象，一般情况下也不特别指明。跨谷桥（gorge-crossing bridge）是指跨越谷地的桥梁。对于较窄的河谷，可以采用单跨大拱或斜腿刚构跨越；对于较开阔的谷地，可采用多跨高墩梁式桥，此时的跨谷桥也是高架桥（viaduct）。当然，高架桥还常常用于城市多层道路之中。跨越其他线路（公路、铁路、城市道路）的桥梁称为跨线桥（overpass bridge）；当桥梁所在的线路还要与其他线路互通时，就形成立交桥（flyover bridge）。

按平面线形，桥梁可分为直桥、斜桥和弯桥（曲线桥），见图1-3。当桥梁的纵坡较大时，可称之为坡桥。立交桥的匝道桥常采用坡桥、弯桥，在与主桥相接处其平面形状还呈现出异形。与一般的小（或平）纵坡的直桥相比，弯桥、坡桥和斜桥的受力与结构均较为复杂。

按桥面（通道）与桥跨结构（承重结构）相对位置，桥梁可分为上承式、下承式和中承式。桥面在桥跨结构之上的，称为上承式桥（deck bridge）；桥面在桥跨结构之下的，称为下承式桥（through bridge）；桥面在桥跨结构中部的，称为中承式桥（half-through bridge）。这三种形式在拱桥中的应用均较多，详见第四章第一节的介绍。这三种形式在其他桥型中的应用，详见第九章第二节的介绍。

此外，对于桥面高程较低的桥梁，为了通航要求，可将一部分修成可开启的结构，称之为开启桥或活动桥（movable bridge），而一般意义上的桥梁可相对地称为固定桥。为军事目的而修建的桥梁称为军用桥（military bridge），而一般的桥为民用桥。军用桥为了修建快速，常用船或浮箱浮在水面，代替桥墩，上面架设贝雷梁（Bailey beam）成为浮桥或舟桥（floating bridge），一般属于临时性桥梁。当然，在古代浮桥也有用作永久性民用桥[5-6]。施工或特殊情况时，也常修建临时性桥梁，短期内的任务完成后就被拆除。相对于临时性桥梁，一般的桥梁则为永久性桥梁（虽然也有设计使用年限）。

第二节　桥梁发展概述

一、古代桥梁

1. 桥梁的起源

桥梁工程的发展与人类的文明进步密切相关。远古的人们，四处觅食，寻求住所，常被溪流、山涧所阻碍。一根树偶然倒下横过溪流，藤蔓从河岸的一棵树到另一岸的一棵树，这些应该是早期的、天生的桥梁。人们从自然界中的偶然现象得到启发，继而效仿自然，开始了桥梁建筑的历史。

大约公元前4000年，人类开始定居，过着部落生活，开始更多地考虑永久性的桥梁。世界四大文明古国——巴比伦、埃及、印度和中国，沿着底格里斯-幼发拉底（Tigris-Euphrates）河、尼罗（Nile）河、印度（Indus）河和黄河，开创了早期文明。世界桥梁的产生也应源于这些地方。由于远古时期人类活动的范围较小，桥梁的发明可能是在许多地方相继独立地产生。偶然的发明创造，有的一晃而过，有的为他人所效仿，流传下来，不断演进，得以发展。桥梁的产生，是人类进化与具有智慧的结果。

2. 古代桥梁基本形式的形成与早期发展

早期的瑞士"湖居人"住于木平台上的小木屋中，发明了在湖床中打木桩的施工方法，因此开始建造木栈桥，从而形成木梁桥。此后木梁桥技术不断发展。现代桥梁中广为修建的多跨桩柱式桥梁，在我国春秋战国时期就已普遍应用于黄河流域和其他地区，不同的只是古桥多以木桩为墩柱，上置木梁、石梁。石梁桥可能从水中"汀步"发展而成，再到上架木梁或石板，也可能因木梁桥木材易腐而以石材代之而来[7]。

在秦汉时期，我国已广泛修建石梁桥。世界上现存的最长、工程最艰巨的石梁桥，是我国于1053—1059年间在福建泉州建造的万安桥，也称为洛阳桥，见图1-10a）。此桥总长约800m，共47孔，位于"波涛汹涌，水深不可址"的海口江面上。历史记载，这些巨大石梁是利用潮水涨落浮运架设的。此桥以磐石遍铺桥位江底，是近代筏形基础的开端，并且独具匠心地用养殖海生牡蛎的方法胶固桥基，使之成为整体，此亦是世界上绝无仅有的生物固桥方法。近千年前就能在这种艰难复杂的水文条件下建成如此长桥，实为中外桥梁史上一个奇迹。

在小亚细亚的Smyrna（现属土耳其），尚存有一座古石桥，单跨12.2m，跨越Meles河。传说约在公元前900年，诗人荷马（Homer）曾在岸边游玩。它可能是现存历史上最早的一座桥梁[8]。

近代的大跨径悬索桥和斜拉桥是由古代的藤、竹索桥发展而来的。索桥可能起源于喜马拉雅山脉和/或其他热带丛林之中。最迟在公元前3世纪，我国就有了竹索桥，秦郡守李冰在今四川所建的七座桥之一，就有一座是竹索桥。藤索桥应该比此更早。保留至今的古代悬索桥有四川泸定大渡河铁索桥（1706年）、都江堰安澜（竹）索桥[首建于1803年，后多次维修与重建，见图1-10b)]等。喜马拉雅山南坡的印度境内也有较多的原始索桥。在亚马孙河的秘鲁原始人曾采用龙舌兰纤维修建索桥[7]。

a) 福建泉州洛阳桥　　　　　　b) 四川都江堰安澜(竹)索桥

图1-10　我国古代石梁桥和索桥的桥例

公元前200年—公元260年,罗马人建造了许多巨大的石拱桥。这些拱为半圆形,采用厚重的圬工墩台,当其一孔破坏时,其他孔仍能站立不倒。古罗马最著名的石拱桥实例是输水桥。现还留存有几十座,散布在意大利、法国和西班牙等地。其中最著名的为法国加尔输水桥(Pont-du-Gard),大致建于公元1世纪中叶的公元40—60年,由三层半圆拱组成,底层6拱,第二层11拱,第三层有33拱,支承上面的输水槽。顶层总长270m,最高处高出水面48.8m,见图1-11。

在中国,据史料记载,公元前250年周朝末年的坟墓中就有了砖拱,公元282年有了石拱桥,公元606年建成了迄今世界上尚存的跨径最大的石拱桥——河北赵县安济桥(即赵州桥,图1-12)。其跨径37.4m,矢高7.23m,宽约9m[9]。该桥主拱采用圆弧拱而不是半圆拱,使大跨度拱桥在平原地区可以采用较低的桥面,避免了半圆拱桥高陡坡或接线太长的情况出现。赵州桥采用了大拱上叠小拱的做法形成敞肩拱,既减轻自重,又增大过洪面积,开创了空腹拱之先河。赵州桥在世界桥梁技术发展史上具有重要的地位。

图1-11　法国加尔输水桥(Pont-du-Gard桥)(沈秀将提供)　　　　图1-12　中国赵州桥

此外,中国的拱桥从单孔向多孔发展,从厚墩向薄墩发展,还有木拱桥、薄石拱桥等,均具有很高的技术成就。

木伸臂梁可能起源于东方。单跨的木伸臂梁用大块石头在两岸压住厚木板层层挑出,到中间的空隙很小时,用一块厚木板跨过而成。这种悬臂梁桥可追溯到南北朝初期我国甘肃、新疆交界地区羌族人的创造。随后,这种桥梁在我国西北、西南以及东南沿海山区得以大量应用,并从单跨发展成多跨,且多有桥屋,异常精美,著名的如广西程阳风雨桥。此种桥梁在印度也有,著名的如Strinager河上的悬臂木梁桥。

浮桥也早已有之。《诗经·大雅·大明》上有"文定厥祥,亲迎于渭。造舟为梁,不显其光",记载的是我国公元前12世纪的事情,表明此时我国已有浮桥。公元前510年希腊兴起,大流士曾在多瑙河上架设浮桥,输送军队。公元前480年的希波战争中,波斯军队也曾在达达尼尔海峡(Dardanelles Strait)架起浮桥,七天七夜通过军队200万人,可见该浮桥规模很大。

3. 古代桥梁的中后期发展

随着罗马帝国的衰亡,欧洲进入了中世纪时期。这时期西方人的生活中有两个重要因素:战争和宗教。反映到桥梁上,表现为其既具有军事用途,又可以用于祈祷。此类桥梁的主要特征是建有保卫塔、防御墙、狭窄桥段、战争纪念建筑物,采用重型墩,以适应长期的战争;同时,桥上塑有十字架、建有教堂,以满足于人们的宗教信仰需求。

西罗马帝国崩溃以后,桥梁建设进入停顿,直到11～14世纪才得以恢复,但这时期所修建的重要桥梁不多。由于受到波斯、伊斯兰教及拜占庭的影响,尖拱也出现于欧洲,传布至大西洋沿岸和英国。重建桥梁时期,尖拱在法国得以大量使用,半圆拱在意大利占优势,英国则两种都用。

西方随着文艺复兴的到来,科学理论、技术技艺、机械应用等方面有了长足的进步。桥梁被认为是市政建设的艺术品,桥梁工程师被认为是纪念碑式建筑——桥梁的创造者和领导人。这个时期,弧形石拱被大量用于桥梁。

意大利威尼斯的里亚托(Rialto)桥是这一时期典型的代表(图1-13)。里亚托(Rialto)桥建于1591年,桥总长48.2m、宽22.95m、净跨27m、矢高6.38m,拱轴线为圆弧线。两旁各有两排店铺,每排6间,共24间店铺,每排店铺中间设有通道。桥中央设有横道和拱顶,连接通道与两旁人行道,成为拱廊。人行道在最外侧,支承于牛腿上,桥面呈陡坡。人行道用大理石作台阶,两旁为精美栏杆。拱圈和肩墙均装饰天使像,雕版采用大理石。桥头沿运河建有台阶,通向河岸的人行道。

图1-13　意大利威尼斯里亚托(Rialto)桥

意大利文艺复兴运动,实际上是从传统观念束缚中解放思想的运动。由于生产力的发展,应用了新的方法对自然现象开展研究,有许多新的发现。意大利的伽利略(1556—1626年)著《新工具》,创造归纳法,提倡试验。17世纪,各学科开始分离成为独立的学科,物理学、化学、生理学、地质学等都已具雏形。英国的萨克·牛顿(1642—1727年)为近代力学奠定了基础。这些都为桥梁技术的发展奠定了坚实的理论基础。铁路的兴起,促进了铁路桥梁的修建,使桥梁建设进入了近现代阶段。

二、国外近现代桥梁

1. 近代桥梁的兴起

1689年英国资产阶级革命取得成功,世界政治经济与技术开始发生根本性的变化。18世纪英国的工业革命中,用焦炭代替木炭炼铁使铁的产量极大提高,为机器和建筑物提供了工业用铁,铁被大量应用于桥梁结构之中。早期的铁桥和非金属的桥梁形式相同,最著名的铁桥是1779年跨越英国Coulbrookdale的Severn河的铁桥(Iron bridge),由Abrabam Darby和John Wilkinson所建,它由五个半圆弧肋拱并列组成净跨30m的单拱,见图1-14。

此后，随着许多铁桥的失效破坏，桥梁建设开始建立技术规范，注重研究，全面考察，注意细节，从此进入了新的发展阶段。19世纪下半叶，桥梁进入了钢桥时代。钢材比铁更具延性和耐久性。首次大量应用钢材的桥梁是1874年修建的美国圣路易斯（St. Louis）的伊兹（Eads）桥（图1-15）。该桥为三跨（153m＋158m＋153m）钢拱桥，并第一次大规模地应用了悬臂架设法，推动了世界桥梁施工方法的进步。

图1-14　英国铁桥（Iron bridge）（中村圣三提供）

图1-15　美国的伊兹（Eads）桥

在18世纪，索桥从中国传入欧洲。1808年James Finley在美国宾夕法尼亚（Pennsylvania）首次设计了铸铁链悬索桥，铸铁链上铺设桥面。1826年Thomas Telford在英国威尔士完成了铁链悬索桥——梅奈海峡（Menai Strait）桥的建造，跨径177m，为当时最大。这一时期，悬索桥在欧洲和美国修建较多，且悬索桥的主缆从铁链索、眼杆索，发展到钢丝索。

1869—1883年由美国著名的索桥专家John A. Roebling设计的布鲁克林（Brooklyn）悬索桥建成（图1-16）。该桥位于纽约的东河，跨径486m。塔柱由花岗岩砌筑而成，除主索外还用斜拉索加劲。布鲁克林（Brooklyn）桥与著名的艾菲尔（Eiffel）铁塔成为那个时代的经典结构之作。在John A. Roebling等工程师的努力下，悬索桥跨入了大跨径、重荷载桥梁的行列。悬索桥迄今仍是世界上跨径最大的桥型。

图1-16　美国的布鲁克林（Brooklyn）桥

19世纪下半叶，将不断改进的钢桁架结构用于悬臂梁，形成了现代钢桁悬臂梁桥，并在大跨径铁路桥梁中得以应用。其中，两座著名的桥梁是1889年苏格兰建成的主跨521m的福斯

(Forth)大桥和1917年加拿大建成的主跨549m的魁北克(Quebec)桥(图1-17)。值得一提的是,现存的魁北克(Quebec)桥是在经历了两次施工事故之后重建而成的。1907年8月29日,该桥在施工过程中发生倒塌事故,造成75名工人死亡。1916年在架设时,跨中段的桁架落入河中,又造成11名工人死亡。

图1-17　加拿大的魁北克(Quebec)桥(中村圣三提供)

受伊兹(Eads)桥成功的影响,许多精美的钢拱桥在美国等地相继修建。典型的例子有:1917年建成的主跨297m的纽约狱门(Hell Gate)桥、1936年建成的跨径244m的亨利·哈德逊(Henry Hudson)桥、美国和加拿大边境尼亚加拉大瀑布附近的跨径290m的彩虹(Rainbow)桥。在狱门(Hell Gate)桥所奠定的钢拱桥技术基础上,20世纪国外建成了三座跨径超过500m的钢拱桥,它们分别是主跨503m的澳大利亚悉尼海港(Sydney Harbour)桥、主跨504m的美国培红(Bayonne)桥和主跨518.3m的美国新河谷(New River Gorge)桥(图1-18)。需要指出的是,由于钢斜拉桥施工方便,对地质条件要求较低,竞争能力更强,国外近几十年来已很少修建跨径超过300m的钢拱桥。

图1-18　美国新河谷(New River Gorge)桥(陈克坚提供)

早在公元前的古罗马就已经使用天然混凝土浇筑拱圈结构,这种技术在中世纪失传。1759年波特兰水泥出现后,混凝土开始在桥梁中得以应用。不久之后,钢筋被应用于混凝土结构中,以克服混凝土抗拉强度低的缺点,从而产生了钢筋混凝土桥梁,为桥梁的发展注入了新的生机和活力。

1875年，Monier采用混凝土材料修建了一座人行小拱桥，即世界第一座混凝土拱桥。1904年，Hennebique利用工业进步的契机，成功建造了跨径超过100m的拱桥（罗马Risorgimento桥）。此后，Maillard建造了一大批杰出的混凝土拱桥，其中最著名的是1930年建成的跨径90m的萨尔基那山谷（Salginatobel）拱桥（图1-19）。在大跨径桥梁比比皆是的今天，该桥仍倍受桥梁工程师的推崇。1979年，克罗地亚在修建了许多大跨径混凝土拱桥的基础上，用悬臂桁架施工法建成了跨径390m的克尔克一号（Krk-Ⅰ）桥（图1-20），创造当时混凝土拱桥最大跨径的世界纪录。

图1-19　瑞士萨尔基那山谷（Salginatobel）拱桥（高婧提供）

图1-20　克罗地亚克尔克一号（Krk-Ⅰ）桥

国外在发展钢筋混凝土拱桥的同时，也修建了一些钢筋混凝土梁式桥，但其跨径远小于拱桥。

继钢筋混凝土之后，预应力混凝土的发明和应用为桥梁技术发展开辟了新的途径。早期的预应力混凝土结构，由于预拉力小，扣除混凝土收缩和徐变损失后，所剩无几，预应力作用不大。1928—1939年法国工程师Eugene Freyssinet等人在对混凝土收缩、徐变计算方法研究的基础上，通过改进预应力锚具和张拉体系，使预应力混凝土技术成为实用的技术。随后，建成一批预应力混凝土桥梁。该技术传到德国后，预应力不仅作为结构增强措施，还被作为施工手段，采用悬臂法建造了许多预应力混凝土桥梁。例如1952年在Worms建成的跨越莱茵

(Rehine)河的 Nibelungs 桥。该桥为连续刚构桥,跨径布置为 101m + 114m + 104m。此后,悬臂施工法被传播到全世界。10 年后莱茵河上另一座桥——本道尔夫(Bendorf)桥的问世,将预应力混凝土桥的跨径推进到 208m,悬臂施工技术也日臻完善。日本于 1976 年建成了当时世界上跨径最大的连续刚构桥(浜名大桥),跨径布置为 55m + 140m + 240m + 140m + 55m。预应力混凝土桥梁的发展与现代钢桥的进步,使桥梁进入了近现代阶段。

悬索桥是能够充分发挥钢材优越性能的一种桥型。从 19 世纪下半叶到 20 世纪上半叶,美国修建了大量的悬索桥,被称为美国悬索桥的黄金时期。随着悬索桥跨径的发展,其加劲梁逐步从钢板梁发展成钢桁梁。其中,举世闻名的金门(Golden Gate)大桥堪称世界桥梁的杰作。该桥位于美国西海岸的旧金山市,1937 年建成,主跨为 1280.2m,桥面宽为 27.43m,曾保持了 27 年桥梁最大跨径的世界纪录(图 1-21)。

图 1-21　美国金门(Golden Gate)大桥(中村圣三提供)

2. 现代桥梁的发展

1940 年,主跨 853m 的美国塔科马(Tacoma)桥在建成 4 个月后,在 19m/s 的风速下发生倒塌,震惊了世界。此后,悬索桥风致振动问题的研究得到重视[10]。

1966 年英国建成了主跨 988m 的塞文(Severn)桥,它是第一座采用箱形加劲梁的悬索桥。1981 年英国又建成了跨径 1410m 的亨伯(Humber)桥,是当时最大跨径的悬索桥。1998 年丹麦的大贝尔特(Great Belt)桥建成通车,主跨为 1624m[图 1-22a)],为当时钢箱梁悬索桥最大的跨径。

日本现代桥梁从 20 世纪 50 年代起步,到 70—80 年代时达到辉煌,建造了一大批大跨径桥梁,尤其是在本州—四国联络桥中建造了一批大跨径的悬索桥与斜拉桥。1999 年建成的明石海峡大桥[图 1-22b)],主跨径达 1991m,是当今世界上跨径最大的桥梁。

第二次世界大战以后,各国经济迎来恢复发展时期,桥梁建设需求量很大,桥梁技术得以较快发展,其中尤以斜拉桥的发展最为突出。第一座现代斜拉桥是 1956 年瑞典的斯特罗姆桑特(Stromsund)桥,跨径布置为 74.7m + 182.6m + 74.7m,拉索为扇形布置,桥塔为门形框架。主梁包含两片板梁,布置在索面之外,使拉索可锚固在板梁内侧。

1957 年,德国建成了跨越莱茵河的特奥道尔·霍伊斯桥,主跨为 280m,边跨为 108m。此后,斜拉桥在德国得到迅速发展。

1962年委内瑞拉建成了宏伟的马拉开波湖大桥,为现代大跨径预应力混凝土斜拉桥的蓬勃兴起开辟了道路。该桥的跨径布置为160m+5×235m+160m,总长达9km。

a)丹麦大贝尔特(Great Belt)桥(中村圣三提供)　　　　　b)日本明石海峡大桥

图1-22　国外两座大跨径悬索桥

此后,斜拉桥在世界各地得到大量应用,成为现代桥梁发展最快的桥型。斜拉索的布置从稀索形向密索形发展,拉索强度与保护措施不断取得进步,桥型结构也越来越丰富。

1995年,法国建成当时世界上跨径最大的斜拉桥——诺曼底(Normandy)桥,全长2141.25m,跨越塞纳河入海口,主跨达到856m。

日本在斜拉桥建设方面也取得了令人瞩目的成就。如两座衔接在一起,跨径各为185m+420m+185m的柜石岛大桥和岩黑岛大桥;再如1999年建成的主跨达890m的多多罗大桥(图1-23),跨径超过诺曼底(Normandy)桥而位居当时的世界第一。

目前,世界上跨径最大的斜拉桥是2012年俄罗斯建成的俄罗斯岛(Russky Island)大桥,主跨达1104m。

图1-23　日本的多多罗大桥

三、我国现代桥梁

我国作为世界四大文明古国之一,古代桥梁取得了辉煌的成就,尤其是进入隋、唐、宋、元,国力相对强盛,经济发展,桥梁建设达到鼎盛阶段,走在世界的前列,建设了一批像赵州安济桥、泉州洛阳桥等闻名于世的桥梁。然而在近代,中国的桥梁虽然也有所发展,但发展极慢,与西方相比,则大大落后。从新中国成立之初的恢复性建设,到60—70年代的适应低生产力水平的特色建设,再到80年代改革开放以来的全面大发展、大建设,我国现代桥梁技术取得了巨大发展。目前,我国已成为世界桥梁大国,正向世界桥梁强国迈进。本节以桥梁结构形式为主线对此进行介绍。

1. 梁桥与刚构桥

新中国成立后,随着国力的增强、经济的发展、科学技术的进步,桥梁事业和工程技术也在不断进步。1957年第一座长江大桥——武汉长江大桥(图1-24)的建成,"一桥飞架南北,天堑变通途",结束了我国万里长江无桥的状况。该桥的正桥为三联3×128m的连续钢桁梁。包括引桥在内,大桥总长1670.4m。上层公路桥面,下层铁路桥面,公路桥面宽18m,两侧各设宽2.25m人行道。该桥大型钢梁的制造和架设、深水管桩基础的施工等,为我国现代桥梁技术的发展奠定了坚实的基础。

图1-24 武汉长江大桥

1969年建成的南京长江大桥,是我国自行设计、施工,并使用国产高强钢材的现代化大型桥梁。正桥除北岸第一孔为128m简支钢桁梁外,其余为9孔3联,每联为3×160m的连续钢桁梁。上层为公路桥面,下层为双线铁路。包括引桥在内,铁路桥部分全长6772m,公路桥部分为4589m。桥址处水深流急,河床地质极为复杂,桥墩基础施工非常困难。南京长江大桥的建成,显示出我国的建桥事业达到了世界先进水平,是我国桥梁史上又一个重要标志。

20世纪,钢筋混凝土与预应力混凝土梁桥在我国也得到很大的发展。中小跨径桥梁已广泛采用装配式定型设计,具有经济适用、施工方便、建造速度快等特点。1977年建成的洛阳黄河公路大桥,为预应力混凝土简支梁桥,跨径布置为69×50m,全长达3.4km。

我国大跨径预应力混凝土桥是从T形刚构桥起步的。1968年建成的广西柳州一桥,主跨124m,突破100m大关。随后,1971年建成的福建乌龙江大桥(图1-25),主跨达144m;1980年建成的重庆长江大桥,主跨达174m。

我国预应力混凝土连续梁桥的修建从20世纪60年代就已开始,但当时仅限于中小跨径。此后,这种桥型的应用越来越多,跨径也不断增大。1984年建成的广东顺德容奇大桥,为5跨预应力混凝土连续梁公路桥,主跨90m。次年建成的湖北沙洋汉江桥,主跨达111m,突破了100m大关。1996年建成的广湛高速公路九江大桥,主跨达160m。2001年建成的南京长江二桥北汊桥,主跨达165m。

图 1-25　福建乌龙江大桥

连续刚构桥是在T形刚构与连续梁的基础上发展起来的大跨径桥梁,它吸收了这两种桥型的优点。因此,随着20世纪80年代后期我国交通事业的发展,连续刚构桥得到快速发展,至今仍方兴未艾。我国首座大跨预应力混凝土连续刚构桥是1988年建成的广东洛溪大桥,主跨为125m。1997年建成的广东虎门大桥辅航道桥,为主跨270m的连续刚构桥。2006年建成的重庆石板坡长江大桥复线桥,主跨采用钢与预应力混凝土的混合梁形式,主跨达330m,是世界上跨径最大的连续刚构桥。

大跨径预应力混凝土连续梁桥和连续刚构桥已成为我国现代大跨径桥梁的主导桥型。

2. 拱桥

我国古代拱桥有着辉煌的技术成就。新中国成立后,在拱桥的设计理论、结构与构造等方面进行了大量探索,在悬臂施工、转体施工和埋置拱架施工法等方面取得众多原创的技术。目前,我国大跨径拱桥修建数量多、跨径大,拱桥建造技术处于世界领先水平。

我国已建成的跨径不小于100m的混凝土拱桥有300余座,其中世界上3座跨径超过400m的混凝土拱桥均在中国[11]。1997年万县长江大桥建成,跨径达420m。2016年建成的沪昆高铁北盘江大桥(图1-26),跨径达445m,为目前世界上跨径最大的混凝土拱桥。在建的广西天峨龙滩特大桥,跨径达600m,建成之后将创造各类拱桥跨径的世界纪录。

钢管混凝土(Concrete-filled Steel Tube,CFST)作为组合结构,将其用于拱桥中,具有受力和施工的优势(详见第四章第二节"一、主拱截面类型与构造"介绍)。1990年以来,钢管混凝土拱桥在我国发展迅猛,现已建成的有400多座[12]。其中,2020年建成的广西平南三桥,跨径为575m,是世界上跨径最大的钢管混凝土拱桥,见图1-27。而国外,钢管混凝土拱桥的总数不超过20座,最大跨径仅为235m。我国的钢管混凝土拱桥技术,无论是结构设计、计算理论,还是施工与养护技术,均有不少创新与优势。

2000年以后,钢拱桥在我国得到较多的应用。2003年建成的上海卢浦大桥(图1-28)和

2007年建成的重庆朝天门大桥,前者为钢箱拱,跨径达550m,后者为钢桁拱,跨径为552m。两桥均保持着同类桥型跨径的世界纪录。

图1-26 沪昆高铁北盘江大桥(陈克坚提供)

图1-27 广西平南三桥(韩玉提供)

图1-28 上海卢浦大桥

3. 斜拉桥

我国第一座斜拉桥是1975年建成的四川云阳桥,跨径76m,现已拆除。(不足百米的跨径,纯属探索性的建设)。斜拉桥在我国真正的发展是在改革开放之后。

1982年建成的上海泖港大桥,跨径200m,是双塔双索面、竖琴式拉索布置的混凝土斜拉桥,也已拆除重建。同年建成的济南黄河桥,跨径220m,为双塔双索面、扇形拉索布置的混凝土斜拉桥。1988年建成的重庆石门大桥,跨径230m+200m,是单塔单索面的混凝土斜拉桥。

1991年建成的上海南浦大桥,为跨径423m的双塔双索面组合梁斜拉桥。由于在设计理论、施工工艺、构造上对组合梁采取了相应措施,使得上海南浦大桥避免了结构性裂缝的产生,比国外组合梁结构更为可靠。随后,1993年建成的另一座大跨径斜拉桥——上海杨浦大桥(图1-29),使中国的斜拉桥技术进入世界先进行列。该桥跨径达602m,为双塔双索面、扇形拉索布置的组合梁斜拉桥。索塔采用钻石形,以提高抗风能力,塔与索采用预应力锚固方法。

近几十年,斜拉桥已成为我国大跨径桥梁的主要桥型。其中,混凝土梁的斜拉桥跨径已达500m(湖北荆沙桥),组合梁的斜拉桥跨径达到605m(福建青州闽江大桥)。2008年5月建成的苏通大桥(图1-30),主跨达1088m,桥塔高度达300.4m,主梁为钢箱梁,是世界上首座跨径超千米的斜拉桥。

图 1-29　上海杨浦大桥

图 1-30　苏通大桥

4. 悬索桥

悬索桥虽然起源于中国,但受经济和技术条件的限制,我国的现代悬索桥起步较晚。20 世纪 90 年代以前,我国建造了一些简易的悬索桥。之后,我国现代悬索桥在高起点上起步。第一座称得上现代大跨径悬索桥的是 1995 年建成的广东汕头海湾大桥,主跨 452m,采用预应力混凝土箱形加劲梁,建成时其跨径为此类悬索桥世界第一。

此后,采用钢箱加劲梁的湖北西陵长江大桥(主跨 900m,1996 年)和广东虎门大桥(主跨 888m,1997 年,图 1-31)的建成,标志着我国已具备修建现代大跨径悬索桥的能力。

随后,1997 年建成的香港青马大桥,主跨 1377m。1999 年建成的江阴长江大桥,主跨达 1385m。2005 年通车的江苏润扬长江大桥,南汊桥为主跨 1490m 的钢箱梁悬索桥。2019 年建成通车的湖北杨泗港大桥(图1-32),主跨达1700m,成为我国已建跨径最大的桥梁,位列世界桥梁跨径的第2位。除单跨外,我国近年来还修建了多座大跨径的多塔多跨悬索桥,如马鞍山长江大桥、泰州大桥等。

图1-31　广东虎门大桥

图1-32　湖北杨泗港大桥

5. 其他

随着交通事业的发展,我国修建了一些大规模的越江跨海的桥梁工程,例如已建成的上海东海大桥(31km)、浙江杭州湾跨海大桥(36km)、上海长江口越江工程(25.5km)、港珠澳大桥(49.968km)等。

在桥梁基础工程方面,我国也取得了很大进步。例如,苏通大桥的桩基采用131根直径2.8m或2.5m的钻孔灌注桩,水深20~25m以上,桩长114~120m,基础深度为世界之最。再如,南京长江三桥的南塔深水基础,最深处在常水位之下近50m,水上浮动的施工平台由定位船、两条导向船和钢套箱固定而成。

此外,我国还负责或参与了海外大量的桥梁建设,尤其是"一带一路"沿线国家和地区。

第三节 桥梁所受的作用(荷载)

一、桥梁作用分类

根据桥梁的功能,桥梁结构除了承受本身自重和各种附加恒载作用外,在设计使用年限内应满足规定的正常交通荷载通行的需要,如汽车、火车、平板挂车、非机动车和人群等交通荷载。桥梁结构处于自然环境之中,还要承受各种自然因素的影响,如风力、温度变化、水流冲击、地震作用等。桥梁上部结构所受作用示意见图1-33。桥梁下部结构所受作用示意见图8-2。

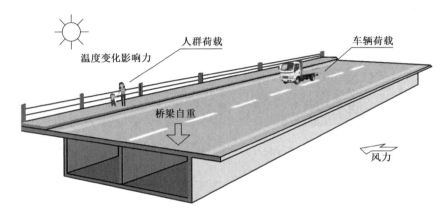

图1-33 桥梁上部结构所受作用(荷载)示意图

作用(action)是指施加在结构上的集中力或分布力(直接作用)和引起结构外加变形或约束变形的原因(间接作用)。引起结构反应的原因可以按作用的性质分为截然不同的两类:一类是施加于结构上的外力,如车辆、人群、结构自重等,它们是直接施加于结构上的,可用"荷载"(load)这一术语来概括;另一类不是以外力形式施加于结构,它们产生的效应与结构本身的特性和所处的环境等有关,如地震、基础变位、混凝土收缩和徐变、温度变化等,它们间接作用于结构上,如果将此也称为"荷载",容易引起人们的误解。因此,将所有引起结构反应的原因统称为"作用",而"荷载"仅限于表达施加于结构上的直接作用。

《公桥通规》(JTG D60—2015)中将桥梁作用分为四大类,即永久作用(permanent action)、可变作用(variable action)、偶然作用(accidental action)和地震作用(seismic action),见表1-3。

桥梁所受作用的分类　　　　　　　表1-3

编号	作用分类	作用名称
1	永久作用	结构重力(包括结构附加重力)
2		预加力
3		土的重力
4		土侧压力
5		混凝土收缩及徐变作用
6		水的浮力
7		基础变位作用

续上表

编号	作用分类	作用名称
8	可变作用	汽车荷载
9		汽车冲击力
10		汽车离心力
11		汽车引起的土侧压力
12		汽车制动力
13		人群荷载
14		疲劳荷载
15		风荷载
16		流水压力
17		冰压力
18		波浪力
19		温度(均匀温度和梯度温度)作用
20		支座摩阻力
21	偶然作用	船舶的撞击作用
22		漂流物的撞击作用
23		汽车撞击作用
24	地震作用	地震作用

二、作用计算

1. 永久作用

永久作用是在设计基准期内始终存在,且其量值变化与平均值相比可以忽略不计的作用,或其变化是单调的并趋于某个限值的作用。永久作用主要包括七个部分:结构自重(包括桥面铺装及附属设备的重力)、土的重力、土侧压力、基础变位作用、水的浮力、结构的预加力、混凝土收缩和徐变作用。永久作用也称为恒载(dead load)。

2. 可变作用

可变作用是指在设计基准期内量值随时间变化,且其变化值与平均值相比不可忽略不计的作用。按其对桥涵结构的影响程度,又分为基本可变作用(又称为活载,live load)和其他可变作用。以下简要介绍桥梁设计中常用的可变作用。有关可变作用的详细计算方法,可查阅《公桥通规》(JTG D60—2015)相应条文。

(1)公路桥梁汽车荷载

《公桥通规》(JTG D60—2015)将公路桥梁汽车荷载分为公路—Ⅰ级和公路—Ⅱ级两个等级。高速公路、一级公路、二级公路上的桥梁,汽车荷载等级应采用公路—Ⅰ级;三级公路和四级公路上的桥梁,汽车荷载等级采用公路—Ⅱ级。二级公路作为集散公路且交通量小、重型车辆少时,其桥涵的设计可采用公路—Ⅱ级汽车荷载。对于交通组成中重载交通比重较大的公路桥涵,宜采用与该公路交通组成相适应的汽车荷载模式进行结构整体和局部验算。

汽车荷载由车道荷载(lane load)和车辆荷载(truck load,standard truck)组成。

车道荷载由均布荷载和集中荷载组成。桥梁结构的整体计算采用车道荷载;桥梁结构的局部加载、涵洞、桥台和挡土墙土压力等的计算采用车辆荷载。车道荷载与车辆荷载的作用不得叠加。

车道荷载的计算图式如图 1-34 所示。

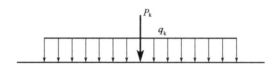

图 1-34　桥梁车道荷载计算图式

公路—Ⅰ级车道荷载的均布荷载标准值为 $q_k = 10.5 \text{kN/m}$。集中荷载标准值 P_k 按表 1-4 采用。计算剪力效应时,上述集中荷载的标准值 P_k 应乘以系数 1.2。公路—Ⅱ级车道荷载的均布荷载标准值 q_k 和集中荷载标准值 P_k 为公路—Ⅰ级车道荷载的 0.75 倍。

集中荷载标准值 P_k 取值　　　　　　　　　　　　　　　　表 1-4

计算跨径 L_0(m)	$L_0 \leq 5$	$5 < L_0 < 50$	$L_0 \geq 50$
P_k(kN)	270	2(L_0 + 130)	360

注:计算跨径 L_0,设支座的为相邻两支座中心间的水平距离,不设支座的为上、下部结构相交面中心间的水平距离。

桥梁设计时,应根据设计车道数布置车道荷载。车道荷载的均布荷载标准值应满布于使结构产生最不利效应的同号影响线上,集中荷载标准值只作用于相应影响线中一个影响线峰值处。

车道荷载的横向分布系数应根据设计车道数,按图 1-35 所示布置车辆荷载进行计算。横向分布系数的计算,见第二章第二节。

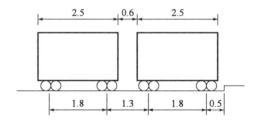

图 1-35　公路桥梁车辆荷载横向布置图(尺寸单位:m)

公路桥梁设计车道数应符合表 1-5 的规定。横桥向布置多车道汽车荷载时,应考虑多车道汽车荷载的折减;布置一条车道汽车荷载时,应考虑汽车荷载的提高。横向车道布载系数应符合表 1-6 的规定。多车道布载的荷载效应不得小于两条车道布载的荷载效应。

公路桥梁设计车道数　　　　　　　　　　　　　　　　表 1-5

桥面行车道宽度 W(m)		桥涵设计车道数(条)
单向行驶桥梁	双向行驶桥梁	
$W < 7.0$		1
$7.0 \leq W < 10.5$	$6.0 \leq W < 14.0$	2
$10.5 \leq W < 14.0$		3
$14.0 \leq W < 17.5$	$14.0 \leq W < 21.0$	4

续上表

桥面行车道宽度 W(m)		桥涵设计车道数(条)
单向行驶桥梁	双向行驶桥梁	
$17.5 \leq W < 21.0$		5
$21.0 \leq W < 24.5$	$21.0 \leq W < 28.0$	6
$24.5 \leq W < 28.0$		7
$28.0 \leq W < 31.5$	$28.0 \leq W < 35.0$	8

横向车道布载系数 表1-6

横向布置设计车道数	1	2	3	4	5	6	7	8
横向车道布载系数	1.20	1.00	0.78	0.67	0.60	0.55	0.52	0.50

大跨径桥梁上的汽车荷载应考虑纵向折减。当桥梁计算跨径 L_0 大于150m时,应按表1-7规定的纵向折减系数进行折减。当为多跨连续结构时,整个结构均应按最大的计算跨径考虑汽车荷载效应的纵向折减。

纵 向 折 减 系 数 表1-7

计算跨径 L_0(m)	纵向折减系数
$150 < L_0 < 400$	0.97
$400 \leq L_0 < 600$	0.96
$600 \leq L_0 < 800$	0.95
$800 \leq L_0 < 1000$	0.94
$L_0 \geq 1000$	0.93

公路桥梁车辆荷载的立面、平面尺寸如图1-36所示,其主要技术指标规定见表1-8。公路—Ⅰ级和公路—Ⅱ级汽车荷载采用相同的车辆荷载标准值。

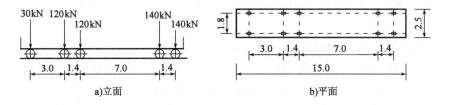

a)立面　　　　　　　　　　　b)平面

图1-36　公路桥梁车辆荷载布置图(尺寸单位:m)

公路桥梁车辆荷载主要技术指标 表1-8

项　　目	单位	技术指标	项　　目	单位	技术指标
车辆重力标准值	kN	550	轮距	m	1.8
前轴重力标准值	kN	30	前轮着地宽度及长度	m	0.3 × 0.2
中轴重力标准值	kN	2 × 120	中、后轮着地宽度及长度	m	0.6 × 0.2
后轴重力标准值	kN	2 × 140	车辆外形尺寸(长×宽)	m	15 × 2.5
轴距	m	3 + 1.4 + 7 + 1.4			

以上介绍的是《公桥通规》(JTG D60—2015)中规定的汽车荷载。在此之前的《公路桥涵

设计通用规范》(JTJ 021—89)中规定的汽车荷载为车队荷载(truck train load)。车队荷载又分为计算荷载与验算荷载。计算荷载有汽车-超20级、汽车-20级、汽车-15级、汽车-10级,相应的验算荷载为挂车-120、挂车-100、挂车-80、履带-50。具体规定见该规范,本书不详细介绍。

(2)汽车荷载冲击力

车辆以较高速度驶过桥梁时,桥面不平整、车轮不圆以及发动机抖动等,会引起车辆和桥梁结构振动,即动力效应。这种动力效应通常称为汽车荷载冲击作用。在此情况下,汽车荷载(动荷载)所引起的桥梁结构的应力和变形,要比同样大小的静荷载引起的大,在桥梁设计时常用汽车荷载的冲击力来考虑其作用。

《公桥通规》(JTG D60—2015)规定钢桥、钢筋混凝土及预应力混凝土桥、圬工拱桥等上部构造,钢支座、板式橡胶支座、盆式橡胶支座和钢筋混凝土柱式墩台,应计入汽车冲击作用。填料厚度(包括路面厚度)不小于0.5m的拱桥和重力式墩台不计冲击作用。

冲击影响一般采用静力学的方法,即将车辆荷载作用的动力影响用车辆的重力乘以冲击系数 μ 来表达。公路桥梁汽车荷载的冲击系数(vehicular impact factor)应根据桥梁结构基频 f 来取值,见表1-9。汽车荷载的局部加载及在T梁或箱梁悬臂板上的冲击系数采用0.3。

冲击系数 表1-9

结构基频(Hz)	冲击系数 μ
$f < 1.5$	0.05
$1.5 \leq f \leq 14$	$0.1767\ln f - 0.0157$
$f > 14$	0.45

当车辆的振动频率与桥跨结构的自振频率一致时,即形成共振,其振幅(即挠度)比一般的振动大许多。振幅的大小与桥梁结构的阻尼大小及共振时间的长短有关。桥梁的阻尼主要与材料和连接方式有关,且随桥梁跨径的增大而减小。

车辆引起桥梁的振动,还会影响行车与行人的舒适性,目前我国公路桥梁规范还没有这方面的考虑。

(3)汽车荷载离心力(vehicular centrifugal force)

离心力是一种伴随着车辆在弯道行驶时所产生的惯性力,以横桥向水平力的形式作用于桥梁结构,是弯桥横向受力与抗扭设计计算的主要考虑因素。《公桥通规》(JTG D60—2015)规定,曲线桥应计算汽车荷载引起的离心力。离心力为车辆荷载(不计冲击力)乘以离心力系数 C,离心力系数按下式计算:

$$C = \frac{v^2}{127R} \tag{1-1}$$

式中:v——设计速度(km/h),应按照桥梁所在路线的设计速度采用;

R——曲线半径(m)。

在计算多车道桥梁的离心力时,车辆荷载标准值应乘以表1-6规定的横向车道布载系数。离心力的着力点在桥面以上1.2m;为计算简便也可移至桥面上,不计由此引起的作用效应。

(4)汽车荷载引起的土侧压力(earth pressure induced by vehicular loads)

《公桥通规》(JTG D60—2015)规定,汽车荷载在桥台或挡土墙后填土的破坏棱体上引起的土侧压力,可按下式换算成等代均布土层厚度 h(m)计算:

$$h = \frac{\sum G}{Bl_0 \gamma} \tag{1-2}$$

式中：γ——土的重度（kN/m^3）；

$\sum G$——布置在 $B \times l_0$ 面积内的车轮的总重力（kN）；

l_0——桥台或挡土墙后填土的破坏棱体长度（m）；

B——桥台横向全宽或挡土墙的计算长度（m）。

(5) 汽车荷载制动力（vehicular braking force）

制动力是汽车在桥上制动时为克服其惯性力而在车轮与路面之间发生的滑动摩擦力（摩擦系数可达 0.5 以上）。

《公桥通规》（JTG D60—2015）规定，一个设计车道上，汽车荷载产生的制动力标准值为车道荷载标准值在加载长度上计算的汽车荷载总重的 10%，公路—Ⅰ级汽车荷载的制动力标准值不得小于 165kN，公路—Ⅱ级汽车荷载的制动力标准值不得小于 90kN。同向行驶双车道的汽车荷载制动力标准值应为一个设计车道制动力标准的 2.0 倍，同向行驶三车道为一个设计车道的 2.34 倍，同向行驶四车道为一个设计车道的 2.68 倍。制动力的方向为汽车行车方向，其着力点在桥面以上 1.2m。

(6) 城市桥梁汽车荷载

《城市桥梁设计规范》（CJJ 11—2011）（2019 年版）[简称《城桥规范》（CJJ 11—2011）]将城市桥梁汽车荷载分为城—A 级和城—B 级两个等级。主干路应采用城—A 级，支路应采用城—B 级；快速路、次干路上如重型车辆行驶频繁时，设计汽车荷载应选用城—A 级荷载，否则用城—B 级；小城市中的支路上如重型车辆较少时，设计汽车荷载采用城—B 级车道荷载的效应乘以折减系数 0.8，车辆荷载的效应可乘以折减系数 0.7；小型车专用道路，设计汽车荷载可采用城—B 级车道荷载的效应乘以折减系数 0.6，车辆荷载的效应可乘以折减系数 0.5。

《城桥规范》（CJJ 11—2011）规定的汽车荷载同样由车道荷载和车辆荷载组成。

对于车道荷载，城—A 级与《公桥通规》（JTG D60—2015）规定的公路—Ⅰ级相同，城—B 级与公路—Ⅱ级相同。

对于车辆荷载，城—A 级的标准载重汽车为五轴式货车，总重为 700kN，前后轴距为 18.0m，行车限界横向宽度为 3.0m（图 1-37）。

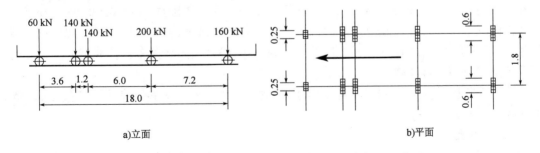

图 1-37 城—A 级标准载重汽车（尺寸单位：m）

城—B 级车辆荷载的立面、平面布置及标准值采用《公桥通规》（JTG D60—2015）车辆荷载规定值（图 1-36）。

同时，《城桥规范》（CJJ 11—2011）还规定，车道荷载横向分布系数、多车道折减的横向折减系数、大跨径桥梁的纵向折减系数、汽车荷载的冲击力、离心力、制动力及车辆荷载在桥台或挡土墙后填土的破坏棱体上引起的土侧压力等,均按《公桥通规》(JTG D60—2015)的规定计算。

此外,《城桥规范》(CJJ 11—2011)还对非机动车道和专用非机动车道荷载进行了专门规定。

(7)人群荷载(pedestrian load)

《公桥通规》(JTG D60—2015)规定,公路桥梁设置人行道时,人群荷载标准值按下列规定计算:

①当桥梁计算跨径小于或等于50m时,人群荷载标准值为3.0kN/m²;当桥梁计算跨径大于或等于150m时,人群荷载标准值为2.5kN/m²;当桥梁计算跨径为50~150m时,可由线性内插得到人群荷载标准值。跨径不等的连续结构,采用最大计算跨径的人群荷载标准值。

②非机动车、行人密集的公路桥梁,人群荷载标准值为上述标准值的1.15倍。

③专用人行桥梁,人群荷载标准值为3.5kN/m²。

人群荷载对于一般的公路桥梁和城市桥梁而言不是主要荷载,通常与车辆荷载组合进行计算。但对于人行道的局部构件、栏杆和专用人行桥来说,却起到控制作用。

《城桥规范》(CJJ 11—2011)规定:

①人行道板的人行荷载应按5kPa的均布荷载或1.5kN的竖向集中力作用在一块构件上,分别计算,并取其不利者。

②梁、桁、拱及其他大跨结构的人群荷载W,可按照下式计算,且W值在任何情况下不得小于2.4kPa。

当加载长度$L<20$m时:

$$W = 4.5 \times \frac{20 - w_p}{20} \tag{1-3}$$

当加载长度$L\geq 20$m时:

$$W = \left(4.5 - 2 \times \frac{L - 20}{80}\right)\left(\frac{20 - w_p}{20}\right) \tag{1-4}$$

式中:W——单位面积上的人群荷载(kPa);

L——加载长度(m);

w_p——单边人行道宽度(m),在专用非机动车桥上为1/2桥宽,大于4m时仍按4m计。

③检修道上设计人群荷载应按2kPa的均布荷载或1.2kN的竖向集中荷载,作用在短跨小构件上,可分别计算,取其不利者。计算与检修道相连构件,当计入车辆荷载或人群荷载时,可不计检修道上的人群荷载。

④专用人行桥和人行通道的人群荷载应按现行《城市人行天桥与人行地道技术规范》(CJJ 69)的有关规定执行。

(8)疲劳荷载

《公桥通规》(JTG D60—2015)规定,疲劳荷载的计算模型应符合下列规定:

①疲劳荷载计算模型Ⅰ采用等效的车道荷载,集中荷载为$0.7P_k$,均布荷载为$0.3q_k$。P_k和q_k按车道荷载的相关规定取值;应考虑多车道的影响,横向车道布载系数按表1-6规定取值。

②疲劳荷载计算模型Ⅱ采用双车模型,两辆模型车轴距与轴重相同,其单车的轴重与轴距布置见图1-38。计算加载时,两模型车的中心距不得小于40m。

③疲劳荷载计算模型Ⅲ采用单车模型,模型车轴载及分布规定见图1-39。

④当构件和连接不满足疲劳荷载计算模型Ⅰ验算要求时,应按模型Ⅱ验算。桥面系构件的疲劳验算应采用疲劳荷载计算模型Ⅲ。

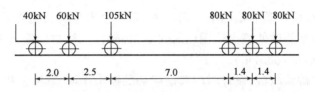

图1-38　疲劳荷载计算模型Ⅱ(尺寸单位:m)

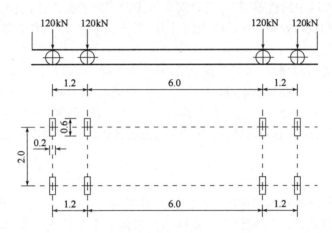

图1-39　疲劳荷载计算模型Ⅲ(尺寸单位:m)

(9)其他作用力

①风荷载(wind load)标准值应按《公路桥梁抗风设计规范》(JTG/T 3360-01—2018)的规定计算。

桥梁的风振动力计算包括抖振分析、涡振分析、颤振分析及动力稳定性分析,可以通过模型风洞试验和理论计算来获得桥梁的抗风特性。节段模型直接测量、依据气动导数进行三维颤振分析和气弹模型风洞试验是确定结构抗风性能的三个主要途径。

②温度作用(temperature action)常分为均匀温度作用(uniform temperature action)和竖向温度梯度(vertical temperature gradient)两种,详见第三章第六节的介绍。

③支座摩阻力(bearing friction),可按式(1-5)计算:

$$F = \mu W \tag{1-5}$$

式中:W——作用于活动支座上由上部结构重力产生的效应;

　　　μ——支座的摩擦系数,宜采用实测数据,无实测数据时可按《公桥通规》(JTG D60—2015)中的表4.3.13取用。

支座摩阻力与汽车制动力一样作用于纵桥向上,通常取两者大者进行计算。

④流水压力(stream pressure)、冰压力(ice pressure)的规定和计算,详见《公桥通规》(JTG D60—2015)。《城桥规范》(CJJ 11—2011)规定这些作用力按《公桥通规》(JTG D60—2015)的有关规定执行。它们主要从横桥向作用于桥墩上,其中流水压力是动力作用,采用静力作用的方法进行计算。

位于外海、海湾、海峡的桥梁结构，下部结构设计必要时考虑波浪力（wave force）的作用影响，宜开展专题研究来确定波浪力的大小。

3. 偶然作用

偶然作用，是指在设计基准期内不一定出现，而一旦出现其量值会很大，且持续时间很短的作用。偶然作用包括船舶的撞击作用（vessel collision）、漂流物的撞击作用（drift collision）和汽车的撞击作用（vehicle collision）。

①通航水域中的桥梁墩台，设计时应考虑船舶的撞击作用，其撞击作用设计值宜按专题研究确定。当缺乏实际调查资料时，可参照《公桥通规》（JTG D60—2015）的规定计算。

②有漂流物的水域中的桥梁墩台，设计时应考虑漂流物的撞击作用，其横桥向撞击力设计值可按《公桥通规》（JTG D60—2015）的规定计算，漂流物的撞击作用点假定在计算通航水位线上桥墩宽度的中点。

③桥梁结构必要时可考虑汽车的撞击作用。汽车撞击力设计值在车辆行驶方向应取1000kN，在车辆行驶垂直方向应取500kN，两个方向的撞击力不同时考虑，撞击力应作用于行车道以上1.2m处，直接分布于撞击涉及的构件上。对于设有防撞设施的结构构件，可视防撞设施的防撞能力，对汽车撞击力设计值进行折减，但折减后的汽车撞击力设计值不应低于上述规定值的1/6。

4. 地震作用

地震作用是一种特殊的偶然作用，因此，将其单列为一种类型。地震是一种自然现象，它对地面构造物的破坏性具有突发性和严重性。我国是一个多地震国家，地震活动频繁，震级强，地震活动主要分布在西南、西北、华南和台湾海峡等地区。

针对地震时地面运动对桥梁结构产生动态效应的分析方法主要有静力法和动力法。静力法将地震荷载用等效静力代替进行结构计算，计算方法简单，但忽略了地面动力特性和结构动力特性，比较粗糙。动力法有反应谱理论、动态时程分析法和功率谱法。目前，我国的建筑物、公路桥梁和铁路桥梁的抗震设计采用的是反应谱理论。随着电子计算机技术的发展，近20年来动态时程分析法发展很快。动态时程分析法是采用数值积分求解运动方程的方法，对地震作用下的结构物，从初始状态逐步积分直至地震终止，求出结构在整个过程的位移、速度、加速度等地震反应。显然，动态时程分析法较反应谱理论更能反映地震作用下结构物的实际情况，因此有些国家已开始采用这一方法作为设计方法。

地震动峰值加速度为$0.05g$、$0.10g$、$0.15g$、$0.20g$、$0.30g$、$0.40g$地区的公路桥梁，应进行抗震设计。地震动峰值加速度大于$0.40g$地区的公路桥梁，应进行专门的抗震研究和设计。地震动峰值加速度小于$0.05g$地区的公路桥梁，除有特殊要求者外，可只进行抗震措施设计。地震小区划的地区，应按主管部门审批后的地震动参数进行抗震设计。公路桥梁的地震作用的计算和结构设计，应符合《公路桥梁抗震设计规范》（JTG/T 2231-01—2020）[简称《桥梁抗震规范》（JTG/T 2231-01—2020）]的规定，城市桥梁应符合《城市桥梁抗震设计规范》（CJJ 166—2011）的规定。

三、作用组合

1. 作用组合的原则

以上简述了各种可能出现的荷载和作用，显然这些作用并非都同时作用于桥梁上。根据各种作用重要性的不同和同时出现的可能性,《公桥通规》(JTG D60—2015)规定,公路桥涵结构设计应考虑结构上可能同时出现的作用,按照承载能力极限状态和正常使用极限状态进行作用组合(combination of actions,load combination),均应按下列原则取其最不利组合进行设计。

(1)只有在结构上可能同时出现的作用,才进行组合。当结构或构件需做不同受力方向验算时,则应以不同方向的最不利的作用进行组合。

(2)当可变作用的出现对结构或结构构件产生有利影响时,该作用不应参与组合,《公桥通规》(JTG D60—2015)给出了可变作用不同时组合的情况,见表1-10。实际不可能同时出现的作用或同时参与组合概率很小的作用,可不考虑其组合。制动力与支座摩阻力不同时组合,这是考虑到任何纵向力不能大于支座摩阻力,因此,制动力与支座摩阻力不同时存在。流水压力不与汽车制动力、波浪力、冰压力同时组合,这是考虑同时出现的可能性极小。

(3)施工阶段的作用组合,应按照计算需要及结构所处条件而定,结构上的施工人员和施工机具设备均应作为可变作用加以考虑。组合式桥梁,当把底梁作为施工支承时,作用效应宜分两个阶段组合,底梁受荷为第一阶段,组合梁受荷为第二阶段。

(4)多个偶然作用不同时参与组合。

(5)地震作用不与偶然作用同时参与组合。

可变作用不同时组合表 表1-10

作用名称	不与该作用同时参与组合的作用
汽车制动力	流水压力、冰压力、波浪力、支座摩阻力
流水压力	汽车制动力、冰压力、波浪力
波浪力	汽车制动力、流水压力、冰压力
冰压力	汽车制动力、流水压力、波浪力
支座摩阻力	汽车制动力

2.设计计算方法

在介绍设计中作用组合应用之前,先对公路桥梁的设计计算方法做简要的介绍。

桥梁结构在结构尺寸基本拟定后,应进行设计计算,作用对结构所产生的效应(简称作用效应)要适当小于结构本身的抵抗能力,才能保证结构的安全适用。同时,结构的抵抗能力也不能太过富余,以达到经济的目的。

桥梁结构设计计算的理论和方法主要有容许应力法、破损阶段设计法、多系数极限状态设计法和基于可靠性理论的概率极限状态法。有关这几个方法的介绍,详见《结构设计原理》[13]教材。

我国公路桥梁的设计方法,目前采用的是多系数极限状态法,具体为以概率理论为基础、按分项系数表达的极限状态设计法,按两类极限状态设计:

(1)承载能力极限状态(ultimate limit state):对应于结构或结构构件达到最大承载能力或出现不适于继续承载的变形或变位的状态。

(2)正常使用极限状态(serviceability limit state):对应于结构或结构构件达到正常使用或

耐久性能的某项限值的状态。

3.作用值、设计状况与桥梁安全等级

(1)作用值

在下面介绍作用组合时,将用到荷载(作用)的标准值、设计值、代表值、频遇值、准永久值等,这里先进行介绍。

作用的标准值(characteristics value of an action):作用的主要代表值,可根据对观测数据的统计、作用的自然界限或工程经验确定。

作用的代表值(representative value of an action):极限状态设计所采用的作用值。可以是作用的标准值或可变作用的伴随值。

作用的设计值(design value of an action):作用的代表值与分项系数的乘积。

可变作用的伴随值(accompanying value of a variable action):在作用组合中,伴随着主导作用的可变作用值。可以是组合值、频遇值或准永久值。

可变作用的组合值(combination value of a variable action):使组合后作用效应的超越概率与该作用单独出现时其标准值作用效应的超越概率趋于一致的作用值,或组合后使结构具有规定可靠指标的作用值。可通过组合值系数对作用标准值的折减来表示。

可变作用的频遇值(frequent value of a variable action):在设计基准期内被超越的总时间占设计基准期的比率较小的作用值,或被超越的频率限制在规定频率内的作用值。可通过频遇值系数对作用标准值的折减来表示。

可变作用的准永久值(quasi-permanent value of a variable action):在设计基准期内被超越的总时间占设计基准期的比率较大的作用值。可通过准永久值系数对作用标准值的折减来表示。

这里所说的设计基准期(design reference period)是为确定可变作用的取值而选用的时间参数,公路桥梁常用的时间参数是100年,它与设计使用年限不同。有关设计使用年限的规定,见第九章第一节。

本课程基本不涉及桥梁结构承载能力的计算,对于材料的标准值、设计值和分项系数等,不进行详细介绍,有关内容参见《结构设计原理》[13]教材和相关规范。

(2)四种状况

《公桥通规》(JTG D60—2015)规定,公路桥涵应根据不同种类的作用及其对桥涵的影响、桥涵所处的环境条件,考虑以下四种设计状况(design situation),进行极限状态设计:

持久状况(permanent situation):它所对应的是桥梁使用阶段,它所持续的时间很长,要对结构所有预定功能进行设计,因此应进行承载能力极限状态和正常使用极限状态设计。

短暂状况(transient situation):它所对应的是桥梁的施工和维修阶段。相对于使用阶段,它所持续的时间不长,结构体系、所受的作用也可能与使用阶段不同。这个阶段要进行承载能力极限状态设计,根据需要可进行正常使用极限状态设计。

偶然状况(accidental situation):应做承载能力极限状态设计。

地震状况(seismic situation):应做承载能力极限状态设计。

偶然状况和地震状况所对应的都是出现概率极小、持续时间极短的情况,一般只进行承载能力极限状态计算。地震作用是一种特殊的偶然作用,在过去的规范中也将其归在偶然状况中。然而,地震作用能够统计并有统计资料,可以确定其标准值,而其他偶然作用无法用概率的方法确定其标准值,因此两者的设计表达式不同,所以《公桥通规》(JTG D60—2015)将地震状况从偶然状况中剥离出来,单独设置。

(3)三个安全等级

根据桥梁结构破坏所产生的后果严重程度,将桥涵分为三个安全等级(safety class),给出相应的结构重要性系数(factor for importance of structure),见表1-11。表中所列的特大桥、大桥、中桥按单孔跨径确定,见表1-2。对于多跨不等跨桥梁,以其中最大跨径为准。

公路桥涵结构设计安全等级与结构重要性系数　　　　　表1-11

设计安全等级	破坏后果	适 用 对 象	结构重要性系数 γ_0
一级	很严重	(1)各等级公路上的特大桥、大桥、中桥; (2)高速公路、一级公路、二级公路、国防公路及城市附近交通繁忙公路上的小桥	1.1
二级	严重	(1)三、四级公路上的小桥; (2)高速公路、一级公路、二级公路、国防公路及城市附近交通繁忙公路上的涵洞	1.0
三级	不严重	三、四级公路上的涵洞	0.9

4.承载能力极限状态设计的作用组合

公路桥涵结构按承载能力极限状态设计时,对持久设计状况和短暂设计状况应采用作用的基本组合,对偶然设计状况应采用作用的偶然组合,对地震设计状况应采用作用的地震组合。

(1)基本组合

基本组合(fundamental combination of actions):承载能力极限状态设计时,永久作用设计值与可变作用设计值的组合。这种组合用于结构的常规设计,是所有公路桥梁都应该考虑的。

①作用基本组合的效应设计值,按式(1-6)计算。

$$S_{ud} = \gamma_0 S\left(\sum_{i=1}^{m} \gamma_{G_i} G_{ik}, \gamma_{Q_1} \gamma_L Q_{1k}, \psi_c \sum_{j=2}^{n} \gamma_{L_j} \gamma_{Q_j} Q_{jk}\right) \tag{1-6a}$$

或

$$S_{ud} = \gamma_0 S\left(\sum_{i=1}^{m} G_{id}, Q_{1d}, \sum_{j=2}^{n} Q_{jd}\right) \tag{1-6b}$$

式中:S_{ud}——承载能力极限状态下作用基本组合的效应设计值;

$S(\ )$——作用组合的效应函数;

γ_0——结构重要性系数,按表1-11规定的结构设计安全等级采用,按持久状况和短暂状况承载能力极限状态设计时,公路桥涵结构设计安全等级应不低于表1-11的规定,对应于设计安全等级为一级、二级和三级,γ_0分别取1.1、1.0和0.9;

γ_{G_i}——第i个永久作用的分项系数,应按表1-12的规定采用;

G_{ik}、G_{id}——第i个永久作用的标准值和设计值;

γ_{Q_1}——汽车荷载(含汽车冲击力、离心力)的分项数;采用车道荷载计算时取$\gamma_{Q_1}=1.4$,采用车辆荷载计算时,其分项系数取$\gamma_{Q_1}=1.8$;当某个可变作用在组合中其效应值超过汽车荷载效应时,则该作用取代汽车荷载,其分项系数取$\gamma_{Q_1}=1.4$;对专为承受某一作用而设置的结构或装置,设计时该作用的分项系数取$\gamma_{Q_1}=1.4$;计

算人行道板和人行道栏杆的局部荷载,其分项系数也取 $\gamma_{Q_1}=1.4$;

Q_{1k}、Q_{1d}——汽车荷载(含汽车冲击力、离心力)的标准值和设计值;

γ_{Q_j}——在作用组合中除汽车荷载(含汽车冲击力、离心力)、风荷载外的其他第 j 个可变作用的分项系数,取 $\gamma_{Q_j}=1.4$,但风荷载的分项系数取 $\gamma_{Q_j}=1.1$;

Q_{jk}、Q_{jd}——在作用组合中除汽车荷载(含汽车冲击力、离心力)外的其他第 j 个可变作用的标准值和设计值;

ψ_c——在作用组合中除汽车荷载(含汽车冲击力、离心力)外的其他可变作用的组合值系数,取 $\psi_c=0.75$;

$\psi_c Q_{jk}$——在作用组合中除汽车荷载(含汽车冲击力、离心力)外的第 j 个可变作用的组合值;

γ_{L_j}——第 j 个可变作用的结构设计使用年限荷载调整系数。公路桥涵结构的设计使用年限按现行《公路工程技术标准》(JTG B01)取值时,可变作用的设计使用年限荷载调整系数取 $\gamma_{L_j}=1.0$;否则,γ_{L_j} 取值应按专题研究确定。

②当作用与作用效应可按线性关系考虑时,作用基本组合的效应设计值 S 可通过作用效应代数相加计算。

③设计弯桥时,当离心力与制动力同时参与组合时,制动力标准值或设计值按70%取用。

永久作用的分项系数 表1-12

序号	作用类别		永久作用分项系数	
			对结构的承载能力不利时	对结构的承载能力有利时
1	混凝土和圬工结构重力(包括结构附加重力)		1.2	1.0
	钢结构重力(包括结构附加重力)		1.1 或 1.2	
2	预加力		1.2	1.0
3	土的重力		1.2	1.0
4	混凝土的收缩及徐变作用		1.0	1.0
5	土侧压力		1.4	1.0
6	水的浮力		1.0	1.0
7	基础变位作用	混凝土和圬工结构	0.5	0.5
		钢结构	1.0	1.0

注:本表序号1中,当钢桥采用钢桥面板时,永久作用分项系数取1.1;当采用混凝土桥面板时,取1.2。

(2)偶然组合

偶然组合(accidental combination of actions):承载能力极限状态设计时,永久作用标准值与可变作用某种代表值、一种偶然作用设计值相组合;与偶然作用同时出现的可变作用,可根据观测资料和工程经验取频遇值或准永久值。

①作用偶然组合的效应设计值,可按式(1-7)计算。

$$S_{ad}=S\left(\sum_{i=1}^{m}G_{ik},A_{d},(\psi_{f1}\text{或}\psi_{q1})Q_{1k},\sum_{j=2}^{n}\psi_{qj}Q_{jk}\right) \tag{1-7}$$

式中:S_{ad}——承载能力极限状态下作用偶然组合的效应设计值;

A_d——偶然作用的设计值;

ψ_{f1}——汽车荷载(含汽车冲击力、离心力)的频遇值系数,取 $\psi_{f1}=0.7$;当某个可变作用在组合中其效应值超过汽车荷载效应时,则该作用取代汽车荷载,人群荷载 $\psi_f = 1.0$,风荷载 $\psi_f = 0.75$,温度梯度作用 $\psi_f = 0.8$,其他作用 $\psi_f = 1.0$;

$\psi_{f1} Q_{1k}$——汽车荷载的频遇值;

ψ_{q1}, ψ_{qj}——第1个和第j个可变作用的准永久值系数,汽车荷载(含汽车冲击力、离心力) $\psi_q = 0.4$,人群荷载 $\psi_q = 0.4$,风荷载 $\psi_q = 0.75$,温度梯度作用 $\psi_q = 0.8$,其他作用 $\psi_q = 1.0$;

$\psi_{q1} Q_{1k}, \psi_{qj} Q_{jk}$——第1个和第$j$个可变作用的准永久值。

②当作用与作用效应可按线性关系考虑时,作用偶然组合的效应设计值 S_{ad} 可通过作用效应代数相加计算。

(3)地震组合

地震组合的效应设计值应按《桥梁抗震规范》(JTG/T 2231-01—2020)的有关规定计算。

5. 正常使用极限状态设计的作用组合

公路桥梁按正常使用极限状态设计时,应根据不同的设计要求,采用作用的频遇组合或准永久组合。

(1)频遇组合

频遇组合(frequent combination of actions):正常使用极限状态设计时,永久作用标准值与主导可变作用频遇值、伴随可变作用准永久值的组合。主导可变作用通常为汽车荷载。

①作用频遇组合的效应设计值可按式(1-8)计算。

$$S_{fd} = S\left(\sum_{i=1}^{m} G_{ik}, \psi_{f1} Q_{1k}, \sum_{j=2}^{n} \psi_{qj} Q_{jk}\right) \tag{1-8}$$

式中:S_{fd}——作用频遇组合的效应设计值;

ψ_{f1}——汽车荷载(不计汽车冲击力)频遇值系数,取 $\psi_{f1} = 0.7$。

②当作用与作用效应可按线性关系考虑时,作用频遇组合的效应设计值 S_{fd} 可通过线性代数相加计算。

(2)准永久组合

准永久组合(quasi-permanent combination of actions):正常使用极限状态设计时,永久作用标准值与可变作用准永久值相组合。

①作用准永久组合的效应设计值可按式(1-9)计算。

$$S_{qd} = S\left(\sum_{i=1}^{m} G_{ik}, \sum_{j=1}^{n} \psi_{qj} Q_{jk}\right) \tag{1-9}$$

式中:S_{qd}——作用准永久组合的效应设计值;

ψ_{qj}——汽车荷载(不计汽车冲击力)准永久值系数,取 $\psi_{qj} = 0.4$。

②当作用与作用效应可按线性关系考虑时,作用准永久组合的效应设计值 S_{qd} 可通过作用效应代数相加计算。

公路桥涵结构设计计算中的作用效应组合的规定详见《公桥通规》(JTG D60—2015),"结构设计原理"[13]课程中也有详细介绍。

6. 算例

例题1-1：某二级公路上标准跨径为30m、计算跨径为28.90m的装配式预应力混凝土简支梁桥，横桥向由5片主梁组成。已知1号边主梁的内力值最大，只考虑结构重力、汽车荷载和人群荷载时的计算结果汇总在表1-13中。请完成作用效应基本组合、频遇组合和准永久组合。

内 力 计 算 结 果　　　　　　　　　　　　　　　　表1-13

荷 载 类 别	弯矩(kN·m)		剪力(kN)	
	梁端	跨中	梁端	跨中
结构重力	0.0	3798.12	525.69	0.0
汽车荷载	0.0	2073.65	257.54	139.66
不计冲击力的汽车荷载	0.0	1639.25	203.59	110.40
人群荷载	0.0	186.04	31.07	6.43

解：(1) 作用效应基本组合，用于极限承载力计算，采用式(1-6a)进行组合：

$$S_{ud} = \gamma_0 S\left(\sum_{i=1}^{m}\gamma_{G_i}G_{ik}, \gamma_{Q_1}\gamma_L Q_{1k}, \psi_c\sum_{j=2}^{n}\gamma_{L_j}\gamma_{Q_j}Q_{jk}\right)$$

其中，γ_0的取值先查表1-2，可知该桥为中桥，再查表1-11，取结构重要性系数$\gamma_0 = 1.1$。γ_{G_i}为第i个永久作用的分项系数，本例中只有结构的自重，按表1-12的规定，取1.2；γ_{Q_1}为汽车荷载(含汽车冲击力、离心力)的分项数，这里是针对主梁的计算，采用车道荷载，取$\gamma_{Q_1} = 1.4$；本例中的人群荷载，是汽车荷载(含汽车冲击力、离心力)外的其他可变作用，其组合值系数$\psi_c = 0.75$。

对于弯矩和剪力，分别将表1-13中的永久作用标准值G_{ik}代入，则得：

跨中弯矩

$$\begin{aligned}M_c &= \gamma_0(1.2M_{cg} + 1.4M_{cq} + 0.75\times1.4\times M_r) \\ &= 1.1\times(1.2\times3798.12 + 1.4\times2073.65 + 0.75\times1.4\times186.04) \\ &= 8421.82(kN\cdot m)\end{aligned}$$

梁端剪力

$$\begin{aligned}Q_0 &= \gamma_0(1.2Q_{0g} + 1.4Q_{0q} + 0.75\times1.4\times Q_r) \\ &= 1.1\times(1.2\times525.69 + 1.4\times257.54 + 0.75\times1.4\times31.07) \\ &= 1126.41(kN)\end{aligned}$$

(2) 作用频遇组合，用于正常使用极限状态设计，采用式(1-8)进行组合：

$$S_{fd} = S\left(\sum_{i=1}^{m}G_{ik}, \psi_{f1}Q_{1k}, \sum_{j=2}^{n}\psi_{qj}Q_{jk}\right)$$

其中，整个组合效应没有重要性系数，自重不乘以分项放大系数，汽车荷载(不计汽车冲击力)频遇值系数，取$\psi_{f1} = 0.7$；人群荷载$\psi_f = 0.4$。将表1-13中的跨中弯矩和梁端剪力代入，可得：

跨中弯矩

$$M_c = M_{cg} + 0.7M_{cq} + 0.4M_r$$
$$= 3798.12 + 0.7 \times 1639.25 + 0.4 \times 186.04$$
$$= 5020.01(kN \cdot m)$$

梁端剪力

$$Q_0 = Q_{0g} + 0.7Q_{0q} + 0.4Q_r$$
$$= 525.69 + 0.7 \times 203.59 + 0.4 \times 31.07$$
$$= 680.63(kN)$$

(3) 作用准永久组合也是用于正常使用极限状态设计，主要控制结构长期荷载作用下的挠度等，按式(1-9)进行组合：

$$S_{qd} = S\left(\sum_{i=1}^{m} G_{ik}, \sum_{j=1}^{n} \psi_{qj} Q_{jk}\right)$$

其中，汽车荷载（不计汽车冲击力），其准永久值系数 $\psi_{qj} = 0.4$。将表1-13中的跨中弯矩和梁端剪力代入，可得：

跨中弯矩

$$M_c = M_{cg} + 0.4M_{cq} + 0.4M_r$$
$$= 3798.12 + 0.4 \times 1639.25 + 0.4 \times 186.04$$
$$= 4528.24(kN \cdot m)$$

梁端剪力

$$Q_0 = Q_{0g} + 0.4Q_{0q} + 0.4Q_r$$
$$= 525.69 + 0.4 \times 203.59 + 0.4 \times 31.07$$
$$= 619.55(kN)$$

【复习思考题与习题】

1-1 桥梁由哪些部分组成，各部分的功能是什么？列举几座你见过的桥梁的组成部分。

1-2 熟悉桥梁的主要名词术语。除了课本介绍的外，你还知道哪些桥梁专业术语？

1-3 桥梁按上部结构可以分为哪几类？介绍你见过的不同类型的桥梁。

1-4 桥梁结构类型是如何发展的？以某一桥型为例，介绍其发展脉络。

1-5 桥梁按上部结构的主要材料可以分为哪几类？材料与结构类型之间有什么关系？桥梁技术的发展与材料的发展有什么关系？

1-6 桥梁受到的作用主要有哪些？

1-7 什么是基本可变作用和其他可变作用？

1-8 桥梁作用组合的原则是什么？哪些作用不进行组合？为什么？

1-9 简述公路桥梁设计的两种极限状态、三个安全等级、四种设计状况。

1-10 何为基本组合？什么时候要用基本组合？什么时候要用频遇组合？

1-11 某三级公路上标准跨径为13m、计算跨径为12.6m的装配式预应力混凝土简支空心板桥，横桥向由20片空心板组成。按双向两车道和四车道布置，得到最不利的荷载横向分布系数,考虑结构重力、汽车荷载和人群荷载时的最不利内力计算结果汇总在表 1-14 中。请完成作用效应基本组合、频遇组合和准永久组合。

内力计算结果 表 1-14

荷载类别	弯矩(kN·m)		剪力(kN)	
	梁端	跨中	梁端	跨中
结构重力	0.0	222.66	70.69	0.0
汽车荷载	0.0	172.69	257.54	142.51
不计冲击力的汽车荷载	0.0	131.32	203.59	108.38
人群荷载	0.0	13.40	31.07	3.19

1-12 计划修建一座跨河桥梁,桥轴线处的河床断面如图 1-40 所示。请提出三个桥梁设计方案。要求深水区 200m 范围内不设桥墩,三个方案的主跨结构形式不同。

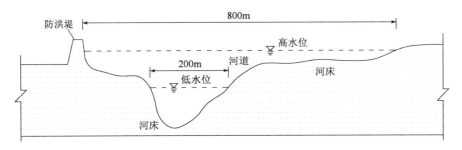

图 1-40 河床断面图

第二章 简支梁桥

简支梁(simply supported beam, simple beam)属于静定结构。简支梁桥受力明确、构造简单、施工方便,在中小跨度桥梁中应用广泛,是桥梁工程师应掌握的基本桥型。

简支梁按材料特性分类,主要有混凝土、钢、钢-混凝土组合简支梁。本章主要介绍混凝土简支梁,其他两种简支梁的简要介绍见第九章第四节。

第一节 混凝土简支梁构造

一、主要类型

混凝土简支梁根据其截面形式可分为板梁、肋梁和箱梁。有时将简支板梁桥简称为简支板桥,与简支梁桥并列。本书中除特别注明外,所述的简支梁桥均包含简支板桥。

混凝土简支梁可进一步分为钢筋混凝土简支梁和预应力混凝土简支梁。钢筋混凝土简支梁具有结构构造简单、施工方便、造价较低等特点,但其无法充分发挥材料性能且自重较大,跨越能力较小,主要用于中小跨径桥梁中,其经济合理跨径在13m以下。预应力混凝土简支梁,由于采用预应力技术,其材料性能得到充分发挥,与钢筋混凝土简支梁相比,可节省钢材,降低结构高度,增大跨越能力,其经济合理跨径在40m以下。

混凝土简支梁按施工方法,可分为整体现浇式和预制装配式两种。混凝土简支梁的施工将在第十章进行介绍。

混凝土板常用的截面有实心板(solid slab)和空心板(voided slab,hollow slab),分别见图2-1a)和图2-1b)。板是最简单的构造形式,施工方便,但截面效率不高,经济跨径较小。实心板大多是采用整体现浇法施工的钢筋混凝土结构;空心板截面效率较实心板高,大多采用预制装配法施工的钢筋混凝土结构或预应力混凝土结构。多格式板(cellular slab)为挖空率比较大的空心板,见图2-1c),在城市现浇桥梁中有所应用,但应用不多,有时也将其归入到箱形梁中。

肋梁又称为肋板梁(ribbed beam),最常用是T梁(T-shaped beam)。T梁的截面高度比板梁大,挖去大面积的下缘受拉区混凝土,从而提高截面效率,减轻自重,见图2-1d)。其施工方法以预制装配式为主,有钢筋混凝土结构,也有预应力混凝土结构。

箱梁(box girder),见图2-1e)和图2-1f)。箱形截面提供足以承受正、负弯矩的混凝土受压区,截面的抗弯能力和抗扭能力强,主要适用于跨径较大的预应力混凝土悬臂梁桥、连续梁桥和连续刚构桥等桥型,在简支梁中应用较少。图2-1e)有时称为小箱梁,它较之一般的箱梁,横桥向的箱梁片数较多,梁高较小,以预应力混凝土结构为主。小箱梁主要用于先简支后连续的公路桥梁中,有关小箱梁的介绍见第三章相关内容(图3-7和图3-8)。

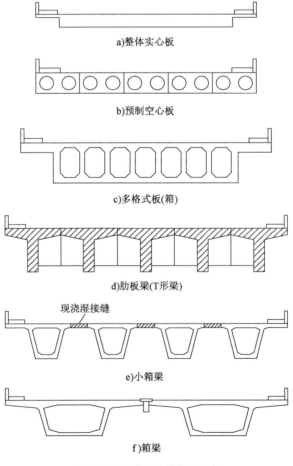

a)整体实心板

b)预制空心板

c)多格式板(箱)

d)肋板梁(T形梁)

e)小箱梁

f)箱梁

图2-1 梁桥常用的横截面形式

在简支梁中,主要采用的是板梁和T形梁,较少采用箱形截面。本节后面主要介绍板式截面和梁式截面这两种混凝土简支梁桥。当对抗扭受力或梁底美观要求较高时,如弯桥、斜桥或城市高架桥,有时会用多格式板(箱),它的受力性能与构造介于箱与空心板之间。

二、简支板

1. 概述

板桥的承重结构是矩形截面的钢筋混凝土板或预应力混凝土板,是所有桥梁结构中构造最简单的一种,具有建筑高度低和施工方便的优点。钢筋混凝土简支板的标准跨径不宜大于10m,预应力混凝土简支板的标准跨径不宜大于20m。

根据施工方法和截面横向是否分块,简支板可分为整体式现浇板(简称整体式板)、装配式预制板(简称装配式板)和预制-整体组合式板三种,见图2-2。其中,图2-2e)为预制-整体组合式板,它利用一些小型预制构件(倒T形)安装就位后作为底模,然后在其上现浇桥面混凝土结合成整体,具有施工简单和整体性较好的优点,但应用不是很多,不再介绍。后面主要介绍整体式板和装配式板。

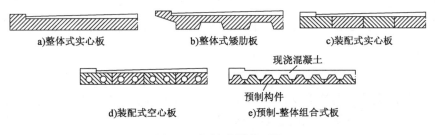

图2-2 公路板桥横截面图

2. 整体式板

整体式板一般采用等厚度的矩形截面[图2-2a)],多采用支架现浇施工。对截面高度要求不高的小跨径桥梁、桥宽突变呈异形块状或小半径弯曲的城市匝道桥,常采用整体式板结构。它构造简单,施工方便,且易于适应桥梁平面形状的复杂变化。

为减轻自重,可将整体式板的受拉区域适当挖空,形成矮肋式整体板,见图2-2b)。对于城市宽桥,常将板沿桥中线断开,将桥梁设计为结构分离的两个半幅桥,以减小整体式板的宽度,防止在横桥向温度变化、混凝土收缩作用下板内产生较大的拉应力而引起纵桥向开裂,并避免活载在板中产生过大的横向负弯矩、引起板的上缘纵桥向开裂。为减小墩台的宽度,可将人行道做成悬臂形式,从板的两侧挑出。

整体式板桥的跨径通常与板宽相差不大,故在车辆荷载作用下实际处于双向受力状态。因此,除配置纵向受力钢筋以外,还要在板内设置垂直于主筋的横向分布钢筋,一般在单位长度内不得小于单位板宽主钢筋面积的15%,其间距应不大于25cm。

考虑到当车辆荷载在靠近板边行驶时,参与受力的板宽要比中间的小,板两侧各1/6范围内的配筋应比中间2/3范围内按计算需要量进行的配筋增加15%。整体式板主拉应力较小,按计算可以不设置弯起的斜钢筋,但习惯上仍然将一部分主钢筋在跨径1/6~1/4处按30°或45°弯起。从力学性能分析,整体式板位于受拉区的混凝土材料,既不能发挥其强度作用,又增大结构的自重,从而影响其跨越能力。因此,整体式钢筋混凝土简支板桥的跨径一般在8m以下,板厚与跨径之比一般为 1/16～1/12。

图2-3为标准跨径6m、桥面净宽为8.5m的简支整体式板桥的钢筋构造,两边安全带宽0.25m,按公路—Ⅱ级汽车荷载设计。其计算跨径为5.69m,板厚32cm。纵向主筋采用直径20mm的HRB400钢筋,部分主筋在两端1/6～1/4跨径范围内呈30°弯起,分布钢筋为直径10mm的HPB300钢筋,按单位板宽主筋面积的15%配置。

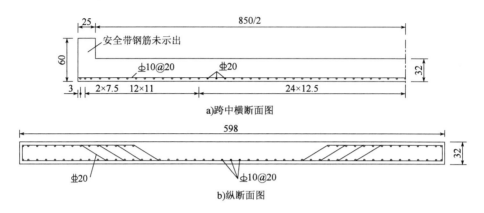

图2-3 整体式板桥钢筋构造(尺寸单位:cm;钢筋直径:mm)

3. 装配式板

(1)一般构造

装配式板桥的横截面形式有实心板和空心板。图2-2c)和图2-4为在小跨径(一般不超过8m)板桥中广泛使用的钢筋混凝土装配式实心板。

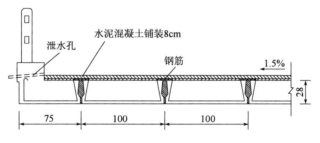

图2-4 装配式实心板桥构造(尺寸单位:cm)

为减轻自重和加大跨径,将横截面挖空,就成了空心板[图2-2d)]。空心板较同跨径的实心板重量轻,运输安装方便,而建筑高度又较同跨径的T形梁小,目前使用较为广泛。空心板的截面可以有不同的挖空形式,如单孔折线形、单孔圆端形、双孔圆形、双孔多边形等,如图2-5所示。挖成单个较宽的孔洞,其自重也最轻,挖空体积最大,但在顶板内要布置一定数量的横向受力钢筋。图2-5a)的顶板略呈微弯形,可以节省一些钢筋,但内模板的制作比图2-5b)的形式复杂。图2-5c)的空心板截面挖成两个正圆孔,当用无缝钢管作内模时施工方便,但其挖空体积较小。图2-5d)的内模由两个半圆及两块侧模板组成,对不同厚度的板只要更换两块侧模板就能形

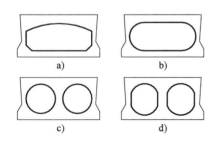

图2-5 空心板截面形式

成空形,这种截面形式的挖空体积较大,适用性也较好。

为使多个装配式板块组成整体,共同承受车辆荷载,必须在板块之间设置横向连接构造。常用的连接方法有企口混凝土铰接和钢板焊接连接,分别如图 2-6 和图 2-7 所示。在荷载作用下,它不是双向受力的整体宽板,而是一系列单向受力的板梁,板与板之间凭借连接处构造传递竖向剪力而共同受力,详见本章第二节的介绍。采用装配式板设计的板桥,不能直接采用整体现浇法施工,否则会在板条间出现纵桥向裂缝。

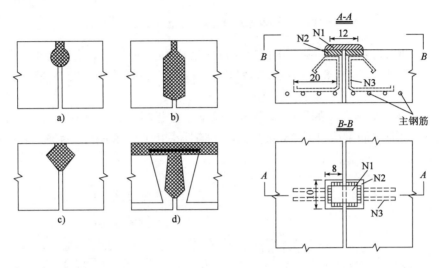

图 2-6　企口混凝土铰接　　图 2-7　钢板焊接连接构造(尺寸单位:cm)

装配式板的铰缝易出现开裂、剪力传递失效,造成单板受力等病害,已成为这类桥梁维修养护的难题。目前,在我国,关于这种桥型的使用范围、铰缝构造、维修加固等问题,已成为应用研究的热点之一。近年来,在北美,采用超高性能混凝土(UHPC)作为铰缝材料的应用得到较大的发展[14]。第九章第四节对超高性能混凝土进行简要介绍。

(2) 钢筋混凝土装配式板

装配式矩形实心板桥在低等级道路上应用较多。我国公路装配式钢筋混凝土实心矩形铰接板桥的标准跨径为 1.5m、2.0m、2.5m、3.0m、4.0m、5.0m 和 6.0m,板高变化范围为 0.16～0.32m,桥面净宽有净-7 和净-9 两种。实心矩形板桥具有形状简单、施工方便、建筑高度小等优点,容易得到推广使用。

图 2-8 为一座装配式钢筋混凝土矩形实心板桥的钢筋构造。桥面宽度为净-7,无人行道,板内钢筋均为直线钢筋,并配有由箍筋构成的钢筋骨架。

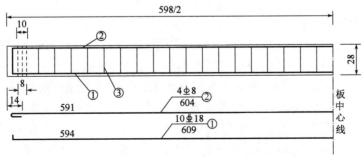

图　2-8

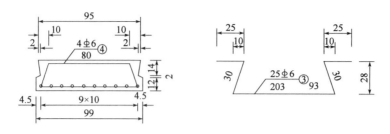

图 2-8 装配式实心板钢筋构造图(尺寸单位:cm;钢筋直径:mm)

当跨径较大时,将实心矩形截面中部挖空做成空心板。钢筋混凝土空心板常见的跨径范围为6～10m,板厚为0.4～0.8m。横桥向宽度一般取1.0m,为了便于安装,将其预制宽度取为99cm。

图 2-9 为一座跨径 8.0m 的装配式钢筋混凝土空心板桥的横断面构造图,设计荷载为公路—Ⅰ级荷载,纵向主筋采用直径 25mm 的钢筋,箍筋采用直径 8mm 的钢筋。其空心板中板的钢筋构造如图 2-10 所示。

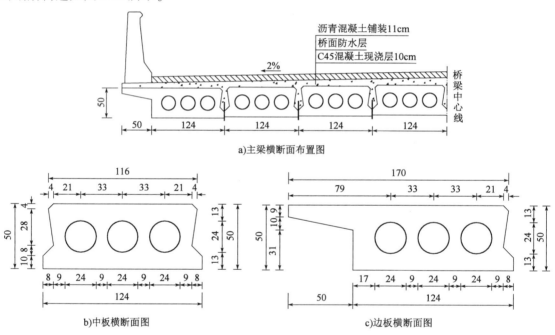

图 2-9 装配式钢筋混凝土空心板桥横断面构造图(尺寸单位:cm)

(3)装配式预应力混凝土板

预应力混凝土板主要用于装配式空心板,常用跨径范围为 10～20m,我国公路桥采用的标准跨径为 10m、13m、16m 和 20m,顶板和底板厚度不小于 80mm。

由《结构设计原理》[13]可知,预应力根据其施工方法可分为先张法(pre-tensioning method)和后张法(post-tensioning method)。装配式预应力混凝土板,同样可采用先张法和后张法。

先张法施工工序简单,预应力钢筋靠黏结力自锚,临时采用的固定锚具可以重复使用。当空心板跨径不大且片数较多时,适于采用先张法进行标准构件的批量生产。采用先张法施工,具有经济性良好和质量稳定的优点。如果单项工程中所用的空心板片数较少,距离预制厂较远,可采用后张法施工。

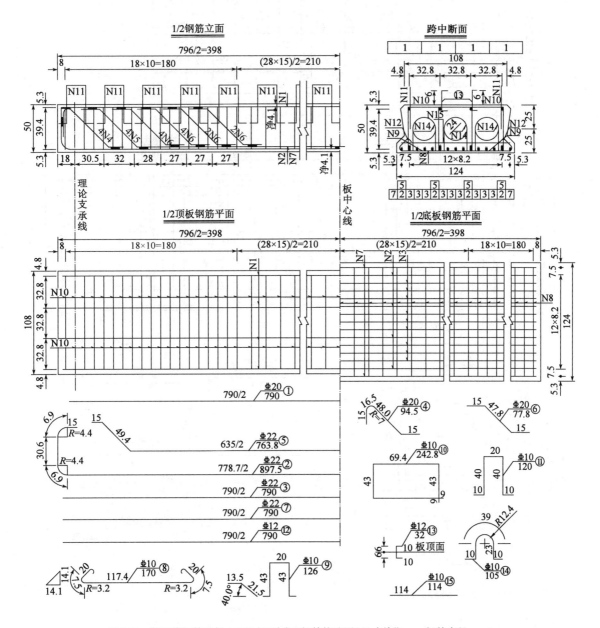

图 2-10 装配式钢筋混凝土空心板(中板)钢筋构造图(尺寸单位:cm;钢筋直径:mm)

图 2-11 为跨径 13m 的装配式预应力混凝土空心板的钢筋构造。采用预应力钢绞线作为主筋,预应力钢筋端部配置螺旋箍筋,以加强局部受力性能。由于支座附近的恒载弯矩极小,为了避免张拉预应力钢筋在板的上缘产生拉应力,将支座附近的一段预应力钢筋采用塑料管与混凝土隔离,使这一段的预应力失效。支点附近剪力较大,采用箍筋加密。

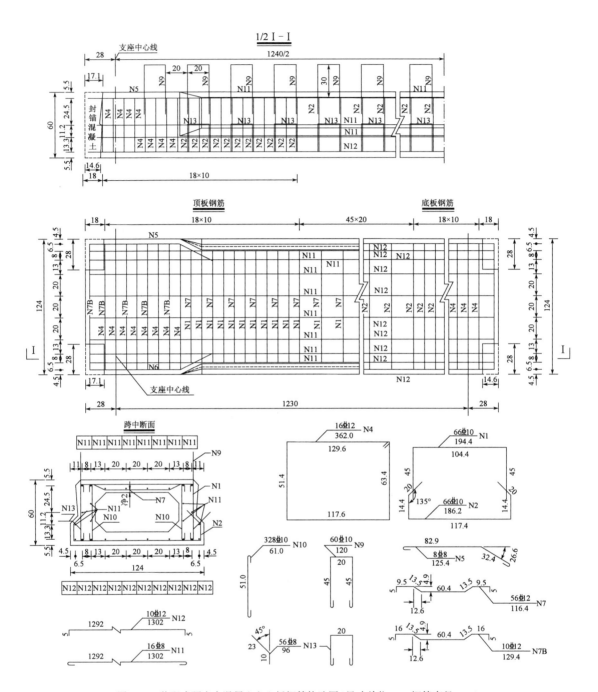

图 2-11 装配式预应力混凝土空心板钢筋构造图(尺寸单位:cm;钢筋直径:mm)

三、简支 T 梁

1. 概述

在横截面内形成具有肋形结构的梁称为肋板式梁。它的上翼板既是主梁的一个组成部分,参与纵桥的总体受力,又是桥面板,承受车辆、结构及其上面铺装层自重引起的横桥向弯矩。因此,肋板式梁材料作用得到充分的发挥(图 2-12),在中等跨径(16m 以上)简支梁桥广泛应用。

肋板式梁的截面形式以 T 形为主，简称 T 形梁或 T 梁，可采用整体现浇法或预制装配法施工，相应的桥梁也简称 T 梁桥。

整体现浇的 T 梁基本采用钢筋混凝土结构，横截面形式如图 2-12a) 所示。主梁高度通常为跨径的 1/16 ~ 1/8，梁肋尺寸可以根据钢筋混凝土材料用量最少的经济原则来确定。对于桥面净宽为净-7 的公路桥梁，只要建筑高度不受限制，以双主梁截面最为合理。主梁的间距可按桥梁全宽的 0.55 ~ 0.60 倍布置；在保证抗剪性能和稳定的条件下，主梁的肋宽一般为梁高的 1/7 ~ 1/6，但不应小于 16cm，以便于浇筑混凝土；当肋宽有变化时，其过渡段长度不小于 12 倍肋宽。

装配式 T 梁桥以多梁式结构为主，可以采用钢筋混凝土结构或者预应力混凝土结构，其横截面形状如图 2-12b) 所示，空间结构如图 2-13 所示。在每一预制 T 梁上通常沿梁纵向设置若干片横隔板(梁)，待 T 梁安装就位后再将横隔板(梁)相互连接，使各主梁连接成整体，从而使作用在桥面上的车辆荷载能由多片主梁共同承受。我国已制定标准跨径分别为 10m、13m、16m 和 20m 的公路钢筋混凝土 T 梁桥标准设计图和标准跨径 20m、25m、30m、35m 和 40m 的公路预应力混凝土 T 梁桥标准设计图。

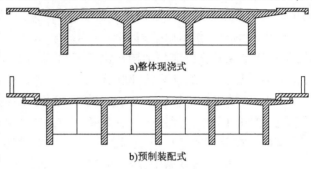

图 2-12　公路 T 梁桥的横截面形式

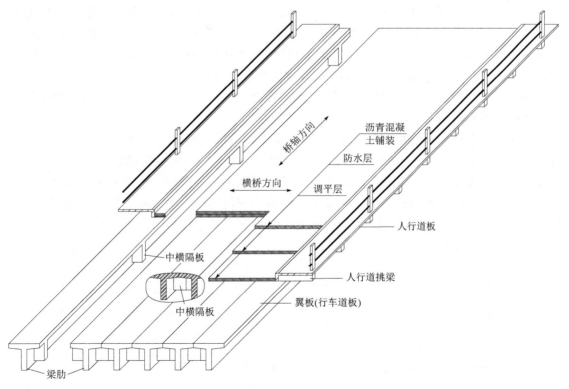

图 2-13　公路装配式 T 梁桥一般构造图

装配式T梁的主梁片数与间距布置是设计要考虑的一个主要问题。主梁间距一般为1.0~2.5m。主梁片数少,间距大;主梁片数多,则间距就小。当桥面宽度(含行车道宽度和人行道宽度)已知后,主梁片数或它的间距,会影响到材料的用量和构件吊装的重量。一般来说,若主梁高度不受限制,则适当加大主梁间距(减少主梁片数),梁肋材料用量会少些;但此时桥面板的跨径增大,悬臂翼缘板端部的荷载挠度较大,桥面接缝处可能产生纵向裂缝;同时,构件重量和尺寸的增大也会使运输和架设工作难度增大。

以桥宽为13.125m、跨径为40m的T梁为例,对采用6片T梁和5片T梁的布置形式进行对比分析[15]。其中,5片T梁断面通过增加翼缘板厚度(由16cm增大为20cm)、增加每片梁的预应力钢束用量来满足结构受力要求。比较结果表明,与6片T梁断面相比,5片T梁断面的混凝土及钢材用量可以节约10%~14.1%,相应造价也低11%。同时,从结构应力水平来看,与6片T梁的全预应力结构相比,5片T梁断面布置的主梁为部分预应力结构,可节省高强预应力钢材,但抗裂性略低、刚度略小,设计计算也略为复杂。

近年来,随着施工单位吊装能力的提高,装配式T梁的主梁间距有增大的趋势。与之相适应,主梁间通常采用焊接或现浇湿接头的方式连接。

横隔板在装配式T梁桥中起着保证各片主梁连成整体的作用。两支座处的横隔板必不可少,除此之外,一般在跨中、$L/4$和$3L/4$处还会布置3片,这样共有5片横隔板。跨径较大时,横隔板还可能加密。横隔板的刚度越大,桥梁的整体性越好,在荷载作用下各主梁能更好地共同工作。然而,设置横隔板使主梁的模板制作环节趋于复杂,完成横隔板的焊接接头施工也比较麻烦。因此,横隔板数量需要综合考虑。

横隔板设计中需要考虑的另一个重要问题,是其连接方式,目前常用的连接方式有两种,如图2-14所示。图2-14a)为钢板式接头构造,即在靠近横隔板下缘的两侧和顶部的翼板内,均预埋焊接钢板;将焊接钢板预先与横隔梁体内的受力钢筋焊接,以固定其位置;当T梁安装就位后,在预埋钢板上再加焊连接钢板,将各片T梁连成整体。为了简化接头的现场施工,可改用螺栓接头,为此预埋钢板和连接钢板上需预制螺栓孔。这种接头具有拼装迅速的优点,但也存在螺栓容易松动的不足。

目前工程上较多采用的是现浇连接方式,其构造如图2-14b)所示。用于连接横隔板间的现浇带宽度一般为0.45~0.60m,通过在现浇带中伸出预制横隔板的环状钢筋进行相互搭接,使相邻梁间横隔板连成整体。具体来说,先在横隔梁预制中预留钢筋扣环A,在相邻预制横隔板间所对应的扣环A两侧再安装上接头环扣B,在形成的圆环中插入短分布钢筋,最后现浇混凝土连成整体,因此这种接头也称为环扣式接头。这种接头形式与钢板式接头相比,施工较为复杂,但整体性及耐久性较好。

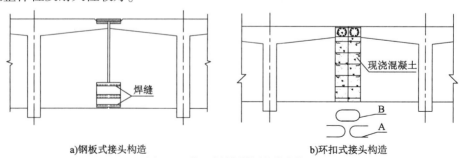

图2-14 装配式梁桥横隔板接头构造

有时采用少横隔板的结构,以简化施工。对于少横隔板的主梁,应在翼板上加设接头连接,并加强桥面铺装的构造连接,使横向连成整体。接头应有足够的强度以保证结构的整体性,并在运营过程中安全承受荷载的反复作用和冲击作用而不发生松动。常用的桥面板(翼缘板)横向连接有焊接接头和湿接接头。图2-15a)为焊接接头构造,翼缘板间用钢板连接,接缝处混凝土铺装层内放置上下两层钢筋网;图2-15b)为湿接接头构造,通过一定措施将翼缘板伸出钢筋连成整体,在接缝处混凝土铺装层内再增补适量加强钢筋。

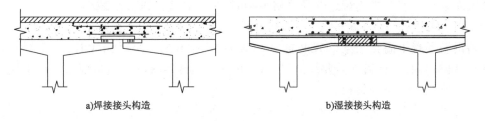

a)焊接接头构造　　　　　　b)湿接接头构造

图2-15　桥面板横向连接接头构造

当吊装能力较强时,肋板式梁还可采用双T梁截面,也称为Ⅱ形截面,如图2-16所示。双T梁的特点是:预制构件横向抗弯刚度大,堆放、装卸和安装时稳定性好,现浇湿接缝数量少,但构件制作较复杂。

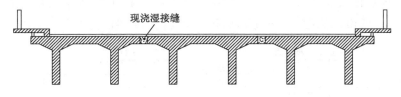

图2-16　双T梁横截面

肋板式梁有时也采用预制装配的槽形截面,如图2-17所示。它的特点与双T梁相似,但梁肋被分成两片薄的腹板,腹板间采用螺栓连接。腹板内通常用钢筋网来配筋,但难以做成刚度大的钢筋骨架。设计经验证明,跨度较大时槽形梁的混凝土和钢筋用量都比T梁大,而且构件较重,故槽形梁应用极少,且也仅用于6~12m的小跨径桥梁。

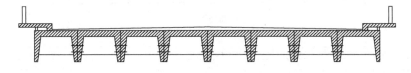

图2-17　槽形梁横截面

预制装配式梁的设计,在确定主梁片数、分块方式、结构类型(钢筋混凝土梁与预应力混凝土梁)之后,需要拟定梁的截面尺寸和配筋。截面尺寸包括梁高、梁肋厚度、马蹄尺寸和上翼缘板尺寸等。

2. 钢筋混凝土T梁

钢筋混凝土简支T梁可视为将矩形截面下半部分受拉区域中的肋间混凝土进行大面积的挖空,这样使得结构自重显著减轻,而由于混凝土材料的抗拉能力很弱、设计中不予考虑,梁的设计抗弯承载力不受影响,截面上的下缘抗拉由集中布置在梁肋下部的受拉钢筋承担。上翼缘板是主梁的重要组成部分,为主梁抗弯提供强大的纵桥向抗压能力,由于其梁高比板高,它与梁肋下部钢筋受拉所形成的力偶臂较大,因而 T 梁抗弯能力比板大,跨越能力也比板强。上翼缘板同时作为桥面板,提供行车平面,承受车轮荷载,承担横桥向的弯矩与剪力。

(1) 梁高

梁高的确定取决于经济性、梁重、建筑高度及桥下净空等因素,标准化设计还需要考虑梁的标准、模数化。公路钢筋混凝土简支梁桥的高跨比经济范围一般为 1/16～1/11,通常随着跨度增大而取较小值。当建筑高度受严格限制时,主梁高度可进一步减小。

(2) 梁肋厚度

公路钢筋混凝土简支 T 梁的梁肋宽度一般为 16～20cm。跨径稍大时,为布置受拉主钢筋,跨中区段梁肋的下缘通常需要加宽,形成马蹄形[见图 2-18a)的左半幅 1/2 跨中横断面],这种 T 梁的梁肋也常称为腹板。

梁肋对 T 梁抗弯承载力贡献不大,为减轻主梁重量,在满足受力与构造要求的前提下,梁肋厚度宜薄。但是如果梁肋厚度太薄,则可能不能满足抗剪承载力的要求,存在腹板失稳的风险,且使混凝土浇捣困难。同时,设计梁肋宽度时,还要考虑下缘主筋数量、直径、类型、排列、钢筋骨架片数以及规定的钢筋净距和混凝土保护层厚度等因素。

梁肋接近梁端时,为适应支座处主梁抵抗较大剪力的需要,通常加厚至与马蹄同宽[见图 2-18b)的右半幅 1/2 支点横断面]。梁端较宽梁肋与跨中段较窄梁肋之间应设过渡段[图 2-18b)中的 a 点和 b 点之间],过渡段长度不宜小于 12 倍的宽度差。

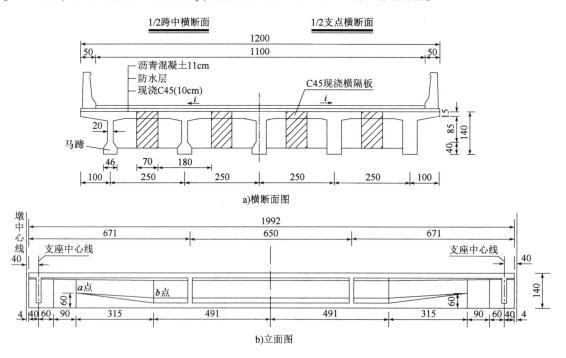

图 2-18 跨径为 20m 的 T 梁一般构造图(尺寸单位:cm)

(3) 上翼板尺寸

主梁上翼板宽度应根据主梁间距而定,上翼板厚度应满足强度和构造最小尺寸的要求。根据受力特点,上翼板通常设计成变厚度的形式,即端部较薄,向根部逐渐加厚。当预制 T 形截面梁之间采用横向整体现浇连接时,其悬臂端厚度不应小于140mm。与腹板相连处的翼缘厚度,不应小于梁高的1/10,当该处设有承托时,翼缘厚度可计入承托加厚部分厚度;当承托底坡的 $\tan\alpha > 1/3$ 时,取 $1/3$。

(4) 钢筋构造

钢筋混凝土梁的体内钢筋可分为两大类:一类是根据受力要求,通过计算确定的"受力钢筋",主要指沿梁轴方向布置的、承受弯曲拉应力的主筋,以及承受腹板内主拉应力的斜筋和箍筋;另一类是根据构造要求布置的钢筋,称为"构造钢筋",其中包括制造时为便于钢筋骨架绑扎成型和固定主要钢筋位置的"架立筋",以及难以通过计算确定而凭经验设置的辅助钢筋。

图2-18为跨径20m的T梁一般构造图。预制梁的长度为19.92m,两边各留4cm,以避免预制正误差而无法安装。横桥向宽度为净 $-11+2\times0.5m$ 防撞护栏,全宽12m。横桥向采用5片T梁,每片宽1.8m。T梁高1.4m,高跨比为1/14.3。跨中段腹板厚度为20cm,马蹄宽为46cm,高40cm。距跨中491cm开始将梁肋加宽,经315cm加宽到马蹄同宽(48cm),以满足支点附近抗剪需要。图2-19为跨径20m的T梁梁肋钢筋构造图,纵向主筋采用5根直径25mm和2根直径12mm的钢筋,箍筋采用直径12mm的钢筋,间距为150mm,但支座附近由于剪力较大,箍筋需加密配置。

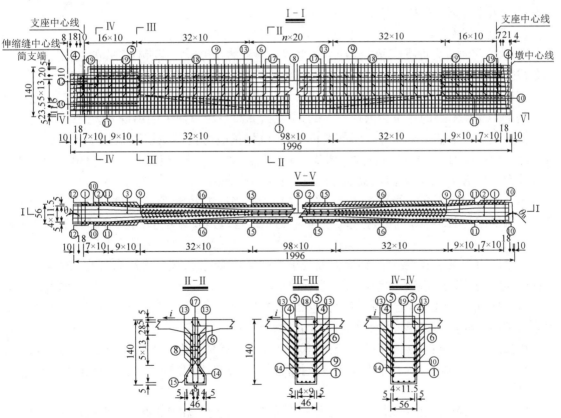

图2-19 跨径为20m的T梁梁肋钢筋构造图(尺寸单位:cm)

3. 预应力混凝土T梁

(1) 一般构造

我国已编制跨径20m、25m、30m和35m的公路预应力混凝土简支T梁标准图(后张法)。

图 2-20 给出跨径为 30m 的预应力混凝土简支 T 梁一般构造图。预应力混凝土 T 梁的外形、构造、块件划分方式等，与钢筋混凝土梁相似，但截面尺寸和高跨比均较同等跨径的钢筋混凝土梁减小。为了满足预应力钢筋的布置和承压要求，梁肋下部均加宽做成马蹄形；为配合预应力钢筋的弯起，在梁端需布置钢丝束锚头和安装张拉千斤顶，靠近支点处的腹板也均加厚至与梁肋下部同宽。

公路桥中的预应力混凝土 T 梁的高跨比，一般为 1/22～1/15。一般来说，跨度越大，梁的高跨比越小。

预应力混凝土 T 梁的梁肋厚度一般不得小于 16cm。当腹板内有竖向预应力钢筋时，腹板厚度不小于上下翼缘板梗腋之间腹板高度的 1/20；当无竖向预应力钢筋时，则不得小于 1/15。

马蹄尺寸主要取决于预应力钢筋的布置。为了获得较大的偏心距，预应力钢筋应尽量排列在马蹄内，并且靠近下端，紧凑对称于梁截面竖轴。混凝土保护层和钢丝束管道净距应符合有关的构造规定。梁肋尺寸的设计还应考虑到预应力张拉端锚头的布置以及在运输和架设过程中梁肋的稳定性要求。

主梁体内钢筋可分为预应力钢筋和非预应力钢筋两类。非预应力钢筋（包括非预应力受力钢筋和构造钢筋）的构造与普通钢筋混凝土梁中钢筋的构造基本相同，此处不赘述。以下主要说明预应力钢筋的构造特点。

(2) 预应力钢筋的纵向布置

图 2-21 是预应力混凝土梁中预应力钢筋纵向布置的几种形式。所有形式的共同之处是，主筋在跨中区段均靠近梁的下缘布置，以对混凝土梁下缘施加压应力来抵消荷载引起的拉应力。

直线布筋[图 2-21a)]构造简单，但仅适用于小跨度梁，尤其是采用先张法施工的梁。其缺点是主梁支点附近的上缘会出现较大的拉应力，张拉后架设前可能出现开裂。

为了减小梁端部由于预加力引起的负弯矩，可将预应力钢筋在横隔梁处平缓弯出梁体进行锚固，见图 2-21b)。这种布置的主要优点是主筋用量省，张拉摩阻力也小，但预应力钢筋没有充分发挥抗剪作用，且梁体在锚固处的受力和构造也较复杂。

当预应力钢束不多且能全部在梁端锚固时，为使张拉工序简便，通常将预应力钢筋全部弯起至梁端锚固[图 2-21c)]。这种布置的预应力钢筋弯起角 α 较小（一般在 20°以下），可减小摩阻损失。

当预应力钢束较多，或者当预应力混凝土梁高受到限制时，预应力钢筋可能无法全部在梁端锚固，必须将部分预应力钢筋锚固于梁顶[图 2-21d)]，但这种布置方式的张拉作业较为烦琐。由于预应力钢筋的弯起角 α 较大（达 25°～30°），增大摩阻引起的预应力损失，但能缩短预应力钢筋长度，节约钢材，对于提高主梁的抗剪能力也更有利。

在实际设计中，考虑到梁在跨中区段弯矩变化平缓且剪力也不大，故通常在三分点到四分点之间将预应力钢筋弯起。当然，预应力钢筋弯起后，截面必须满足承载能力极限状态设计的强度要求。

预应力钢筋弯起的曲线形状常见的有三种：圆弧形、抛物线和悬链线。当曲线的矢跨比较小时，三者的形状很接近。圆弧线施工放样方便，弯起角度较大，可得到较大的预压力，故通常在梁中部保持一段水平直线后，按圆弧弯起；采用悬链线的预应力钢筋可利用其自重下垂达到规定线形，定位方便，但它在端部的起弯角度较小。当采用钢丝束或钢绞线配筋时，预应力钢筋弯起的曲率半径一般不小于 4m。图 2-22 给出跨径 30m 预应力混凝土简支梁的预应力钢束立面布置图。

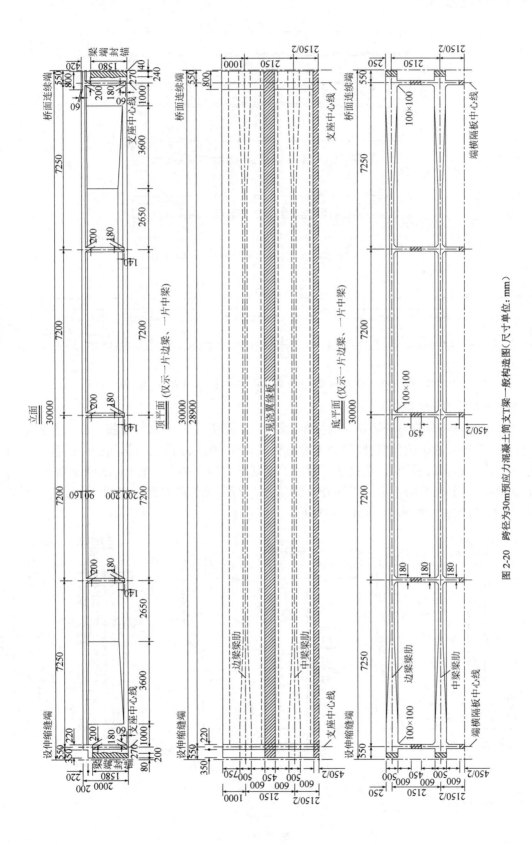

图 2-20 跨径为30m预应力混凝土简支T梁一般构造图（尺寸单位：mm）

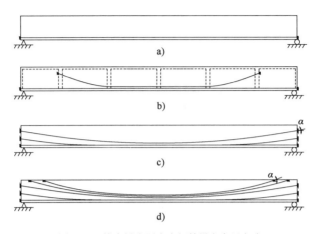

图 2-21 简支梁中预应力钢筋纵向布置方式

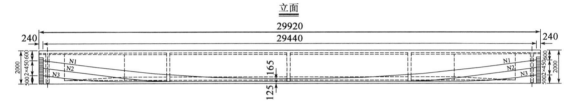

图 2-22 跨径 30m 预应力混凝土简支梁的预应力钢束立面布置图(尺寸单位:mm)

(3) 预应力钢筋的锚固

为了配合弯矩与剪力沿梁长度的分布,预应力 T 梁需要采用曲线配筋。当采用先张法施工时,需配备庞大的张拉台座,使得施工设备和工艺复杂化,故预应力钢筋的张拉较多采用后张法施工。在后张法锚固区,锚具垫板对端部混凝土有很大的压力作用,因承压面积不大,应力较为集中。因此,为防止锚具下混凝土劈裂,必须配置足够的钢筋予以加强。预应力混凝土 T 梁(后张法)的锚固区构造,如图 2-23 所示。

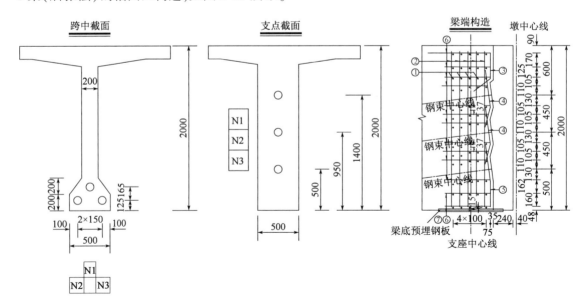

图 2-23

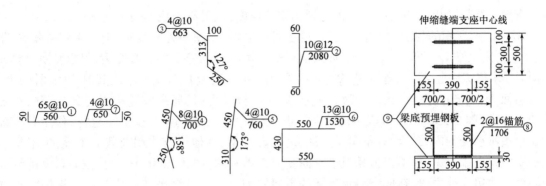

图 2-23　预应力混凝土 T 梁(后张法)锚固区构造(尺寸单位:mm)

总而言之,锚具在梁端的布置应遵循"分散、均匀"的原则,尽量减小局部应力。从力学性能的角度而言,集中且过大的锚具不如分散且小型的锚具有利;而从施工操作的角度而言,则反之。锚具应在梁端对称于竖轴布置,锚具之间应留有足够的净距,以便安装张拉设备和施工作业。

第二节　荷载横向分布计算

一、计算原理

简支梁桥的上部结构是以跨长方向(二维的梁结构)为主的三维空间受力结构。从材料力学、结构力学到结构设计原理,均以二维的梁结构为主要分析对象,现有桥梁设计规范也均以二维的梁结构为对象进行相关的规定。因此,在桥梁设计中,只有得到了各片主梁(或一定板宽的板条)、横梁(横隔板)的内力,才能按照桥梁设计规范进行结构的设计与验算。

对于桥梁的恒载,一般可以认为由上部结构横桥向均匀承担,采用均匀分配的方法。在考虑活载作用效应时,要建立荷载作用在任意位置时各主梁、横梁内力的计算方法,即简支梁桥的空间结构受力计算方法。虽然今天应用计算机可以方便求出在活载作用下各主梁内力,然而对桥梁空间受力的理解与掌握是桥梁技术人员所应具备的基本知识。因此,本节仍然对简支梁桥实用空间计算方法,即荷载(活载)横向分布(distribution of live load)计算方法,进行介绍。

荷载横向分布计算方法与上部结构的受力情况有关,而受力情况又与结构形式密切相关。

如图 2-24 所示的整体现浇实心板,设桥上某片主梁上(距中心线 y_0)、距梁端 x_0 处作用有荷载 P,即 $P(x_0, y_0)$。如果不考虑配筋引起的刚度变化,则可由古典弹性理论的各向同性板挠曲微分方程求解得到板的挠度。为便于工程应用,可将结果制成图表。由上节可知,对于实际的实心板,纵桥向板边缘的钢筋比中部配置得多些,但这对纵向受弯刚度的影响不大,可忽略不计,仍视为均匀。但纵桥向和横桥向的配筋差异较大,一般应考虑其对刚度的影响,因此它应视为两个方向异性(受弯刚度不同)的弹性薄板,即正交异性板。

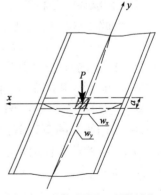

图 2-24　整体现浇实心板的活载横向分布计算原理

通过求解正交异性板的挠曲微分方程得到相应的挠度,也可制作成图表供实际应用。

如图 2-25 所示的装配式铰接空心板,设在某片空心板(图中为 5 号板)上作用有荷载 P(距中心线 y_0,距梁端 x_0),即 $P(x_0,y_0)$。如果没有横向联系,这片空心板单独受力,很容易由材料或结构力学求得梁中各截面的弯矩,最大弯矩在梁的作用点处,为 $P(l-x_0)x_0/l$,其中 l 为计算跨径。

然而,实际上相邻空心板间通过铰缝连接,5 号板受力后,通过铰缝将力传到相邻的 4 号板和 6 号板[图 2-25b)],4 号板再传给 3 号板,依次使 6 片板均参与受力。这样,作用着荷载的 5 号板所承受的内力并没有单梁受力那么大;反过来,其他没有作用荷载的主梁,也不是一点不受力。由于可见,单梁受力相对于共同受力是不利的。实际工程中,铰接空心板常因铰缝破坏而导致单板受力,是造成空心板破坏的主要原因之一。铰缝破坏也成为空心板桥病害整治、维修改造的重要内容。铰接板的荷载横向分布计算,常采用铰接板法。

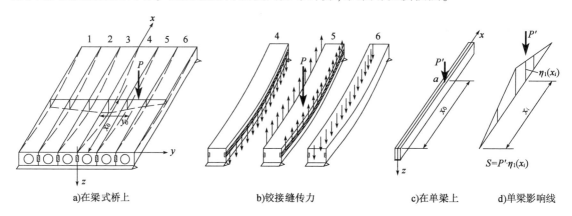

图 2-25 铰接板空间结构受力示意图

由于铰缝的作用,使某荷载作用下,各空心板都参与受力。为方便计算,取单位荷载,假定其作用下各梁、各截面的内力(如弯矩)组成一个可用 $\eta(x,y)$ 描述的空间曲面。在荷载 $P(x_0,y_0)$ 作用下,某梁某截面处的内力,可用其坐标 (x_i,y_i) 代入,求得其内力值 $S=P\cdot\eta(x_i,y_i)$。

然而,用影响面求解桥梁的最不利内力值时,由于力学计算模型复杂,手算困难且计算工作量大,需要通过有限元方法来计算。因此,希望能通过某种分析,将 $P(x_0,y_0)$ 分配到每根梁上,设第 i 根梁所分配的荷载为 P'_i,作用点也在距梁端 x_0 处,见图 2-25c)。之后就可以直接应用材料力学方法进行计算,见图 2-25d)。

实际上,铰接空心板的 $\eta(x_i,y_i)$ 空间曲面能够分离成两个单值函数的乘积,即 $\eta_1(x_i)\cdot\eta_2(y_i)$。因此,铰接空心板某片主梁某一截面 (x_i,y_i) 的内力值就可表示为:

$$S = P\cdot\eta(x_i,y_i) \approx P\cdot\eta_2(y_i)\cdot\eta_1(x_i) \tag{2-1}$$

式(2-1)中的 $\eta_1(x_i)$ 是距梁端 x_0 处单位集中力作用下第 i 根梁 x_i 截面的内力值,见图 2-25d),其计算相对简单。因此,求解式(2-1)的关键是求 $\eta_2(y_i)$。求出 $\eta_2(y_i)$ 后,可由 $P\cdot\eta_2(y_i)$ 求得图 2-25d)中的 P'_i,即第 i 根梁所分配的荷载。

实际结构所受的荷载不止一个,荷载作用在所求截面的纵向和横向位置均不同,但如果能求出各片主梁的荷载横向影响线,就可根据车辆最不利荷载位置,求得各片主梁分配到的横向荷载最大值 $m_{0q}\cdot P$,这里 m_{0q} 表示主梁在横向分配到的最大荷载比例,就是荷载(活载)横向分布系数(live-load distribution factor)。

跨径较大的简支梁桥,多采用肋梁桥,尤其以 T 梁为主。图 2-26 给出由 5 片 T 梁组成的简支梁桥上部结构的横断面。假定在某片主梁上(图中为中梁)作用有荷载 P。当主梁与主梁间没有任何联系时,如图 2-26a)所示,全桥中只有直接承载的中梁受力,该梁的荷载横向分布系数 $m=1$。显然这种结构形式整体性差,很不经济。

如果各主梁通过横隔梁和桥面刚性连接起来,并且设想横隔梁的刚度接近无穷大[图 2-26c)],则在同样的荷载 P 作用下,由于横隔梁无弯曲变形,因此 5 片主梁将共同参与受力。此时 5 片主梁的挠度均相等,荷载 P 由 5 片梁均匀分担,每片梁均承受 $P/5$,各梁的荷载横向分布系数 $m=0.2$。

一般混凝土梁桥实际构造情况是:各片主梁通过横向结构连成整体,但是横向结构的刚度并非无穷大。因此,在相同的荷载 P 作用下,各片主梁将按照某种复杂的规律变形,如图 2-26b)所示。此时中梁的挠度 w_b 必然要小于 w_a 而大于 w_c,设中梁所受的荷载为 mP,则其荷载横向分布系数 m 也必然小于 1 而大于 0.2。

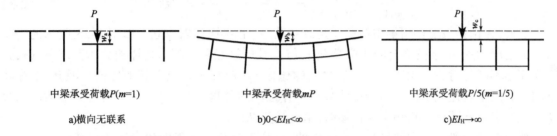

a)横向无联系   b)$0<EI_H<\infty$ c)$EI_H\to\infty$

图 2-26   不同横向刚度时多根 T 梁的变形和受力情况

由此可见,桥上荷载横向分布规律与结构的横向连接刚度有着密切关系,横向连接刚度越大,荷载横向分布作用越显著,各主梁分担的荷载也越趋均匀。

当荷载不作用在中梁时,空间受力情况见图 2-27。同样假定在某片主梁上作用有荷载 P(距中心线 y_0、距梁端 x_0),即 $P(x_0,y_0)$。由于梁与梁之间通过横隔板和上翼缘板连成整体,5 片 T 梁能共同受力。与铰接空心板相同,在计算单位集中力作用下某梁某截面的受力时,可以采用分离变量的方法,求其荷载横向分布系数 m_{0q}。计算 T 梁的荷载横向分布常用的有刚性横梁法、修正刚性横梁法、刚接板法、比拟正交异性板法等,详见后面的介绍。

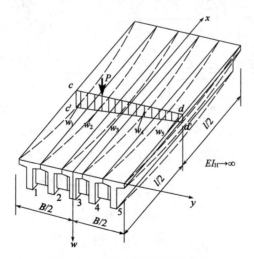

图 2-27   T 梁空间结构受力示意图

二、铰接板法

1. 半波正弦荷载作用下的铰接板受力分析

严格来说,把一个空间计算问题借助横向挠度分布规律简化为一个平面问题来处理,应当满足下述关系(以图 2-25 中 4、5 号板梁为例):

$$\frac{w_1(x)}{w_2(x)} = \frac{M_1(x)}{M_2(x)} = \frac{Q_1(x)}{Q_2(x)} = \frac{P_1(x)}{P_2(x)} = 常数 \qquad (2\text{-}2)$$

式(2-2)表明在桥上荷载作用下,任意两片板梁所分配的荷载比值、挠度的比值以及截面内力的比值均相同。对于每片板梁,有关系式 $M(x) = -EIw''$ 和 $Q(x) = -EIw'''$,代入式(2-2),并设 EI 为常量,则:

$$\frac{w_1(x)}{w_2(x)} = \frac{w''_1(x)}{w''_2(x)} = \frac{w'''_1(x)}{w'''_2(x)} = \frac{P_1(x)}{P_2(x)} = 常数 \qquad (2\text{-}3)$$

然而,无论是板上作用集中荷载还是分布荷载,上式均难以成立。以图 2-25 所示的铰接板受力情况为例,5 号板梁上的集中荷载 P 与 4 号板梁经竖向剪力传递的分布荷载 $g(x)$,是性质完全不同的荷载。无法讨论它们之间的比值 $p_1(x)/p_2(x)$ 或者其他比值。因此,上述将空间计算问题转化成平面问题的做法只是一种近似的处理方法。实际上,当荷载沿横向通过桥面板和多片横隔梁向相邻主梁传递时,情况是复杂的。

如果 5 号板梁上作用的是某一个特殊的、对跨中荷载具有很大代表性的荷载而不是集中荷载时,则情况就不同了。假定板梁上作用的是具有某一峰值为 p_0 的半波正弦荷载 $p(x) = p_0 \times \sin(\pi x/l)$($p_0$ 等于 1 时称为单位正弦荷载,如图 2-28 所示),根据其积分和求导的性质,板梁的挠度、弯矩、剪力也都是正弦函数 $\sin(\pi x/l)$ 或余弦函数 $\cos(\pi x/l)$,在式(2-5)中都被约简,所以两片板梁的各种比值都为常数,式(2-3)条件得到满足。

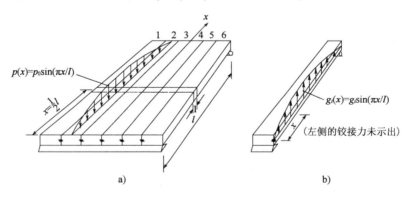

图 2-28 半波正弦荷载作用下的铰接板桥受力图式

利用高等数学可将任意荷载转化成傅立叶(Fourier)级数。如均布荷载 q 可用正弦级数表达为:

$$p(x) = q = \frac{4q}{\pi} \sum_{n=1,3,5,\cdots}^{\infty} \frac{1}{n} \sin \frac{n\pi x}{l} \qquad (2\text{-}4)$$

再如,距梁端 a 处的集中力 p,可用正弦级数表达为:

$$p(x) = \frac{2p}{l} \sum \sin \frac{n\pi a}{l} \sin \frac{n\pi x}{l} \qquad (2\text{-}5)$$

将上述以正弦级数表达的荷载,应用材料力学,可以求出以傅立叶(Fourier)级数表达的挠度、弯矩和剪力。分析表明,无论是均布荷载还是跨中作用集中荷载,即便只取级数的首项,即假定荷载为半波正弦荷载时,所求得的跨中挠度值也与理论解较为接近。因此,严格来说,对于在半波正弦荷载作用下的常截面简支梁桥,其主梁的内力分配与荷载的分配才是等值关系,才可以采用荷载横向分布的处理方法。

对于弯矩值,跨中作用集中荷载时,用半波正弦荷载计算所得的跨中弯矩值与理论解相差较大,达19.2%。但考虑到实际计算时有许多车轮沿桥跨分布,可使该误差进一步减少。因此,在铰接板法中,可采用半波正弦荷载来分析跨中荷载横向分布的规律。

2. 铰接板法的正则方程

当桥上主要作用竖向车轮荷载时,相邻两片板结合面上产生的内力,包括竖向剪力、横向弯矩、纵向剪力和法向力,与竖向剪力相比,纵向剪力和法向力的影响极小,可忽略不计。同时,铰接板的铰缝以传递剪力为主,抗弯刚度较弱,可视其为数片并列而相互间横向铰接的狭长板,横向弯矩对传递荷载的影响也可忽略。因此,可以假定铰接板在竖向荷载作用下铰缝内只传递竖向剪力。这就是横向铰接板(梁)计算理论的基本假定。

由图2-28可知,在正弦荷载$p(x) = p_0 \times \sin(\pi x/l)$作用下,各铰缝内也产生正弦分布的铰接力$g_i(x) = g_i \times \sin(\pi x/l)$。鉴于荷载、铰接力和挠度三者的协调性,为了研究各片板上的荷载分布规律,可取跨中单位长度的节段进行分析。此时,各板间铰接力可用正弦分布的铰接力峰值g_i来表示。

图2-29a)表示一座横向铰接板桥的横截面图,单位正弦荷载作用在1号板梁轴线上时,荷载在各条板梁内的横向分布力学计算模型如图2-29b)所示。

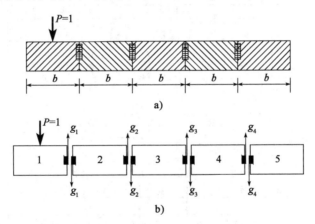

图2-29 铰接板桥力学计算模型

对于由n片板梁组成的桥梁,有$(n-1)$条铰缝。在板梁间沿铰缝切开,则每一铰缝内作用一对大小相等方向相反的正弦分布铰接力,对于n片板梁就有$(n-1)$个未知铰接力峰值g_i。当求得所有g_i时,则根据力的平衡原理,可得到分配到各板梁的竖向荷载峰值p_{i1},以图2-29b)所示的5片板为例,即:

$$\left. \begin{array}{ll} 1\text{号板} & p_{11} = 1 - g_1 \\ 2\text{号板} & p_{21} = g_1 - g_2 \\ 3\text{号板} & p_{31} = g_2 - g_3 \\ 4\text{号板} & p_{41} = g_3 - g_4 \\ 5\text{号板} & p_{51} = g_4 \end{array} \right\} \quad (2\text{-}6)$$

根据结构力学中的"力法"原理,可求解正弦分布的铰接力峰值 g_i。显然,对于具有 $(n-1)$ 个未知铰接力的超静定问题,总有 $(n-1)$ 条铰接缝,将每一铰缝切开形成基本体系,利用两相邻板块在铰接缝处的竖向相对位移为零的变形协调条件,便可解出全部铰接力的峰值。为此,对于图 2-29b) 的基本体系,可以列出 4 个正则方程,如下:

$$\left.\begin{array}{l}\delta_{11}g_1+\delta_{12}g_2+\delta_{13}g_3+\delta_{14}g_4+\delta_{1p}=0\\ \delta_{21}g_1+\delta_{22}g_2+\delta_{23}g_3+\delta_{24}g_4+\delta_{2p}=0\\ \delta_{31}g_1+\delta_{32}g_2+\delta_{33}g_3+\delta_{34}g_4+\delta_{3p}=0\\ \delta_{41}g_1+\delta_{42}g_2+\delta_{43}g_3+\delta_{44}g_4+\delta_{4p}=0\end{array}\right\} \quad (2\text{-}7)$$

式中:δ_{ik}——在铰接缝 k 内作用单位正弦铰接力时,铰接缝 i 处产生的竖向相对位移;

δ_{ip}——外荷载 p 在铰接缝 i 处产生的竖向位移。

根据铰接板的受力,可以定出正则方程中的常系数 δ_{ik} 和 δ_{ip}。直接受荷载的 1 号板块处的荷载项系数为 −1,其余板块均为零。n 块板有 $(n-1)$ 个联立方程,求解出 $(n-1)$ 个 g_i,再按式(2-6) 得到荷载作用下分配到各板块的竖向荷载的峰值,进而求得各梁的荷载横向分布影响线和荷载横向分布系数。

3. 铰接板的荷载横向分布系数

图 2-30a) 表示荷载作用在 1 号板梁时,各片板梁的挠度和所分配的荷载图式。

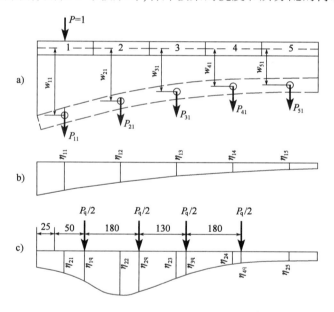

图 2-30 跨中荷载横向影响线

对于弹性板梁,荷载与挠度呈正比关系,即 $p_{i1}=\alpha_1 w_{i1}$。同理,$p_{1i}=\alpha_2 w_{1i}$。由变位互等定理 $w_{i1}=w_{1i}$,以及每块板梁的截面相同(比例常数 $\alpha_1=\alpha_2$),可得:

$$p_{1i}=p_{i1}$$

上式表明,单位荷载作用在 1 号板梁轴线时,任一板梁所分配的荷载等于单位荷载作用于任意板梁轴线时 1 号板梁所分配到的荷载。这就是 1 号板梁荷载横向影响线的竖标值,通常以 η_{1i} 来表示。最后,利用式(2-6),可得 1 号板梁荷载横向影响线的各竖标值为:

$$\left.\begin{aligned}\eta_{11} &= p_{11} = 1 - g_1 \\ \eta_{12} &= p_{21} = g_1 - g_2 \\ \eta_{13} &= p_{31} = g_2 - g_3 \\ \eta_{14} &= p_{41} = g_3 - g_4 \\ \eta_{15} &= p_{51} = g_4 \end{aligned}\right\} \quad (2\text{-}8)$$

把各个 η_{1i} 按比例描绘在相应板梁的轴线位置,用光滑的曲线(或近似用折线)连接这些竖标值点,便得 1 号板梁的荷载横向影响线,如图 2-30b)所示。同理,如将单位荷载作用在 2 号板梁轴线上,可求得 p_{i2},进而可得 η_{2i},如图 2-30c)所示。

得到跨中荷载横向影响线后,可计算出各类荷载的跨中荷载横向分布系数 m_c。由图 2-30c)可得,2 号板梁的跨中荷载横向分布系数 m_c 为:

$$m_c = \frac{P_q}{2}(\eta_{1q} + \eta_{2q} + \eta_{3q} + \eta_{4q})$$

由图 2-30b)可知,铰接板的荷载横向分布呈曲线分布,与刚性横梁法呈直线分布不同。接下来介绍的刚接梁法和比拟正交异性板法所得到的荷载横向分布一般也是曲线的。荷载横向分布呈直线是曲线分布的一种特例。

铰接板法除可用于铰接板外,还可用于不设中间横隔板、各梁之间翼缘板连接近似铰接的 T 梁桥。从图 2-31 的力学计算模型可知,在利用式(2-7)的正则方程求铰接力 g_i 时,除考虑 w 和 φ 的影响外,所有主系数 δ_{ii} 中还应计入 T 梁翼缘板悬臂端的弹性挠度 f[图 2-31c)和图 2-31d)],也称之为铰接梁法。

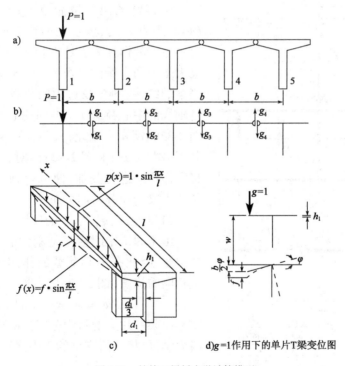

图 2-31 铰接 T 梁桥力学计算模型

三、刚性横梁法

由上节可知,常用的钢筋混凝土或预应力混凝土 T 梁桥,通常在两端、跨中和四分点等处设置横梁或横隔板(以下统称横梁),以提高结构的横向刚度和整体性。根据试验结果和理论分析,当宽跨比 B/L 小于或接近于 0.5(一般称为窄桥)时,在车辆荷载作用下,中间横梁的弹性挠曲变形小于主梁的弹性挠曲变形。中间横梁像一片刚度无穷大($EI_H \to \infty$)的刚性梁一样保持直线的形状,如图 2-27 所示,图中 w 表示梁的挠度。显然,这种结构的空间挠曲面 $w(x,y)$ 沿 x 轴的变化(即各片主梁的挠曲线)具有相同的规律,沿 y 轴的变化也具有相同的规律(成直线变化)。挠曲面变形可以分离成比铰接板更为简单的两个单值函数的乘积。

由于假定横梁刚度无限大,称此方法为"刚性横梁法"。从荷载作用下各主梁的变形规律来看,它类似于一般材料力学中杆件偏心受压的情况,故也称为"偏心压力法"。

1. 偏心荷载 P 对各主梁的荷载分布

从图 2-27 中可知,在偏心荷载 P 作用下,各片梁发生挠曲变形,刚性的中间横梁也从原来的 cd 位置变位至 $c'd'$,呈一根倾斜的直线;靠近 P 的 1 号边梁的跨中挠度 w_1 最大,远离 P 的 5 号边梁的跨中挠度 w_5 最小(可能出现负值),其他任意梁的跨中挠度均按 $c'd'$ 线呈直线规律分布。根据在弹性范围内,某片主梁所受到的荷载 R_i 与该荷载所产生的弹性挠度 w_i 成正比的原则,可以得出:在中间横梁刚度相当大的窄桥上,在横向偏心荷载作用下,总是靠近荷载一侧的边梁受载最大。

图 2-32 给出单位荷载 $P=1$ 作用在跨中截面(偏心距为 e)时,各主梁的荷载横向分布情况。假定各主梁的惯性矩 I_i 是不相等的(实践中往往有边梁大于中间主梁的情况)。对于具有近似刚性中间横梁的结构,图 2-32a)中的荷载可以等效为作用于桥轴线的中心荷载 $P=1$ 和偏心力矩 $M = 1 \cdot e$,如图 2-32b)所示。因此,只要分别求出在上述两种荷载下[图 2-32c)和图 2-32d)]对各主梁的作用力,并将它们相应进行叠加,便可得到偏心荷载 $P=1$ 对各片主梁的荷载横向分布。

(1)中心荷载 $P=1$ 的作用

由于假定中间横梁是刚性的,且横截面对称于桥中线,因此在中心荷载的作用下,各片主梁将产生相同的挠度[图 2-32c)],即:

$$w_1' = w_2' = \cdots = w_n' = w_i' \tag{2-9}$$

设某一片梁的跨中分担到的荷载为 R_i',根据材料力学,可将该简支梁的跨中挠度表示为:

$$w_i' = \frac{R_i' l^3}{48EI_i} \quad \text{或} \quad R_i' = \alpha I_i w_i' \tag{2-10}$$

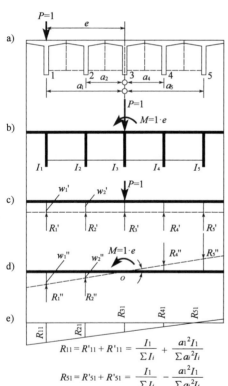

图 2-32 偏心荷载 $P=1$ 对各主梁的荷载分布图

式中：R_i'——第 i 片主梁分担到的荷载；

　　α——常数，$\alpha = \dfrac{48E}{l^3}$；

　　E——主梁材料的弹性模量。

将式(2-10)代入静力平衡方程，可得：

$$\sum_{i=1}^{n} R_i' = \alpha w_i' \sum_{i=1}^{n} I_i = 1$$

故：

$$\alpha w_i' = \dfrac{1}{\sum\limits_{i=1}^{n} I_i} \tag{2-11}$$

将上式代入式(2-10)，可得在中心荷载 $P = 1$ 作用下各片主梁的荷载分布为：

$$R_i' = \dfrac{I_i}{\sum\limits_{i=1}^{n} I_i} \tag{2-12}$$

例如，对于 1 号梁：

$$R_1' = \dfrac{I_1}{\sum\limits_{i=1}^{n} I_i}$$

式中：I_1——1 号梁（边梁）的抗弯惯性矩；

　　$\sum\limits_{i=1}^{n} I_i$——桥梁横截面内所有主梁抗弯惯性矩的总和，对于已经确定的桥梁横截面，它是常数；

　　n——主梁片数。

如果各片主梁的截面均相同，则得：

$$R_1' = R_2' = \cdots = R_n' = \dfrac{1}{n}$$

（2）偏心力矩 $M = 1 \cdot e$ 的作用

在偏心力矩 $M = 1 \cdot e$ 作用下，桥的横截面会绕中心点 o 产生转角 φ [图 2-32d)]。因此，各片主梁产生的竖向挠度 w_i''可表示为：

$$w_i'' = a_i \tan\varphi \tag{2-13}$$

式中：a_i——第 i 片主梁与桥梁中心点 o 的水平距离，左侧为正，右侧为负。

由式(2-10)可知，主梁所受荷载与挠度的关系为：

$$R_i'' = \alpha I_i w_i''$$

将式(2-13)代入上式得：

$$R_i'' = a_i I_i \alpha \tan\varphi \tag{2-14}$$

从图 2-32d)中可知，当不计主梁的抗扭作用时，R_i''对桥的截面中心点 o 所形成的反力矩之和应与外力矩 $M = 1 \cdot e$ 平衡，故利用式(2-14)可得：

$$\sum_{i=1}^{n} R_i'' \cdot a_i = \alpha \tan\varphi \sum_{i=1}^{n} a_i^2 I_i = 1 \cdot e$$

则：

$$\alpha \tan\varphi = \dfrac{e}{\sum\limits_{i=1}^{n} a_i^2 I_i} \tag{2-15}$$

式中，$\sum_{i=1}^{n} a_i^2 I_i = a_1^2 I_1 + a_2^2 I_2 + \cdots + a_n^2 I_n$，对于已经确定的桥梁截面，它是常数。

将式(2-15)代入式(2-14)，可得偏心力矩 $M = 1 \cdot e$ 作用下各主梁所分配的荷载为：

$$R''_i = \frac{e a_i I_i}{\sum_{i=1}^{n} a_i^2 I_i} \tag{2-16}$$

(3) 偏心荷载 $P = 1$ 对各主梁的总作用

将式(2-12)和式(2-16)相叠加，并设荷载位于 k 号梁轴上（$e = a_k$），便可得出 i 号主梁荷载分布的一般公式：

$$R_{ik} = \frac{I_i}{\sum_{i=1}^{n} I_i} + \frac{a_i a_k I_i}{\sum_{i=1}^{n} a_i^2 I_i} \tag{2-17}$$

式中，R_{ik} 的第 2 个脚标表示荷载作用位置，第 1 个脚标则表示由于该荷载引起反力的梁号。

注意，上式中的荷载位置 a_k 和梁位 a_i 位于同一侧时两者的乘积取正号，反之应取负号。

2. 利用荷载横向影响线求主梁的荷载横向分布系数

以上论述沿横桥向只有一个集中荷载作用的情况，然而实际桥梁沿桥宽方向所作用的车轮荷载不止一个。因此，为方便起见，通常利用荷载横向影响线来计算横向一排荷载对某片主梁的总影响。

单位荷载 $P = 1$ 作用在任意梁轴线上时，第 k 号梁所分配到的荷载为 R_{ki}，即为第 k 号梁的荷载横向分布系数，通常写成 η_{ki}。将各梁的 η_{ki} 连线形成荷载横向影响线。单位荷载 $P = 1$ 作用在桥跨中第 k 号梁轴线上，且荷载位置不变时，任意梁所分配到的荷载为 R_{ik}。由式(2-17)可知，R_{ki} 和 R_{ik} 存在如下关系：

$$\frac{R_{ik}}{I_i} = \frac{R_{ki}}{I_k}$$

所以：

$$\eta_{ki} = R_{ki} = R_{ik} \cdot \frac{I_k}{I_i} = \frac{I_k}{\sum_{i=1}^{n} I_i} + \frac{a_i a_k I_k}{\sum_{i=1}^{n} a_i^2 I_i} \tag{2-18}$$

这就是 k 号主梁的荷载横向影响线在各梁位处的竖标值。

如果各片主梁的截面尺寸相同，则：

$$\eta_{ki} = R_{ki} = R_{ik} = \frac{1}{n} + \frac{a_i a_k}{\sum_{i=1}^{n} a_i^2} \tag{2-19}$$

如以 1 号边梁为例，它的荷载横向影响线的两个控制竖标值就是：

$$\left. \begin{array}{l} \eta_{11} = R_{11} = \dfrac{I_1}{\sum_{i=1}^{n} I_i} + \dfrac{a_1^2 I_1}{\sum_{i=1}^{n} a_i^2 I_i} \\[3mm] \eta_{15} = R_{51} = \dfrac{I_1}{\sum_{i=1}^{n} I_i} - \dfrac{a_1^2 I_1}{\sum_{i=1}^{n} a_i^2 I_i} \end{array} \right\} \tag{2-20}$$

当各主梁的截面均相同时,上式可简化成:

$$\left.\begin{array}{l}\eta_{11} = \dfrac{1}{n} + \dfrac{a_1^2}{\sum\limits_{i=1}^{n} a_i^2} \\ \eta_{15} = \dfrac{1}{n} - \dfrac{a_1^2}{\sum\limits_{i=1}^{n} a_i^2}\end{array}\right\} \quad (2\text{-}21)$$

由于 R_{i1} 图形呈直线分布,即各梁挠度呈直线规律变化,故只需计算两片边梁的荷载值 R_{11} 和 R_{51} 就足够了。

得出荷载横向影响线,便可根据荷载沿横桥向作用于最不利位置来计算相应的荷载横向分布系数,从而求得其所受的最大荷载。

在使用中应注意:R_{ki} 与 R_{ik} 的关系;a_i 与 a_k 的符号;荷载横向分布影响线应呈直线分布,若不呈直线分布,则计算有误。

3. 算例

例题 2-1:有一计算跨径 $l = 28.90\text{m}$ 的预应力混凝土简支梁桥,设有刚度很大的横梁,桥梁横截面如图 2-33a)所示。当荷载位于跨中时,求 1 号边梁的荷载横向分布系数 m_{cq}(车辆荷载)和 m_{cr}(人群荷载)。

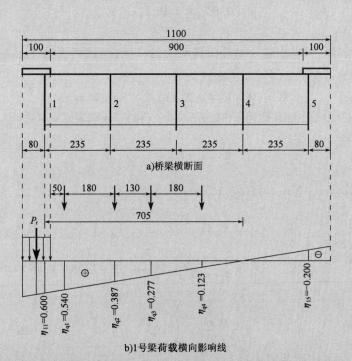

图 2-33 荷载横向分布系数计算图式(尺寸单位:cm)

解:此桥在跨度内设有横梁,具有强大的横向连接刚度,且承重结构的长宽比为:

$$\dfrac{l}{B} = \dfrac{28.90}{11.00} = 2.63 > 2$$

故可按刚性横梁法来绘制荷载横向影响线,并计算荷载横向分布系数 m_{cq}。

本桥各片主梁的横截面均大致相等,梁的片数 $n=5$,梁的间距为 2.35m,则:

$$\sum_{i=1}^{5} a_i^2 = a_1^2 + a_2^2 + a_3^2 + a_4^2 + a_5^2$$

$$= (2 \times 2.35)^2 + 2.35^2 + 0 + (-2.35)^2 + (-2 \times 2.35)^2 = 55.23 (m^2)$$

由式(2-19)可知,1 号梁荷载横向影响线的竖标值为:

$$\eta_{11} = \frac{1}{n} + \frac{a_1^2}{\sum_{i=1}^{n} a_i^2} = \frac{1}{5} + \frac{(2 \times 2.35)^2}{55.23} = 0.20 + 0.40 = 0.60$$

$$\eta_{15} = \frac{1}{n} - \frac{a_1^2}{\sum_{i=1}^{n} a_i^2} = 0.20 - 0.40 = -0.20$$

由 η_{11} 和 η_{15} 绘制的 1 号梁荷载横向影响线,见图 2-33b)。在图中按《公桥通规》(JTG D60—2015)规定确定了车辆荷载和人群荷载的最不利荷载位置。

可由 η_{11} 和 η_{15} 计算荷载横向影响线的零点位置。在本例中,设零点至 1 号梁位的距离为 x,则:

$$\frac{x}{0.60} = \frac{4 \times 2.35 - x}{0.2}$$

解得 $x = 7.05m$。

零点位置确定后,可求出各个荷载位置对应的荷载横向影响线竖标值 η_q 和 η_r。

设人行道路缘石至 1 号梁轴线的距离为 Δ,则:

$$\Delta = (9.00 - 4 \times 2.35)/2 = -0.2(m)$$

1 号梁的荷载横向分布系数可计算如下(以 x_{qi} 和 x_r 分别表示影响线零点至汽车车轮和人群荷载集度的横坐标距离):

车辆荷载

$$m_{cq} = \frac{1}{2} \sum \eta_q = \frac{1}{2} \cdot (\eta_{q1} + \eta_{q2} + \eta_{q3} + \eta_{q4})$$

$$= \frac{1}{2} \cdot \frac{\eta_{11}}{x}(x_{q1} + x_{q2} + x_{q3} + x_{q4})$$

$$= \frac{1}{2} \times \frac{0.60}{7.05} \times (6.35 + 4.55 + 3.25 + 1.45) = 0.664$$

人群荷载

$$m_{cr} = \eta = \frac{\eta_{11}}{x} \cdot x_r = \frac{0.60}{7.05} \times \left(7.05 + 0.8 - \frac{1.0}{2}\right) = 0.626$$

求得 1 号梁的各种荷载横向分布系数后,便可得到各类荷载分布至 1 号梁的最大荷载值。

四、其他方法

除铰接板法、刚性横梁法外,荷载横向分布计算方法还有杠杆法、修正刚性横梁法、刚接梁法、比拟正交异性板法等,每种方法各有不同的假定和适用范围。目前,桥梁的荷载横向分布多采用计算机直接计算。

1. 杠杆法

如果某座桥仅有双片主梁,或有多片主梁但桥面板直接简支在相邻的两片主梁上[图2-34a)],则刚性横梁法就退化为杠杆法。当荷载作用在支座附近两主梁之间时,无论桥面板是否简支于两主梁上,荷载基本上由相邻两主梁承担,也常用杠杆法计算荷载横向分布系数。

图2-34a)表示桥面板直接搁在工字形主梁上的装配式桥梁(实际上,早期有些桥梁如老式木结构桥、简易人行桥等都是如此)。当桥上有车辆荷载作用时,作用在左边悬臂板上的轮重$P_1/2$只传递到1号和2号梁,作用在中部简支板上的轮重只传给2号和3号梁[图2-34a)],板上的各个轮重$P_1/2$按简支梁反力的方式分配给左右两片主梁,而反力R_i的大小只要利用简支板的静力平衡条件即可求出,这就是通常所谓的作用力平衡的"杠杆原理"。如果主梁所支承的相邻两块板上都有荷载,则该梁所受的荷载是两个支承反力之和,如图2-34b)中2号梁所受的荷载为$R_2 = R'_2 + R''_2$。

为了求主梁所受的最大荷载,通常可利用反力影响线来进行,即计算荷载横向分布影响线,如图2-35所示。由于横向传力结构在跨长方向是相同的,因此对于某一片主梁而言,其荷载横向分布系数在全跨是一个常数值。

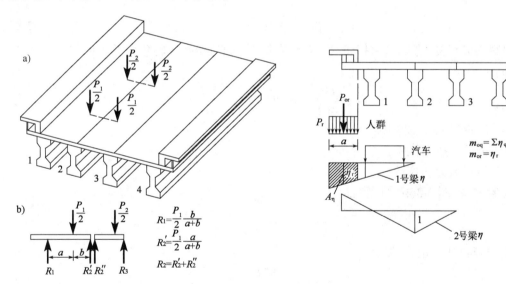

图2-34 按杠杆原理受力图式　　　　图2-35 按杠杆原理计算荷载横向分布系数

2. 修正刚性横梁法

前面介绍的刚性横梁法,其基本假定是:在车辆荷载作用下,中间横隔梁可近似看作一片刚度无穷大的刚性梁,横隔梁的挠曲呈直线分布;忽略主梁抗扭刚度的影响,即不计入主梁对横隔梁的抵抗扭矩。但实际上,横梁的刚度不可能是无穷大的,主梁的抗扭刚度在结构空间受力中也会起到一定的作用。上述的两个假定与实际结构的差异,使得刚性横梁法得到的边梁受力计算结果偏大。为了弥补这个不足,国内外广泛采用考虑主梁抗扭刚度的修正刚性横梁法。

刚性横梁法计算荷载横向影响线竖标(以1号边梁为例)的公式为:

$$\eta_{1i} = \frac{I_1}{\sum_{i=1}^{n} I_i} + \frac{a_i a_1 I_1}{\sum_{i=1}^{n} a_i^2 I_i} \tag{2-22}$$

上式等号右边第 1 项是由中心荷载 $P = 1$ 所引起,此时各主梁只发生挠度而无转动[图2-32c)],与主梁的抗扭无关。等号右边的第 2 项由偏心力矩 $M = 1 \cdot e$ 所引起,此时由于截面的转动,各主梁不仅发生竖向挠度,而且还引起扭转。可是等式中并没有考虑主梁的抗扭作用,因此需对等右边第 2 项进行修正。

当跨中垂直于桥轴平面内有外力矩 $M = 1 \cdot e$ 作用时(图2-36),每片主梁除产生不相同的挠度 w''_i 外,还产生一个相同的 φ 角转动[图2-36b)]。设荷载由跨中刚性横梁来传递,截出此横梁作为脱离体来分析,可得各片主梁对横梁的反作用为竖向力 R''_i 和扭矩 M_{Ti}[图2-36c)]。

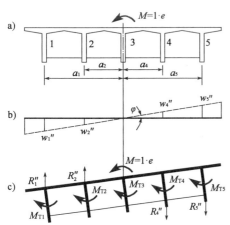

图 2-36 考虑主梁抗扭作用的计算图式

根据平衡条件:

$$\sum_{i=1}^{n} R''_i a_i + \sum_{i=1}^{n} M_{Ti} = 1 \cdot e \tag{2-23}$$

由材料力学可知,考虑自由扭转时,简支梁跨中截面扭矩与扭转角以及竖向力与挠度的关系分别为:

$$\varphi = \frac{l M_{Ti}}{4 G I_{Ti}} \quad \text{和} \quad w''_i = \frac{R''_i l^3}{48 E I_i} \tag{2-24}$$

式中:l——简支梁的计算跨径;

I_{Ti}——梁的抗扭惯性矩;

G——材料的剪切模量。

由几何关系[图2-36b)]可得:

$$\varphi \approx \tan\varphi = \frac{w''_i}{a_i}$$

将式(2-24)代入上式,则:

$$\varphi = \frac{R''_i l^3}{48 a_i E I_i} \tag{2-25}$$

再将上式代入与 M_{Ti} 的关系式,可得:

$$M_{Ti} = R''_i \cdot \frac{l^2 G I_{Ti}}{12 a_i E I_i} \tag{2-26}$$

为了计算任意 k 号梁的荷载,利用几何关系和式(2-24),则:

$$\frac{w''_i}{w''_k} = \frac{a_i}{a_k} = \frac{R''_i / I_i}{R''_k / I_k}$$

即得

$$R''_i = R''_k \frac{a_i I_i}{a_k I_k} \tag{2-27}$$

再将式(2-26)和式(2-27)代入平衡条件式(2-23),可得:

$$\sum_{i=1}^{n} R_k'' \frac{a_i^2 I_i}{a_k I_k} + \sum_{i=1}^{n} R_k'' \cdot \frac{a_i I_i}{a_k I_k} \cdot \frac{l^2 G I_{Ti}}{12 a_i E I_i} = e$$

$$R_k'' \cdot \frac{1}{a_k I_k} \left(\sum_{i=1}^{n} a_i^2 I_i + \frac{Gl^2}{12E} \sum_{i=1}^{n} I_{Ti} \right) = e$$

于是:

$$R_k'' = \frac{e a_k I_k}{\sum_{i=1}^{n} a_i^2 I_i + \frac{Gl^2}{12E} \sum_{i=1}^{n} I_{Ti}} = \frac{e a_k I_k}{\sum_{i=1}^{n} a_i^2 I_i} \cdot \frac{1}{1 + \frac{Gl^2}{12E} \cdot \frac{\sum_{i=1}^{n} I_{Ti}}{\sum_{i=1}^{n} a_i^2 I_i}} = \beta \frac{e a_k I_k}{\sum_{i=1}^{n} a_i^2 I_i} \quad (2\text{-}28)$$

最后,可得考虑主梁抗扭刚度后任意 k 号梁的荷载横向影响线竖标为:

$$\eta_{ki} = \frac{I_k}{\sum_{i=1}^{n} I_i} \pm \beta \frac{a_i a_k I_k}{\sum_{i=1}^{n} a_i^2 I_i} \quad (2\text{-}29)$$

式中:β——抗扭修正系数,与梁号无关,仅取决于结构的几何尺寸和材料特性。

$$\beta = \frac{1}{1 + \frac{Gl^2}{12E} \cdot \frac{\sum_{i=1}^{n} I_{Ti}}{\sum_{i=1}^{n} a_i^2 I_i}} < 1 \quad (2\text{-}30)$$

由此可见,与刚性横梁法公式不同点仅在于第 2 项上乘了小于 1 的抗扭修正系数 β,所以此方法被称为"修正刚性横梁法"。

对于简支梁桥,如果主梁的截面均相同,即 $I_i = I, I_{Ti} = I_T$,此时

$$\beta = \frac{1}{1 + \frac{Gl^2}{12EI} \cdot \frac{n I_T}{\sum_{i=1}^{n} a_i^2}}$$

对于由矩形组合而成的梁截面,如 T 形梁或 I 形梁,其抗扭惯性矩 I_T 近似等于各个矩形截面的抗扭惯性矩的总和。

修正刚性横梁法比刚性横梁法的计算精度要高,且更接近于真实值。无论是刚性横梁法,还是修正刚性横梁法,其主梁荷载横向分布影响线均为线性变化,修正刚性横梁法仅仅改变线性变化的斜率,而没有改变其线性变化的性质。当主梁的片数增多或者桥宽增加时,横梁与主梁的弯曲刚度比值减低,横梁不再能看作无限刚性。如用修正刚性横梁法计算仍会产生较大的误差,此时应采用刚接梁法计算。

3. 刚接梁法

对于翼板刚性连接的肋梁桥,只要在铰接板桥的计算理论基础上,在铰接缝处引入赘余弯矩 m_i,便可建立计入横向刚性连接特点的赘余力正则方程,从而求解各梁荷载横向分布的问题。故称该方法为刚接梁法。

图 2-37a)表示翼板刚性连接的 T 形简支梁桥的跨中横截面,设有一单位正弦荷载 $p(x) = 1 \cdot \sin(\pi x/l)$ 作用在 1 号梁的轴线上。在各板跨中央沿纵缝将板切开,并代以按正弦分布的赘余力素 $x_i \cdot \sin(\pi x/l)$(这里 $i = 1$、2 和 3 表示剪力,$i = 4$、5 和 6 表示弯矩,x_i 均为赘余力素在

梁跨中截面处的峰值),可得到计算刚接梁桥的基本体系,如图2-37b)所示。

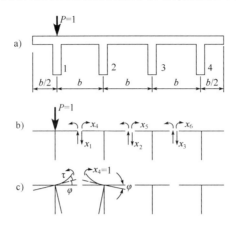

图2-37 刚接梁桥的力学计算模型

根据力学分析,正则方程中许多元素为零,实际的 $\boldsymbol{\delta}_{ij}$ 可表示为:

$$\boldsymbol{\delta}_{ij} = \begin{bmatrix} \delta_{11} & \delta_{12} & 0 & 0 & \delta_{15} & 0 \\ \delta_{21} & \delta_{22} & \delta_{23} & \delta_{24} & 0 & \delta_{26} \\ 0 & \delta_{32} & \delta_{33} & 0 & \delta_{35} & 0 \\ 0 & \delta_{42} & 0 & \delta_{44} & \delta_{45} & 0 \\ \delta_{51} & 0 & \delta_{53} & \delta_{54} & \delta_{55} & \delta_{56} \\ 0 & \delta_{62} & 0 & 0 & \delta_{65} & \delta_{66} \end{bmatrix}$$

荷载的横向分布分析与前面铰接梁桥一样,仍只考虑剪力 g_i 的影响,计算方法与过程前面相似。

4. 比拟正交异性板法

前面介绍的几种计算荷载横向分布系数的方法,都有一个共同的特点,就是把全桥视作由一系列并排放置的主梁所构成的梁格结构。各种方法的不同之处在于,根据各种不同桥梁结构的具体特点,对横向结构的连接刚度做不同程度的假设。然而,由于实际的混凝土梁式桥的结构多样性,对于与上述梁格力学计算模型差别较大的桥梁结构,这些方法还不足以反映其受力情况。例如,对于由主梁、连续的桥面板和多道横隔梁所组成的混凝土梁桥,当其宽跨比较大时,为了能比较精确地反映实际结构的受力情况,可把此类结构简化成为纵横相交的梁格系,然后按杆件系统的空间结构来求解。

这种结构可设法将其比拟简化为一块等厚的矩形弹性薄板,由于纵桥向与横桥向的构造不同,这两个方向的刚度是不同的,也就是一块各向异性板,与前面介绍的现浇整体板一样(图2-24),也可按古典弹性理论分析得到的计算图表,进行简化计算。这就是所谓的"比拟正交异性板法"或称为"G-M法"(Guyon-Massonet method)[16]。

"比拟正交异性板法"计算荷载横向分布系数的关键问题是如何将纵横相交的梁格系的梁桥(通常所说的肋梁桥)比拟成正交各向异性板。以图2-38为例进行简单说明。假设肋梁桥的主梁中心距离为 b,抗弯惯性矩为 I_x,抗扭惯性矩为 I_{Tx};横梁中心距离为 a,抗弯惯性矩为 I_y,抗扭惯性矩为 I_{Ty};同时梁肋间距 a、b 远小于桥跨宽度和长度,且桥面板与梁肋结合好。解决问题的关键是假想主梁的 I_x、I_{Tx} 平均分摊于宽度 b，横梁的 I_y、I_{Ty} 平均分摊于宽度 a，这样就把实际的纵横梁格系比拟成一块假想的平板。比拟板在 x、y 两个方向的换算厚度不同，在纵、横向每米宽截面抗弯惯性矩和抗扭惯性矩分别为：

$$\left.\begin{array}{l} J_x = \dfrac{I_x}{b}, J_{Tx} = \dfrac{I_{Tx}}{b} \\ J_y = \dfrac{I_y}{a}, J_{Ty} = \dfrac{I_{Ty}}{a} \end{array}\right\} \quad (2\text{-}31)$$

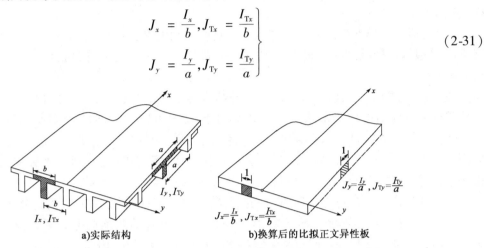

图 2-38　实际结构换算成比拟正交异性板的形式

可以证明，比拟后的正交异性板的挠曲面微分方程与正交异性板的方程在形式上完全一致，说明按纵横梁格系结构比拟成的正交异性板，可以完全按材料异性板来求解，区别只是方程中的刚度常数不同。

五、各种计算方法的基本假定与应用对象

在实际桥梁工程中，由于桥梁施工方法和构造的不同，梁式桥上部结构可能采用不同类型的横向结构。因此，为使荷载横向分布的计算能更好适应各种类型的结构特性，需要按不同的横向结构采用相应的简化计算模型。目前常用的荷载横向分布系数的计算方法有[2,16]：

（1）铰接板法——把相邻板之间视为铰接，只传递剪力，主要应用于铰接板桥。对于无中横隔板或横向联系较弱的 T 梁桥，各梁之间以上翼板连接为主，也可应用此方法，此时将相邻的梁之间的联系假定为铰接。

（2）刚接梁法——把相邻主梁之间视为刚性连接，不仅传递剪力，也传递弯矩，主要应用于横向联系较强的 T 梁桥。其计算方法是在铰接板法的基础上，在铰接缝处引入赘余弯矩 m_i 和相应的系数，通过赘余力正则方程来求解。

（3）刚性横梁法——把横隔梁视作刚度极大的梁，也称为偏心压力法，主要应用于横梁刚度较大（特别是窄桥）的梁桥。

（4）杠杆法——它是刚性横梁法的一种特例。杠杆法可用于双主梁桥、桥面板简支于主梁之上的多主梁梁桥或支点处主梁的荷载横向分布系数计算。

对于一般多梁式桥，不论跨度内有无中间横隔梁，当桥上荷载作用在靠近支点处时，例如当计算支点剪力时，绝大部分荷载通过相邻的主梁直接传递至墩台。从集中荷载直接作用在端横隔梁上的情形来看，虽然端横隔梁在几片主梁之间是连续的，但由于不考虑支座的弹性压缩和主梁本身的微小压缩变形，荷载将主要传递至两个相邻主梁支座，即连续端横隔梁的支点反力与多跨简支梁的反力相差不多。因此，在实践中人们习惯偏于安全地用杠杆原理法来计

算荷载位于靠近主梁支点时的荷载横向分布系数。

(5) 修正刚性横梁法——在刚性横梁法的基础上,计入主梁抗扭刚度影响,此方法又称为修正偏心压力法。主要用于横梁抗弯刚度大且主梁抗扭刚度也较大的情况,如主梁为箱梁、多格式箱梁等。

(6) 比拟正交异性板法——将主梁和横隔梁的刚度换算成两向刚度不同的比拟弹性平板来求解,并由实用的曲线图表进行荷载横向分布计算。主要用于横向联系较密、刚度较小(宽桥)的梁桥。

在上述六种方法中,前面五种均将上部结构考虑成由纵桥向的主受力结构通过横向联系连成整体的空间结构来计算,第六种方法则将上部结构考虑成双向受力的板来计算。

从荷载横向分布计算结果来看,刚性横梁法、修正刚性横梁法和杠杆法,均假定结构的横向刚度为无穷大,计算所得的荷载横向影响线为直线;而铰接板法、刚接梁法和比拟正交异性板法中,结构横向刚度有限,计算所得的荷载横向影响线一般为曲线。

以上各种实用的计算方法所具有的共同特点是:从分析桥上的荷载横向分布出发,求得各片主梁荷载横向分布影响线,通过横向最不利布载来计算荷载横向分布系数 m。得到作用于单梁上的最大荷载之后,就能按结构力学的方法求得主梁的可变作用效应值。

由于钢筋混凝土和预应力混凝土梁桥的永久作用一般比较大,即使在计算可变作用效应中会带来一些误差,但该误差对主梁总设计内力的影响一般不大。

六、荷载横向分布系数沿桥跨方向的变化

从前面的分析与算例可知,同一座桥梁内各片梁的荷载横向分布系数 m 是不相同的,不同类型的荷载(如车辆荷载、人群荷载)的 m 值也各不相同,而且荷载在梁上沿纵向的位置对 m 也有影响。本小节主要讨论荷载横向分布系数沿桥跨方向的变化,以及在实际应用时所采用的近似方法。

对于弯矩内力,支点处的荷载横向分布系数 m_0 可用"杠杆法"求得,跨中处的荷载横向分布系数 m_c 可用前述的其他方法求得,其他各处的荷载横向分布系数 m_x,可以用图 2-39 所示的近似处理方法来确定。对于中间无横隔梁或仅有一片横隔梁的情况,跨中部分用不变的 m_c,从距离支点 $l/4$ 处起至支点的区段内,m_x 呈直线形过渡至 m_0[图 2-39a)];对于有多片横隔梁的情况,m_c 从第一片内横隔梁起向支点 m_0 直线形过渡[图 2-39b)]。由图 2-39 可知,简支梁支点附近的荷载较跨中荷载对梁中弯矩值的影响小,所以支点附近的荷载横向分布系数对主梁弯矩值的影响也不大。在实际应用中,为了简化计算简支梁跨中最大弯矩,一般可按不变化的 m_c 来计算。

以上讨论的荷载横向分布实用计算方法,主要是以弯矩内力计算为主,只有"杠杆法"可以用于支座处的剪力荷载横向分布的计算。

对于跨中剪力来说,主梁的剪力影响面在纵横向完全异形,无法进行变量分离,也就难以得出一个简化的荷载横向分布系数。由于简支梁桥的剪力由支点截面控制,而支点附近的剪力荷载横向分布可以采用"杠杆原理法"计算,因此在实际应用中可以采用类似于弯矩横向分布的近似方法进行计算,如图 2-40 所示。

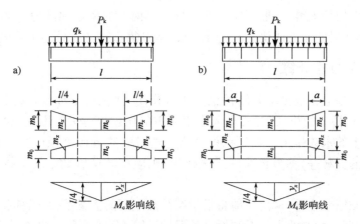

图 2-39 计算弯矩时荷载横向分布系数沿跨长的变化

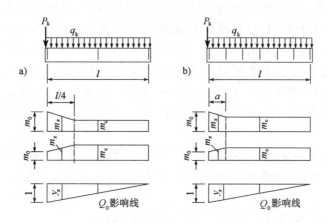

图 2-40 计算剪力时荷载横向分布系数沿跨长的变化

第三节 主梁内力与变形计算

对于简支梁桥的任意一片主梁,当得到永久作用和通过荷载横向分布系数求得的可变作用时,可按工程力学的方法计算主梁截面的内力(弯矩 M 和剪力 Q),然后按结构设计原理进行该主梁的设计和验算。

对于跨径在 10m 以内的小跨径混凝土简支梁(板)桥,通常只需计算跨中截面的最大弯矩、支点截面的剪力以及跨中截面的剪力。跨中与支点之间各截面的剪力可以近似按直线规律变化,而弯矩可假设按二次抛物线规律变化。以简支梁的一个支点为坐标原点,其弯矩变化规律即为:

$$M_x = \frac{4M_{max}}{l^2}x(l-x) \tag{2-32}$$

式中: M_x——主梁距离支点 x 处的截面弯矩值;

M_{max}——主梁跨中最大设计弯矩值;

l——主梁的计算跨径。

对于跨径较大的简支梁,一般还应计算四分点截面处的弯矩和剪力。如果主梁沿桥轴方向截面有变化,例如梁肋宽度或梁高有变化,则还应计算截面变化处的主梁内力。

一、永久作用效应计算

钢筋混凝土或预应力混凝土公路桥梁的永久作用,往往占全部设计荷载的比重很大(通常占60%～90%),桥梁的跨径越大,永久作用所占的比重也越大。因此,设计人员要准确计算出作用于桥梁上的永久作用。如果在设计之初通过一些近似途径(经验曲线、相近的标准设计或已建桥梁的资料等)估算桥梁的永久作用,则应按试算后确定的结构尺寸重新计算桥梁的永久作用。

在计算永久作用效应时,常简化地将沿桥跨分点作用的横梁重力、沿横桥向不等分布的铺装层重力,以及作用于两侧的人行道和栏杆等重力,均匀分摊给各主梁来承受。因此,对于等截面梁桥的主梁,其永久作用可简单地按均布荷载进行计算。如果需要精确计算,可根据桥梁的施工情况,将人行道、栏杆、灯柱和管道等重力,按可变作用的荷载横向分布规律进行分配。

对于组合式梁桥,应按实际施工组合的情况,分阶段计算其永久作用效应。

对于预应力混凝土简支梁桥,在施加预应力阶段,要利用梁体自重(或称为先期永久作用)来抵消钢丝束张拉力在梁体上翼板产生的拉应力。在此情况下,要将永久作用分为两个阶段(即先期永久作用和后期永久作用)来计算。在特殊情况下,永久作用可能还要分为更多阶段进行计算。

得到永久作用集度值g之后,可按材料力学公式,计算出主梁各截面的弯矩M和剪力Q。当永久作用分阶段计算时,应按各阶段的永久作用集度值g_i来计算主梁内力,以便进行内力或应力组合。

下面通过一个计算实例说明永久作用效应的计算方法。

例题 2-2:计算图 2-41 所示的标准跨径为 30m、结构计算跨径为 28.90m、由 5 片主梁组成的装配式预应力混凝土简支梁桥边主梁的永久作用效应。已知主梁混凝土重度取 25kN/m³、沥青混凝土重度取 23kN/m³、防水混凝土重度取 24kN/m³、每侧的栏杆及人行道构件的永久作用为 8kN/m。

解:(1)永久作用集度
主梁跨中截面面积:
$A_{l/2}$(面积) $= 0.16 \times 2.35 + (2 \times 0.6) \times (0.25 - 0.16)/2 + (0.2 + 0.4) \times 0.15/2 \times 2 +$
$\qquad 0.2 \times (2.0 - 0.16) = 0.888 (m^2)$

主梁支点截面面积:
$A_{支点}$(面积) $= 0.16 \times 2.35 + (2 \times 0.45) \times (0.227 - 0.16)/2 + 0.5 \times (2.0 - 0.16)$
$\qquad = 1.326 (m^2)$

主梁永久作用集度:
$g_1 = [0.888 \times (2.65 + 7.2) \times 2 + 1.326 \times 1.47 \times 2 + (0.888 + 1.326)/2 \times 3.6 \times 2] \times$
$\qquad 25.0/29.88 = 24.57 (kN/m)$

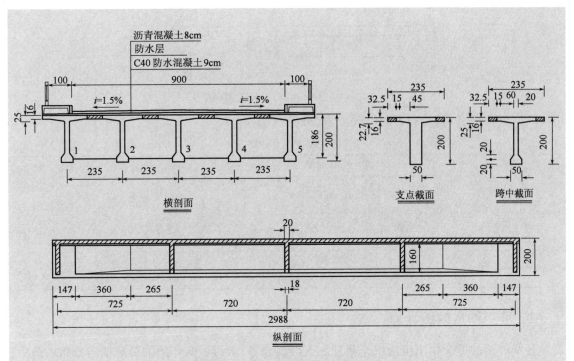

图 2-41 装配式预应力混凝土简支梁桥一般构造图(尺寸单位:cm)

边主梁横隔板永久作用集度:

$$g_2 = \left\{ \left[(1.86-0.16) \times \frac{2.35-0.2}{2} - 0.15 \times 0.2/2 - (0.25-0.16) \times 0.6/2 \right] \times \frac{0.2+0.18}{2} \times 5 \times 25.0 \right\} / 29.88 = 1.407 (\text{kN/m})$$

中主梁横隔板永久作用集度:

$$g'_2 = 2 \times 1.407 = 2.814 (\text{kN/m})$$

桥面铺装层:

$$g_3 = [0.08 \times 9.00 \times 23.0 + 0.09 \times 9.00 \times 24]/5 = 7.2 (\text{kN/m})$$

栏杆和人行道:

$$g_4 = 8.0 \times 2/5 = 3.20 (\text{kN/m})$$

作用于边主梁的全部永久作用集度为:

$$g = \sum g_i = 24.57 + 1.407 + 7.2 + 3.2 = 36.38 (\text{kN/m})$$

作用于中主梁的全部永久作用集度为:

$$g' = \sum g_i = 24.57 + 2.814 + 7.2 + 3.2 = 37.78 (\text{kN/m})$$

(2)永久作用效应

边主梁弯矩和剪力的力学计算模型分别如图 2-42a)、图 2-42b)所示,则:

$$M_x = \frac{gl}{2} \cdot x - gx \cdot \frac{x}{2} = \frac{gx}{2}(l-x)$$

$$Q_x = \frac{gl}{2} - gx = \frac{g}{2}(l-2x)$$

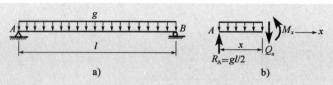

图 2-42 永久作用效应力学计算模型

各计算截面的剪力和弯矩值列于表 2-1。

表 2-1 边主梁永久作用效应

内力截面位置 x	剪力 Q (kN)	弯矩 M (kN·m)
$x = 0$	$Q = \dfrac{36.38}{2} \times 28.90 = 525.69$	$M = 0$
$x = \dfrac{l}{4}$	$Q = \dfrac{36.38}{2} \times \left(28.90 - 2 \times \dfrac{28.90}{4}\right) = 262.85$	$M = \dfrac{36.38}{2} \times \dfrac{28.90}{4} \times \left(28.90 - \dfrac{28.90}{4}\right) = 2848.59$
$x = \dfrac{l}{2}$	$Q = 0$	$M = \dfrac{1}{8} \times 36.38 \times 28.9^2 = 3798.12$

二、可变作用效应计算

公路桥梁的可变作用包括汽车荷载和人群荷载等,求得可变作用的荷载横向分布系数后,可以具体确定在一片主梁上的可变作用,然后用工程力学方法计算主梁的可变作用效应。截面可变作用效应计算的一般计算公式为:

$$S_{汽} = (1 + \mu) \cdot \xi \cdot (m_1 P_k y_k + m_2 q_k \Omega) \tag{2-33}$$

$$S_{人} = m_2 q_r \Omega \tag{2-34}$$

式中:S——所求截面的弯矩或剪力;

$1 + \mu$——汽车荷载的冲击系数,按《公桥通规》(JTG D60—2015)规定取值;

ξ——多车道桥涵的汽车荷载横向折减系数,按《公桥通规》(JTG D60—2015)规定取用;

m_1——沿桥跨纵向与车道集中荷载 P_k 位置对应的荷载横向分布系数;

m_2——沿桥跨纵向与车道均布荷载 q_k 所布置的影响线面积中心位置对应的荷载横向分布系数,一般可取跨中荷载横向分布系数 m_c;

P_k——车道集中荷载标准值;

q_k——车道均布荷载标准值;

q_r——纵向每延米人群荷载标准值;

y_k——沿桥跨纵向与 P_k 位置对应的内力影响线最大坐标值;

Ω——弯矩、剪力影响线面积。

利用式(2-33)或式(2-34)计算支点截面处的剪力或靠近支点截面的剪力时,尚须计入由于荷载横向分布系数在梁端区段内发生变化所产生的影响。以支点截面为例,其计算公式为:

$$Q_A = Q'_A + \Delta Q_A \tag{2-35}$$

式中:Q'_A——由式(2-33)或式(2-34)按不变的 m_c 计算的内力值,即由均布荷载 $m_c q_k$ 计算的内力值;

ΔQ_A——计入靠近支点处荷载横向分布系数变化而引起的内力增(或减)值,具体计算见图 2-43。

对于车道均布荷载的情况,在荷载横向分布系数变化区段内所产生的三角形荷载对内力的影响,可用式(2-36)计算:

$$\Delta Q_A = (1+\mu) \cdot \xi \cdot \frac{a}{2}(m_0 - m_c) \cdot q_k \cdot \bar{y} \qquad (2\text{-}36)$$

对于人群均布荷载的情况,在荷载横向分布系数变化区段内所产生的三角形荷载对内力的影响,可用式(2-37)计算:

$$\Delta Q_A = \frac{a}{2}(m_0 - m_c) \cdot q_r \cdot \bar{y} \qquad (2\text{-}37)$$

式中:a——荷载横向分布系数 m 变化区段长度;
q_r——单侧人行道顺桥向每延米的人群荷载标准值;
$\bar{y}$——荷载横向分布系数 m 变化区段附加三角形荷载重心位置对应的内力影响线坐标值;
其余符号意义同前。

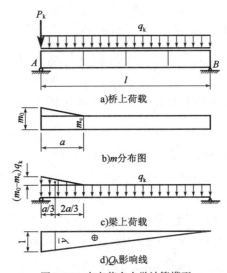

图 2-43 支点剪力力学计算模型

下面通过一个计算实例说明可变作用效应的计算方法。

例题 2-3:以例题 2-2 所示的标准跨径为 30m 的 5 梁式装配式预应力混凝土简支梁桥为实例,计算边主梁(梁体混凝土强度等级为 C50)在公路—Ⅱ级汽车荷载和人群荷载 $q_r = 3.0\text{kN/m}^2$ 作用下的跨中截面最大弯矩、最大剪力以及支点截面的最大剪力。荷载横向分布系数见表 2-2。

解:(1)荷载横向分布系数汇总(表 2-2)

荷载横向分布系数　　　　　　　　表 2-2

梁　号	荷载位置	公路—Ⅱ级	人群荷载	备　注
边主梁	跨中 m_c	0.644	0.594	按"修正偏心压力法"计算
	支点 m_0	0.351	1.128	按"杠杆原理法"计算

(2)计算跨中截面汽车荷载引起的最大弯矩

简支梁桥基频计算公式为 $f = \frac{\pi}{2l^2}\sqrt{\frac{EI_c}{m_c}}$,其中,混凝土弹性模量 E 取 $3.45 \times 10^{10} \text{N/m}^2$,单片

主梁跨中截面的截面惯性矩 $I_c = 0.4347 \text{m}^4$，单片主梁跨中处的单位长度质量 $m_c = 2.22 \times 10^3 \text{kg/m}$，因此：

$$f = \frac{\pi}{2l^2}\sqrt{\frac{EI_c}{m_c}} = \frac{3.14}{2 \times 28.9^2} \times \sqrt{\frac{3.45 \times 10^{10} \times 0.4347}{2.22 \times 10^3}} = 4.888(\text{Hz})$$

根据表1-9，冲击系数：

$$\mu = 0.1767\ln f - 0.0157 = 0.265$$
$$1 + \mu = 1.265$$

双车道不折减，$\xi = 1.0$。

由表1-4可知，桥梁计算跨径 $5\text{m} < L_0 < 50\text{m}$ 时，P_k 值采用直线内插求得，$P_k = 2(L_0 + 130)$。

计算弯矩时：

$$P_k = 0.75 \times 2(28.90 + 130) = 238.35(\text{kN})$$
$$q_k = 0.75 \times 10.5 = 7.875(\text{kN/m})$$

按跨中弯矩影响线，计算得出弯矩影响线面积为：

$$\Omega = \frac{1}{8}l^2 = \frac{1}{8} \times 28.9^2 = 104.40(\text{m}^2)$$

沿桥跨纵向与 P_k 位置对应的内力影响线最大坐标值 $y_k = \frac{l}{4} = 7.23(\text{m})$，见图2-44。

故得：

$$\begin{aligned}
M_{\frac{l}{2},q} &= (1+\mu) \cdot \xi \cdot (m_1 \cdot P_k \cdot y_k + m_c \cdot q_k \cdot \Omega) \\
&= 1.265 \times 1.0 \times (0.664 \times 238.35 \times 7.23 + 0.644 \times 7.875 \times 104.40) \\
&= 2073.65(\text{kN} \cdot \text{m})
\end{aligned}$$

(3) 计算跨中截面人群荷载引起的最大弯矩

$$M_{\frac{l}{2},r} = m_{cr} \cdot q_r \cdot \Omega = 0.594 \times (3.0 \times 1.0) \times 104.40 = 186.04(\text{kN} \cdot \text{m})$$

(4) 计算跨中截面汽车荷载引起的最大剪力

由于跨中剪力影响线的较大坐标位于跨中部分（图2-45），可采用全跨统一的荷载横向分布系数 m_c 进行计算。

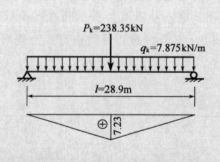

图2-44 跨中弯矩影响线

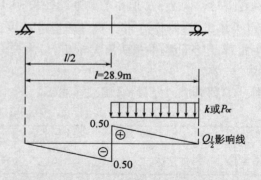

图2-45 跨中剪力力学计算模型

计算剪力时：

$$P_k = 1.2 \times 238.35 = 286.02(\text{kN})$$

影响线的面积:
$$\Omega = \frac{1}{2} \times \frac{1}{2} \times 28.9 \times 0.5 = 3.61(\text{m}^2)$$

故得:
$$Q_{\frac{1}{2},q} = 1.265 \times 1.00 \times (0.644 \times 286.02 \times 0.5 + 0.644 \times 7.875 \times 3.61)$$
$$= 139.66(\text{kN})$$

(5)计算跨中截面人群荷载引起的最大剪力
$$Q_{\frac{1}{2},r} = m_c \cdot q_r \cdot \Omega = 0.594 \times (3.0 \times 1.0) \times 3.61 = 6.43(\text{kN})$$

(6)计算支点截面汽车荷载引起的最大剪力

绘制荷载横向分布系数沿桥跨方向的变化图和支点剪力影响线,如图 2-46 所示。荷载横向分布系数变化区段的长度:
$$a = \frac{1}{2} \times 28.9 - 7.2 = 7.25(\text{m})$$

影响线面积[图 2-46c)]为:
$$\Omega = \frac{1}{2} \times 28.9 \times 1 = 14.45(\text{m}^2)$$

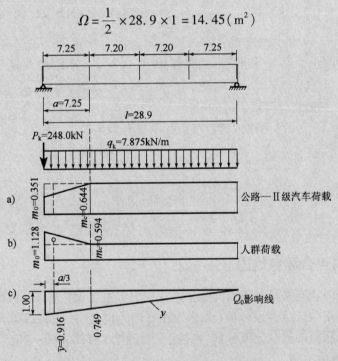

图 2-46 支点剪力力学计算模型(尺寸单位:m)

对应于支点剪力影响线的最不利车道荷载布置方式有两种,其均布荷载均沿跨长布置,不同的是集中力的布置,如图 2-46a)所示。一种是将集中力作用于第一片内横隔梁[图 2-46a)中的实线],荷载横向分布系数取 0.644,影响线坐标值为 0.749;另一种是将集中力作用于支点处[图 2-46a)的虚线],影响线上的坐标值比第一种大(1.00),但荷载横向分布系数小(0.351)。这两种布置的结果要进行比较,取较大者。

第一种布载方式,按式(2-33)计算,则得:

$$Q'_{0q} = (1+\mu) \cdot \xi \cdot (m_1 P_k y_k + m_c q_k \Omega)$$
$$= 1.265 \times 1.0 \times (0.644 \times 286.02 \times 0.749 + 0.644 \times 7.875 \times 14.45)$$
$$= 267.23 (\text{kN})$$

第二种布载方式,同样按式(2-33)计算,可得:
$$Q'_{0q} = 1.265 \times 1.0 \times (0.351 \times 286.02 \times 1.0 + 0.644 \times 7.875 \times 14.45) = 219.70(\text{kN})$$

比较两种布载的计算结果可知,第一种布载方式计算值大于第二种,所以取前者(267.23kN)为计算剪力值。

接下来计算荷载横向分布系数 m 变化区段内的附加值。由图 2-46b)可知,附加三角形荷载重心处的剪力影响线坐标为:
$$\bar{y} = 1 \times \left(28.9 - \frac{1}{3} \times 7.25\right)/28.9 = 0.916$$

附加剪力由式(2-36)计算:
$$\Delta Q'_{0q} = (1+\mu) \cdot \zeta \cdot \frac{a}{2}(m_0 - m_c) \cdot q_k \cdot \bar{y}$$
$$= 1.265 \times 1.0 \times \frac{7.25}{2} \times (0.351 - 0.644) \times 7.875 \times 0.916$$
$$= -9.69(\text{kN})$$

由式(2-35)可知,公路—Ⅱ级汽车荷载作用下,边主梁支点的最大剪力为:
$$Q_{0q} = Q'_{0q} + \Delta Q'_{0q} = 267.23 - 9.69 = 257.54(\text{kN})$$

(7)计算支点截面人群荷载引起的最大剪力

由式(2-34)和式(2-37)可得人群荷载引起的支点剪力:
$$Q_{0r} = m_c \cdot q_r \cdot \Omega + \frac{a}{2}(m_0 - m_c) q_r \cdot \bar{y}$$
$$= 0.594 \times (3.0 \times 1.0) \times 14.45 + \frac{1}{2} \times 7.25 \times (1.128 - 0.594) \times (3.0 \times 1.0) \times 0.916$$
$$= 31.07(\text{kN})$$

三、主梁内力组合和包络图

为了按各种极限状态来设计钢筋混凝土或预应力混凝土梁(板)桥,需要确定主梁沿桥跨方向关键截面的作用效应组合设计值(或称为计算内力值)。可先将各类荷载引起的最不利作用效应分别乘以相应的荷载分项系数,再按《公桥通规》(JTG D60—2015)规定的作用效应进行组合,得到计算内力值。

例题 2-2 所示的标准跨径为 30m 的 5 梁式装配式预应力混凝土简支梁桥中,1 号边主梁的内力值最大。例题 2-2 和例题 2-3 计算的内力结果见表 1-13,控制设计的跨中弯矩和梁端剪力作用效应组合见例 1-1。

如果在梁轴线上的各个截面处,将所采用控制设计的各效应组合设计值按适当的比例绘成竖标值点,把这些竖标值点连接而成的曲线称为效应组合设计值(或称为内力组合设计值)的包络图,如图 2-47 所示。一个效应组合设计值包络图反映一个量值(M 或 V)在一种荷载组合情况下,结构各截面的最大(最小)内力值。若有 n 个计算量值、m 种荷载组合,就有 $n \times m$

个效应组合设计值包络图。

在结构设计中,依据效应组合设计值包络图,可得到所验算截面相应的量值,并根据《公桥通规》(JTG D60—2015)规定进行相应的验算。

对于小跨径梁(如跨径在10m以下),如仅计算跨中截面处的弯矩以及支点处的剪力,则弯矩包络图可绘成二次抛物线,剪力包络图可绘成直线形。

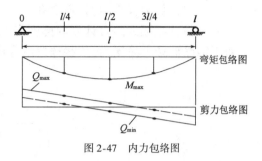

图2-47 内力包络图

确定效应组合设计值包络图之后,便可按钢筋混凝土或预应力混凝土结构设计原理的方法,设计主梁纵向主筋、斜筋和箍筋,并进行各种验算。

四、挠度与预拱度计算

一座桥梁不仅要具有足够的强度,还要具有足够的刚度和稳定性。因为桥梁如发生过大的变形,不但会导致高速行车困难,加大车辆对桥梁的冲击作用,引起桥梁的剧烈振动和使行人感到不适,而且容易使桥面铺装层和结构的辅助设备遭受损坏,严重者甚至危及桥梁的安全。

桥梁挠度根据产生的原因可分为永久作用挠度和可变作用挠度。永久作用(包括结构自重、桥面铺装及附属设施的重力、预应力、混凝土徐变和收缩作用等)是恒久存在的,其产生的挠度与持续时间相关,还可分为短期挠度和长期挠度;可变作用挠度是临时出现的,在最不利的荷载位置处挠度达到最大值,随着汽车的移动,挠度逐渐减小,一旦汽车驶离桥梁,挠度就会消失。

永久作用挠度并不表征结构的刚度特性,它可通过施工时预设的反向挠度(或称为预拱度)来加以抵消,使竣工后的桥梁达到理想的线形。

可变作用使桥梁产生反复变形,变形的幅度(即挠度)越大,可能发生的冲击和振动作用也越强烈,对行车的影响也越大。因此,在桥梁设计中需要验算可变作用挠度来体现结构的刚度特性。

《公路钢筋混凝土及预应力混凝土桥涵设计规范》(JTG 3362—2018)[简称《混凝土桥规》(JTG 3362—2018)]规定,对于钢筋混凝土及预应力混凝土梁桥,由汽车荷载(不计冲击力)和人群荷载频遇组合在梁式桥主梁产生的最大挠度不应超过计算跨径的1/600,在梁式桥主梁悬臂端产生的最大挠度不应超过悬臂长度的1/300。

为了消除永久作用挠度而设置的预拱度(指跨中的反向挠度),其值通常采用结构自重和一半可变作用频遇值计算的长期竖向挠度值之和。这意味着在使用阶段常遇荷载情况下,桥梁的纵断面桥面线形基本上接近于设计值。对于位于竖曲线上的桥梁,应根据竖曲线的凸起(或凹下)情况,适当增(或减)预拱度值,使竣工后的线形与设计竖曲线基本一致。对于一般小跨径的钢筋混凝土梁桥,当结构自重和可变作用所计算的挠度不超过$l/1600$时,可以不设预拱度。

钢筋混凝土和预应力混凝土简支梁长期挠度值,可按式(2-38)计算:
$$f_c = \eta_\theta f \qquad (2\text{-}38)$$

式中:f_c——长期挠度值;

η_θ——挠度长期增长系数;当采用C40以下混凝土时,取为1.60;当采用C40~C80混凝土时,取为1.45~1.35;中间强度等级可按直线内插取用;计算预应力混凝土简支

梁预加力反拱值时,取 2.0;

f——按荷载频遇组合计算的挠度值。

对于钢筋混凝土简支梁,荷载频遇组合作用下的跨中截面挠度按式(2-39)近似计算:

$$f = \frac{5}{48} \cdot \frac{M_s l^2}{B} \quad (2\text{-}39)$$

$$B = \frac{B_0}{\left(\frac{M_{cr}}{M_s}\right)^2 + \left[1 - \left(\frac{M_{cr}}{M_s}\right)^2\right]\frac{B_0}{B_{cr}}} \quad (2\text{-}40)$$

$$M_{cr} = \gamma f_{tk} W_0 \quad (2\text{-}41)$$

$$\gamma = \frac{2S_0}{W_0} \quad (2\text{-}42)$$

式中:M_s——由荷载频遇组合计算的弯矩值;

l——计算跨径;

B——开裂构件等效截面的抗弯刚度;

B_0——全截面的抗弯刚度,$B_0 = 0.95 E_c I_0$;

B_{cr}——开裂截面的抗弯刚度,$B_{cr} = E_c I_{cr}$;

M_{cr}——开裂弯矩;

γ——构件受拉区混凝土塑性影响系数;

I_0——全截面换算截面惯性矩;

I_{cr}——开裂截面换算截面惯性矩;

f_{tk}——混凝土轴心抗拉强度标准值;

S_0——全截面换算截面重心轴以上(或以下)部分面积对重心轴的面积矩;

W_0——换算截面抗裂边缘的弹性抵抗矩。

对于预应力混凝土受弯构件,当计算短期弹性挠度时,对于不开裂的全预应力和 A 类部分预应力构件,截面刚度采用 B_0,即 $0.95 E_c I_0$。对于开裂的 B 类预应力构件,在 M_{cr} 作用时,截面刚度采用 B_0;在 $(M_s - M_{cr})$ 作用时,截面刚度采用 B_{cr},即 $E_c I_{cr}$,且 $M_{cr} = (\sigma_{pc} + \gamma f_{tk}) W_0$。$\sigma_{pc}$ 表示扣除全部预应力损失后预应力钢筋和普通钢筋合力在构件抗裂边缘产生的混凝土预压应力,其他符号含义同前。

例题 2-4:验算某装配式钢筋混凝土简支梁桥的主梁挠度。已知该主梁混凝土强度等级为 C30,主梁开裂构件等效截面的抗弯刚度 $B = 1.750 \times 10^6 \text{kN} \cdot \text{m}^2$;主梁跨中截面结构自重产生的最大弯矩 $M_{cg} = 763.4 \text{kN} \cdot \text{m}$,汽车荷载产生的最大弯矩(不计冲击力)$M_{cq} = 669.5 \text{kN} \cdot \text{m}$,人群荷载产生的最大弯矩 $M_r = 73.1 \text{kN} \cdot \text{m}$。

解:(1)验算主梁的变形

根据《混凝土桥规》(JTG 3362—2018)规定,验算主梁的变形,不计入结构自重产生的长期挠度,汽车荷载不计入冲击力。

由荷载频遇组合计算的弯矩值:

$$M_s = 0.7 \times 669.5 + 73.1 = 541.75 (\text{kN} \cdot \text{m})$$

则可变作用频遇值产生的跨中长期挠度：

$$f_c = 1.6 \times \frac{5 \times 541.75 \times 10^3 \times 19.5^2}{48 \times 1.750 \times 10^9} = 0.0196(m) = 1.96 cm < \frac{l}{600} = \frac{1950}{600} = 3.25(cm)$$

(2) 判别是否设置预拱度

根据《混凝土桥规》(JTG 3362—2018)要求，当由荷载频遇组合并考虑荷载长期效应影响产生的长期挠度超过计算跨径的 $l/1600$ 时，应设置预拱度。

由荷载频遇组合计算的弯矩值：

$$M_s = 763.4 + 0.7 \times 669.5 + 73.1 = 1305.15(kN \cdot m)$$

$$f_c = \eta_\theta \frac{5}{48} \cdot \frac{M_s l^2}{B} = 1.6 \times \frac{5 \times 1305.15 \times 19.5^2}{48 \times 1.750 \times 10^6} = 0.0473(m)$$

$$= 4.73 cm > \frac{l}{1600} = \frac{1950}{1600} = 1.22(cm)$$

(3) 计算预拱度最大值

根据《混凝土桥规》(JTG 3362—2018)要求，预拱度值等于结构自重和一半可变作用频遇值所产生的长期挠度。

$$f_c = 1.6 \times \frac{5}{48} \times \frac{\left(M_{cg} + \frac{1}{2}M_{可变频遇}\right)l^2}{B}$$

$$= 1.6 \times \frac{5}{48} \times \frac{[763.4 + (0.7 \times 669.5 + 73.1)/2] \times 10^3 \times 19.5^2}{1.750 \times 10^6} = 0.0375(m) = 3.75 cm$$

预拱度应做成平顺曲线。

第四节　横梁内力计算

为了保证各主梁共同受力和加强结构的整体性，横梁本身或其装配式接头应具有足够的强度。对于具有多片内横梁的梁桥，通常只要设计受力最大的跨中横梁，其他横梁可偏安全地取用跨中横梁的设计。

下面介绍按偏心压力法原理计算跨中横梁内力的实用方法。

一、作用在横梁上的计算荷载

对于跨中横梁，除直接作用在其上的轮重外，前后的轮重对它也有影响。可假定荷载在相邻横梁之间按杠杆原理传递，如图 2-48 所示。计算时可按布置车辆荷载进行计算[图 2-48a)]，或按布置车道荷载进行计算[图 2-48b)]，取其较大者进行横梁计算。

布置车辆荷载时：

$$P_{0q} = \frac{1}{2}\sum P_i \cdot y_i \tag{2-43a}$$

布置车道荷载时：

$$P_{0q} = \frac{1}{2}(P_k \cdot 1 + q_k \cdot \Omega) = \frac{1}{2}(P_k \cdot 1 + q_k \cdot l_a) \tag{2-43b}$$

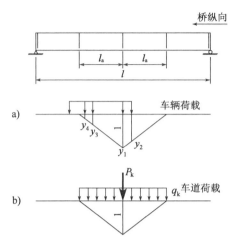

图 2-48 作用在横梁上的计算荷载

布置人群荷载时：
$$P_{0\mathrm{r}} = p_{0\mathrm{r}} \cdot \Omega = p_{0\mathrm{r}} \cdot l_\mathrm{a} \quad （影响线上满布荷载） \tag{2-44}$$

式中：$P_{0\mathrm{r}}$——单侧人行道每延米人群荷载标准值；

Ω——按杠杆原理计算的纵向荷载影响线面积；

l_a——横梁的间距；

其余符号意义同前。

二、横梁的内力影响线

将梁桥的跨中横梁近似看作竖向支承在多片弹性主梁上的多跨弹性支承连续梁，如图 2-49 所示。当梁桥在跨中作用单位荷载 $P = 1$ 时，各主梁所受的荷载为 R_1、R_2、$\cdots$、R_n，即横梁的弹性支承反力。取 r 截面左侧为隔离体，如图 2-49b)所示。根据力的平衡条件，可以得出横梁任意截面 r 的内力计算公式。

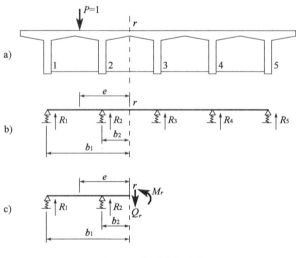

图 2-49 横梁计算图式

荷载 $P=1$ 位于截面 r 的左侧时：

$$M_r = R_1 \cdot b_1 + R_2 \cdot b_2 - 1 \cdot e = \sum_{i=1}^{左} R_i b_i - e$$

$$Q_r = R_1 + R_2 - 1 = \sum_{i=1}^{左} R_i - 1 \tag{2-45}$$

荷载 $P=1$ 位于截面 r 的右侧时：

$$M_r = R_1 \cdot b_1 + R_2 \cdot b_2 = \sum_{i=1}^{左} R_i b_i$$

$$Q_r = R_1 + R_2 = \sum_{i=1}^{左} R_i \tag{2-46}$$

式中：M_r、Q_r——分别为横梁任意截面 r 的弯矩和剪力；

　　　e——荷载 $P=1$ 至所求截面的距离；

　　　b_i——支承反力 R_i 至所求截面的距离；

　　　$\sum_{i=1}^{左} R_i$——所求截面以左全部支承反力 R_i 的总和。

由此，可以直接利用已求得的 R_i 荷载横向分布影响线来绘制横梁上某个截面的内力影响线。图 2-50 示出了按偏心压力法计算的横梁支承反力 R_i、弯矩 M_r 和剪力 Q_r 的影响线。由于 R_i 影响线呈直线规律变化，故绘制内力影响线时，只需要标出几个控制点的竖标值。

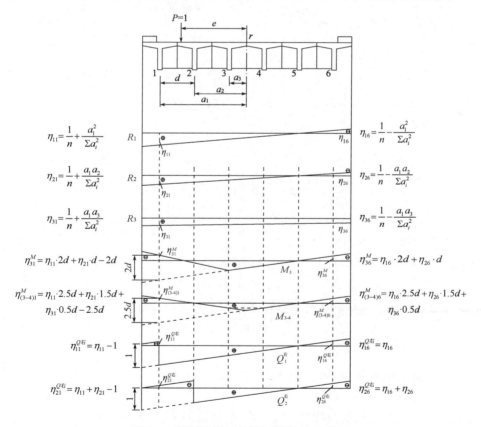

图 2-50　按偏心压力法计算的横梁内力影响线

在计算内力时，对于非直接作用于横梁上的荷载，尚应考虑间接传力的影响，如图 2-50 中 M_{3-4} 影响线在 3 号主梁和 4 号主梁之间区段应取虚线上的值。由于计算中主要荷载作用于横梁上,为了简化起见,仍可偏安全地忽略间接传力的影响。

三、横梁内力计算

求得横梁某截面的内力影响线后,将作用在横梁上的计算荷载按最不利位置进行加载,便可求得横梁在该截面上的最大(或最小)内力值:

$$S = (1+\mu) \cdot \xi \cdot P_{0q} \cdot \sum \eta \qquad (2\text{-}47)$$

式中:η——横梁内力影响线竖标值;

$\xi 、\mu$——通常可分别近似取主梁的车辆荷载横向折减系数ξ和冲击系数值。

例题 2-5: 用偏心压力法计算例题 2-1 中所示装配式钢筋混凝土简支梁桥的跨中横梁在公路—Ⅱ级、汽车荷载作用下,2 号和 3 号主梁之间截面上的弯矩 $M_{2\text{-}3}$ 和靠近 1 号主梁处截面的剪力 $Q_1^{右}$。

解:(1)确定作用在跨中横梁上的计算荷载

跨中横梁最不利荷载布置如图 2-51 所示(此时车辆荷载产生的效应没有车道荷载产生的效应大,故取车道荷载进行计算)。

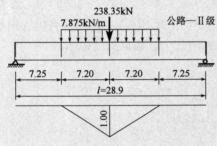

图 2-51 跨中横梁的受力图式(尺寸单位:m)

计算弯矩效应时:

$$P_{0q} = \frac{1}{2}(P_k \cdot 1 + q_k \cdot l_a)$$

$$= \frac{1}{2} \times (238.35 \times 1 + 7.875 \times 7.2)$$

$$= 147.53 (\text{kN})$$

计算剪力效应时:

$$P_{0q} = \frac{1}{2}(P_k \cdot 1 + q_k \cdot l_a)$$

$$= \frac{1}{2} \times (1.2 \times 238.35 \times 1 + 7.875 \times 7.2)$$

$$= 199.71 (\text{kN})$$

(2)绘制跨中横梁上的内力影响线

在例题 2-1 中已经计算得到 1 号梁的荷载横向分布影响线纵标值为:

$$\eta_{11} = 0.60, \eta_{15} = -0.20$$

同理,可计算得到 2 号梁和 3 号梁的荷载横向分布影响线纵标值为:

$$\eta_{21} = 0.40, \eta_{25} = 0.0$$

$$\eta_{31} = 0.20, \eta_{35} = 0.20$$

1、2 号梁的荷载横向分布影响线纵标值如图 2-52a)所示。

①绘制弯矩影响线

2 号和 3 号主梁之间截面的弯矩 $M_{2\text{-}3}$ 影响线,计算如下:

$P=1$ 作用在 1 号梁轴线上时:

$$\eta_{(2\text{-}3)1}^{M} = \eta_{11} \times 1.5d + \eta_{21} \times 0.5d - 1 \times 1.5d$$

$$= 0.6 \times 1.5 \times 2.35 + 0.40 \times 0.5 \times 2.35 - 1.5 \times 2.35 = -0.94$$

$P=1$ 作用在 5 号梁轴线上时：

$$\eta^M_{(2-3)5} = \eta_{15} \times 1.5d + \eta_{25} \times 0.5d$$

$$= -0.2 \times 1.5 \times 2.35 + 0.0 \times 0.5 \times 2.35 = -0.71$$

$P=1$ 作用在 2 号梁轴线上时：

$$\eta^M_{(2-3)2} = \eta_{12} \times 1.5d + \eta_{22} \times 0.5d - 1 \times 0.5d$$

$$= 0.4 \times 1.5 \times 2.35 + 0.30 \times 0.5 \times 2.35 - 0.5 \times 2.35 = 0.59$$

有这 3 个纵标值和已知影响线折点位置(即所计算截面的位置)，便可绘出 M_{2-3} 影响线，如图 2-52b)所示。

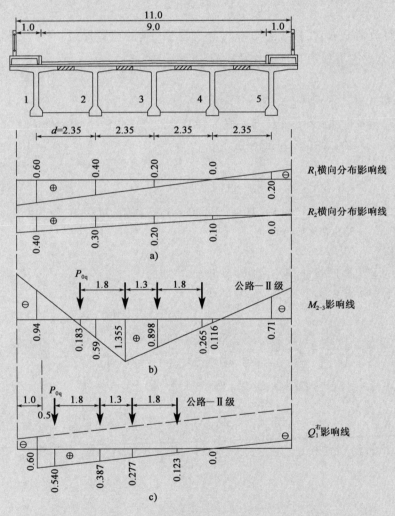

图 2-52 跨中横梁的内力计算(尺寸单位:m)

②绘制剪力影响线

1 号主梁处截面的 $Q_1^{右}$ 影响线，可计算如下。

$P=1$ 作用在计算截面右边时：

$$Q_1^{右} = R_1$$

即：

$$\eta_{1i}^{右} = \eta_{1i}（1 号梁荷载横向分布影响线）$$

$P=1$ 作用在计算截面左边时：

$$Q_1^{右} = R_1 - 1$$

即：

$$\eta_{1i}^{右} = \eta_{1i} - 1$$

绘成的 $Q_1^{右}$ 影响线，如图 2-52c) 所示。

(3) 截面内力计算

将求得的计算荷载 P_{0q} 在相应的影响线上按最不利荷载位置加载，对于车辆荷载应计入冲击影响，则得在公路—Ⅱ级汽车荷载作用下：

弯矩

$$\begin{aligned} M_{2-3} &= (1+\mu) \cdot \zeta \cdot P_{0q} \cdot \sum \eta \\ &= 1.265 \times 1 \times 147.53 \times (0.183 + 1.355 + 0.898 + 0.265) \\ &= 504.08 (\text{kN} \cdot \text{m}) \end{aligned}$$

剪力

$$\begin{aligned} Q_1^{右} &= (1+\mu) \cdot \zeta \cdot P_{0q} \cdot \sum \eta \\ &= 1.265 \times 1 \times 199.71 \times (0.540 + 0.387 + 0.277 + 0.123) \\ &= 335.24 (\text{kN}) \end{aligned}$$

(4) 内力组合

由于横梁的永久作用效应很小，计算中可忽略不计。

①承载能力极限状态内力组合

基本组合：

$$\begin{cases} M_{\max,(2-3)} = 0.0 + 1.8 \times 504.08 = 907.34 (\text{kN} \cdot \text{m}) \\ Q_{\max,1}^{右} = 0.0 + 1.8 \times 335.24 = 603.43 (\text{kN}) \end{cases}$$

②正常使用极限状态内力组合（不计汽车冲击影响）

频遇组合：

$$\begin{cases} M_{\max,(2-3)} = 0.0 + 0.7 \times 504.08/1.265 = 278.94 (\text{kN} \cdot \text{m}) \\ Q_{\max,1}^{右} = 0.0 + 0.7 \times 335.24/1.265 = 185.51 (\text{kN}) \end{cases}$$

【复习思考题与习题】

2-1　混凝土简支梁桥按其截面形式如何划分？介绍你见过的不同截面形式的简支梁桥。

2-2　常见钢筋混凝土、预应力混凝土空心板桥的适用跨径分别是多少？

2-3　肋板式梁桥有哪些优点和缺点？其跨径适用范围是多少？其按照横截面形式可分

为哪两类？介绍你见过的肋板式梁桥的各部分构造。

2-4 简述钢筋混凝土、预应力混凝土简支梁桥的构造特点。

2-5 简述公路装配式 T 梁桥中横隔梁的作用。

2-6 预应力混凝土小箱梁桥与预应力混凝土 T 梁桥相比有哪些优点？

2-7 什么是活载横向分布系数？

2-8 简述荷载横向分布计算的基本原理。

2-9 一座桥面为净 $-13.5+2\times1.5\mathrm{m}$ 人行道的预应力混凝土 T 梁桥（图 2-53），共设有 7 片主梁。试求荷载位于支点处时 1 号梁和 2 号梁的荷载横向分布系数 m_{cq}（车辆荷载）和 m_{cr}（人群荷载）。

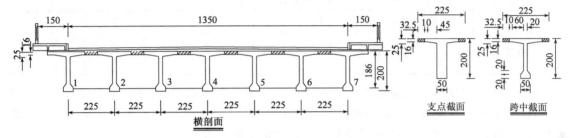

图 2-53　预应力混凝土 T 梁桥（尺寸单位:cm）

2-10 一座计算跨径 $l=28.90\mathrm{m}$ 的预应力混凝土简支梁桥，其横断面如图 2-53 所示。试按刚性横梁法求荷载位于跨中时,2 号次边梁的荷载横向分布系数 m_{cq}（车辆荷载）和 m_{cr}（人群荷载）。

2-11 刚性横梁法为什么又称为偏心压力法？与之相似的还有什么计算方法？为什么整体板在两侧各 1/6 范围内的配筋应比中间的配筋增加 15%？

2-12 按刚性横梁法计算得到的荷载横向分布计算结果有何规律？实际的横梁并非无限刚性,则荷载横向分布与此计算结果会有什么不同？

2-13 简述荷载横向分布系数沿桥跨的变化规律。

2-14 计算如图 2-54 所示的标准跨径为 30m、计算跨径为 28.90m、由 5 片主梁组成的装配式预应力混凝土简支梁桥边主梁永久作用效应、活载（公路—Ⅰ级）作用下的跨中设计弯矩和支点设计剪力,并计算当按照承载能力极限状态设计时,边主梁所承受的作用效应基本组合值。已知每侧的栏杆及人行道构件的永久作用为 $10\mathrm{kN/m}$,汽车冲击系数 $\mu=0.28$,边梁的荷载横向分布系数见表 2-3。

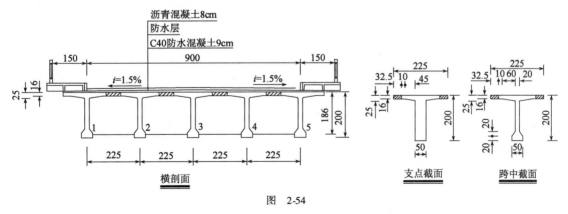

图 2-54

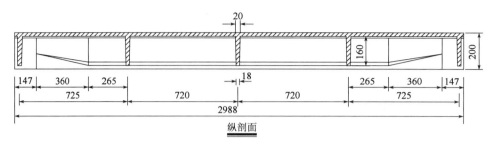

图 2-54 装配式预应力混凝土简支梁桥(尺寸单位:cm)

荷载横向分布系数　　　　　　　　　　表 2-3

梁 号	荷载位置	公路—Ⅰ级	人群荷载	备 注
边主梁	跨中 m_c	0.61	0.55	按"刚性横梁法"计算
	支点 m_0	0.39	1.34	按"杠杆原理法"计算

2-15　一铰接空心板铰缝破坏后出现单板受力情况。加固时,将原有铰缝清除,重新施工。此外,还将原铺装层铲除后,加铺一层22cm的钢筋混凝土整体化铺装层。请分析加固前后的荷载横向分布情况和需要采用的荷载横向分布计算方法。

2-16　《混凝土桥规》(JTG 3362—2018)中,如何规定钢筋混凝土及预应力混凝土梁桥的挠度限值?其预拱度又如何取值?

2-17　一装配式预应力混凝土简支梁桥的跨中横隔梁如图2-54所示,在公路—Ⅰ级汽车荷载作用下,试用刚性横梁法计算2号和3号主梁之间截面上的弯矩M_{2-3}和靠近2号主梁处截面的剪力$Q_2^{\pm}$。

第三章
连续梁桥与连续刚构桥

本章介绍的连续梁桥和连续刚构桥,也属于梁式桥,但其跨越能力比简支梁大,结构连续性和整体性较好。近几十年,预应力混凝土连续梁桥与连续刚构桥在我国得到广泛应用。它们的特点是:采用预应力混凝土材料,以箱形截面为主,结构为超静定。这些特点是本章介绍的重点。这种桥型的结构受力与施工方法密切相关,本章第二节介绍其共性的结构与构造后,第三节~第五节介绍施工方法和相应的结构特点,第六节介绍设计计算要点。

第一节 概　　述

一、多跨梁式桥的恒载弯矩比较

图 3-1 给出简支梁、悬臂梁(cantilever beam, cantilever girder)、T 形刚构(T-shaped rigid frame)和连续梁(continuous beam, continuous girder)的恒载弯矩图。其中,图 3-1a)为三跨简支梁,图 3-1b)为由双悬臂锚跨带挂梁的多孔悬臂梁,图 3-1c)为由单悬臂锚跨和挂梁组成的三跨悬臂梁,图 3-1d)为 T 形刚构,图 3-1e)为连续梁。需要指出的是,图 3-1b)~图 3-1e)的主梁以实际常用的变截面形式画出,恒载则仍按均布荷载而不是按变截面梁的非均布荷载给出,是为了各种梁的弯矩值的比较。

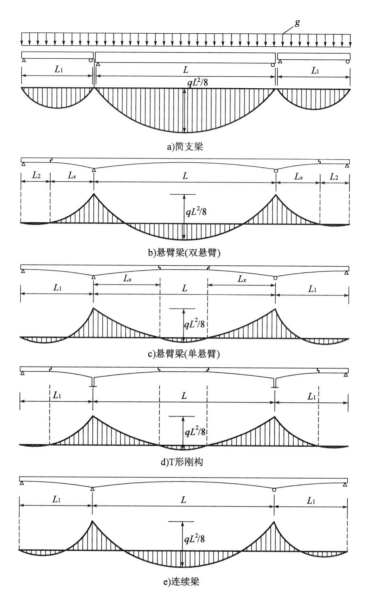

图 3-1 梁式桥恒载弯矩比较图

从图 3-1 可以看出，当恒载集度 g、主跨径 L 相同时，简支梁的跨中弯矩值最大；悬臂体系和连续体系则由于支点负弯矩的存在，主跨跨中正弯矩值显著减小。从表征材料用量的弯矩图面积大小（绝对值）来看，悬臂体系和连续体系的弯矩图面积也比简支梁的小很多。以图 3-1b) 的中跨弯矩图形为例，当 $L_1 = L/4$ 时，正、负弯矩面积的总和仅为同跨径简支梁的 1/3.2。

图 3-1b) 和图 3-1c) 均为悬臂结构，前者中孔为双伸臂、边孔带挂孔，后者双边孔为单伸臂、中孔带挂孔。它们均为静定结构，挂孔结构为简支梁，只产生正弯矩，但因跨径小，其绝对值不大。对于带有挂梁的多孔悬臂梁桥[图 3-1c)]，活载对于中间跨只在较小跨径（通常只有桥孔跨径的 0.4~0.6）的简支挂梁中产生正弯矩，因此它比简支梁桥的小得多。

图 3-1d) 为 T 形刚构，与前述的悬臂结构不同的是主梁与桥墩固结成为 T 形的结构，故得此名。T 形刚构仍为静定结构。多跨时，相邻悬臂端用挂孔或铰连接。边跨端可以带挂孔

[图 3-1d)],也可以直接悬臂(图 1-25 为一实例)。

图 3-1e)为连续梁,与图 3-1b)~图 3-1d)的悬臂和 T 形刚构相似也有正、负弯矩的交替,使正弯矩的绝对值减小,但与它们不同的是:①连续梁为超静定结构,整体性好、刚度大、负弯矩绝对值小,但支座变形等将在结构中产生次内力;②结构连续,没有铰、挂梁等连接构造,桥面线形流畅,无折角变形,也无连接处的伸缩缝、挂孔支座或铰等易损构造,使用效果好。

总之,与简支体系相比较,悬臂体系和连续体系可以减小跨内弯矩的绝对值,降低主梁的高度,从而减少材料用量和结构自重,而结构自重的降低又进一步减小恒载的内力。

二、连续梁边中跨比对恒载弯矩的影响

对于悬臂或连续体系,跨数要多于一跨。各跨之间的跨径比,对结构的受力也有很大的影响。图 3-2 为三跨等截面连续梁桥采用不同边跨跨径与中跨跨径之比(边中跨比)时,在均布荷载作用下的弯矩图。可以看出,随着边中跨比的增大,中跨正弯矩值和范围缩小,边跨正弯矩值和范围增大,内支座处负弯矩值和范围也增大。当边中跨比为 1(等跨)时,其最大正弯矩(边跨)和负弯矩(内支座)最大;当边中跨比小于 0.4 时,边跨几乎全部承受负弯矩,当活载仅作用于中跨时,活载在边支座产生的负反力可能大于恒载的正反力,使其处于不合理的受拉状态。因此,从受力合理性来说,三跨连续梁桥宜采用一定边中跨比的不等跨布置[17]。

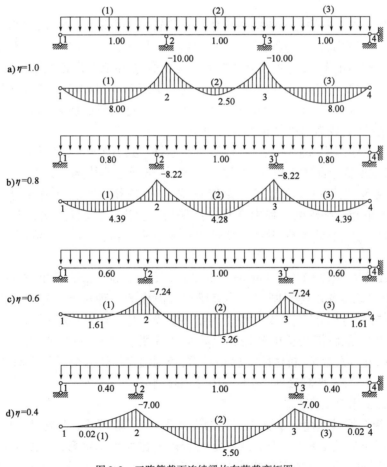

图 3-2 三跨等截面连续梁均布荷载弯矩图

三、不同材料的连续梁桥与连续刚构桥

与简支梁桥相同,悬臂体系和连续体系桥梁的上部结构也可根据主要建筑材料分为钢梁、混凝土梁和钢-混凝土组合梁。

(1)钢梁

钢梁结构主要有钢板梁、钢桁梁和钢箱梁。钢桁梁桥的跨越能力较大,图1-17所示的就是一座大跨径的钢桁悬臂梁桥。然而,钢桁梁桥在我国公路桥中应用较少,主要用于铁路桥或公铁两用桥中,如武汉长江大桥(图1-24)、南京长江大桥(连续钢桁梁桥)。如跨径更大时,则可以采用拱或索加劲,如九江长江大桥为柔拱钢桁梁桥[图4-34a)],芜湖长江大桥为部分斜拉钢桁梁桥(或称为索辅钢桁梁桥)。

(2)混凝土梁

混凝土梁按主要受力构造可分为钢筋混凝土梁和预应力混凝土梁。钢筋混凝土梁受弯时,容易产生裂缝,悬臂或连续梁的负弯矩区在梁的顶面,开裂后桥面雨水的渗入,影响耐久性和行车功能,需要配置大量的防裂钢筋,因此实际应用不多。在悬臂梁桥和连续梁桥中大量应用的是预应力混凝土结构。借助预应力,它可以避免梁顶负弯矩区开裂,还可采用悬臂法等无支架法施工,经济性和适用性均较好。预应力混凝土梁桥的主要桥型有T形刚构、连续梁和连续刚构。

预应力混凝土T形刚构是结构的悬臂体系和悬臂施工方法相结合而产生的一种桥型,在跨径100~200m范围内,曾是一种竞争力较强的桥型,图1-25是一个实例。然而,由于T形刚构中间带挂孔[图3-1d)]或铰,使用中易产生折线变形,使桥面纵断面线形不顺,对行车不利。同时,支承挂孔的牛腿、支座及其与悬臂梁相接的伸缩缝都是易损的部位。此外,预应力混凝土T形刚构主结构以受单一的负弯矩为主,徐变和收缩对变形的影响较大,施工预拱度的设置与长期变形的控制,成为这种结构的一个难题。

预应力混凝土连续梁[图3-1e)]具有整体性能好、结构刚度大、变形小、抗震性能好等优点,同时也具有主梁变形曲线平缓、桥面伸缩缝少、行车舒适等特点。此外,这种桥型的设计、施工技术均较成熟,施工质量和施工工期能得到控制,成桥后养护工作量小。在跨径60~150m的公路、城市和铁路桥梁工程中得到广泛采用。但当跨径超过100m后,大型支座的使用、维护和更换成为一个重要的问题,经济性也相应下降,需要与预应力混凝土连续刚构桥进行方案比较。

预应力混凝土连续刚构(continuous rigid-frame, continuous spans with fixed superstructure-pier connection)可以看作由T形刚构与连续梁组合而成的一种桥型。它的特点是多跨相连、跨中不设铰或挂梁、行车舒适、主梁与桥墩固结而不设支座。因此,这种结构具有T形刚构桥和连续梁桥的优点,从而使其适用跨径的上限从连续梁桥的150m左右,发展到300m以上。但连续刚构的超静定次数多,桥墩刚度要相对柔,否则温度变化等会引起上部和下部结构很大的附加内力。因此,当桥墩较矮时,它的应用受到限制[18]。

(3)钢-混凝土组合梁

钢-混凝土组合梁较适用于承受正弯矩的简支梁,使钢筋混凝土上翼缘受压而截面下方的钢梁受拉。应用于连续结构中,中支点一定范围内的截面承受负弯矩,钢筋混凝土上翼缘受拉,截面下方的钢梁受压,这种不利的受力情况需要通过一些技术措施来克服,比如负弯矩区

的下翼缘钢梁用混凝土外包,形成双组合结构。

与简支梁桥相比,连续组合梁桥在设计中需要考虑以下几个因素:①中支点负弯矩区段,钢筋混凝土上翼缘受拉;②中支点截面弯矩和剪力均很大,且受力复杂;③中支点梁段的钢梁受压存在稳定问题。

本章主要介绍我国常用的预应力混凝土连续梁桥和连续刚构桥。为简洁起见,以下叙述中有时不冠以"预应力混凝土"。

四、连续梁桥、连续刚构桥施工方法简介

预应力混凝土连续梁桥和连续刚构桥的施工方法多种多样。根据混凝土的制作情况,可分为现浇和预制两种。根据多跨施工的时间顺序,可分为逐孔施工和整体施工。根据施工时主结构的受力,可分为悬臂、先简支后连续等。本章的第三节~第五节,分别对悬臂法(cantilever method)、逐孔法(span-by-span method)和其他方法进行介绍。逐孔法中有先简支后连续法(simple spans made continuous method)、移动模架法(movable scaffolding system method, MSS method)。其他方法中有转体法(swing method)、支架整体现浇法(cast-in-situ on framework method)、少支架预制拼装法(precast-spliced method)、顶推法(incremental launching method)[19-20]。

对于大部分施工方法来说,施工过程的结构为静定结构,通过体系转换成最终的结构。采用不同施工方法,施工中结构所承受的自重(一期恒载)内力也不尽相同。以连续梁为例,根据施工过程结构的受力特点,可将施工方法按照先悬臂后连续、先简支后连续、先伸臂后连续、直接连续和变化连续等进行区分。由于一期恒载在连续梁桥和连续刚构桥的总荷载中占很大的比例,因此施工方法极大地影响了结构受力和配筋。所以,本章第三节~第五节不仅介绍施工方法,同时介绍所建成的相应结构的受力特点、构造、配筋等。

因为结构受力与施工方法密不可分,因此连续梁与连续刚构在设计时就应选择施工方法。选择时,应因时因地,根据安全经济、保证质量、降低造价、缩短工期等方面因素综合确定。施工时,应采用设计提出的施工方法。若施工单位要改变施工方法,则要由设计单位先进行相应的设计变更。本书第十章对施工方法做进一步的介绍,可供连续梁与连续刚构桥施工方法选择参考。

五、预应力混凝土连续梁、连续刚构桥发展概况

第二章介绍的简支梁,整个结构承受正弯矩,跨越能力有限。伸臂、悬臂结构上叠加小跨径简支梁的静定结构,承受正、负弯矩,能增大跨径。从第一章第二节可知,远古时期人们就采用木伸臂梁。之后,钢桁悬臂梁桥更是将跨径推到500m以上,如图1-17所示的加拿大魁北克(Quebec)桥。从前面的分析可知,连续梁的受力性能优于悬臂、伸臂结构,但它为超静定结构,计算复杂。1930年弯矩分配法的出现,极大地方便超静定梁式桥的计算,连续梁的修建越来越多。计算机的出现和有限元方法的应用,进一步促进连续梁桥的发展。

预应力混凝土梁桥,第二次世界大战以前处于起步阶段,第二次世界大战之后随着材料与预应力技术、设计理论和计算机数值计算方法的不断进步而得到快速发展。20世纪50年代,利用预应力作为一种施工手段的悬臂施工方法,促进预应力混凝土T形刚构桥的发展,图1-25所示的福建乌龙江大桥是我国20世纪70年代的一个实例。之后,预应力混凝土连续梁桥应用增多,设计、施工技术日趋成熟,在其经济跨径50~120m范围内,在我国公路、城市

和铁路桥梁工程中得到广泛采用;对于更大的跨径,连续梁中大型支座的使用、维护和更换成为一个重要的问题,而且经济性也在下降。当可以采用较柔的桥墩时,预应力混凝土连续刚构桥便成为大跨梁式桥中具有较强竞争力的桥型。

连续刚构可以看作由 T 形刚构与连续梁组合而成。它数跨相连,跨中不设铰或挂孔,行车舒适。主梁与桥墩固结,不设支座,因此具有 T 形刚构桥和连续梁桥的优点,从而使其经济跨径范围扩大到 120~300m。这种桥型尤其适用于大跨度、高桥墩的情况。高桥墩具有较大的柔性,可以减少对主梁转动和纵桥向变形的约束,以减小梁和墩中的次内力,使梁的受力接近于连续梁桥。

第二节 一般性的结构与构造

本节仅介绍的一般性结构与构造,与施工方法关系不大,属于采用各种施工方法的连续梁与连续刚构结构与构造的共性部分,包含立面布置、横截面布置、预应力筋种类等。与施工方法密切相关的部分,如跨径布置、预应力筋设置等,将在本章第三节~第五节介绍。

一、立面布置

立面布置主要内容为跨径和梁高。跨径布置有等跨径和不等跨径。本章第一节中介绍边中跨比值对结构受力的影响,后面各节也将阐述采用不同施工方法的桥梁的跨径布置情况,这里不再详细介绍。

1. 等梁高

等梁高连续梁适用于中等跨径(70m 以下)的桥梁,且多应用于以等跨布置的多跨长桥中。等梁高连续梁桥的施工方法主要有逐孔施工法(先简支后连续法、移动模架法)、顶推法等。由于截面高度相同,可使用少量设备逐跨完成全桥的施工,施工经济效益高。国内外采用等截面连续梁形式的公路桥例较多。跨径大小主要取决于经济孔径和施工条件。梁高的选择与跨度有关,可取跨径的 1/30~1/15,常选用跨径的 1/20~1/18。

当标准跨径不能满足通航或桥下交通要求时,需增大个别孔的跨径时,常采用保持梁高不变而调整截面尺寸(如加厚顶板和底板)和增加预应力钢束的方法来解决,从而使桥梁的立面仍协调一致,减少构件及模板的规格种类。实际上,这样的连续梁也是变截面连续梁(continuous beam with variable section)。当标准跨径较大时,为减小边跨正弯矩,可将边跨跨径适当减小,边中跨比值取 0.6~0.8。

2. 变梁高

变梁高是变截面最有效的形式,通常所说的变截面连续梁指的是变梁高连续梁(continuous beam with variable depth)。变梁高连续梁受力合理,是大跨径连续梁桥和连续刚构桥常用的形式。采用悬臂法施工时,主梁的恒载施加在悬臂梁上,支点处需要较高的截面来抵抗(负)弯矩。尽管变截面梁在构造和施工上较等截面梁复杂些,但它可节省材料,降低跨中建筑高度,增大桥下净空。从统计资料来看,我国跨度大于 100m 的公路连续梁桥,90% 以上选用变截面。

变截面梁的高跨比,跨中截面可取 1/50～1/30,支点截面可取 1/25～1/15,支点截面与跨中截面高度之比在 2.0～3.0 范围内变化;边中跨比值在 0.55～0.80 范围内变化,采用悬臂法施工时宜取较小值。

变截面梁的梁高变化规律可以是斜(直)线、圆弧线或二次抛物线。图 3-3 为广东容奇大桥连续梁的立面布置。该桥跨径布置为 73.5m+3×90m+73.5m。主梁分三种类型:根部梁、中部梁和边部梁。根部梁预制长度为 33m,梁高从墩顶处 5.35m 直线变到端部 3.0m。主梁采用预制拼装-整体施工法,见本章第五节介绍。

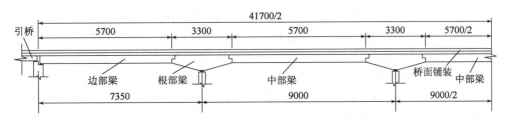

图 3-3 广东容奇大桥连续梁 1/2 上部立面布置(尺寸单位:cm)

变截面梁的底部线形最常用的是二次抛物线,其线形变化规律与连续梁的弯矩变化规律相近,如图 3-4 所示。在边跨端部附近的梁段,常采用直线布置。除梁高变化外,还可将箱形截面的底板、腹板和顶板做成变厚度,以适应主梁各截面的不同受力要求。

图 3-4 变高度(按二次抛物线变化)连续梁桥照片

二、横截面布置

预应力混凝土连续梁桥与连续刚构桥可选用的横截面形式较多,可依据桥梁的跨径、宽度、梁高、支承体系、施工方法等确定。

1. 板、肋式截面

对于小跨径的连续梁桥和连续刚构桥,可采用构造简单且施工方便的板式或肋式截面形式[图 2-2a)～图 2-2d)]。采用板式截面时,钢筋混凝土连续板桥的标准跨径不宜大于 16m,预应力混凝土连续板桥的标准跨径不宜大于 25m。虽然连续板桥的跨径比简支板桥没有提高多少,但其梁高略有减少,且由于结构连续,伸缩缝数量减少,结构使用性和耐久性得到提高。

实心板常用于匝道、变宽度、异形平面桥中,多采用现浇法施工。空心板和 T 梁则以预制的预应力混凝土结构为主,多采用先简支后连续的施工方法。对于 T 形截面,除内支座处负弯矩易导致桥面开裂外,下缘的马蹄受压面积小、承载能力低在连续梁桥中应用也是不利条件。但对于先简支后连续施工的连续梁桥,因受力以正弯矩为主,仍可以应用T形截面。

2. 箱形截面

横截面由一个或几个封闭的箱形梁组成的梁桥称为箱形梁桥。箱形截面上、下翼缘均有较大的面积,能够满足截面承受正、负弯矩的需要,并且具有良好的抗弯和抗扭性能,是预应力混凝土连续梁桥与连续刚构桥的主要截面形式。但对于跨径不大的先简支后连续的连续梁桥,它以简支受力为主,如同简支梁一样,较少采用箱形截面。若是钢筋混凝土结构,增加箱梁底板厚度并无其他益处,故更不宜采用箱形截面。对于跨径不大的预应力混凝土简支梁,通过扩大T梁下缘马蹄的尺寸,足以布置预应力筋,故也较少采用箱形截面。

箱形截面习惯上用箱数和室数来进行划分。一个"单箱"指的是由顶板、底板和两侧腹板组成的闭合框架;若在单箱中增设腹板,就把单箱分割成多个"单室"。图3-5a)和图3-5b)所示为单室和多室(三室)的整体式箱形梁桥的横截面。图3-5c)表示预制装配式的多室箱形截面,其腹板和底板的一部分构成L形和倒T形的预制构件,在底板上留出纵向的现浇接头,顶板先用预制薄板盖住,再现浇混凝土形成整体。预应力连续梁桥与连续刚构桥中的箱形截面可以是单箱单室、单箱双室,也可以是双箱单室、双箱双室、多箱单室、多箱多室等。

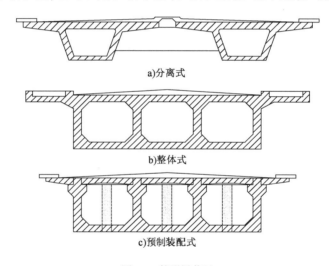

图3-5 箱形梁截面

箱形截面的顶板和底板是结构承受正、负弯矩的主要部位。当采用悬臂施工方法时,主梁在自重作用下以受负弯矩为主,底板(特别是靠近桥墩处)将承受很大的压应力。为适应受压要求,底板常设计成变厚度。根部截面的底板厚度取墩顶梁高的$1/12 \sim 1/10$;跨中截面的底板厚度较薄,主要受跨中所布置的预应力筋和普通钢筋的控制,一般在$0.2 \sim 0.3$m。箱梁顶板厚度的取值既要满足桥面板横向抗弯的要求,又要满足纵向预应力筋布置的要求。当两腹板间距增大时,顶板厚度也要相应增大。

箱梁腹板主要承受结构的弯曲剪应力和扭转剪应力所引起的主拉应力。对大跨度连续梁桥,腹板厚度一般在跨中较薄,在支点处较厚,以承受梁部支点处较大的剪力。除满足受力要求外,腹板的最小厚度还应考虑预应力钢束管道布置(包括锚固尺寸)以及混凝土浇筑的要求。

在箱梁腹板与顶、底板结合处需要设置承托(haunch),并根据具体情况确定承托布置的方式。承托的作用在于:提高截面的抗扭刚度和抗弯刚度,减小扭转剪应力和畸变应力;使应力流迹线缓和过渡,减小次应力;提供一定空间来布置预应力筋;减小顶、底板的横向宽度,并可适当减薄顶、底板厚度;利于脱模。如仅为脱模考虑,可在箱形顶底板与腹板相交处设置较小尺寸的倒角或梗腋(fillet)。

图 3-6 所示为几座桥梁的横截面。其中,图 3-6a)为广东洛溪大桥(65m + 125m + 180m + 110m,连续刚构桥),图 3-6b)为美国休斯敦运河桥(114m + 229m + 114m,连续刚构桥)。对桥宽大致在 15~20m 范围内的公路桥,可采用单箱单室或单箱双室截面。腹板采用斜腹板,是为了减小底板的横向宽度,并相应减小桥墩及基础尺寸。

图 3-6c)取自丹麦的一座跨径为 110m 多跨连续梁桥,主梁为单箱单室。为适应桥宽需要且增加桥面刚性,在箱梁顶板及悬臂板下每隔 6.88m 设一厚 0.5m 的横向加劲肋。

图 3-6d)为德国的一座桥面宽度达 30m 的连续梁桥,其截面由单箱、斜撑和悬臂板组成。对于宽桥,可将两个甚至多个箱梁平行并列布置,称为分离式箱形截面。两箱梁邻近顶板端部可设置分车带等构造,如图 3-6e)所示。

图 3-6f)所示的是奥地利的一座公铁两用桥(87.9m + 169.4m + 150.0m + 60.4m + 60.4m,连续梁桥)的主梁截面,它是充分利用箱梁空间的一个例子。该桥桥面设有汽车 6 车道,箱内设置地铁,两箱之间的间隔带内铺设缆索管道等设施,箱体下部外侧设置人行道和自行车道。

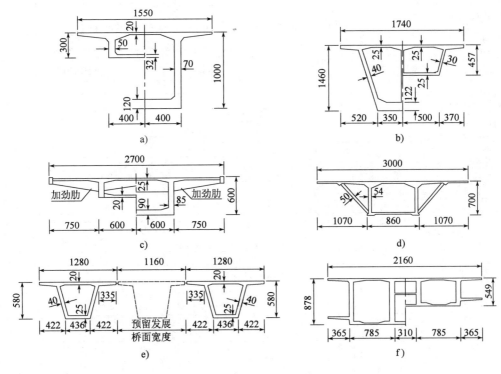

图 3-6 实桥箱形截面(尺寸单位:cm)

近年来,后张法预应力混凝土小箱梁在我国中小跨径的公路桥梁上得到较多的应用。它具有梁高较小、抗扭刚度大、运输和安装方便、材料较省且外形比较美观等优点。目前,我国已制订标准跨径为 20m、25m、30m、35m 和 40m 的标准图。后张法预应力混凝土小箱梁较多采用等截面构造,并采用先简支后连续的施工方法建造。

图 3-7 和图 3-8 分别为一片跨径为 30m 的公路预应力混凝土小箱梁桥的构造图、配筋图,其设计荷载为公路—Ⅰ级荷载,单幅桥梁上部由 4 片预制箱梁组成。

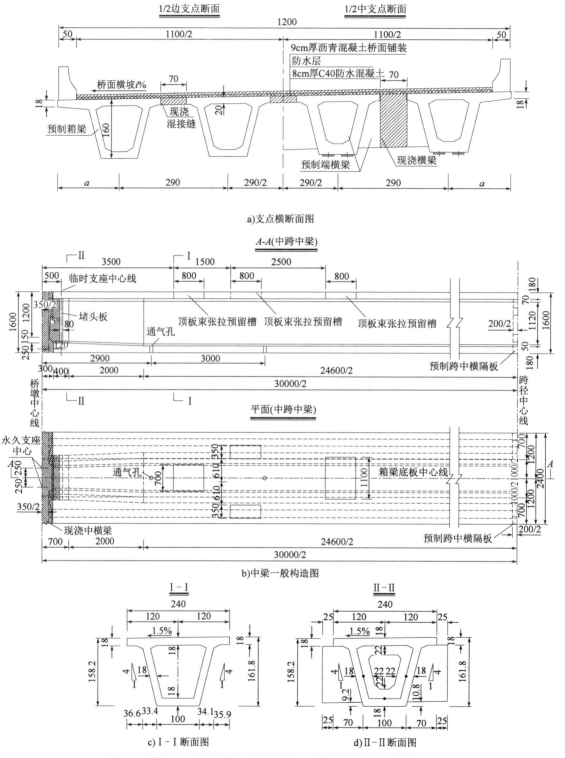

图 3-7 跨径 30m 公路后张法预应力混凝土小箱梁构造图(尺寸单位:cm)

每片箱梁采用 4 对 8 束钢绞线形成预应力体系,按 N1～N4 的顺序先后弯起。其中 N1～N3 锚固于腹板,N4 锚固于底板。箱梁顶板下层和底板上层纵向普通钢筋采用直径 10mm 的 HPB300 钢筋,防收缩钢筋采用直径 8mm 的 HPB300 钢筋,其余普通钢筋均采用 HRB400 钢筋。其中,箍筋直径为 12mm,底板下层纵向普通钢筋直径为 16mm,架立筋和顶板上层钢筋直径为 22mm,横向普通钢筋直径为 12mm。

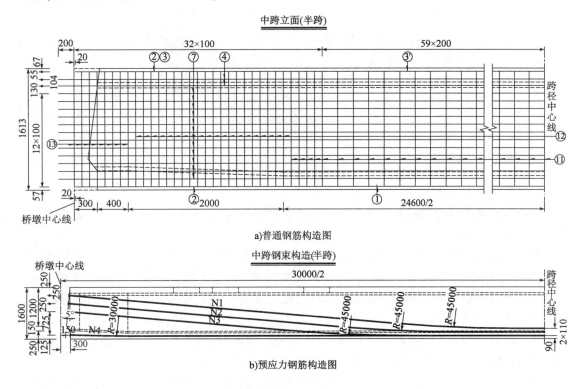

图 3-8　跨径 30m 公路后张法预应力混凝土小箱梁配筋图(尺寸单位:cm)

3. 横隔板

由多个 T 形或工字形组成的截面,其横截面的抗扭刚度较小;为增加桥梁的整体工作性能,一般需沿梁长设置一定数量的横隔板(或称为横隔梁)。横隔板的数目和位置依据主梁的构造和跨度大小确定,通常设置在支点处、跨中和 1/4 跨径处。箱形截面的抗弯和抗扭刚度较大,除在支点处设置横隔板外,中间横隔板的数目较少(一般在跨中布置一道),见图 3-9。目前的趋势是少设或不设中间横隔板,以减少其施工的难度。对于多箱截面,为加强桥面板与各箱间的联系,常在箱间设置横隔板。对采用双薄壁式桥墩的连续刚构,其横隔板布置应与双薄壁式桥墩一一对应。

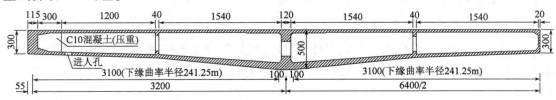

图 3-9　横隔板一般布置(尺寸单位:cm)

为便于箱内施工和检查工作,需要在横隔板上开孔。因此,多数情况下中间横隔板不是一块实心板,而是与箱梁四壁连成一体的横向框架。横隔板的厚度一般按工程经验取值。

对于仅靠上翼板联系的分离式双箱结构,如图 3-10a)所示,在偏载作用下,承载的箱体纵桥向受力大,而另一箱的扭转变形大,且上翼板连接处的应力也大;若两箱之间沿纵桥向有数个横隔板连接,则两箱能共同抵抗偏载,受力较为合理,见图 3-10b)。

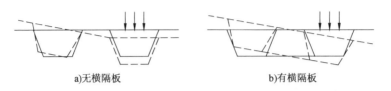

a)无横隔板　　　　　　　　b)有横隔板

图 3-10　双箱偏载作用下的变形示意图

三、预应力筋类型

1. 预应力筋类型

预应力混凝土连续梁桥与连续刚构桥中,预应力筋不仅是重要的结构组成,还是重要的施工手段,其种类很多。

预应力筋按位置,可分为顶板筋、底板筋、腹板筋;按其形状,分为直筋、弯筋;按其受力特性,分为正弯矩筋、负弯矩筋、抗剪筋等;按其使用时间长短,分为永久预应力筋和临时预应力筋。临时预应力筋是为满足结构在施工阶段的受力要求而临时布置的,在梁体内要预留其孔洞位置,桥梁完工后拆除。

预应力筋按其布置在混凝土体内或体外,可分为体内筋、体外筋等。第二章介绍的预应力混凝土简支梁中的预应力筋均为体内筋。

体外筋,也称为体外索,布置在主梁截面以外的箱内,配以横隔板和转向块等构造,对梁体

图 3-11　体外筋(索)照片

施加预应力。与体内筋相比,体外筋无须预留孔道,可减少孔道压浆等工序,施工速度快,且便于更换;但对预应力筋防护和结构构造等的要求较高,对抗腐蚀、耐疲劳性能要求也较高。体外筋除可用于一般的预应力混凝土箱梁外,特别适用于腹板较薄的超高性能混凝土梁、腹板为波形钢腹板的预应力混凝土组合梁和钢箱梁等结构中,在既有桥梁的加固中也很受欢迎。图 3-11 为某波形钢腹板-预应力混凝土组合箱梁的内部照片,其上方为体外筋(索)。

预应力筋按其布置的走向划分,可分为纵向预应力筋、横向预应力筋和竖向预应力筋,分别简称为纵筋、横筋和竖筋。大跨度梁桥通常按三向预应力设计。

2. 纵向预应力筋及其锚固齿块

沿桥跨方向布置的纵向预应力筋也称为主筋,其数量和布筋位置要根据结构的受力状态确定。因其与施工方法密切相关,纵筋或主筋的布置,将在本章第三节～第五节中与不同的施工方法一起介绍。

预应力混凝土连续梁与连续刚构以箱形截面为主,以后张法为主。纵向预应力筋在梁端

的锚固构造要求,详见《结构设计原理》[13]与相关的专著、手册,这里仅介绍锚固于顶、底板的混凝土锚固齿块构造。

锚固齿块的几何参数,如图 3-12 所示。预应力束在齿块内的偏转角不宜大于 15°;锚固面尺寸应根据锚具布置和张拉空间等要求选定;锚固面与齿块斜面的夹角不宜小于 90°;齿块长度可根据几何关系确定。

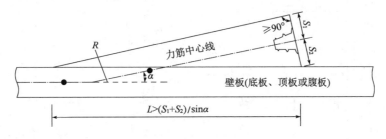

图 3-12　齿块锚固区立面示意图

齿块锚固区应进行配筋计算,钢筋布置如图 3-13 所示。齿块锚下应配置抵抗横向劈裂力的箍筋,其间距不宜大于 150mm,纵向分布范围不宜小于 1.2 倍齿块高度。齿块锚固面应配置齿块端面箍筋,伸入至壁板的外侧。壁板内边缘应配置抵抗锚后牵拉的纵向钢筋。当需要配置纵向加强钢筋时,其长度不宜小于 1.5m,横向分布范围宜在预应力筋轴线两侧各 1.5 倍锚垫板宽度内。壁板外边缘应配置抵抗边缘局部侧弯的纵向钢筋。预应力筋径向力作用区应配置竖向箍筋及沿预应力管道的 U 形防崩钢筋,并与壁板内纵筋钩接,纵向分布范围宜取曲线预应力段的全长。

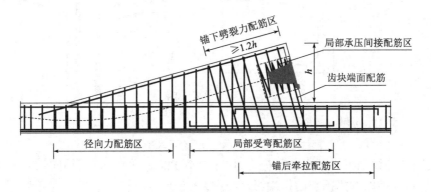

图 3-13　三角齿块锚固区普通钢筋布置示意图

3. 横向预应力筋

在箱梁结构中,若两腹板间距过大或悬臂板外挑过长,仅靠布置普通钢筋难以满足受力要求,就需要对箱梁顶板施加横向预应力,如图 3-14 所示。横向预应力筋可加强结构的横向联系,增加悬臂板的抗弯能力。横向预应力筋多采用钢绞线。

4. 竖向预应力筋

当腹板混凝土、普通钢筋、纵向下弯预应力筋等不足以抵抗剪力时,就需要在腹板内布置竖向预应力筋。竖向预应力筋既可以提高截面的抗剪能力,也可以与悬臂施工配合,作为挂篮的后锚钢筋。竖向预应力筋多采用高强度精轧螺纹钢筋,在预留孔道内按后张法工艺施工,张拉后管道需压浆。其纵向间距宜为 500~1000mm。图 3-15a)给出某桥的竖向预应力筋沿纵桥向的布置,图 3-15b) 为横桥向布置,图 3-15c) 为布置大样。

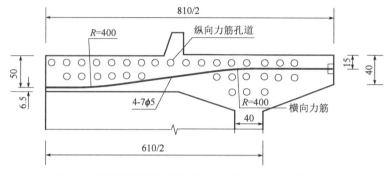

图 3-14 箱梁顶板的横向预应力筋(清水河桥)(尺寸单位:cm)

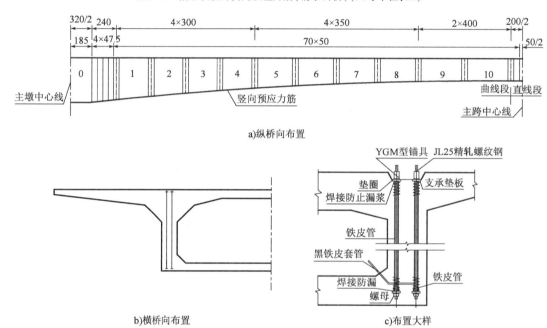

图 3-15 竖向预应力筋布置示意图

高强度精轧螺纹钢提供的竖向预应力,由于受到截面高度的限制,锚固长度与预应力筋的长度均有限,有时难以发挥预想的作用,致使许多大跨预应力箱梁腹板出现开裂。如采用传统的预应力钢绞线,由于锚具回缩将造成预应力损失,故也难以发挥作用。目前,国内开发了低回缩量的钢绞线锚具,并得到推广应用。与常规锚具相比,由于其工作锚板设有外螺纹,并设有锚固螺母,可通过二次张拉的方法,达到减少张拉时钢绞线回缩的目的。

四、连续刚构的结构特点

连续刚构桥上、下部结构联为一体,多用于大跨度、高桥墩的情况。高桥墩时若仍采用连续梁,桥墩为悬臂柱,墩顶位移大,稳定问题也突出。采用连续刚构,墩顶与梁固结,变形受到约束,可减小墩顶位移,也有效减小长细比,提高稳定性。反过来,对于连续刚构来说,桥墩高则柔度大,否则桥墩矮、刚度大,在温度变化等作用下,桥墩与基础受力均较大(见本章第六节的分析)。同时,柔性大的桥墩对梁的嵌固作用小,能使梁的受力接近于连续梁,也可避免受到较大的附加内力[18]。

连续刚构桥设计计算时,上、下部结构要一起考虑。对于桥墩本身,设计计算需考虑主梁纵向变形和转动的影响,以及墩身偏心受压时的稳定性。当墩身较高时,常采用箱形截面,以提高其稳定性,节约材料,并控制墩顶位移量。箱形截面桥墩,也称为空心墩,详见第八章第二节介绍。

连续刚构桥主梁一般采用变截面箱梁,使用 C50~C60 混凝土和大吨位的预应力钢束。设在桥梁两端的伸缩缝,应能适应结构纵向位移的需要,同时桥台处需设置控制水平位移的挡块,以保证结构的水平稳定性。施工以悬臂法为主。另外,连续刚构桥混凝土收缩、徐变使结构发生向桥中点的位移,带动桥墩发生向桥中点的位移,从而产生附加内力。实际工程中通常采用预顶和压重等办法解决这个问题。

连续刚构桥主梁的高跨比可参照连续梁桥取值(适当偏小)。对带双薄壁墩的连续刚构体系,其主梁根部弯矩与双薄壁的截面尺寸和间距有较大关系,选择梁高时应考虑到这一因素。当连续刚构桥边跨桥墩(一跨或多跨)因墩高较矮,相对刚度增大时,常在边墩的顶部设支座或底部设铰,以适应纵向位移,即成为连续刚构-连续梁组合桥。

我国已建成多座预应力混凝土连续刚构桥,主跨超过 200m 的有四川泸州长江大桥(240m)、湖北黄石长江大桥(245m)、广东虎门辅航道桥(270m)、重庆高家花园嘉陵江大桥(240m)、广东东江南特大桥(256m)、广东南澳跨海大桥(221m)等。此外,重庆石板坡长江大桥复线桥主跨达到 330m,采用钢-预应力混凝土的混合梁形式,是世界上跨径最大的连续刚构桥。

广东虎门珠江辅航道桥是连续刚构桥。正桥跨径组合为 150m + 270m + 150m(图 3-16)。桥宽 31m,6 车道,由双箱组成。梁的下缘呈抛物线形,桥墩处梁高 14.8m,跨中处梁高 5m。桥墩为双柱式空心墩,高 35m,具有较大抗弯刚度,以保证施工和运行的安全稳定,并满足变形要求。基础采用高桩承台,每墩有 32 根直径 2.0m 的桩嵌入岩石。主梁采用挂篮悬臂浇筑。桥墩用支架提升模板浇筑混凝土。虎门是台风经常袭击的地区,桥梁的抗风稳定性是工程的关键问题。施工时最长悬臂达 128m,根据风洞试验结果,采取了安全措施。桥梁上下游设置防撞墩,使桥墩免受船舶撞击。

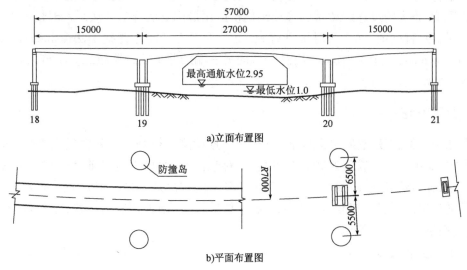

图 3-16 广东虎门珠江辅航道桥(尺寸单位:cm;高程单位:m)

图 3-17 给出我国南昆线清水河大桥的总体布置图,该桥为主跨 128m 的三跨预应力混凝土连续刚构桥。梁体为单箱单室变截面箱梁,桥墩处梁高 8.8m,跨中处梁高 4.4m。梁体下缘除中跨中部 34m 和边跨端部各 25.7m 为等高直线段外,其余为 $R = 212.314$m 的圆曲线。箱梁顶板宽 8.1m,底板宽 6.1m;腹板厚度 0.4～0.7m,底板厚度 0.4～0.9m,顶板厚度 0.5m。梁体采用 C50 预应力混凝土,按三向预应力设计,悬臂浇筑法施工。

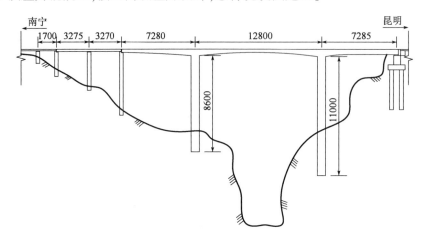

图 3-17　南昆线清水河大桥的总体布置图(尺寸单位:cm)

第三节　悬臂法及其相应的结构

悬臂法将梁沿纵桥向划分成若干节段,从支承处向跨中以对称悬臂的形式,逐步接长,直至合龙。悬臂法的节段长短与挂篮或起重机(工程中常称为吊机)的承载能力有关,一般为 2～5m。将预应力作为一种施工手段,是促使预应力混凝土连续梁桥和连续刚构桥发展的重要原因。悬臂法施工,所需支架和临时设备少,施工时不影响桥下通航和通车,不受季节和河道水位的影响,是大跨度连续梁桥和连续刚构桥应用最广泛的施工方法。一般情况下,主梁从桥墩两端对称悬臂向前,称之为对称悬臂施工法,也称为平衡悬臂施工法(balanced cantilever construction method)。个别情况,也有从一端向另一端的非平衡悬臂施工。本节仅介绍对称悬臂施工法。

一、施工方法

悬臂法施工的连续梁桥,先悬臂后连续(对于连续刚构桥则是先悬臂后刚构)。根据节段施工的方式,又可分为悬臂浇筑和悬臂拼装(简称悬浇和悬拼)两种。前者的接长方式是采用挂篮等设备,在桥位处现浇混凝土,待混凝土达到一定强度后,张拉预应力筋,前移挂篮,继续下一梁段的施工。后者的接长方式是采用起重机等设备,吊装预制的梁段,张拉预应力筋,前移起重机,继续下一梁段的施工。

1.悬臂施工的程序

以最简单的三跨连续梁桥为例,悬臂施工可分为三个主要阶段。

第一阶段,如图3-18a)所示,在完成桥梁墩台修建后,在1号和2号墩的墩顶上先施工一适当长度的梁段,以满足在梁顶布设挂篮或起重机的要求。这一段包括0号块及其附近的梁段,它通常由墩顶两侧托架或靠近桥墩的支架来辅助。采用锚杆和临时支座等措施,把墩和梁临时固结起来,以保证后续悬臂施工时的结构稳定性。此阶段的结构为T形刚构。两个T形刚构分别对称悬臂(拼装或浇筑)施工,随悬臂节段的安装和预应力筋的张拉,主梁不断加长,直至边跨端靠近边跨现浇段,如图3-18b)所示。

第二阶段,0号和3号台的台边设支架,在支架上现浇或预制安装边跨(不平衡)段,此项工作可与第一阶段平行或先于第一阶段进行。当从1号和2号墩悬臂施工过来的悬臂端到达边跨段时,拆除挂篮,将边跨段与T形刚构合龙,形成一端铰支、一端固结的单伸臂梁。之后,释放1号和2号墩顶的临时固结,使永久性支座发挥作用,形成两个(两个支座均为铰支座的)单悬臂梁,如图3-18c)所示。

第三阶段,如图3-18d)所示,施工中跨合龙段,将两单伸臂梁转换成三跨连续梁结构。

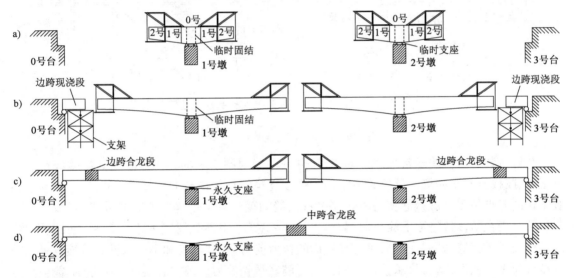

图3-18 悬臂施工程序

对于三跨连续刚构桥,施工阶段与图3-18的连续梁相似,只是其主梁与桥墩为固结,施工过程中的T形刚构就是永久的结构,没有临时固结及其拆除的内容。多于三跨的连续梁和连续刚构桥,基本步骤仍相同,只是多个T形刚构之间、T形刚构与边跨端部梁段之间的合龙次序不尽相同。若中间跨不等跨,为了仍能采用平衡悬臂施工法,其结构布置宜遵循图3-24的原则。

上面介绍的施工方法,边跨端部梁段采用支架现浇施工。若地形条件不允许,则可先合龙中跨,形成双悬臂梁,之后继续两端悬臂施工,直至完成边跨端部梁段。

上述介绍的2号墩和3号墩同时施工的方法,虽然施工进度快,但需要两套悬臂施工设备(如挂篮或起重机)。若设备不足(只有一套),则2号墩和3号墩可分阶段施工(即两T形刚构先后施工),但工期较长。

悬臂法施工过程结构的受力详见下一节的介绍。

2. 悬臂拼装

悬臂拼装施工内容包括梁的节段预制和悬臂拼装。节段预制需按起吊能力把主梁沿纵向分成若干节段,在工厂或桥位附近预制场内完成。常用的预制方法有长线法和短线法。长线法是在固定底模上(根据主梁底缘曲线制作)分段浇筑,通常需要较长的预制场地并在施工现场进行,适用于梁底曲线相同的多跨桥,设备使用效率高。短线法是在配有可调整模板的台车上进行,每次预制新的节段时,按前一节段确定其相对位置并调整模板,以保证安装时节段间相互吻合,适用于工厂生产,设备可周转使用。无论采用长线法还是短线法,节段的拼装面需做成企口缝,以控制和调整节段的高程和水平位置,并提高主梁的抗剪能力。

悬臂拼装法可采用移动式起重机、架桥机、桁式起重机等设备。常用的移动式起重机的外形与挂篮类似,由承重梁、横梁、锚固装置、起吊装置、行走系统、张拉平台等组成,见图 3-19。

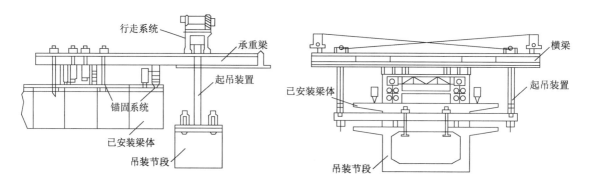

图 3-19 移动式起重机悬臂施工示意图

悬臂拼装的 0 号块通常采用现场浇筑,也有采用预制拼装的。各节段之间的接缝可采用湿接缝、胶接缝和干接缝。湿接缝通常用于现场浇筑的 0 号块与 1 号节段之间,以调整后续拼装工作的起点位置。湿接缝宽为 100～200mm,缝间现浇高强度等级的砂浆或小石子混凝土。胶接缝是指在节段接触面上涂一薄层(厚 0.8mm 左右)用环氧树脂加水泥等制成的胶状物,以使节段间的接缝密贴,完工后可提高结构的抗剪能力、整体刚度和不透水性。干接缝是指节段接缝间无任何填充料,只靠企口缝和预应力筋来承受剪力。因担心接缝不密贴,可能会导致钢筋锈蚀,这种接缝方式相对用得较少。

悬臂拼装法适用于跨径 50～150m 的连续梁桥或连续刚构桥。采用该方法每个节段的安装速度,一天可能完成 4～5 个节段,快于悬臂浇筑法,而悬臂浇筑法 4～5 天才能完成一个节段。因采用悬臂拼装法时,节段在预制场完成,质量易于保证。同时,由于预制节段完成部分的收缩和徐变,使得桥梁所受的混凝土收缩和徐变效应较小。但不足之处是,安装误差调整较为困难,节段间预应力和钢筋的连续难度较大。对于跨径较大的连续梁桥或连续刚构桥,靠近桥墩处的截面变化急剧,增大预制节段的施工难度,此时可考虑采用悬臂浇筑法施工。

3. 悬臂浇筑

悬臂浇筑法适用于 70～280m 的连续梁桥和连续刚构桥,它的主要缺点是施工速度较慢。悬臂浇筑法可采用挂篮或桁式起重机等设备,最常用的是挂篮。挂篮是一个可移动的(钢)支架,为架设模板、布置钢筋、浇筑混凝土、张拉预应力等工序提供工作平台。挂篮由承重梁、悬吊模板、锚固装置、行走系统、张拉平台等组成。承重梁是挂篮的主要构件,承受施工设备和新浇梁段混凝土的重量,并将其传递到已完成的结构件上,可采用型钢实腹钢梁或桁架梁等形式。

挂篮的形式较多、构造各异。一般要求挂篮具有构造简单、使用方便、安全可靠、稳定性好、承载力大、拆移灵活等特点。挂篮自身所用的材料重量与其所能承受的荷载之比,是衡量挂篮设计的主要技术指标,该比值越低,挂篮的使用效率越高,一般取 0.6 左右。图 3-20 所示的是几种常用的挂篮形式。

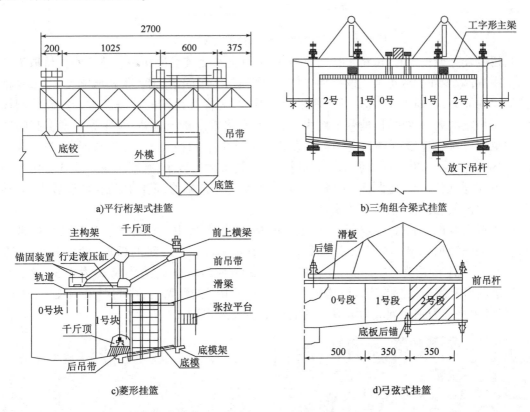

图 3-20　几种常用挂篮示意图(尺寸单位:cm)

二、结构特点

悬臂施工法的上部结构先悬臂后连续,一期恒载下的受力以负弯矩为主,结构构造与配筋均应适应这一特点。

1. 立面布置

对于多于三跨的连续梁,中间跨一般采用等跨径布置,边跨跨径与中跨跨径不等,边中跨比多采用 0.65~0.70。由前面施工介绍(图 3-18)可知,一般边跨靠近边墩的节段需要在支架上拼装或浇筑。如边中跨比大于 0.70,则边跨靠近边墩的节段数要增加,支架长度也要相应增加。

设计中应尽量避免采用较小的边中跨比值。如受条件限制,边中跨比值只能采用如 0.50 或更小时,则要验算边跨端的支反力。支反力较小时,边支座需设置成拉力支座,若仍采用仅受压的支座,则要通过压重,或在中跨的中段采取轻质混凝土或其他轻型的结构(如钢梁、钢-混凝土组合梁),如图 3-21 所示,使边支座始终处于受压状态。

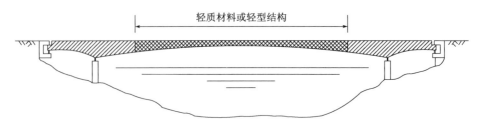

图 3-21 边中跨比较小时的连续梁桥布置示意图[19]

当桥墩较高或较柔时,可将主梁与桥墩固结,使之成为连续刚构桥。连续刚构桥取消了墩上的支座,可减少养护或更换支座费用。同时,墩顶与主梁固结,增大了桥墩刚度,可增强桥墩抵抗船撞的能力,在地震作用时,几个墩能协同受力,可提高桥梁的抗震能力。但连续刚构桥的结构超静定次数大,纵桥向所受的约束大,温度变化或混凝土收缩、徐变等因素引起的结构附加力也大。对于连续刚构桥,为增加悬臂施工时主梁的稳定性,可将桥墩做成双薄壁墩(double wall piers),如图 3-22 所示。它的特点是:抗推刚度较小,有利于减小温度变化引起的附加内力;两薄壁拉开一定距离,可减小墩顶主梁负弯矩的峰值;横桥向抗扭刚度较大,有利于提高桥梁的抗风、抗震和横桥向稳定性。

重庆石板坡长江大桥复线桥是一座连续刚构桥,桥墩采用双薄壁墩。为与老桥桥墩位置相重合且保证通航需要,取消原桥两个大跨(156m + 174m)之间的桥墩,使大桥的主跨达 330m。跨径总体布置为 87.75m + 4 × 138m + 330m + 133.75m,边中跨比为 133.75/330 = 0.405,是世界上跨径最大的连续刚构桥[21]。为平衡根部的负弯矩,中间段采用长度 103m 的钢梁,使其主跨成为钢与预应力混凝土的混合梁形式,如图 3-23 所示。

图 3-22 双薄壁墩实例照片　　　　图 3-23 重庆石板坡长江大桥复线桥

对于中间跨不等跨的混凝土连续梁桥和连续刚构桥,如图 3-24 所示[19],为了使相邻跨也能对称悬臂施工,次主跨的跨径 L 要取相邻跨跨径的平均值,即 $(L_1 + L_2)/2$。

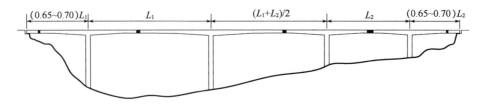

图 3-24 中间跨不等跨混凝土连续刚构布置示意图

2. 构造特点

(1) 截面高度

采用悬臂施工的连续梁桥或连续刚构桥，其主梁在施工过程中呈现 T 形刚构的受力状态，根部负弯矩很大。在二期恒载完成后，仍旧以根部负弯矩为主，而中跨产生的跨中正弯矩相对较小。因此，采用悬臂法施工的连续梁桥或连续刚构桥，均以 T 形刚构的受力状态为主，即主梁为以承受负弯矩为主的悬臂结构。为此，国外往往将其归入悬臂梁结构。根据这个特点，主梁根部附近的截面抗弯刚度要大，截面下缘的抗压能力要强。这也是悬臂施工法的主梁大多采用变（高度）截面形式的主要原因。

(2) 0 号块

墩顶的 0 号块是悬臂浇筑法施工的中心块体，又是体系转换的控制块体，一般也作为施工机具和材料堆放的临时场地。对于连续梁桥，梁体的受力通过 0 号块下面的支座向墩身传递。对于连续刚构桥，梁体的受力通过 0 号块直接传给墩身。由于 0 号块受力较为复杂，其顶板、底板、腹板均较厚，其构造也较为复杂。

连续刚构桥 0 号块的横隔板应与墩柱结构相对应，如图 3-25a) 所示。对于大跨径变截面的连续梁桥，其主梁 0 号块的横隔板构造与连续刚构桥相似，也可在桥墩处设置两道平行的竖向横隔板，与腹板和顶、底板共同组成 0 号块。但连续梁在此处还有悬臂施工时的临时锚固构造，以承受不平衡弯矩。常用的固结方法为：在支座纵向两侧设置两排临时混凝土块作为临时支座。临时支座内穿预应力钢束，两端分别锚固在主墩和主梁横隔板内，如图 3-25b) 和图 3-25c) 所示。钢束的数量应由施工中的不平衡弯矩确定。为便于拆除，在临时支座内设有约 2cm 厚的硫黄砂浆夹层，硫黄砂浆抗压强度高，加热容易软化，当悬臂施工完成时，通过加热软化，使其退出工作并拆除，便可将连续梁桥的受力转移到永久支座上；也可以采用其他临时支座，通过千斤顶将其拆除，换上永久支座。

对于施工中的双支座受力，图 3-25b) 所示的正三角形的横隔板构造，传力顺畅，但成桥后转换成单支座时，则传力效果较差。与之相反，图 3-25c) 所示的倒三角形的横隔板构造，成桥后转换成单支座时，传力效果较好，且对墩顶最大负弯矩能起到削峰作用，但需要通过底板加厚来解决施工时的传力和受力问题。

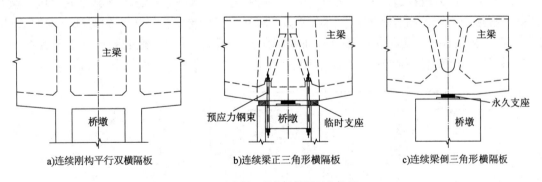

a) 连续刚构平行双横隔板　　b) 连续梁正三角形横隔板　　c) 连续梁倒三角形横隔板

图 3-25　主梁 0 号块的横隔板构造图

(3) 合龙段

合龙段的施工是连续梁桥和连续刚构桥施工的重要环节。温度变化、混凝土早期收缩、已完成结构的收缩和徐变、新浇混凝土的水化热，以及结构体系变化和施工荷载等因素，对尚未达到强度的合龙段混凝土都有影响，故必须重视合龙段的构造措施，使合龙段与两侧梁体保持变形协调,并在施工过程中能传递内力。合龙段的长度在满足施工要求的情况下应尽量缩短,以便于构造处理,一般取 1.5~3m。

合龙段的构造处理有以下几种:①用劲性钢管作为合龙段的预应力套管;②加强配筋;③用临时劲性钢杆锁定;④压柱支撑。

合龙段施工应注意以下几点:①合龙段应采用早强、高强、少收缩混凝土;②合龙段混凝土浇筑时间应选在一天中温度较低、浇筑后温度开始缓慢上升的时间;③加强混凝土的养护;④避免养护过程中合龙段两端产生相对位移。

(4) 节段间的连接

节段之间的连接是预制拼装箱梁桥的关键构造,为增强其抗剪能力,在接缝界面上设置复合剪力键,并配以黏结剂连接或现浇混凝土湿接缝连接,如图 3-26 所示。黏结剂连接一般采用环氧树脂胶,涂层厚度应均匀,接缝应进行挤压直至环氧树脂胶体固化,挤压应力一般为 0.3~0.5MPa。湿接缝连接则采用细石混凝土,缝宽不应小于 60mm,混凝土强度等级不应低于预制节段的混凝土强度等级。

箱梁截面的各个组成部分都设有复合剪力键,见图 3-26。腹板的剪力键由多个矩形键块(槽)组成,承受正常使用阶段接缝截面的剪力;顶板(底板)剪力键由多个长条形键块(槽)组成,用于节段拼装时对接定位;加腋区剪力键设置在腹板与顶板(底板)结合区,用于节段拼装时对接定位。

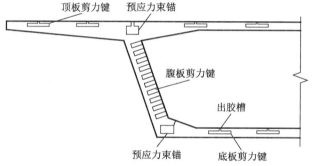

图 3-26 复合剪力键(胶接缝)布置示意图

图 3-27 为剪力键构造尺寸示意图,其尺寸应满足以下要求:①预制节段接缝处应设置剪力键,且腹板剪力键的布置范围不宜小于梁高的 75%,剪力键横向宽度宜为腹板宽度的 75%;②剪力键应采用梯形(倾角接近 45°)截面或圆角梯形截面;③剪力键的高度应大于混凝土最大集料粒径的 2 倍,且不应小于 35mm;④剪力键的高度与其平均宽度比取 1:2。

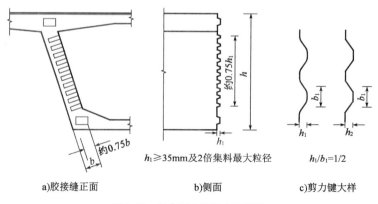

图 3-27 复合剪力键尺寸示意图

3.配筋特点

采用悬臂施工的连续梁桥或连续刚构桥,施工中主梁基本承受负弯矩,且负弯矩筋也是悬臂施工的重要手段;成桥后的受力仍以负弯矩为主。所以,负弯矩配筋是这种桥型的设计关键。

悬臂施工时,每浇筑一节段梁体,梁体自重将产生负弯矩。为了能支承梁体自重和施工荷载,需在每节段安装就位后对梁体施加预应力(负弯矩筋),待梁段合龙后再张拉正弯矩筋和其他预应力筋。正负弯矩结合使得梁体基本处于偏心受压受力状态,其轴向力非常大,抗剪承载力一般能满足要求。

图 3-28 为悬臂施工的连续梁桥纵向预应力筋的一般构造示意图,其中上图表示悬臂施工时张拉的预应力筋,下图表示梁段合龙后张拉的预应力筋。

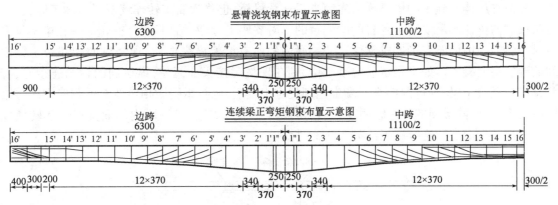

图 3-28　连续梁桥的分段配筋(尺寸单位:cm)

预应力筋在截面上一般应横向对称布置,竖向应尽可能靠近腹板、顶板和底板的边缘。在支点和跨中截面处,预应力筋数量较多时可分层布置。为满足截面抗剪承载力和锚固要求,部分预应力筋需要下弯或上弯,并锚固于腹板或底板。对锚固于顶板和底板的预应力筋,则需通过混凝土齿块引出。较简洁的布筋方法是只采用顶板和底板直筋,以简化设计和施工。锚固齿块的构造与配筋要求见图 3-12 和图 3-13。

由于预应力筋供料长度、施工方法和结构受力等原因,有时需要采用连接器把主筋对接或逐段加长。对逐孔施工的连续梁桥,其纵向预应力筋往往逐段接长。接头的位置通常设置在距离支点约 1/5 跨度附近弯矩较小的部位,如图 3-29 所示(图中数字为预应力筋的编号)。逐段加长预应力筋的方式也用于顶推法施工的连续梁桥和混凝土斜拉桥主梁中。

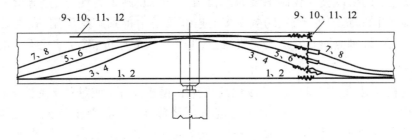

图 3-29　逐段施工连续梁桥的主筋接长

第四节 逐孔法及其相应的结构

逐孔法是指施工时以整孔的形式不断地向前推进,每一孔施工完能独立承载。这种施工方法常用于连续梁桥的施工,根据施工阶段的结构受力不同可分为:①先简支后连续法;②移动模架法(先伸臂后连续法)。

一、施工方法

1. 先简支后连续法

先简支后连续施工的桥梁称为先简支后连续梁桥,也称为简支转连续桥梁。施工时,先将每跨预制的梁体起吊安装于各自的墩或台的临时支座上,此时结构为简支状态,每孔梁架设完后横向将一孔内的所有梁连成整体。待一联内的所有梁架设完成后,现浇纵向相邻跨主梁之间的湿接头混凝土。如果是钢筋混凝土梁,则在现浇湿接头前,要将纵桥向的钢筋连接好;若是预应力混凝土梁,则待湿接头混凝土达到规定强度后,张拉承受墩顶负弯矩的预应力筋并锚固好。最后,卸除墩顶的两个临时支座,转换成单个永久支座,使一联内的简支梁一起转换成连续体系。先简支后连续施工法如图 3-30 所示。

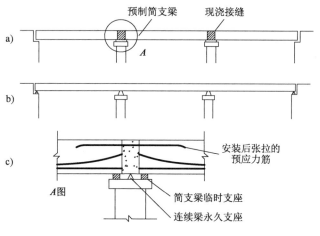

图 3-30 先简支后连续施工法

这种方法施工的梁以整体预制吊装为主,具有工期短、施工方便、工程造价低的特点。因此,在高速公路和国省道中等跨径、跨数众多的连续梁桥中得到广泛应用,在高架桥和大跨度桥梁的引桥中也有许多应用。它适合于直线桥、半径较大的弯桥、宽度变化不大的变宽桥。

2. 移动模架法

采用移动模架逐孔施工时,将机械化的支架和模板支承(或悬吊)在长度稍大于两跨、前端作导梁用的承载梁上,然后在桥跨内进行现浇施工,待混凝土达到一定强度后脱模,并将整孔模架沿导梁前移至下一浇筑桥孔,如此逐孔推进,直至全部主梁施工完毕。由于逐孔推进时,最前端的梁伸臂进入下一跨,所以从受力来看,它是先伸臂后连续的一种施工方法。

移动模架法在桥位上完成从立模到混凝土形成强度的整个施工过程,相当于将桥梁的预制厂设在现场,实现现场施工的机械化、自动化和标准化,而不需运梁和吊装工序。移动模架有上行式和下行式两种方法。上行式的移动模架钢主梁在浇筑混凝土梁体的上方,也称为悬挂式;下行式则是移动模架钢主梁在浇筑混凝土梁体的下方,也称为支承式。

图 3-31 示出采用下行式(支承式)移动模架逐孔施工的推进图式和构造简图。整套施工设备由承载梁(其前端为导梁)、模架梁、模架、前端横梁和支承平车、后端横梁和悬吊平车以及模架梁支承托架等组成。梁的外模架设置在承载梁和模架梁上。前端平车在导梁上行走,后端平车在已建成的梁上行走。图 3-31a)表示模架就位后浇筑混凝土和张拉预应力筋的工位。此时,梁体新现浇混凝土的重量传至承载梁和模架梁,后者通过前、后端的平车分别支承在承载梁和已经完成的梁上。待混凝土达到规定强度并脱模后,由前端支承平车和后端悬吊平车将模架梁连同模架前移至新的浇筑孔[图 3-31b)]。模架梁到位后,用设置在模架梁上的托架将模架梁临时支承在桥墩两侧,用牵引绞车将导梁移至前孔并使承载梁就位[图 3-31c)],最后松开托架而使前端平车承重并固定位置后,开始新的浇筑循环。

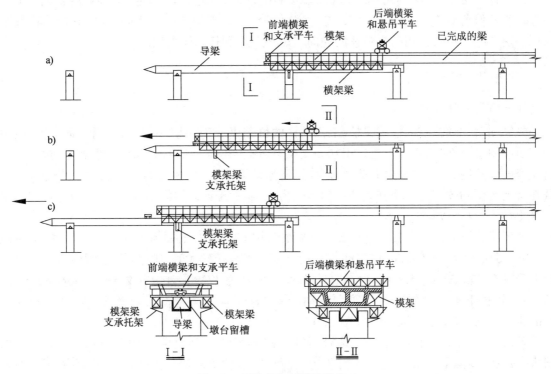

图 3-31 下行式移动模架逐孔施工

移动模架法主要适用于跨径为 30~50m、孔数较多的连续梁桥中,多采用等跨、等高的结构,其结构与构造与先简支后连续的连续梁桥相似。但一般来说,更大的跨径,如 50~60m,应用移动模架法也是可能的,我国最大已用到 64m。但跨径增大后,后张预应力索在墩顶横隔梁中的锚固和移动模架的桁梁设计难度增加。由于整套施工设备需要较大投资,故所建桥梁孔数越多,模架周转次数越多,经济效益越佳。

3. 逐孔施工法

逐孔施工也可采用移动支架支撑主梁的混凝土浇筑。从连续梁的一端开始,在一孔设置支架,浇筑混凝土并达到一定强度后,将支架移到下一孔,如此反复向前,直至完成所有孔的施工。也可从两端向中间或中间向两端逐孔浇筑。

逐孔施工也可以将预制的节段通过架桥机下挂或支撑梁支撑进行拼装,逐孔向前推进。图3-32示意采用桥式龙门吊(overhead gantry)架桥机对预制节段进行拼装。当每孔纵梁多于一片时,架设完一孔后需将其横向连接起来。

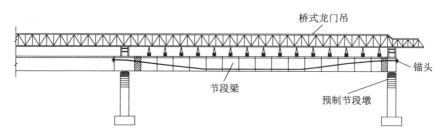

图3-32　预制拼装逐孔连接架设示意图

这几种方法中,已浇筑或架设的主梁,均有小段伸臂、墩上为单支座,与前述的移动模架法一样均为先伸臂后连续结构。不同的是,其施工速度慢,支架支撑费用高,因此它们均已较少采用。逐孔施工法较常用的是前述的先简支后连续法和移动模架法。

二、结构特点

1. 先简支后连续梁

先简支后连续施工的连续梁桥,上部结构的恒载可分为两期:一期为预制主梁的恒载,占所有恒载的主要部分,基本上是作用在简支梁上[图3-30a)];二期恒载只占小部分,包括人行道、栏杆、湿接缝、找平层和桥面铺装等,作用于连续梁桥上[图3-30b)]。换言之,大部分的恒载在梁上产生的效应是以简支梁的结构形式为主,而不是连续梁的结构形式,所以这种连续梁有时也称为"准连续梁"。

对于跨径不大的先简支后连续板桥,截面形式以板为主,主要为预应力空心板,标准跨径有13m、16m、20m,梁高分别为70cm、80cm、90cm。当跨径稍大时,则采用预应力混凝土T梁,标准跨径有25m、30m、35m、40m、45m、50m,梁高分别为175cm、200cm、225cm、250cm、275cm、300cm。当桥下净空受限或有美观要求时,也常采用预应力混凝土小箱梁,其标准跨径有25m、30m、35m、40m,梁高分别为150cm、175cm、200cm、225cm。

预制梁自重占总荷载的比重,随着跨径的增大而增大。当跨径较大时,它所受的正弯矩值很大,接近于简支梁的受力,不能充分发挥连续梁降低弯矩绝对值的优势,故并不适用。换言之,其跨径不宜超过简支梁的经济跨径50m。

这种桥的预制梁多采用工厂化预制,按简支梁配筋,负弯矩预应力筋在结构中所占的比重很小,在"后连续"中施加。纵桥向以等跨、等高布置为主,截面形式以T梁和箱梁为主。

对于多于三跨的连续梁桥,其中间跨一般采用等跨布置。有时为了简化预制构造、便于施工,边跨也常采用与中跨相同的跨径,即全部采用等跨布置。

T梁桥的后连续预应力筋布置如图3-33所示。图3-34给出某桥的实景照片,可以看到后连续的现浇混凝土和负弯矩筋锚固端(图中画圈部分)。小箱梁的后连续预应力筋的布置与T形截面梁类似,如图3-35所示。

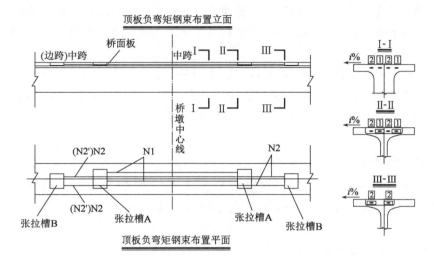

图 3-33　T 梁先简支后连续的负弯矩预应力钢束布置

图 3-34　先简支后连续施工的连续梁桥照片

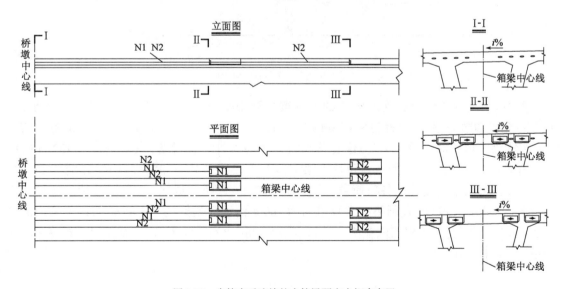

图 3-35　先简支后连续的小箱梁预应力钢束布置

当连续梁桥的孔数较多时,由若干孔(通常为3~5孔)组成一联,每联两端设伸缩缝。这样整座桥由多联组成,每联的孔数越多,对结构受力和行车越有利,但对伸缩缝和支座的要求也越高。

连续刚构桥有时也采用先简支后连续的施工方法,与连续梁不同,它在后连续中,不仅要将相邻跨的主梁连成一体,还要将主梁与桥墩固结在一起。采用这种方式施工的连续刚构,也称为"准连续刚构"。相对于连续梁桥,由于连续刚构桥一般跨径较大,采用这种方法施工的较少。

2. 采用移动模架法施工的连续梁

采用移动模架法施工的连续梁,先伸臂后连续,施工过程中的主梁仍以承受正弯矩为主。因有伸臂,内支点处有一定的负弯矩值,但其值远较悬臂法施工小得多。因此,主梁在其自重作用下的弯矩,还是以正弯矩为主,不过跨中正弯矩值较简支梁的小。预应力钢绞线的布置,可根据逐孔成型和先伸臂后连续的受力特点进行。预应力筋可锚固在现浇施工缝处,当浇筑下一孔梁段前再用连接器将预应力筋接长。采用此方法施工的四孔连续梁施工过程中每孔产生的自重弯矩如图3-36所示。通过逐孔计算,最后叠加,形成主梁的自重弯矩图。

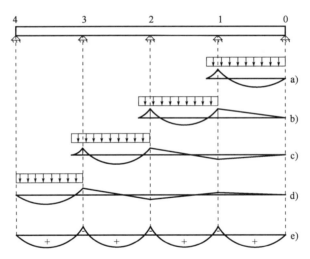

图3-36 移动模架逐孔施工过程的主梁恒载弯矩图

我国最早采用先伸臂后连续施工的连续梁桥是1991年建成的厦门高集海峡(公路)大桥,该桥全长2070m,跨径布置为 $8 \times 45m + 8 \times 45m + 12 \times 45m + 10 \times 45m + 8 \times 45m$,标准跨径45m,主梁为箱形截面,见图3-37。这套移动模架利用海外工程设备,模架主梁长132.5m,由12节箱梁和10节桁架拼装而成。每片主梁前段和末段用于导向和纵移;桁架分别长25m和45m;中段主梁用于承受施工各项荷载,总长为62.5m。该桥建成之后,我国开始国产移动模架的研发与应用,1998年我国第一台总重约为1000t的移动模架应用于跨径42m的厦门海沧大桥东引桥。此后,移动模架法在南京二桥、苏通大桥、万州长江大桥、花峪黄河大桥等多跨连续梁桥施工中得到应用。

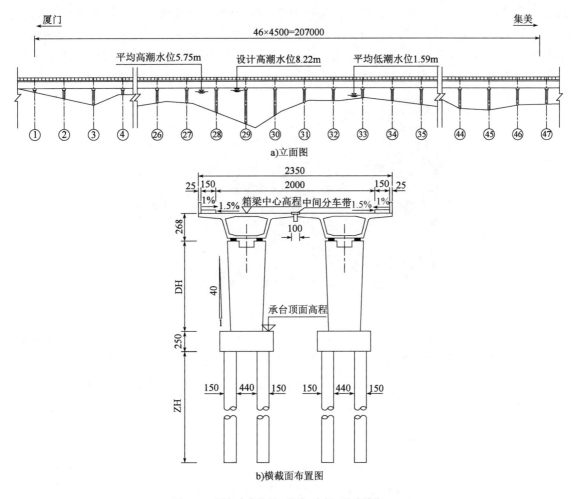

图 3-37 厦门高集海峡(公路)大桥(尺寸单位:cm)

第五节 其他施工方法及其相应的结构

本章第三节和四节介绍了连续梁桥或连续刚构桥常见的两种施工方法和相应的结构受力(主要是一期恒载)、构造和配筋特点。本节再介绍几种施工方法及其相应的结构特点。

一、转体法

转体法最早出现于斜拉桥施工中,1976 年首次应用于奥地利维也纳的多瑙河运河桥,转体质量达 4000t。此后,这一方法在各国推广至预应力混凝土 T 形刚构桥、预应力混凝土连续梁桥、钢桁梁桥、拱桥等桥型。

当梁式桥中采用转体法时,常用的做法是将主梁或主梁与下部结构一起,从跨中分为两半跨,与桥轴线成一定角度应用支架浇筑或支架安装结构,然后在结构的底部设置转盘,利用转动体系,将两半跨结构相继旋转就位、合龙、封转铰。应用支架浇筑或支架安装结构时与桥轴线成一定角度,是为了避开施工对桥梁所跨越的道路、河流等障碍物上通车或通航的影响,或避免在路上或河上搭设支架。与拱桥中拱肋竖向制作后进行转动的竖转法相对应,梁桥中的这种转体法属于水平转体,又称为平转法。图3-38是我国绵阳宝成铁路立交桥(连续刚构桥)水平转体施工照片。近年来,也有将转盘设在墩顶处进行梁式桥转体施工的桥例。

图3-38 绵阳宝成铁路立交桥水平转体法施工

采用转体法施工的连续梁桥或连续刚构桥,无论主梁是用支架现浇还是悬臂拼装,转体时的结构均为T形刚构,以悬臂受力为主。因此,从受力上来说,它也属于先悬臂后连续施工的桥梁。主梁多采用变截面,以配置负弯矩筋为主。为适应转体施工需要,在转动处需有特殊的构造与配筋。转体法施工一般用于跨线桥,通常跨径不大。

二、支架整体现浇法

支架整体现浇法常用于跨度超过50m、不宜采用先简支后连续施工的连续梁桥;或桥梁转弯半径较小、采用预制梁难以通过湿接缝适应平面线形变化的连续梁桥;或桥宽变化较大、预制梁湿接缝宽度难以适应桥宽变化的连续梁桥;或孔数少于4孔、桥长不大于150m、混凝土能一次整体浇筑的连续梁桥。

搭设支架的主要工序有地基处理和预压、搭架、支架预压、立模、绑扎钢筋、布置预应力孔道、现浇混凝土、张拉预应力并灌浆、落架和移架、完成桥面及附属工程。对于混凝土的浇筑,小跨径板梁桥可按照先跨中后支点的顺序依次进行;对稍大跨径的箱梁桥,可根据具体情况采取纵向分段、竖向分层的方式进行。支架是支架整体现浇法施工的关键材料,支架结构按结构形式可分为满堂式支架、梁柱式支架、组合形式支架。它的支架构造、施工注意事项、施工效率和经济性等与简支梁桥的支架相似,见第十章第二节的介绍。

我国连续刚构桥的跨径较大、桥墩较高,极少采用支架法施工。国外有些小跨径的跨线桥也常采用刚构桥,以取消支座,如图3-39所示。这种桥墩也称为整体墩(integral pier),本书第八章第五节有较详细的介绍。由于跨径不大、桥墩不高且孔数有限,这类桥较多地采用支架整体现浇。其跨径、截面、预应力筋等与支架现浇连续梁桥一样,可根据受力需要来布置。

支架整体现浇的连续梁,混凝土强度达到要求后一次性卸落支架,使其成为连续梁桥。结构在施工过程中不存在体系转换,恒载和活载作用时均为最终的设计体系。

可采用等跨或不等跨的结构设计。不等跨时,边中跨比一般取0.6~0.8。纵向预应力筋可按照结构各部位的受力要求,进行连续配筋。预应力筋的重心线通常采用多条抛物线组合而成的轨迹[图3-40a)]。预应力筋的具体布置可参考图3-40b),在支点附近布置在上缘,以抵抗负弯矩;在跨中截面,布置在下缘,以抵抗正弯矩;正负弯矩过渡区,预应力筋由下缘呈一定角度转向上缘。

图 3-39　支架现浇刚构跨线桥

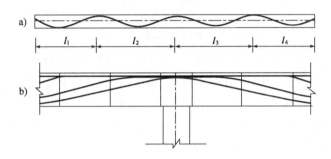

图 3-40　连续配筋的预应力筋布置

三、少支架预制拼装法

先简支后连续的施工方法属于预制拼装法,它不需要支架。对于跨径稍大的连续梁桥,整梁吊装吊重太大,可将预制梁从整梁缩短为梁段,借助少量的临时支架,实行预制拼装到整体连续的施工。对于三跨的连续梁,可分成五段预制。其中,墩顶段和边段各2段,中央段1段,需要支架4个。施工过程如图3-41所示。首先安装墩顶段,见图3-41a);然后安装边跨边段并现浇接缝,见图3-41b);待接缝强度达到要求后,拆除边跨支架,安装中跨中段并现浇接头,见图3-41c);待接缝强度达到要求后,拆除中跨支架,成为设计的三跨连续梁,见图3-41d)。

采用这种施工方法,在图3-41a)和图3-41b)的施工阶段,墩顶段和边段分别为两跨连续梁和简支梁,跨径很小,正负弯矩均很小;在图3-41c)的施工阶段,边段与墩顶段连成不等跨的两跨连续梁,正弯矩小于先简支后连续施工中简支梁状态的正弯矩值,负弯矩值小于悬臂施工的连续梁墩顶的负弯矩值,而中央段为小跨径的简支梁,正弯矩值很小。总之,这种施工方法使得施工阶段与使用阶段的受力方向较为接近,从而能充分发挥连续梁桥的特点,有效利用材料。采用该方法施工的连续梁多为不等跨、变高度梁。

如果在安装墩顶段后先安装中央段,再安装边段,则自重作用下的弯矩值与采用图3-41

方法安装略有不同,即边跨和中跨的跨中弯矩稍微减小,而中间支点的负弯矩略有增加。

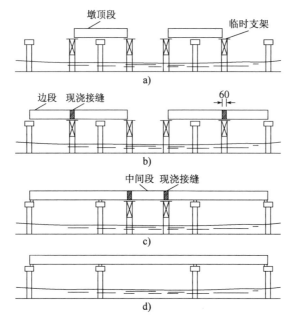

图 3-41 少支架预制拼装法(尺寸单位:cm)

对于跨径不太大的连续梁桥,如果起重能力足够,也可直接预制成单悬臂梁的安装构件进行架设。拼装顺序也可以从中间往两边,形成双伸臂梁,最后再与边跨边段连接形成连续梁。

本章第二节介绍的广东容奇大桥(图3-3),是国内较早采用少支架预制安装法施工的连续梁桥,但安装墩顶段(根部梁)时,只在靠引桥一边设置一个支架,悬臂端做成临时牛腿。该桥为五跨,4个根部梁安装后,双边对称依次安装边部梁和次边跨中部梁,最后安装中跨中部梁(中央段)。

四、顶推施工法

顶推法施工时,先在沿桥纵轴方向的台后设置预制场地,分节段浇筑或拼装混凝土节段,并用纵向预应力筋连成整体,然后通过水平液压千斤顶施力,借助不锈钢板与聚四氟乙烯模压板(简称"四氟板")特制的滑动装置,将主梁逐段向前顶进,就位后落梁,将临时支座更换为永久支座,完成主梁的架设。顶推法主要应用于等截面的连续梁桥。由于四氟板与不锈钢板间的摩擦系数一般为0.02～0.05,故即使梁重达10000t,也只需不大于5000kN的力即可推出。

顶推法施工可分单向顶推和双向顶推,或者单点顶推和多点顶推等。图 3-42a)表示一般单向单点顶推的情况,其顶推设备只设在一岸桥台处。在顶推过程中为了减小悬臂负弯矩,一般要在梁的前端安装一节长度一般为顶推跨径0.6～0.7倍的钢导梁,导梁应具有自重轻而刚度大的特点。单向顶推适用于跨径为40～60m的多跨连续梁桥。当跨径较大时,需在桥墩间设置临时支墩。国外已用顶推法修建跨径达168m的桥梁。当水平千斤顶行程为1m时,一个顶推循环需10～15min。图 3-42b)示出三跨不等跨连续梁桥采用从两岸双向顶推施工的图式,适用于不设临时墩且中跨跨径较大的连续梁桥。

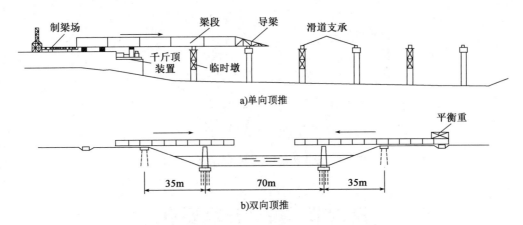

图 3-42 连续梁桥顶推法施工示意图

顶推法中每节段梁长一般为 10~30m, 开始顶推前应有 2~3 节段已连成一体, 然后用水平千斤顶等顶推设备将支承在滑道上的梁体向前推移。此后, 推出新的一段与上一段连接, 周期性地反复操作, 直至所有梁体推到最终位置。随后, 卸除支点区段底部和跨中区段顶部的部分预应力筋, 增加和张拉一部分支点区域顶部和跨中区段底部的预应力筋, 使主梁满足承受恒载和活载的内力需要。最后, 将滑道支承移开, 换成永久支座, 至此施工完毕。

顶推法施工一般适用于等跨、等高度且孔数较多的连续梁桥。梁高一般取顶推跨径的 1/17~1/12; 当设有临时支墩时, 梁高应按成桥跨径来选择, 一般取成桥跨径的 1/25~1/16。如边跨采用与中跨不等跨布置时, 其边中跨比值也比用其他方法施工的连续梁桥大, 一般为 0.7~1。顶推施工中采用的主要设备是千斤顶和滑道。在顶推过程中要确保梁体两侧千斤顶同步运行。为了防止梁体在平面内发生偏移(特别在单点顶推的场合), 通常在墩顶和梁体的侧面设置横向导向装置。顶推法的施工设备与施工技术较为复杂, 施工工作面较少, 施工进度较为受限, 在混凝土连续梁桥的施工中已较少采用, 较多的应用出现在钢桥中, 尤其是钢箱弯桥。

连续梁某一截面的弯矩在顶推过程中不仅数值在变化, 而且符号也在变化, 如图 3-43 所示, 这与其他方法施工时梁某一截面的弯矩符号基本保持不变有很大的不同。换言之, 从施工到成桥, 其结构是一种变化连续的结构。在结构设计上, 除考虑连续梁顶推完成后二期恒载、活载等在连续梁结构中的受力所需的配筋外, 还要在其上、下翼板内施加能承受顶推过程中正、负弯矩转变的预应力。

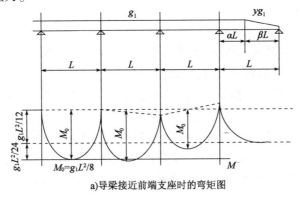

a) 导梁接近前端支座时的弯矩图

图 3-43

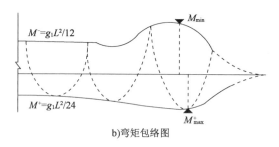

b)弯矩包络图

图 3-43 顶推法施工的连续梁桥弯矩示意图

第六节 设计计算要点

一、恒载、活载内力计算

恒载和活载内力是桥梁结构的主要计算内容。如前所述,连续梁桥、连续刚构桥的一期恒载内力与施工方法有关,二期恒载和活载则是作用在已形成的结构体系上,与所采用的施工方法无关。为了保证施工安全和长期正常使用性能,设计时必须分别计算各阶段受力后,进行叠加。分阶段的叠加计算,工作量大,多采用计算机数值分析来完成。

1. 恒载内力计算

采用直接连续法施工(如支架整体现浇)的连续梁桥,所有的恒载内力均可按连续梁进行计算。采用其他方法施工的连续梁桥和连续刚构桥,则须分为一期恒载和二期恒载分别计算。如先简支后连续桥,恒载要分为一期的简支结构和二期的连续结构分别计算,然后叠加。

若施工过程中结构体系不断转换,则一期恒载还要再分多个阶段。如,连续梁悬臂法施工过程中,最先为支点固结的 T 形刚构[图 3-18a)],主梁全部为负弯矩,见图 3-44a)悬臂最大时的弯矩图;之后转换为单伸臂的结构[图 3-18c)],在边跨不平衡段自重的作用下,靠近桥台处的一段主梁中有正弯矩,见图 3-44b);最后,中跨中间段合龙后结构才成为三跨连续结构[图 3-18d)],但此时在一期恒载作用下的中跨中仍无正弯矩,见图 3-44c)。此后施加的二期恒载,如桥面铺装、人行道、栏杆等,则按连续梁来计算作用效应,中跨跨中段产生正弯矩,见图 3-44d)。

2. 活载内力计算

连续梁活载内力计算的步骤与简支梁是基本相同的,手算时可采用影响线的方法进行。首先绘制内力影响线,然后进行活载加载,求得各截面最大活载内力。等截面连续梁的内力影响线与截面刚度无关,手算相对简单,一般可查阅有关手册中的公式和图表来确定;变截面连续梁的内力影响线与截面刚度有关,手算较为繁琐,现多借助桥梁有限元程序直接计算。

图 3-45 给出连续梁若干截面的弯矩 M 和剪力 Q 的影响线。可以看出,连续梁大多数截面的弯矩和剪力影响线是变符号的。对于公路桥梁,活载应按最不利原则布置,将车道荷载中的均布荷载布置在同号影响线区段内,集中力加在峰值处,可得到绝对值最大的活载内力。

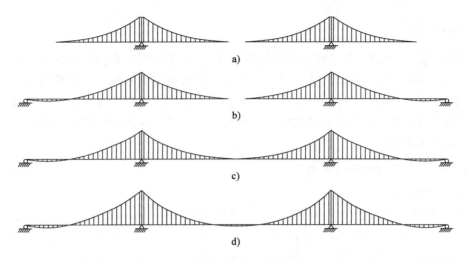

图 3-44 三跨连续梁悬臂施工恒载弯矩

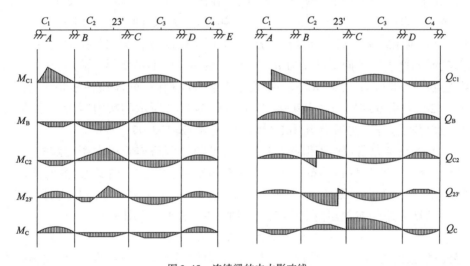

图 3-45 连续梁的内力影响线

3. 内力组合与包络图

将连续梁的绝对值最大的活载内力与恒载内力按荷载组合规定进行叠加,就可以得到全梁的内力包络图(其中还应包括各项次内力,见后述)。图 3-46 所示意的是四跨连续梁的弯矩 M 和剪力 Q 的包络图,由此可以了解内力包络图的一般特征。

内力包络图可应用于预应力钢束配置、截面承载力验算等。预应力钢束配置时,依据内力包络图中的符号,确定布束范围;选择若干控制截面,据其 M_{max} 和 M_{min} 估算这些截面处所需的钢束,以其为控制条件,结合结构构造和施工需求,进行钢束设计。

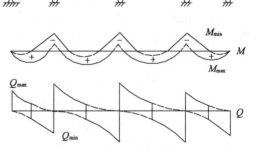

图 3-46 四跨连续梁的内力包络图

二、次内力

预应力混凝土连续梁、连续刚构桥为超静定结构,受强迫变形在多余约束处将产生约束反力,从而引起结构附加内力,即结构次内力。引起结构次内力的外部因素有预加力、温度变化、墩台基础沉降等,内部因素有混凝土的收缩、徐变等。次内力与结构有关,因此,结构体系转换也影响次内力的计算。通常计算的次内力有预加力产生的次内力、徐变收缩次内力、温度次内力和墩台沉降次内力等。

1. 支点处竖向变形引起的次内力

(1)预应力作用

在静定结构中,可根据预应力筋的布置形状和预加力的大小,确定截面上由施加预应力引起的内力,如弯矩等。这样计算得到的预加力对截面重心轴产生的弯矩称为初预矩 M_0。

在超静定结构中,预加力除产生初预矩 M_0 外,还因结构的超静定特性产生次内力,如次力矩 M'。以图3-47的两跨连续梁为例,进行说明。在图3-47a)所示的简支梁中,由于预应力的偏心作用,梁体将自由上拱[图3-47b)],并产生初预矩 M_0,如图3-47c)所示。但若在简支梁中部增加一个有拉压约束的支点,形成两跨连续梁[图3-47d)],则在张拉预应力筋时,由于支点 B 的存在,必然产生一个向下的反力 R_B,其约束梁体自由上拱变形。显然,这一反力导致简支梁两端支点产生次反力 R_A 和 R_C(若两跨连续梁跨度相同、梁体惯性矩相等,则次反力为 $R_A = R_C = R_B/2$),并引起结构的内力变化,产生如图3-47e)所示的次力矩 M'。预加力引起的总弯矩(称为总预矩)等于初预矩 M_0 和次力矩 M' 之和,如图3-47f)所示。

实际上,上述预应力偏心作用引起的次弯矩,可归结两跨连续梁在中间跨有向上位移 Δ_1 的弯矩求解问题。设图3-47a)的单跨简支梁为基本结构,中支点(内支点)处的反力 R_B 为多余力 X_1[图3-47d)],通过正则方程(3-1)求出 R_B 后,施加于基本结构上,即可得次力矩[图3-47e)];将次力矩与初预矩[图3-47c)]相加,得到总预矩[图3-47f)]。

$$\delta_{11}X_1 + \Delta_{1p} = 0 \tag{3-1}$$

实际公路桥梁的支座一般不受拉,主梁在预应力作用下向上弯起变形时,支座处不产生附加力。由于主梁的自重在内支点 B 上作用有一定的压力值,当主梁向上弯起时,内支座所受压力减小,相当于在主梁上施加一个向上的力。换言之,虽然实际的支座是不抗拉的,但考虑到实际受力后,上述的解法仍然成立。尽管实际桥梁的结构形式和预应力筋布置要比图3-47复杂得多,但基本概念和原理是一样的。目前常采用等效荷载法来求解预加力的总预矩。

预应力混凝土结构是一种预加力与混凝土相互作用的自平衡体系,因此可以把预应力筋和混凝土视为相互独立的脱离体,把预加力对混凝土的作用以等效荷载的形式替代。例如,对于图3-47a)中布置的偏心直筋,就可用两个水平力(各指向梁体,作用在锚固点处,大小为扣除相应阶段预应力损失后的预加力)替代。只要求得不同配筋情况下的等效荷载,便可采用结构力学方法、有限元法、影响线加载法等求出超静定梁由预加力产生的内力。需要注意的是,用等效荷载法求得梁的内力中已经包含预加力引起的次内力,即求得的内力就是总预矩。

对于非直线形的预应力筋,预应力等效荷载除锚固点所施加的力外,还有折点或弯曲部分的等效荷载。图3-48为一作用有折线预应力筋的梁段,转折点在截面 C 处,夹角为 θ_A 与 θ_B,预加力值为 N_p。由力的平衡可知:在 N_p 作用下,转折点处将对梁体的混凝土产生一个向上的竖向分力:$V_C = N_p\sin\theta_A + N_p\sin\theta_B$。当 θ 值较小时(一般情况预应力筋的转折角很小),$V_C = N_p(\theta_A + \theta_B)$。因此,折线预应力可以在预应力筋的转折点处对构件产生一个集中力 V_C 等效。对于曲线布置的预应力筋,曲线部分的等效荷载为分布荷载[16-17]。

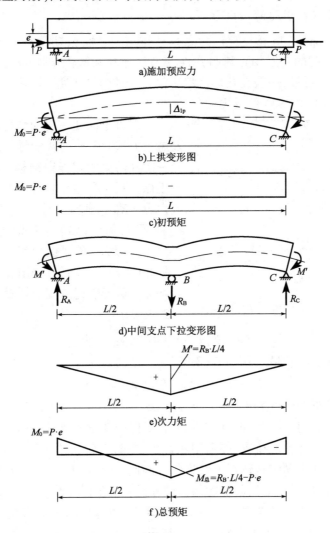

图 3-47　两跨连续梁的初预矩、次力矩和总预矩

(2)线性温度梯度

假定梁截面上作用着绕中性轴的线性温差(图 3-49),上缘升温而下缘降温。它将引起梁式结构产生向上的挠曲变形。对于两跨的连续梁,其次内力与图 3-47 初预矩作用下的情况相似。

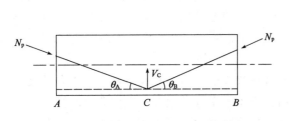

图 3-48　折线预应力筋梁段转折处的等效荷载

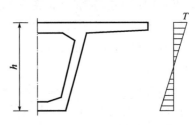

图 3-49　线性温度梯度对结构的影响

(3) 墩台沉降

对于如图 3-47 的两跨连续梁,假定内支座 B 发生瞬间向下的墩台沉降 Δ_p,或进行人工支座调整的下调量为 Δ_p,代入式(3-1),求得内支座的多余力 R_B,进而求得次内力值。

2. 非支点处竖向变形引起的次内力

混凝土徐变(creep)是指混凝土作为黏弹性体,在持续、长期荷载(如结构自重、预加力等)作用下,由荷载引起的变形扣除瞬时弹性变形后随时间缓慢增加的变形。徐变在加载初期发展较快,后期增长缓慢,一般在几年后趋于停止。结构徐变变形的累计总值可达到同样应力作用下弹性变形的 1.5~3.0 倍或更大。

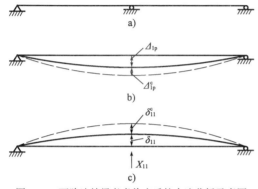

图 3-50 两跨连续梁考虑徐变后的力法分析示意图

混凝土徐变引起的结构次内力计算与结构施工方法有关。对静定结构或在支架上施工并一次性落梁的超静定结构(无体系转换),混凝土徐变只会导致结构变形的增加,并不引起次内力。对于预加力等引起的次内力是否有影响,我们仍以两跨连续梁为例进行分析。如图 3-50 所示,考虑徐变影响后,力法基本方程见式(3-2),与式(3-1)相比,柔度系数和载变位增加了徐变引起的变形增量(以上标 c 表示,即 δ_{11}^c 和 Δ_{1p}^c)。

$$(\delta_{11} + \delta_{11}^c)X_1 + (\Delta_{1p} + \Delta_{1p}^c) = 0 \quad (3-2)$$

设 $\varphi_\delta = \delta_{11}^c / \delta_{11}$,$\varphi_\Delta = \Delta_{1p}^c / \Delta_{1p}$,则有式(3-3):

$$(1 + \varphi_\delta)\delta_{11}X_1 + (1 + \varphi_\Delta)\Delta_{1p} = 0 \quad (3-3)$$

由于产生徐变变形的条件相同,有 $\varphi_\delta = \varphi_\Delta$。这样式(3-3)求得的多余力,与式(3-1)求得的结果相同。因此,对于直接连续的结构,徐变在竖向的变形增量并不引起附加的内力。对于施工过程中结构有体系变化的桥梁,如采用悬臂法、先简支后连续法等方法施工的桥梁,徐变变形和一次性变形是在不同结构体系上发生的。因此,不仅结构在其自重作用下的内力分析需要分阶段计算,由混凝土徐变引起的次内力同样需要分阶段计算。

以悬臂施工的三跨连续梁为例。一期恒载作用下的弯矩均为负弯矩,内支点处最大,如图 3-51a)所示。悬臂施工过程的下挠变形(此变形中也有徐变变形),如图 3-51a)中的实线所示,墩顶处为零,悬臂端最大。此阶段,悬臂端变形不受约束,施工中通过预拱度和预应力来调整,使其施工完成时的结构线形符合设计线形。施工完成后,在负弯矩作用下,混凝土的徐变使得悬臂端有继续下挠的趋势[图 3-51b)中的虚线],但此时边端已有支座约束使其不能自由下挠,边支座中产生抵抗徐变下挠的次反力,如图 3-51b)所示。在此力作用下,连续梁中产生次弯矩,见图 3-51c)。将图 3-51a)和图 3-51c)中的弯矩相加,即得考虑徐变变形影响后的一期恒载作用下的弯矩,见图 3-51d),它与一期恒载直接作用在三跨连续梁上的弯矩图[图 3-51e)]相似。

实际的计算十分复杂,例如,悬臂施工时各节段的加载龄期均不相同,结构形状与受力状态也一直处于变化之中,主梁又常为变截面,需要采用有限元方法进行数值计算。

对于采用悬臂法施工的连续梁,在桥梁初步设计阶段,可采用简化式(3-4)进行考虑徐变影响后支点处弯矩的计算[19]。

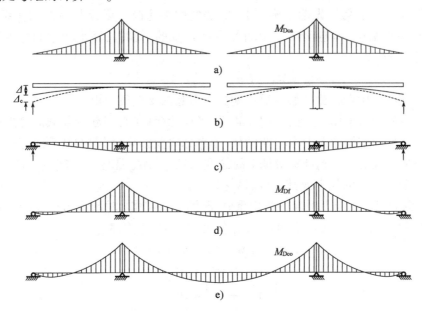

图 3-51 悬臂施工的三跨连续梁一期恒载作用下考虑徐变的弯矩图

$$M_{Df} = M_{Dca} + 0.8(M_{Dco} - M_{Dca}) \tag{3-4}$$

式中：M_{Df}——连续梁中考虑徐变影响后一期恒载引起的支点负弯矩；

M_{Dca}——在悬臂体系上由一期恒载(不考虑徐变影响)引起的支点负弯矩；

M_{Dco}——在连续梁体系上由一期恒载(不考虑徐变影响)引起的支点负弯矩。

值得指出的是，从图 3-51 的变形分析可知，徐变引起的下挠增量，在边支点处受到边支座的约束，而中孔跨中的徐变下挠却没有受到约束，这是许多连续梁桥、连续刚构桥使用中跨下挠的一个重要原因。

若采用先简支后连续施工，施工过程中，简支梁产生的瞬时下挠及其加上徐变下挠增量后的变形，见图 3-52a)中的实线和虚线，图 3-52b)为简支梁施工阶段的一期恒载弯矩图。然而，形成连续梁之后的徐变引起的下挠增量，在内支点处不能自由转动，它受到后连续部分的约束，而在梁中产生了负弯矩次内力，如图 3-52c)所示。将图 3-52c)的弯矩图与图 3-52b)的弯矩图相加，得到考虑徐变影响后的弯矩图，其图形与图 3-51d)相似，但具体数值不同，中孔跨中正弯矩为控制值。与采用悬臂法施工相似，先简支后连续梁在一期恒载作用下考虑徐变后的弯矩，也与荷载直接作用在三跨连续梁上的弯矩图[图 3-51e)]接近。

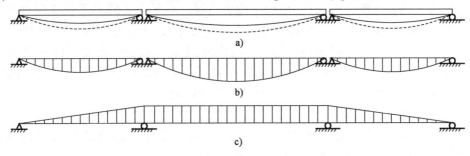

图 3-52 三跨连续梁一期恒载作用下考虑徐变的弯矩图

我国《混凝土桥规》(JTG 3362—2018)中第4.3.9条的条文说明中给出考虑徐变后t时的弯矩值,见式(3-5)。它假定先期结构(如同时浇筑的多跨简支梁或其他结构体系)在同一时间τ时连接成后期结构(即连续梁)。由于混凝土徐变的影响,后期结构中的弯矩在不断发生变化(即弯矩重分配)。

$$M_{gt} = M_{1g} + (M_{2g} - M_{1g})[1 - e^{-\phi(t,\tau)}] \tag{3-5}$$

式中:M_{gt}——连续梁中考虑徐变影响后一期恒载引起的支点负弯矩;

M_{1g}——在先期结构体系上由一期恒载(不考虑徐变影响)引起的某截面弯矩;

M_{2g}——在后期结构体系上由一期恒载(不考虑徐变影响)引起的某截面弯矩;

$\phi(t,\tau)$——从加载龄期τ到计算龄期t的徐变系数,采用《混凝土桥规》(JTG 3362—2018)中附录C的规定或其他可靠数据。

式(3-5)也适用于预应力引起的弯矩重分配计算,只需将t时预应力钢筋的有效预加力引起的弯矩,代替由自重引起的弯矩,即以M_{1pt}代替M_{1g},M_{2pt}代替M_{2g}:

$$M_{pt} = M_{1pt} + (M_{2pt} - M_{1pt})[1 - e^{-\varphi(t,\tau)}] \tag{3-6}$$

$$M_{2pt} = M_{2pt}^0 + M'_{2pt} \tag{3-7}$$

$$M_{1pt} = M_{1pt}^0 + M'_{1pt} \tag{3-8}$$

$$M_{2pt}^0 = M_{1pt}^0 \tag{3-9}$$

式中:M_{1pt}——先期结构预加力(t时),按先期结构计算的弯矩;

M_{2pt}——先期结构预加力(t时),按后期结构计算的弯矩;

M'_{1pt}——先期结构预加力,按先期结构计算的弹性次弯矩,当先期结构为静定时,此值为零;

M'_{2pt}——先期结构预加力,按后期结构计算的弹性次弯矩。

混凝土徐变除使竖向挠度增大、结构内力分布、应力分布产生影响外,还会引起预应力损失、组合截面上的应力重分布、构件表面开裂等。预应力损失,除直接影响截面上的预应力值外,还影响由预应力引起的次内力,从这点来说,即使是支架整体现浇的直接连续结构,徐变对结构内力也是有影响的。

混凝土的徐变在早龄期上发展较快,如果结构构件采用预制拼装,使构件受力时已有较长的龄期,能有效地减小徐变对结构受力的不利影响。

3. 纵桥向变形引起的次内力

(1)均匀温度变化

当截面上发生均匀分布的温度变化时,主梁将沿纵桥向发生伸长或缩短。图3-53给出温度均匀上升、主梁纵桥向伸长时,三种结构的受力情况。对于图3-53a)的简支梁和图3-53b)无水平约束的连续梁,温升变形需在伸缩缝宽度计算时计入,见第七章第三节。但此变形因不受约束,不产生次内力。对于图3-53c)的连续刚构桥,主梁纵桥向变形受到桥墩的约束,在主梁和桥墩中均产生次内力。其他构件纵桥向变形受到约束的结构,如下一章介绍的超静定拱桥、第八章介绍的整体桥,均匀温度变形也都会产生次内力。

(2)混凝土收缩

混凝土收缩(shrinkage)是其所含水分的变化、化学反应及温度降低等引起的体积缩小[22]。它是一种不依赖于荷载而与时间有关的变形。

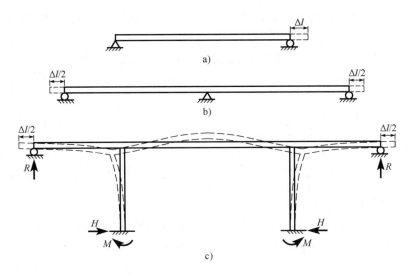

图 3-53　混凝土收缩对不同结构的影响

混凝土收缩对结构受力的影响与均匀温度变化相似。同样对简支梁和无水平约束的连续梁,需在伸缩缝宽度计算时计入其变形,但此变形不产生次内力。在纵桥向变形受到约束的连续刚构桥、超静定拱桥和整体桥中,产生次内力。混凝土收缩与均匀温降的效应相似,连续刚构桥中产生的变形与图 3-53c)中的方向相反。在工程计算中,有时将混凝土收缩引起的变形和次内力等效成温降进行计算。

4. 作用值计算

(1) 温度作用

桥梁置于大气环境中,环境温度变化必然引起桥梁构件截面上温度场的变化,从而引起杆件的伸缩变形,当伸缩变形受到约束时,就在结构中产生温度内力与应力。温度应力对预应力混凝土桥梁的危害越来越受到重视。理论分析和试验研究均表明,在大跨预应力混凝土箱形梁桥中,特别是连续梁桥等超静定结构体系中,温度应力值可以达到甚至超过活载应力值,成为混凝土开裂的主要原因。对于预应力混凝土桥中常用的箱形截面,截面上的温度变化可用图 3-54 的几种分布形式来表示。

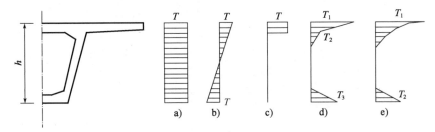

图 3-54　各种温度梯度形式

图 3-54a)、图 3-54b)的均匀温度变化、线性温度梯度变化,分别引起杆件的伸缩和截面的转动,对连续梁、连续刚构受力的影响,前面已分析。

计算桥梁结构因均匀温度作用引起的外加变形或约束变形时,应从受到约束时的结构温度(基准温度,通常为结构合龙温度)开始,考虑最高和最低有效温度的作用效应。《公桥通规》(JTG D60—2015)规定,当缺乏实际调查资料时,公路混凝土结构和钢结构的最高和最低有效温度标准值可按表3-1取用。

公路桥梁结构的有效温度标准值(℃)　　　　　表3-1

气候分区	钢桥面板钢桥		混凝土桥面板钢桥		混凝土、石桥	
	最高	最低	最高	最低	最高	最低
严寒地区	46	−43	39	−32	34	−23
寒冷地区	46	−21	39	−15	34	−10
温热地区	46	−9(−3)	39	−6(−1)	34	−3(0)

注:1. 全国气候分区见《公桥通规》(JTG D60—2015)附录 A。
2. 表中括号内数值适用于昆明、南宁、广州、福州地区。

图 3-54c)~图 3-54e)是箱形梁在太阳辐射作用下截面上非线性温度梯度的一些简化计算图式。《公桥通规》(JTG D60—2015)称其为(非线性)温度梯度作用。它对结构的作用效应,以一片简支 T 形梁为例。

假定该 T 形梁受如图 3-54c)所示的非线性温度作用,当翼板内受 +5℃的温度影响时[图 3-55a)],其温度作用可由两部分组成:一是受均匀温度场的作用[图 3-55b)],使整片梁的总长伸长,它可通过将翼板面积与 +5℃温升的乘积除以总面积而得;二是由线性温度梯度引起的[图 3-55c)],由于翼板变形大于腹板,致使梁体呈向上挠曲变形,可通过类似求静矩的方法求得。这两部分所对应的温度场,即"等效线性温度场",见图 3-56a)和图 3-56b)。它在简支梁中仅产生变形而不产生附加内力,但在对变形有约束的超静定结构中,将产生温度次内力,在截面上产生温度次应力 $\sigma_{次}$。

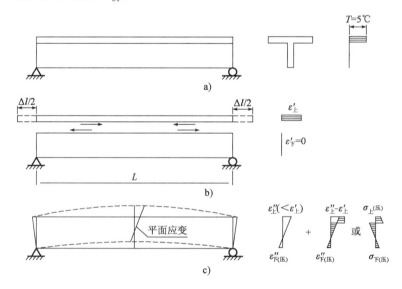

图 3-55 非线性温度梯度对结构的影响

在这种温度场影响下,如果将翼板与腹板之间完全脱离,翼板两端将会各产生 $\Delta l/2$ 的伸长量[图 3-55b)],应变为 $\varepsilon'_上 = \Delta l/l$。然而,翼板与腹板实际是一个整体,翼板与腹板相接处的变形要协调一致。也就是说,翼板的伸长趋势因结合面的剪切力而受到制约,最后使梁顶面纤维层的应变只能达到 $\varepsilon''_上 (<\varepsilon'_上)$,翼板处于受压状态。反过来,腹板在结合面的剪切力作用

下,则产生一定的伸长量,相接处的腹板受拉,如图3-55c)所示。这种应力是截面内各纤维层变形互相约束、自相平衡而产生的,被称为温度自应力$\sigma_{自}$,是由"等效非线性温度场"引起的,见图3-56c)。

这样,对于受非线性温度梯度的超静定结构,其总的温度应力为自应力$\sigma_{自}$与由温度次内力产生的次应力$\sigma_{次}$之和,即$\sigma_{总} = \sigma_{自} + \sigma_{次}$。

《公桥通规》(JTG D60—2015)规定,计算公路桥梁由于竖向温度梯度引起的效应时,可采用图3-57所示的竖向温度梯度曲线,其桥面板表面的最高温度T_1,见表3-2的规定。当图3-57中混凝土结构的梁高H小于400mm时,$A = H - 100$(mm);当梁高H大于或等于400mm时,$A = 300$mm;对于带混凝土桥面板的钢结构,$A = 300$mm;t为混凝土桥面板的厚度(mm)。对于混凝土上部结构和带混凝土桥面板的钢结构,其竖向日照反温差为正温差乘以-0.5。

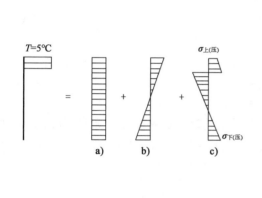
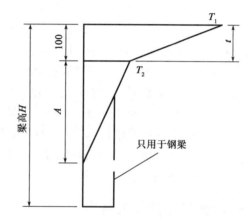

图3-56 非线性温度场的分解　　　　图3-57 竖向温度梯度曲线(尺寸单位:mm)

竖向日照正温差计算的温度基数　　　　表3-2

结构类型	T_1(℃)	T_2(℃)
水泥混凝土铺装	25	6.7
50mm厚的沥青混凝土铺装层	20	6.7
100mm厚的沥青混凝土铺装层	14	5.5

对于无悬臂的宽幅箱梁,宜考虑横向温度梯度引起的效应。对于桥面板采用沥青混凝土铺装的桥梁,必要时应考虑施工阶段沥青摊铺引起的温度影响。

(2)混凝土收缩、徐变应变

引起混凝土收缩的原因很多,其中最主要的是混凝土干燥过程中的水分蒸发和碳化过程中的体积变化,即自收缩和干燥收缩(干缩)。混凝土的收缩随时间的发展规律,在硬化初期发展快,以后逐渐缓慢,若干年后趋于稳定。总体趋势与混凝土徐变相似,但定量规律不同。我国公路混凝土桥设计时,混凝土收缩应变可按《混凝土桥规》(JTG 3362—2018)附录C的方法计算。

在计算混凝土徐变引起的结构次内力时,需要用到徐变系数φ。它是混凝土徐变应变ε_c与瞬时弹性应变ε_e之比值,即$\varepsilon_c = \varphi\varepsilon_e$。徐变系数$\varphi$与众多因素有关,如加载龄期、环境条件(温度、湿度)、混凝土材料(混凝土的水灰比、水泥用量、集料弹性模量、施工质量)、构件尺寸等有关。徐变系数 φ 随时间变化，计算中常用的是从加载龄期 τ 到计算龄期 t 的徐变系数，表示为 $\varphi(t,\tau)$。我国公路混凝土桥设计时，混凝土徐变系数可按《混凝土桥规》（JTG 3362—2018）附录 C 的方法计算。

（3）基础沉降值

墩、台基础沉降受许多因素影响，如基础类型、尺寸、地基土厚度、性质等，具体计算方法参见《基础工程》[3]教材、专业书籍和《公路桥涵地基与基础设计规范》（JTG 3363—2019）[简称《基础规范》（JTG 3363—2019）]。

基础沉降一般不是瞬间发生的，而是随时间推移而递增，经过相当长的时间后，沉降接近终值。沉降的规律与地基土的物理力学性质有关。为简化计算，可以假定其有着类似于徐变的变化规律，可用式(3-10)或式(3-11)表示。

$$\Delta_d(t) = \frac{\Delta_d(\infty)\varphi(t,\tau)}{\varphi(\infty,\tau)} \tag{3-10}$$

$$\Delta_d(t) = \Delta_d(\infty)[1 - e^{-p(t-\tau)}] \tag{3-11}$$

式中：$\Delta_d(t)$——t 时刻的墩台基础沉降值；

$\Delta_d(\infty)$——$t = \infty$ 时的墩台基础沉降值；

$\varphi(t,\tau)$——从加载时刻 τ 到计算时刻 t 的沉降系数；

$\varphi(\infty,\tau)$——从加载龄期 τ 到 $t = \infty$ 时的沉降系数；

p——墩台沉降增长速度，可根据实桥地基土的试验资料确定。无资料时，对于砂土与砂质土，接近瞬时沉降时，$p = 36$；对于亚砂土与亚砂黏土，$p = 4 \sim 14$；对于黏土，$p = 1$。

三、箱形截面的受力特点

预应力混凝土梁桥的主要截面形式为箱形，一般为薄壁箱。箱梁桥上的恒载一般是对称作用的，它使箱梁发生弯曲；而车辆活载一般是偏心作用的，使箱梁发生扭转。风力等横向力也会使箱梁发生扭转。对曲线桥，即便是对称作用的荷载，也会导致箱梁扭转[23]。因此，结构所受到的外力可综合表示为偏心作用的荷载，见图3-58[19]。

从结构分析的角度，可将偏心作用的荷载等效分解成一对数值相等、方向相同的对称荷载和一对数值相等、方向相反的反对称荷载。在对称荷载作用下，结构（如同梁一样）发生垂直向下的挠度，截面上产生弯曲正应力 σ_M 和剪应力 τ_M。

在反对称荷载作用下，截面发生扭转，可进一步分为截面不变形的刚性扭转和截面可变形的畸变（distorsion）。

按纵向变形是否受到约束，刚性扭转可分成自由扭转和约束扭转。自由扭转时截面保持原有形状做刚体运动，截面四壁产生抵抗扭矩的环向扭转剪应力 τ_K；截面虽然有翘曲，但不产生正应力。约束扭转是截面纵向变形受到约束而不能自由翘曲时的扭转，截面上将产生约束扭转正应力 σ_W 和约束扭转剪应力 τ_W。产生约束扭转的原因有：支承条件的约束，如固端支承约束纵向纤维变形；受扭时截面形状及其沿梁纵向的变化，使截面各点纤维变形不协调而产生的约束扭转，如等厚壁的矩形箱梁、变截面梁等，即使不受支承约束，也将产生约束扭转。

若箱壁厚度较大时，可假定其在偏心荷载下只产生刚性扭转（自由或约束扭转）。若箱壁较薄，则截面在横向可能发生变形，即畸变。如矩形截面的薄壁宽箱，因畸变的存在受扭变形截面的投影不再为矩形。畸变除产生纵向的翘曲正应力 σ_{dW} 和畸变剪应力 τ_{dW} 外,还会在板内产生横向弯曲应力 σ_{dt}。

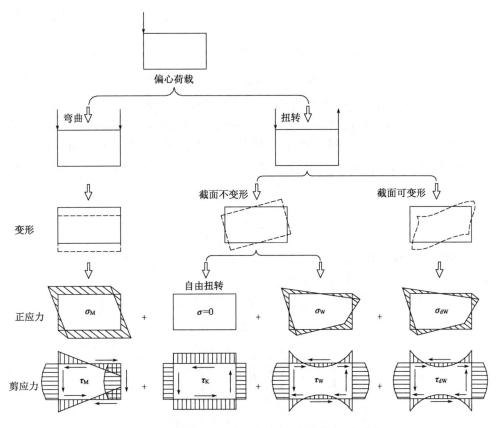

图 3-58 偏心荷载作用下箱形截面在纵桥向的变形与应力

因此,箱梁在偏心荷载作用下,纵桥向的受力引起截面上的应力由式(3-12)计算。其中正应力由弯曲正应力、约束扭转正应力和畸变正应力叠加而成;剪应力由弯曲剪应力、自由扭转剪应力、约束扭转剪应力和畸变剪应力叠加得到。

$$\left.\begin{array}{ll} 纵向正应力 & \sigma_{(Z)} = \sigma_M + \sigma_W + \sigma_{dW} \\ 剪应力 & \tau = \tau_M + \tau_K + \tau_W + \tau_{dW} \end{array}\right\} \quad (3-12)$$

在预应力混凝土桥梁中,跨径越大,恒载占总荷载的比值越大,箱梁内对称挠曲的纵向弯曲应力是主要的,而偏心荷载引起的扭转应力是次要的。如果箱壁较厚并沿梁体纵向布置一定数量横隔板时,箱梁的畸变变形受到限制,则畸变应力也较小。

箱形截面内力及应力分析可采用分析法(如约束扭转理论)或数值法(如有限元理论)。因截面扭转产生的正应力一般在总应力中所占比例不大,混凝土箱梁的扭转问题也没有钢箱梁突出,实际设计中往往采用一些简化方法。

1. 经验估值法

对于具有一定壁厚且有横隔板加劲的箱形梁,可忽略弯扭变形的畸变应力并将活载偏心作用引起的约束扭转正应力和扭转剪应力,分别估计为活载对称作用下平面弯曲正应力的 15% 和剪应力的 5%。因此,当恒载对称作用时,箱形梁任意截面计入扭转影响的总荷载内力可近似估计为：

$$M = M_g + 1.15M_p$$
$$Q = Q_g + 1.05Q_p$$
(3-13)

式中：M_g、Q_g——恒载引起的弯矩和剪力；

M_p、Q_p——全部活载对称于桥中线作用时引起的弯矩和剪力。

2. 用修正偏心压力法求活载内力增大系数

由于箱形截面横向刚度和抗扭刚度大，可以认为箱梁在荷载作用下其横截面保持原来形状不变，即箱梁各个腹板的挠度也呈直线规律。因此，通常可以将箱梁腹板近似看作等截面的梁肋。先按修正偏压法求出活载偏心作用下边腹板的荷载分配系数，再乘以腹板总数，从而得到箱形截面活载内力增大系数。例如，对于图 3-59 所示的单箱三室截面，边腹板的活载分配系数为：

$$\eta_{max} = \frac{1}{n} + \beta \frac{e_{max}a_1}{\sum_{i=1}^{n} a_i^2}$$
(3-14)

式中：n——箱梁的腹板总数；

β——抗扭修正系数，参见有关文献。

求得边腹板的荷载分配系数 η_{max} 后，可得活载内力增大系数 ζ：

$$\zeta = n\eta_{max}$$
(3-15)

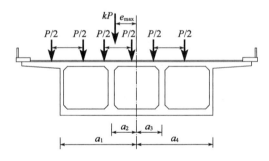

图 3-59 内力增大系数计算图式

因此，计入活载偏心扭转作用的箱形截面总内力，可按式(3-16)计算。

$$M = M_g + \zeta M_p$$
$$Q = Q_g + \zeta Q_p$$
(3-16)

在设计时应分别计算出设计活载产生的最大和最小内力值，并与恒载内力组合，经比较后确定各截面的控制设计内力值。据此便可绘制最大和最小内力包络图形，以供钢筋布置和强度校核之用。

箱形正应力计算中，有时要考虑剪力滞效应。当箱形截面顶板(或底板)宽度相比于腹板厚度大很多时，在箱梁对称挠曲的情况下，因其顶平面内剪切影响，顶板纵向纤维变形不一，远离腹板的弯曲正应力要小于腹板处的弯曲正应力。这种现象称为剪应变在翼缘中的滞后，简称剪力滞(shear lag)。图 3-60a)右侧所示的是考虑了剪力滞的正应力，而左侧则为未考虑剪力滞的初等梁理论计算的平均正应力。将翼缘作为平面应力问题来求解可求得剪力滞效应。工程中，则常用等效宽度的方法来考虑剪力滞效应，见图 3-60b)。

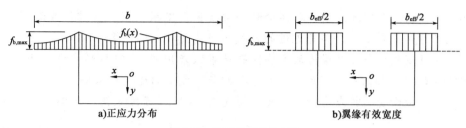

图 3-60　箱梁截面的剪力滞

箱梁桥设计中还要考虑横桥向的受力问题。箱梁壁厚较薄的情况下，顶板、腹板、底板的构造配筋时，均需要考虑横向应力状态，尤其是顶板作为桥面板，承受较大的车轮荷载局部作用。横桥向的纵截面应力 σ_s，由截面扭转产生的正应力 σ_{dt}［图 3-61a）］、恒载和局部活载引起的横向弯曲应力 σ_{ot}［图 3-61b）］组成，按式（3-17）计算。

$$\sigma_s = \sigma_{dt} + \sigma_{ot} \tag{3-17}$$

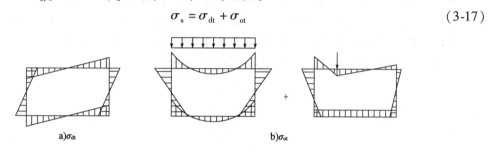

图 3-61　箱梁横向弯曲应力

【复习思考题与习题】

3-1　与简支梁桥相比，连续梁桥有什么受力特点？

3-2　结合第一章第二节的介绍，简述连续梁桥的发展历史。

3-3　连续梁桥与连续刚构桥的施工方法有哪些？简述各种施工方法的适用情况。

3-4　对于一座三跨连续梁桥，分别画出按支架现浇法、先简支后连续法和悬臂施工法等施工的主梁恒载内力计算示意图，并简述其恒载内力计算过程。

3-5　为什么采用先简支后连续施工方法的连续梁桥，其预制梁的配筋要按简支梁的进行？为什么采用这种施工方法的连续梁又称为"准连续梁"？为什么 T 梁在负弯矩区下缘受压的面积虽然很小，但先简支后连续梁桥中还常用 T 梁？

3-6　预应力混凝土连续梁桥的施工方法，按梁体混凝土是现浇为主还是预制为主，可分为哪几种？各有什么特点与适用范围？

3-7　按施工过程的受力，连续梁桥的施工方法可分为直接连续、先悬臂后连续、先简支后连续、先伸臂后连续、变化连续等，请分别对这几种方法进行施工过程与结构设计特点的介绍。

3-8　为什么连续梁桥多采用不等跨布置？边中跨的比例与什么有关？请简要介绍常用的边中跨比例。

3-9　连续梁桥在什么情况下采用等跨布置？为什么？

3-10　为什么大跨径连续梁桥和连续刚构桥要采用变截面梁？其常用截面形式是什么？其常用的施工方法是什么？介绍你见过的等截面与变截面的连续梁桥。

3-11　连续刚构桥与连续梁桥的主要区别是梁墩采用固结，它引起受力与构造的哪些变化？其对桥墩的要求如何？介绍你见过的等截面与变截面的连续刚构桥。

3-12　箱形截面受力特点有哪些？其在简支梁、大跨径连续梁桥和连续刚构桥中应用情况如何？

3-13　如何考虑常用箱形截面顶板和底板厚度的取值？在箱形截面的腹板与顶板和底板结合处需设置梗腋，其作用是什么？连续梁桥与连续刚构梁桥中，横隔板的布置有何区别？

3-14　大跨度预应力混凝土梁桥中通常所称的三向预应力设计含义是什么？箱梁腹板内的竖向预应力筋的作用是什么？

3-15　什么是预应力混凝土连续梁桥的次内力？其影响因素有哪些？

3-16　预应力混凝土连续梁桥中，年温差和局部温差对桥梁结构次内力的影响有何不同？

3-17　简述箱形截面的受力特点，及其内力和应力的简化计算方法。

3-18　如何理解连续梁桥施工过程中的体系转换？

第四章 拱桥

拱桥是桥梁三大基本结构体系之一,其跨越能力强于梁桥。本章首先介绍拱结构的几何与受力特点,然后是拱桥结构与构造,接着介绍拱桥的设计计算要点,最后介绍拱桥的施工方法。

第一节 概 述

一、基本构成

根据桥面与主拱的相对位置,拱桥可分为上承式拱桥(deck arch bridge)、下承式拱桥(though arch bridge)和中承式拱桥(half-through arch bridge)。上承式拱桥主要应用于桥面高程较高或地质条件好的拱桥中。石拱桥只能采用上承式,钢筋混凝土拱桥也主要采用上承式。在钢拱桥和钢管混凝土拱桥中,上承式也占有相当大的比例。所以,本小节以上承式拱桥为主介绍其基本构成,之后再对下承式拱桥和中承式拱桥不同于上承式拱桥的基本构成进行介绍。

1. 上承式拱桥

上承式拱桥上部结构的主要组成见图4-1。其中,主拱(arch)为主要承重结构,主拱之上的拱上立柱(spandrel column)与桥面系称为拱上建筑(spandrel structure)[24]。

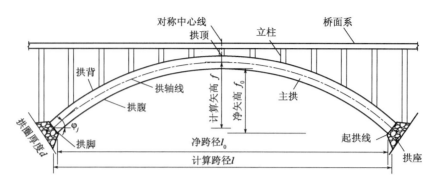

图 4-1 上承式拱桥上部结构的主要组成

拱桥的净跨径(clear span)是指主拱两拱脚截面最低点之间的水平距离(图 4-1)。拱桥的标准跨径一般指净跨径。拱为曲线形,因此除跨径外,矢高(rise)也是重要的技术指标之一。净矢高(clear rise)是从拱顶截面下缘至相邻两拱脚截面下缘最低点之连线的垂直距离,以 f_0 表示(图 4-1)。

主拱的计算跨径是指两相邻拱脚截面形心点之间的水平距离,以 l 表示。因为拱圈(或拱肋)各截面形心点的连线成为拱轴线,故也就是拱轴线两端点之间的水平距离。计算矢高(effective rise)是从拱顶截面形心至相邻两拱脚截面形心之连线的垂直距离,以 f 表示。通常将计算跨径与计算矢高之比 f/l 称为矢跨比(rise-span ratio, rise to span ratio)。

主拱的计算跨径与计算矢高由式(4-1)给出。

$$\left.\begin{array}{l} l = l_0 + d \cdot \sin\varphi_j \\ f = f_0 + \dfrac{d}{2}(1 - \cos\varphi_j) \end{array}\right\} \quad (4\text{-}1)$$

式中:l——计算跨径;

l_0——净跨径;

d——拱圈厚度;

φ_j——拱脚处拱轴线的水平倾角;

f——计算矢高;

f_0——净矢高。

上承式拱桥的高程主要有桥面高程、拱顶底面高程、起拱线高程、基础底面高程(图 4-2)。这几项高程的合理确定对拱桥的设计有直接的影响。

上承式拱桥桥面高程,一方面由两岸线路的纵断面设计来控制,另一方面还要保证桥下净空能满足泄洪或通航的要求。设计时需按有关规定,并与航运、防洪、水利等有关部门商定。

拟定起拱线高程时,为了尽量减小桥墩(台)基础底面的弯矩、节省墩台的工程数量,一般宜选择低拱脚的设计方案。但具体设计时,拱脚位置往往受到通航净空、排洪、流冰等条件的限制。《公桥通规》(JTG D60—2015)规定,无铰拱的拱脚允许被设计洪水淹没,但不宜超过拱圈高度的2/3,且拱顶底面至设计水位的净高不得小于1.0m,如图4-3所示。

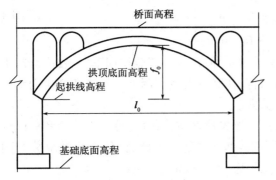

图4-2 拱桥的主要高程示意图

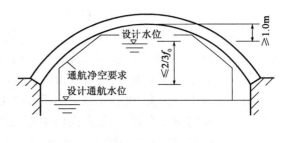

图4-3 拱桥桥下净空的有关规定

2. 下承式拱桥与中承式拱桥

下承式拱桥的桥面系位于主拱之下,通过吊杆(hanger,suspender)连接,见图4-4a)。中承式拱桥的桥面系一部分位于主拱之上,一部分位于主拱之下。桥面系与主拱之间的联系,即有吊杆,也有立柱,见图4-4b)。下承式、中承式在钢拱桥和钢管混凝土拱桥中应用较多,在钢筋混凝土拱桥中应用较少。

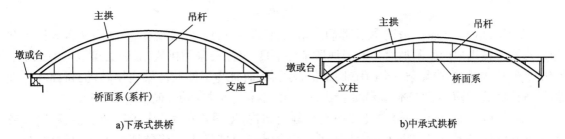

a)下承式拱桥　　　　　　　　　　　　b)中承式拱桥

图4-4 下承式拱桥和中承式拱桥示意图

二、拱的受力特点

1.反力与内力

拱与梁不仅在外形上不同,而且在受力性能上有着很大的差别。以图4-5的三铰拱为例,与同等跨径简支梁进行内力比较,其支座反力见式(4-2a)。

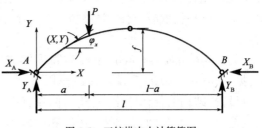

图4-5 三铰拱内力计算简图

$$\left.\begin{array}{l} Y_A = P \cdot (l-a)/l = Y_A^o \\ Y_B = P \cdot a/l = Y_B^o \\ X_A = X_B = \dfrac{Y_A \cdot l/2 - P \cdot (l/2 - a)}{f} = \dfrac{M_{l/2}^o}{f} \end{array}\right\} \quad (4\text{-}2a)$$

式中,各反力值上标不加"°"的代表三铰拱,加"°"的代表简支梁。

令 $H = X_A = X_B$,则内力为:

$$\left.\begin{array}{l} M_x = M_x^o - H \cdot y \\ N_x = Q^o \cdot \sin\varphi_x + H \cdot \cos\varphi_x \\ Q_x = Q^o \cdot \cos\varphi_x - H \cdot \sin\varphi_x \end{array}\right\} \tag{4-2b}$$

因此,就反力而言,三铰拱的竖向反力与简支梁相同,但在竖直荷载作用下,三铰拱会产生水平反力,而简支梁中不产生水平反力。就内力而言,在竖直荷载作用下三铰拱所产生的水平反力使拱内力中出现了轴力,同时降低了弯矩与剪力。

由于拱以受压为主,所以其稳定问题最受关注。按失稳性质,可分为分支点失稳和极值点失稳。按失稳的变形方向,可分为面内失稳与面外(空间)失稳。因此,拱的失稳情况分为四类:面内分支点失稳、面内极值点失稳、面外分支点失稳、面外极值点失稳。

2. 三铰拱、二铰拱和无铰拱

按静力图式不同,拱桥的主拱可分为三铰拱、二铰拱和无铰拱,见图4-6。

图 4-6 主拱静力图式

三铰拱(three hinged arch)属外部静定结构,见图4-6a)。温度变化、支座沉陷等原因引起的变形不会在拱内产生附加内力。当地质条件不良,又需要采用拱式结构时,可以考虑采用三铰拱。但是,铰的构造复杂,施工困难,维护费用高,而且为了使铰能够自由转动,桥面在铰处需设置伸缩缝,桥面纵坡在伸缩缝处会出现折角,不利行车与养护,现已基本不建。

二铰拱(two hinged arch)属外部一次超静定结构,见图4-6b)。由于取消了拱顶铰,二铰拱的结构整体刚度较三铰拱大,因此其多在墩台基础可能发生位移的情况下或坦拱中采用。与无铰拱相比,二铰拱可以减小基础位移、温度变化、混凝土收缩和徐变等引起的附加内力。由于钢拱桥中设铰较方便,钢拱桥采用二铰拱的较多,如澳大利亚悉尼港拱桥和美国新河谷拱桥。

无铰拱(hingeless arch)也称为固端拱或固定拱(fixed arch),属三次超静定结构,计算复杂,见图4-6c)。在自重及外荷载作用下,其拱内的弯矩分布比两铰拱均匀,材料用量省。由于不设铰,结构的整体刚度大,构造简单,施工方便,维护费用少,但拱脚变位、温度变化、混凝土收缩等产生的附加内力较三铰拱和二铰拱大。不过随着跨径的增大,附加内力在结构总内力中的比重会相对减小,因此,无铰拱广泛用于现代拱桥之中,尤其是在基础较好、跨径较大时。

三铰拱、二铰拱和无铰拱在均布荷载作用下的弯矩影响线如图4-7所示。

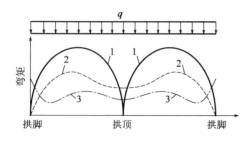

图 4-7 不同拱桥形式的弯矩影响线图
1-三铰拱;2-二铰拱;3-无铰拱

3. 拱的面内分支点失稳

如图4-8所示的抛物线三铰拱,在均布荷载 q 作用下,拱向下变形,拱中作用有轴压力 N。当其长细比很大,荷载达到某一临界值(临界荷载 q_{cr})而截面应力仍处于弹性阶段时,拱的变形可能从原来的平滑向下突然转成 M 状或 S 状变形,即结构因平衡出现了分支而失稳,称此现象为弹性分支点失稳(bifurcation buckling),也称为弹性屈曲。

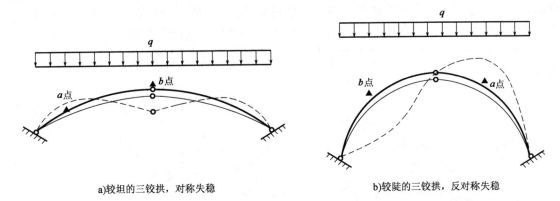

a)较坦的三铰拱,对称失稳　　　　　　b)较陡的三铰拱,反对称失稳

图 4-8　纯压三铰拱的面内分支屈曲

M 状变形出现在较坦的三铰拱中,变形是对称的,但靠近拱脚段出现反拱,而拱顶铰处变形急剧向下,见图 4-8a);S 状变形发生在较陡的拱中,为反对称变形,见图 4-8b)。研究表明,二铰、无铰纯压拱的面内分支点失稳,均为反对称失稳[25]。结构中的任一截面的荷载-位移曲线,按失稳前后的变形方向是否一致可以分为方向相同和方向相反两种。以图 4-8 中的 a、b 点为例,其荷载-位移曲线见图 4-9a)和图 4-9b),失稳前的变形沿着 OA 线发展,到达 A 点(临界点)后,若继续沿该线向上发展,则它仍在原有的平衡状态,但它可能突然转向 AB 线发展,也就是平衡出现了分支。

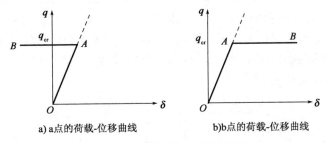

a) a点的荷载-位移曲线　　　　　b)b点的荷载-位移曲线

图 4-9　纯压三铰拱的荷载-位移曲线平衡分支

纯压拱的面内弹性屈曲临界荷载 q_e 可通过建立拱的平面挠曲基本方程求特征值获得。然而,除圆弧拱外,理论解较难得出,一般通过数值法求解。早期多采用有限差分法,现在则更多采用有限元法。工程应用中,常采用等效柱法,将拱比拟成一定长度的轴压柱,来求拱的弹性屈曲临界轴力[26-27],见式(4-3)。

$$N_{cr} = \alpha \frac{EI}{S^2} = \pi^2 \frac{EI}{(kS)^2} \tag{4-3}$$

式中:N_{cr}——1/4 跨中处的临界轴压力;
　　　EI——截面抗弯惯性矩;
　　　S——拱轴长度(弧长);
　　　α——轴力系数;

k——有效长度系数。

研究表明,有效长度系数 k 受约束条件(如无铰拱、二铰拱或三铰拱)的影响最大,其次是矢跨比,受拱轴线类型的影响较小。仅考虑约束条件时,对于反对称失稳的无铰拱,可以假定拱顶为变形的反弯点,从拱脚到拱顶的半根拱可以拉直,比拟为一端固定、一端铰接的柱,如图4-10所示。由材料力学可知,一端固定、一端铰接的柱的有效长度系数是0.70,则无铰拱的有效长度为 $0.5S$ 乘以0.70,偏安全地,可以取为 $0.36S$。同理,可求出二铰拱、三铰拱的等效长度。

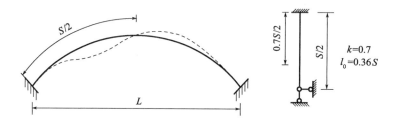

图4-10 无铰拱等效柱的计算图式

式(4-3)求出临界轴力后,可通过拱的轴力与荷载的关系,求出临界荷载。对于复杂荷载、复杂结构的分支点失稳临界轴力或临界荷载,一般采用有限元方法求特征值(eigenvalue)获得。

4. 拱的面内极值点失稳

实际的拱桥一般为对称结构,但所受的荷载并非总是对称,如活载。在这种非对称荷载作用下,拱的受力状态从一开始到最终因变形不断增大而不能继续承载而破坏,拱均保持相同的非对称变形的平衡状态而不会发生分支。如图4-11a)所示,一无铰拱在一集中力作用下,从加载直至破坏,拱的变形形状没有改变,荷载-位移曲线[图4-11b)]为光滑曲线,平衡没有发生分支。拱破坏时的荷载,处于荷载-位移曲线的极值点处[图4-11b)],所以这种失稳称为极值点失稳(limit-load buckling)[26]。

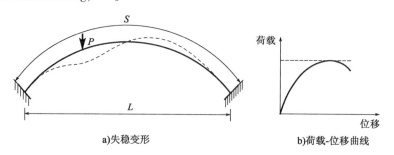

a)失稳变形　　　　　　　　　b)荷载-位移曲线

图4-11 拱在非对称荷载作用下的极值点失稳

在受力全过程中,拱所受的轴力 N 较大,它与竖向变形 δ 相互作用会产生较大的附加弯矩 ΔM_1,如图4-12所示。ΔM_1 作用下产生了竖向变形增量 δ_1,它们相互作用又产生了附加弯矩 ΔM_2。因此,荷载与变形之间是一种非线性关系,是一种几何非线性问题,数值分析时可采用迭代计算。在稳定状态下,这种相互作用趋于某一定值,迭代计算是收敛的。当这种相互作用不趋于某一定值,迭代计算发散,结构就丧失了稳定。虽然在受力过程中,平衡路径没有发生分支,但它的破坏与弹性分支失稳一样,变形成为问题的关键。因此,它属于稳定问题。

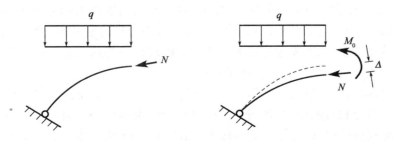

图 4-12　拱的 $P\text{-}\Delta$ 效应分析简图

极值点失稳时,结构中的材料必然有部分达到屈服,其受力全过程的分析需要同时考虑几何非线性和材料非线性以及二者之间的耦合作用,无法采用解析法,目前多采用有限元等数值算法来分析。在工程应用中,拱的极值点失稳的极限承载力简化计算,也常借鉴直杆梁柱的计算方法,采用等效梁柱法、弯矩增大系数法等。

5. 拱的面外分支点失稳

拱桥以受竖向力为主,竖平面的受力称为面内(in-plane)受力。横桥向是拱桥的次要受力方向,横桥向受力称为面外(out-of-plane)受力。假定拱只受面内竖向力作用,当其轴力达到某一临界值时,拱的变形由面内转向含有面外变形的空间变形,拱的受力由面内受压或弯压转向空间压、弯、扭的受力状态,即平衡状态出现了分支,拱因分支点失稳而破坏。当这种失稳以面外(横向)位移为主时称为拱的侧倾失稳[图 4-13a)],而以面外扭转为主时称为扭倾失稳[图 4-13b)]。当临界状态下的应力小于屈服应力时,即为面外弹性分支点失稳。

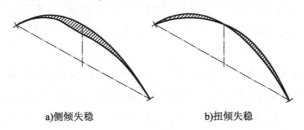

a) 侧倾失稳　　　　　　b) 扭倾失稳

图 4-13　拱的面外失稳模态

拱的面外失稳属于空间问题,求解析解极为困难。对于最简单的均匀径向荷载作用下的等截面圆弧拱,其面外屈曲临界荷载 q_{cr},可以采用与面内计算相似的公式进行近似计算,也可采用等效柱法进行计算,见式(4-4)。

$$q_{cr} = K\frac{EI_y}{l^3} \tag{4-4}$$

式中：EI_y——拱肋面外抗弯刚度;
　　　K——单肋拱面外屈曲稳定系数;
　　　l——拱的计算跨径。

6. 拱的面外极值点失稳

实际的拱桥,横桥向可能受风荷载、地震荷载等面外力的作用,拱的内力从一开始就是压、弯、扭、剪作用,变形也是既有面内的,也有面外的。这种情况下,拱从一开始就有横向变形,此变形与轴向力一起产生横向弯矩,会进一步加大横向变形,当拱内的轴力未达到极值点时,此横向变形是收敛的。当拱内的轴力达到某极值点时,轴力与横向变形的相互作用,使横向变形不断加大,呈不收敛状态,拱因无法保持平衡状态而破坏。因为从受力开始到失稳破坏,没有发生平衡分支,即拱发生了面外(空间)极值点失稳。

求拱的面外极值点的解析解几乎不可能。前述的拱的面内分支点失稳、极值点失稳和面外分支点失稳,比拟成相应的柱时,相当于把拱拉直。而拱的面外极值点失稳分析,若也将其拉直比拟成柱,则横向的受弯、受扭均无法体现,因此是无法比拟成柱子的。它的分析,一般借助于有限元计算方法,同时考虑材料的非线性和 P-δ 效应。

三、拱桥发展概况

拱桥根据建造主拱的主要材料,可分为圬工拱桥、木拱桥、金属(主要是钢)拱桥、钢筋混凝土拱桥、钢-混凝土组合(主要是钢管混凝土)拱桥。

拱以受压为主,可以充分利用抗拉性能较差而抗压性能较好的石、砖等圬工材料来建造,这样的拱桥称为圬工拱桥(masonry arch bridge),根据所采用的具体材料又分为石拱桥、砖拱桥。圬工拱桥是古代跨越能力较强的桥型,在工业革命以前的欧洲和20世纪80年代以前的中国,均有大量的修建。许多古代石拱桥留存至今,成为重要的文化遗产,如我国的赵州桥(图1-12)。

一些古代的人行圬工拱桥,将台阶直接建于拱背之上,而不用拱上建筑。大部分的圬工拱桥,则在拱背的横桥向两侧砌筑侧墙,并在侧墙之间堆筑填料,然后再铺上路面(桥面),以降低路面坡度,便于行人和车辆通行。这样形成的拱上建筑称为实腹式(filled spandrel, solid spandrel),图1-13为实腹式拱桥的实例。它构造简单、施工方便,然而它仅适用于跨径较小的圬工拱桥。

跨径增大后,若仍采用实腹式的拱上建筑,则填料的数量大、恒载重。因此,需采用空腹式(open spandrel),桥面系由结构来支承。空腹式拱桥最早出现于我国的赵州桥(图1-12),也称为敞肩拱桥。现代的钢拱桥、钢筋混凝土拱桥、钢管混凝土拱桥均采用空腹式。

我国的圬工拱桥以石拱桥为主,跨径小于20m时,常做成实腹式。跨径大于20m时,一般做成空腹式。石拱桥的拱上建筑一般也为石材修建的腹拱墩和腹拱圈,见图1-12和图4-2。在欧洲早期的圬工拱桥中,砖拱桥占了很大的比例。

圬工拱桥由于自重大、劳动强度高、需要采用支架施工、经济性差等缺点,新建桥梁中已极少采用。不过,圬工拱桥在现有道路系统的桥梁中仍占有相当的比例,需要养护、维修、加固与改造。

木材是人类较早用于建桥的天然材料,它在拱桥中也有应用,如木肋拱桥、木桁拱桥和编木拱桥。其中,中国编木拱桥的主拱通过纵向两组折边数不同的折边拱与横梁编织而成,能以较短的直木材(无需弯曲加工)建成一定跨径的拱结构,构思精巧,匠心独具,目前在福建和浙江山区中仍有较多的遗存(也称为闽浙木拱桥),是重要的桥梁文化遗产[28]。

钢材强度高、自重轻,应用它修建拱桥,施工方便,跨越能力更强。钢拱桥主要采用桁式或箱形拱肋。铁和钢在桥梁中的应用,首先出现在拱桥中,见图1-14所示英国铁桥(Iron bridge)和图1-15所示美国伊兹(Eads)桥。目前,世界上跨径最大的钢桁拱和钢箱拱分别是我国的重庆朝天门大桥(跨径为552m)和上海卢浦大桥(跨径为550m,图1-28)。

然而,拱以受压为主,稳定性问题突出,高强度的钢材因需要大量的刚度增强材料,与混凝土拱相比,强度优势不能得到充分发挥。另一方面,主拱在合龙之前并不是拱结构,要有其他辅助措施,施工难度大、费用高,施工性能不如斜拉桥等桥型。这使得钢拱桥的经济竞争力受到影响。但是,对于铁路桥来说,当跨径较大时,拱桥刚度大的优势突显。此外,钢拱造型丰富、复杂受力适应性强、结构轻巧,当对桥梁的造型、景观要求很高时,钢拱桥很受建筑师与工程师的青睐。但对于大跨径公路与市政钢拱桥,一般来说,其经济竞争力比较弱[29]。

混凝土拱以受压能力强、造价低的混凝土为主要材料,配以少量的钢筋以承受截面上可能出现的拉应力。它在近现代拱桥中应用广泛。钢筋混凝土拱桥的横截面以肋拱和箱拱为主,因其自重较大,主拱的施工成为大跨径钢筋混凝土拱桥建设的关键[29]。对此,我国对拱桥施工开展了大量的研究与实践,取得了突出的成就,详见本章第四节。

钢管混凝土是一种组合材料,将其应用于拱桥,一方面提高了材料的强度与刚度,另一方面方便了施工。1990年以来,钢管混凝土拱桥在我国得到了大量的应用,其技术水平一直处于世界领先水平。钢管混凝土拱桥在应用过程中,发展出了一些新的桥型,如钢管混凝土刚架系杆拱,也促进了悬臂、转体等施工技术的进一步发展[12,29]。

20世纪60~80年代,我国创造并推广了轻型钢筋混凝土拱桥结构,如双曲拱、桁架拱、刚架拱和桁式组合拱,这类拱桥具有用料省、造价低、施工简便、适用范围广等优点,适应了当时建筑材料和施工设备匮乏的情况,为当时的交通建设发挥了重要作用。然而,这些桥梁因承载力低、结构刚度偏小,在使用过程中易出现开裂(尤其是各构件的接缝和节点处)。在交通干线上的这类拱桥,绝大部分已拆除重建,尚存的也都进行了维修、加固、改造。20世纪80年代后,此类桥型已基本没有新建。这里仅简要介绍目前在小跨径、活载轻的跨线桥中仍有一些应用的桥型,例如刚架拱桥。

刚架拱由若干拱片组成,通过横向联结构造联成空间受力结构。拱片由拱肋、桥面系纵梁和联结部分组成,如图4-14所示。其构造与图1-5b)的斜腿刚构相似,但是其中间一段的下缘线为曲线,如图4-14a)所示的某实桥立面。在横向联结构造上部,用预制微弯板和现浇层形成桥面,如图4-14b)所示。

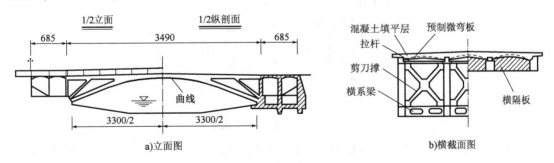

图4-14 刚架拱桥结构示意图(尺寸单位:cm)

本章主要介绍目前常用的钢筋混凝土拱桥、钢管混凝土拱桥和钢拱桥。

第二节 结构与构造

一、主拱截面类型与构造

1. 主拱的截面类型

拱桥的主拱可以是截面宽度比高度大许多、横桥向为全断面的实体板拱(板拱,slab arch)或箱形截面拱(箱拱,box arch);也可以是截面宽度与高度相差不大的肋拱,除个别为单肋外,一般由两根或两根以上的拱肋和横撑(bracing)组成,称之为组拼拱(braced rib arch)。板拱、箱拱的主拱常称为主拱圈或拱圈(arch ring,arch barrel),肋拱的主拱常称为主拱肋或拱肋(arch rib)。

板拱多用于圬工拱桥,箱拱多用于钢筋混凝土拱桥。肋拱按截面高度方向的构成,又可分为在高度方向为一整体的实肋(solid rib)和由上、下弦杆和腹杆组成的桁肋(truss rib)。钢筋混凝土拱桥以实肋为主,钢拱桥和钢管混凝土拱桥则以桁肋为主,跨径不大时则采用实肋。

主拱有等截面和变截面两种。等截面拱构造简单、施工方便,使用普遍。变截面拱则能根据结构受力需要合理使用材料,主要在大跨径拱桥中应用。变截面拱可通过改变截面高度、宽度、厚度和采用不同材料来实现,实际工程中,以变高和变宽为主。

圬工拱桥已少有新建,其主拱构造这里不再介绍,《公路圬工桥涵设计规范》(JTG D61—2005)[简称《圬工桥规》(JTG D61—2005)]对其有详细的规定,也可参考本书前几版和其他专业书籍。下面主要介绍钢筋混凝土拱桥、钢管混凝土拱桥和钢拱桥的主拱。

2. 钢筋混凝土拱

按截面形式,钢筋混凝土拱主要分为箱拱和肋拱。

(1)箱拱

箱拱,其主拱圈全宽采用一个箱,通常为单箱多室,为整体薄壁箱形结构,可以看作挖空的板拱,如图4-15所示。它是钢筋混凝土拱桥的主要截面形式之一。

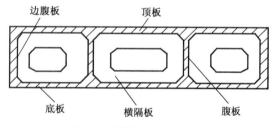

图4-15 钢筋混凝土箱拱截面

箱形拱自重轻,抗弯刚度和抗扭刚度大,施工时和成桥后的受力性能好。它的中和轴靠近中部,对于正负弯矩有几乎相等的截面抵抗矩,能适应无铰拱正负弯矩不断变化的需要。因此,它是大跨径钢筋混凝土拱桥常用的主拱截面形式。箱形拱的制作要求高,需要较大的吊装能力,主要用于跨径大于50m的桥梁中。在我国跨径大于100m的钢筋混凝土拱桥中,采用箱拱的约占76.7%[11]。在拱顶处,拱肋高一般为跨径的1/75~1/44;在拱脚处,拱肋高一般为跨径的1/75~1/29。

箱拱的构造与施工方法有密切的联系。我国的施工方法主要为悬臂拼装法和美兰法,国外主要采用悬臂浇筑法。拱桥的施工方法详见本章第四节介绍。

悬臂拼装法中,拱箱分段预制、吊装,然后拼成一个整体。预制时以单个箱室为主。为减轻吊装重量,常将拱箱制成开口箱,见图4-16,开口箱由箱壁(侧板)、底板与横隔板等组成。

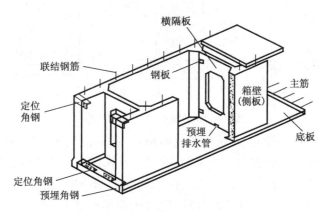

图4-16 预制箱拱构造示意图

开口箱预制时,一般先浇底板混凝土,然后把先行预制的横隔板按设计位置立在底板上,再安装模板浇筑箱壁混凝土,构成开口箱。将分段预制拱箱依次吊装合龙成拱后,按设计要求处理拱箱接头;将相邻开口箱横向用联结钢筋连成整体,再浇筑两箱间的联结混凝土(使两预制开口箱的侧板与现浇混凝土构成组合中腹板),形成横向多个开口箱的整体结构;最后,安装预制顶板(盖板),布设钢筋,现浇混凝土,形成封闭式箱形拱圈(图4-17)。

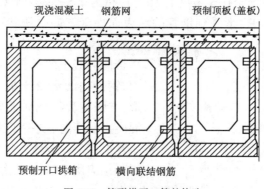

图4-17 箱形拱开口箱的构造

由于盖板与拱箱之间的接触面是一抗剪薄弱面,宜在拱箱之间的空缝内每隔0.5m预埋一根抗剪钢筋(两端应设半圆弯钩)。为了增强拱圈的整体性,抵抗混凝土的收缩作用,顶板内宜铺设直径为8~10mm、间距为0.20m×0.20m的钢筋网。

也可以采用预制的封闭式拱箱,但需要较大的吊装能力。为减小吊装重量,有时采用钢丝网混凝土,将中腹板厚度减至3~5cm。封闭式拱箱在施工过程的整体稳定性较好,且减少了施工步骤和高空作业,有利于加快施工进度和降低施工风险。

(2)肋拱

图4-18为钢筋混凝土肋拱桥常见的拱肋截面形式。跨径较小时,多采用矩形截面[图4-18a)],肋高为跨径的1/60~1/40,肋宽为肋高的0.5~2.0倍;跨径稍大时,可采用工字形截面[图4-18b)],肋高为跨径的1/35~1/25,肋宽为肋高的0.4~0.5倍,其腹板厚度常采用0.3~0.5m。跨径较大时,多采用箱形截面[图4-18c)],这样的拱称为箱肋拱,主拱为拱肋与横撑组成的空间杆系结构,与前述的箱拱或箱形拱的整体结构不同。

a)矩形　　　　b)工字形　　　　c)箱形

图4-18　钢筋混凝土肋拱截面形式

肋拱桥的主拱肋数目、间距以及拱肋的截面形式等,均应根据跨径、桥宽等要求以及所用材料和经济性等条件综合比较选定。为了简化构造,宜选用较少的拱肋数量,一般为双肋。

拱肋的钢筋配置按设计计算确定。无铰拱拱肋的主筋应伸入墩台内锚固,其锚固长度除应满足钢筋混凝土结构的最小锚固长度要求外,对于矩形截面一般应不小于拱脚截面高度的1.5倍,对于工字形或箱形截面,一般应不小于拱脚截面高度的一半。

3. 钢管混凝土拱

(1)钢管混凝土截面

钢管混凝土由钢管和管内混凝土(核心混凝土)组成。在受压时,由于钢材的泊松比μ_s一般为0.25~0.30,且受力过程变动很小,而混凝土的泊松比μ_c随着压应力的增大而增大,从低应力时的0.167左右逐渐增至0.5,接近破坏时将超出0.5。如图4-19所示,当压力较大时,μ_c大于μ_s,使得混凝土的径向变形受到钢管的约束而处于三向受压状态,这就是所谓的钢管对核心混凝土的套箍作用,简称套箍作用。它能提高管内混凝土的承载力,改善它的脆性。另一方面,钢管内的混凝土能有效地阻止钢管向内变形,增强钢管抵抗局部屈曲的能力。因此,钢管混凝土受压时,发挥了钢管与混凝土优势互补、相互提高的组合效应。拱桥以受压为主,将钢管混凝土应用于拱桥,在结构受力方面是合理的。

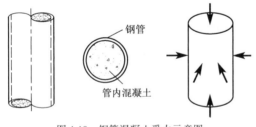

图4-19　钢管混凝土受力示意图

钢管混凝土拱肋在施工时,先架设自重轻、刚度大,施工难度相对较低的钢管拱肋。然后,泵送混凝土填充于钢管内,待混凝土凝固后,形成钢管与混凝土共同受力的钢管混凝土拱。由于钢管混凝土拱桥在受力和施工方面的优势,使其30多年来在我国得到大量应用。

表征钢管对管内混凝土套箍作用的技术指标主要是套箍系数或约束效应系数(confinement coefficient, hooping coefficient),见式(4-5)。

$$\xi = \frac{f_y A_y}{f_c A_c} \tag{4-5}$$

式中:f_y、f_c——分别为钢管和混凝土的设计强度;
A_y、A_c——分别为钢管和混凝土的截面面积。

钢管混凝土拱的套箍系数一般宜在 0.6 以上,截面含钢率 ρ_c 宜为 0.04~0.20。套箍系数太小,则套箍作用不明显,两者的组合作用没有充分发挥;但如果太大,则不经济,因为钢管管壁较厚时,钢管的局部屈曲问题并不突出,填充混凝土的必要性不足,而且钢管的加工也困难。钢管壁厚不应小于 8mm。最常用的材料为 Q345 钢管配 C40~C60 混凝土;此外,少量采用 Q235 钢管配 C40~C50 混凝土,或 Q390 钢管配 C60 或 C60 以上的混凝土。

(2)钢管混凝土拱肋构造

钢管混凝土拱肋主要有实肋和桁肋,常用截面形式如图 4-20 所示。其中,实肋截面有单管(single tube)和哑铃形(dumbbell-shaped)两种;桁肋有三肢桁式、四肢全桁式和横哑铃形桁式等三种。

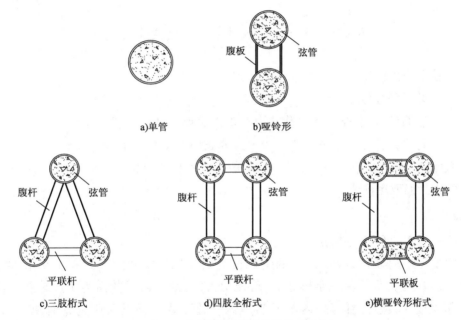

图 4-20 钢管混凝土拱肋常用截面类型

单管截面以圆管为主,加工简单,抗扭性能好,由于紧箍力作用抗轴向力性能显著,但抗弯效率低,主要用于跨径不大(80m 以下)的城市桥梁和人行桥中。钢管管壁较厚,截面含钢率较高,一般达 8% 以上;肋高(管径)一般为 0.6~0.8m。除圆管外,也有少量采用圆端形截面,既有横向的,也有竖向的。其中,前者横向抗弯惯性矩较大,主要用于无风撑的拱桥。

哑铃形截面由上、下两根钢管混凝土和中间两块钢腹板及其加劲构造组成。较之单圆管截面,哑铃形截面抗弯刚度较大,类似于工字形截面,但由于两圆管的直径与高度之比约为 1/2.5,因而不能将其视为钢管混凝土桁式(格构式)截面。

哑铃形截面主要应用于 150m 以下的跨径范围,且以 120m 以下的跨径为主。截面的主要几何参数见图 4-21。实际应用中,钢管直径 D 为 50~150cm,以 75~110cm 最多,D/L 为 1/200~1/60(L 为净跨径);高度 H 为 140~375cm,以 180~250cm 为多,H/L 为 1/72~1/30;D/H 为 1/3.26~1/2,以 1/2.5 居多;钢板厚度 t 为 8~24mm,常用的有 10~16mm。腹腔宽度与肋

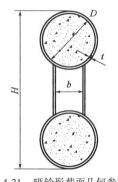

图 4-21 哑铃形截面几何参数符号示意图

宽之比 b/D 为 $1/2 \sim 1/1.5$，在拱脚处有时也取为 $1/1$。D/L 和 H/L 一般随着跨径增大而减小。

早期的哑铃形截面，腹腔填有混凝土，因在灌注腹腔混凝土时易发生爆管事故，且这部分混凝土的受力作用有限，因此这种截面形式现已基本不用。

桁肋拱由钢管混凝土弦杆、钢管腹杆和平联(一般为空钢管)焊接而成，能采用较小直径的弦杆取得较大的纵、横向抗弯刚度和承载力，且杆件以受轴向力为主，能够充分发挥材料的特性，适用于较大跨径(120m 以上)的钢管混凝土拱桥。根据弦杆的数量主要有为三管、四管和六管三种，以四种最多。

对于跨径不大于 300m 的桁肋，拱肋截面高度可按式(4-6)估算。

$$H = k_1 \cdot k_2 \cdot \left[0.2 \times \left(\frac{L_0}{100} \right)^2 + \frac{L_0}{100} + 1.2 \right] \tag{4-6}$$

式中：H——拱肋高度(m)；

L_0——拱肋净跨径(m)；

k_1——荷载系数，对公路—Ⅰ级荷载为 1.0，对公路—Ⅱ级荷载为 0.9；

k_2——车行道系数，2 或 3 车道时为 0.9，4 车道时为 1.0，6 车道时为 1.1。

拱肋截面的宽度与拱肋截面形式有关，一般可取其高度 H 的 $0.4 \sim 1.0$ 倍，宽高比值随着拱肋高度的增大而取用低值。

4. 钢拱

钢拱肋分为实肋和桁式拱肋。

实肋主要用于跨径在 200m 以下的钢拱桥之中。其主要截面形式有工字形、圆形与箱形，对于跨径极小的，可采用工字形截面；跨径稍大的，则以箱形截面为主。箱肋壁薄、回转半径和抗扭刚度大，端部封闭后，内部不易锈蚀。圆形截面钢拱又称为钢管拱。除具有上述箱肋的优点外，钢管拱肋还具有各向同性、表面光滑不易堆积灰尘和水、风阻力小等优点。

跨径大于 200m 时，钢拱常采用桁式拱肋，简称桁肋。因其对材料的利用效率更高，桁式拱肋各个构件尺寸较之实肋要小，制作、运输和安装都更为方便。此外，桁肋拱的刚度比实肋拱大，在活载作用下挠度更小，更易于满足设计对挠度控制的要求。

对于重载交通的公路桥和活载较大的铁路桥，出于刚度的需要，有时虽然跨径不大，也采用桁肋。有时则是受运输或安装条件限制，200m 以下跨径的钢拱桥，也采用桁肋。当然，有时跨径大于 200m 时，也有采用实体肋的，因为实体肋更为简洁美观。如美国的弗里蒙特桥，跨径达 382.625m，主拱肋采用的就是箱肋。当然，对于跨径超过 300m 时，除非极为特殊的条件，一般应采用桁式拱肋。

等截面实肋的高度，一般为跨径的 $1/79 \sim 1/58$，常用的比值为 $1/80 \sim 1/70$。跨径越大，比值越小。对于变截面拱肋，跨中的肋高也可适当降低，拱脚的肋高则需适当提高。

二、拱的矢跨比与拱轴线

1. 拱的矢跨比

拱截面形心的连线称为拱轴线。拱轴线对拱的受力有很大的影响,它也是拱简化为杆系结构的计算模型。拱轴线的控制点有两拱脚和拱顶,控制参数除跨径外,还有矢高和拱轴线形。

矢高与跨径之比称为矢跨比。净矢高与净跨径之比为净矢跨比,计算矢高与计算跨径之比为计算矢跨比。两者略有差异,但相差不大。工程上,常将矢跨比小于 1/5 的称为坦拱(flat arch),矢跨比大于或等于 1/5 的称为陡拱(steep arch)。

矢跨比的大小直接影响拱的内力。由式(4-2a)可知,当跨径相同时,矢高越小(矢跨比越小、拱越坦),拱的水平推力越大;矢高越大(矢跨比越大、拱越陡),拱的水平推力越小。由式(4-2b)可知,拱的水平推力增大,相应地在拱圈内产生的轴向力增大,弯矩减小,一般情况下对拱的受力是有利的;然而,水平推力对墩台及基础产生的弯矩也增大,对其受力不利。同时,对于超静定拱,温度变化、混凝土收缩、墩台位移等引起的变形受到约束,在拱内将产生附加内力。矢跨比越小(拱越坦),附加内力越大。

矢跨比的大小还影响拱轴的长度、拱上立柱的高度等结构设计和拱的施工。矢跨比很大时,拱脚区段很陡,石拱圈的砌筑或混凝土拱的浇筑难度会增加。另外,拱桥的外形是否美观、与周围景物能否协调等也与矢跨比有很大关系。因此,在设计拱桥时,拱的矢跨比应经过综合比较后选定。

从调查来看,我国石拱桥的矢跨比多采用 1/7 ~ 1/3,一般不超过 1/8;钢筋混凝土拱桥的矢跨比多在 1/8 ~ 1/4 之间,以 1/5 和 1/6 居多[11];钢管混凝土拱桥的矢跨比多在 1/6 ~ 1/3.5 之间,以 1/5 最多[12]。

钢拱桥常用的矢跨比为 1/10 ~ 1/5,有推力拱中 1/6 ~ 1/5 最为常用。当矢跨比在 1/6 ~ 1/5 这个范围内变化时,材料用量变化受矢跨比变化的影响不大。矢跨比有时根据特殊情况,也有取 1/2.5 或 1/17 这种极陡或极坦的。

2. 合理拱轴线

由式(4-2b)可知,三铰拱在任意荷载作用下任意截面的弯矩为:

$$M_x = M_x^0 - H \cdot y = M_x^0 - M_{l/2}^0 \cdot \frac{y}{f} \tag{4-7}$$

式中:M_x^0、$M_{l/2}^0$——同跨径简支梁在任意截面与跨中截面的弯矩,它与荷载分布规律有关。

若令 $M_x = 0$,即在某种荷载作用下任意截面的弯矩均为零,拱则为纯压拱,受力合理,相应的拱轴线称为合理拱轴线。合理拱轴线的线形与荷载分布规律有关。根据材料力学,很容易推导出径向均布荷载作用下的圆弧线(circle)是合理拱轴线。以下介绍另外两种特殊的分布荷载所对应的合理拱轴线。

(1)均布荷载的合理拱轴线——二次抛物线

对于竖直均布荷载(图 4-22),由材料力学可知:

$$M_x^0 = \frac{ql}{2}x - \frac{q}{2}x^2, M_{l/2}^0 = \frac{ql^2}{8}$$

代入式(4-2a),可得水平反力为:

$$H = \frac{ql^2}{8f}$$

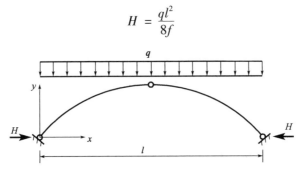

图 4-22 竖直均布荷载作用下的拱的合理拱轴线

令 $M_x = 0$,由式(4-7)可得:

$$\left(\frac{ql}{2}x - \frac{q}{2}x^2\right) - \frac{ql^2}{8} \cdot \frac{y}{f} = 0 \tag{4-8}$$

求得:

$$y = -\frac{4f}{l^2}(x^2 - lx) \tag{4-9}$$

它是一条二次抛物线,简称抛物线(parabolic)。抛物线弧长可通过积分求得,也可按幂级数展开求近似解,见式(6-8)。

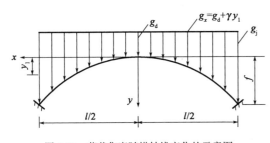

图 4-23 荷载集度随拱轴线变化的示意图

(2)荷载集度随拱轴线变化的合理拱轴线——悬链线

对于荷载集度随拱轴线从拱顶往拱脚增加的分布荷载,如图 4-23 所示,任意点的恒载强度 g_x 可用下式表示:

$$g_x = g_d + \gamma y_1 \tag{4-10}$$

式中:g_d——拱顶处恒载强度;
γ——拱上材料重度。

由式(4-10)得:

$$g_j = g_d + \gamma f = mg_d \tag{4-11}$$

式中:g_j——拱脚处恒载强度;
m——拱轴系数(或称为拱轴曲线系数);
其余符号意义同前。

$$m = \frac{g_j}{g_d} \tag{4-12}$$

将式(4-12)代入式(4-11),可得:

$$\gamma = (m-1)\frac{g_d}{f} \tag{4-13}$$

将式(4-13)代入式(4-10),可得:

$$g_x = g_d + (m-1)\frac{g_d}{f}y_1 = g_d\left[1 + (m-1)\frac{y_1}{f}\right] \tag{4-14}$$

当拱轴线为合理拱轴线时，拱的各个截面弯矩均为零。对于拱顶截面，由于对称性，剪力也等于零。于是，拱顶截面仅有恒载推力 H_g。对拱脚截面取矩，则有：

$$H_g = \frac{\sum M_j}{f} \tag{4-15}$$

式中：$\sum M_j$——半拱恒载对拱脚截面的弯矩；

H_g——拱的恒载水平推力（不考虑弹性压缩）；

f——拱的计算矢高。

对任意截面取矩，可得：

$$y_1 = \frac{M_x}{H_g} \tag{4-16}$$

式中：M_x——任意截面以右的全部恒载对该截面的弯矩值；

y_1——以拱顶为坐标原点，拱轴上任意点的坐标。

式(4-16)即为求算恒载压力线的基本方程。将上式两边对 x 两次取导数，可得：

$$\frac{d^2 y_1}{dx^2} = \frac{1}{H_g} \cdot \frac{d^2 M_x}{dx^2} = \frac{g_x}{H_g} \tag{4-17}$$

将式(4-14)代入式(4-17)。为使最终结果简化，引入参数：$x = \xi l_1, l_1 = l/2$，则 $dx = l_1 d\xi$，可得：

$$\frac{d^2 y_1}{d\xi^2} = \frac{l_1^2}{H_g} g_d \left[1 + (m-1)\frac{y_1}{f} \right]$$

令：

$$k^2 = \frac{l_1^2 g_d}{H_g f}(m-1)$$

则：

$$\frac{d^2 y_1}{d\xi^2} = \frac{l_1^2 g_d}{H_g} + k^2 y_1 \tag{4-18}$$

上式为二阶非齐次常系数线性微分方程。解此方程，则得拱轴线方程为：

$$y_1 = \frac{f}{m-1}(\mathrm{ch} k\xi - 1) \tag{4-19}$$

上式一般称为悬链线（catenary）方程。

以拱脚截面 $\xi = 1, y_1 = f$ 代入上式得：

$$\mathrm{ch} k = m$$

通常，m 为已知值，则 k 值可由下式求得：

$$k = \mathrm{ch}^{-1} m = \ln(m + \sqrt{m^2 - 1}) \tag{4-20}$$

为了求拱轴线的水平倾角 φ，将式(4-19)对 ξ 取导数，得：

$$\frac{dy_1}{d\xi} = \frac{f \cdot k}{m-1} \mathrm{sh} k\xi \tag{4-21}$$

因为：

$$\tan\varphi = \frac{dy_1}{dx} = \frac{dy_1}{l_1 d\xi} = \frac{2 dy_1}{l d\xi}$$

将式(4-21)代入上式，可得：

$$\tan\varphi = \frac{2f \cdot k \cdot \mathrm{sh}k\xi}{l(m-1)} = \eta \mathrm{sh}k\xi \tag{4-22}$$

式中：

$$\eta = \frac{2k \cdot f}{l(m-1)} \tag{4-23}$$

由式(4-23)可知，拱轴水平倾角与拱轴系数 m 有关。

悬链线的拱轴系数 m 是一个大于 1.0 的数。显然，当 $m=1$ 时，式(4-19)分母为零，此时 $g_x = g_d$，荷载为均布荷载，合理拱轴线应是二次抛物线，其方程为 $y_1 = f\xi^2$。它与式(4-9)只是形式不同，它的坐标原点设在拱顶，而式(4-9)坐标原点设在左拱脚。

3. 拱轴线的选择

由式(4-2b)可知，拱截面上的内力有轴力 N、弯矩 M 和剪力 Q。将弯矩 M 用 $N \cdot e$ 来表示（e 为偏心距），各截面上偏心点的连线构成了一条压力线。当拱轴线为合理拱轴线时，拱为纯压拱，任意截面上没有弯矩，也就是 $e=0$。换言之，选择合理拱轴线的拱，其恒载压力线与拱轴线重合。

合理拱轴线与荷载有关，而实际拱桥中的拱，所受的荷载多样且有时是变化的。除了承受恒载作用外，拱还要受到活载、温度变化等作用。尽管纯压拱不存在，但在拱桥，尤其是大跨和特大跨拱桥设计中，通过选择合适的拱轴线，以减小弯矩，尽可能使拱截面应力分布均匀，是可能且必要的。对于圬工拱和混凝土拱，因材料的抗压强度明显大于抗拉强度，合理选择拱轴线显得尤为重要。

对于大跨径拱桥来说，尤其是公路拱桥，恒载占全部荷载的比重较大。如一座 30m 跨径的双车道公路拱桥，活载大约是恒载的 20%。随着跨径的增大，恒载所占的比重还将增大。因此一般来说，以恒载压力线作为设计拱轴线，可以认为是适宜的。

圆弧线线形简单，易于掌握，施工放样方便。但在一般情况下，圆弧形拱轴线与恒载压力线偏离较大，使拱的各截面受力不均匀。因此，圆弧形拱轴线常用于 15~20m 以下的小跨径拱桥。对于跨径稍大的预制装配式钢筋混凝土拱桥，有时为了简化施工，也有采用圆弧形拱轴线的情况。

在竖向均布荷载作用下，合理拱轴线是二次抛物线。对于恒载强度比较接近均布的拱桥，例如钢拱桥、中、下承式混凝土拱桥和钢管混凝土拱桥，往往采用二次抛物线或拱轴系数 m 较小的悬链线。

对实腹式拱，恒载集度基本符合图4-23的分布规律，其合理拱轴线是悬链线。对于空腹式拱，恒载主要是立柱传下来的拱上建筑(桥面系和立柱)的自重，它们是集中力，对应的恒载压力线为一组折线，选择折线为拱轴线建成的拱称为折线拱[图4-63b)]。对于大跨径拱桥，当立柱较多、间距与跨径相比较小时，可视其传来的荷载为分布荷载，则其集度也基本符合图4-23的分布规律，所以，仍可选悬链线作为其拱轴线。在选择拱轴系数时，通过使拱轴线与恒载压力线在拱顶、1/4跨径和拱脚五个截面相重合(称为"五点重合法")，来减小主拱在恒载作用下的弯矩内力水平。

对于圆弧线和二次抛物线，跨径和矢高(或矢跨比)确定后，就可写出拱轴线方程。对于悬链线，还要确定拱轴系数。

悬链线石板拱的拱轴系数，一般随着跨径的增大而减小，采用无支架或早期脱架施工的拱,拱轴系数不宜大于3.5。钢筋混凝土悬链线拱的拱轴系数,主要集中在1.347~2.514之间,以 $m=1.756$、1.988 和 1.543 最常用[11],一般情况下该值应随着跨径的增大或矢跨比的减小而减小。对于钢管混凝土拱桥,立柱或吊杆的自重较轻,当采用悬链线时,拱轴系数 m 较小,一般在1.2~2.8。具体来说,上承式宜为1.2~2.8,中承式不宜大于1.9,下承式不宜大于1.5[25]。

对于大跨径拱桥,拱轴线除可选择二次抛物线、悬链线外,还可考虑高次抛物线(如三次、四次抛物线)、样条函数曲线等。为使拱轴线尽可能与恒载压力线相吻合,可用数解法求出各点不考虑弹性压缩的恒载压力线,然后采用与之最接近的曲线作为拱轴线。

三、主拱横向结构与构造

主拱的横向布置要综合考虑桥面净空的宽度、桥面系的构造、主拱的宽度、横撑构造与拱的横向稳定性等因素。

1. 上承式拱桥

圬工和钢筋混凝土上承式拱桥的主拱以板拱和箱拱为主。它为整体性拱结构,影响横向稳定性的主要因素是宽跨比。宽跨比越大,横向稳定性越好。《圬工桥规》(JTG D61—2005)和《混凝土桥规》(JTG 3362—2018)均规定,当板拱的宽度小于计算跨径的1/20,应验算拱的横向稳定性。换言之,宽跨比大于1/20时,可以不验算横向稳定。

在满足横向稳定要求的前提下,上承式板拱的主拱圈宽度可以小于桥面宽度,将栏杆、人行道悬挑出主拱外,见图4-24a)。对于箱拱,可采用伸臂式盖梁或伸臂式桥面横梁[图4-24b)]。盖梁或横梁跨中正弯矩减小,材料节省。同时,主拱、墩台、基础的横桥向尺寸可缩小,减小工程量。反过来,对于桥面较窄而跨径较大的桥梁,板拱或箱拱可以采用从拱顶向拱脚变宽的结构,以提高横向稳定性。

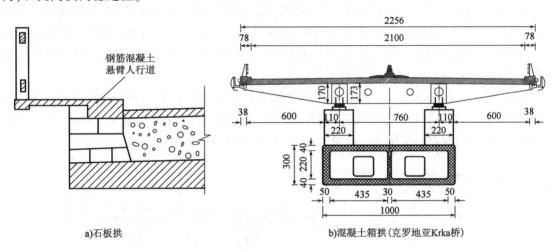

a)石板拱   b)混凝土箱拱(克罗地亚Krka桥)

图4-24 板拱和箱拱的横向布置示意图(尺寸单位:cm)

上承式拱也可采用肋拱。宽跨比也是肋拱桥空间稳定的重要参数,一般不宜小于1/15。另一个重要参数是横撑。横撑设置与构造应满足主拱整体和局部稳定要求。

肋拱以平行双肋的组拼拱最为常见,如图4-25a)所示。在立柱下方应设置横撑或横系梁,在拱脚附近及拱顶段($3L/8 \sim L/2$)应予加密。上承式拱的横撑设置不像中、下承式拱受到桥面上净空的限制,可以布置较多的横撑,来保证主拱的横向稳定性。

对于宽跨比偏小的肋拱桥,则可将肋间的横向距离从拱顶向拱脚拉大,形成提篮拱(lift-basket arch)[图4-25b)]。提篮拱也称为内倾拱或X形拱。有的上承式提篮拱,拱脚为双肋,拱顶合成为一个箱,西班牙的阿尔蒙特河(Almonte)大桥采用了这样的结构。

2. 中、下承式拱桥

下承式拱的主拱只能是肋拱,但横向结构形式多样,有平行肋拱、无风撑拱、提篮拱等,见图4-25。下承式拱为无推力拱或部分推力拱,用系杆的拉力来平衡拱的水平推力。中承式拱的主拱也只能是肋拱,横向结构形式也较多,与图4-25的形式相似,但拱肋有一部分位于桥面以下。它可以是有推力拱,也可以是无推力拱或部分推力拱。采用有推力拱还是无推力拱,主要根据地基基础条件确定。

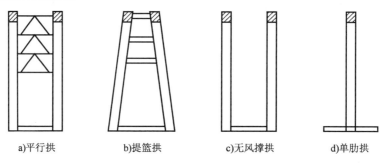

a)平行拱　　b)提篮拱　　c)无风撑拱　　d)单肋拱

图4-25　肋拱的横向结构

中、下承式拱桥的主拱中,平行拱和提篮拱都有采用。提篮拱除横向稳定性较好外,造型也较美观。此外,为了避免横撑的压抑感,可取消横撑,设计成无风撑拱[图4-25c)],又称为敞口拱(open arch);有时只用一根拱肋,即采用单肋拱[图4-25d)],可视为特殊的无风撑拱。无风撑拱的主拱应具有较大的横向抗弯与抗扭刚度,它多应用于系杆拱桥中,吊杆可为主拱提供"非保向力",如图4-26a)中斜向箭头所示,有利于提高拱的横向稳定性。同时,通过采用刚度较大的系梁或刚性吊杆,可使主拱、吊杆和系梁在横桥向构成开口刚架,使主拱的横向稳定性得到增强。

拱肋侧倾失稳时(图4-26),拱顶处的横撑主要承受拱肋的扭转变形,采用竖向布置的横撑可增强对拱顶处拱肋扭转变形的约束,提高拱的面外稳定性;而在其他地方,尤其是$L/4$附近,拱肋侧倾时横撑要承受拱肋的相对错动,因此宜采用切向布置的K撑或米字撑。

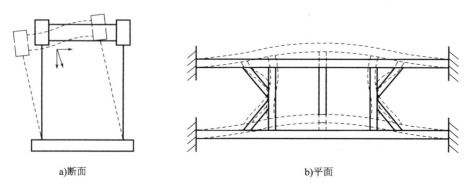

a)断面　　　　　　　　　b)平面

图4-26　组拼拱横向失稳时的变形示意图

中承式拱的拱肋与桥面系相交处应设桥面横梁,起横撑和支承桥面结构的作用;下承式拱的拱脚处要设置强大的端横梁,为主拱肋提供抗弯、抗扭约束。

平行拱的其他位置根据需要设置一字撑、K撑或米字撑。采用箱肋时,箱内横隔板应与横系梁对应设置。采用桁肋时,横撑的位置宜与平联杆相对应,并在相应的拱肋横截面上设置内腹杆,增强拱肋在该截面处抗畸变和抗扭的能力,发挥类似箱梁内横隔板的作用,如图4-27a)和图4-31b)所示。一字撑有的采用双弦杆单片桁式,有的采用四弦杆空间桁式[图4-27b)]。肋拱除整体稳定外,还有局部稳定问题。单根拱肋的宽度与相邻横撑之间节间长度比值不能太小,不宜小于1/20,且此比值应尽可能均匀。

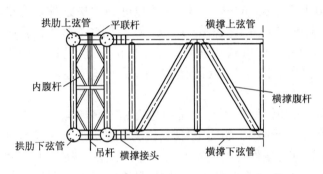
a)1/2横撑与拱肋横断面

b)空间桁式一字撑照片

图4-27 桁肋拱一字撑

宽跨比较大时,组拼拱的整体宽度也可小于桥面。在中、下承式拱桥中,可将拱肋置于行车道外,将人行道或非机动车道悬挑,在保证主拱的横向稳定性前提下,缩短横撑的长度、优化吊杆横梁的受力,如图4-28所示。桥面较窄时,则可将非机动车道、人行道或检修道包在拱肋宽度范围内,加大组拼拱的宽度,提高横向稳定性。

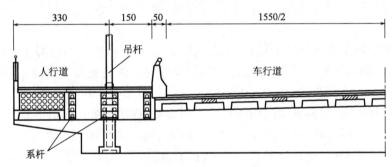

图4-28 某下承式拱吊杆处桥梁横断面布置图(尺寸单位:cm)

中、下承式肋拱桥面以上的横撑布置,应满足桥上净空(行车空间)的要求。同时,宜采用简洁的构造,更符合美观要求。

四、不同推力拱桥的应用特点

由本章第一节可知,拱在竖直向下荷载作用下会产生水平推力。拱桥根据其下部结构承担水平推力的情况,可分为有推力拱桥、无推力拱桥和部分推力拱桥。不同推力拱桥的结构与构造有较大的不同,本小节将对其进行介绍。

拱桥的结构类型丰富,设计时需要确定的内容很多。例如,在高程方面,需要确定的内容有桥面高程、拱顶底面高程、起拱线高程、基础底面高程,有矢跨比,还有桥面系与主拱的关系(上承式、中承式、下承式);在跨径方面,需要确定的内容有总长、多孔跨径、单孔跨径、墩台及其基础的位置;在结构方面,需要确定的内容有主拱的材料,静力图式,拱轴线等。上述许多有关上部结构的内容,前面已有介绍。本小节着重介绍其地形地质适用条件、立面布置、桥面系结构与构造、施工方法等。

1. 有推力拱桥

(1) 基本类型

有推力拱(true arch)桥的水平推力由下部结构和基础承担,需要较好的地质条件。有推力拱桥可以是上承式,也可以是中承式。上承式是圬工拱桥的唯一形式,在钢筋混凝土拱桥中也占主导地位,它主要修建于山区,以单跨为主。中承式在钢筋混凝土拱桥中应用较少,四川宜宾小南门金沙江大桥(跨径240m)和广西邕宁邕江大桥(跨径312m)是两座跨径较大的中承式钢筋混凝土拱桥。

有推力拱桥的上承式和中承式,在钢拱桥和钢管混凝土拱桥中也有相当多的应用。中承式在钢管混凝土拱桥中应用较多。由于主拱自重减轻,相同跨径时,钢管混凝土拱桥有推力拱对基础要求相对降低,但也仍然需要较好的地质条件与合适的地形。中承式由于桥面可以放得较低,也可用于地质条件较好的城市桥梁中,常以多跨的形式出现,且跨越能力强。重庆巫峡长江大桥、四川合江长江大桥、广西平南三桥(图1-27)均为中承式钢管混凝土拱桥,建成时均创造了同类桥型跨径纪录。

在钢拱桥中,有推力拱桥的上承式、中承式修建数量相近。其中,国外跨径最大的是美国的新河谷桥(上承式,跨径518.3m,见图1-18);国内跨径最大的是湖北秭归长江公路大桥(中承式,跨径530.2m)。

无论是上承式还是中承式,有推力拱的钢管拱、钢拱的架设均以斜拉悬臂法为主。大跨径钢筋混凝土拱在我国以美兰法为主,在国外以斜拉悬臂浇筑法为主。

(2) 上承式

上承式钢筋混凝土拱桥的拱上建筑,多采用钢筋混凝土和预应力混凝土结构。当桥梁跨径不大、立柱纵桥向间距较小时,可设立柱、盖梁,支撑其上的简支板或简支梁[图4-29a)],通过桥面连续减少伸缩缝。跨径稍大时,则采用先简支后连续的连续梁。

当桥梁跨径很大时,桥面纵梁结构不宜采用简支梁,在拱脚处可与高度较大的立柱固结形成刚构,其他位置立柱不高时可设支座,采用连续梁结构。当桥面纵梁跨径很大时,可采用与拱肋相对应的分离式箱梁,通过立柱支承于拱肋上,使桥面纵梁与主拱处于同一受力竖平面内,双立柱之间设系梁而不设盖梁,如图4-29b)所示。

为减轻自重和便于施工,桥面结构也可采用钢-混凝土组合结构,如克罗地亚的Krka桥[图4-24b)]和美国的胡佛大坝大桥。

钢筋混凝土拱桥中,立柱较高时,除盖梁或拱顶系梁外,立柱间还应设置横系梁,以提高其稳定性。钢筋混凝土的横系梁截面高度和宽度分别取立柱长边边长的0.8~1.0倍和0.6~0.8倍。立柱间横系梁的配筋构造要求与肋间横系梁一致。立柱钢筋按结构受力要求配置,其向上应延伸至盖梁中线以上,向下应伸入拱轴线以下,并应具有足够的锚固长度。

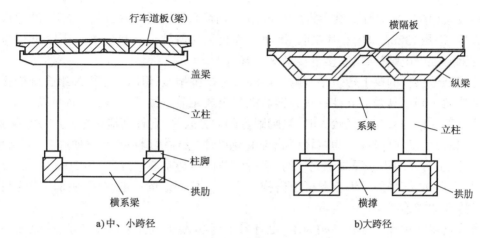

a) 中、小跨径　　　　b) 大跨径

图 4-29　上承式拱的横向构造示意图

为了使立柱传递给主拱圈的压力不过分集中,立柱底部应设横向通长的垫梁(底梁),其高度不宜小于立柱间净跨的 1/5,对应的拱箱处应设置横隔板。底梁可以与拱圈一起施工完成。如采用混凝土浇筑时,可按构造要求布置钢筋。所跨越河流有漂流物或流冰时,如果拱圈会被部分淹没,拱上立柱不宜采用柱式结构,而应采用墙式结构。

上承式钢筋混凝土箱拱桥的拱上建筑构造,多采用图 4-29a) 的形式,其他结构与构造与肋拱桥相似。图 4-30 为沪昆高铁北盘江大桥的立面布置图。该桥在交界墩处采用了与其固接的 $2\times 65\mathrm{m}$ 预应力混凝土变高度箱梁,施工时以 T 构形式,采用悬臂浇筑。拱上其余结构为 $8\times 42\mathrm{m}$ 连续梁,它与两端的 T 构梁通过湿接头连成了一联,形成总长约 600m 的刚构-连续梁。该桥为铁路桥,桥面较窄,桥面纵梁只采用了单箱,但主拱在拱脚处截面变宽、双立柱采用间距较之箱底更宽的布置,以增强主拱和立柱的横向稳定性。建成后的桥梁见图 1-26。

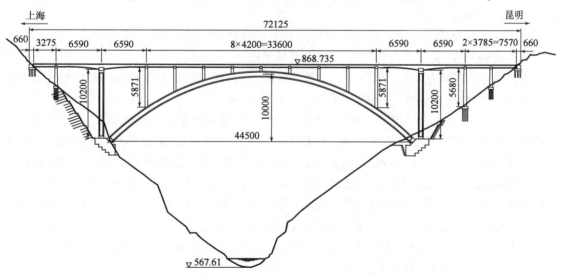

图 4-30　沪昆高铁北盘江大桥立面布置图(尺寸单位:cm;高程单位:m)

钢管混凝土上承式拱的矢跨比以 1/5 最多,拱轴线以悬链线为主,拱轴系数大多在 1.5 附近。上承式拱由于可以采用较多的拱肋,从而使每根肋的受力减小、拱肋截面尺寸也相应减小,因此即使跨径较大也仍可采用哑铃形拱肋。如黄柏河、下牢溪大桥采用了四片拱肋,所以虽然跨径较大(160m)、设计荷载较重(汽-36级),仍可采用哑铃形拱肋;又如青海拉西瓦水电站黄河大桥,跨径132m,采用三片拱肋,拱肋截面也采用哑铃形。目前的应用以单跨为主,主拱座采用钢筋混凝土结构,拱座多直接坐落于基岩上。

钢管混凝土拱桥的拱上建筑结构与钢筋混凝土拱桥相似,但因与主拱的组合结构相适应,其材料更趋向于轻质高强。立柱一般为钢筋混凝土或钢管混凝土结构,与钢筋混凝土盖梁组成排架或刚架式结构。当跨径较大时,拱脚附近的立柱较高,在柱间应设置横向联系来提高其稳定性。同时,由于立柱较高,为减轻恒载自重、使结构整体协调一致且方便施工,多采用钢管混凝土立柱,也有采用钢筋混凝土立柱的,一般将截面做成空心。在跨径430m的支井河大桥中,立柱最高达74m,采用了钢箱混凝土格构式立柱。桥面纵梁一般采用桥面连续的简支梁、先简支后连续梁或连续梁。

上承式钢拱的桥面系以钢结构为主,也有采用钢-混凝土组合结构的,以连续纵梁为主,以利于分散活载集中力、减小主拱的弯矩、提高结构的整体性。拱上立柱一般采用工字形截面或圆形截面钢柱。截至目前,上承式有推力钢拱桥中跨径最大的是美国的新河谷桥(图1-18)。该桥除跨径大、采用桁拱施工方便外,另一个主要特点是采用了未刷油漆的耐候钢ASTM-A_{588}。

(3)中承式

中承式拱桥以双肋拱为主,桥面以上接近桥面处的横撑,为满足净高要求和避免压抑感,一般设置较少,成为横向构造的薄弱环节,对整体和局部的稳定都有一定的影响。中承式拱桥横向稳定问题较上承式拱桥突出。

中承式拱桥部分桥面系为支承式,部分桥面系为悬吊式。悬吊桥面系的结构强健性(robustness)问题应引起重视。结构强健性主要指结构在承受像火灾、爆炸、冲击或人为错误后果等极端事件时,不使破坏达到与原始动因不成比例程度的能力。第九章第一节对桥梁强健性有更深入的介绍。

现代中承式有推力的钢筋混凝土和钢管混凝土拱桥中,吊杆多采用高强钢索(吊索)。它们既属于关键构件,又容易由腐蚀等引发病害甚至破坏。全球范围内已发生多例因吊杆破断导致桥面横梁和桥面板坠落、车毁人亡的恶性事故。这种事故的后果与吊杆破断的成因不成比例,是典型的结构强健性不足的问题[30]。

《钢管混凝土拱桥技术规范》(GB 50923—2013)以强制性条文的形式规定:"钢管混凝土拱桥的吊索与系杆索必须具有可检查、可更换的构造与措施",以保证其正常的检查、养护和更换。同时,在结构上,要进行强健性设计,以避免因吊索、系杆索破断后引发严重的事故。因此,《钢管混凝土拱桥技术规范》(GB 50923—2013)另一条强制性条文规定"中承式和下承式拱桥的悬吊桥面系应采用整体性结构,以横梁受力为主的悬吊桥面系必须设置加劲纵梁,并应具有当一根横梁两端相对应的吊索失效后不落梁的能力。"

对于钢筋混凝土拱桥,《混凝土桥规》(JTG 3362—2018)也有相似的规定:"采用柔性吊杆的拱桥,宜在桥面系设置连续纵梁"。

主拱与桥面交界处的结构与受力均较复杂。桥面系肋间横梁的设置不应影响主拱结构的连续性。桥面系与拱肋之间的结构设计应防止因变形不同引起的结构损伤。肋间横梁有采用混凝土结构的,也有采用钢结构的。图4-31所示为中承式钢管混凝土拱肋间横梁的照片和构造图。

合江长江一桥(又名波司登大桥)为钢管混凝土中承式拱桥,宽28m,主桥跨径为530m(净跨518m)。主拱拱肋净矢跨比为1/4.5,拱轴线为拱轴系数1.45的悬链线。四根弦杆全桁式拱肋。钢管直径为1320mm,内灌注C60混凝土。拱肋截面等宽、变高,宽4m,截面径向高拱顶为8m、拱脚为16m。两拱肋之间以K形横撑相联。肋间横撑兼作桥面梁主横梁。吊杆和拱上立柱间距为14.3m。桥面梁为"工"形格子梁,桥面板为钢-混凝土组合桥面板。桥梁主跨采用缆索吊装、斜拉悬臂法施工。管内混凝土灌注采用了抽真空法,以提高混凝土密实度,减少钢管与混凝土之间的脱粘缺陷。桥梁于2012年建成,见图4-32。

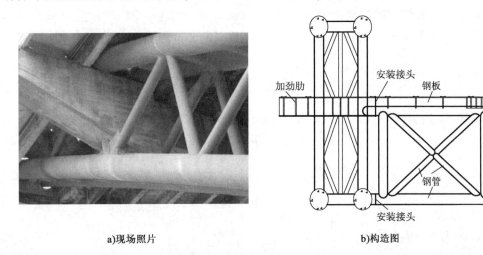

图4-31 中承式钢管混凝土拱肋间横梁

图4-32 合江长江一桥(张飞雪提供)

2. 无推力拱桥

(1)基本类型

无推力拱桥用刚性系杆来平衡拱的水平推力,桥梁墩、台及其基础不承受拱的水平推力,结构受力与梁式桥墩、台及基础相当,适用于地基较弱的桥位处。无推力拱桥的上部承重结构由拱和系梁两端固结、中间用吊杆连接而成,属于内部超静定、外部静定的结构,称为系杆拱(tied arch, bowstring arch),也称为拱梁组合体系。它在钢拱和钢管混凝土拱桥中有较多的应用。系梁既是承重结构的重要组成部分,也是桥面系的主要受力构件。

系杆拱桥为下承式,见图4-33。在这种结构中,拱以受压为主,系杆以受拉为主,两者承受的弯矩与其相对刚度 $E_a I_a / E_b I_b$ 有关, $E_a I_a$ 和 $E_b I_b$ 分别为拱肋和系杆的抗弯刚度。

图 4-33a)所示的柔性系杆刚性拱,简称柔性系杆拱。当 $E_aI_a/E_bI_b > 100$ 时,设计中可认为弯矩仅由主拱承担。系杆需要一定的抗拉刚度,以避免承受拉力时的变形太大,水平刚度极小的高强钢索不宜作为系杆。柔性系杆拱中系杆抗弯刚度小,在桥面受力中所起的作用也小,在实际工程中应用较少。

图 4-33b)所示的刚性系杆柔性拱,国外称为朗格尔梁(Langer girder)。当 $E_aI_a/E_bI_b < 1/100$ 时,设计中可认为弯矩仅由系杆承担。这种系杆又可称为系梁。典型的应用是铁路或公铁两用钢桥,系梁采用桁梁,如图 4-34a)所示的九江长江大桥。还有一种结构称为倒朗格尔梁,它是上承式有推力的拱梁组合结构,梁的刚度很大,弯矩主要由梁承受,拱以受压为主,所受弯矩很小,如图 4-34b)所示的葡萄牙 Infante D. Henrique 桥。

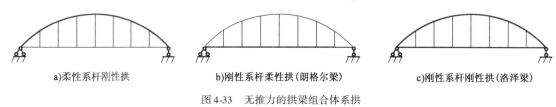

a)柔性系杆刚性拱　　　　b)刚性系杆柔性拱(朗格尔梁)　　　　c)刚性系杆刚性拱(洛泽梁)

图 4-33　无推力的拱梁组合体系拱

a)朗格尔梁　　　　　　　　　　　　　　　　b)倒朗格尔梁

图 4-34　刚性系杆柔性拱实例

图 4-33c)所示的刚性系杆刚性拱,国外称为洛泽梁(Lohse girder),拱和系杆(梁)均承担相当部分的弯矩。它是最常用的系杆拱,在钢系杆拱、钢管混凝土系杆拱以及钢筋混凝土系杆拱中均有应用。后面将有较为详细的介绍。

钢筋混凝土系杆拱的实际应用很少,以下主要介绍钢管混凝土系杆拱和钢系杆拱。

(2)钢管混凝土系杆拱桥

钢管混凝土系杆拱桥以刚性系杆刚性拱为主[图 4-33c)]。因为拱与系杆要固结在一起,大跨径时施工难度较大,同时拱的水平推力主要由系杆承担,拱的经济性不能得到充分发挥,它的应用以中、小跨径(50~150m)为主。

由于跨径不大,钢管混凝土拱肋以单圆管和哑铃形为主,只有跨径较大时才采用桁肋。由于系梁参与总体受力,拱肋截面尺寸可以较有推力拱略小。系梁以预应力混凝土为主,截面高度与跨径之比一般在 1/60~1/30 之间。也有个别采用钢箱梁,或钢箱加预应力束的系杆的组合系杆,如杭州钱江四桥中跨径 190m 的大拱。

钢管混凝土系杆拱桥的施工,可分为"先梁后拱""先拱后梁"和"整体"三种方法。"先梁后拱"是比较成熟的施工方法,这种方法需要较强的系梁,以便在此基础上分段架设拱肋,难度在于系杆的施工。"先梁后拱"常采用支架法,满堂架或少支架。在梁拱形成联合作用之前,结构不承受外力,施工过程安全可靠,但支架法对场地条件高,施工费用也高。

郑州刘江黄河大桥(黄河公路二桥)主桥施工采用了"先梁后拱"的方法。该桥主桥长800m,为8跨100m的钢管混凝土系杆拱,上部结构上、下行分离,共计有16个钢管混凝土系杆拱结构。建成后大桥见图4-35。

图4-35　郑州刘江黄河大桥

对于跨径较大、通行条件较高的桥梁,可采用"先拱后梁"的施工方法。先安装主拱肋,再利用主拱肋与吊杆分段安装系梁。要求拱肋本身具有一定的刚度及较强的稳定性,系梁的自重相对较小。在梁拱形成整体结构之前,荷载完全由主拱承担,需对施工过程拱肋进行验算和必要的加强。杭州钱江四桥等桥的施工采用了"先拱后梁"的施工方法。

当运输条件许可时,也可以钢管拱和系梁一起制作,整体运输至设计位置后,再进行管内混凝土浇筑等其他程序的施工,即"整体"法施工。

(3)钢系杆拱桥

系杆拱在中、小跨径钢拱桥中应用较多,在地质条件较差,而又希望采用造型效果较好的结构时,它尤其受到建筑师和民众的喜欢。钢结构的轻质高强和良好的连接性能,使得它的建筑表现力强,在人行桥和景观桥中备受青睐。

柔性系杆刚性拱的拱肋,跨径小时可采用实肋,跨径大时可采用桁肋。早期的拱肋较多采用折线,折线的交点落在拱轴线上。这种折线从受力与构造上来说都优于曲线,尤其是采用刚性吊杆时,吊杆受有弯矩的作用,折线拱中吊杆受的弯矩会小于曲线拱。但折线拱的外观较差,特别是对于中、小跨径的拱桥,现在已很少采用。

其系杆可以是钢棒、钢索或抗弯刚度很小的钢板梁,但没有钢桁梁。但因系杆可承受部分弯矩,拱肋的高度可比前述的有推力拱的肋高,适当降低。吊杆有柔性吊杆和刚性吊杆,其间距可根据结构的形式和受力情况做适当的选择。吊杆主要承受拉力,刚性吊杆一般采用工字形钢吊杆,柔性吊杆多采用高强钢丝或高强钢绞线。

朗格尔梁和洛泽梁在钢拱桥中均有较多的应用。拱肋都采用实肋,加劲梁有板梁或桁架两种。

系杆拱桥也有个别采用中承式的,一般为三跨结构,两边跨为悬臂半拱,所以这种结构又称为悬臂拱(cantilever arch),如图4-36所示。

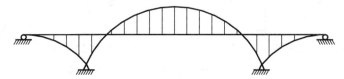

图4-36　悬臂拱

一般系杆拱桥的吊杆为竖直状,当采用斜吊杆时,整体结构的刚度有所提高,拱和梁中的弯矩下降,但构造复杂。这种拱称为尼尔森拱(Nielsen arch),如图4-37所示。当斜吊杆间的交叉点多于一个时,它又称为网拱(net arch),如图4-38所示。尼尔森拱和网拱多应用于钢拱桥中。

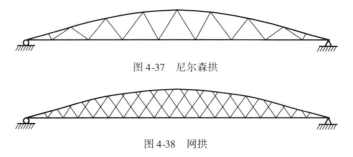

图4-37 尼尔森拱

图4-38 网拱

3. 部分推力拱桥

(1) 基本类型

部分推力拱桥又称为刚架系杆拱桥(rigid-frame tied arch bridge),它是随着钢管混凝土拱桥在我国的应用发展而出现的新桥型。目前这种桥型在钢拱桥中也有应用,如上海的卢浦大桥(图1-28),主跨550m,矢跨比$f/l=1/5.5$,主拱采用钢箱截面,施工采用了斜拉悬臂施工法。

刚架系杆拱桥中,拱肋与桥墩固结,不设支座,形成刚架结构,且以高强钢索为系杆。它的系杆独立于桥面系之外,只受拉,不受弯。桥面系为局部受力构件,不参与总体受力。这种结构不属于拱梁组合结构(系杆拱),而应属于拱墩固结结构。它是外部超静定结构,主拱、系杆、桥墩及基础形成总体受力结构。

在刚架系杆拱桥中,拱的大部分水平推力(主要由恒载产生)由系杆的预张力平衡,与系杆拱中的被动平衡不同,它属于主动平衡。由于其系杆(拉索)的面积很小,所以抗拉刚度很小,活载作用下拱的水平推力增量,将主要由抗推刚度较大的桥墩承担。因此,它并非完全的无推力拱,而是部分推力拱。当然,除去系杆承受的水平推力后,余下的拱的水平推力一般不大,还可以通过适当的超张拉给予最大限度的减小,因此其受力性能接近于无推力拱,也适合在地基条件较差的拱桥中应用。

刚架系杆拱桥又可分为下承式和中承式两种,如图4-39所示。这类桥梁中,吊索和桥面系结构的强健性设计要求与有推力中承式拱桥中的相同。除吊索外,部分推力拱中采用高强钢索的还有系杆(系杆索)。它也要在结构上进行强健性设计[31]。

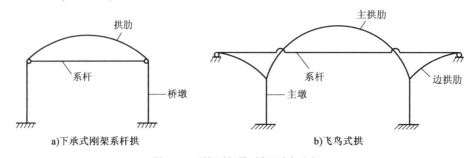

a) 下承式刚架系杆拱   b) 飞鸟式拱

图4-39 刚架系杆拱(桥面系未示出)

(2) 下承式

下承式刚架系杆拱桥以单跨为主[图4-39a)],也有采用多跨的。在多跨的刚架系杆拱桥中,系杆是分跨锚固的。由于它是一种自平衡的桥梁,因而没有副跨。在仅需一主跨而无须设副跨时,如跨越铁路、公路和运河时,它的跨越能力比简支梁强;它与连续梁、连续刚构和斜拉桥相比,由于无须副跨,故具有很强的竞争力。

下承式刚架系杆拱桥的拱墩固结点,构造复杂,拱肋、桥墩、帽梁汇聚在这里,为不规则的几何体。固结点的受力也较复杂,各方向的力也都集中于此点,且受系杆强大的集中力作用,容易在主拉应力方向发生开裂,因此应引起重视。

深圳彩虹(北站)大桥为跨越深圳火车北站的城市跨线桥,要求跨径不小于150m,而由于接线为弯道和街道,不适合采用副跨,故设计成主跨150m的下承式刚架系杆拱桥;主拱为四管桁肋,矢跨比1/4.5,悬链拱轴线,拱轴系数1.167;立面布置见图4-40。

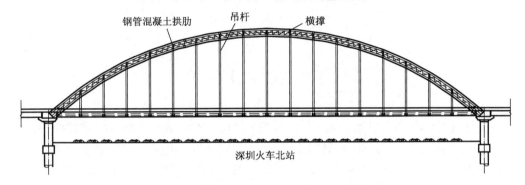

图4-40 深圳彩虹(北站)大桥立面布置(尺寸单位:cm)

每片拱肋的水平系杆索为16根高强低松弛预应力钢绞线束,每根钢束由12根7ϕ5mm钢绞线组成,钢绞线标准强度为1860MPa。系杆钢束设置在拱肋下防撞护栏外侧,在拱脚处穿过拱肋,锚固于帽梁的外侧。系杆锚具采用OVM15-12型。系杆钢绞线束防护同吊杆钢丝束,采用高密度聚乙烯双护层。桥面系采用预应力钢箱-混凝土组合梁。

桥墩为双柱墩,每根柱为直径2.8m的钢管混凝土约束柱,基础为直径3.0m的钻孔灌注桩,桩顶设有横向系梁。拱肋采用缆索吊装,斜拉悬臂法架设,共分七节进行吊装。

(3)中承式

中承式刚架系杆拱桥一般为三跨结构,中跨为中承式[图4-39b)],两边跨为上承式半拱,系杆锚于两边跨的端部,根据其形状称之为飞鸟式拱(fly-bird-type arch)或飞燕式拱,也称为自锚式拱。比较图4-36和图4-39b),从桥墩与基础受力来说,悬臂拱与连续梁相似,均以受压为主;下承式刚架系杆拱则与连续刚构相似,除受压外,还受到较大的弯矩作用。

飞鸟式拱桥也有采用四跨或五跨的。其系杆全桥通长,不像下承式刚架系杆拱桥采用分跨锚固,它要通过作用在两边跨的系杆张力,传递给各拱各墩。多于三跨后,传力路径长,结构受力复杂,构造也不好处理。此外,施工时由于各跨之间恒载要基本保持平衡,因此工作面很多,施工组织也较困难。

飞鸟式拱桥为不等跨结构。为使边跨的自重能平衡主跨的恒载水平推力,一般中跨为自重较轻的钢管混凝土拱、边跨为自重较重的钢筋混凝土半拱。中跨的矢跨比较大,一般为1/6~1/4;边跨的矢跨比较小,一般为1/10~1/7。中、边跨的拱肋起拱线在一水平线上,以便于平衡水平推力。边跨的拱肋之间由强大的端横梁连成整体,并为系杆的锚固提供空间。

最早建成的飞鸟式拱桥是广东南海三山西大桥,主桥跨径组合为45m+200m+45m。2000年建成的广州丫髻沙大桥,跨径组合为76m+360m+76m,为当时同类桥型跨径之最,见

图 4-41。目前这种桥型跨径最大的是湖南茅草街大桥,主跨为 368m。

图 4-41　广州丫髻沙大桥

第三节　设计计算要点

拱桥设计计算的作用及其组合按《公桥通规》(JTG D60—2015)和相应的其他规范计算。公路圬工拱桥、钢筋混凝土拱桥、钢管混凝土拱桥和钢拱桥,相应的其他规范有《圬工桥规》(JTG D61—2005)、《混凝土桥规》(JTG 3362—2018)、《钢管混凝土拱桥技术规范》(GB 50923—2013)或《公路钢管混凝土拱桥设计规范》(JTG/T D65-06—2015)和《公路钢结构桥梁设计规范》(JTG D64—2015)。

拱桥是一个空间结构,过去采用手算法计算石板拱内力时,为简化计算,均将其视为平面结构,不考虑荷载的横向分布。对于实腹拱,由于经过填料的分散,荷载作用到主拱时已相当均匀;对于空腹拱,因其多采用拱式腹拱,认为拱上建筑会与主拱圈共同承受活载,这种"拱上建筑与主拱联合作用"的有利影响大于活载横向不均匀分布的不利影响。

无铰拱是现代拱桥的主要结构形式,即使简化为平面结构后,由于它的超静定次数多,且结构为曲线状,尤其是常用的悬链线,数学表达式复杂,精确的手算还是难度较大,多采用简化算法。虽然现在的设计计算以计算机为主,但了解手算算法,有助于理解结构的受力特点,判断有限元计算结果的正确性,也有利于对结构设计的把握。

一、弹性中心(elastic center)

无铰拱为三次超静定结构,手算计算时常用力法求解。取悬臂曲梁为基本结构[图 4-42a)],由对称性得柔度系数 $\delta_{13} = \delta_{31} = \delta_{23} = \delta_{32} = 0$。因此,赘余力的力法方程为:

$$\left.\begin{array}{r}\delta_{11}X_1 + \delta_{12}X_2 = \Delta_{1\varphi} \\ \delta_{21}X_1 + \delta_{22}X_2 = \Delta_{2\varphi} \\ \delta_{33}X_3 = \Delta_{3\varphi}\end{array}\right\} \quad (4\text{-}24)$$

在图 4-42a)的基本结构中引入刚臂,将三个赘余力移至刚臂的端部[图 4-42b)]。在三个赘余力中,只有 X_2 对结构的受力影响与刚臂长度有关。调整刚臂长度,使得 $\delta_{12} = \delta_{21} = 0$,这样式(4-25)就成为三个独立变量的一元一次方程,可以直接解得三个赘余力 X_1、X_2、X_3。

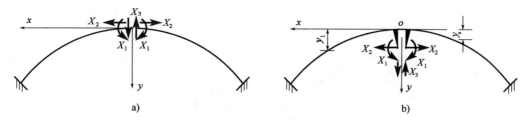

图 4-42 拱的内力计算的基本结构

$$\left.\begin{array}{r}\delta_{11}X_1 = \Delta_{1p}\\ \delta_{22}X_2 = \Delta_{2p}\\ \delta_{33}X_3 = \Delta_{3p}\end{array}\right\} \tag{4-25}$$

我们把使得 $\delta_{12} = \delta_{21} = 0$ 的刚臂端部几何位置称为弹性中心。当拱左右对称时,弹性中心位于其对称轴上,距拱顶的纵坐标推导如下。

由结构力学可知:

$$\delta_{12} = \int_s \frac{\overline{M}_1 \overline{M}_2}{EI} ds + \int_s \frac{K\overline{Q}_1 \overline{Q}_2}{GA} ds + \int_s \frac{\overline{N}_1 \overline{N}_2}{EA} ds$$

显然,对于 X_1,$\overline{M}_1 = 1$,$\overline{N}_1 = 0$,$\overline{Q}_1 = 0$;
对于 X_2,$\overline{M}_2 = y_1 - y_s$,$\overline{N}_2 = -\cos\varphi$,$\overline{Q}_2 = \sin\varphi$;
所以,

$$\delta_{12} = \int \frac{y_1 - y_s}{EI} ds = \int \frac{y_1}{EI} ds - y_s \int \frac{1}{EI} ds = 0$$

即:

$$y_s = \frac{\int_s \frac{y_1 ds}{EI}}{\int_s \frac{ds}{EI}} \tag{4-26}$$

式中:y_1——以拱顶为坐标原点,拱轴上任意点的坐标。

二、弹性压缩

由第一节可知,采用合理拱轴线的三铰拱中只有压力,没有弯矩。拱在轴向压力作用下,将发生弹性压缩变形(简称弹性压缩),拱轴要缩短。对于静定结构的三铰拱,在小变形的假定条件下,不产生附加内力。但对于超静定结构,弹性压缩将产生附加内力。

在图 4-43 中,设弹性压缩引起拱轴在水平方向的变位为 Δl,必然在弹性中心产生一对水平力 ΔH。它可由式(4-27)求得。

$$\Delta H = \frac{\Delta l}{\delta_{22}} \tag{4-27}$$

计算出多余力 ΔH 后,就可求出由此引起的拱中任意截面的附加内力值(图 4-44)。

$$\left.\begin{array}{ll}\text{弯矩} & M = -\Delta H \cdot y = -\Delta H \cdot (y_s - y_1)\\ \text{轴向力} & N = \Delta H \cdot \cos\varphi\\ \text{剪力} & Q = \pm \Delta H \cdot \sin\varphi\end{array}\right\} \tag{4-28}$$

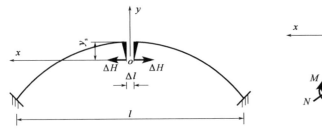
图 4-43 弹性压缩引起赘余力的计算图式

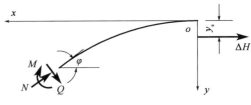
图 4-44 弹性压缩引起拱中的内力

因此,合理拱轴线是针对三铰拱静定结构的,采用这样拱轴线的无铰拱在考虑了弹性压缩后,还是有弯矩的。

在实际的拱桥设计中,对于无铰拱,当采用恒载压力线作为拱轴线时,即使两者完全重合,考虑了弹性压缩后,也是有弯矩的,更不用说一开始就不重合的情况。

采用手算计算时,为了方便计算恒载与活载作用下的内力,先计算不考虑弹性压缩时的压力,再计算弹性压缩引起的内力,然后两者叠加起来。

虽然采用了上述的简化算法,但是手算过程仍然极为复杂,特别是悬链线拱,常需配合图表进行。具体计算方法,可见本书的前三版介绍,这些计算图表可在《公路桥涵设计手册:拱桥(上册)》[32]中查到。

三、附加内力计算

与上一章的超静定梁一样,超静定拱在温度变化、混凝土收缩和拱脚变位等作用下,会产生附加内力。对于超静定混凝土拱,由于材料的抗拉强度低,温度下降、混凝土收缩、拱脚相对背离的水平位移引起的拉、弯附加内力,对拱的受力尤其不利。

1. 温度变化产生的附加内力

(1) 温度附加内力计算公式

在图 4-45 中,设温度变化引起拱轴在水平方向的变位为 Δl_t,与弹性压缩同样道理,必然在弹性中心产生一对水平力 H_t。由典型方程得:

$$H_t = \frac{\Delta l_t}{\delta_{22}} \tag{4-29a}$$

$$\Delta l_t = \alpha \cdot l \cdot \Delta t \tag{4-29b}$$

式中:Δt——温度变化值,$\Delta t = t - t_0$,其中,t_0 为拱的合龙温度,t 为最高有效温度和最低有效温度;

α——材料线膨胀系数。

由温度变化引起拱中任意截面的附加内力为(图 4-46):

$$\left. \begin{array}{ll} 弯矩 & M_t = -H_t y = -H_t(y_s - y_1) \\ 轴向力 & N_t = H_t \cos\varphi \\ 剪力 & Q_t = \pm H_t \sin\varphi \end{array} \right\} \tag{4-30}$$

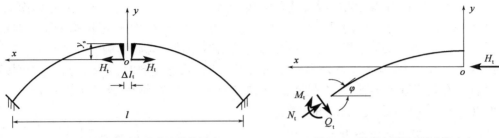

图 4-45 温度变化引起赘余力计算图式　　图 4-46 温度变化引起拱中的内力

（2）温差和材料线膨胀系数取值

对于钢拱桥、混凝土拱桥、石拱桥，最高有效温度和最低有效温度 t 缺乏实际调查资料时，可按表 3-2 取用。温度上升时，Δ 和 H_t 均为正；温度下降时，Δt 及 H_t 均为负。材料的线膨胀系数，钢取 $\alpha = 12 \times 10^{-6}/℃$；混凝土取 $\alpha = 10 \times 10^{-6}/℃$；石块取 $\alpha = 8 \times 10^{-6}/℃$。

钢管混凝土拱肋在施工时，钢管先合龙，然后管内泵送混凝土，当管内混凝土达到强度时，形成钢管混凝土结构。由于钢管与管内混凝土受到约束的时间不同，截面刚度与强度是逐步形成的，因此，不存在对应于施工某一时刻（如钢管拱肋合龙）的基准温度。当混凝土达到强度形成钢管混凝土结构时，受水泥水化热影响和环境温度的影响，在钢管内和混凝土内累积了应力，拱肋也有了相应的温度变形。因此，钢管的合龙温度不能视为钢管混凝土拱的基准温度，计算均匀温差次内力时应采用计算合龙温度作为基准温度[25]。

计算合龙温度是指以管内混凝土形成强度（即拱肋形成钢管混凝土组合截面）时所对应的截面平均温度值和温度变形值，反算温度变形为零（对于超静定拱，此时温度次内力为零）时所得的截面平均温度值。

《钢管混凝土拱桥技术规范》（GB 50923—2013）规定，计算合龙温度 T，可按式（4-31）计算，最高与最低有效温度可取当地最高与最低气温。

$$T = T_{28} + \frac{D - 0.85}{0.2} + T_0 \tag{4-31}$$

式中：T_{28}——钢管内混凝土浇筑后 28d 内的平均气温（℃）；

　　　D——钢管外径（m）；

　　　T_0——考虑管内混凝土水化热荷载的附加升温值，为 3.0～5.0℃，冬季取小值，夏季取大值；混凝土强度等级低于 C40 时，在此基础上减去 1.0℃。

钢管混凝土拱由钢管与混凝土组成，截面均匀温度变化引起的变形计算时，采用组合线膨胀系数 α，按式（4-32）计算。

$$\alpha = \frac{\alpha_s A_s + \alpha_c A_c}{A_s + A_c} \tag{4-32}$$

式中：α_s——钢材线膨胀系数（1/℃），取 $1.2 \times 10^{-5}/℃$；

　　　α_c——混凝土材料线膨胀系数（1/℃），取 $1.0 \times 10^{-5}/℃$。

（3）圬工拱考虑徐变影响的温差作用效应计算

《圬工桥规》（JTG D61—2005）规定计算拱圈温度变化引起的附加内力时，作用效应可乘以 0.7 的折减系数。

在式(4-29)中,Δl_t 由截面线性温度变化引起,与徐变无关,而 δ_{22} 由 X_2 引起,考虑徐变影响后,它为 $(1+\varphi_\delta)\delta_{22}$,因此,求得的弹性中心处的水平力 X_2(即 H_t)比不考虑徐变影响时的小。《圬工桥规》(JTG D61—2005)规定中以乘以 0.7 的折减系数考虑此影响。

对于箱形拱,还应考虑箱室内外温差作用效应。当无可靠资料时,箱室内外温差可按不低于 5℃ 计算。有关钢管混凝土拱的截面温度梯度计算,《公路钢管混凝土拱桥设计规范》(JTG/T D65-06—2015)给出了相应的规定。

2. 混凝土收缩引起的附加内力

超静定混凝土拱、钢管混凝土拱应考虑混凝土收缩引起的内力。混凝土收缩在拱中产生内力的原理与温降相同,见图 4-45。收缩变形在弹性中心产生的多余水平力 H_s 与式(4-29a)相似,可由典型方程得:

$$H_s = \frac{\Delta l_s}{\delta_{22}} \tag{4-33}$$

式(4-33)中的收缩变形可由《混凝土桥规》(JTG 3362—2018)附录 F 的方法,计算出收缩应变后乘以拱的计算长度得到。计算出多余力 H_s 后,将 H_s 代替式(4-30)中的 H_t,就可求得混凝土收缩引起拱中任意截面的附加内力值(图 4-46)。

《圬工桥规》(JTG D61—2005)规定计算拱圈混凝土收缩引起的附加内力时,作用效应可乘以 0.45 的折减系数。折减的原因与前述的温度变化相同,不同的是系数。混凝土收缩是持续进行的,折减系数小;而温度变化则是年复一年反复变化的,且它的变形与持续时间没有关系,折减系数大。具体分析见《圬工桥规》(JTG D61—2005)条文说明。

3. 拱脚变位引起的附加内力

在软土地基上修建的拱桥以及桥墩较柔的多孔拱桥,拱脚变位是难以避免的。拱脚的变位包括拱脚的水平位移、垂直位移(沉降)和转动(角变),每一种变位都会在拱中产生内力。

(1)拱脚相对水平位移

在图 4-47 中,两拱脚发生相对水平位移为:

$$\Delta_h = \Delta_{hB} - \Delta_{hA}$$

式中:Δ_{hA}、Δ_{hB}——左、右拱脚的水平位移,自原位置右移为正、左移为负。

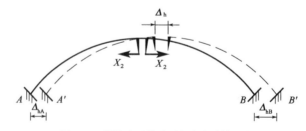

图 4-47 拱脚水平位移引起内力计算图式

由于两拱脚发生相对水平位移 Δ_h,在弹性中心产生的赘余力为:

$$X_2 = -\frac{\Delta_h}{\delta_{22}} = -\frac{\Delta_h}{\int_s \frac{y^2 ds}{EI}} \tag{4-34}$$

如两拱脚相对靠拢(Δ_h 为负),X_2 为正。反之亦然。

(2)拱脚相对垂直位移

在图 4-48 中,拱脚相对垂直位移为:

$$\Delta_V = \Delta_{VB} - \Delta_{VA}$$

式中:Δ_{VA}、Δ_{VB}——左、右拱脚的垂直位移,均以自原位置下移为正,上移为负。

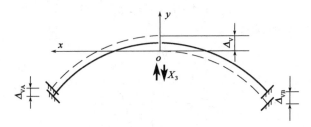

图 4-48 拱脚相对垂直位移引起的内力

由两拱脚相对垂直位移引起弹性中心的赘余力为:

$$X_3 = -\frac{\Delta_V}{\delta_{33}} = -\frac{\Delta_V}{\int_s \frac{x^2 \mathrm{d}s}{EI}} \tag{4-35}$$

等截面悬链线拱的 $\int_s \frac{x^2 \mathrm{d}s}{EI}$ 可由《公路桥涵设计手册:拱桥(上册)》[32]表(Ⅲ)-6 查得。

(3)拱脚相对角变

在图 4-49a)中,拱脚 B 发生转角 θ_B(θ_B 顺时针为正)之后,在弹性中心除产生相同的转角 θ_B 之外,还引起相对水平位移 Δ_h 和垂直位移 Δ_V。因此,在弹性中心会产生三个赘余力 X_1、X_2、X_3。由力法方程(4-36)可得:

$$\left.\begin{array}{l}\delta_{11}X_1 + \theta_B = 0 \\ \delta_{22}X_2 + \Delta_h = 0 \\ \delta_{33}X_3 - \Delta_V = 0\end{array}\right\} \tag{4-36}$$

上式中 θ_B 为已知,Δ_h、Δ_V 不难根据图 4-49b)的几何关系求出。

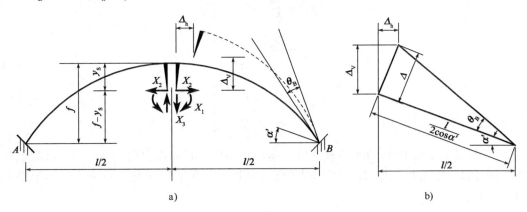

图 4-49 拱脚相对角变引起的赘余力

因为:

$$\Delta = \theta_B \frac{l}{2\cos\alpha'}$$

$$\tan\alpha' = \frac{f - y_s}{l/2}$$

所以：

$$\Delta_\mathrm{h} = \Delta \cdot \sin\alpha' = \theta_\mathrm{B}(f - y_s)$$
$$\Delta_\mathrm{V} = \Delta \cdot \cos\alpha' = \theta_\mathrm{B} \cdot l/2$$

将 Δ_h 及 Δ_V 代入式(4-36)得：

$$\left.\begin{array}{l} X_1 = -\dfrac{\theta_\mathrm{B}}{\delta_{11}} \\[6pt] X_2 = -\dfrac{\theta_\mathrm{B}(f - y_s)}{\int_s \dfrac{y^2 \mathrm{d}s}{EI}} \\[6pt] X_3 = \dfrac{\theta_\mathrm{B} \cdot l}{2\int_s \dfrac{x^2 \mathrm{d}s}{EI}} \end{array}\right\} \quad (4\text{-}37)$$

式中： $\delta_{11} = \int_s \dfrac{\overline{M}_1^2 \mathrm{d}s}{EI} = \int_s \dfrac{\mathrm{d}s}{EI} = \dfrac{l}{EI} \int_0^1 \dfrac{\mathrm{d}\xi}{\cos\varphi} = \dfrac{l}{EI} \times \dfrac{1}{\nu_1}$

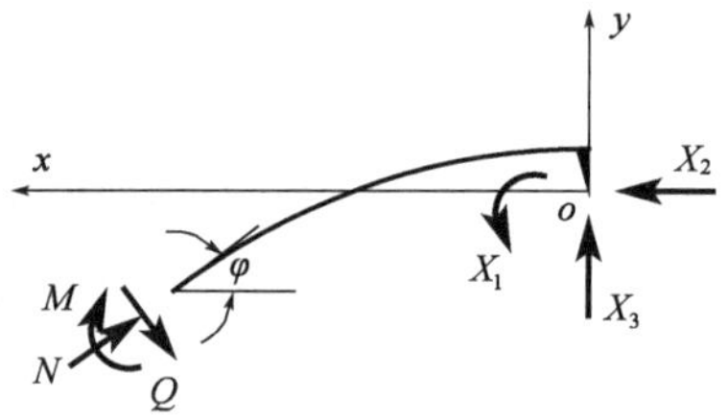

$\dfrac{1}{\nu_1}$ 可自《公路桥涵设计手册：拱桥（上册）》[32] 表 (Ⅲ)-8 查得。

拱脚相对角变引起各截面的内力（图4-50）为：

$$\left.\begin{array}{l} M = X_1 - X_2 y \pm X_3 x \\ N = \mp X_3 \sin\varphi + X_2 \cos\varphi \\ Q = X_3 \cos\varphi \pm X_2 \sin\varphi \end{array}\right\} \quad (4\text{-}38)$$

图4-50 拱脚相对角变引起各截面的内力

以上公式是假设右半拱顺时针转动推导出来的，若反时针转动 θ_B，则式(4-38)中的 θ_B 均应以负值代入。如左拱脚顺时针转动 θ_A，则式(4-38)应改为：

$$\left.\begin{array}{l} X_1 = \dfrac{\theta_\mathrm{A}}{\delta_{11}} \\[6pt] X_2 = \dfrac{\theta_\mathrm{A}(f - y_s)}{\int_s \dfrac{y^2 \mathrm{d}s}{EI}} \\[6pt] X_3 = \dfrac{\theta_\mathrm{A} \cdot l}{2\int_s \dfrac{x^2 \mathrm{d}s}{EI}} \end{array}\right\} \quad (4\text{-}39)$$

《圬工桥规》(JTG D61—2005)规定计算超静定拱桥由相邻墩台引起的不均匀沉降或桥台水平位移引起的作用效应时，其计算作用效应可乘以 0.5 的折减系数。折减的原因也是考虑了徐变的影响。

四、结构验算要点

1. 强度验算

一般无铰拱桥，拱脚和拱顶是截面强度验算的控制截面。跨径不大时，只需验算拱顶、拱脚截面的强度。跨径较大时,要加上拱跨1/4截面。跨径很大时,还需验算1/8和3/8截面。

公路圬工拱、钢筋混凝土拱、钢管混凝土拱和钢拱的强度验算分别按《圬工桥规》(JTG D61—2005)、《混凝土桥规》(JTG 3362—2018)、《钢管混凝土拱桥技术规范》(GB 50923—2013)或《公路钢管混凝土拱桥设计规范》(JTG/T D65-06—2015)、《公路钢结构桥梁设计规范》(JTG D64—2015)的规定进行。

对于圬工拱,强度验算时一般不考虑材料的抗拉强度,拱圈开裂和裂缝宽度主要通过控制偏心矩来间接限制。《圬工桥规》(JTG D61—2005)规定,偏心矩在基本组合时要小于$0.6s$,偶然组合时要小于$0.7s$,s为截面或换算截面重心轴至偏心方向截面边缘的距离。否则应对截面的抗弯拉强度进行验算,详见《圬工桥规》(JTG D61—2005)或《结构设计原理》[13]有关章节。

2.稳定验算

从本章第一节"二、拱的受力特点"的介绍可知,拱要进行面内和面外的稳定计算。

(1)面内稳定

对于面内稳定,将极值点失稳时的结构承载能力称为稳定极限承载力。与强度计算中的极限荷载所不同的是,它考虑了$P-\delta$效应。

我国《圬工桥规》(JTG D61—2005)、《混凝土桥规》(JTG 3362—2018)和《钢管混凝土拱桥技术规范》(GB 50923—2013),均推荐采用等效梁柱法进行拱面内稳定极限承载力的简化计算。该方法将弯压拱比拟成弯压柱(梁柱),然后用柱极值点失稳的极限承载力计算方法,来计算拱的极限承载力。这种方法既考虑了弯矩与轴力的共同作用,也考虑了受压结构的$P-\delta$效应。等效长度取值(图4-10),无铰拱$l_0 = 0.36S$,二铰拱$l_0 = 0.54S$,三铰拱$l_0 = 0.58S$(S为拱的弧长)。应该强调的是,拱的面内在承受较大弯矩时,由于无法考虑弯矩、材料非线性等影响,采用特征值法计算的弹性分支失稳临界荷载值将远大于按极值点失稳计算的稳定承载力。所以,拱桥设计中,不能以分支失稳的特征值计算代替拱的面内极限承载力计算。

实际工程应用中,对于极细长的拱,除稳定极限承载力外,还需进行弹性分支点失稳计算。对于一般的拱,面内稳定只进行稳定极限承载力的计算。

拱的面内极限承载力也可以采用有限元计算方法,计算时同时考虑$P-\delta$效应和材料非线性以及两者之间的耦合作用,一般不考虑几何大变形的影响。考虑$P-\delta$效应的几何非线性计算机算法比较成熟,较为复杂的是圬工、混凝土材料和组合材料的非线性本构关系。

(2)面外稳定

拱以面内受力为主,面外的失稳以分支点失稳为主要特征。由于拱桥所受的横向力一般远小于竖向力,虽然采用特征值法计算的弹性分支失稳临界荷载值仍为上限解,但较靠近真实解,因此在工程中,常用其计算拱的面外稳定,但取较大的稳定系数,如《钢管混凝土拱桥技术规范》(GB 50923—2013)、《公路钢管混凝土拱桥设计规范》(JTG/T D65-06—2015)中取为4。

对于整体性结构的板拱,影响其横向稳定性的主要因素是宽跨比。宽跨比越大,横向稳定性越好。《圬工桥规》(JTG D61—2005)和《混凝土桥规》(JTG 3362—2018)均规定,当板拱的宽度小于计算跨径的1/20,应验算拱的横向稳定性。换言之,宽跨比大于1/20时,可以不验算横向稳定。

组拼拱面外弹性分支点失稳,多采用近似分析方法。对于圆弧拱,将拱轴展直,近似地视其为格构柱,如图4-51所示。假定横撑足够密,仅考虑横撑和拱的弯曲变形,可推导出弹性分支失稳的临界荷载。

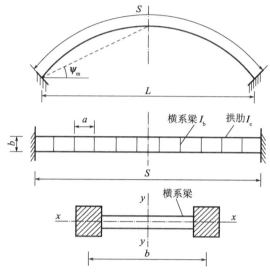

图4-51 组拼拱横向稳定计算图式

《混凝土桥规》(JTG 3362—2018)条文说明介绍的肋拱桥面外失稳临界力计算公式,见式(4-40)。

$$N_{cr} = \alpha_0 \frac{\pi^2 EI}{(\alpha S)^2} \tag{4-40a}$$

$$\alpha_0 = \cfrac{1}{1 + \cfrac{\pi^2 EI}{(\alpha S)^2}\left(\cfrac{ab}{12EI_b} + \cfrac{na}{bA_b G} + \cfrac{a^2}{24EI_c} \times \cfrac{1}{1-\beta}\right)} \tag{4-40b}$$

$$\beta = \frac{N_{cr}a^2}{2\pi^2 EI_c} \tag{4-40c}$$

式中:α——拱肋的拱脚支承条件系数,双铰拱 $\alpha=1$,无铰拱 $\alpha=0.5$;
S——拱轴长度;
I——两拱肋对桥纵轴线的横向惯性矩;
EI——拱肋抗压弹性模量 E 与惯性矩 I 的乘积;
α_0——剪力影响系数;
a——横系梁间距(沿拱轴线量取);
b——拱肋轴线间距;
I_b——一根横系梁横截面对自身竖轴的惯性矩;
I_c——一根拱肋横截面对自身竖轴的惯性矩;
A_b——横系梁截面面积;
n——与横系梁截面形式有关系数,矩形截面为1.20,圆形截面为1.11;
G——横系梁的剪变模量。

对于其他拱轴线,就是这样的近似解也难以给出,只能将其等效成圆弧拱。目前,采用有限元解特征值的方法来求解拱的空间分支点失稳临界荷载或特征值,已相当容易。因此,在计算机普及的今天,简化计算方法已较少采用,目前多以有限元解特征值的方法求解。

需要注意的是,在分支点失稳计算中,所得的 λ 值为弹性稳定特征值,可称为稳定系数,但它不是安全系数,它反映的是分支失稳临界荷载与当前荷载之间的倍值关系,而不反映其真实的极值点失稳荷载与当前荷载之间的关系。

应该指出的是,拱的面外极值点失稳,显然与横向风力等直接相关。然而,一些拱桥在面外稳定特征值计算时,以横向风力为参数进行分析,得出风力大小对面外稳定没有影响的结论。这种结论是方法误用的结果。实际上,面外稳定特征值求解并无法考虑面外力的作用,若要考虑横向风力的影响,必须进行面外极值点失稳计算[25]。

3. 使用极限状态验算

恒载作用下的变形,应通过设置预拱度来消除。

活载作用下的挠度验算,圬工拱桥和钢管混凝土拱桥按《公桥通规》(JTG D60—2015)规定的频遇组合,在一个桥跨范围内的正负挠度的绝对值之和的最大值不应大于计算跨径的1/1000。钢筋混凝土拱桥在《混凝土桥规》(JTG 3362—2018)中对挠度验算没有规定。

对于钢筋混凝土拱桥,应验算裂缝宽度。

对于钢管混凝土拱桥,《钢管混凝土拱桥技术规范》(GB 50923—2013)、《公路钢管混凝土拱桥设计规范》(JTG/T D65-06—2015)均对钢管应力的验算进行了规定,规定钢管应力不应大于 $0.8f_y$,f_y 为钢管材料的设计强度。钢管应力除考虑恒载、活载作用效应外,还需要考虑施工引起的钢管初应力,以及温度、混凝土收缩和徐变等引起的自应力。

钢管初应力是指施工时,合龙后的钢管拱先于管内混凝土承受的应力,它由钢管自重和管内混凝土自重引起。温度自应力见第三章第六节"二、次内力"的分析。以下以管内混凝土收缩为例,解释混凝土收缩和徐变引起的自应力。

如图 4-52 所示,假定管内混凝土产生自由收缩变形 Δ_c,由于管内混凝土与钢管为组合构件,两者变形通过界面的剪力保持协调,通过平截面假定可求得构件产生的变形 Δ_{sc}。除以杆长 l,得钢管的应变 ε_{sc} 和管内混凝土的应变 $(\varepsilon_c - \varepsilon_{sc})$。乘以各自的弹性模量,可求得它们相应的应力。因为这些应力不是因截面上的外力引起,其截面上的合力应为零,故称为自应力。受压荷载作用下的徐变在截面上产生的自应力的计算原理,与管内混凝土收缩相似。它与管内混凝土收缩一样,会使核心混凝土的压应力减小,钢管产生压应力或压应力增大。

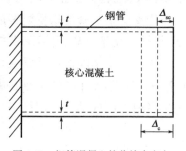

图 4-52 钢管混凝土的收缩自应力

4. 施工计算

拱的施工计算目的有两个:①如同上章所介绍的连续梁、连续刚构一样,无铰拱作为超静定结构,其恒载的计算通常要从施工阶段开始,因为它与施工方法和步骤有关;②要保证拱在施工过程的安全和建成后的结构线形和受力满足设计要求,需要进行强度、变形和稳定性的验算。

验算时,构件自重效应分项系数取为1.2,施工附加荷载效应分项系数取为1.4。当按承载能力极限状态设计时,作用分项系数按《公桥通规》(JTG D60—2015)的规定取用。

对于采用悬链线为拱轴线的拱,尤其是混凝土拱,采用早脱架施工(拱圈合龙达到一定强度后就卸落拱架)及无支架施工时,需计算裸拱自重产生的内力,以便进行裸拱强度和稳定性的验算。裸拱的弹性分支点失稳稳定系数一般也取 4~6。

相比于成桥后的恒载,裸拱恒载比较均匀,当拱的矢跨比为 1/10~1/5 时,其压力线的拱轴系数 m_0 为 1.079~1.305,比设计所用的拱轴系数 m 值小。这使得裸拱时,虽然恒载集度较小,裸拱的轴力较小,但弯矩和弯拉应力可能较大。计算表明,在裸拱自重的作用下,拱顶、拱脚一般都产生正弯矩。拱轴系数 m 与裸拱的 m_0 差得越多,拱顶、拱脚的正弯矩就越大。因而,在设计方面,采用无支架施工或早脱架施工的拱桥,宜适当降低拱轴系数。

第四节 施 工 方 法

拱桥的施工方法很多,本节介绍常用的支架法、美兰法、悬臂法和转体法[33]。

一、支架法

支架法在中、小跨径钢筋混凝土拱桥中有较多的应用,它更是砖石拱桥唯一的施工方法。拱桥施工所用的支架,又称为拱架(arch scaffolding, centering)。拱架与梁桥支架的主要差异,在于支承主拱的拱盔部分。

拱架要支承全部或部分拱圈和拱上建筑的重量,并保证拱的形状符合设计要求。因此,它要有足够的强度、刚度和稳定性。同时,拱架作为施工临时结构,要求构造简单、制作容易、节省材料、装拆方便并能重复使用,以加快施工进度,减少施工费用。

早期的拱架以满布式竹、木拱架为主(俗称满堂架),后来采用拱式木支架。近现代则多采用钢支架,但钢拱架材料与制作费用高,拱盔部分重复利用率低。

用支拱架法修建拱桥要考虑支架的拆除问题。常用的脱架方法是通过使主拱产生反向挠度,将拱与支架分离,并可降低拆架过程中可能产生的令拱难以承受的弯矩。

为保证拱架能按设计要求均匀下落,必须设置专门的卸架设备。卸架设备常用木楔、木凳(木马)、砂筒(砂箱)等几种形式(图4-53)。通常,中、小跨径多用木楔或木凳,大跨径或拱式拱架多用沙筒或其他专用设备(如千斤顶等)。

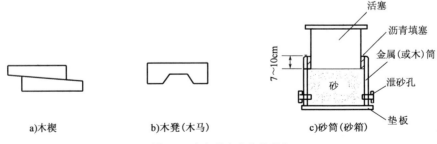

图 4-53 卸架设备的几种形式

为了保证拱甚至整个上部结构逐渐、均匀地降落,使拱架所支承的结构重量逐渐转移给拱自身承担,拱架不能突然卸除,而应该按照一定的卸架程序进行。

卸架的程序一般是:中、小跨径拱桥的满堂架,可从拱顶开始,逐次向拱脚对称卸落;对于大跨径的悬链线拱,为了避免拱圈发生"M"形的变形,也有从两边1/4处逐次对称地向拱脚和拱顶均衡地卸落。卸架的时间宜在白天气温较高时进行,这样能够便于卸落拱架。

多孔连续拱桥施工时,还应考虑相邻孔间的影响。若桥墩设计容许承受单孔施工荷载,可单孔卸架,否则应多孔同时卸架,以避免桥墩因单向推力而产生过大的位移,甚至造成桥梁倒塌。

二、美兰法(埋置拱架法)

由于拱架的利用率低,19世纪末奥地利工程师Joseph Melan(约瑟夫·美兰)提出采用钢拱架并将其埋置于混凝土拱中的发明专利,这种施工方法称为美兰法(Melan method)。埋置于混凝土拱中的支架称为埋置支架(embedded framework)或埋置拱架,所修建的拱称为美兰拱(Melan arch)[34]。美兰法出现后,成为世界钢筋混凝土拱桥重要的施工方法,在欧美建成了许多大跨径的美兰拱。由于埋置的型钢拱耗材多,成桥受力中所起作用小,使这种施工方法造价高,第二次世界大战后应用极少。20世纪下半叶美兰法在日本、中国得到应用,并在中国重获新生,延续至今日。

美兰法的应用有三个关键:①埋置拱架用钢量不能太大;②现浇混凝土时,结构的受力与变形能够控制在设计许可范围内;③现浇混凝土的工序不能太复杂。对于大跨径美兰拱,这三个问题往往相互制约。

中国工程师在20世纪末,创造性地将钢管混凝土拱引入美兰法中,有效地解决了这三个问题。它充分利用了钢管空心截面刚度大的特点,易于架设成拱;此后,利用经济的混凝土填充管内,来获得较大的刚度,大大减少了埋置拱架的用钢量,使得这一施工方法的经济性得到显著改善。这种方法被称为钢管混凝土美兰法。一般情况下,它所用的埋置拱架的钢材重量仅为混凝土主拱重量的1/15,较之传统的美兰法约节省一半钢材[35]。钢管混凝土桁拱作为埋置拱架,强度、刚度大,能够满足施工受力和对变形控制的要求。近年来研究并应用的强劲拱架美兰法,使外包混凝土在截面上的分环数不多于3,使大跨美兰拱的外包混凝土浇筑工序简化。

至2021年5月,我国已建和在建的美兰拱桥不少于57座。1995年以来所修建的跨径超过250m的钢筋混凝土拱桥均采用美兰法施工。目前正在施工的广西天峨龙滩大桥,其主桥设计跨径达创纪录的600m,计划于2023年建成通车。

美兰法中的钢拱架常用的架设方法有悬臂法、转体法、整段吊装法等。沪昆高铁北盘江大桥钢管拱架采用斜拉悬臂法施工,见图4-54。该桥建成后见图1-26,立面布置见图4-30。

采用钢管混凝土拱架建成的美兰拱结构称

图4-54 沪昆高铁北盘江大桥钢管混凝土埋置拱架施工(陈克坚提供)

为钢管增强混凝土(Steel Tube-Reinforced Concrete，STRC)结构，目前对箱形STRC构件的试验研究还较少。对于采用超高强混凝土而形成的STRC结构的受力性能，也有待今后进一步研究。此外，对美兰拱的耐久性问题，也待持续跟踪和研究。

三、悬臂法

悬臂法是现代大跨径桥梁施工最常用的方法之一，它可以应用于除悬索桥外的几乎所有桥型。它最早在美国的伊兹(Eads)钢拱桥(图1-15)中应用，然后推广到其他钢桥和大跨预应力梁桥中，见第三章第三节的介绍。

悬臂法是拱桥施工最主要的方法，它从拱脚向拱顶处悬臂施工两个半拱，最后在拱顶合龙成拱。根据施工中临时辅助设施与主拱组成的受力结构的不同，又可分为斜拉悬臂法、悬臂桁架法和其他悬臂法(如自由悬臂拼装法、部分悬臂法等)。

1.斜拉悬臂法

斜拉悬臂法借助临时斜拉索，支承悬臂施工过程的主拱节段，是大跨径拱桥中应用最多的一种施工方法。斜拉索的索塔，可独立设置，也可由交界墩的立柱及其上的临时塔架构成。采用缆索吊机安装时，它也可与吊塔合用。与连续梁和连续刚构采用的对称悬臂法不同，拱桥较少有能够采用对称施工的情况，常常需要有背索(亦称为扣索)来平衡施工中悬臂斜拉的主拱。背索可锚固于专设的地锚，也可利用引梁的基础进行锚固。福建宁德岭兜大桥采用斜拉悬臂法施工，见图4-55。该桥为跨径160m的上承式钢筋混凝土箱拱桥。

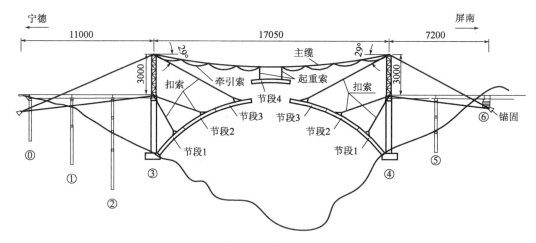

图4-55 福建宁德岭兜大桥斜拉悬臂拼装施工立面布置图(尺寸单位:cm)

混凝土拱采用斜拉悬臂施工，具体分为悬臂拼装和悬臂浇筑两种。对于箱拱，为减轻节段吊装重量或减少拼装节段数，可将主拱圈分为多个箱肋，甚至将每个箱进一步分为开口箱和盖板(图4-17)，先安装开口箱部分，全部拱箱安装合龙后，再安装盖板，现浇连接混凝土，形成箱形拱圈。

斜拉悬臂浇筑法与预应力混凝土梁的悬臂浇筑法相似，拱肋应用挂篮从拱脚向拱顶逐段现浇而成，不需要大吨位的吊装设备，拱肋的整体性较好，但施工周期较长，费用较高。图4-56给出了克罗地亚Krka桥斜拉悬臂浇筑施工照片。

斜拉悬臂法也是钢拱桥和钢管混凝土拱桥最常用的施工方法，均为悬臂拼装法，如上海卢浦大桥(钢拱桥,成桥照片见图1-28)、重庆巫山长江大桥(钢管混凝土拱桥,塔架施工照片见图4-57)。

图4-56 克罗地亚Krka桥斜拉悬臂浇筑施工

图4-57 重庆巫山长江大桥塔架施工

2. 悬臂桁架法

悬臂桁架法将主拱、立柱与临时或永久的斜拉杆、上弦杆组成悬臂桁架,逐节向跨中增长,直至合龙。在施工中,桁架上弦杆在合龙前必须锚固在地基上,以承受悬臂结构负弯矩的拉力。上弦杆一般利用桥面板或设临时拉杆。对于混凝土拱,悬臂桁架同样可进一步分为现浇和拼装两种。采用悬臂桁架拼装法建成的钢筋混凝土拱桥,跨径最大的是1980年建成的克罗地亚的Krk-Ⅰ桥,见图4-58。该桥主跨达390m(图1-20),创当时钢筋混凝土拱桥跨径的世界纪录。该桥仅用2台10t的缆索起重机,完成了所有的安装工作,堪称世界奇迹,但拼装块件小,接缝多,工期长,后期病害也较多。

图4-58 克罗地亚Krk-Ⅰ桥施工(Zltako Savor提供)

悬臂桁架法在我国应用不多。我国20世纪末曾修建一批预应力桁式组合拱桥,该拱桥中带有预应力斜拉构件,施工时结构呈悬臂桁架。预应力桁式组合拱桥运营过程中,节点开裂较为严重,部分该类型的拱桥已被加固或重建,但2000年至今已无新建,所以这里不再详细介绍。

3. 其他悬臂法

拱桥的悬臂施工,除上述介绍的斜拉悬臂与悬臂桁架外,还有自由悬臂法、部分悬臂法(或称为组合悬臂法)等。

自由悬臂法是指在悬臂拼装过程中,依靠主拱自身承受结构自重的一种方法。它主要用于钢桁拱中,如南京大胜关大桥,见图 4-59。因为钢桁拱的截面抗弯惯性矩大、构件重量轻,悬臂半拱只需少量的辅助结构就能实现悬臂拼装,如拉索拉住上弦,使拼装过程中半拱能以悬臂曲梁承受拱圈的自重,因此所使用的辅助构造(如拉索)与斜拉悬臂法相比非常少。

图 4-59　南京大胜关大桥主拱自由悬臂法施工(陈康明提供)

部分悬臂法,又称为组合悬臂法,是从两拱脚开始悬臂施工半拱的一部分,对于钢拱桥中间段采用吊装合龙,对于钢筋混凝土拱桥中间段采用埋置拱架合龙,然后再挂模板现浇这一段的拱圈(肋)混凝土。日本采用此方法修建了较多的钢筋混凝土拱桥[36]。在部分悬臂法中,部分悬臂拱肋的施工可采用斜拉悬臂法或悬臂桁架法。中间段的劲性骨架可以悬拼,也可以整段吊装。

四、转体法

从第三章第五节可知,转体法在斜拉桥与梁桥中均有应用(图 3-38),桥梁结构转动时是绕竖轴的平面转动,也称为平面转体法(horizontal swing method),简称平转法。拱桥的转体施工,除平转法外,还有竖向转体施工法(vertical swing method),简称竖转法。两种方法还可结合起来应用。

1. 平转法

平转法在拱桥中的应用,仅见于我国。我国于 1975 年开始研究平转法,1977 年首次应用于四川遂宁 70m 的钢筋混凝土箱肋拱中。此后,该方法在我国推广应用,并发展出有平衡重和无平衡重的平转法,极具中国特色。在我国,平转法在拱桥的应用多于竖转法。

平转法适用于建造深谷、河岸较陡峭、预制场地狭窄或无法采用现浇或吊装的桥梁。有平衡重平转法多用于中、小跨径钢筋混凝土拱桥中。一般都采用整体转动方法——将拱圈分为两半跨,同步转动合龙。即拱肋在平转中利用扣索,悬扣于桥台上,在桥台后(或拱体的另一端)要加平衡重,用以平衡拱肋的重量,以达到平稳转体。平衡重一般利用桥台圬工重量,有时需在桥台配置一定重量的重物(条块石或其他重物),这些配重待拱肋合龙、转动体系封固后再拆除。转体过程中主拱与桥台一起转动,如图 4-60 所示。

为解决大跨径拱桥转体重量大的问题,1979 年我国又开始了"拱桥双箱对称同步转体施工工艺"的研究,即无平衡重平转法,并于 1987 年成功应用于 122m 的重庆巫山龙门桥中。这种方法取消了平衡重,采用锚碇体系来平衡悬臂半拱。锚碇体系通常由作为压杆的立柱、作为撑梁的引桥主梁、后斜扣与锚碇等部分组成,如图 4-61 所示。

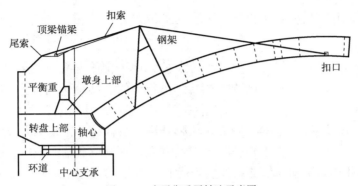

图 4-60 有平衡重平转法示意图

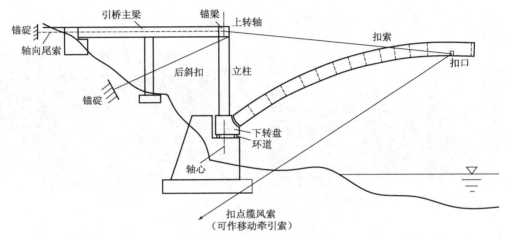

图 4-61 无平衡重平转法示意图

重庆巫山龙门桥是一座主跨为 122m 的混凝土箱拱。拱箱有三室,先采用无平衡重平面转体法施工两箱形边室[图 4-62a)],合龙后形成两根箱肋拱。之后封固转铰,形成无铰拱,再施工中室箱的顶、底板和横隔板,现浇接缝,形成三室箱形截面。图 4-62b)中白色部分为中箱的底板。巫山龙门桥后因三峡水库建设后会被淹没而拆除。

a)平转施工照片

b)成桥照片

图 4-62 重庆巫山龙门桥

钢管混凝土拱桥出现后,平转法也被应用于其施工之中,如湖北的黄柏河大桥、下牢溪大桥和贵州水柏铁路北盘江大桥。由于钢管拱肋重量较轻,使这一方法的适用跨径范围有了很大的提高。与此同时,平转法技术也取得了新的进步。

2. 竖转法

竖转法很早就出现在木拱架的安装中,后来被应用于钢筋混凝土拱桥的施工。这种方法首先在拱脚处建造竖着的半拱,当半拱完成后,绕着拱的底端旋转到位,使之在拱顶处合龙。它有拱肋下放和上提两种。

国外多用下放式竖转法。转体时首先在拱脚外用水平杆给予初始推力,然后用悬索拉着将半拱从高位下放至低位,直到它们到达最终位置,并在拱顶处形成临时或永久的铰。图 4-63 所示的是奥地利 Wild 桥施工和成桥的照片。当跨径增大以后,半拱拱肋较长,下放式竖转法所需的塔架较高,转动也不易控制,因此它一般只在中、小跨径中应用。

a) 竖转施工照片 (Lutz Sparowitz 提供)　　　　b) 成桥照片

图 4-63　奥地利 Wild 桥

图 4-64　江界邳州京杭运河特大桥主桥的
竖转施工照片(薛光雄提供)

我国的竖转法一般在低位拼装后往高位提升,称之为上提式竖转法。它主要应用于钢管混凝土拱桥中,如浙江的新安江大桥、湖北三峡的莲沱大桥、广西梧州桂江三桥、连徐高速公路邳州京杭运河特大桥等。图 4-64 所示的是江界邳州京杭运河特大桥主桥(57.5m + 235m + 57.5m 的钢管混凝土飞鸟拱)竖转施工的照片。竖转角度:连云港岸为 19.9039°,徐州岸为 25.5942°。

3. 竖转与平转结合法

竖转与平转结合法,先在岸边低位上分别拼装两半拱钢管拱肋,竖转到设计高度后,再平转至设计平面轴线合龙。这一方法目前仅在钢管混凝土拱桥中有应用。1995 年,河南安阳文峰路 135m 的钢管混凝土拱桥首次采用这一方法转体成功;1999 年 10 月,广州丫髻沙大桥也采用此方法顺利建成(图 4-41)。

广州丫髻沙大桥主桥为钢管混凝土飞鸟拱。边跨的混凝土悬臂半拱,采用钢管混凝土作为劲性骨架,沿河岸搭支架,现浇部分混凝土;主跨的钢管混凝土桁式肋拱,在低支架上拼装,然后采用竖转法施工,提吊至设计高程,见图 4-65a)。在平转施工中,将半跨主跨的钢管拱肋和一个边跨劲性骨架混凝土半拱作为一个转动单元,边跨作为平衡重,进行有平衡重转体,转动单元的质量达 13685t，见图 4-65b）。

a)竖转施工照片

b)平转施工照片

图 4-65　广州丫髻沙大桥转体施工照片

【复习思考题与习题】

4-1　解释拱的计算跨径、计算矢高、净跨径、净矢高、矢跨比。

4-2　结合第一章第二节的介绍，简述拱桥的发展历史。

4-3　与梁相比，拱有什么受力特点？为什么说图 1-14 的桥梁是梁桥而不是拱桥？

4-4　如图 4-66 所示，分别计算在集中力和均布荷载作用下，简支梁与三铰拱的反力与最大内力，并比较。

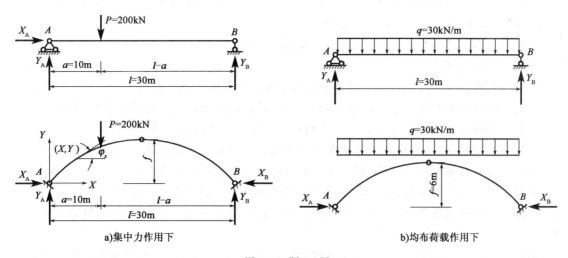

图 4-66　题 4-4 图

4-5　按静力图式分，常见的拱有哪些？各有什么特点？

4-6　与梁相比，拱有什么几何特点？控制拱桥设计的主要高程有哪些？如何确定？设计中为什么宜选择低拱脚的设计方案？

4-7　何为坦拱与陡拱？矢跨比对主拱的内力有何影响？在设计选择时，要考虑哪些因素？

4-8 合理拱轴线的定义是什么？选择拱轴线的原则是什么？推导径向均布荷载作用下的合理拱轴线方程。

4-9 简述实际拱桥设计中，拱轴线选择的原则、常用的拱轴线线形及其适用情况。

4-10 悬链线拱轴系数 m 与拱轴线形状的关系如何？简述实腹式、空腹式悬链线拱的拱轴系数 m 确定方法。

4-11 简述拱桥按桥面与桥跨结构相对位置、横向构造分类的结构形式与适用情况。

4-12 根据拱的水平推力作用于墩台及其基础的情况，分别简要介绍无推力拱桥、有推力拱桥和部分推力拱桥的地形地质适用条件、立面布置、施工方法等。

4-13 简述常见的钢筋混凝土拱桥、钢管混凝土拱桥和钢拱桥的主要类型、结构特点与适用情况。箱肋拱与箱拱有何异同？

4-14 简述钢管混凝土受压构件的基本受力原理与组合优势。

4-15 举例说明你所见过的拱桥，对其结构与构造进行描述。

4-16 一无铰拱，跨径30m，矢高6m，拱轴线为二次抛物线，主拱的抗压刚度 EA 和抗弯刚度 EI 均为常数，计算其弹性中心。

4-17 计算题4-16中无铰拱，在题4-4（图4-66）荷载作用下的拱脚反力与最大内力，并与题4-4图中三铰拱的受力进行比较。

4-18 为什么经常选择在凌晨合龙拱桥主拱圈？

4-19 推导拱脚竖向相对变位和转角引起的内力计算公式。

4-20 为什么采用无支架施工或早脱架施工的拱桥，要进行裸拱内力计算，并应适当降低拱轴系数？

4-21 拱的弹性压缩是什么？三铰拱、二铰拱和无铰拱，哪些要考虑弹性压缩的影响？考虑后，拱在恒载作用下的内力有什么变化？

4-22 拱的失稳类型按变形空间、平衡路径、线性与非线性等划分，主要有哪些？常用的设计计算方法有哪些？

4-23 何谓拱稳定计算的等效柱法和等效梁柱法？等效计算长度有何规定？

4-24 根据本课程第三章与本章的相关内容，谈谈混凝土徐变对结构受力的影响。

4-25 组拼拱横向稳定如何计算？结构设计应如何保证拱的横向稳定性？

4-26 与梁桥相比，拱桥施工的主要困难是什么？拱桥主要的施工方法有哪些？

4-27 相比其他材料的拱桥，钢管混凝土拱桥在施工方面有什么优势？

4-28 支架施工的拱桥，为什么在白天气温较高时卸落拱架比较容易？

4-29 为什么钢管混凝土劲性骨架施工方法能成为大跨径钢筋混凝土拱桥施工的主要方法？

4-30 拱是一种很美的结构，结合你所知道的拱桥，谈谈你对拱桥的功能与美学的理解。

第五章 悬索桥

索结构是三大桥梁基本结构体系之一,也是跨越能力最强的结构。本章在概述部分首先介绍索的基本构成与受力特点,然后简述悬索桥的结构与构造,接着介绍施工方法,最后简介悬索桥的基本计算理论。

第一节 概　　述

一、基本构成

悬索桥是指以主缆为桥跨上部结构主要承重构件的桥梁。现代悬索桥由主缆(cable, pylon)、索塔(tower, main tower)、锚碇(anchorage)和加劲梁(stiffening girder)等构成,如图5-1所示[37]。

主缆也称为大缆,以受拉为主,采用抗拉能力强的材料。早期采用的主缆有藤索、竹索、铁索、眼杆链等。缆、索、链、绳都是柔性大的构件,其中独立的、直径较大的,称为缆。在1820年前后,法国工程师开利用钢丝制作悬索桥主缆。现代大跨径悬索桥的主缆均采用高强冷拔镀锌钢丝。目前,国内外都在研究主缆的新型材料,如碳纤维,以促进悬索桥向更大的跨径发展,并提高主缆寿命,减少养护费用。

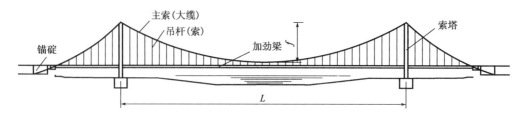

图 5-1 三跨(地锚式)悬索桥立面示意图

在几何方面,索与拱一样都是曲线形结构。除了跨径外,垂跨比(sag ratio, ratio of sag to span)是悬索桥的一个重要设计参数,它指索的垂度与跨径的比值。垂跨比不仅影响索与锚碇的受力,也影响桥塔的高度。

主缆一般支承在索塔上。索塔,也称为桥塔、主塔,是悬索桥抵抗竖向荷载的主要承重构件,在恒载作用下,以受压为主;在活载作用下,以受压弯为主,具有梁柱构件特性。主塔水平纵向抗推刚度相对较小,塔顶水平位移主要由中、边跨主缆水平分力的平衡条件决定。因而,塔内弯矩大小取决于塔的弯曲刚度。现代的悬索桥索塔主要采用钢、混凝土或钢-混凝土组合结构。索塔塔顶设有鞍形支座——索鞍(cable saddle),也称为主索鞍。

主缆一般都锚固于锚碇上。锚碇承受主缆传来的拉力,将主缆中的拉力传递到地基中。锚碇的类型,主要有重力式锚碇(gravity anchorage)、隧道锚碇(tunnel anchorage)和岩锚(rock anchorage)。采用重力式锚碇居多,它用自重抵抗主缆的垂直分力,用锚底摩阻力或嵌固阻力来抵抗主缆水平分力。隧道锚和岩锚需要有合适的地形和地质条件,它直接将主缆拉力传给周围基岩。在悬索桥结构分析中,常将主缆的锚固点作固定约束处理。

现代悬索桥设有加劲梁,其上设置桥面板为桥梁提供车辆通行的功能。加劲梁以钢结构为主,主要形式有钢桁梁和扁平钢箱梁。它对提高大跨悬索桥的刚度,控制车辆荷载、风荷载等作用下的变形与振动,发挥着极其重要的作用。加劲梁悬吊于主缆,以受弯为主。

加劲梁承受自重的内力与施工方法有关,详见本章第四节介绍。成桥后承受活载时,在局部受力上相当于弹性支承的连续梁(图5-2),弯矩主要受自身跨径(吊杆纵桥向间距)的影响,而与桥梁的总跨径关系较小,不似梁桥的主梁弯矩随着跨径的增大而迅速增大,这是悬索桥跨越能力比梁桥大的一个主要原因。在总体受力上,它与主缆之间遵循刚度分配法则进行力的分配。大跨径悬索桥加劲梁的挠度从属于主缆,其受力功能随悬索桥跨径的增大而逐步退化传力作用,其抗弯刚度对桥梁总体刚度的影响也逐渐减小。

图 5-2 悬索桥加劲梁受力计算简图

除上述四大件外,悬索桥还用吊杆将加劲梁上的荷载传给主缆,承受轴向拉力。吊杆主要采用钢索制成,也称为吊索。

悬索桥的跨越能力在现有的所有桥型中最大。同其他桥式相比,跨径越大,它的优势越明显。

(1)在材料用量和截面设计方面,加劲梁和吊杆的截面面积并不需要随着桥梁跨径增大而增加。

(2) 在构件设计方面,悬索桥的主缆、锚碇和桥塔这三项主要承重构件在扩充其截面面积或承载能力方面所遇到的困难则较小。

(3) 作为主要承重构件的主缆具有非常合理的受力形式。

(4) 在施工方面,风险较小。

以上介绍的悬索桥,主缆锚固在独立于加劲梁的锚碇,也称为地锚式(earth-anchored)悬索桥。与之相对应的是自锚式(self-anchored)悬索桥,见图5-3,其主缆直接锚固在加劲梁上,从而取消锚碇。自锚式悬索桥具有一定的结构造型,对地形和地质状况适应较强;但加劲梁因承担主缆传来的拉力而受压,需加大截面以满足稳定性要求;同时,它需先架设加劲梁,以供主缆锚固,施工难度大、费用高。因此,与地锚式悬索桥相比,自锚式悬索桥跨径较小,应用不多。一般所说的悬索桥,不特别注明时均指地锚式悬索桥。本章主要介绍地锚式悬索桥。

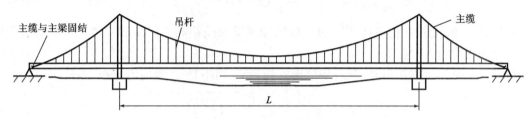

图 5-3 三跨自锚式悬索桥立面示意图

二、索的受力计算

与第四章介绍拱的受力特点相似,也将索与同等跨径简支梁进行受力比较,见图 5-4 和图 5-5。一般假定索不承受弯矩、剪力和轴压力,只承受拉力。受拉的索,全截面均匀受力,较之梁以受弯为主、截面边缘应力不均匀,能更有效发挥全截面材料的承载能力[10]。

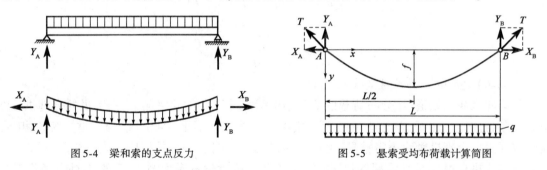

图 5-4 梁和索的支点反力　　　　　图 5-5 悬索受均布荷载计算简图

与梁相比[见式(2-1)],索的反力见式(5-1)。式中简支梁的内力和反力上标加"°",索的内力和反力不加"°"。

$$\left.\begin{array}{l} Y_A = Y_B = \dfrac{ql}{2} = Y_A^\circ = Y_B^\circ \\[2mm] X_A = X_B = \dfrac{Y_A \cdot \dfrac{l}{2} - q \cdot \dfrac{l}{2} \cdot \dfrac{l}{4}}{f} = \dfrac{M_{l/2}^\circ}{f} \end{array}\right\} \quad (5\text{-}1)$$

从式(5-1)可知,索的竖向反力与简支梁相同。但在竖直荷载作用下,索会产生水平反力,而简支梁则没有。

对比式(4-2a)和式(5-1)可知,索与拱一样有水平反力,只不过索中的反力是拉力,而拱中则是压力。索的水平反力大小与垂高成反比,拱的水平反力与矢高成反比,只不过垂高是向下的,而矢高是向上的。理论上当垂高或矢高为零时,索或拱的水平反力将达到无穷大,因此它们都必须是曲线形结构。悬链桥主缆垂跨比的选择见下一节介绍。

由材料力学可知,承受竖向分布荷载时,索的平衡方程可用式(5-2)表示。

$$H\frac{\mathrm{d}^2 y}{\mathrm{d}x^2} - q_y = 0 \tag{5-2}$$

式(5-2)中,H 为索的水平反力,也即图5-5中的 X_A、X_B。显然,式(5-2)与式(4-17)相似。

如果作用在索上的是均布荷载,如图5-4所示,则式(5-2)中的 q_y 为常数,很容易求得 y 为二次抛物线,可用式(5-3)表示。

$$y = -\frac{4f}{l^2}(x^2 - lx) \tag{5-3}$$

它与式(4-9)受均布荷载作用时的三铰拱理想拱轴线相同。但由于 y 轴方向相反,因此,拱与索的曲线弯曲方向相反。

当索只承受其自重作用时,荷载集度沿索长(沿 s 而不是 x)为均匀分布,用式(5-4)表示。

$$q_y = q\frac{\mathrm{d}s}{\mathrm{d}x} = q\sqrt{1 + \left(\frac{\mathrm{d}y}{\mathrm{d}x}\right)^2} \tag{5-4}$$

将式(5-4)代入式(5-2),可得:

$$H\frac{\mathrm{d}^2 y}{\mathrm{d}x^2} - q\sqrt{1 + \left(\frac{\mathrm{d}y}{\mathrm{d}x}\right)^2} = 0 \tag{5-5}$$

对式(5-5)进行 x 的二次积分,并将几何边界条件代入,可得:

$$y = \frac{H}{q}\left[\mathrm{ch}\gamma - \mathrm{ch}\left(\frac{2\beta}{L}x - \gamma\right)\right] \tag{5-6}$$

其中:

$$\beta = \frac{qL}{2H} \tag{5-7}$$

式(5-6)表示的是一条悬链线。

从第四章我们知道,在分布荷载的荷载集度随拱轴线变化的情况下,三铰拱的合理拱轴线也是一条悬链线。然而,它与这里的荷载集度不一样,所以同为悬链线,两者并不完全相同。对三铰裸拱的合理拱轴线进行推导,可得与式(5-6)形式相同、符号相反的表达式。

悬链线拱桥设计时所采用的拱轴线,是考虑成桥后恒载荷载作用下的相对合理拱轴线[式(4-19)],而当主拱采用无支架施工或早脱架施工时,裸拱自重作用下的合理拱轴线为式(5-6)的曲线,这就使得施工时裸拱的实际拱轴线(即设计拱轴线)[式(4-19)]与裸拱受力的合理拱轴线[式(5-6)]有较大的偏离,因此所受的弯矩就比较大,需要进行验算。为减小裸拱时的弯矩,设计时可适当降低拱轴系数的拱轴线。

顺便指出,式(4-19)表示的是一簇曲线,即每一个拱轴系数 m 对应一条曲线,而悬索桥主缆自重作用下的曲线只有一条,即式(5-6)的曲线;拱的轴线由人为施工控制形成,而索的线形则是在其自重作用下自动形成。

悬索桥的主缆架设后,在自重作用下,其线形为悬链线。架设完成后,如果只考虑加劲梁的恒载(它比主缆自重大许多),因其基本上是均布荷载,主缆的线形为一抛物线。当然,成桥状态下,主缆承受的恒载,除加劲梁重量和二期恒载等均布荷载外,还要承担沿索曲线均匀分布的主缆自重和吊索传来的包括吊索、索夹重量的集中力。将主缆以集中力作用点作为节点进行划分,容易求得主缆在各吊点之间为悬链线。

以上分析可以看出,索是一种具有明显的大位移特征的结构,在荷载作用下,索的形状将发生明显的变化,通过具体的分析可知,其变形值远大于其他结构。为进一步说明这个问题,取图 5-6 受一集中力作用的索来分析。显然,由于索的抗弯刚度可以假定为零,集中力作用下作用点处的索将产生很大的变形,索的形状也发生很大的改变。与我们之前所介绍的梁、柱、拱的结构或构件不同,索是几何可变体系,只承受拉力,在荷载作用下,除自身的弹性变形外,它还需要通过自身产生较大的变形来取得平衡,因此,索表现出大位移非线性的力学特征,这是它与其他桥梁结构不同的重要特征之一。

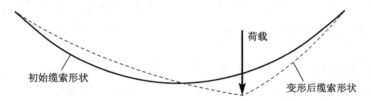

图 5-6　单个集中力作用下的悬索变形示意图

如果索只承受集中力而没有自重作用,则它的变形就成为折线,即图 5-6 中的虚线。在多个集中力的作用下,它就变形成多段折线,如图 5-7 所示,它是索的拉力线,可用作图法求得。

它倒过来就是拱的压力线,也可用作图法求得,见图 5-8。当拱轴线与压力线重合时,拱中的弯矩处处为零。然而,当拱轴线与压力线不重合时,由于拱并不像索一样是可变体系,拱中就产生了弯矩,偏离值越大,弯矩也越大[38]。

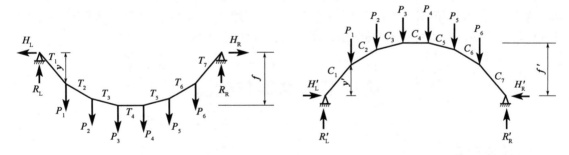

图 5-7　多个集中力作用下的悬索变形示意图　　　　图 5-8　多个集中力作用下拱的压力线示意图

从以上分析可以看出,索与拱的受力既有相似之处,也有不同之处。同时,索与拱都有几何非线性和刚度问题。索主要是几何大变形问题,悬索桥需要足够的刚度来限制变形、控制振动,以保证动力稳定性。拱的几何非线性主要表现为大压力与小变形的耦合作用问题,拱桥需要足够的刚度来保证它的受压稳定性。

三、悬索桥发展概况

索结构从古代发展到今天,大致经历了四代。早期,只供人、畜行走的结构简单悬索桥常把桥面直接铺在悬索上,有些甚至没有桥面,人、畜以及货物直接挂在索上溜滑过江。此为第一代。

近代,火车、汽车出现后的交通,桥面要保持一定的平直度。从18世纪美国James Finey's bridge开始,将索与桥面系分开。悬索桥发展到第二代。悬索桥的主缆用铁链,加劲梁以木桁架或开放式铁桁架为主,跨径不大。到19世纪中叶,一大批索桥的事故发生。

1883年美国建成的布鲁克林桥(主跨486m)是第三代悬索桥的标志性桥梁,见图1-16。它采用钢桁加劲梁,主缆采用高强钢丝索。之后,以美国为主、欧美等相继建成一大批悬索桥,跨径也不断增大,如美国乔治华盛顿桥和旧金山金门大桥(图1-21),跨径均超过千米,分别达1067m和1280m。由于对风动稳定性问题认识不足,在加劲梁的刚度不断地被盲目减小的情况下,主跨853m的美国塔科马(Tacoma)桥建成后仅四个月在19m/s的中等风速下突然倒塌。之后,桥梁界对桥梁风致振动问题展开大量的研究[39]。

研究的结果对大跨径悬索桥加劲梁的设计产生两种不同的设计理念。第一种继续采用钢桁加劲梁,但要求其具有足够的抗弯、抗扭刚度,钢桁梁高度明显增大,用钢量增多。第二种则采用闭口的、具有空气动力稳定性(流线型)的钢箱梁,通过减小风的作用来保证桥的稳定性。这种箱形加劲梁的几何尺寸和用钢量均较桁架梁小。以钢箱加劲梁为特征的悬索桥,称为第四代悬索桥[40]。

以1964年建成的英国塞文桥(主跨988m)为开始,第四代悬索桥从英国发端,在欧洲的大跨径悬索桥中得到大量的应用,如第一章第二节"二、国外近现代桥梁"介绍的英国亨伯(Humber)桥和丹麦大贝尔特(Great Belt)桥[图1-22a)]。第三代、第四代悬索桥有时也称为美式悬索桥和英(欧)式悬索桥。

日本的现代悬索桥基本沿用美式悬索桥,在主缆采用平行索股制作等方面取得了技术进步,修建了一批大跨悬索桥,其中明石海峡大桥[图1-22b)]至今保持着桥梁跨径的世界纪录。

我国现代悬索桥的建设起步较晚,从1995年的汕头海湾大桥开始,经广东虎门大桥(图1-31)、湖北西陵长江大桥、江苏江阴长江大桥,悬索桥跨径从近千米到超千米,直到主跨达1700m的湖北杨泗港大桥,跨径不断增大,技术不断进步,呈快速发展趋势。除沿海大跨以采用钢箱加劲梁为主外,在内陆和山区中也有相当多的悬索桥采用钢桁加劲梁。此外,在大跨径多塔多跨悬索桥建设方面也取得突破,如马鞍山长江大桥、泰州长江大桥等。

第二节 结构与构造

一、总体布置

1. 结构体系

悬索桥的结构体系主要有单跨和三跨两种。悬索桥跨越能力大,一般跨径不受通航、排洪要求控制。总体布置时主要根据地形和地质条件确定索塔、锚碇和桥台的位置。索塔一般有两个,通常将悬索桥划分为中跨和两个边跨,形成双塔三跨或双塔单跨两种,简称三跨悬索桥(图5-1)或单跨悬索桥(图5-9)[10,37]。

《公路悬索桥设计规范》(JTG/T D65-05—2015)[简称《悬索桥规》(JTG/T D65-05—2015)]规定,悬索桥边中跨比宜为0.25~0.45。若锚碇布置受地形和地质条件等限制或有其他要求时,根据需要采取一定措施后可突破此范围。

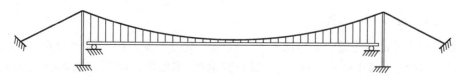

图5-9 单跨简支悬索桥示意图

当边中跨之比小于0.25而边跨跨径又较小时,边跨可以不设吊杆,边索变成普通的锚索,即单跨悬索桥(图5-9)。图1-31所示的广东虎门大桥为单跨悬索桥。

当边中跨之比大于0.25时,可采用三跨结构。在大跨径的悬索桥中,尽管边中跨之比小于0.25,然而边跨跨径还是很大,此时,边跨也可设吊杆,成三跨悬索桥,如图1-21所示的美国金门(Golden Gate)大桥和图1-22a)的丹麦大贝尔特(Great Belt)桥。三跨悬索桥的边中跨比一般为1:3~1:2。根据加劲梁的静力形式,它可进一步分为三跨简支和三跨连续两种,如图5-10所示。公路桥梁多采用三跨简支式,而公铁两用桥则常用三跨连续式以便于火车的平稳通过。

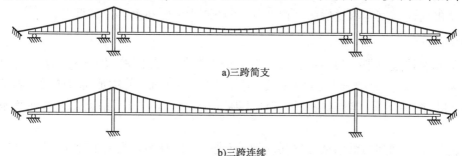

a) 三跨简支

b) 三跨连续

图5-10 三跨悬索桥示意图

也有个别悬索桥根据实际地形和地质条件采用两跨式的,如湖北杨泗港大桥(图1-32),主跨达1700m。

多塔多跨悬索桥的索塔多于两个,图5-11所示的是三塔四跨悬索桥。多跨悬索桥的中间索塔的塔顶在各跨荷载分布不均匀时,会产生较大的水平位移,需要采取一定的措施来限制。近年,我国修建多座大跨径的多塔多跨的悬索桥,如马鞍山长江大桥左汊桥(三塔两跨,对称布置,主梁跨径为2×1080 m,2013年建成)、泰州长江大桥(三塔两跨,对称布置,主梁跨径为2×1080 m,2012年建成)等[41]。

图5-11 多塔多跨悬索桥示意图

对于自锚式悬索桥来说,由于加劲梁需要承担主缆产生的巨大水平力,因此加劲梁需采用连续结构,且边跨需要布置吊杆来支承加劲梁。常见的自锚式悬索桥的结构形式有双塔三跨连续和单塔两跨连续两种,如图5-12所示[42]。

a) 双塔三跨连续 　　　　　　　　　　b) 单塔两跨连续

图5-12 自锚式悬索桥结构形式

2. 主缆垂度、垂跨比与塔高

悬索桥的受力性能与主缆的垂跨比有关。设中跨主缆垂度 f,则垂跨比为 f/l。从悬索桥受力来看,垂度 f 越大,主缆中的内力越小,可以节省钢材;但桥塔的高度和悬索的长度都要增加,材料也相应增加;同时,悬索加长会增加跨径四分点的挠度。理论分析认为最有利的垂跨比为 $1/7 \sim 1/6$。但在工程实践中,欧美各国为了降低桥塔高度,常用 $1/12 \sim 1/9$ 这种偏小的垂跨比。对于自锚式悬索桥,由于有主缆水平分力的作用,垂跨比不适合做得太小,常用 $1/8 \sim 1/5$。

《悬索桥规》(JTG/T D65-05—2015) 规定,主缆垂跨比应考虑经济性和全桥结构刚度的需要,宜在 $1/11 \sim 1/9$ 的范围内确定。主缆垂跨比是总体设计中一项重要指标,减小垂跨比将增加全桥刚度、主缆拉力和锚碇规模,减小索塔高度和吊索长度。反之亦然。总体设计时应通过分析比较合理选定悬索桥主缆垂跨比。经统计,国内外 30 余座已建悬索桥,主缆垂跨比均在 $1/11 \sim 1/9$ 之间。

悬索桥的桥塔高度是通过桥面高程、跨中吊杆最小高度和垂度计算得出。

3. 吊索布置

吊索的布置以竖直平行为主;也有采用斜向布置的,如英国的塞文(Severn)桥,以增加悬吊结构的阻尼。偶尔还增设斜拉索来提高刚度的,如 1883 年建成的美国纽约布鲁克林(Brooklyn)桥(图 1-16)。《悬索桥规》(JTG/T D65-05—2015) 规定,吊索在纵桥向宜采用竖直布置方式。

吊索间距关系到加劲梁构造与材料用量,应进行经济比较。跨径在 200m 以内的悬索桥,吊索间距一般取 $5 \sim 8m$。跨径增大,吊索间距也相应增大,有时吊索间距可达 20m 左右。如美国的维拉扎诺海峡桥,吊索间距 15.09m;葡萄牙的 4 月 25 日大桥,吊索间距达 23.02m。

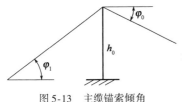

图 5-13 主缆锚索倾角

4. 锚索倾角

为了使主缆与锚索的拉力相等或接近,锚索的倾角 φ_1 和主缆在桥塔的水平倾角 φ_0 应相等或相近(图 5-13)。

主缆在桥塔处的倾角 φ_0,可由式(5-8)计算得出。以桥塔支承点为坐标原点的主缆曲线方程,可近似表示为:

$$y = \frac{4fx(l-x)}{l^2}$$

由:

$$\left.\frac{dy}{dx}\right|_{x=0} = \tan\varphi_0 \qquad (5\text{-}8)$$

$$\tan\varphi_0 = \frac{4f}{l}$$

我国常按 $\varphi_1 = \varphi_0$ 的条件来确定锚索倾角 φ_1。当考虑锚索倾角 $\varphi_1 = \varphi_0$ 时,根据刚度和经济条件,锚索倾角常采用 $30° \sim 40°$。大跨径悬索桥往往在受地形限制时,按 $\varphi_1 \neq \varphi_0$ 来处理,但为了减少主缆和边索中的内力差值,两角差值一般控制在 $10°$ 以内。

5. 加劲梁布置

《悬索桥规》(JTG/T D65-05—2015) 规定,加劲梁的宽度和高度应满足桥面使用功能、结构受力、刚度和抗风稳定性的要求。加劲梁外形应考虑抗风的要求。加劲梁由车道荷载频遇值引起的最大竖向挠度值不宜大于跨径的1/250,频遇系数取1。加劲梁在风荷载作用下,最大横向位移不宜大于跨径的1/150。

总体布置时,首先要选择加劲梁的结构形式,桁梁还是箱梁。桁梁的桁高比箱梁的梁高要大好几倍,它对布置双层桥面的适应性较强。箱形加劲梁材料省、自重轻,越来越多地被大跨径悬索桥采用。

悬索桥的加劲梁梁高h,主要根据刚度条件和材料用量最优化来确定。桁梁的梁高一般为$8\sim14m$,在$l/180\sim l/70$之间(l为跨径);箱梁的高度一般为$2.5\sim4.5m$,在$l/400\sim l/300$之间。

6. 桥面横截面布置

悬索桥在横截面内通常布置两根主缆,吊索与主缆在同一竖直面内。主缆的横向间距或加劲梁的横向间距,主要由横向刚度和稳定条件决定,同时考虑施工机具(加劲梁吊装吊具以及主缆缠丝机)对主缆与加劲梁之间的空间要求。根据刚度条件要求,中小跨径悬索桥的主缆间距不应小于$l/30$。在大跨径的悬索桥中,由于主缆截面较大,主缆刚度对全桥横向刚度的影响较大,反而对主缆的横向间距的要求降低。另一方面,满足交通功能要求的梁宽不一定超过$l/30$。所以大跨径的悬索桥,经过试验,主缆间距可小于$l/35$。这时可以与车道宽度和人行道布置综合考虑,并经过风洞试验确保悬索桥的安全。据《悬索桥规》(JTG/T D65-05—2015)条文说明介绍,其所统计的30余座悬索桥的主缆间距,除英国亨伯尔桥为$l/64$外,其他均大于$l/60$;其中最大的几座在$l/60\sim l/40$之间。因此,《悬索桥规》(JTG/T D65-05—2015)规定,主缆中心距与主跨跨径比值宜大于$l/60$。

行车道和人行道的横向布置,与加劲梁构造密切相关。当加劲梁为钢箱梁时,可以把行车道布置在上、下层,人行道能布置在加劲梁范围内时,一般不采用外悬臂人行道[图5-14a)];如果梁高较小,车道只能单层布置在箱上时,为了减少箱宽,一般将人行道布置在悬索外侧的悬臂上(图5-33)。

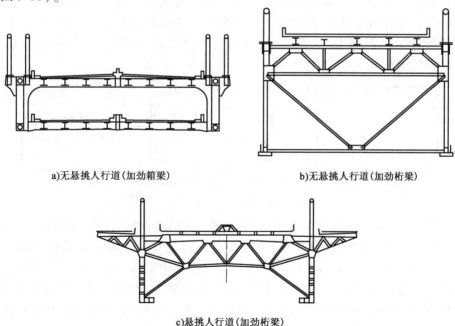

a)无悬挑人行道(加劲箱梁)　　　　b)无悬挑人行道(加劲桁梁)

c)悬挑人行道(加劲桁梁)

图5-14 悬索桥桥面横截面布置

当加劲梁为桁梁时,满足横向刚度要求的加劲梁宽度大于桥面交通宽度要求时,可将人行道布置在加劲梁范围内[图 5-14b)];否则,可将人行道悬挑布置[图 5-14c)]。更多的布置,还可见图 5-30。

二、主要结构

1. 索塔

桥塔按结构受力可分为刚性塔、柔性塔和摆柱式三种,见图 5-15。现代大跨径悬索桥常用柔性塔;刚性塔主要用在多塔悬索桥中,特别是中塔,以增强全桥的刚度;摆柱式塔只在早期偶尔用于小跨径的悬索桥。刚性塔为了提高刚度,还可以在纵桥向做成人字形。

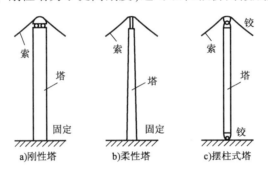

图 5-15 索塔纵桥向结构形式

早期有采用圬工索塔的。20 世纪欧美日修建的悬索桥多采用钢塔,主要有桁架式和组合式。钢塔的主要优点是施工速度快、质量容易保证、抗震性能好。在我国,钢、钢筋混凝土或钢-混凝土组合索塔都有采用。

现代悬索桥的钢索塔,多为混合结构,下半部分为混凝土,上半部分为钢塔。《悬索桥规》(JTG/T D65-05—2015)规定,钢索塔的塔柱钢混结合区宜选择在承台或下横梁位置处;钢塔柱宜选择带有切角的箱形截面。图 5-16a)～图 5-16c)分别为泰州长江大桥、南京第三长江公路大桥和港珠澳跨海大桥钢塔柱的截面形式。

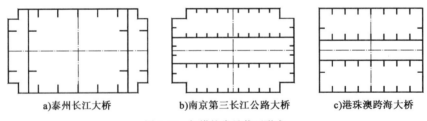

图 5-16 钢塔柱常见截面形式

近几十年来随着混凝土技术的发展,特别是爬升式活动模板问世以来,混凝土索塔在大跨径悬索桥中的应用越来越多,尤其是在我国。它以刚构式为主,具有用钢量少、成本低、易维护等优点。《悬索桥规》(JTG/T D65-05—2015)规定,混凝土索塔塔柱及横梁应考虑受力、施工和景观等要求,确定合适的截面形式。宜采用空心箱形截面。塔柱断面设计应满足下列要求:①根据索塔顺、横桥向的受力要求,选择合适的断面尺寸和壁厚;②考虑塔顶主鞍座的大小;③考虑塔内电梯的尺寸要求。

此外，还有一种钢-混凝土组合式索塔，它的柱子为混凝土结构、横向联系为钢结构（钢横撑）。对于这种索塔，《悬索桥规》（JTG/T D65-05—2015）规定，混凝土塔柱宜采用空心箱形截面形式，钢横撑宜采用箱形结构或桁架式结构。另外，也有个别的索塔采用钢管混凝土等组合结构作为塔柱的柱子。

索塔横桥向结构形式可为刚构式（门式刚架）、桁架式或组合式（图5-17）。刚构式可用于混凝土索塔和钢索塔；桁架式可用于钢索塔；组合式可用于钢索塔和钢-混凝土组合式索塔。

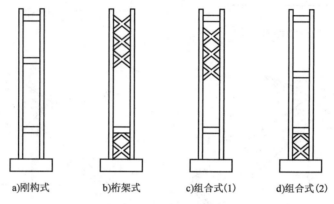

图5-17 索塔横桥向结构形式

索塔基础可根据不同的建设条件选用扩大基础、桩基础或沉井基础等。基岩埋深较浅、地形地质条件良好的陆地或浅水区可选用扩大基础；覆盖层较厚且具备桩基施工条件的区域可选用桩基础；表层地基土承载力不足但在一定深度下有较好的持力层或平坦的基岩，且不便桩基础施工或上部荷载较大或船舶撞击力较大时，可选用沉井基础。

位于通航水域的索塔，应满足抗、防船撞等的要求。索塔设计应满足防雷、航空警示等要求。

2. 锚碇

悬索桥主缆两端有地锚与自锚两种锚固方式。自锚应用较少，并且只限于中、小跨径，其主缆锚固在主梁上，因此锚固构造也可认为是庞大的端横梁。绝大部分悬索桥采用地锚式，本书不特别指明时，均指地锚式锚碇。

锚碇是将巨大的主缆拉力传递给地基的悬索桥关键构件，采用何种结构形式，与地形、地质、水文及主缆力等建设条件密切相关。因此，应根据地形、地质、水文、主缆力、施工条件、经济性等选择锚体及基础形式。锚碇可分为重力式锚碇、隧道式锚碇和岩锚，其中重力式锚碇又可分为完全重力式锚碇和重力式嵌岩锚，见图5-18。

重力式锚碇适应性较强，主要通过锚碇自身重力和地基摩擦力承担主缆缆力，传力机理简单。由于锚碇承受的竖向（向上）分力和水平分力很大，所需要的重力式锚块尺寸也很大。例如，明石海峡大桥采用外直径85m、厚2.2m、高75.5m的地下连续墙作为锚碇基础，墙内填碾压混凝土260000m³；再在基础上修建锚碇部分，混凝土用量为230000m³。对重力式锚碇的锚块、基础底板、顶板等结构的大体积混凝土，施工应进行温度控制，以保证施工期间混凝土不开裂或将裂缝控制在容许范围内。对埋置于地下或处于水包围环境的前、后锚室的各表面，以及外露于地面的前锚室表面，应进行防水设计。

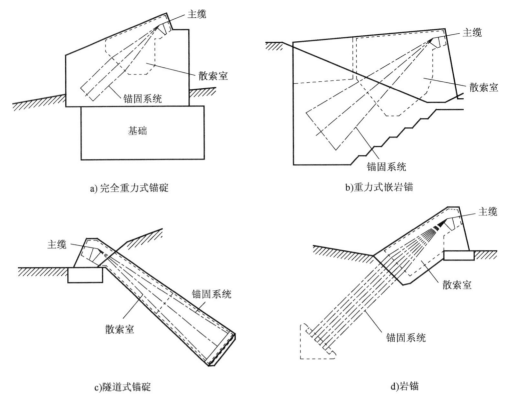

图 5-18 常见的锚碇形式

重力式锚碇基础可分为扩大基础、沉井基础、地下连续墙基础及复合基础。基岩埋深较浅、地形和地质条件良好的陆地或浅水区宜采用扩大基础;表层地基土承载力不足但在一定深度下有较好的持力层或平坦的基岩,可采用沉井基础;在陆地或浅水区、基岩埋置较深或锚址区,对地面变形有严格要求或防洪要求高时,可采用地下连续墙基础;当地质条件复杂,采用单一基础形式不能满足要求时,可采用复合基础。

当地形和地质条件较好且适宜成洞时,可采用隧道式锚碇。它可充分发挥围岩的承载能力,并通过锚塞体自重和围岩共同承担主缆拉力,它节约材料、经济性好,对地形、地貌和周围环境破坏小,但前提是在锚碇处有坚实山体岩层可加以利用。在锚碇范围内,主缆的丝股从缠紧状态变为散开,其拉力通过锚碇的锚固传力系统分散到锚块内。我国采用隧道式锚碇的悬索桥主要在西南山区。

当岩体完整、强度高时,可采用岩锚或带有预应力岩锚 + 锚塞体组合式隧道式锚碇。它利用高质量的岩体,将主缆拉力分散在单个岩孔中锚固,取消或减少锚塞体混凝土用量,可进一步节约工程材料。但岩锚围岩受力范围小、应力集中现象突出,对围岩强度要求更高。当采用隧道锚、岩锚等在建设条件和综合经济性方面不占优势的情况下,宜选择重力式锚碇方案。

3. 主缆

悬索桥的主缆形式一般是全桥设有两根,平行布置。迄今为止,只有极少数悬索桥(如美国的维拉扎诺桥和乔治华盛顿桥)在全桥设有 4 根平行的主缆。另外,日本的北港桥(主跨 300m 的自锚式悬索桥)只设单根主缆。

悬索桥的主缆可采用钢丝绳和平行钢丝束两种形式,前者一般用于中小跨径(跨径在

500m以下)的悬索桥,后者则适用于各种跨径的悬索桥。

悬索桥的主缆一般有以下基本要求:①单位有效截面面积的拉力强度大;②截面密度大;③结构延伸率小;④弹性模量大;⑤抗疲劳强度大,徐变小;⑥易于运输、架设与锚固;⑦防腐处理容易;⑧价格便宜。

大跨径悬索桥主缆的索力大,所要求的钢丝数目多。为了减小主缆直径和提高弹性模量,基本上采用平行钢丝组成丝股,再由若干丝股组成密实的主缆。主缆用镀锌高强度钢丝直径 d_w 宜在 4.5~5.5mm。直径5mm左右的钢丝生产工艺成熟,设备已配套定型,可降低生产成本。

主缆施工方法可选择预制平行索股法(prefabricated parallel wire strand method,PPWS法)或空中纺线法(aerial spinning method,AS法)。采用空中纺线法(AS法)架设主缆时,可采用如图5-19所示的平顶正六边形、尖顶正六边形或切角四边形,以便于丝股保持稳定和相对密实。

a) 平顶正六边形　　　b) 尖顶正六边形　　　c) 切角四边形

图5-19　采用AS法时主缆索股排列形式

采用预制平行索股法(PPWS法)架设主缆时,索股中的钢丝数量采用91丝、127丝等。主缆索股宜排列成正六边形,如图5-20所示。预制平行索股的技术指标应符合《悬索桥用主缆平行钢丝索股》(GB/T 36483—2018)的规定。

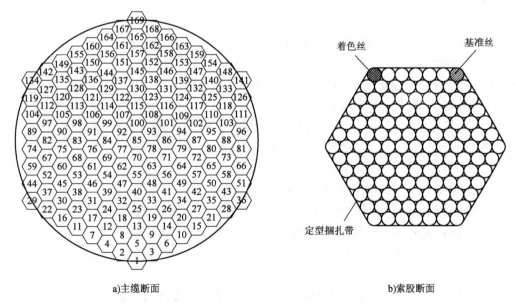

a)主缆断面　　　　　　b)索股断面

图5-20　采用PPWS法时主缆索股排列形式及索股断面

平行钢丝主缆的丝股按设计排列架设完成后,将外层丝股的定型带去掉,将丝股打散,然后进行初整形;在初整形后,通过紧缆工序确保主缆设计空隙率,紧缆后每隔1m左右设置镀锌扁钢带临时捆扎主缆,使其保持要求的形状和尺寸。

在永久作用、汽车荷载、人群荷载、温度作用效应组合下,主缆钢丝的应力设计值应符合式(5-9)的要求。

$$\gamma_0 \sigma_d \leqslant f_d \tag{5-9}$$

式中:σ_d——主缆钢丝应力设计值(MPa);

f_d——主缆钢丝的抗拉强度设计值(MPa),$f_d = f_k / \gamma_R$;

f_k——主缆钢丝的抗拉强度标准值(MPa),按有关规定取值;

γ_R——材料强度分项系数,按有关规定取值。

根据《悬索桥规》(JTG/T D65-05—2015),钢丝抗拉强度分项系数γ_R应按表5-1的规定采用。

钢丝抗拉强度分项系数 γ_R　　　　表5-1

抗拉强度标准值 f_k (MPa)	构 件 种 类		
	主缆	销接式吊索	骑跨式吊索
1670	1.85	2.20	2.95
1770			

注:表列钢丝抗拉强度标准值为Ⅱ级松弛钢丝的数值,当采用Ⅰ级松弛钢丝时,分项系数γ_R乘以折减系数0.9。

4. 吊索与索夹

作用于悬索桥加劲梁上的恒载与活载通过吊索传给主缆。有的悬索桥(如丹麦大贝尔特桥、我国的润杨长江大桥)为减小竖向变位和增大抗扭刚度,在跨中用中央扣将主缆与加劲梁直接连在一起,形成缆结,使主缆对跨中一点相当于斜拉索作用。桥位地震烈度较高时,可采用柔性中央扣。中央扣可提高悬索桥结构的抗风稳定性,减小吊索弯折疲劳及梁端位移。

在总体布置时介绍过,吊索可以是竖直的,也可以是斜向布置,但以竖直为主。吊索可采用镀锌钢丝绳和镀锌高强度钢丝。短吊索长度的确定应考虑由于主缆与加劲梁之间的相对位移所产生的附加应力的影响。在吊索下料制造前,应根据实际空缆线形、加劲梁实际重量及吊索实测弹性模量,对吊索的无应力长度进行修正。

吊索长度超过20m时,同一索夹的吊索之间宜设置减振夹。高强度钢丝吊索的聚乙烯(PE)防护层表面宜设置螺旋线或凹坑等,以抑制长吊索的风致振动。吊索的设计,应考虑换索的需要。

为保证吊索传力途径的安全可靠,需在主缆上安装索夹(cable band, cable clamp),在边跨无吊索段应设置紧固索夹,每隔10~20m设置一个。靠近索鞍段应设置锥形封闭索夹。

索夹由铸钢制作,由两半组成,安装之后,用高强螺杆将两半拉紧,使索夹内壁对主缆产生压力,防止索夹沿主缆向低处滑动。索夹及其与吊索的连接有两种方式。全桥宜采用相同类型的索夹。

一种是骑跨式索夹。它让吊索绕过索夹,骑跨其上。这种索夹由左、右两半组成,如图5-21所示(韦拉扎诺桥)。这类吊索常用镀锌钢丝绳制作,为避免过大直径钢丝绳绕过索夹时钢丝绳破断力降低太多,在每一索夹处常用两对直径较小的吊索。索夹和加劲梁之间的纵、横向位移较大时,宜采用骑跨式。

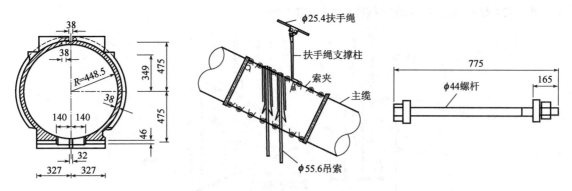

图 5-21 骑跨式连接示例(尺寸单位:mm)

另一种是销接式索夹。它采用销钉连接,索夹分成左、右两半,索夹下半部分的下垂板(又称为吊耳)上设置钉孔眼,吊索上端设开口套筒,两者通过销钉相连,见图 5-22(博斯普鲁斯一桥);这类吊索可采用钢丝绳或平行钢丝束。当索夹外径(半径)小于 7.5 倍吊索直径时宜选用销接式索夹,以避免采用骑跨式使吊索产生过大的弯折应力。销接式吊索宜设置长度调节构造。

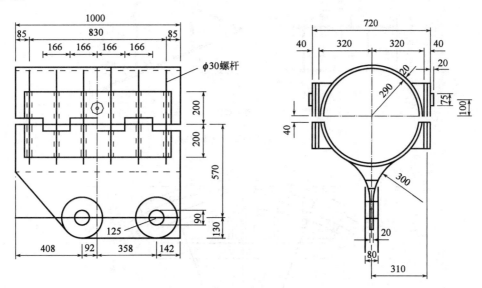

图 5-22 销钉连接示例(尺寸单位:mm)

吊索与加劲梁的连接可采用锚头承压式[图 5-23a)]或销接式[图 5-23b)]。

吊索的材料强度分项系数,要比主缆大得多,这主要考虑到吊索的疲劳(风与车辆引起的振动)、设计制作及安装误差等的影响。《悬索桥规》(JTG/T D65-05—2015)规定,吊索的材料强度分项系数,骑跨式吊索取 2.95,销接式吊索取 2.2。

5. 索鞍

索鞍是支承主缆并使主缆平顺地改变方向的构件。它可分为主索鞍、散索鞍、散索套及转索鞍。

安装在索塔顶部的称为主索鞍,作为主缆跨过塔顶的支承,承受主缆产生的巨大压力并传递给桥塔。当主缆主跨和边跨的索股数量不等时,需设置锚梁,将不等量索股锚固于主索鞍上。图 5-24 是一座悬索桥塔顶鞍座的侧面构造图。

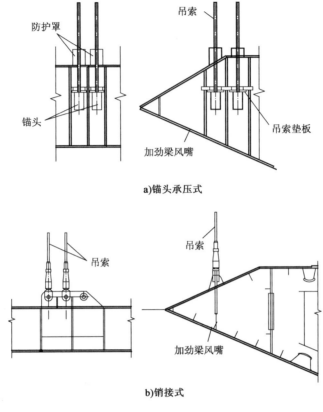

a) 锚头承压式

b) 销接式

图 5-23 吊索与加劲梁连接形式

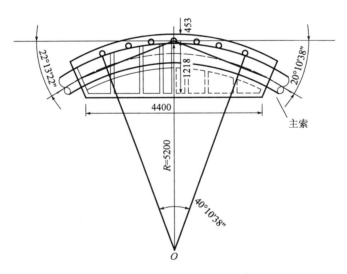

图 5-24 塔顶鞍座示例(侧面图)(尺寸单位:mm)

主索鞍一般由铸钢件构成。随着焊接技术的发展,目前的鞍座大多采用铸焊结合。鞍槽采用铸钢件,鞍槽下的支撑结构采用厚钢板的焊接结构,鞍槽与支撑结构之间也用焊接。为方便吊装,往往将主鞍座在纵向分为两段或三段,吊装到塔顶后用高强度螺栓连接成一体。

鞍座的弯曲半径关系到主缆的弯曲应力和主缆与鞍座的接触压力。主缆的弯曲应力与弯曲半径成反比,削弱主缆拉力强度的接触压力同样与弯曲半径成反比,因此确定鞍座的半径时必须对这些方面加以充分考虑。一般悬索桥的主鞍半径是主缆直径的8～12倍。

就大跨径悬索桥来讲,在成桥之后,主鞍应固接在塔顶,且主鞍与主缆之间不能有相对移动。过去一些大跨悬索桥在主鞍之下设置辊轴,是因为在悬索桥架梁过程中,随着缆力增加,主缆要带着主鞍向河心方向移动,为使位于主鞍两边的主缆水平分力接近相等,就需要利用辊轴(及相应的水平千斤顶)来控制主鞍的纵向移动。在成桥之后,辊轴不起作用。若采用柔性桥塔,可以在施工中通过拉动塔身来达到同样的目的。

散索鞍(splay saddle)设于边跨与锚跨之间的散索鞍墩上,如图5-25所示。通常散索鞍墩是锚体的一部分。散索鞍的功能一是改变缆索的方向,二是把主缆的丝股在水平和竖直方向分散开,然后将丝股引入各自的锚固位置。

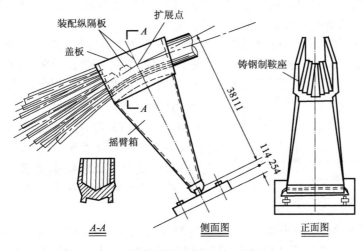

图5-25 散索鞍构造示意图(尺寸单位:mm)

散索鞍形状较复杂:在主缆进口端应有圆槽,以便与主缆圆截面相适应;在丝股出口处,应让外层各丝股的上端交会于一点,下端指向锚块混凝土前锚面的指定丝股位置。

如果主缆在散索时不改变其总方向,则无须设置散索鞍而采用散索套。散索套在实桥采用较少,它呈漏斗状,主缆从其小口进入,在大口处散开。为便于安装,散索套做成两个半圆形铸件,然后用螺栓连接。为防止散索套沿主缆尚未散开的方向滑移,需要在散索套小口之外设置"挡圈"。挡圈的构造与索夹相似,分为两半,套住主缆后,用高强螺栓拧紧,由此产生摩擦力,凭摩擦力阻挡散索套向上移动。

从散索鞍到锚块混凝土前锚面,主缆还有相当长度。悬索桥成桥后,由温度、活载而产生的主缆索力的变化可通过中跨索塔、主缆、吊索等结构的变形协调来解决,而边跨的主缆线形的变化,只能由主缆在散索鞍处的纵向位移来适应,通常是通过滚轴、摆轴或滑动来实现,如图5-26所示。其中,采用滚轴、摆轴支承时,散索鞍的支架为刚性支架,而采用滑动支承时,散索鞍的支架需采用柔性支架。图5-25所示的散索鞍也是设置在摆轴之上。

转索鞍只有在边跨主缆需要转折时才设置,其构造及设计与散索鞍基本相同,不同的是主缆通过转索鞍后并不散开,结构比散索鞍要简单。

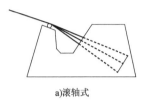 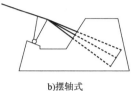 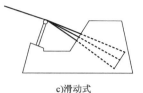

a)滚轴式　　　　　　　b)摆轴式　　　　　　　c)滑动式

图 5-26　散索鞍支承构造

6. 加劲梁

加劲梁的形式、高度与横截面的布置,在总体布置中已有介绍。这里进一步介绍其构造。加劲梁可采用钢箱梁、钢桁梁、钢板梁、钢-混凝土组合梁、预应力混凝土梁等,加劲梁形式的选择应考虑结构强度、刚度、疲劳、抗风稳定性、施工架设等因素。现代大跨径悬索桥的加劲梁基本上采用钢结构,沿桥纵向等高度,一般采用桁架梁或扁平钢箱梁。

钢桁梁具有较高的截面抗扭刚度和透空的迎风截面,因而提供了良好的抗风稳定性,并可充分利用截面空间提供双层桥面以实现公铁两用或多车道布置。另外,钢桁梁可根据不同的地形和地貌条件灵活选择多种安装架设方法。

桁架节间长度影响行车道纵梁的跨径。节间过大必然对行车道和主桁架的用钢量产生很大影响。单从桁架方面来分析,节间大小取决于桁高和斜杆与弦杆的夹角,夹角大小又直接影响斜杆内力,从而影响桁架的用钢量。

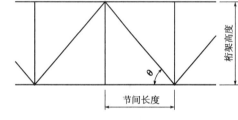

图 5-27　主桁架的节间布置

钢桁梁的主桁架高度应根据受力要求确定,并应满足空气动力稳定性要求,腹杆与弦杆的夹角 θ(图 5-27)宜为 39°～51°。主桁架的节间长度应根据吊索间距确定,并应满足杆件压屈稳定要求。钢桁梁的杆件宜采用 H 形或箱形断面。钢桁梁节点宜采用整体节点板的形式。

钢桁梁可由主桁架、横向桁架、上下平联和桥面板组成。主桁架宜采用改进的华伦式桁架(modified warren truss),带吊索的横向桁架可采用单层桁架或双层桁架结构形式,如图 5-28 所示。

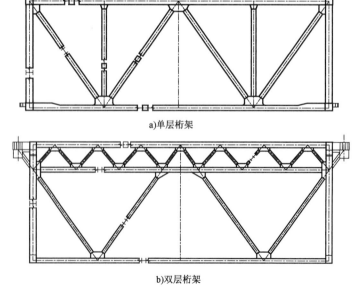

a)单层桁架

b)双层桁架

图 5-28　钢桁梁横向桁架的形式

钢桁梁桥面结构可采用正交异性钢桥面板或混凝土桥面板。正交异性钢桥面板与钢桁架的结合形式,可采用分离式和整体式(图 5-29)。混凝土桥面板与钢桁架的结合形式宜采用分离式。

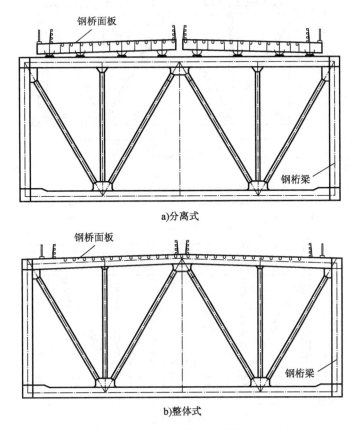

图 5-29　正交异性钢桥面板与钢桁架的结合形式

钢桁架式加劲梁在双层桥面的适应性方面远优于钢箱梁,因此适合于交通量较大的或公铁两用的悬索桥。桁架加劲梁的立面布置多采用有竖杆的简单三角形形式,其横向布置应根据是否设双层桥面而定,桥面常采用钢筋混凝土板或正交异性钢桥面板。图 5-30a)为明石海峡大桥加劲梁横截面(双层桥面,公路钢桥面板),图 5-30b)为美国纽波特大桥加劲梁横截面(单层桥面,混凝土桥面板)。

流线型钢箱梁具有良好的空气导流特性和较大的抗扭刚度,因而具有较小的空气阻力系数和良好的抗风稳定性。同时,正交异性钢桥面板既是钢箱梁的组成部分又是行车道板,有效节省用钢量,与钢桁架式加劲梁相比可降低用钢量达 20%。

桁式加劲梁的梁体是透空的,抗风稳定性很好,同时有较大的抗扭刚度,不容易产生颤振、抖振和涡激共振。箱形加劲梁的抗风稳定性是需要认真研究的问题。在桥面宽度确定之后,梁高小,断面的流线型好,有利于风动稳定;但高度和抗扭刚度也较小,容易导致涡振和抖振的发生,产生结构疲劳、人感不适及行车安全问题。为此还要控制高宽比,一般控制在 1/11~1/7。对于大跨径悬索桥,通常在加劲梁断面初选之后,进行节段模型的风洞试验。根据试验分析结果,进行必要的断面参数修改,确保抗风稳定性[39]。

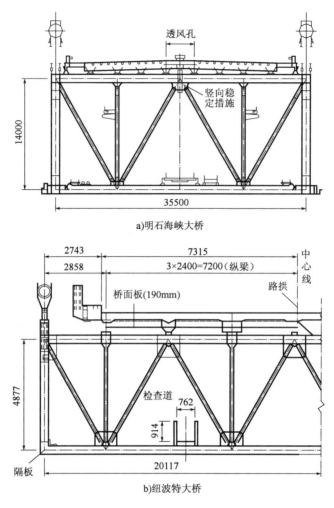

图 5-30 桁架式钢加劲梁截面(尺寸单位:mm)

钢箱梁可采用整体式钢箱梁或分体式钢箱梁,如图 5-31 所示。分体式钢箱梁的箱梁之间应设置横向连接梁,横向连接梁可采用箱梁、工字梁等形式。钢箱梁桥面板宜采用正交异性钢桥面板结构形式,纵向加劲肋宜采用 U 形闭口加劲肋。钢箱梁应设置横隔板,横隔板可采用板式或桁架式。吊点及支座处应采用板式横隔板。

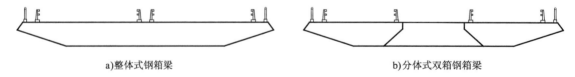

图 5-31 钢箱加劲梁的形式

钢箱加劲梁外形成梭状扁平型,其优点是建筑高度小、自重较桁架梁轻、用钢量省,风阻力系数较小(仅为桁架梁的 1/4 ~ 1/2)。典型的梭状扁平钢箱梁的截面如图 5-32 所示。

还有一种加劲梁将钢桁梁与钢箱梁结合起来。香港的青马大桥采用桁架形式,但通过外层钢板使整个截面变成流线型箱梁,上层为汽车通道,桁架下层为轻轨车道以及在桥面风速超限而上层封闭交通时通行的汽车通道。韩国的永宗(Yong-Jong)大桥,采用上层由桥面、横向联结系组成的箱梁及下层为桁架的组合形式,箱梁作为公路交通的桥面板,桁架则为轻轨提供支承。

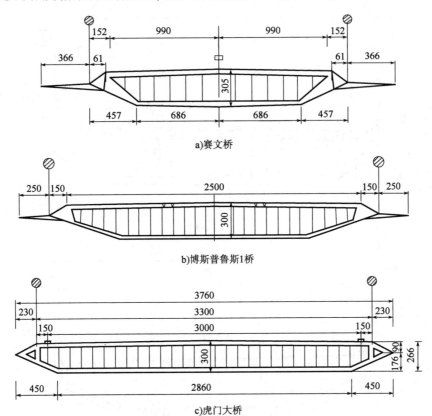

图 5-32 钢箱加劲梁截面(尺寸单位:cm)

钢板梁为开口截面,截面抗扭刚度小、空气阻力系数大,可用于中、小跨径悬索桥。鉴于美国塔科马(Tacoma)桥风致灾害的先例,因此需要科学谨慎、综合考虑多方面因素来选择钢板梁。钢板梁可采用纵横梁的结构形式,当纵横向跨径较大时可加设次横梁和(或)次纵梁。钢板梁的桥面板可采用正交异性钢桥面板结构形式,也可采用混凝土桥面板结构形式。钢板梁的高度应根据受力要求确定,尽量减小风荷载,且应满足抗风稳定性要求。

悬索桥为柔性结构,在活载、温度、大风等作用下结构变形大。钢-混凝土组合梁、预应力混凝土梁容易开裂,一般仅用于中、小跨径悬索桥。

加劲梁不同支承体系见图 5-9 和图 5-10。对加劲梁下的支座,一是要求其能将加劲梁支点反力传到塔或下部结构,二是要求其能满足结构变形。在立面上,加劲梁两端常用吊索或摆柱作其支承。

在单跨悬索桥中,由竖向及横向荷载产生的加劲梁端部的位移较大,因此支座必须能满足加劲梁在其端部能绕竖直轴自由转动的要求。一般梁桥中,横桥向位移不大可不加约束。然而,对于悬索桥来说,加劲梁的横向位移很大,应设置横向支座加以约束。

自锚式悬索桥加劲梁可采用钢梁、混凝土梁、钢-混凝土组合梁和钢-混凝土混合梁。由于要承受主缆传过来的巨大轴向力,相对于同跨径的地锚式悬索桥,其结构刚度和自重大许多。图 5-33 给出广东佛山平胜大桥主跨钢箱加劲梁、边跨混凝土箱梁加劲梁的断面布置。

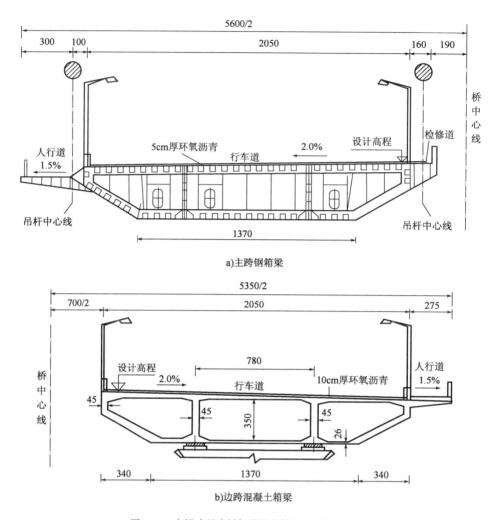

图 5-33　自锚式悬索桥加劲梁实例(尺寸单位:cm)

加劲梁节段的划分应考虑便于制造、运输和架设。加劲梁设计应设置便捷的检修通道、检修门等设施以保证检修和维护工作实施。

第三节　计算理论简介

竖向荷载作用下主缆和加劲梁的受力是悬索桥设计计算的理论基础与主要内容。19世纪末至20世纪初,从无加劲梁到有加劲梁的悬索桥的受力计算发展起来了弹性理论(elastic theory)。弹性理论忽略活载对结构变形的影响,假定主缆几何形状由满跨均布恒载决定(由第五章第一节可知其线形为二次抛物线),且这一线形不因活载作用而发生改变。

20世纪初到20世纪80年代前后,建立了考虑索的几何大变形的挠度理论(deflection theory)。最早采用这个理论进行设计的是1909年建成的美国纽约跨越东河的曼哈顿(Manhattan)桥。之后,挠度理论一直被应用于大跨径悬索桥的设计计算,包括跨径超过1000m、曾打破世界跨径纪录的金门大桥等。

从20世纪80年代前后开始,由于电子计算机得到高速的发展和广泛的应用,采用数值分析方法的有限位移理论(finite deformation theory)应运而生,成为现在悬索桥计算的理论基础。

一、弹性理论

用弹性理论对悬索桥进行结构计算分析时,采用如下基本假定:

(1)假定主缆为完全柔性,不考虑弯曲刚度,只受拉力作用。

(2)全桥的所有恒载均由主缆承受。恒载沿全跨均匀分布,主缆的线形为二次抛物线。

(3)吊杆为竖直,且沿桥跨密布,不考虑其在活载作用下的拉伸和倾斜,当作仅在竖向有抗力的薄膜。

(4)加劲梁弯曲刚度沿全桥不变。

(5)在活载的作用下,主缆和吊索长度不变,主缆的曲线形状和纵坐标在加载后保持不变。

设有一单跨悬索桥,如图5-34a)所示。它是一次超静定结构,取主缆跨中索力 H 为赘余力,基本结构如图5-34b)所示。

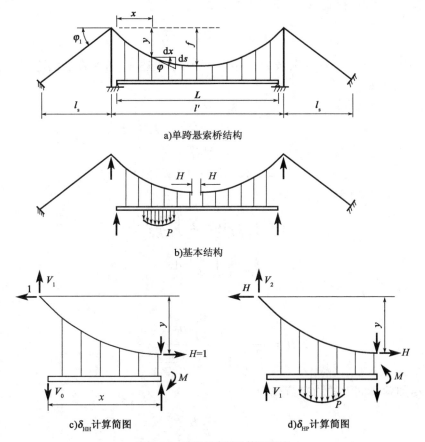

图5-34 单跨悬索桥计算示意图

根据力法,列其基本方程,见式(5-10)。

$$H = -\frac{\delta_{HP}}{\delta_{HH}} \tag{5-10}$$

式中:δ_{HH}——一对 $H=1$ 作用在主缆切口两面的相对位移;

δ_{HP}——当活荷载 P 作用在加劲梁时,主缆切口两面的相对位移。

根据结构力学,由图5-34c)可知,δ_{HH}由式(5-11)计算得到。

$$\delta_{HH} = \int_0^l M_H^2 \frac{dx}{EI} + \sum \int T_H^2 \frac{ds}{EA} \tag{5-11}$$

式中:M_H——简支的加劲梁因为在主缆上述切口处两面有一对 $H=1$ 作用而在其各点所生的弯矩;

dx——梁的单元段;

EI——梁的材料弹性模量同其截面抗弯惯性矩的乘积;

T_H——作用于主缆切口处的一对 $H=1$ 使沿缆各点所生的缆力;

ds——主缆的单元段;

EA——主缆的材料弹性模量和它的截面面积的乘积;

$\sum \int$——将主缆的全长按其线形分为几段,就每段进行积分,再求所有这些积分的总和。

δ_{HP}由式(5-12)计算得到,计算简图见图5-34d)。

$$\delta_{HP} = \int_0^l M_H M_P \frac{dx}{EI} \tag{5-12}$$

式中:M_P——简支的加劲梁在活荷载 P 作用下,发生于上述 M_H 各所在点的弯矩。

由图5-34d)可知:

$$M_H = y \tag{5-13a}$$

$$T = \frac{H}{\cos\varphi} \tag{5-13b}$$

$$T_H = \sec\varphi = [1 + (y')^2]^{\frac{1}{2}} \tag{5-13c}$$

代入式(5-11)和式(5-12),可得:

$$\delta_{HH} = \int_0^l \frac{y^2}{EI} dx + \sum \int \frac{\sec^2\varphi}{EA} ds \tag{5-14}$$

$$\delta_{HP} = \int_0^l \frac{M_0}{EI} y dx \tag{5-15}$$

因此,可得余力 H:

$$H = \frac{\int_0^l \frac{M_0}{EI} y dx}{\int_0^l \frac{y^2}{EI} dx + \sum \int \frac{\sec^2\varphi}{EA} ds} \tag{5-16}$$

吊索传给加劲梁向上的均布荷载为:

$$q = \frac{8f}{l^2} H \tag{5-17}$$

式中:l——加劲梁的跨径。

此均布荷载在加劲梁内产生的弯矩为:

$$M_x = -\frac{8f}{l^2} H \frac{x}{2}(l-x) = -Hy \tag{5-18}$$

主缆任意截面的索力为:

$$T = \frac{H}{\cos\varphi} \tag{5-19}$$

设同等跨径简支梁在荷载作用下的弯矩为 M_0，则有：

$$M_x = M_0 - Hy \tag{5-20}$$

式(5-20)中的赘余力 H，在不考虑塔的压缩与索的拉伸变形时，由力法可以求得：

$$H = \frac{\int_0^l \frac{M_0}{EI} y \mathrm{d}x}{\int_0^l \frac{y^2}{EI} \mathrm{d}x + \int_0^l \frac{\sec^2\varphi}{E_c A_c} \mathrm{d}s} \tag{5-21}$$

式中：A_c——主缆的截面面积；

　　　E_c——主缆的弹性模量；

　　　I——加劲梁的惯性矩。

加劲梁弯矩影响线图和弯矩包络图如图5-35所示。

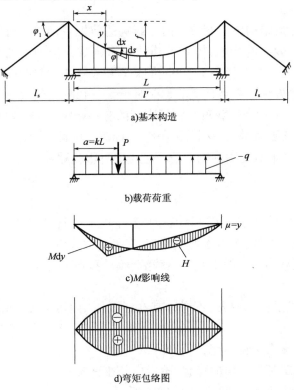

图5-35　加劲梁弯矩影响线图和弯矩包络图

注：l'为主缆的水平长度。

对于二次抛物线的主缆，上式分母第一项、第二项的积分为：

$$\left. \begin{aligned} &\int_0^l \frac{y^2}{EI} \mathrm{d}x = \frac{8f^2 L}{15 EI} \\ &\int_0^{l'} \frac{\sec^2\varphi}{E_c A_c} \mathrm{d}s = \frac{1}{E_c A_c} \int_0^{l'} \frac{1}{\cos\varphi^2} \cdot \frac{\mathrm{d}x}{\cos\varphi} \\ &= \frac{1}{E_c A_c} \int_0^{l'} \left(\frac{1}{\sqrt{1+\tan^2\varphi}} \right)^3 \mathrm{d}x = \frac{1}{E_c A_c} \int_0^{l'} \left[1 + \left(\frac{\mathrm{d}y}{\mathrm{d}x} \right)^2 \right]^{3/2} \mathrm{d}x = \frac{L_E}{E_c A_c} \end{aligned} \right\} \tag{5-22}$$

其中：
$$L_E = \int_0^{l'} \left[1 + \left(\frac{dy}{dx}\right)^2\right]^{3/2} dx$$

经积分求得 H 的影响线值为：

$$\left.\begin{array}{l} H = \dfrac{3}{f^2 l}\dfrac{1}{N}\int_0^l M_0 y \, dx = \dfrac{1}{nN}(k - 2k^3 + k^4) \\ N = \dfrac{8}{5} + \dfrac{3I}{A_c f^2}\dfrac{E}{E_c}\dfrac{I'}{l}(1 + 8n^2) + \dfrac{6I}{A_c f^2}\dfrac{E}{E_c}\dfrac{l_s}{l}\sec^3\alpha \end{array}\right\} \quad (5\text{-}23)$$

式中：n ——垂跨比，$n = f/l$；$k = a/l$；

a、l、l'、l_s 的符号意义见图 5-35。

悬索桥中单跨加劲梁的弯矩影响线见图 5-35c），其值都是等效简支梁的弯矩 M_0 减去水平力产生的弯矩 Hy。从图 5-35d）给出的最大弯矩包络图可以看出，悬索桥加劲梁中最大弯矩出现在 $L/4$ 附近。

弹性理论是在不考虑结构体系变形对内力影响的前提下推导出计算方程，而实际上悬索桥结构的变形对内力有较大的影响，体系的挠曲变形将减少加劲梁的弯矩和悬索水平拉力。跨径越大，减小值也越大。在跨径小于 200m 的悬索桥设计中，当加劲梁高度取为跨径的 1/40 左右时，采用弹性/理论方法计算是合适的。而对于大跨径悬索桥设计计算时，弹性理论则有 2 个非常明显的缺点：①未考虑恒载对悬索桥刚度的有益影响；②未考虑悬索结构非线性大位移影响，计算结果加劲梁受力偏大，材料用量多，不经济。因此，当设计 200m 以上大跨径悬索桥时，应采用计入体系变形对内力影响的挠度理论或有限位移理论计算。

二、挠度理论

用挠度理论对悬索桥结构进行分析计算时，基于以下的假定[43]：

（1）假定主缆为完全柔性，不考虑弯曲刚度，只受拉力作用；

（2）全桥的所有恒载均由主缆承受。恒载沿全跨均匀分布，在无活载状态下，主缆索为抛物线型，加劲梁内无应力；

（3）吊杆为竖直，且沿桥跨密布，不考虑其在活载作用下的拉伸和倾斜，当作仅在竖向有抗力的薄膜；

（4）加劲梁弯曲刚度沿全桥不变；

（5）主缆索及加劲梁都只有竖向位移，不考虑其在纵向的位移。

单跨悬索桥挠度理论计算示意图如图 5-36 所示。

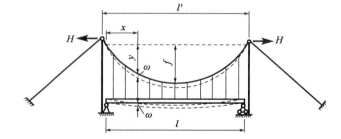

图 5-36 单跨悬索桥挠度理论计算示意图

在活载作用下,考虑主缆产生的变形,忽略吊索的变形,加劲梁的弯矩为:
$$M_x = M_0 - H \cdot (y + \omega) = M_{0g} + M_{0p} - (H_g + H_p) \cdot (y + \omega) \tag{5-24}$$

式中:M_{0g}——简支主梁在恒载作用下产生的弯矩;

M_{0p}——简支主梁在活载作用下产生的弯矩;

H_g——恒载产生的主缆拉力的水平分量;

H_p——活载产生的主缆拉力的水平分量;

ω——主缆变形。

由于施工中主梁一般在悬吊架设完毕后进行连接,因此恒载作用时加劲梁的弯矩为零:
$$M_g = M_{0p} - H_g y = 0 \tag{5-25}$$

代入式(5-24),则活载作用下的弯矩为:
$$M_x = M_{0p} - H_p y - (H_g + H_p) \cdot \omega \tag{5-26}$$

与弹性理论的式(5-20)相比,采用挠度理论计算活载作用下加劲梁中的弯矩时,式(5-26)多出右边第三项。它表明,主缆恒载要参与抵抗活载变形,活载引起的主缆张力对抵抗变形也有贡献。同时,这一项为负值,表明用挠度理论计算的加劲梁的弯矩值要小于弹性理论的计算值。因此,大跨径悬索桥采用挠度理论具有明显的经济效益。

悬索桥加劲梁的变形方程为:
$$EI \frac{d^2\omega}{dx^2} = -M_x \tag{5-27}$$

将式(5-27)代入式(5-26),得:
$$-EI \frac{d^2\omega}{dx^2} = -M_{0p} - H_p y - (H_g + H_p) \cdot \omega$$

考虑到 $\frac{d^2 M_{0p}}{dx^2} = -p$(等于分布活载强度),因此有:
$$-EI \frac{d^4\omega}{dx^4} = -p - H_p \frac{d^2 y}{dx^2} - (H_g + H_p) \cdot \frac{d^2\omega}{dx^2}$$

整理得基本微分方程:
$$EI \frac{d^4\omega}{dx^4} - (H_g + H_p) \cdot \frac{d^2\omega}{dx^2} = p + H_p \frac{d^2 y}{dx^2} \tag{5-28}$$

式(5-28)左边的第二项,考虑了几何非线性的影响。

考虑变形影响后索的拉力为:
$$H_p = -\frac{E_c A_c}{l_E} \left(\frac{d^2 y}{dx^2} \int_0^l \omega dx + \alpha t l_T \right) \tag{5-29}$$

式中:l——加劲梁的跨径;

$\alpha t l_T$——索的温度变化伸长量。

$$l_E = \int_0^{l'} \frac{ds}{\cos^2\varphi} = \int_0^{l'} \left[1 + \left(\frac{dy}{dx}\right)^2 \right]^{3/2} dx$$

$$l_T = \int_0^{l'} \frac{ds}{\cos\varphi} = \int_0^{l'} \frac{dx}{\cos^2\varphi} = \int_0^{l'} (1 + \tan^2\varphi) dx = \int_0^{l'} \left[1 + \left(\frac{dy}{dx}\right)^2 \right] dx$$

式(5-28)和式(5-29)是悬索桥挠度理论的基本方程。可以看出,应用上述两式计算是困难的,因为 ω 是由 H_p 引起的变形,而 H_p 又是由于考虑索变形后悬索的实际水平拉力。变形 ω

与索力 H_p 相互影响,是非线性关系。求解析解是困难的,往往要进一步简化。

其中,一种简化算法是,考虑到悬索桥活载与恒载比值较小的特点,在式(5-28)中略去活载引起的抗力部分 $H_p \cdot \dfrac{d^2 y}{dx^2}$ 及微分方程中的 $H_p \cdot \dfrac{d^2 \omega}{dx^2}$,采用易于求解的线性挠度理论。这样可以在指定的荷载位置情况下,有限度地使用影响线方法进行计算。这种简化算法,称为线性挠度理论。

对加劲梁较柔的悬索桥,考虑几何非线性影响的另一种简化算法是重力刚度法。它略去式(5-28)中第一项的影响。在具体计算时,采用反复迭代的方法进行。

先假定加劲梁的抗弯刚度是零,只考虑主缆,让主缆用改变其几何线形的方式来承担活荷载。在主缆的线形改变求得后,可以就每一吊索上端的位置推算位于吊索下端的梁的挠度,再凭梁的挠度的各阶导数推算梁的弯矩及其所分担的活载集度。从给定的活载集度中将所分担的集度扣除,余下者就是经由吊索传给主缆,让主缆分担的活载集度。按吊索传来的活载重新计算主缆挠度,将上述计算反复迭代,就能取得使人满意的结果。

对于大跨径悬索桥,恒载占总荷载的比例相当大,主缆在恒载(重力)作用下具有很大的初始张拉力,使主缆能维持一定的几何形状,不会因相对较小的活载作用而产生很大的改变。这样,柔性的主缆因承受重力而产生的抵抗活载变形的刚度,也称为重力刚度。重力刚度法抓住大跨悬索桥的两大特点:一是较大恒载使缆的线形稳定(即其挠度不因活载而发生大的变形);二是柔性很大的加劲梁所能分担的活载份额必然很小。这样,所需的最终结果也就同该方法在迭代开始时所假定的情况很相近。较为明确地提出重力刚度概念及其在内力计算中的应用,是美国华盛顿桥设计者的贡献。今天重力刚度法还常被用于悬索桥初步设计阶段的计算。

三、有限位移理论

比较弹性理论与挠度理论的基本假定,我们可以发现,二者主要的区别在于是否考虑主缆的变形。为了计算方便,二者都做了一些假定,如索是完全柔性的,加劲梁平直、等刚度,加劲梁的自重均布且由索承担,索是抛物线,吊索垂直、均匀密布、无变形等。这些假定与实际存在偏差,使计算结果与实际情况存在误差。随着电子计算机技术和数值计算方法的应用与发展,结构几何非线性问题可以得到精确的数值解。悬索桥的总体计算一般采用空间杆系有限元法进行,几何非线性问题采用有限位移理论求解。

有限元法放弃将悬索桥看作由承受轴向拉力的主缆与承受竖向弯矩的加劲梁所组合的结构体系,而是将悬索桥看作由多根直线杆件所组成的空间框架结构体系(主缆为多根杆组成的折线形),通过杆件交叉点(节点)处的变形协调使结构保持整体。变形协调建立在结构变形后的位置上,因此,各种几何非线性问题均被考虑在其中。

采用数值法进行计算时,对组成悬索桥的各个构件的位置与组合形状完全没有限制,而是可以任意布置,对主缆与吊索在计算上也不需加以区别。弹性理论、挠度理论一般只适用于进行结构面内计算,而数值法可应用于结构的三维立体计算,这就能解决纵桥向设斜吊索、横桥向吊索面倾斜等方案的计算。因此,非线性有限元的应用使悬索桥的设计突破了计算手段的限制,为悬索桥设计的多样性创造条件[10,43]。

第四节 施 工 方 法

一、主要施工步骤

图 5-37 给出悬索桥施工步骤示意图。它可归为以下四个主要施工步骤[44]。
(1) 修建基础、锚碇、桥塔,架设猫道,安装索鞍(包括主索鞍、散索鞍等)。
(2) 架设主缆,调索,安装索夹、吊索,缠丝。架设主缆时要进行调索。
(3) 架设加劲梁。
(4) 施工桥面系、防护栏等,施加二期恒载,拆除猫道等临时设施,将索鞍固定于设计位置。

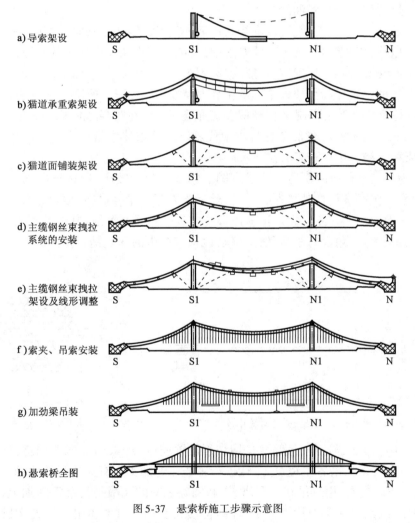

图 5-37 悬索桥施工步骤示意图

悬索桥施工的重点是主缆和加劲梁的架设,其成桥状态与施工过程有着密切的联系。以下重点介绍这两部分的施工。

相对地锚式悬索桥来说,自锚式悬索桥由于主梁受到主缆传递来的巨大水平轴向力作用,施工顺序为"先梁后缆",而不是上面所说的"先缆后梁"的顺序。它的施工难点在于加劲梁的架设,目前国内外通常使用满堂支架、临时支撑、滑动模架等方法。加劲梁架设好后,主缆可通过起重机吊装到塔顶,两端及时地锚固在锚梁上。然后安装索夹、挂吊索、张拉吊索、施工桥面系等。

二、主缆制作与架设

主缆架设分为空中纺丝法架缆和预制平行丝股法架缆。

空中纺丝法(AS法)是美国人J. A. 罗伯林在1844年提出的。为实现空中送丝,必须设置猫道和送丝设备。在空中将所有钢丝组成主缆后,为使主缆各钢丝受力均匀,必须对钢丝长度和丝股长度分别进行调整,也称为调丝和调股。调丝的目的是使同一丝股内的各丝长度相等,而调股是为了使每根丝股的计算长度符合设计要求。调丝和调股以后,为使主缆有妥善的防护,应及时进行紧缆、缠缆和油漆防护。

空中纺丝法工序多、施工速度慢,在当代已基本上没有采用,取而代之的是采用工厂制作的预制平行丝股法(PPWS法)。在这种方法中,主缆由若干两端带锚头的丝股组成,每丝股含丝若干。主缆的含股数由计算确定,每股含丝数最多为127丝。施工时架设丝股形成主缆,而不是架设一根根的钢丝,因此,架设主缆的工作量大大减小,施工速度也得到提高。美国新港(New Port)桥是第一座采用预制平行丝股主缆的悬索桥,在跨径范围内,每缆76股,每股61丝,丝径5.16mm。预制平行丝股法在日本现代悬索桥的修建中得到大量的应用与发展,也是我国目前悬索桥主缆的主要施工方法。

图5-38为预制平行丝股制造工艺示意图。钢丝从丝盘放出,通过导向网格,在成型机上向右移动,每隔一定距离用捆扎机捆扎一道,然后卷在卷筒上。同时,要给丝股两端装上锚头。图5-39表示一丝股的横截面。它是正六边形。在其一角是基准线,其他各丝的长度都是以它为基准来确定的。另一角设有一带颜色的丝,以检查缆中的丝股是否扭曲。

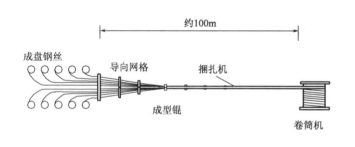

图5-38 预制平行丝股制造工艺示意图

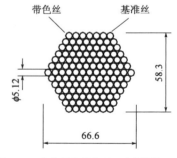

图5-39 基准丝和带色丝(尺寸单位:mm)

无论是空中纺丝法还是平行索股法,均必须设置猫道(catway)。所谓猫道,就是指位于主缆之下(大约是1m多),沿着主缆设置,让进行主缆作业的工人有立足之处的脚手架。猫道一般设两条,宽度3m左右,用悬吊在塔和塔、塔和锚碇之间的几根平行承重绳加上铺面层组成。面层曾用木梁、木板,现大都改用镀锌钢丝网(但横梁及栏柱时常还用有防火涂料的木材),其自重较轻,所受到的风的静压较小,且对防火也更有利。采用预制平行丝股架设主缆时,也需要先架设导索和猫道,以及无端索引绳(或称为拽拉索)及丝股输放机。但在猫道之上,要设置若干导向滚轮,以支承丝股。这套拽拉系统把各丝股拽拉到位,丝股两端分别连接于锚杆。

由于猫道宽度不大,为防止被风吹翻,同时也是为左右两猫道能相互交通,一般要在两猫道之间设"横道",在主跨范围内,横道可设3道或5道;在边跨范围,可设1道或2道。由于猫道自重小,一般还应在其下方设抗风索,在立面上,抗风索可呈向上凸的抛物线形。抗风索两端是扣在塔和锚碇的下方。在猫道承重绳和抗风索之间,设若干根竖向(或布置成V形的)细绳。用拉力将上述绳索绷紧,就能形成一抗风体系,帮助猫道抗风。这样设置的抗风索势必侵入航运净空,故其设置必须得到航运部门同意。猫道在预制索股加设法中也常用到。

为使主缆得到妥善的防护,还应及时进行紧缆和缠缆等工序。紧缆指在主缆各丝股全部落位之后,立即用紧缆机沿主缆移动。为避免丝股松散,要立即用钢丝或扁钢每隔0.7~0.9m捆扎一道。随后便可以安装索夹和吊索。

主缆会因其拉应力的增加而使横截面收缩,为了将主缆缠紧,应当在恒载的大部分已作用于主缆之后,再进行缠缆。缠缆就是指用缠丝机将软钢丝紧紧缠在主缆之外。缠丝之前,应清洗主缆表面,并涂防锈材料(过去用铅丹膏,现在常用锌粉膏等)。缠丝过程中,应随时清除被挤出的膏。最后在缠丝之外刷油漆。

三、加劲梁架设

悬索桥钢加劲梁在工厂制作后,应在架设前进行预拼装,预拼时的节段不应少于3段,以确保吊装时梁段间距和工地连接顺利,成桥后加劲梁线形符合设计要求。

加劲梁架设按吊装方法分类,主要有跨缆起重机架设法、桥面起重机架设法、缆索起重机架设法等;根据施工顺序分类,可分为从跨中向两桥塔和从桥塔向跨中两种;按照加劲梁节段之间的连接方法不同,可分为铰接法、逐段刚接法和分段刚接法。

跨缆起重机是大跨径悬索桥加劲梁架设常用的吊装设备,加劲梁的架设方向一般为从跨中向两侧索塔对称进行。跨缆起重机的起吊能力大,可进行加劲梁的整体节段吊装,施工速度快。但是,跨缆起重机难以负重行走,加劲梁节段通常采用垂直吊装,因此要求桥位具备一定的水上运输条件,如跨越大江、大河或海峡等。

桥面起重机架设法是大跨径钢桁加劲梁悬索桥常用的施工方法。加劲梁的架设方向从两侧索塔向跨中对称进行。利用已架设的桥面进行构件的水平运输。桥面起重机架设法对桥位地形环境的适用性强,而且施工设备较少,施工场地紧凑,工作效率较高,但这种架设方法对机械化程度要求较高。

缆索起重机是我国山区常用的桥梁吊装设备,由第四章可知它在拱桥施工中得到了广泛的应用。近年来,我国修建的几座钢桁加劲梁悬索桥的加劲梁也采用缆索起重机架设。加劲梁的架设方向一般为从跨中向两侧索塔对称进行。缆索起重机可负重行走,对环境的适用性较强,起吊能力较大,可进行加劲梁梁段的整体吊装,施工速度快。但是,随着桥梁跨径的增大,缆索起重机的起吊重量将会受到一定的限制,施工安全风险增大,经济性降低。

此外,加劲梁也可以用顶推法架设,但对于大跨径悬索桥,实际工程应用较少。还有,湖南矮寨大桥钢桁梁架设采用的是轨索运梁法。

采用跨缆起重机、桥面起重机等吊装架设加劲梁时,主缆被用作加劲梁的支撑设备(脚手架),但是,这种悬吊的脚手架是柔性的,它的几何形状会随着梁段的逐渐增加而不断改变。这一情况对加劲梁架设的影响是:当只有少数梁段架设到位时,这些梁段在上弦(或上翼缘板)处会互相挤压,而在下弦(或下翼缘板)处会互相分离。若强制下弦(或下翼缘板)过早闭合,结构或连接处有可能因强度不足而破坏。

传统的做法是:从架梁开始到大部分梁段到位,只让各梁段的上弦(或上翼缘板)形成"铰"状的临时连接,对于下弦(或下翼缘板)则让其张开。等到绝大部分梁段到位,梁段之间下面的张口就会趋向闭合,这时,才开始梁段之间的工地永久性连接。这种方法称为铰接法。这种方法安装方便、分析简单,前面介绍的弹性理论、挠度理论均以这种施工方法为依据,假定加劲梁的恒载全部由主缆承担。但这种方法施工时,在加劲梁未全部固结前,结构的刚度较低,动力性能较差,不利于抵抗施工期间的风荷载。

与铰接法相对应的是逐段刚接法。采用这种方法施工,每吊装一节段加劲梁,就立即同已就位的节段刚接,吊装完毕则加劲梁也完全刚接,随后进行桥面铺装。这种方法多采用桥面起重机进行吊装,从索塔向跨中对称进行,类似于桁架梁桥的悬臂安装法,也称为桥面起重机悬臂拼装法。由于架设好的梁段立即与对应的吊索相连,把梁段自重传给主缆,因此,先架设的梁段并不承受后架设梁段的自重。这种方法优点是,已架设的梁段刚度大,连接平顺,抗风性能好。但它需要临时设施或措施来协助或缓解吊索和加劲梁的受力,避免出现可能超出设计的应力。

另一种方法是采用分段刚接法。分段刚接法是由传统铰接法和现代的刚接法混合而成的。这种方法将加劲梁分为多个大段,在段与段间采用铰接,每一个大段之间的小节段间采用刚接。这样,既增大已架设梁的刚度,又可通过大段之间的铰消除一部分施工内力。待吊装完毕后,再将大段之间的临时铰做刚接处理,形成完整的加劲梁,然后进行桥面铺装。

【复习思考题与习题】

5-1 简述悬索桥的主要组成。简述我国悬索桥的发展历史。

5-2 与梁相比,悬索的受力特点是什么?

5-3 简述索与拱受力的相似之处和不同之处。

5-4 分别推导均布荷载和主缆自重作用下索的线形,并与相应的合理拱轴线进行对比。

5-5 悬索桥为什么具有很强的跨越能力?

5-6 现代悬索桥中常用的加劲梁有哪些结构形式?简述你见过的悬索桥的加劲梁结构形式。

5-7 根据加劲梁结构体系的不同,介绍一般悬索桥的类型。

5-8 什么是自锚式悬索桥?其与地锚式悬索桥的组成与受力上有什么异同点?为什么自锚式悬索桥没有单跨式、三跨简支式?

5-9 简述悬索桥总体设计中主要的设计参数,以及设计中取用这些参数时应注意的要点。

5-10 悬索桥主缆主要分为哪些类型?各自适用情况如何?

5-11 按结构受力特点,悬索桥的桥塔可分为哪些类型?各自有何优、缺点?

5-12 悬索桥的主鞍是什么?其作用是什么?实际工程中,大跨径悬索桥成桥后的主鞍与塔顶固结,但为什么在主鞍下设置辊轴?

5-13 悬索桥的散索鞍是什么？实际悬索桥设计中是否一定要设置该构造？为什么？

5-14 悬索桥的锚碇是什么？其作用是什么？实际工程中，悬索桥的锚碇分为哪些类型？

5-15 悬索桥吊索的作用是什么？按照所用材料不同，吊索可分为哪些类型？其与主缆的连接方式有哪两种？

5-16 简述悬索桥的各种设计计算理论。

5-17 悬索桥设计中的"重力刚度法"是什么？

5-18 简述悬索桥的主要施工过程。比较悬索桥和拱桥的施工特点。

第六章 斜拉桥

斜拉桥是由索、塔、梁组合而成的一种缆索支承的结构,是近现代发展很快的一种桥型。本章首先介绍斜拉桥的基本构成与受力特点,然后介绍斜拉桥结构与构造、设计计算要点,最后简介它的施工方法。

第一节 概 述

一、基本构成与术语

斜拉桥结构由主梁(也称为加劲梁)、索塔和斜拉索(stay cable)共同承载[45],如图6-1所示。

斜拉索为受拉构件,以高强钢索为主。它一端锚固于索塔上,另一端锚固于主梁上,属自锚式结构。也有个别斜拉桥,采用地锚式,如图6-2所示。这样的斜拉桥称为地锚式斜拉桥。还有一种部分地锚式斜拉桥,斜拉索一部分为自锚式,一部分为地锚式。这两种桥型,比自锚式斜拉桥多了锚碇一项,结构受力(主要是主梁)也有所不同。同时,连接锚碇的斜拉索(也称为地锚索)仅起平衡桥跨斜拉索拉力的作用,没有发挥为主梁提供弹性支承的作用,效用没有充分发挥,影响经济性。因此,地锚式和部分地锚式斜拉桥均较少采用。除非特别指明,一般所说的斜拉桥均指自锚式。本章的内容也以自锚式斜拉桥为主。

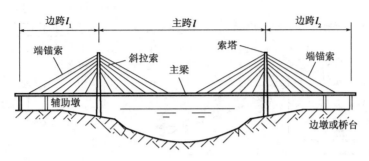

图 6-1　三跨(自锚式)斜拉桥示意图

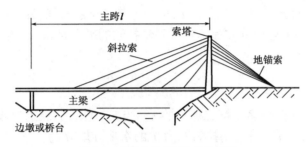

图 6-2　单跨地锚式斜拉桥示意图

在斜拉桥中,还经常用端锚索来约束索塔的变形,如图 6-1 所示。端锚索是最上端的背索,张力比其他斜拉索大,设计时一般采用截面较大的斜拉索。

斜拉桥的主梁为压弯构件,可采用混凝土、钢和钢-混凝土组合结构,相应的斜拉桥称为混凝土梁斜拉桥、钢梁斜拉桥和钢-混凝土组合梁斜拉桥。主梁还可以采用混合梁,即边跨的一部分或全部采用混凝土梁,主跨的大部分或全部采用钢梁或组合梁,这样的斜拉桥称为混合梁斜拉桥[46]。

斜拉桥的索塔以受压为主,可采用混凝土、钢和钢-混凝土组合结构。

二、受力特点

1. 斜拉索的垂度效应

斜拉索与上一章介绍的悬索,均属于索结构,为受拉构件。不同的是,除悬索的自重外,悬索中的拉力主要是加劲梁通过吊索传来的荷载产生的;而斜拉索的拉力主要由两端直接的拉力引起,同时也要承受斜拉索自重的横向分力。除主缆外,悬索桥还有吊索等垂直斜拉索。

斜拉索一般也不考虑其弯曲刚度和抗弯能力,在分布等荷载作用下,它产生下挠变形而呈曲线状[图 6-3a)],其中跨中截面斜拉索的挠度 f 称为垂度,垂度 f 与跨径 l 的比称为垂跨比[10]。

根据如图 6-3b)所示的斜拉索微元体平衡条件,可以得到如式(6-1)所示的微分方程。

$$H \frac{d^2 y}{dx^2} = -q \tag{6-1}$$

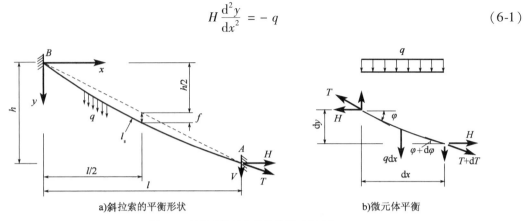

图 6-3 斜拉索的平衡形状及微元体平衡

在自重作用下,由第五章第一节的推导,可知它是一条悬链线,见式(5-6)和式(5-7)。

对于均布荷载 q,从上述微分方程不难得到斜拉索的平衡状态(曲线)为二次抛物线形,可写成如下的形式:

$$y = -\frac{4f}{l^2}x^2 + \frac{h+4f}{l}x \tag{6-2}$$

与式(5-3)相比,式(6-2)多了第二项中的 h。当 $h=0$ 时,它就退化成式(5-3)。

将式(6-2)代入式(6-1),得到斜拉索张力 T 的水平分量 H 为:

$$H = \frac{ql^2}{8f} \tag{6-3}$$

由式(6-3)可知,在竖向荷载作用下,斜拉索张力的水平分量 H 与截面位置无关,是常数,斜拉索垂度 f 与张力的水平分量 H 成反比,H 越大,斜拉索的垂度 f 越小,斜拉索的形状越接近于直线。显然斜拉索与水平拉索或悬索(如悬索桥主缆)的水平支反力相同。

当斜拉索只承受其自重作用时,荷载集度沿索长为均匀分布,代入式(6-1),可推导得到其曲线方程,见式(6-4)。

$$y = \frac{H}{q}\left[\text{ch}\gamma - \text{ch}\left(\frac{2\beta}{l}x - \gamma\right)\right] \tag{6-4}$$

其中:

$$\gamma = \text{sh}^{-1}\left[\frac{\beta\left(\frac{h}{l}\right)}{\text{sh}\beta}\right] + \beta, \beta = \frac{ql}{2H} \tag{6-5}$$

式(6-5)中的符号意义见图5-5,它表示的是一条悬链线。对于水平拉索(如悬索桥主缆),令 $h=0$,则由式(6-5)可知 $\gamma = \beta$。

斜拉桥斜拉索的主要作用是向主梁提供向上的支承力,理想的斜拉索是没有垂度的直线索,但斜拉索在自重作用下将不可避免地产生垂度,设计中通过初(始)拉力来减小垂度。具有垂度,是斜拉索的重要力学特征,是斜拉桥结构分析中需要考虑的一个重要因素。斜拉索垂度使得斜拉索的拉伸刚度下降,对主梁提供的支承力减小,且使得斜拉桥结构的几何非线性力学行为较为明显。斜拉桥跨径越大,斜拉索越长,斜拉索垂度对结构受力行为的影响也越大。

从式(6-3)可知,斜拉索的垂度大小与张拉力有关,张拉力越大,垂度就越小,拉伸刚度也就越大。因此,斜拉索的刚度随着张拉力变化而变化,其几何非线性的力学特性需要通过迭代计算得到。然而,大跨径斜拉桥的恒载远大于活载,计算时常常忽略几何非线性的影响,根据成桥状态的张拉力得到的斜拉索拉伸刚度进行结构计算。但是,进行施工过程计算时,由于斜拉索张拉力变化幅度大,跨径稍大的斜拉桥应考虑几何非线性的影响。

顺便指出,几何非线性是指结构的变形与所受荷载之间是一种非线性关系的力学现象。第四章所讨论的拱的稳定问题,是由很大的压力与横向变形相互作用而引起的,为一种大应变小变形的几何非线性问题;本章和第五章所讨论的斜拉索和水平悬索的几何非线性问题,是由结构抗弯刚度极小、受力前后结构形状改变很大而引起的,为一种大变形小应变的几何非线性问题。

斜拉索张拉时,索的伸长量包括弹性伸长以及克服垂度所带来的伸长。为方便计算,可以用等效弹性模量的方法,在弹性伸长公式中计入垂度的影响。假定在上端拉力 T 的作用下,如图6-4a)所示的斜拉索被完全拉直,其沿斜线方向的所产生的变形为 ΔL,通过拉力 T 与变形 ΔL 的关系来求得等效弹性模量。

斜拉索在竖向自重集度为 $q(q=\gamma A)$ 作用下的受力,如图6-4b)所示,f_1 为斜拉索跨中处的径向挠度(垂度)。因索不承担弯矩,根据跨中处斜拉索弯矩为零的条件[式(6-6)],可得斜拉索的垂度 f_1 表达式为式(6-7)。

$$T \cdot f_1 = \frac{1}{8}q_1 L^2 = \frac{1}{8}qL^2 \cdot \cos\alpha \tag{6-6}$$

$$f_1 = \frac{qL^2}{8T}\cos\alpha \tag{6-7}$$

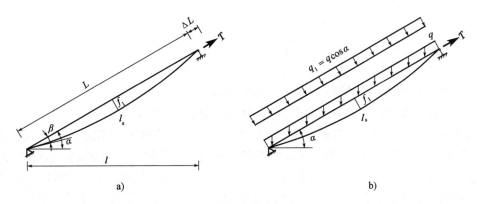

图6-4 斜拉索的受力图式

斜拉索在其自重作用下的线形为悬链线,见式(6-4)。实际应用中,斜拉桥的拉索通过初张力,使其垂度 f_1 尽可能小。当垂度 f_1 很小时,斜拉索的自重可以近似看作沿水平投影方向均布的荷载,其曲线接近抛物线。换言之,按抛物线计算的线形,可以满足精度的要求。二次抛物线的曲线长度可按幂级数展开,近似取前两项,见式(6-8)、式(6-9)。

$$l_s = L\left[1 + \frac{8}{3}\left(\frac{f}{L}\right)^2 - \frac{32}{5}\left(\frac{f}{L}\right)^4 + \frac{257}{7}\left(\frac{f}{L}\right)^6 + \cdots\cdots\right] = \alpha L \tag{6-8}$$

$$l_s = L + \frac{8}{3} \cdot \frac{f_1^2}{L} \tag{6-9}$$

因此,斜拉索完全被拉直时斜线方向的变形为 ΔL,可由式(6-10)得到。

$$\Delta L = l_s - L = \frac{8}{3} \cdot \frac{f_1^2}{L} = \frac{q^2 L^3}{24 T^2} \cos^2\alpha \quad (6\text{-}10)$$

对拉力 T 求导,得:

$$\frac{\mathrm{d}\Delta L}{\mathrm{d} T} = -\frac{q^2 L^3}{12 T^3} \cos^2\alpha \quad (6\text{-}11)$$

用弹性模量的概念表示上述垂度的影响,则有:

$$E_\mathrm{f} = \frac{\mathrm{d} T}{\mathrm{d}\Delta L} \cdot \frac{L}{A} = \frac{12 L T^3}{A q^2 L^3 \cos^2\alpha} = \frac{12\sigma_0^3}{(\gamma l)^2} \quad (6\text{-}12)$$

式中:σ_0——斜拉索的初应力,$\sigma_0 = T/A$;

γ——斜拉索的单位体积重量(包括斜拉索本身重量和防腐材料重量等);

l——斜拉索的水平投影长度,$l = L\cos\alpha$;

E_f——计算垂度效应的当量弹性模量。

在 T 的作用下,斜拉索的弹性应变为:

$$\varepsilon_0 = \frac{\sigma_0}{E_0} \quad (6\text{-}13)$$

式中:E_0——斜拉索的材料弹性模量,即斜拉索不考虑垂度影响的弹性模量。

因此,换算弹性模量 E_e 为:

$$E_\mathrm{e} = \frac{\sigma_0}{\varepsilon_0 + \varepsilon_\mathrm{f}} = \frac{\sigma_0}{\frac{\sigma_0}{E_0} + \frac{\sigma_0}{E_\mathrm{f}}} = \frac{E_0}{1 + \frac{E_0}{E_\mathrm{f}}}$$

即

$$E_\mathrm{e} = \frac{E_0}{1 + \frac{(\gamma l)^2}{12\sigma_0^3} E_0} = \mu E_0 \quad (\mu < 1) \quad (6\text{-}14)$$

式中:μ——斜拉索换算弹性模量 E_e 与材料弹性模量 E_0 之比。

这即为 Ernst 提出的考虑垂度对斜拉索刚度的影响的换算弹性模量公式[45]。

图 6-5 为五根不同跨径的钢索换算弹性模量与索力的关系曲线,从图示曲线可以看到,跨径越大,换算弹性模量越小,索力增大,换算弹性模量提高。标准强度 1670MPa 的钢索正常使用条件下的应力水平为 650MPa 左右,从图示曲线可以看到,对于跨径 200m 以下的斜拉索可以忽略弹性模量的折减。因此,对于跨径 400m 以下的双塔斜拉桥,垂度引起的影响是非常小的。

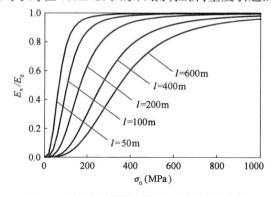

图 6-5 斜拉索换算弹性模量与索力的关系曲线

由于斜拉索要为加劲梁提供弹性支承[图6-4a)],因此要求斜拉索具有较大的拉伸刚度,即单位拉力作用下斜拉索的伸长量要小。由前面分析可知,斜拉索在自重作用下,不可避免地具有一定的垂度。如果斜拉索受到加劲梁传来的额外的力,这个力作用下的斜拉索,除弹性变形伸长外,还会因垂度减小而伸长。自重垂度对斜拉索作用的影响,可用μ来反映,该值越大,表明斜拉索刚度受自重垂度的影响越小,对加劲梁的弹性支承越有效,反之亦然。由式(6-14)可知,μ与斜拉索的单位体积重量γ成反比,γ越大,垂度越大,μ越小;μ与斜拉索的初应力σ_0成正比,σ_0越大,垂度越小,μ就越大。

2. 斜拉桥的结构受力特点

斜拉桥由索、塔、梁形成一系列的三角形受力体系组成,如图6-6所示。

斜拉索对加劲梁施加的斜拉力,竖直反力部分为加劲梁提供弹性支承,使得加劲梁的弯矩值大幅度减小。图6-7给出均布荷载下斜拉桥加劲梁与同跨径连续梁的弯矩对比。显然,在斜拉索

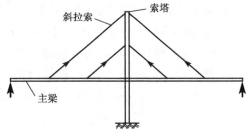

图6-6 斜拉桥受力示意图

拉伸刚度相同的情况下,斜拉索布置越密,主梁的弯矩越小。因此,现在的斜拉桥以密索体系为主,早期采用的稀索布置已很少应用。斜拉桥更重要的特征是斜拉索的初始张力是可以按设计者的意图来进行调整的,通过索力优化实现主梁弯矩分布更合理的目的。

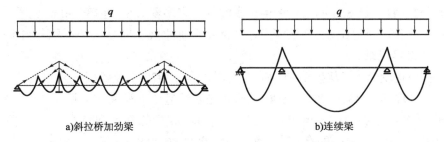

图6-7 均布荷载下斜拉桥加劲梁与同跨径连续梁弯矩对比

斜拉索对加劲梁施加斜拉力,其水平分力使加劲梁成为压弯结构。这与主拱受力相似,而与悬索桥的加劲梁以受弯为主不同。因此,确保加劲梁的稳定(包括整体稳定和局部稳定)是斜拉桥设计中应特别注意的一个问题。这也是其跨越能力略逊于悬索桥的主要原因。

由于索塔两边斜拉索的水平分力基本相同,因此索塔主要受竖向分力作用的受压结构。斜拉索另一端锚固于主梁内,形成自锚体系,无须像悬索桥一样另设锚碇。因此,在跨越能力可及的范围内,斜拉桥一般来说较悬索桥经济,特别是对于基础条件差的桥位。

斜拉桥与悬索桥同属于索支承桥梁,也存在几何变形大、结构偏柔等问题,同样需要控制风振、车振,保证动力稳定性,满足行车与结构的安全[47-49]。但相对来说,斜拉桥的刚度要大于悬索桥,这也是斜拉桥具有较大竞争力的一个原因。

斜拉桥是高次超静定结构,需要考虑几何非线性问题、动力问题,手算极其复杂。对于密索体系,手算几无可能。斜拉桥能在比较短的时间内得到迅速发展,除前述的高强度钢索的开发应用外,另一个主要原因在于结构计算方法的进步[47]。

作为自锚式结构,斜拉桥在主塔达到一定的高度后就可以进行主梁的安装,不需要等到主

塔全部施工完成,也没有锚碇需要施工,所以施工速度较悬索桥快。同时,从第一对索开始,它的结构就是斜拉结构,不像拱那样要等到合龙后才成为拱,所以施工过程相对简单。当然,斜拉桥作为高效超静定结构,施工过程对主梁等结构的内力和位形的控制是非常重要的,现代桥梁的施工控制由斜拉桥发展出来[50]。

三、斜拉桥发展概况

依靠斜拉索分担主梁荷载的概念是不难想到的。实际上,斜拉桥自古有之,古人用竹子、藤条等植物斜吊桥面建造原始斜拉桥。17世纪欧洲曾经设计制造过若干座木制斜拉桥,但是,由于当时的设计人员对高次超静定结构设计缺少经验,对拉索的预张力作用缺乏认识,多座桥梁建成后不久发生了坍塌,此后很长一段时间桥梁设计很少采用斜拉桥结构[7,10]。

1955年德国DEMAG公司在瑞典修建的主跨182.6m斯特伦松德(Stromsund)桥,开创了现代斜拉桥的建设历史。此后,德国又在莱茵河相继建造了若干座斜拉桥,为斜拉桥设计、施工技术的发展奠定了基础。1962年委内瑞拉建成的马拉开波桥是第一座现代混凝土斜拉桥,跨径布置为160m+5×235m+160m。1967年跨径280m的弗里德里希埃伯特(Friedrich Ebert)桥第一次采用拉索间距较小的密索体系,改善了主梁的受力条件,为斜拉桥向特大跨径的桥梁发展提供了新的思路。此后短短的半个世纪内,斜拉桥的建设数量与跨度得到了空前的发展。1991年建成的挪威斯卡特恩圣特桥,主跨530m为混凝土斜拉桥的最大跨径;1995年建成的法国诺曼底斜拉桥(主跨856m)、1999年建成的日本多多罗大桥(主跨890m,见图1-23),均创下当时斜拉桥跨径的世界纪录,2012年建成的俄罗斯的俄罗斯岛大桥(主跨1104m)为目前斜拉桥跨径的世界纪录。

中国斜拉桥建设经历了从模仿到创造的发展过程。1975年在四川云阳建成了第一座斜拉桥,主跨为76m(现已拆除)。1991—1996年期间先后建造了上海南浦大桥、杨浦大桥(图1-29)和徐浦大桥,为斜拉桥在中国发展积累了经验。目前,我国修建了数量众多、形式丰富多样的斜拉桥,其中主跨超过400m的有八十余座,占世界总数的80%左右。1000m级苏通大桥(图1-30)和香港昂船洲大桥(主跨1018m)改变了悬索桥垄断千米级大桥的历史,是斜拉桥建设史上的一个重大突破。伴随着大量的建设,中国在斜拉桥设计、施工技术、施工控制、斜拉索的风雨振等方面积累了丰富的经验,取得丰硕的研究成果[45,46]。

斜拉桥在比较短的时间内得到迅速发展,一方面是因为结构计算方法的进步和高强度钢索的开发应用,另一方面这种结构在跨径400~1000m的桥梁中较其他桥型经济,填补了拱桥和悬索桥经济跨径之间的空缺。再加上斜拉桥结构造型灵活多样,深受设计人员的青睐,为推动斜拉桥的发展起到了积极的作用。自第一座现代斜拉桥出现至今,斜拉桥的建设跨径不断被刷新,这种结构的极限经济跨径受到不少学者和工程技术人员关注。开始人们认为跨径超过500m以后斜拉桥不宜采用,随着斜拉桥建设经验的积累,目前一般认为斜拉桥的极限跨径可以达到1500m,施工期间的结构安全性是限制这种结构向更大跨径方向发展的主要因素。但斜拉桥无法取代大跨径悬索桥,因为跨径大了以后,斜拉桥有结构稳定问题。当然,满足不同建设条件和桥梁功能要求的斜拉桥结构还需要不断创新,斜拉桥的建设历史还不是很长,还需要不断对斜拉桥的抗风、抗震性能以及结构耐久性等进行深入研究。

第二节　结构与构造

一、总体布置

1. 跨径布置

最常见的斜拉桥是双塔三跨结构(图6-1),简称三跨斜拉桥或双塔斜拉桥。根据地形条件和使用要求,也可以设计成独塔双跨结构,简称为双跨斜拉桥或独塔斜拉桥,如图6-8所示。也有的斜拉桥采用多于两塔(多于三跨)的结构,这种斜拉桥称为多跨斜拉桥或多塔斜拉桥,在下一小节的特殊结构体系中介绍。

当桥梁跨越河流时,可采用双跨斜拉桥,跨径较大的主孔,单孔跨过河流,桥塔设在岸边,跨径较小的边跨主要处于岸上,如图6-8所示;也可以采用三跨斜拉桥,把两个桥塔设在河中靠近河岸水浅、地质较好的位置,用跨径大的主跨跨越水深的主河道或主航道,如图6-1所示。双跨斜拉桥以跨径大的一跨为主跨,三跨斜拉桥以中跨为主跨。

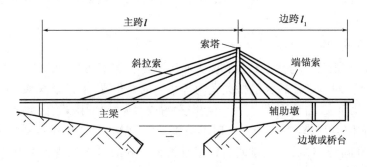

图6-8　独塔(双跨)斜拉桥结构示意图

双跨斜拉桥只有一个塔,塔和基础的工程量相对少些,与主跨相同的三跨斜拉桥相比,主梁的受力要大许多,主梁的工程量也更大。以施工时悬臂最长的状态为例,双跨斜拉桥的悬臂长度几乎是三跨斜拉桥的两倍。因此,它的主孔跨越能力比双塔三跨式斜拉桥小,故较适合于跨越中、小河流、谷地及交通道路的桥梁。

三跨斜拉桥虽然较双跨多了一个塔及其基础,但主梁的受力小,总体经济性较好。同时,其跨越能力大,适合于有较大跨越要求的桥梁。

斜拉桥跨径布置应考虑边跨和主跨的荷载平衡,一般考虑恒载的平衡。如边跨的跨径为l_1、主跨跨径为l_2,三跨式斜拉桥的l_1/l_2宜为0.3~0.5,其中钢主梁宜为0.3~0.4,组合梁宜为0.4~0.5,混凝土梁宜为0.3~0.45。在特殊的地形条件下,可采用更小的跨径比或采用地锚式斜拉桥。两跨式斜拉桥的l_1/l_2宜为0.5~1.0。若可以通过特殊的处理,跨径比不一定要局限在上述范围内。以下举例说明一些常见的结构处理方式。

(1)当边跨跨径比较大时,可以通过在边跨设置辅助墩或者增大桥塔刚度的方法改善结构的受力条件。

(2)当边跨跨径比较小时,为了减小中跨和边跨主梁荷载不平衡对结构受力条件的影响,下端的斜拉索尽量对称布置在索塔两侧,将不能对称布置的边跨上端斜拉索集中布置在端部靠近桥墩的截面位置,采用梁端局部压重或者采用自重大的混凝土主梁结构以避免支座出现负反力。

2. 不同跨径的主梁选择

主跨在400m以下的双塔斜拉桥宜采用混凝土主梁;主跨在600~800m的斜拉桥宜采用钢主梁或混合梁;主跨在400~600m的双塔斜拉桥宜进行各种主梁综合比较后选择;主跨处于边界域时,应根据具体情况作综合比较。梁高应根据跨径、索面布置、截面形式、纵横向受力特点等综合确定。

3. 塔高

在斜拉桥总体布置中,索塔高度是涉及工程技术经济指标的一个重要参数。塔的有效高度一般从桥面算起。索塔越高,斜拉索的倾角越大,对主梁的支承效果也就越好,但是对应的索塔与斜拉索的材料用量也会随之增加。相反,索塔过低,斜拉索的竖向分力小,传力效果差,而水平分力大,主梁受的轴力可能会过大。因此,桥塔的高度宜通过经济比较决定。

《公路斜拉桥设计规范》(JTG/T 3365-01—2020)[简称《斜拉桥规范》(JTG/T 3365-01—2020)]规定,双塔、多塔斜拉桥桥面以上索塔的高度与主跨跨径之比宜为1/6~1/3。独塔斜拉桥桥面以上的塔高与跨径之比宜为1/3~1/1.5,斜拉桥最外侧斜拉索的水平倾角不宜小于22°。

4. 斜拉索的布置形式

斜拉索布置按间距可分为稀索布置和密索布置两种。密索布置,可以改善主梁的受力条件,索力较小,锚固方便,对跨径比较大的桥梁尤为合适。稀索布置,主梁索支承之间的跨径大、所受弯矩大,要求主梁截面大,自重也大。由于索少,索的拉力大,锚固困难,因此,它主要在早期跨径不大的斜拉桥中应用,现已较少采用。一般不特别注明,现在的斜拉桥均采用密索布置。斜拉索在主梁上的标准间距,对于钢主梁或组合梁宜为8~16m,对于混凝土主梁宜为6~12m。

(1)横桥向布置

斜拉桥索面布置主要有单索面和双索面两种,双索面又可分为双平行索面和双斜索面,见图6-9。此外,还有多于两个索面的多索面斜拉桥。

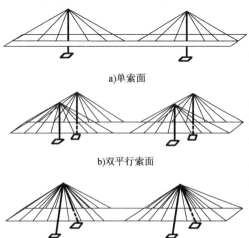

图6-9 斜拉索横桥向索面布置
a)单索面 b)双平行索面 c)双斜拉索面

单索面斜拉桥[图6-9a)]的主梁在横桥方向由斜拉索提供的弹性支承只有单个支撑点,结构抗扭刚度低,不利于承受偏心活载,抗风性能以及施工稳定性差,依靠主梁自身的抗扭刚度承受扭矩,因此宜采用扭转刚度较大的主梁,一般为箱形截面。这种结构体系特别适合设有中央分隔带的桥梁,可以利用分隔带布置索面,桥面的有效宽度大,桥墩布置灵活,视觉效果好。按单索面设计时,为了避免斜拉索的索力过大,索间距不宜太大。为了减小斜拉索截面尺寸,一般采用并列布置的两根索来分担结构荷载。

双索面斜拉桥[图6-9b)和图6-9c)]在横桥向布置两个索面,斜拉索为主梁在横桥向提供两个支承点,其中双斜拉索面的斜拉索在横桥向还提供相向对内的一对分力,可协助主梁抵抗扭矩作用;结构抗扭刚度大,抗风性能好,因此主梁的抗扭刚度可以设计得小一些;截面既可以采用闭口箱形截面,也可以是开口截面。但是,从结构抗风性要求以及悬臂施工过程中的安全性要求考虑,主梁截面的扭转刚度也不宜设计得过小。

多索面斜拉桥只有当桥面非常宽时采用。因多索面斜拉桥存在传力复杂、施工控制难度大、景观效果差等问题,故按多索面设计的斜拉桥不多。

(2)纵桥向布置

斜拉索在纵桥向布置有辐射形(radial-type)、扇形(fan-type)、竖琴形(harp-type)、星形(star-type)以及星形与扇形组合等形式(图6-10)。有时国外将其称为体系,如扇形体系(fan system)。《斜拉桥规范》(JTG/T 3365-01—2020)规定,斜拉索纵桥向布置宜采用扇形,也可采用竖琴形、辐射形、星形等。

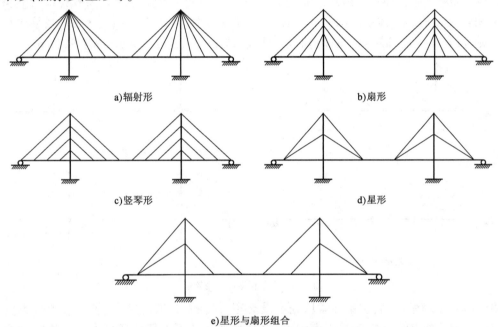

a)辐射形　　b)扇形　　c)竖琴形　　d)星形　　e)星形与扇形组合

图6-10　斜拉索纵桥向布置形式

辐射形布置时斜拉索的倾角大,传递竖向荷载的效率高,而且张力水平分力也比较小,可以减轻主梁的轴向压力。缺点是塔顶锚固过于集中,构造处理非常困难,因此,除斜拉索数量不多的小跨斜拉桥以外很少采用。

扇形布置的斜拉索在索塔锚固分散到一定的高度范围,其分布范围由锚固构造要求确定,一般两个锚固点的间距为3~4m。这种布置方式索力传递接近于最合理,构造也能满足施工要求,是斜拉桥普遍采用的一种结构形式。

竖琴形斜拉索布置是平行布置斜拉索的结构体系,最大特点是避免斜拉索之间相互交叉的视觉效应,斜拉索长度变化有韵律,景观效果较好,而且对主梁的轴向变形约束刚度大。但是,其缺点是竖向的传力效果比较差。当斜拉索布置对斜拉桥经济性影响不大时(中等跨径的钢桥)或者从景观需要考虑,设计可采用竖琴形的斜拉索布置形式。此外,竖琴形不适用于飘浮体系(见后文介绍)。

星形斜拉索结构受力不合理,索在主梁上的锚固点太集中,也不好布置,很少采用,偶尔为了景观而用于小跨径的斜拉桥中。

总之,斜拉桥斜拉索布置的自由度很大,既可以是竖索面,也可以是斜拉索面,甚至是空间曲索面,主要取决于索塔的形式和桥梁的平面形状,以及桥梁景观要求。H形、独柱式索塔一般采用竖平面索面,当索塔在横向为A形、钻石形时,需要双斜拉索面与之配合。曲线斜拉桥、拱形索塔的索面为空间曲索面。斜拉索在桥面的锚固位置根据桥面布置、结构设计条件也可以是灵活多样的,索面既可以布置在桥面宽度外侧,也可以布置在桥面宽度之内。

二、结构体系

1. 基本结构体系

斜拉桥的基本结构体系是指其主梁、索塔和桥墩之间的结合方式,它对斜拉桥的受力特性有重要的影响,主要有飘浮体系(floating system)、半飘浮体系(semi-floating system)、塔梁固结体系(fixed system between pylon and girder)和塔梁墩固结体系(rigid frame system)等(图6-11)。

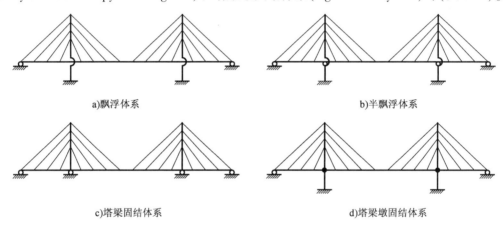

图6-11 斜拉桥基本结构体系

飘浮体系是塔墩固结,主梁在索塔处不设支座,仅在桥台或过渡墩、辅助墩上设置纵向活动支座。主梁在纵桥向变形不受索塔约束,主梁水平荷载不直接传递到索塔。地震时全桥可作纵向摆动,振动周期长,可避免结构共振,达到减震消能的目的。主梁在索塔处负弯矩小,采用混凝土主梁时,混凝土徐变影响也小。不足之处是结构刚度小,纵桥向变形较大,施工期间稳定性差。悬臂施工时,要将塔梁临时固结,合龙后解除,进行体系转换。

半飘浮体系是塔墩固结,主梁在索塔处设有竖向支承,主梁支承在桥塔的横梁上,整体刚度比飘浮体系大。索塔对主梁的纵向水平约束刚度,根据结构受力要求通过试算确定。一般来说,约束刚度越小,结构受到的水平地震作用也就越小,但纵桥向的水平变形就越大。不足之处是,主梁在刚度较大的支点处会出现比较大的负弯矩。适用于跨径不大的斜拉桥。

塔梁固结体系是塔梁之间固结,在桥墩上设置支座。优点是索塔根部弯矩小,温度附加内力小。缺点是支座反力大,需要采用大吨位的支座;梁负弯矩大,跨中挠度也大;结构刚度小,动力特性不理想,抗风抗震不利。这种结构体系在跨径比较大的斜拉桥中不宜采用,近年来除主梁较刚的部分斜拉桥外,已较少采用。

塔梁墩固结体系是塔、梁、墩相互固结,在索塔处不需要设置支座。施工过程中结构稳定性好,也无需体系转换;由于不设支座,也有利于使用维护。这种结构体系的刚度大,结构变形小,特别适用于独塔斜拉桥。不足之处是支点处主梁弯矩大,索塔还需要承受很大的温度应力以及水平地震作用,故一般适用于结构温度应力不大的小跨径独塔斜拉桥。大跨径斜拉桥当主墩很高且较柔时,也可采用。早期也曾修建过带挂梁的刚架体系,但因行车不舒适且结构的强健性低,现在已经很少使用。

实际工程中,飘浮体系与半飘浮体系应用最多。飘浮式或者半飘浮式斜拉桥结构体系在横桥方向一般需要采用限位支座,防止主梁摆动和塔梁之间发生碰撞。

2. 其他结构体系

其他结构体系是指多塔斜拉桥、地锚体系斜拉桥、部分斜拉桥、无背索斜拉桥以及斜拉桥与其他桥型结构协作共同受力所形成的协作体系。对于这些体系,应根据桥址条件、适用情况、技术条件以及美观要求选定。

多塔斜拉桥,桥塔多于两个。由于中间桥塔没有端锚索限制其变形,结构刚度小、施工过程中形状控制困难,而较少采用。图6-12所示为三塔四跨斜拉桥示意图。国内外所建的多塔多跨斜拉桥,如我国的浙江嘉绍大桥、湖南岳阳洞庭湖大桥、湖北夷陵长江大桥、香港汀九桥、台湾光复桥,希腊的里约-安提利翁(Rion-Antirion)桥和法国的米约(Millau)桥等,其中希腊的里约-安提利翁(Rion-Antirion)桥跨径最大,达到560m,跨径布置为286m + 3 × 560m + 286m。

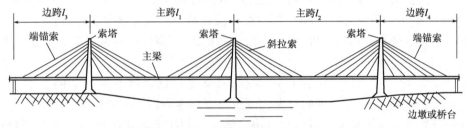

图6-12 多塔斜拉桥结构示意图(三塔)

多塔斜拉桥的中间跨多采用等跨,边中跨比可参照双塔三跨斜拉桥选用。主梁宜采用飘浮体系或半飘浮体系。多塔斜拉桥的总体刚度较小,保证其整体刚度,是其设计的关键。以三塔四跨斜拉桥为例,它有两个中跨,当其中某一中跨有活载作用而另一中跨为空载时,其结构变形如图6-13a)所示,两边塔有端锚索的作用,挠曲变形较小,而正中间的塔将产生较大的挠曲,受载跨产生较大的向下变形,空载跨产生较大的向上变形。因此,整体刚度变小[51]。

相比较而言,对于三跨斜拉桥中跨加载时,如图6-13b)所示,两塔向中跨的挠曲将受到端锚索的约束,有时还受到辅助墩的约束(图6-1),因此,塔的挠曲值减小,跨中主梁的下挠值也相应减小,也使得其边跨斜拉索索力变化不大,从而减小边跨的上挠,提高结构的整体刚度。三跨斜拉桥当边跨加载时,边跨下挠,主跨上挠,塔向边跨挠曲,边跨端锚索拉力减小,其他斜拉索拉力增大。

为提高整体刚度,多塔斜拉桥在结构和构造上可采取如下的措施:

(1)增大主梁,增大中间索塔的刚度。

(2)采用斜拉索对中间索塔顶加劲;可增设斜拉索,一端锚于中间索塔塔顶,另一端锚于邻塔的根部或邻塔的塔顶。

(3)在边孔设辅助墩,增大边孔斜拉索的面积,减小边孔索距。

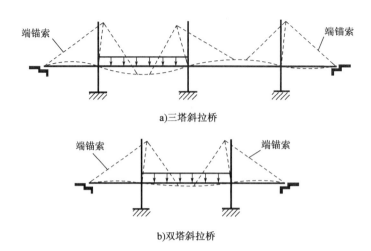

图 6-13　多塔斜拉桥与双塔斜拉桥受力比较图

当边主跨跨径比很小,边跨可设地锚,以维持体系平衡,即采用地锚式斜拉桥。地锚可采用重力式锚或抗拔桩锚。

对于三跨地锚式斜拉桥,其斜拉索锚固在地锚上,主跨中部应设有允许梁体纵向移动的装置,以适应主梁因温度变化引起的伸缩,如只传递剪力不传递弯矩、轴力的铰,或同时能传递剪力和弯矩的变位装置。西班牙的鲁那桥(主跨440m),跨中设剪力铰,但桥面不平顺,不利于行车;我国郧阳汉江大桥(主跨414m),跨中设可传递弯矩的允许纵向移动装置。

对于两跨或单跨地锚式斜拉桥,由于主梁可向主跨一侧伸缩,一般不必有为适应温度变化的特殊装置。

部分斜拉桥,塔较矮,梁较刚,索的贡献较小,受力接近于带有体外索的连续梁,在跨径150~250m范围内,是一种较经济的桥型。该桥型将在本章最后一节介绍。

斜拉桥与其他桥型体系还可以组合成协作体系。斜拉桥与梁桥的协作体系,如我国广东金马大桥,由60m的T构与223m斜拉桥组成283m独塔斜拉桥;斜拉桥与悬索桥的协作体系,如美国的Brooklyn桥(跨径487m)和我国贵州乌江大桥(跨径288m);斜拉桥与反拱形上承式或索桥协作体系,如日本Mio博物馆桥(跨径114m);斜拉桥与拱桥的协作体系,如马来西亚Pajaya 8号桥(跨径300m)和我国的湖南湘潭莲城大桥(跨径约400m)。

三、主要结构

1. 索塔

在斜拉桥中,索塔是将索力传至基础的关键构件,其内力主要是索力和自重作用下产生的轴向压力及对应的弯矩。

(1)结构形式

索塔是斜拉桥的一个标志性构件,是桥梁景观设计的重要元素,设计时应对索塔的造型足够重视。索塔的基本形式可以按沿桥纵向和沿桥横向分别来讨论。

图6-14为常见的索塔纵向结构形式,大多数斜拉桥采用单柱式,只有当设计要求桥塔的纵向刚度很大(比如多塔斜拉桥的中间塔)时,或者需要有4根塔柱来分散塔架的内力时,索塔可做成倒V形与倒Y形。倒V形索塔也可增设一道中间横梁变为A形。

图 6-14　常见的索塔纵向结构形式

索塔的横向结构形式很多,如图 6-15 所示的几种常见的索塔横向结构形式。其中,图 6-15a)适用于单索面斜拉桥,图 6-15b)适用于双索面斜拉桥。同纵向布置一样,倒 V 形索塔有时设置横杆梁变成 A 形索塔。

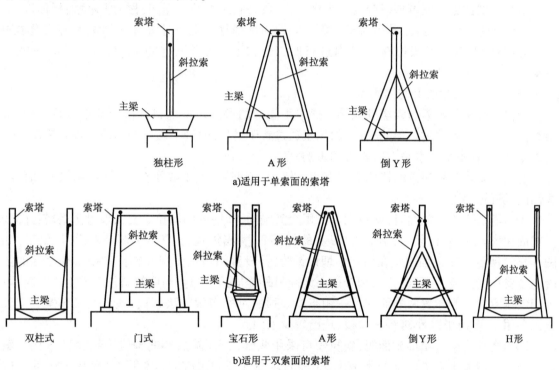

图 6-15　常见的索塔横向结构形式

斜拉桥索塔除上述几种常见形式以外,还可以设计成其他形式,如弯塔、斜塔、拱形塔等。有些是出于工程实际需要,有些则纯粹从造型角度考虑。但应该注意的是,非常规的结构形式,并非就一定能取得美的效果。

(2)材料

索塔可采用钢、混凝土、钢-混凝土组合结构。一般来说,混凝土梁斜拉桥的索塔也为混凝土结构。钢斜拉桥国外多采用钢结构,而我国仍以混凝土索塔为主。

混凝土索塔截面有实心和箱形两种形式,实心截面主要用在截面尺寸比较小的中、小跨径桥梁。箱形截面有单室和双室两种形式,而三室以及三室以上的箱形截面比较少用。

《斜拉桥规范》(JTG/T 3365-01—2020)规定,混凝土索塔所采用的混凝土强度等级不应低于 C40。混凝土索塔应根据施工需要在索塔内配置型钢作为劲性骨架,索塔内的竖向受力钢筋直径不宜小于25mm;竖向受力钢筋的截面面积不应小于混凝土面积的1%;箍筋直径不应小于16mm,间距不应大于竖向受力钢筋直径的10倍,且不大于200mm;混凝土索塔的非预应力部位以及门洞部位宜设防裂钢筋网。处于海洋或其他腐蚀环境中的混凝土索塔、主梁,应考虑增大其保护层厚度或增加其他提高结构耐久性的措施。

钢索塔宜设计成矩形空心箱截面形式,根据工程实际也可将其设计成T形或准十字形空心箱形式。箱室四周各主壁板上应布置竖向加劲肋,箱室内应设置水平横隔板,其间距不宜大于4.0m。

钢索塔自重轻,可减轻基础的负担,减小地震响应,同时工业化制作程度高,施工速度快。南京长江三桥是国内第一座采用钢索塔的大跨斜拉桥,高215m,人字弧线形。此后,钢索塔在我国大跨径斜拉桥中的应用增多。

索塔根据位置不同可划分为三个区段:上段为斜拉索的锚固区,称为上塔柱;桥面以上、锚固区以下称为中塔柱;基础承台至桥面之间称为下塔柱。上塔柱设计必须考虑斜拉索锚固空间的需要,当斜拉索张拉在索塔内进行时,设计应考虑张拉空间,箱室内纵桥向净宽至少4m。

(3)斜拉索在索塔上的锚固

现代斜拉桥斜拉索与索塔的联结一般采用固结的形式。早期斜拉桥为稀索体系,也有采用类似悬索桥主缆通过塔顶的构造,斜拉索通过置于塔顶的鞍座,鞍座与索塔间设置滚动或摆动支座,以减轻不平衡水平力对索塔的影响。

混凝土索塔与斜拉索的锚固方式有交叉锚固、侧壁锚固、钢锚梁锚固、钢锚箱锚固和鞍座式锚固(骑跨式和回转式)等。

①当塔柱为实心截面时,斜拉索可采用交叉锚固,即塔两侧斜拉索交叉通过主塔塔柱轴线后锚固在塔柱的实心段上,利用塔壁上的锯齿凹槽或锯齿凸槽形牛腿来锚固斜拉索,如图6-16a)所示。交叉锚固宜在塔柱中埋设钢管,并设置锚垫板。交叉斜拉索使得锚固区的混凝土主要承受压应力,可避免结构开裂而无须另外施加预应力。当两侧斜拉索发生冲突时,可采用斜拉索在一侧布置两列而在另一侧布置一列的对称布索方法解决,或者交叉布索。交叉锚固多用于早期的中、小跨径斜拉桥,现已较少采用。

②当塔柱为空心箱形截面时,斜拉索可采用侧壁锚固(施加环向预应力锚固),直接将斜拉索锚固在混凝土索塔内壁的齿板上,在锚固区施加环向预应力,以克服塔壁内产生的拉应力,如图6-16b)所示。索塔预应力钢筋的布置应避免出现预应力盲区,同时还必须考虑锚固区的施工难易程度,避免大量布置锚头,影响混凝土施工质量。

③当塔柱为箱形截面时,斜拉索可以采用钢锚箱锚固,如图6-16c)所示。钢锚箱锚固由锚垫板、承压板、锚腹板、套筒及若干加劲肋构成,是将斜拉索锚固在钢锚箱上,钢锚箱用剪力连接键使之与混凝土塔身连接。斜拉索在索塔上采用钢锚箱锚固是大跨径斜拉桥索塔锚固方式之一,将索直接锚固在钢箱上,可以很容易抵抗拉应力,这种锚固方式成本较高,但可降低索塔高空作业强度,加快施工进度,缩短桥梁的建设期,是大跨径斜拉桥混凝土塔上斜拉索锚固方式的发展方向。根据钢锚箱与塔壁的相对位置不同,可以将其分为内置式钢锚箱[图6-16c)上图]和外露式钢锚箱[图6-16c)下图]两种。内置式钢锚箱索塔锚固区用于封闭的箱形结构塔柱,而外露式钢锚箱主要用于分离式主塔,其与内置式钢锚箱受力特性总体上相似,只是为了钢锚箱与混凝土塔壁间连接件的功能可靠,外露式钢锚箱需要用水平环向预应力筋将钢锚

箱紧夹在混凝土塔柱的两个分肢之间。

④当塔柱为箱形截面时,可以采用钢锚梁锚固来平衡斜拉索的水平拉力,如图6-16d)所示。它将锚固钢横梁置于混凝土索塔内壁的牛腿上,斜拉索锚固在钢横梁两端的锚固梁上,两端的刚性支承可在顺桥向、横桥向做微小的移动和转动。这种锚固形式受力明确,能够减小塔壁承受的水平力,且温度引起的约束力较小,能有效减小水平裂缝,使索塔锚固安全可靠。

⑤鞍座式锚固主要应用于部分斜拉桥,在常规斜拉桥中的应用较少。按照锚固区斜拉索钢绞线布置形式的不同,鞍座式锚固分为骑跨式鞍座锚固和回转式鞍座锚固两种类型[图6-16e)]。骑跨式鞍座锚固,斜拉索穿过索塔顶部的鞍座后,在索塔两侧对称锚固于主梁上,多用于混凝土部分斜拉桥。回转式鞍座锚固,斜拉索穿过环绕在索塔顶部的鞍座后,在索塔同侧对称锚固于主梁的左右两侧上。

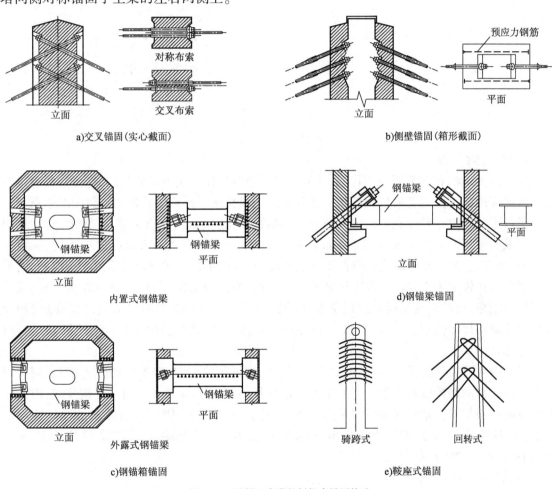

图6-16 混凝土索塔的斜拉索锚固构造

2. 斜拉索

斜拉索是斜拉桥中重要的构件,也是易损和可更换构件,《公桥通规》(JTG D60—2015)规定其设计使用年限不应低于20年。

(1)斜拉索组成

如图6-17所示,斜拉索主要由钢索、两端的锚具、减振装置和保护设施组成。一根斜拉索可划分为两端的锚固段、过渡段和中间段三个部分,其中锚固段用来将斜拉索分别固定在索塔和主梁上,分为固定端和张拉端;过渡段包括锚垫板、导索管和减振器、填充材料;中间段即为索体。

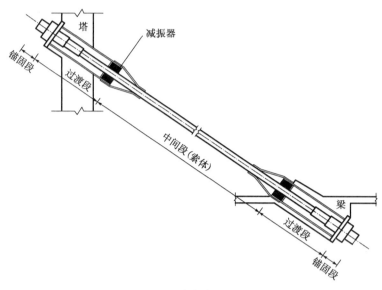

图 6-17 斜拉索的组成

(2)斜拉索类型

为了便于运输和施工架设,斜拉索通常为多根细钢丝按一定方式捆扎而成,使其具有柔软性。目前常用的斜拉索有平行钢丝斜拉索和钢绞线斜拉索。早期国外曾用过封闭式钢索。

平行钢丝斜拉索整体在工厂内制造,技术成熟,质量易保证,安全可靠,安装工效高,在斜拉桥中最为常用。它由 $\phi 5mm$ 或 $\phi 7mm$ 热镀锌钢丝组成,采用正六边形或边形排列,强度一般为 1670MPa。为了能够缠绕在卷筒上方便运输,现有的平行钢丝斜拉索常以小扭铰捆扎,最外层钢丝的扭铰角为 2°~4°。若钢丝之间完全平行,则斜拉索的刚度大,难以卷盘运输,只适合于长度较短、可按直线状运输或现场制作的斜拉索。平行钢丝斜拉索的设计应满足《斜拉桥用热挤聚乙烯高强钢丝拉索》(GB/T 18365—2018)和《大跨度斜拉桥平行钢丝拉索》(JT/T 775—2016)的要求。

对于特大跨径斜拉桥,又长又重的平行钢丝斜拉索运输、吊装和安装均较为困难,则可以采用分散安装的钢绞线斜拉索。它用 7 丝(或 19 丝、37 丝)钢丝在工厂扭结成钢绞线,由几根钢绞线组成斜拉索。钢绞线的标准强度一般不低于 1860MPa。钢绞线斜拉索的设计应满足《斜拉桥钢绞线拉索技术条件》(GB/T 30826—2014)和《无粘结钢绞线斜拉索技术条件》(JT/T 771—2009)的要求。

(3)斜拉索锚具形式

斜拉索的锚具形式与斜拉索类型有关。平行钢丝斜拉索锚具有热铸锚、镦头锚、冷铸镦头锚等形式。

热铸锚构造如图 6-18a)所示,将一个内壁为锥形的钢质套筒(称为锚杯)套在钢索上,然后将钢索端部钢丝散开,并在锚杯中灌入熔融的低熔点合金(如锡、铅、锌合金),待合金凝固后将和散开的钢丝在锚杯内形成一个头大尾小的塞子,传递斜拉索的拉力。锚杯可以用螺纹、销接、垫块等方式固定在桥梁结构上。锚杯构造形式与固定方式有关,在斜拉索张拉端必须具备和张拉设备相连的内螺纹。这种锚固方式主要适用于单股钢索和封闭式钢索。由于热铸锚在合金浇铸时温度较高,对钢丝的力学性能会带来一些不利的影响,因此现在已很少使用。

镦头锚构造如图6-18b)所示,将钢丝穿过孔板后末端镦粗,固定在孔板的另一侧,将钢丝的拉力传递到孔板上。同热铸锚一样,锚杯构造与固定方式有关,张拉端必须具备和张拉设备相连的内螺纹。这种锚固方式主要适用于平行钢丝斜拉索,具有较好的耐疲劳性能。但是,随着后述的冷铸镦头锚出现,目前在斜拉桥已经很少采用镦头锚。

冷铸镦头锚(High Amplitude 锚,简称 HiAm 锚),是一种在热铸镦头锚的锚杯锥形腔后部增设一块钢丝定位板的锚固方式,钢丝通过锚杯以后穿过定位板上对应的孔眼镦头定位。锚杯中空隙用特制的环氧树脂与钢珠混合物填料在常温下铸凝,钢珠在混合物中形成承受荷载的构架。冷铸镦头锚是为了避免钢丝在锚具端部发生疲劳破坏而研制出来的特殊锚固设施,目前在斜拉桥中广泛应用。图6-18c)为武汉长江公路桥使用的冷铸镦头锚。

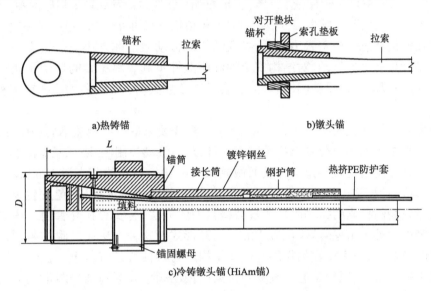

图6-18 斜拉索的锚具形式

《斜拉桥规范》(JTG/T 3365-01—2020)规定,平行钢丝斜拉索宜配用冷铸镦头锚,锚具外表面应进行防护处理;钢绞线斜拉索可采用夹片群锚或其他成熟锚具。

钢绞线斜拉索锚具可采用夹片群锚或其他成熟锚具,其结构形式及规格应符合《预应力筋用锚具、夹具和连接器》(GB/T 14370—2015)的要求,同时宜考虑施工及运营期间的整体张拉要求。需要指出的是,钢绞线斜拉索所用的夹片式锚具与通常所用的有黏结预应力夹片式锚具有所不同,通常具有一些特殊的构造,如使钢绞线进入群锚的锚板后穿过一个压板,在索力调整完毕后,将夹片压紧防松。

(4)斜拉索防护和减振措施

斜拉索耐久性是斜拉桥设计中需解决的重要问题。由于暴露在大气中的斜拉索容易发生腐蚀,设计时除考虑将来换索的可能性外,必须对斜拉索采取防腐措施,延长其使用寿命。

平行钢丝索的防护分钢丝防护和斜拉索外层防护两级;钢丝防护一般采用表面镀锌的办法,要求锌层附着量大于 $300g/m^2$,避免钢丝在外层防护措施实施前发生锈蚀;斜拉索外层防护可采用柔性索套、半刚性索套和刚性索套三种措施,其中柔性索套是一种比较常用的防护措施,容许斜拉索发生较大的横向变位。

斜拉索的防护体系在工厂制造时就已完成,一般先将钢丝镀锌,然后在钢丝的空隙中填充防锈化合物或将整捆的索用防腐卷带缠包,最后在外面挤压一个高密度聚乙烯(High Density Polyethylene,HDPE)套管(简称 PE 套管),如图 6-19 所示。

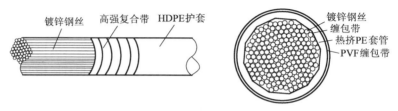

图 6-19 PE 套管防腐

钢绞线斜拉索的防护一般有三重。首先,单根钢绞线通过镀锌或环氧树脂涂覆,形成第一重防护;然后,外包 PE 套管,形成第二重防护;最后,整束钢绞线再外包 PE 套管,形成第三重防护。

斜拉索在使用状态下由于张力很大,导致结构的振动阻尼非常小,在风、交通等动力荷载作用下极容易发生有害的振动,对结构安全性和耐久性不利。斜拉索的振动是比较复杂的结构动力问题,除一般的线性振动问题以外,还会发生参数振动、风雨振、涡激振等多种复杂的振动现象[49]。

为了避免斜拉索在使用中发生大振幅振动,一般需要采取一些减振措施(图 6-20)。斜拉索减振措施根据原理和动力荷载类型不同有三种方法:气动控制法、阻尼减振法和改变结构动力特性法。气动控制法是将斜拉索外表面做成如图 6-20a)所示的非光滑表面,使气流经过斜拉索表面时形成湍流,防止斜拉索发生涡激共振,同时阻碍雨线形成,避免发生风雨振。阻尼减振法是通过提高斜拉索的振动阻尼实现减振目的的方法,有安置在套管内的内置阻尼装置和安置在套管外的外置阻尼装置[图 6-20b)]两种形式。这种方法通过附加阻尼装置增加结构的阻尼,起到减小斜拉索振幅的作用。改变结构动力特性法是将若干斜拉索之间用辅助索相互联结起来的方法,其原理是通过改变斜拉索的振动频率和提高结构阻尼的方法达到减振的目的。

  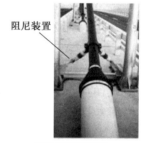

a)表面非光滑处理方法　　　　　　　　b)外置阻尼装置

图 6-20 斜拉索减振措施

3. 主梁(加劲梁)

主梁(加劲梁)是直接承受桥梁使用荷载的构件,也是斜拉桥整体受力的重要组成部分,在全长范围内宜布置成连续体系。常用的主梁有钢梁、混凝土梁、钢-混凝土组合梁和混合梁四种形式。

(1)钢主梁

钢主梁是斜拉桥常用的结构形式,特别是早期斜拉桥以及大跨径斜拉桥。与混凝土主梁相比,它具有自重轻、施工方便的优点。不足之处是,防腐要求高、结构刚度低、容易发生振动,疲劳问题也较为突出。另外,在中、小跨径的桥梁中钢主梁的造价比混凝土主梁高。

钢主梁主要有钢桁梁和钢箱梁两种。钢桁梁的截面高、刚度大,特别适用于双层桥面的桥梁(如公铁两用),满足下层车道的空间要求。同时,它可散件运输,工地拼装,现场焊接工作量少,在我国山区斜拉桥中的应用不断增加。

钢桁梁由主桁架、横向联结系、平联和桥面板组成,主桁和横梁又分别由上、下弦杆及腹杆等杆件组成,杆件之间采用高强螺栓连接或焊接。钢桁梁主梁可采用矩形、倒梯形等截面形式,主桁高度应根据受力需要、行车净空要求和节点构造细节确定。

钢箱梁用钢量相比于钢桁梁少。它可采用整体式,也可采用分体式箱形截面或边箱梁截面。图6-21a)为整体式的流线型扁平钢箱梁,两侧设风嘴,可以降低风压的作用,有利于结构的抗风性能提高,是目前大跨径斜拉桥比较常用的截面形式;图6-21b)为分体式边箱梁流线型截面,中间一部分底板取消,保持流线型的截面形状。一般而言,跨径越大,主梁的高跨比越小,《斜拉桥规范》(JTG/T 3365-01—2020)建议钢主梁高跨比采用1/330~1/180。我国苏通大桥梁高4.0m,约为跨径的1/272;日本多多罗大桥梁高2.7m,约为跨径的1/330。

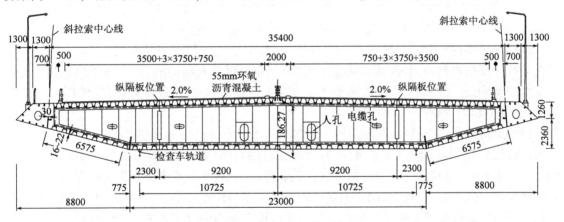

a)整体钢箱梁(苏通大桥主梁截面,主梁尺寸参考系统为内轮廓线)

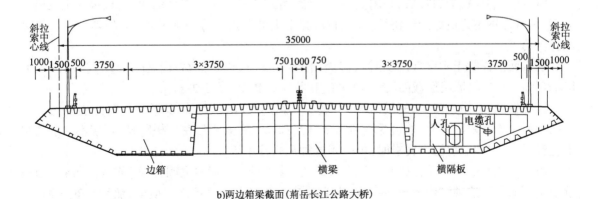

b)两边箱梁截面(荆岳长江公路大桥)

图6-21 斜拉桥钢主梁横截面布置(尺寸单位:mm)

图 6-22 为浙江舟山金塘大桥的主梁截面,封闭式流线型扁平钢箱梁的全宽 30.1m(包括风嘴),宽跨比 1/20.60,中心线处梁高 3.0m,高跨比 1/206.67。箱梁顶板厚度 14mm(靠近斜拉索锚固区的 1550mm 范围内为 18mm);下斜底板和底板在过渡墩、辅助墩、主塔附近厚 14mm,其他区域厚 12mm,钢箱梁标准段长度分为 14m 和 12m 两种,均设 4 道实体式横隔板,斜拉索处采用 16mm+12mm 不等厚对接,其余板厚 10mm,支座等处板厚为 20mm;纵隔板间距 12m,支座及临时墩处采用实腹式截面(支座与阻尼器设置处板厚 20mm,相邻区域为 14mm,其他为 14mm),其余为桁架式;顶板 U 形肋壁厚 8mm,底板 U 形肋壁厚 6mm。

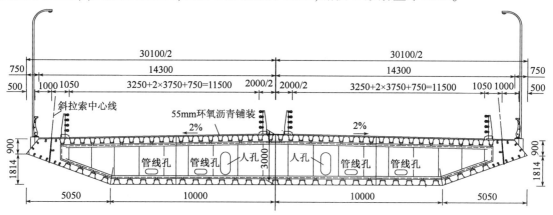

图 6-22　浙江舟山金塘大桥主梁截面(尺寸单位:mm)

钢梁斜拉桥的桥面系一般采用正交异性板,作为主梁一部分直接参与结构整体的受力。正交异性板是指在钢桥面板(或钢箱梁上翼缘)下布设纵向及横向的、开口或闭口的加劲肋而形成的一种构造,其加劲肋在平面纵横两个方向上是正交,而桥面板在两个方向的抗弯惯性矩则不同,见图 6-21 和图 6-22 的顶板。

钢箱梁的顶板由于直接承受车轮荷载,厚度一般不低于 14mm,而底板以及腹板厚度根据结构承载能力要求通过设计验算确定,并满足相应的最小钢板厚度构造要求。梁宽需根据桥面布置要求确定,梁高需要考虑结构的屈曲稳定性、抗风性等安全要求,设计时可参考过去同类结构设计通过多方案比较和优化确定。钢主梁由于结构刚度小,变形容易引起铺装的损坏,在设计时对桥面铺装结构应予以重视。第七章桥面系结构中对此有进一步的介绍。

(2)混凝土主梁

对于中、小跨径的斜拉桥,采用混凝土主梁,可发挥材料抗压强度的优势,自重又不会增加太多,具有比钢主梁更好的经济性。因而,混凝土主梁在我国跨径小于 400m 的斜拉桥中得到广泛应用。

双索面的混凝土主梁常用实心板截面[图 6-23a)]、边箱梁截面[图 6-23b)]、箱形截面[图 6-23c)]、带斜撑箱形截面[图 6-23d)]和肋板式截面[图 6-23e)]。

实心板截面,构造简单,所受的风荷载较小,适用于跨径 200m 以下的混凝土斜拉桥。为了两侧斜拉索的锚固需要,板边缘一般需要适当加厚。在索距较密而桥跨径、宽度不大的情况下,能满足一定的抗扭能力要求时,可采用这种形式的主梁。

边箱梁截面由两侧边箱梁和横梁形成的桥面结构系,在横梁之间铺设(或者浇筑)桥面板承受车辆荷载。这种结构形式的主梁,施工时首先浇筑两个边箱梁和横梁,然后浇筑桥面板,减轻施工时的悬臂荷载。

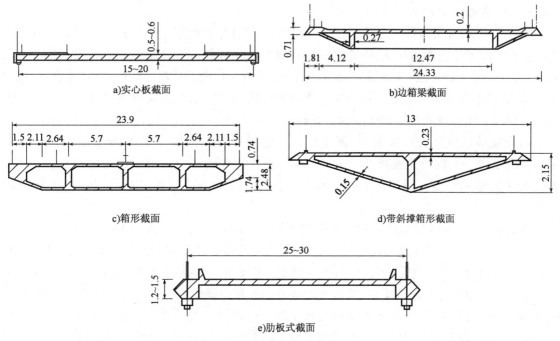

图 6-23 适用于双索面的混凝土主梁截面实例(尺寸单位:m)

箱形截面是经过风洞试验得到的一种空气动力性能良好的截面形式,截面两侧为三角形封闭箱,端部加厚以锚固斜拉索。两三角形间为整体桥面板,除个别需要的梁段外,不设底板。此种截面在满足抗弯、抗扭刚度的要求下,有良好的抗风动力性能,特别适合索距较密的宽桥。

带斜撑箱形截面有较大的抗弯和抗扭能力,将外侧腹板做成倾斜式,既可改善空气动力性能,又可减小墩台宽度。其缺点是节段重量较大。

肋板式截面为边箱梁截面的一种改进形式。双主梁可靠边布置,视桥面宽度可设或不设(混凝土或钢)横梁。这种截面形式构造简单,施工方便,用料较省。

图 6-24 为适用于单索面的混凝土主梁截面实例。由于单索面的斜拉桥整体结构扭转刚度比较小,主梁需要采用抗扭刚度比较大的箱形截面,主要有单箱单室、单箱多室两种形式。

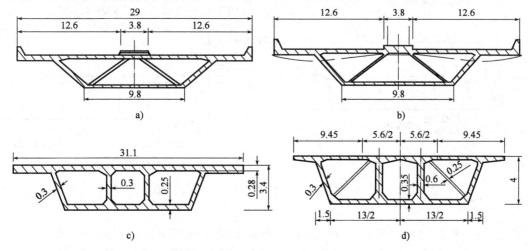

图 6-24 适用于单索面的混凝土主梁截面实例(尺寸单位:m)

(3) 钢-混凝土组合梁

钢-混凝土组合梁简称组合梁,是20世纪80年代开始发展起来的一种结构形式。其主梁由钢主梁和混凝土桥面板组成,两者之间的连接多采用栓钉或开孔钢板(PBL)剪力键。它兼具钢和混凝土结构的优点,比混凝土主梁自重轻,构件工厂制造化程度较高,施工方便;比钢主梁造价低,且混凝土桥面板耐磨耗。组合梁截面可采用工字钢主梁或边箱梁加小纵梁的截面形式。也可采用扁平流线型箱梁或钢桁梁截面。

组合梁斜拉桥宜采用双索面,飘浮体系。钢筋混凝土或预应力混凝土桥面板的厚度不宜小于250mm,混凝土强度不宜小于C40,预制板需存放4~6个月后才能使用,以减小混凝土收缩和徐变。混凝土板间接缝、钢梁顶面的剪力键与钢梁顶面应有效地结合成整体。

图6-25a)为1986年建成的加拿大安纳西斯(Annacis)桥,跨径为465m,斜拉索锚于左右两片钢主梁上。主梁之间设钢横梁,钢主梁外设人行道钢伸臂梁,梁顶面铺混凝土桥面板。图6-25b)为上海南浦大桥(1991年,主跨423m),主梁由工字形钢梁、车行道横梁、小纵梁、钢人行道悬臂梁组成的平面钢梁格,与其上面叠合的混凝土桥面板构成。每个标准节段长18m,由2根主梁、4根车行道横梁、4根小纵梁和4根人行道梁组成。各纵横梁的顶面焊有抗剪栓钉与混凝土桥面板连成整体。此后,杨浦大桥、徐浦大桥(1996年,主跨590m)也采用钢-混凝土组合梁结构。

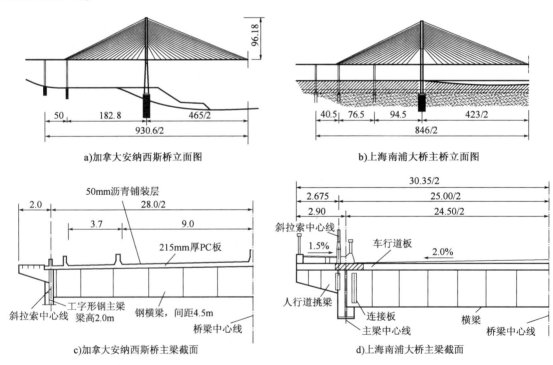

图6-25 采用钢-混凝土组合梁的斜拉桥实例(尺寸单位:m)

(4) 混合梁

除上述三种主梁结构形式以外,还有一种常见的主梁形式——混合梁。该结构形式主要应用主跨跨径与边跨跨径比值较大的情况,主跨采用钢主梁,边跨采用混凝土主梁,以平衡主跨的结构自重。德国1972年在建造曼海姆(Mannheim)桥(跨径为280m + 125.16m,独塔)时首次采用混合梁斜拉桥,法国诺曼底斜拉桥和日本多多罗大桥也都为混合梁结构。

混合梁斜拉桥设计时,首先需要合理确定结合部位置。除考虑结构整体的平衡性以外,还应尽量选择截面内力比较小的部位,同时要考虑施工方便性。结合部一般设置在边跨、索塔边跨侧或索塔中跨侧弯矩较小处,也可设置在辅助墩顶或塔横梁处。

混合梁结合部的构造必须慎重处理,以免成为结构的薄弱部位。常见的连接形式有全截面连接完全承压式[图6-26a)]、全截面连接承压传剪式[图6-26b)]、部分截面连接完全承压式[图6-26c)]和部分截面连接承压传剪式[图6-26d)]。

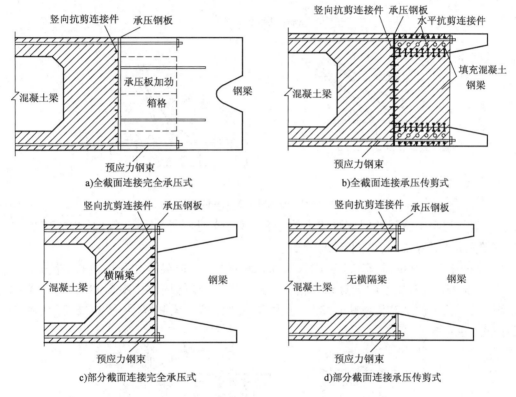

图6-26 混合梁钢混连接形式

(5)斜拉索在加劲梁上的锚固构造

斜拉索在钢主梁和混凝土主梁上的锚固方式不尽相同。与钢主梁锚固时,索力多通过锚固体系直接传到腹板。因为钢主梁顶板面外变形刚度比较小,在索力作用下容易发比较大的变形,使锚固位置成为结构的薄弱部位,所以较少锚固在主梁顶面。采用的形式主要有锚箱式、锚拉板式、耳板式。锚箱式锚固应设置锚固梁,斜拉索锚固在锚固梁上,锚固梁用焊接或高强螺栓方式与主梁连接[图6-27a)]。锚拉板式锚固应在主梁顶板上或腹板上连接一块厚钢板作为锚拉板,在锚拉板上部开槽,槽口内侧焊接在锚筒外侧,斜拉索锚固于锚筒底部[图6-27b)]。耳板式锚固应在主梁的腹板向上伸出一块耳板,斜拉索通过铰连接在耳板上[图6-27c)]。

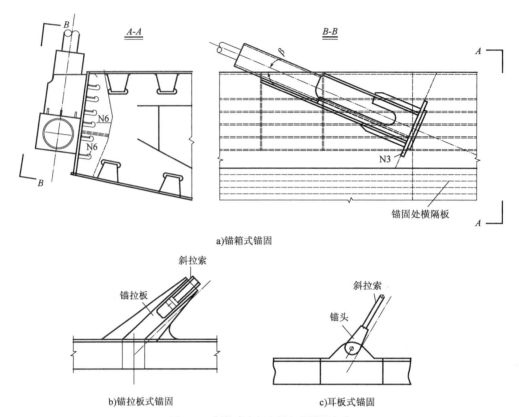

图 6-27 斜拉索在钢主梁上的锚固方式

斜拉索与混凝土主梁的锚固形式大体也有五种,分别是顶板锚固、箱内锚固、斜隔板锚固、梁体两侧锚固和梁底锚固,如图 6-28 所示。

顶板锚固[图 6-28a)]宜用于箱内采用加劲斜杆(或设横梁等加强构造)的单索面桥。箱内锚固[图 6-28b)]宜用于两个分离单箱的双索面桥。斜隔板锚固[图 6-28c)]应用范围与箱内锚固一致。梁体两侧锚固[图 6-28d)]宜用于双索面桥。梁底锚固[图 6-28e)]宜用于梁截面较小的双主梁或板式梁。

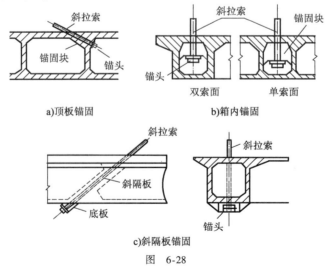

图 6-28

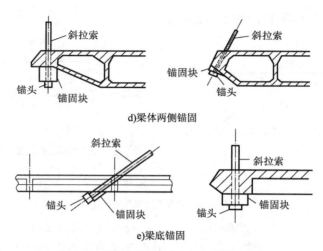

图 6-28　斜拉索在混凝土主梁上的锚固方式

由于锚固区应力比较集中,结构容易发生开裂损伤、疲劳破坏,设计时需要慎重对待构造细节,必要时应通过试验或者有限元计算分析加以验证。另外,锚固区也是日常需要检查的部位,设计时应考虑日后检查、斜拉索更换所需要的空间。

第三节　计算理论简介

一、概要

斜拉桥属于柔性结构体系,地震荷载、风荷载等动力作用对结构安全性有很大影响,设计时除进行静力计算外,还需要考虑动力响应。本节仅简述斜拉桥结构设计的静力计算要点,结构验算的内容以及要求详见《斜拉桥规范》(JTG/T 3365-01—2020)。

斜拉桥静力计算分整体分析和局部分析两个层次。整体分析以整座桥梁为对象,计算在施工和使用过程中的最大变形和最不利内力,为结构设计、安全验算提供依据。局部分析以结构的某一个部分(如斜拉索锚固区)为对象,应用相对比较精细的模型分析构件的局部应力分布,为优化细节构造设计、确保结构荷载传递能力提供依据。

斜拉桥的索力由两部分组成,如图 6-29 所示,第一部分索力是施工阶段通过千斤顶张拉产生的,称为初拉力,它与结构刚度无关,拉力大小由设计者根据设计、施工要求确定,以主动改变、调整主梁内力分布为目的;第二部分索力是斜拉索锚固后在新的荷载作用下因结构变形产生的内力,大小根据结构力学原理计算得到,与作用荷载、结构刚度分布有关。

提高索塔和斜拉索的刚度可将更多的活载传递到索塔,主梁分担的活载比例就小。斜拉索的作用相当于为主梁提供一个弹性支点,斜拉索的抗拉刚度大,主梁支点的刚度也大,斜拉索分担的活载就大,主梁分担的活载比例就小。反之,主梁分担的活载比例就大。

根据上述索力产生原理,斜拉桥结构整体计算大致包括三个部分:
(1)确定初拉力;
(2)根据施工过程计算结构成桥状态的内力和变形;

(3) 计算结构在各种作用下的变形和内力。

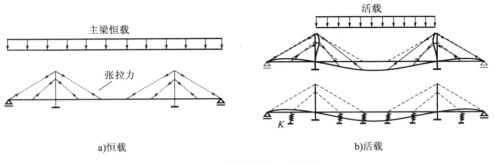

a) 恒载　　　　　　　　　　　　b) 活载

图 6-29　索力传递的两个阶段

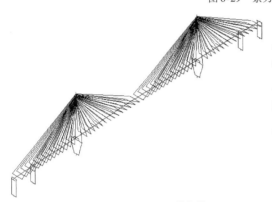

图 6-30　整体计算的杆系结构模型

斜拉桥是高次超静定结构,计算分析一般利用通用程序或者专用的有限元分析程序完成。结构整体分析以杆系结构模型为主(图 6-30),即主梁、索塔用梁单元或格子梁来模拟,用刚臂连接梁的中心轴与斜拉索锚固位置。斜拉索一般用杆单元或者柔性索单元模拟。

二、斜拉索初拉力

斜拉桥是高次内部超静定结构,斜拉索、主梁、索塔的受力状态互相影响,施工一般采用悬臂法,结构形成过程中,结构内力与线形也在不断变化。因此,形状、尺寸、材料相同的斜拉桥,受初(始)拉力、施工方法的影响,成桥时结构的内力、斜拉索的索力、结构线形等不尽相同,其中与设计理想状态基本吻合的状态,称为合理成桥状态。

在合理成桥状态下,主梁和塔的线形要符合设计状态,各计算截面弯矩较小,斜拉索受力相对均匀,各斜拉索应力水平大致相同,且斜拉索规格品种数量少。其中,线形可通过设置预拱度来实现,因此在计算合理成桥状态时,保证结构的受力合理是重点。

斜拉桥各构件的内力分配与刚度相关,主梁、索塔的刚度基本不变(对于混凝土结构需当徐变完成后),而斜拉索的刚度是变化的。由第一节分析可知,斜拉索在自重作用下的垂度,减小斜拉索的受拉刚度,考虑了垂度影响的斜拉索的模量可以用换算弹性模量来表示。由式(6-14)可知,换算弹性模量与索的拉力(索力)成反比。因此,拉力不仅影响到斜拉索自身的受力,也影响到斜拉桥整体结构的内力分配。换言之,在众多索力中,总存在一组合理的索力,使得斜拉桥的受力、线形与设计理想状态基本吻合,也即达到合理成桥状态。这样,求合理成桥状态问题就转化成求合理索力的问题。

由前一节可知,斜拉索索力由初拉力和后期索力组成,其中初拉力可由设计者根据需要确定,所以,求合理索力的关键是确定初拉力。

由于在施工过程中斜拉桥结构体系不断变化,使主梁和索塔内力分布合理且结构线形满足要求的初拉力的确定,与施工方法密切相关。反过来说,为达到合理成桥状态,需要按一定的施工流程和方法来控制结构应力、线形误差,使其符合相关要求。这样的施工状态,称为合理施工状态。对于大跨径斜拉桥来说,恒载对结构起主要控制作用,因此,确定初始索力往往以使恒载作用下结构的合理受力为目标。

确定合理成桥状态(或合理初拉力)的计算有很多方法,如刚性支点法、零位移法、无应力状态控制法、倒拆法(模拟施工的逆过程)、正装法(模拟桥梁的施工过程)等。下面以三跨双塔斜拉桥为例,介绍计算初拉力的刚性支点法。

刚性支点法是指成桥状态下斜拉桥的主梁弯矩与对应的刚性支点连续梁状态一致。在计算时,将斜拉索与梁体的锚固点处设为一般支撑边界条件,在恒载的作用下,求出支撑反力,并根据斜拉索与主梁的夹角,反算出斜拉索的目标索力。这种方法求得的初拉力,能使主梁的恒载内力值小且均匀,但不同索之间的索力变化较大,需要进行调整。第一次计算后,要根据实际情况进行调整。这种方法,可分以下几个步骤完成:

(1)将斜拉索锚固点用竖向的刚性支点替换,按连续梁结构计算自重作用下的支点反力V_i,如图6-31a)所示;

(2)中跨斜拉索的张力T_j根据下端竖向分力与支点反力V_j一致条件算出;

(3)边跨斜拉索张力按索塔不产生弯矩条件算出,即索塔两侧的斜拉索张力水平分力应一致$H'_j = H_j$,如图6-31b)所示;

(4)对差异大的索力进行局部调整,以使张力分布均匀;

(5)靠近桥梁端部斜拉索的竖向分力V'_i与连续梁反力V'_j相差比较大时,通过端部压重消除支座出现负反力,并使主梁弯矩比较小且分布均匀。

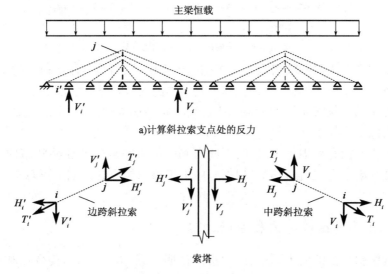

图6-31 三跨斜拉桥成桥状态索力简易算法

这种方法只考虑梁的受力合理,而忽略塔的受力大小。如果是不对称斜拉桥,斜拉索对索塔的水平分力有较大的不平衡,导致塔根部弯矩很大。对于预应力混凝土斜拉桥,受徐变的影响,塔根部弯矩可以得到部分消除。此外,刚性支点法没有考虑到施工过程对合理索力的影响。

斜拉桥的初拉力一般需要通过模拟施工过程的计算分析确定,如正装法计算、倒拆法计算。所谓正装法计算是模拟施工过程的计算方法,根据施工确定的工艺、流程、所用的时间,计算每个阶段的变形和应力;而倒拆法计算则是逆施工过程的计算方法,以成桥状态作为最终目标,推算各施工阶段的理想状态。

如果视合理成桥状态为一个目标函数,斜拉桥索力的确定就是根据指定结构状态,求索力的一个优化问题。然而,对于复杂的斜拉桥结构,设计师理想的状态是什么,需要提出明确的目标,才能建立起优化方程,进而求得最优索力。由于斜拉索设置的主要目的在于使主梁的弯矩减小,因此,已有的指定结构状态主要考虑主梁的弯矩,而索力的均匀性、索塔水平偏位、索塔内力等没有考虑在目标内,可能得出不合理的结果。因此,除指定结构状态的优化方法外,对于索力优化又发展出弯曲能量(弯矩)最小法、数学优化方法、影响矩阵法、分步优化方法等。这些方法有的是基于从力学概念上判别最优,有的则是通过数学上的优化理论获得最优状态。索力优化方法在现代大跨径斜拉桥设计中得到广泛的应用。

三、成桥状态的恒载内力计算

斜拉索初拉力确定以后,索塔、主梁以及下部结构等内力可根据结构恒载和索力计算得到。这一阶段由于斜拉索的张力是由千斤顶提供的,索力作为荷载作用在索塔、主梁的斜拉索锚固位置处。图 6-32 为对应的计算简图。

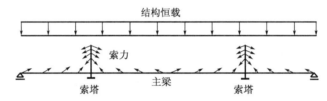

图 6-32　结构成桥状态的内力计算

由于计算模型中对主梁和索塔没有赋予初始内力值,因内力与作用荷载的不平衡,会导致计算结果中有较大的位移。但是,这种位移不是结构的实际位移,因此只取用其中的内力计算结果。如果斜拉桥的斜拉索初拉力是根据指定结构状态求得的,则主梁的恒载弯矩很小,计算得到的主梁内力以轴力为主。

上述计算过程并没有考虑施工过程,因此得到的结果是近似的成桥状态内力。由于混凝土的收缩和徐变与龄期有关,设计时应根据各施工步骤和相应的工期用正装法计算,计算得到结构成桥状态的内力。

四、活载作用下的结构内力和变形计算

为了方便理解斜拉桥的受力原理,用力法来说明活载作用下的结构变形和内力计算[52]。如图 6-33a) 所示,上端固定在索塔的斜拉索当主梁发生变形时,结构从虚线位置变形到实线位置。设斜拉索在梁端的竖直位移为 δ_i,索长 l_{si},弹性模量为 E_e,截面面积为 A,索力为 T_i,则斜拉索的伸长量为 $T_i l_{si}/(E_e A)$。由于变形很小,设变形后斜拉索的倾斜角 α_i' 与变形前的倾斜角 α_i 近似相等,由几何关系可得:

$$\delta_i \sin\alpha_i = \frac{T_i}{E_e A} l_{si} \tag{6-15}$$

索力 T_i 的垂直分力 X_i 为 $T_i \sin\alpha_i$,因此,上式还可以表示成如下的形式:

$$\delta_i = \frac{X_i l_{si}}{E_e A \sin^2\alpha_i} \tag{6-16}$$

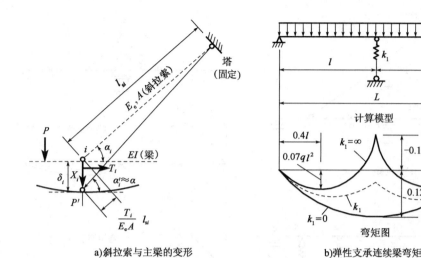

图6-33 活载作用下的结构计算原理

从式(6-16)不难得到主梁竖向变形的刚度系数 k_i 以及对应的柔度系数 δ_k^c 为：

$$k_i = \frac{E_e A}{l_{si}} \sin^2 \alpha_i \tag{6-17}$$

$$\delta_k^c = \frac{1}{k_i} = \frac{l_{si}}{E_e A \sin^2 \alpha_i} \tag{6-18}$$

因此，斜拉桥主梁在活载作用下的弯曲变形可以用刚度系数为 k_i 的弹性支承梁来近似计算，弹性支承的刚度与斜拉索的材料特性（E_e，A）、几何参数（l_s，α_i）有很大的关系。图6-33b)为单索的主梁弯曲变形计算模型，当 $k_1 = 0$ 时，它为一根简支梁，当 $k_1 = \infty$ 时，它为一根两跨连续梁。实际上，斜拉索对应的 k_i 介于0与∞之间。因此，斜拉桥主梁在均布荷载作用下的弯矩图如图6-33b)中的虚线所示，它明显低于简支梁。

下面以图6-34a)所示的斜拉桥为例，阐述单位移动荷载作用下主梁内力计算。假定塔的抗弯刚度和压缩刚度为无限大，即不考虑索塔的变形。计算可采用图6-34b)的简化图式，它可以看作由1个中间支座和4根索提供弹簧支承的连续梁，以这5个反力为多余力，其力法方程为：

$$\left.\begin{aligned}
(\delta_{11} + \delta_1^c)X_1 + \delta_{12}X_2 + \delta_{13}X_3 + \delta_{14}X_4 + \delta_{15}X_5 &= \delta_{1p} \\
\delta_{21}X_1 + (\delta_{22} + \delta_2^c)X_2 + \delta_{23}X_3 + \delta_{24}X_4 + \delta_{25}X_5 &= \delta_{2p} \\
\delta_{31}X_1 + \delta_{32}X_2 + (\delta_{33} + \delta_3^c)X_3 + \delta_{34}X_4 + \delta_{35}X_5 &= \delta_{3p} \\
\delta_{41}X_1 + \delta_{42}X_2 + \delta_{43}X_3 + (\delta_{44} + \delta_4^c)X_4 + \delta_{45}X_5 &= \delta_{4p} \\
\delta_{51}X_1 + \delta_{52}X_2 + \delta_{53}X_3 + \delta_{54}X_4 + (\delta_{55} + \delta_5^c)X_5 &= \delta_{5p}
\end{aligned}\right\} \tag{6-19}$$

解力法方程(6-19)后可求得多余力，将多余力和荷载作用在基本结构上，可求得结构的内力和变形。

通过移动单位荷载，得到结构的内力影响线。图6-34c)给出截面 A、B 的位移和内力影响线计算结果。图中给出了三种不同的斜拉索刚度，可以看出，提高斜拉索的刚度，可使主梁的挠度和弯矩减小。

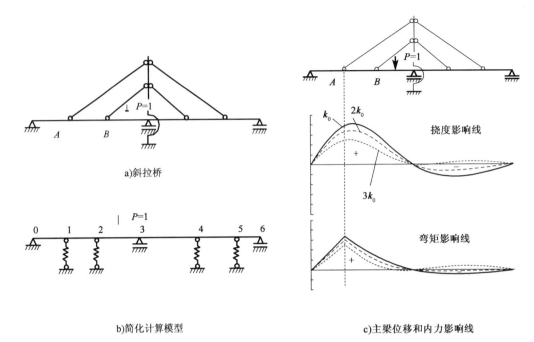

图 6-34 斜拉桥在单位活载作用下的简化计算模型和影响线

上面给出的简单例子是非常近似的简化算法。从计算过程可以看到,斜拉桥作为高次超静定结构,其计算量是非常大的,若再考虑桥塔变形的影响,则计算过程更加复杂。早期斜拉桥采用稀索体系的一个重要原因就是为了避免高次超静定计算的困难。计算机技术的进步促进了斜拉桥结构计算的发展,目前,无论是方案比较还是各阶段的设计,结构计算都采用有限元法程序进行,计算分析已经不再是设计中的一个难题。

五、施工过程计算分析

斜拉桥一般采用悬臂法施工。结构、结构内力和线形随着施工进展不断改变。因此,为了获得成桥状态的结构内力、线形,需要通过施工过程各步骤的结构计算累计并考虑施工期间混凝土的收缩、徐变影响。

施工过程结构计算,是施工过程监测监控的需要。斜拉桥是高次超静定结构,施工中要控制结构的受力与线形,需要通过计算机仿真模拟,分析、预测各个阶段的施工要求和形状变化,确定斜拉索施工张力和主梁的预拱度,指导施工工艺,使桥梁能够顺利合龙并达到设计要求的线形与内力。

施工过程结构计算,也是保证施工安全的一个重要内容。成桥状态结构的安全验算,并不能代替施工阶段结构安全验算。悬臂法施工时,结构处于悬臂状态,体系的抵抗能力小,且混凝土材料也往往没有达到设计强度,存在结构失稳等可能,设计时必须进行施工过程的结构安全验算。

如同斜拉桥的初拉力分析,施工过程的结构分析也可采用正装法计算或倒拆法计算。由于倒拆法计算不能模拟混凝土结构的收缩和徐变效应,因此斜拉桥预拱度需要正装和倒拆结合起来进行计算,根据正装法计算得到混凝土收缩和徐变的影响,叠加到倒拆法计算的结果中。一座斜拉桥的施工过程一般需要反复计算才能获得符合要求的计算结果。

斜拉桥施工过程必须进行监测与监控,以使施工形成的结构中索力、桥面高程等符合设计要求。

六、斜拉桥结构验算

根据《斜拉桥规范》(JTG/T 3365-01—2020)的规定,斜拉桥的静力稳定分析应包括整体稳定和局部稳定,稳定分析应涵盖主要体系转换过程,考虑主要作用组合。斜拉桥的整体稳定分析,应计入斜拉索垂度的影响。斜拉桥结构体系弹性分支点失稳的稳定系数应不小于4;计入材料非线性影响的弹塑性稳定系数,钢主梁应大于1.75,混凝土主梁应大于2.50。

混凝土索塔和混凝土主梁的结构计算,应符合《混凝土桥规》(JTG 3362—2018)的规定。钢索塔、钢主梁和组合结构主梁的结构计算,应符合《公路钢结构桥梁设计规范》(JTG D64—2015)的规定。组合、混合索塔、主梁的结构计算,应符合《公路钢混组合桥设计与施工规范》(JTG/T D64-01—2015)或《钢-混凝土组合桥梁设计规范》(GB 50917—2013)的规定。基础计算应符合《基础规范》(JTG 3363—2019)的规定。重力式地锚计算应包括抗倾覆、抗滑移,其安全系数应不小于2.0。

斜拉索应进行承载力计算。斜拉索的疲劳计算,应符合《公路钢结构桥梁设计规范》(JTG D64—2015)的规定,其中部分斜拉桥斜拉索的疲劳应力幅应控制在80MPa。

斜拉桥的容许变形,主梁在车道荷载(不计冲击力)作用下的最大竖向挠度,对于混凝土梁主跨,应不大于$l/500$(l为主跨跨径);对于钢梁、钢-混凝土组合梁和混合梁的主孔钢梁,应不大于$l/400$。

第四节 施 工 方 法

斜拉桥施工包括基础、墩台、索塔、挂索和架梁等几个方面的施工,下部结构和墩台的施工方法与其他桥型基本相同,而上部结构施工有其特殊性。本节对斜拉桥上部结构的施工方法做简要介绍。

斜拉桥上部结构的施工方法很多,一般梁式桥梁的施工工艺都能适用于斜拉桥的施工,如支架上拼装或悬臂现浇,悬臂拼装或悬臂浇筑,顶推法和平转法等。可根据桥梁的构造特点、施工技术及设备、现场环境等施工条件,研究决定具体的施工方法[53-54]。

在支架上拼装或现浇主梁是最简单的施工方法,而且能够保证结构的设计线形。但这种方法只有当桥面不高、桥下允许搭设支架或支墩时才有可能实施,一般用于在河滩处的边跨、塔柱附近的0号和1号梁段施工,施工方法、工序与一般梁式桥相同。

顶推法施工可分为纵移和横移两种情况。纵移与连续梁所用顶推法大致相同。横移指在平行于桥轴线的桥位一侧修建上部结构,然后横向顶推到桥轴位置。顶推法施工需要在跨间设置若干临时支墩,在顶推过程中主梁要反复承受正负弯矩,因此,一般只适用于桥下净空小、修建临时支墩容易的施工条件下钢主梁架设。2004年建成的法国Millau桥,为7塔8跨单索面钢梁斜拉桥,两边跨的跨径为204m,中间六主跨的跨径为342m,最高桥墩达245m,采用纵移顶推法施工。

平转法与拱桥中所采用的转体法相似,将上部结构分为两半,分别在沿两岸顺河流方向的矮支架上制作,然后以索塔为圆心旋转到桥位合龙。用此方法修建的斜拉桥不多,桥梁的跨径也不大,如我国四川金川曾达桥(跨径为71m+40m,在岸边脚手架上采用预制与现浇并用的方法制造,然后直立,再平转就位,1980年)法国Meylan桥(23.35m+79.0m+23.35m人行斜拉桥,平转施工,1982年)。这种施工方法适用于桥址地形平坦、塔身较低和适合整体转动的中、小跨径斜拉桥。

由于索塔和斜拉索为主梁悬臂施工提供了便利,因此悬臂法是斜拉桥最常用的施工方法。钢梁斜拉桥和钢-混凝土组合梁斜拉桥,采用悬臂拼装的方法;对混凝土梁斜拉桥,有悬臂浇筑和悬臂拼装两种。它可以是在支架(或支墩)上建造边跨,然后中跨采用悬臂施工的单悬臂法,也可以是对称平衡施工的双悬臂法。

混凝土梁斜拉桥的悬臂施工法工序可以大致分为:修建索塔;吊装主梁节段(悬臂拼装法)或现浇混凝土主梁节段(悬臂浇筑法);安装并张拉斜拉索;两者交替进行直至合龙。图6-35为某混凝土梁斜拉桥悬臂施工方案的示意图,采用双悬臂法,先在边跨合龙,然后在中跨合龙,桥梁全部合龙以后再进行桥面系等的后续工序施工。具体步骤为:

(1)下部结构及桥塔、桥墩、桥台施工;支架上浇筑0号块主梁;塔临时固结;安装挂篮。具体见图6-35a)。

(2)悬臂浇筑主梁,包括前移挂篮根据高程定位;浇筑混凝土,张拉预应力钢束;安装斜拉索;张拉并调整索力。具体见图6-35b)。

(3)重复上述施工过程悬臂浇筑主梁,在辅助墩位置与辅助墩连接,具体见图6-35c)。

(4)边跨合龙,具体见图6-35d)。

(5)主梁中跨合龙段施工,包括:按合龙段重量进行配重;合龙段劲性骨架安装,拆除临时固结;混凝土浇筑,逐渐拆除配重;预应力钢束张拉等。具体见图6-35e)。

(6)后续施工,包括:成桥前的调索(如果需要);斜拉桥的防腐和安装减振装置;安装主梁限位装置;桥面系施工等。具体见图6-35f)。

在斜拉桥施工中,斜拉索的架设和张拉是一个主要的工序。为了符合设计的应力和高程要求,斜拉索张力需要调整。当索力与高程有矛盾时,一般首先考虑高程要求,因为梁高程的变化会影响轴向力偏心矩,使其在徐变作用下产生更大的变形。当斜拉索的初应力较低时,可以容许有10%的变化,当初应力较高时,宜控制在5%之内。

悬臂法施工过程中为了尽量减少各根索的索力调整次数,将各施工阶段所需要的拉力和梁的几何位置预先算出,即前面讲到的施工过程结构计算分析。在每个施工阶段,索力调整后的主梁位置要考虑后续施工中产生的结构变形,包括荷载效应以及收缩徐变变形,因此,必须设置反方向的变形(图6-36),即预拱。随着施工的推进,结构形状逐渐变化到设计线形。斜拉桥主梁承受较大的轴力,预拱大小要考虑轴向变形的影响,跨径稍大的结构还需要考虑几何非线性的影响。

第六章 斜拉桥

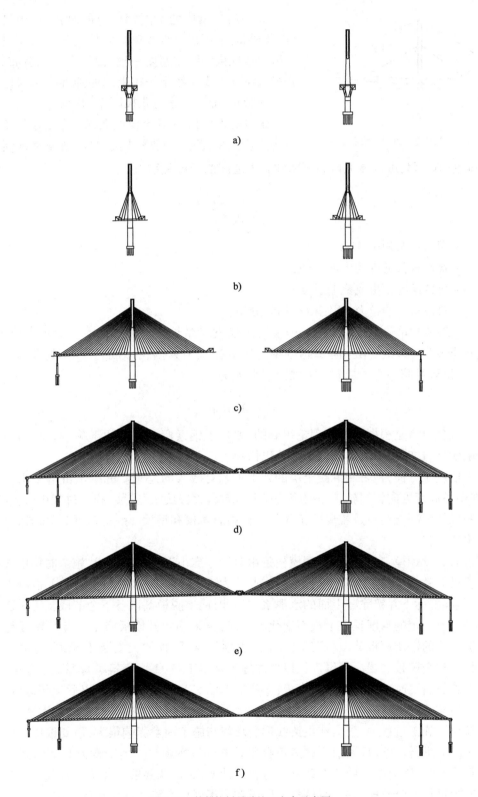

图 6-35 某斜拉桥悬臂施工方案示意图

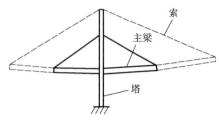

图 6-36 斜拉桥施工过程中线形示意图

同一斜拉索中的不同钢束应同时张拉,当设备及构造受限制时也可以分组或单根张拉。分组张拉时应注意一组中各根束的张拉速度一致,使拉力均匀分布。另外,分组张拉要考虑后续组张拉引起的弹性变形对已张拉组索力的影响,即考虑索力张拉顺序的影响。

张拉的索力值由千斤顶读数来控制,对已经张拉好的斜拉索,索力测定一般根据索的振动频率推断。根据钢弦横向振动方程,可以导出自振频率和索力之间的函数关系为:

$$f = \frac{n_e}{2l_0}\sqrt{\frac{F}{m}} \quad (6\text{-}20)$$

式中:f——横向自振频率,Hz;

n_e——斜拉索长度内的半波个数;

l_0——斜拉索的自由或挠曲长度;

F——斜拉索中的拉力,假定沿索均匀分布;

m——斜拉索单位长度的质量,$m = w/g$,w 为每延米长斜拉索的重量,g 为重力加速度。

斜拉索发生振动时,第一阶卓越频率对应的振型为索全长形成一个半波,即 $n_e = 1$。因此,根据实测到的第一个卓越频率 f_1 推断索力 F 为:

$$F = 4f_1^2 l_0^2 m \quad (6\text{-}21)$$

由于式(6-21)是根据弦振动理论得到的,忽略了钢索弯曲刚度的影响,当斜拉索较短时,边界影响明显,这时应对索力测试结果予以修正。

在索塔施工方面,钢塔和混凝土塔的施工工艺有较大的差别。混凝土桥塔采用分节段施工,即在桥塔高度方向根据施工需要将桥塔分成数段逐段施工、安装,施工过程中模板的安装、架立钢筋以及混凝土浇筑是主要的工作量。模板有木模和钢模,除一些特殊部位外,木模已逐渐被钢模所替代。

钢模有大型钢模、爬模等。大型模板是由若干标准小钢模拼装而成,施工时用塔式起重机或起重机吊装就位,以减少高空模板拼装作业。为了确保模板能多次周转使用,混凝土强度达到拆模要求时,拆下并铲除其上面的水泥浆,必要时涂上脱模剂以备下个节段施工时使用。

当塔身有一定的高度且上下截面变化不大时,可采用爬升模板施工。爬升模板是按塔身截面轮廓制成的钢质模板节段(高约 1.2m),由顶架支承,顶架上安装千斤顶,通过千斤顶施力逐节提升整个模板装置。安设模板以后的施工基本工序:①已浇筑墩身混凝土养护,达到要求的强度;②接长顶棒,提升顶架及模板;③浇筑新的一节墩身混凝土。以后交替进行,直到塔顶。由于斜拉桥的塔身形状一般较复杂,目前大量采用液压整体提升模板施工索塔。

斜拉桥在施工过程中,索力和主梁线形受环境与施工因素影响很大,需要根据设计要求和实际情况随时进行调整,且一般需在全桥合龙后进行最终调整。由于索力对结构体系的内力分布有很大影响,因此施工中应保证索力符合设计要求,这就要求对各施工阶段的安装或立模高程及索力进行实时监控,并适时调整。所以在我国现代大跨径斜拉桥施工中,大都专门组织科研力量与施工单位配合,对施工全过程进行监测和分析。

第五节　部分斜拉桥

一、结构特性及总体布置

部分斜拉桥(extradosed PC bridge, extradosed bridge)的设计思想由法国工程师 J. Mathivate 提出,之后在日本得到较多的应用。我国于 2000 年开始部分斜拉桥的修建,此后,应用不断增多[55-56]。

部分斜拉桥的外形与一般的斜拉桥相似,也有主梁、索塔和斜拉索,但一般而言其桥塔比较矮,故也有将其称为矮塔斜拉桥。其主梁以预应力混凝土结构为主,从受力性能来看,它更接近于预应力梁桥,斜拉索应力幅度较小,疲劳问题不突出,斜拉索可按体外预应力索的容许应力取值,取 0.6 倍的极限应力。它的斜拉索的用量明显少于一般斜拉桥的用量。在一般斜拉桥中,斜拉索的竖向荷载承担率超过 30% 或斜拉索在活载作用下的应力变化幅超过 50MPa,其斜拉索容许应力取 0.4 倍极限应力,安全系数为 2.5。所以,部分斜拉桥有时也被称为"索辅梁桥",主梁也可采用钢结构。由于在我国公路系统中,部分斜拉桥的设计规定出现在《斜拉桥规范》(JTG/T 3365-01—2020)中,所以本教材也将其放在这一章进行介绍。

部分斜拉桥是斜拉桥和连续梁桥之间的一种过渡桥型。如果说连续梁桥属于刚性桥梁,斜拉桥属于柔性桥梁,则部分斜拉桥为一种刚柔相济的桥型。结构受力以主梁自身为主,斜拉索为辅,即斜拉索的作用是分担一部分主梁的荷载,分担比例根据需要进行调整。因此,其桥跨布置接近于连续梁桥结构,可采用双跨、三跨或者多跨桥梁。由于主梁和桥塔刚度比较大,容易设计成多塔桥梁。在 100~300m 跨径范围,它是较有竞争力的桥型。

部分斜拉桥采用双跨布置时,尽量采用对称布置的形式,即两跨的跨径接近,以便两跨结构在自重作用下基本平衡,便于设计和施工。采用三跨或者多跨布置时,边跨跨径宜取中跨跨径的 0.50~0.76 倍。根据地形条件,上述比例可以适当放宽,但为了避免端支点出现负反力,边跨与主跨的跨径之比一般不宜小于 0.50。

部分斜拉桥的斜拉索布置与一般斜拉桥相似。由于斜拉索仅仅起到辅助作用,布置的自由度大,可根据景观需要、施工方便,进行间距、区间、索面数量的设计。从方便施工考虑,一般在桥塔的两侧、中跨的跨中、边跨的两端不布置斜拉索,这些区域称为无索区(图 6-37)。无索区的长度范围可以根据多种方案比较优化确定:索塔附近宜取 0.15~0.20 倍主跨跨径;中跨跨中宜取 0.20~0.35 倍中跨跨径;边跨端部宜取 0.20~0.35 倍边跨跨径。部分斜拉桥由于结构刚度相对较大,没有斜拉桥的主要特征构件——端锚索。

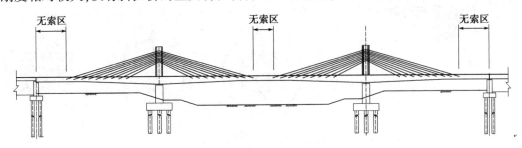

图 6-37　部分斜拉桥斜拉索布置图

结构体系以塔梁墩固结和塔梁固结为主。塔墩固结、塔梁分离(半飘浮体系)用得较少,飘浮体系基本不采用,因为这种结构体系的斜拉索作用比一般斜拉桥小,桥梁不能全部依靠斜拉索支撑,所以不宜采用。

二、主梁、索塔和斜拉索设计

部分斜拉桥的主梁截面一般采用变截面(高)预应力混凝土结构,以适应悬臂施工受力特性。特殊情况也可采用等截面,如当跨径比较小的桥梁采用支架施工时,等截面主梁可简化模板、方便支架架设。等截面主梁的梁高为跨径的 $1/45 \sim 1/35$,变高主梁在中支点位置的梁高为跨径的 $1/30 \sim 1/25$,在跨中位置为跨径的 $1/65 \sim 1/55$,比一般连续梁桥的梁高略小。主梁截面以箱形为主,可采用单箱单室、单箱多室、双箱单室、双箱双室等。斜拉索在主梁的锚固与一般斜拉桥的相同。在跨径较大时,主梁也可采用钢和混凝土混合式梁,跨中无索区用钢梁。

部分斜拉桥的桥塔一般采用混凝土结构,以单柱式为主,塔与主梁固结。在部分斜拉桥中,桥塔的作用相当于预应力混凝土梁的体外索转向结构,桥面以上塔高可取主跨的 $1/10 \sim 1/6$,比一般斜拉桥低。为了不使斜拉索的最小倾角过小以及确保斜拉索锚固区的空间需要,桥塔的高度也不宜过低。桥塔截面可以是箱形,也可以是实心。由于其截面一般较小,以实心截面为主,方便施工。

部分斜拉桥的斜拉索构造与一般斜拉桥的相似。由于斜拉索的长度比较短,一般不需要设置特别的外置减振装置。斜拉索一端锚固于主梁,另一端可锚固于塔上,也可以用索鞍的形式通过桥塔,锚固到桥塔另一面的主梁上。索鞍鞍座普遍采用双套管结构,即外钢管埋设于混凝土塔内,内套管套在外钢管中,斜拉索穿过内钢管,在两侧出口处,设置抗滑锚头顶紧内管口,阻止内管滑移。由于索塔内套管的曲率半径比较小,为了方便斜拉索通过索塔,斜拉索多用钢绞线。此外,部分斜拉桥由于塔较矮,塔顶水平位移不大,因此端锚索受力与一般斜拉索相同,没有必要采用截面特别大的斜拉索。换言之,部分斜拉桥没有专门的端锚索。图 6-38 为浙江杭州市康桥路跨运河桥采用的桥塔索鞍与柱索构造。

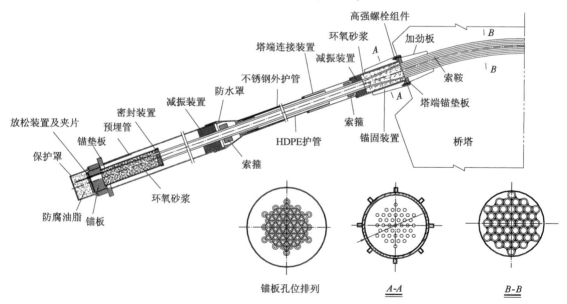

图 6-38 部分斜拉桥桥塔索鞍与斜拉索构造实例

三、结构计算以及施工方法概要

部分斜拉桥的结构计算方法与一般斜拉桥基本相似,但是,由于其斜拉索作用与一般斜拉桥有所区别,因此,初拉力以及斜拉索的设计安全系数与一般斜拉桥不同。结构计算过程包括初拉力确定、成桥状态结构计算、可变荷载作用下的结构计算三个部分,然后按规范的相关规定进行内力组合和安全验算[56]。

初拉力确定的基本原理与一般斜拉桥相同,通过施加初拉力改善主梁的受力条件,减小弯矩作用,因此,适用于一般斜拉桥的索力确定方法原则上也适用于部分斜拉桥。但是,部分斜拉桥主要依靠主梁受力,索力的设计自由度比较大,不必完全根据主梁受力最优的条件设计索力,主梁的弯矩还可以通过普通预应力钢束来进行调整,优化成桥状态的内力特性。

由于索力确定是对高次超静定结构的优化计算问题,计算量非常大,也需借助于有限元程序计算得到索力优化结果。成桥状态计算以及可变荷载作用下的结构内力计算与一般斜拉桥相同,这里不再重复。

部分斜拉桥施工方法通常也采用悬臂施工技术,过程与预应力混凝土连续梁悬臂施工相同,斜拉索起到体外索的作用,协助主梁承受施工过程中的悬臂荷载,施工中可不做索力调整。

【复习思考题与习题】

6-1　简述斜拉桥的主要组成和各部分的主要受力特点。

6-2　结合第一章第二节的介绍,简述斜拉桥的发展历史。

6-3　简要描述几座国内外著名的斜拉桥。介绍你见过的斜拉桥的类型、主要组成与构造。

6-4　斜拉桥与连续梁桥、悬索桥等桥型相比具有哪些优、缺点?

6-5　斜拉桥的跨径布置中主要的设计参数有哪些?参数取用时的注意要点是什么?

6-6　斜拉桥按照塔梁之间结合方式的不同分为哪些结构体系?各种结构体系有何优、缺点?

6-7　斜拉桥按斜拉索的锚固方式分为哪些类型?各种类型的锚固方式有何优、缺点?

6-8　斜拉桥按斜拉索组成的平面数量分为哪些种类?按平面内的布置形式又分为哪些种类?各种索的平面布置形式有何优、缺点?

6-9　斜拉桥索塔按纵向及横向结构形式各划分为哪些类型?索塔按照其截面形式又分为哪些类型?

6-10　简述斜拉桥斜拉索与索塔的几种联结形式,以及索塔的斜拉索几种锚固形式。

6-11　简述斜拉桥斜拉索的主要组成及其作用。

6-12　斜拉桥的斜拉索类型有哪些?其锚具形式又有哪些?

6-13　斜拉桥的斜拉索设计中为什么要对斜拉索采取防护及减震措施?

6-14　斜拉桥的斜拉索设计中，进行安全验算时其安全系数取值为多少？

6-15　简述斜拉桥按照几种制作材料的主梁形式及其主要设计要点，并各列举一座实桥来说明其采用的情况。

6-16　斜拉桥斜拉索在主梁上的锚固形式有哪些？

6-17　简述斜拉桥的结构设计计算中的要点，以及斜拉索初始索力调整中刚性支点法的主要计算过程。

6-18　简述斜拉桥上部结构的几种施工方法及主要的施工过程。

第七章

桥面系、支座与附属设施

桥面系属于上部结构,直接承受车辆、人群等荷载,并将其传递至主要承重构件。由第一章第一节图 1-2 可知,桥面一般构造主要有桥面铺装、桥面排水(drainage)与防水系统(waterproofing system)、人行道、栏杆(rail)与护栏(safety guard)等。本章第一节将对桥面一般构造进行介绍。第二节介绍中、小桥梁桥面系中最主要的承重构件——桥面板(在行车道内的桥面板称为行车道板)。第三节介绍的伸缩缝是桥面构造的重要组成部分,因内容较多,单独列为一节。第四节介绍支座,它与伸缩缝同为桥梁中以定型产品为主的构件,也是易损和常需维修、更换的构件。支座不属于桥面系,它是联系桥梁上部结构与下部结构的重要传力装置。第五节介绍桥梁附属设施。

第一节 桥面一般构造

一、桥面铺装

1. 概述

桥面铺装是桥面中最上层的部分,又称为桥面保护层,是车轮直接作用的部分,它的主要功能是保护桥梁主体结构,承受车轮的直接磨损,防止主梁遭受雨水的侵蚀,并对车轮的集中荷载起一定的分布作用。桥面铺装应具有足够的强度、良好的整体性以及抗冲击与耐疲劳性能,不开裂且耐磨损,同时还应具有防水性和对温度变化的适应性。桥面铺装应与桥梁的上部结构综合考虑、协调设计。

我国公路桥梁采用的桥面铺装材料主要有沥青混合料(也称为沥青混凝土)和水泥混凝土(也可简称混凝土)。桥面铺装的类型主要有沥青(混合料)铺装、(水泥)混凝土铺装、沥青+混凝土的组合铺装(简称组合铺装)三种。

《公桥通规》(JTG D60—2015)规定桥面铺装宜与所在的公路路面相协调,但对于高速公路和一级公路上的特大桥、大桥,无论所在道路是采用水泥混凝土路面还是沥青路面,桥面铺装均宜采用沥青铺装。桥面铺装应有完善的桥面防水、排水系统。本小节将介绍桥面铺装中的防水构造,桥面排水系统介绍见下一小节。

沥青铺装常用的材料有浇注式沥青混合料(GA)、环氧沥青混合料(EA)、改性沥青混合料。改性沥青混合料又可分为密级配沥青混合料(AC)、沥青玛蹄脂碎石混合料(SMA)。混凝土铺装中常用的材料有普通混凝土、纤维混凝土、高韧性轻集料混凝土等。除应满足桥面铺装的有关规定外,沥青和水泥混凝土桥面铺装还应分别符合《公路沥青路面设计规范》(JTG D50—2017)和《公路水泥混凝土路面设计规范》(JTG D40—2011)的有关规定。

桥面板的结构主要有混凝土结构和钢结构两种,桥面铺装的材料与结构和桥面板结构有关。混凝土桥面板上可采用沥青铺装、水泥混凝土铺装,钢桥面板上可采用沥青铺装、组合铺装。

2. 混凝土桥面板铺装

混凝土桥和钢-混凝土组合桥的桥面板为混凝土结构。它的桥面铺装有沥青铺装和水泥混凝土铺装两种,见图7-1。

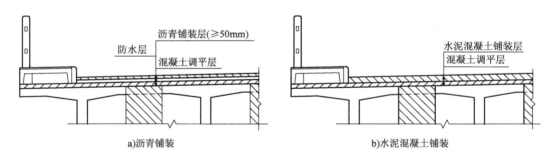

图7-1 混凝土桥面板桥面铺装构造

(1)沥青铺装

沥青铺装的重量较轻,车辆行驶舒适性好,噪声、扬尘小,在铺筑后只需几小时就能通车运营,维修养护也较方便,但其造价较高,易出现车辙等病害。沥青铺装是目前公路桥梁的主要铺装形式。

混凝土桥面板上的沥青铺装,一般由混凝土调平层、防水层和沥青铺装层(面层)组成,如图7-1a)所示。更多的构造示例见图2-9a)、图2-18a)和图3-7a)。

沥青铺装中的调平层,除用于调平桥面外,还具有设计横坡的作用,同时也发挥一定的受力作用。《水泥混凝土桥面铺装技术指南》[57]提出调平层的厚度一般不小于80mm,铺装层内应配置直径为8mm、间距为100mm、净保护层为35mm的焊接带肋钢筋网片,混凝土中应掺入

$0.8\sim1.0kg/m^3$ 的纤维和 $60\sim100kg/m^3$ 的矿物掺合料。

在调平层与面层之间应设置防水层。防水层的形式和方法应根据当地的条件、雨量情况和桥梁具体结构形式等确定。防水层的设置应保证层间结合牢固。对于防水要求不高的桥梁,可通过在调平层面上撒布一层透层油,防止水的渗透。对防水要求较高的桥梁,需采用沥青涂胶类防水层、高聚物涂胶类防水层或沥青防水卷材等防水层,其厚度一般为 $1\sim1.5mm$。为了保护防水层免遭破坏,在防水层上还应铺设一层保护层,一般采用 AC-10 型沥青混合料,厚度一般取 1.0cm。

铺装层主要有单层式和双层式两种,目前双层式应用较多,极个别采用三层式。《公桥通规》(JTG D60—2015)规定高速公路、一级公路和二级公路上桥梁的沥青铺装层厚度不宜小于70mm;二级以下公路桥梁的沥青铺装层厚度不宜小于50mm。但是,随着沥青材料技术的进步,沥青铺装层厚度有减薄的趋势。一般来说,单层式为40mm 或 50mm 厚的中粒式沥青混合料。双层式中,上面层为 30mm 或 40mm 厚的细粒式或中粒式沥青混合料,下面层为 40mm(50mm、60mm 或 70mm)厚的中粒式沥青混合料。《城镇桥梁沥青混凝土桥面铺装施工技术标准》(CJJ/T 279—2018)给出的混凝土桥面板桥面铺装材料组合方案见表7-1。

混凝土桥面板桥面铺装材料组合方案　　　　表7-1

铺装材料	Ⅰ型铺装结构		Ⅱ型铺装结构		Ⅲ型铺装结构	Ⅳ型铺装结构		Ⅴ型铺装结构	
	上层	下层	上层	下层	单层	上层	下层	上层	下层
普通改性沥青混合料 SMA、AC	√	√		√		√		√	
高弹改性沥青混合料 SMA								√	
高黏高弹改性沥青混合料 SMA	√				√				
高黏高弹改性沥青混合料 OGFC			√						
浇注式沥青混合料 GA							√		
环氧沥青混合料 EA									√

沥青铺装的质量与施工工艺和水平直接相关。铺装前的桥面应平整、粗糙、干燥、整洁,不得有尘土、杂物或油污。施工宜采用轮胎压路机复压、轻型钢筒式压路机终压。

(2)水泥混凝土铺装

水泥混凝土铺装耐磨性好,适合于重载交通,但车辆行驶噪声、振动、扬尘较沥青铺装大,且维修不方便。它目前仅应用于一般道路上的中、小跨径的混凝土桥梁、钢-混凝土组合桥梁。

为形成横坡并调平桥面板,可在桥面板顶面设混凝土调平层,如图7-1b)所示。当行车道板具有横坡且桥面板顶面具有较好平整度时,也可不设调平层,将水泥混凝土铺装层直接铺设在桥面板上。

《公桥通规》(JTG D60—2015)规定水泥混凝土铺装层(不含调平层)的厚度不宜小于80mm,混凝土强度等级不应低于C40。铺装层内应配置钢筋网,钢筋直径不应小于8mm,间距不宜大于100mm。水泥混凝土桥面铺装尚应符合《公路水泥混凝土路面设计规范》(JTG D40—2011)的有关规定。

《水泥混凝土桥面铺装技术指南》[57]要求水泥混凝土铺装层(不含调平层)的厚度一般为100mm,铺装层内配置直径为10mm、间距为100mm、净保护层为35mm 的焊接带肋钢筋网片。铺装层中掺入 $0.8\sim1.0kg/m^3$ 纤维,且粉煤灰、磨细矿渣粉等矿物掺合料不宜超过胶凝材料的10%。

水泥混凝土铺装层直接承受车辆轮压的作用,既是保护层,又是受力层,应具有足够的强度、良好的整体性及抗冲击与耐疲劳特性,同时还应具有防水性及对温度变化的适应性。水泥混凝土铺装宜采用低收缩、高抗裂性的纤维混凝土,以提高其抗裂、防水的功能。同时,通过涂刷防水涂料增强其防水效果。各混凝土层间应结合紧密,施工时可通过凿毛、刻痕、高压水冲洗等方法加强层间的结合力。水泥混凝土铺装层铺设时应避免二次成型。

3. 钢桥面板铺装

钢桥面板一般应用于大跨径钢桥,其桥面铺装主要有沥青铺装和组合铺装,见图7-2。

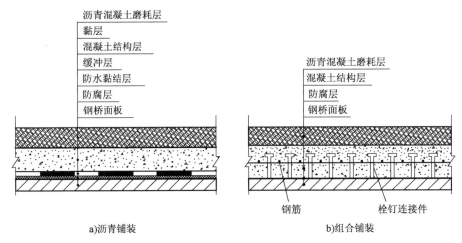

图7-2 钢桥面板铺装示意图

(1)沥青铺装

钢桥面板一般应用于大跨钢梁桥、钢梁斜拉桥或悬索桥中,以U肋加劲的正交异性钢板为主。根据《公路钢桥面铺装设计与施工技术规范》(JTG/T 3364-02—2019)规定,钢桥面铺装设计应综合考虑桥梁结构特点、交通荷载、环境气候、施工条件、恒载限制等因素,其设计使用年限宜不小于15年。

为减轻自重和适应钢结构的变形,钢桥面板上一般采用沥青铺装,它主要由结构层和界面功能层组成,如图7-2a)所示。结构层通常由磨耗层和保护层两层构成。磨耗层应平整密实,具有抗滑耐磨、抗裂耐久、抗高温变形等性能;保护层应具有抗渗水、随从变形、抗高温变形等性能。结构层常用的材料有浇注式沥青混合料、环氧沥青混合料、改性沥青混合料等。界面功能层通常包括防腐层、防水黏结层、缓冲层、黏层等,其中防腐层和缓冲层可根据需要设置。

《公路钢桥面铺装设计与施工技术规范》(JTG/T 3364-02—2019)给出的铺装结构层组合参考方案见表7-2。其中,双层SMA改性沥青混合料(方案5)在夏季高温环境下,与钢板的黏结性能差,易出现推移、拥包的病害,目前已较少采用,将磨耗层改为AC改性沥青混合料;方案1和方案4以浇注式沥青混合料为保护层,它具有与钢板随从性好、黏结强度高、抗疲劳性能好的优点,但其高温稳定性能(尤其在夏季高温、车辆重载的服役条件下)仍存在不足;环氧沥青混合料与钢板黏结强度高、高温稳定性好,是一种性能优异的钢桥面铺装材料,方案2、方案3、方案4均用到,它的主要问题是施工工艺复杂难控,成本高[58]。因此,钢桥面铺装仍是我国目前桥梁与道路工程的研究热点[59]。

钢桥面板沥青铺装结构层组合参考方案 表7-2

铺装材料	方案1		方案2		方案3		方案4		方案5	
	磨耗层	保护层	磨耗层	保护层	磨耗层	保护层	磨耗层	保护层	磨耗层	保护层
改性沥青混合料 SMA、AC	√				√				√	√
浇注式沥青混合料		√						√		
环氧沥青混合料			√	√		√	√			

单层沥青混合料最小厚度与适宜厚度见表7-3。图6-21a)、图6-22 给出的两个实例中，结构层采用 55mm 环氧沥青混合料铺装。

单层沥青混合料最小厚度与适宜厚度 表7-3

混合料材料	公称最大粒径（mm）	最小厚度（mm）	适宜厚度（mm）
改性沥青混合料 SMA、AC	9.5	30	35~40
	13.2	35	40~45
浇注式沥青混合料	9.5	25	30~40
	13.2	30	35~45
环氧沥青混合料	4.75	15	20~30
	9.5	25	25~35

（2）组合铺装

钢桥面板上的沥青铺装，存在着两大问题：铺装层易于出现推移、拥包、车辙、开裂等病害，U肋加劲正交异性钢板易于疲劳开裂。为此，上层为较薄的沥青磨耗层、下层为水泥混凝土应力过渡层（也称混凝土结构层）的组合铺装应运而生。

在中等跨径钢桥上，应力过渡层可采用纤维混凝土、轻集料混凝土、高性能混凝土等，以增强抗裂性能，减轻自重。混凝土内可不配筋，也可配钢筋或钢丝网。应力过渡层可通过剪力键与钢桥面板紧密结合、共同受力，且由于有一定的刚度和强度，能对车轮的集中荷载起一定的分布作用，其温度稳定性也好。应力过渡层与沥青磨耗层的结合性能也好。组合铺装不仅能够解决全柔性铺装层存在的问题，还能有效缓解钢桥面板和钢主梁（特别是U肋加劲梁）的疲劳开裂[58]。

然而，对于大跨度桥梁，这种组合铺装仍可能因材料抗拉能力太弱而出现开裂，或因需要的厚度太大而自重增加太多，从而引起主结构材料用量的急剧上升，造成经济性的下降。将超高性能混凝土（UHPC）应用于组合铺装中的结构层，则能解决这些问题。

UHPC的抗压强度不低于120MPa，抗拉强度为A级时，直拉强度不小于8MPa、初裂强度不小于5.5MPa、极限拉应变不小于2000$\mu\varepsilon$（不小于软钢的屈服应变）[60]。采用UHPC作为钢桥面铺装的结构层，形成钢-UHPC组合桥面板，除具有与前述的混凝土刚性结构层相同的作用外，因其较高的抗拉能力和裂后延性，可采用较薄的厚度（40~60mm）。UHPC结构层加上沥青层后的总厚度与自重，与沥青铺装层的厚度相近。因此，可应用于大跨径钢桥中[61]。

UHPC桥面板在我国最早的应用是2011年的广东肇庆马房大桥的桥面加固维修，其第11跨采用50mm厚UHPC层。此后，UHPC桥面板在我国的应用不断增多，如在天津市塘沽海河大桥、湖南枫溪自锚式悬索桥和山西太原的摄乐大桥、福建福州洪塘大桥中均有应用。

二、桥面排水系统

桥面积水不利于行车的安全,会给行人带来不便,还会损害结构。桥面时而湿润时而干燥的交替变化是造成钢筋混凝土结构锈蚀的主要原因。渗入的水分如果因严寒而结冰,则更有害,因为渗入混凝土细微裂纹和大孔隙内的水分,在结冰时会导致混凝土发生冻胀破坏。而且,水分渗入还会导致面板内钢筋锈蚀。因此,应将桥面上的雨水迅速引导并排出桥外,且在桥面铺装内设置防水层(已在上一小节介绍)。

1. 桥面纵、横坡

为了迅速清除雨水,根据交通量要求,桥面上一般应设置纵、横坡,以防止或减少雨水对铺装层的渗透,从而保护行车道板,延长桥梁使用寿命。

桥面上设置纵坡,首先有利于排水;其次,在平原区还可以在满足桥下通航净空要求的前提下,降低墩台高程,减少桥头引道土方量,从而节省工程费用。桥面的纵坡一般都做成双向,在桥中心设置竖曲线。对于一些考虑建成平坡的桥,也可以设置 0.3%~0.55% 的纵坡,以便于排水。

横坡一般采用 1.5%~2.0%。在雨量丰富地区,宜采用 2% 或以上较大的横坡。行车道的桥面普遍采用人字形或抛物线形横坡,人行道则采用直线形。横坡可直接通过墩台顶部实现,从而使桥梁上部构造成双向倾斜,此时,铺装层在整个桥宽上做成等厚的。横坡还可通过变化支座垫石的高度来形成或通过行车道板做成倾斜面来实现。当行车道板具有横坡时,水泥混凝土铺装中不设调平层。对于沥青铺装,则仍需要钢筋混凝土调平层。

当行车道板为平坡时,横坡需在行车道板通过一层厚度变化的混凝土三角形垫层来实现。然后,在其上铺设等厚的水泥混凝土铺装层或沥青铺装层。对于沥青铺装层,可将三角形垫层与调平层结合起来。

2. 排水管类型

排水管根据材料可分为金属排水管、钢筋混凝土排水管、塑料排水管等。

金属排水管适用于具有防水层的铺装结构,常见的是铸铁管[图 7-3a)]。排水管的内径一般为 100~150mm,管子下端应伸出行车道板底面以下至少 150~200mm,以防渗湿主梁梁肋表面。安装排水管时,与防水层的接合处要做得特别仔细,防水层的边缘要紧夹在管子顶缘与排水漏斗之间。这种铸铁排水管,使用效果好,但结构复杂。根据具体情况,可以简化改进,例如采用钢管和钢板的焊接构造等。

钢筋混凝土排水管:它适用于不设防水层而采用防水混凝土的铺装构造[图 7-3b)]。在制作时,可将金属栅板直接作为钢筋混凝土管的端模板,并在栅板上焊上短钢筋,锚固于混凝土中。这种预制的排水管构造比较简单,可节省钢材。

塑料排水管的直径范围为 150~1200mm,常见的有聚氯乙烯(PVC)管、硬聚氯乙烯(PVC-U)管、聚乙烯(PE)管、增强聚丙烯(FRPP)管、玻璃纤维增强塑料(RPM)管等。这些管材表面硬度和抗拉强度高,同时管道摩阻系数小,水流顺畅,不易堵塞,养护工作量少,施工方法简单,操作方便。

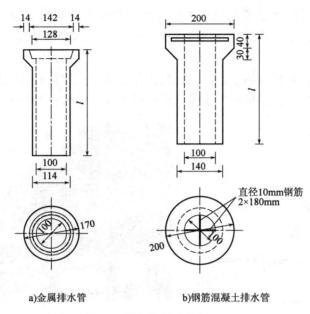

a) 金属排水管   b) 钢筋混凝土排水管

图 7-3　排水管(尺寸单位:mm)

3. 排水管布置

除纵、横坡外,一般桥梁要有排水设施将雨水迅速排出桥外。排水设施的设置应根据桥的面积、构造和当地的降雨情况计算确定。

通常当桥面纵坡大于2%而桥长小于50m时,雨水可流至桥头从引道排除,桥上就不必设专门的排水孔道。为防止雨水冲刷引道路基,应在桥头引道的两侧设置流水槽。纵坡大于2%且桥长大于50m时,宜在桥上每隔12~15m设置一个排水管。如桥面纵坡小于2%,普通公路桥梁宜每隔6~8m设置一个排水管;高速公路和一级公路,一般桥梁采用直径为150mm的排水管,间距宜在4~5m。对于雨水充沛地区,排水管的布置应适当加密。

排水管的过水面积通常是每平方米桥面上不少于$2\sim3cm^2$。排水管可以沿行车道两侧左右对称排列,也可交错排列,距离缘石的距离为20~50cm。排水管也可布置在人行道下面(图7-4),为此需要在人行道块件(或缘石部分)上留出横向排水孔,并在其周边设置相应的聚水槽,起到聚水、导流和拦截作用。为防止大块垃圾进入堵塞排水道,在进水的入口处设置金属栏门。混凝土梁桥上常用的排水管道有金属排水管、钢筋混凝土排水管、塑料排水管。

排水管一般采用竖向布置。对于一些跨径不大,不设人行道的小桥,有时为了简化构造和节省材料,可以直接在行车道两侧的安全带或

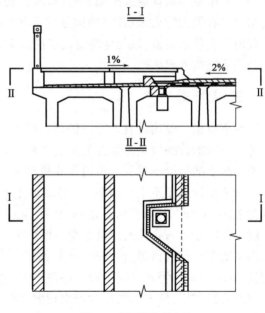

图 7-4　桥面排水管布置

缘石上预留横向孔道并用铁管或其他排水管将水排出桥外。管口要伸出构件 30~50mm,以便滴水。这样布置的排水管称为横向排水管道(图 7-5)。这种做法虽简便,但因孔道坡度平缓,易于淤塞。

城市桥梁或桥下有通行车辆、行人的桥梁,为保持桥下的整洁和避免排水对桥下交通的影响,常采用封闭式排水系统,将桥面雨水排入城市排水系统或桥梁的排水系统,如图 7-6 所示。

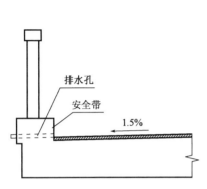

图 7-5 横向排水管道

图 7-6 桥梁封闭式排水系统实例照片

对于小跨径桥梁,其纵向排水管布设在箱梁和主梁腹板的内侧,并通往桥台,然后再用管道引向地面。在活动支座处,竖向管道的连接应使桥梁的纵向活动不受影响。对于较长的桥梁,雨水可通过纵向排水管向一个设在台帽的大漏斗中排出。

排水管道原则上不允许现浇在混凝土内,因为在冬天水管的堵塞可能冻裂混凝土,而应采用在混凝土中预留孔道或埋入直径较大的套管,然后再设置排水沟管道,一旦有损可以及时更换。当管道通过行车道悬臂板而截面高度较小时,管道可做成扁平状。在设置排水管时应考虑排水管在桥面上设置的位置和数量,因为排水管的设置不合理往往是桥面破损的主要原因。

当采用透水沥青混凝土铺装时,排水管的顶面应低于透水层的底面,以发挥排水的作用。集水口要有强大的集水功能,特别是对于有纵坡的长桥,应避免雨水沿纵坡向台后汇流。在伸缩缝前要有集水装置,以免伸缩缝的缝隙成为桥面雨水的出口,造成水分侵蚀伸缩缝并影响支座和桥梁结构的耐久性。

三、人行道

城市桥梁一般均设有人行道供行人行走,有时还设有供自行车等非机动车行驶的非机动车道。一般的公路根据需要并与前后线路布置协调,也可设人行道,偶尔也设非机动车道。但高速公路上的桥梁不设人行道和非机动车道,可设置检修通道。

对于设计速度不小于 50km/h 的城市主干路或次干路,或当临空高度为 3.0~6.0m 或水深为 2.0~5.0m 时,或当跨越道路、桥梁等人工构筑物时,或当桥面常有积冰积雪时,路缘石高度不得小于 40cm,且人行道宽度不得小于 2m。其他有机动车行驶的城市桥梁,可采用路缘石将机动车道与人行道、检修道分隔,路缘石高度可取 25~35cm。路缘石的设置是为了起到视线诱导、排水和警示作用。设计中没有考虑它的防止汽车撞击作用,但它能对失控车辆起到一定的防护作用,从而降低事故严重程度,保护行人和车辆安全,减少事故损失。但研究表明路缘石高度不是越高越好。太高时,不利于在行车道上的行人发现危险时迅速跨到人行道上。

同时,行人存在跌落的危险。所以,路缘石高度不小于40cm时,宜进行防行人跌落设计。

对于公路桥梁,一个非机动车道的宽度应为1.0m;当单独设置非机动车道时,不宜小于两个非机动车道的宽度。人行道的宽度宜为1.0m,大于1.0m时,宜按0.5m的级差增加。

在跨径较小的现浇板梁桥中,可现浇悬臂板作为人行道板[图7-7a)];在装配式板桥中,可专设人行道梁,在其上通过路缘石和栏杆底座及其中的填料形成人行道[图7-7b)],它仅适用于人行道较窄、跨径较小的桥梁,否则经济性较差;在跨径较大的装配式板桥中,专设人行道板梁就不经济,此时通常预制人行道块件搁置于板上,形成人行道[图7-7c)],人行道与行车道板之间仅需简单连接,人行道板下可过管线。

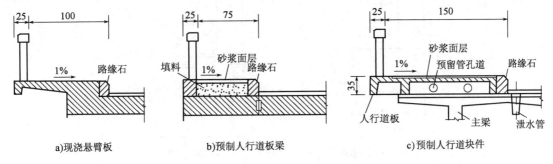

图 7-7 人行道的布置方式(尺寸单位:cm)

图7-8是一种预制装配式人行道的构造形式,有效宽度为0.75m。人行道由行道板、人行道梁、支撑梁及路缘石组成。人行道梁搁在行车道的主梁上,一端悬臂挑出,另一端则通过预埋的钢板与固定锚栓、锚固钢筋连接固定到主梁上。人行道梁分A、B两种。A式较宽,其悬出端留有方孔以安装栏杆柱;B式较窄,布置在A式之间。支撑梁靠主梁纵边布置,用以固定人行道梁。人行道板则铺装在人行道梁上。这种构造的预制块件小而轻,但施工较麻烦。在起重条件好的地方,可考虑采用整体分段预制的人行道。但相比较而言,由于悬臂式人行道悬挑长度较大,当重型车辆冲上人行道时,易发生车辆坠落的重大交通事故。

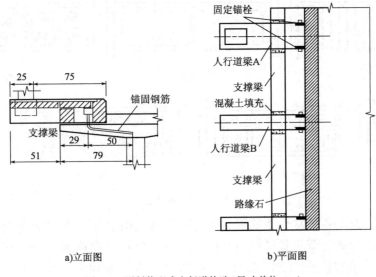

图 7-8 预制装配式人行道构造(尺寸单位:cm)

人行道板顶面一般铺设 20mm 厚的水泥砂浆或沥青作为面层,城市桥梁人行道还会采用火烧板等饰面砖作为铺装面层。人行道板顶面须做成内倾排水横坡,坡度取 1%~1.5%。

在桥面伸缩缝处,人行道(包括栏杆)也必须断开。

在不设人行道的桥上,两边应设宽度不小于 0.25m、高为 0.25~0.35m 的护轮安全带(路缘石)。安全带可以做成预制块件或与桥面铺装层一起现浇。预制的安全带有矩形截面和肋板式截面两种(图 7-9)。以矩形截面最为常用。现浇的宜每隔 2.5~3m 以及在墩台处做一断缝,以免参与主梁受力而损坏。

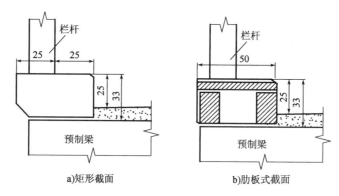

图 7-9　安全带(尺寸单位:cm)

四、栏杆与护栏

栏杆是用来保障行人安全、防止坠落的一种必备的安全设施,使用上要求坚固耐用。人行道或安全带临空侧的栏杆高度(人行道表面至栏杆扶手顶面的距离)不应小于 110cm,非机动车道临空侧栏杆高度不应小于 140cm。栏杆竖直构件间的最大净间距不得大于 110cm。

栏杆的形式变化多样,主要分为栅栏式、栏板式、棂格式和混合式四大类,如图 7-10 所示。

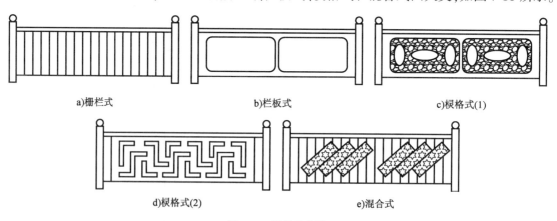

图 7-10　栏杆示意图

公路与城市道路的栏杆常用钢筋混凝土、钢、铸铁或钢-混凝土组合材料制作。从形式上可分为节间式与连续式。节间式栏杆由立柱、扶手及横档(或栏杆板)组成,扶手支承于立柱上。连续式具有连续的扶手,一般由扶手、栏杆板(柱)及底座组成。节间式栏杆便于预制安装,能配合灯柱布置,但对于不等跨分孔的桥梁,有时不便划分。连续式栏杆为有规则分布的栏杆板,简洁、明快、布置灵活,但一般自重比较大。

栏杆虽然是桥梁的附属设施,但也是与行人最接近的部分,除具有使用功能外,对桥梁景观也有重要的影响。栏杆设计要与周围环境相协调,与桥梁主体结构相适应,方便施工与养护。图7-11~图7-13分别给出钢筋混凝土栏杆、钢栏杆和钢-混凝土组合栏杆的实例照片。在一些城市或景区桥梁,也可采用石栏杆,以获得较好的景观效果,如图7-14所示。

图 7-11 钢筋混凝土栏杆

图 7-12 钢栏杆

图 7-13 钢-混凝土组合栏杆

图 7-14 石栏杆

安全护栏,简称为护栏,起诱导驾驶员视线、防止运行中失控车辆驶出公路(桥梁)外或进入对向车道或人行道的作用;能增加驾驶员和乘客的安全感;减轻交通事故时车辆、乘客和构造物的损害程度;能控制行人随意横穿公路,保障行人安全的设施。对于高速公路、汽车专用一级公路上的特大桥、大、中桥梁,必须根据其防撞等级在人行道与车行道之间设置桥梁护栏。一般公路的路基边缘及其他各级公路的高路堤、桥头、极限最小半径平曲线、陡坡、依山傍水等路段的路基边缘也应设置。

桥梁护栏与桥面板应进行可靠连接。护栏可分为钢筋混凝土墙式、梁柱式刚性护栏、金属梁柱式半刚性护栏和组合式护栏。根据护栏形式,可采用直接埋入、地脚螺栓或预埋钢筋的连接方式。

常用的护栏大样图如图7-15~图7-17所示。护栏根据防撞的能力不同一般划分为B、A、SB、SA、SS五级,常用中央分隔带桥梁护栏按防撞等级可分为Am、SBm、SAm三级。护栏等级选择应考虑下列因素:①桥梁护栏的防撞性;②受碰撞后的护栏变形程度;③环境和景观要求;④护栏的全寿命周期成本。

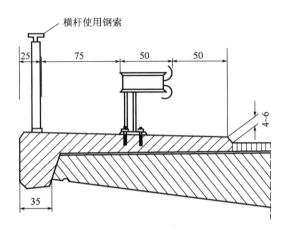

图 7-15　金属桥梁护栏(尺寸单位:cm)

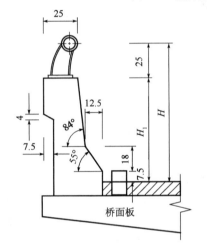

图 7-16　组合式桥梁护栏(尺寸单位:cm)

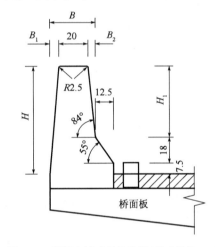

图 7-17　混凝土墙式桥梁护栏(尺寸单位:cm)

第二节　桥　面　板

桥面板是中、小桥桥面系的主要结构。大跨桥梁的桥面系,除桥面板外还包括纵梁和横梁,在前面各章已有介绍。本节仅介绍桥面板。

一、桥面板类型

早期的钢梁桥,将钢筋混凝土桥面板简单架设在钢主梁上,不参与主梁的受力。现在钢梁桥上的钢筋混凝土桥面板则较多通过剪力连接件将钢筋混凝土桥面板与钢主梁连成整体,成为钢-混凝土组合梁,参与总体受力。对于钢筋混凝土或预应力混凝土梁桥,桥面板一般为T形或箱形主梁的上翼缘板,与主梁的梁肋和横隔梁(或称为横隔板)成一整体,参与总体受力。在大跨径的拱桥、悬索桥、斜拉桥中,桥面板不是桥梁上部结构主要承重结构的组成部分,不参与总体受力。桥面板可采用钢筋混凝土结构、预应力混凝土结构、钢-混凝土组合结构或钢结构,以钢筋混凝土结构为主。本节主要介绍钢筋混凝土桥面板直接承受车辆荷载的局部受力计算方法,以横桥向受力为主。

不考虑主梁的横向结构对桥面板的支承作用时,桥面板一般可视为以横向受力的单向板。它又可分为四种,如图 7-18 所示(钢-混凝土组合梁)[52]。简支板是指桥面板与主结构分离,直接搁置于主梁上,这种构造主要在早期的钢梁中应用,现已较少见;连续板是最常见的,大部分 T 梁、箱梁桥的主梁内侧桥面板横桥向为连续结构时均可视为连续板;自由悬臂板是指主梁上翼缘板外挑部分;铰接悬臂板是预制梁之间悬臂板用铰接方式相连的板(如 T 梁的上翼缘板之间用一定间距的钢板相连),也较少用。

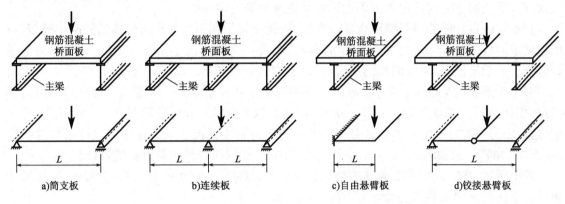

图 7-18　桥面板类型

实际的桥梁结构,一般主梁之间有横隔梁或横隔板相连,如图 7-19 所示(钢筋混凝土或预应力混凝土 T 梁)。因此,桥面板实际上都是周边支承的板。

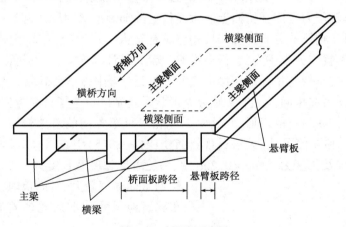

图 7-19　桥面板示意图

从承受荷载的特点来看,当板中央作用一竖向荷载 P 时,此荷载会向相互垂直的两对支承边传递。当支承跨径 l_a 和 l_b 不相同时,由于板沿 l_a 和 l_b 跨径的相对刚度不同,将使向两个方向所传递的荷载也不相等。粗略将板简化成一个十字梁,如图 7-20 所示,在荷载 P 作用下,可得 $P_a = \dfrac{l_b^3}{l_a^3 + l_b^3}P$,$P_b = \dfrac{l_a^3}{l_a^3 + l_b^3}P$,当十字梁的长梁与短梁之比($l_a/l_b$)等于 2 时,根据挠度相等原理,求得短边梁承担的荷载 $P_b = 8P/9$,长边梁承担的荷载 $P_a = P/9$。

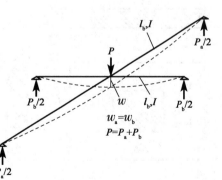

图 7-20　荷载的双向传递

对于板来说，短边所承担的荷载比例比十字梁的还要大。根据弹性薄板理论的研究，对于四边简支的板，当板的长边与短边之比（l_a/l_b）接近2时，荷载值的绝大部分将沿板的短跨方向传递，沿长跨方向传递的荷载将不足6%。l_a/l_b之值越大，向l_a跨度方向传递的荷载就越少。

根据板的上述受力特性，并考虑到钢筋混凝土结构计算本身所固有的近似性，通常把$l_a/l_b \geq 2$的周边支承板视作仅由短跨承受荷载的单向受力板（即单向板）来设计，而在长跨方向只适当配置一些分布钢筋。对$l_a/l_b < 2$的板，才真正按周边支承板（或称为双向板）来设计，在此情况下需按两个方向的内力分别配置相互垂直的受力钢筋。

目前梁桥设计的趋势是横隔板稀疏布置，因此主梁的间距往往比横隔板的间距小得多，桥面板属单向板的居多。有时也会遇到桥面板两个支承跨径之比小于2的情况，须按双向板进行设计。一般来说，双向桥面板的用钢量较大，构造也较复杂，宜尽量少用。

对于T形梁的悬臂板，当$l_a/l_b \geq 2$时，还可细分为两种情形。一种是当翼缘板的端边为自由边[图7-18c)]时，实际是三边支承的板，鉴于类似于前面所分析的原因，可以作为沿短跨一端嵌固，而另一端自由的悬臂板来分析。另一种是相邻翼缘板在端部互相做成铰接接缝的构造[图7-18d)]，在此情况下桥面板应按一端嵌固、一端铰接的铰接悬臂板进行计算。

综上所述，在实践中可能遇到的桥面板有双向板和单向连续板、简支板、悬臂板、铰接悬臂板等。下面将分别阐明它们的计算方法。

二、车轮压力在板上的分布

由《公桥通规》（JTG D60—2015）可知，桥面板作为局部结构，计算时的活载应采用车辆荷载。车辆荷载由车轮压力作用在桥面上。桥面板上的铺装层会对轮压起扩散分布作用。由于板的计算跨径相对于轮压的分布宽度来说相差不是很大，故计算时应较精确地将轮压作为分布荷载来处理，而不宜作为集中力，这样做可避免较大的计算误差，节约桥面板的材料用量。

富有弹性的充气车轮与桥面的接触面实际上接近于椭圆，而且荷载又要通过铺装层扩散分布。因此，车轮压力在桥面板上的实际分布形状是复杂的。为了计算方便，通常近似把车轮与桥面的接触面看作$a_1 \times b_1$的矩形，此处a_1是车轮沿行车方向的着地长度，b_1为车轮的宽度，如图7-21所示。a_1和b_1值可从《公桥通规》（JTG D60—2015）中查得（本书表1-8）。由表1-8可知，前轮着地宽度及长度为0.3m×0.2m，中、后轮着地宽度及长度为0.6m×0.2m。由于后轮轴重标准值最大，桥面板内力计算时所采用的车轮着地尺寸均取后轮的着地宽度与长度，即$a_1 = 0.2$m，$b_1 = 0.6$m。

荷载在铺装层内的扩散程度，根据试验研究，对于水泥混凝土或沥青铺装层，可以偏安全地假定呈45°角扩散。

《混凝土桥规》（JTG 3362—2018）中规定，作用于钢筋混凝土承重板上的矩形压力面的边长为：

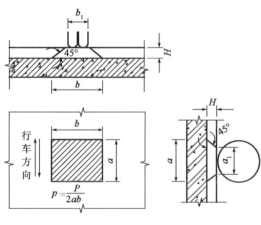

图7-21 车轮压力在板面上的分布

$$\left.\begin{array}{ll}沿纵向 & a = a_1 + 2H \\ 沿横向 & b = b_1 + 2H\end{array}\right\} \quad (7\text{-}1)$$

式中：H——铺装层的厚度。

据此，当车辆荷载的后轮作用于桥面板上时，其局部分布的荷载强度为：

$$p = \frac{P}{2ab} \tag{7-2}$$

式中：P——车辆荷载后轴的轴重力。

三、桥面板的有效工作宽度

众所周知，板在局部分布荷载 p 的作用下，不仅直接承压部分（例如宽度为 a）的板带参加工作，与其相邻的部分板带也会分担一部分荷载，共同参与工作。因此，在桥面板的计算中，需要确定板的有效工作宽度，或称为荷载的有效分布宽度。下面分单向板和悬臂板来阐明板的有效工作宽度的概念和计算方法。

1. 单向板

图 7-22 所示为一块跨径 l、宽度较大的梁式桥面板，板中央作用着局部分布荷载，其分布面积为 $a \times b$。显然，板除沿计算跨径 x 方向产生挠曲变形 w_x 外，在 y 方向也发生挠曲变形 w_y。这说明荷载作用下不仅宽度为 a 的板条受力，其邻近的板也参与工作，共同承受车轮荷载所产生的弯矩。图 7-22a）给出沿 y 方向板条所分担弯矩 m_x 的分布图形，在荷载中心处板条负担的弯矩最大，达到 $m_{x\max}$，距离荷载越远的板条所承受的弯矩就越小。

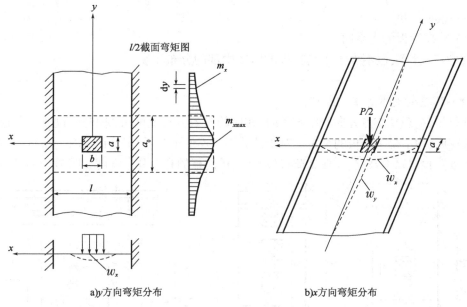

a) y 方向弯矩分布　　　　b) x 方向弯矩分布

图 7-22　桥面板的受力状态

现设想以 $a_0 \times m_{x\max}$ 的矩形来替代实际的曲线分布图形，即：

$$a_0 \times m_{x\max} = \int m_x \mathrm{d}y = M \tag{7-3}$$

则得弯矩图形的换算宽度为：

$$a_0 = \frac{M}{m_{x\max}} \tag{7-4}$$

式中：M——车轮荷载产生的跨中总弯矩；

m_{xmax}——荷载中心处的最大单宽弯矩值,可按弹性薄板理论求得。

上式的 a_0 就定义为板的有效工作宽度,以此板宽来承受车轮荷载产生的总弯矩,既满足弯矩最大值的要求,也方便计算。

考虑到实际上 a/l 之值不会很小,而且桥面板属于弹性固结支承,通过理论分析,《混凝土桥规》(JTG 3362—2018)对梁式单向板的荷载有效分布宽度,给出简化计算的规定。

(1)车轮位于板的中央地带时

对于单独一个车轮荷载[图7-23a)]:

$$a_0 = a + \frac{l}{3} = a_1 + 2H + \frac{l}{3}, 且 \geq \frac{2}{3}l \tag{7-5}$$

对于几个靠近的相同荷载,如按上式计算所得各相邻荷载的有效分布宽度发生重叠时,应按相邻靠近的几个荷载一起计算其有效分布宽度[图7-23b)]:

$$a_0 = a + d + \frac{l}{3} = a_1 + 2H + d + \frac{l}{3}, 且 \geq \frac{2}{3}l + d \tag{7-6}$$

式中:d——最外两个荷载的中心距离。如果只有相邻两个荷载一起计算时,d 往往就是加重车后轮的轴距。

(2)车轮位于板的支承处时

$$a_0' = a + t = a_1 + 2H + t, 且 \geq \frac{l}{3} \tag{7-7}$$

式中:t——板的厚度。

(3)车轮靠近板的支承时

按式(7-7)计算,但不大于车轮在板的跨径中部的分布宽度。

$$a_x = a_0' + 2x \tag{7-8}$$

式中:x——车轮离支承边缘的距离。

也就是说,荷载从支点处向跨中移动时,相应的有效分布宽度可按45°线过渡。上述计算的所有分布宽度,均不得大于板的全宽。对于彼此不相连的预制板,车轮在板内分布宽度不得大于预制板宽度。根据以上规定,在任意荷载位置时,单向板的有效分布宽度如图7-23c)所示。

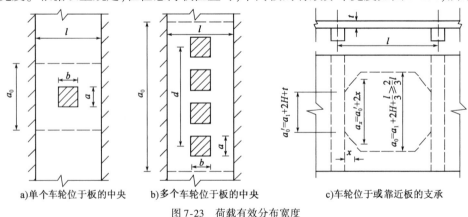

a)单个车轮位于板的中央　　b)多个车轮位于板的中央　　c)车轮位于或靠近板的支承

图7-23 荷载有效分布宽度

2.悬臂板

悬臂板在荷载作用下,除直接承受荷载的板条(宽度为 a)外,相邻板条也会发生挠曲变形[图7-24b)中的 w_y]而分担部分弯矩。悬臂根部沿 y 方向各板条的弯矩分布如图7-24a)中的

m_x 所示。根据弹性薄板的理论分析,当板端作用集中力 P 时,在荷载中心处的根部每单位宽度最大弯矩为 $m_{x\max} \approx -0.465P$。此时,荷载所引起的总弯矩为 $M_0 = -Pl_0$。因此,按最大负弯矩值换算的有效工作宽度为:

$$a_0 = \frac{M_0}{m_{x\max}} = \frac{-Pl_0}{-0.465P} = 2.15l_0 \tag{7-9}$$

由此可见,悬臂板的有效工作宽度接近于悬臂长度的 2 倍,也就是说,荷载可近似按 45°角向悬臂板支承处分布[图 7-24a)]。

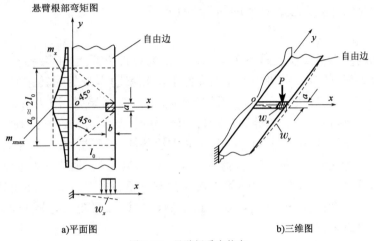

图 7-24 悬臂板受力状态

对于自由悬臂板,恒载的跨径与活载的跨径是不一样的,活载要考虑车轮距板边的距离。《混凝土桥规》(JTG 3362—2018)规定,当 c 值不大于 2.5m 时,悬臂板的活载有效分布宽度(图 7-25)为:

$$a_0 = a + 2c = a_1 + 2H + 2c \tag{7-10}$$

式中:c——平行于悬臂板跨径的车辆着地尺寸的外缘,通过 45°分布线的外边线至腹板外边缘的距离。

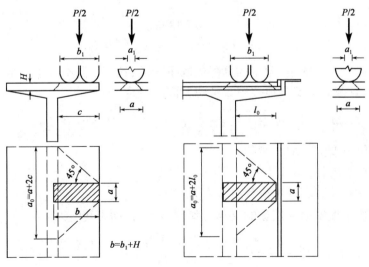

图 7-25 悬臂板的有效工作宽度

277

对于分布荷载位于板边的最不利情况,c 就等于悬臂板的跨径 l_0,于是:
$$a_0 = a + 2l_0 \tag{7-11}$$

四、桥面板的内力计算

对于实体的矩形截面桥面板,一般由弯矩控制设计。设计时,习惯上以每米宽的板条进行计算。对于简支板,只要借助板的有效工作宽度就不难得到作用在每米宽板条上的荷载和其引起的弯矩。以下主要介绍连续板和悬臂板。对于双向板,除可按弹性理论进行分析外,在工程实践中常用简化的计算方法或现成的图表来计算。

1. 连续板

工程中常见的桥面板实质上是一个支承在一系列弹性支承上的多跨连续板,且板与梁肋系整体相连。由此可见,各根主梁的不均匀弹性下沉和梁肋本身的扭转刚度必然会影响到桥面板的内力,如果主梁的抗扭刚度极大,板的工作就接近与固端梁[图 7-26a)];反之,如果主梁的抗扭刚度极小,板在梁肋支承处为接近自由转动的铰支承,则板的受力就如多跨连续梁体系[图 7-26b)]。实际上行车道板和主梁梁肋的支承条件,既不是固结,也不是铰支,而是弹性固结[图 7-26c)]。所以桥面板的实际受力情况是相当复杂的,通常采用简便的近似方法计算。对于弯矩,先算出一个跨度相同的简支板在恒载和活载作用下的跨中弯矩 M_0,再乘以偏安全的经验系数加以修正,以求得支点处和跨中截面的设计弯矩。弯矩修正系数可视板厚 t 与梁肋高度 h 的比值来选用。

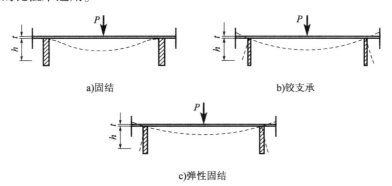

图 7-26 主梁扭转对行车道板受力的影响

由于支承点并非完全固结,弯矩计算跨径取净跨径加板厚,但不大于支承点中距。与梁肋整体连接的板,支点截面偏安全地按固端考虑,其弯矩为:
$$M = -\frac{1}{12}ql^2 = -\frac{2}{3} \times \frac{1}{8}ql^2 = -0.67M_0 \approx -0.7M_0 \tag{7-12}$$

式中:q——板单位长度上的均布荷载;
 l——板的计算跨径;
 M_0——按简支板计算而得的荷载组合内力。

跨中截面的弯矩偏安全地按板的支承为弹性半固结考虑,其值为:
$$M = +\frac{1}{16}ql^2 = +\frac{1}{2} \times \frac{1}{8}ql^2 = +0.5M_0 \tag{7-13}$$

当板厚与梁肋的高度比值 t/h 不小于 1/4 时,支承构件对板的约束减小,跨中弯矩取 $+0.7M_0$。

所以,《混凝土桥规》(JTG 3362—2018)规定,当 $t/h<1/4$ 时,桥面板的弯矩按式(7-14)计算:

$$\left.\begin{array}{ll}\text{跨中弯矩} & M_\text{c} = +0.5M_0 \\ \text{支点弯矩} & M_\text{s} = -0.7M_0\end{array}\right\} \quad (7\text{-}14)$$

当 $t/h \geq 1/4$ 时,按式(7-15)计算:

$$\left.\begin{array}{ll}\text{跨中弯矩} & M_\text{c} = +0.7M_0 \\ \text{支点弯矩} & M_\text{s} = -0.7M_0\end{array}\right\} \quad (7\text{-}15)$$

比较式(7-14)和式(7-15)可以看出,两者在支点处的弯矩计算方法相同,均偏安全地按固端梁计算,所不同的是跨中弯矩。当 $t/h<1/4$ 时,主梁抗扭能力较大,板的受力更接近于固端梁,跨中正弯矩较小;而当 $t/h \geq 1/4$ 时,主梁抗扭能力较小,板的受力更接近于连续梁,跨中正弯矩大些。

在上面两式中,汽车荷载在 1m 宽简支板条中所产生的跨中弯矩 M_{0p}[图 7-27a)],可用式(7-16)计算:

$$M_{0p} = (1+\mu)\frac{P}{8a_0}\left(l-\frac{b}{2}\right) \quad (7\text{-}16)$$

式中:p——加重车后轴的轴重力;

l——板的计算跨径,取两肋间的净距加板厚,但不大于两肋中心之间的距离,当梁肋不宽时可取梁肋中距;当主梁的梁肋宽度较大时(如箱梁等)可取梁肋间的净距加板厚,即 $l=l_0+t$,但不大于 $l=l_0+B$,此处 l_0 为板的净跨径,t 为板厚,B 为梁肋宽度(图 7-27);

μ——冲击系数,《公桥通规》(JTG D60—2015)规定,计算桥面板受力时,冲击系数取0.3。

如果板的跨径较大,可能还有第二个车轮进入跨径内时,可将荷载布置成使跨中弯矩为最大。每米宽板的跨中恒载弯矩可由下式计算:

$$M_{0g} = \frac{1}{8}gl^2 \quad (7\text{-}17)$$

式中:g——1m 宽板条每延米的恒载重力。

当需要计算单向板的支点剪力时,可不考虑板和主梁的弹性固结作用,此时荷载必须尽量靠近梁肋边缘布置。考虑相应的有效工作宽度后,每米宽板承受的分布荷载如图7-27b)所示。对于跨径内只有一个车轮荷载的情况,汽车引起的支点剪力 Q_{sp} 的计算公式为:

$$Q_{sp} = (1+\mu)(A_1 y_1 + A_2 y_2) \quad (7\text{-}18)$$

其中,矩形部分荷载的合力为:

$$A_1 = p \cdot b = \frac{P}{2a_0 b} \cdot b = \frac{P}{2a_0} \quad (7\text{-}19)$$

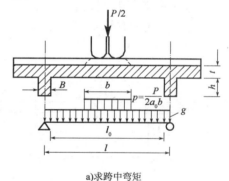

a)求跨中弯矩

b)求支点剪力

图 7-27 单向板的内力计算图式

三角形部分荷载的合力为:

$$A_2 = \frac{1}{2}(p' - p) \cdot \frac{1}{2}(a_0 - a_0') = \frac{P}{8a_0 a_0' b} \cdot (a_0 - a_0')^2 \quad (7\text{-}20)$$

式中:p、p'——分别对应于有效工作宽度 a_0 和 a_0' 处的荷载强度;

y_1、y_2——分别对应于荷载合力 A_1 和 A_2 的支点剪力影响线竖标值。

如跨径内不止一个车轮进入时,尚应计及其他车轮的影响。

恒载引起的支点剪力 Q_{sg} 的计算公式为:

$$Q_{sg} = \frac{1}{2} g l_0 \quad (7\text{-}21)$$

由此,就可进行 1m 宽板条作用效应的设计内力组合计算。

2. 悬臂板

对于铰接悬臂板,计算悬臂根部活载弯矩 M_{sp} 时,最不利的加载位置是把车轮荷载对中布置在铰接处。因此,每米宽板条的活载弯矩为[图 7-28a)]:

$$M_{sp} = -(1 + \mu) \frac{P}{4a_0} \left(l_0 - \frac{b}{4} \right) \quad (7\text{-}22)$$

式中:l_0——铰接悬臂板的净跨径;

a_0——板的有效工作宽度。

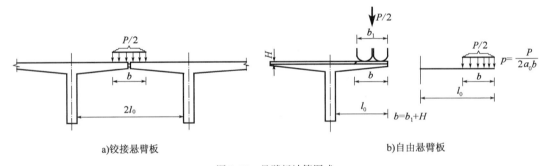

图 7-28 悬臂板计算图式

每米宽板的恒载弯矩为:

$$M_{sg} = -\frac{1}{2} g l_0^2 \quad (7\text{-}23)$$

每米宽板的支点最大负弯矩为:

$$M_s = M_{sp} + M_{sg} \quad (7\text{-}24)$$

悬臂根部的剪力可以偏安全地按一般悬臂板的图式来计算,不再赘述。

对于自由悬臂板,在计算根部最大弯矩时,应将车轮荷载靠板的边缘布置,此时 $b = b_1 + H$,如图 7-28b)所示。在此情况下,活载弯矩为:

$$\left. \begin{array}{l} M_{sp} = -(1+\mu) \cdot \dfrac{1}{2} \cdot p \cdot l_0^2 = -(1+\mu) \cdot \dfrac{P}{4a_0 b} \cdot l_0^2 \quad (b \geqslant l_0 \text{ 时}) \\[2mm] M_{sp} = -(1+\mu) \cdot p \cdot b \cdot \left(l_0 - \dfrac{b}{2} \right) = -(1+\mu) \cdot \dfrac{P}{2a_0} \cdot \left(l_0 - \dfrac{b}{2} \right) \quad (b < l_0 \text{ 时}) \end{array} \right\}$$

$$(7\text{-}25)$$

恒载弯矩：$M_{sg} = -\frac{1}{2}gl_0^2$。

3. 算例

例题 7-1：计算图 7-29 所示 T 梁翼板(主梁间采用现浇混凝土连接)所构成多跨连续单向板的设计内力。汽车荷载为公路—Ⅰ级，桥面铺装为 80mm 厚沥青混凝土面层(重度为 23kN/m³)和平均厚 90mm 的 C40 防水混凝土面层(重度为 24kN/m³)。T 梁高 2.0m，其翼板钢筋混凝土的重度为 25kN/m³。

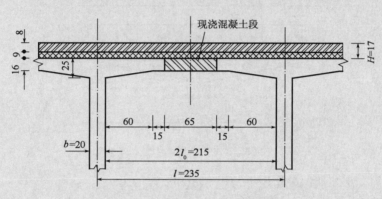

图 7-29　现浇连接行车道板(尺寸单位：cm)

解：对于梁肋间的行车道板，在桥面现浇部分完成后，应按支承在一系列弹性支承上的多跨连续单向板进行计算。由于 $t/h = 16/(200-16) = 1/11.5 < 1/4$，即主梁抗扭能力较大，取跨中弯矩 $M_c = \pm 0.5 M_0$，支点弯矩 $M_s = -0.7 M_0$。对于剪力，可不考虑板和主梁的弹性固结作用，认为简支板的支点剪力即为连续板的支点剪力。

1) 恒载内力(以纵向 1m 宽的板条进行计算)

(1) 主梁架设完毕时

桥面板看作 0.75m 长的悬臂单向板，其根部一期永久作用效应为：

弯矩：
$$M_{g1} = -\frac{1}{2}\left[0.16 \times 0.75 + \frac{1}{2} \times 0.6 \times (0.25 - 0.16)\right] \times \frac{1}{0.75} \times 1.0 \times 25 \times 0.75^2$$
$$= -1.378(kN \cdot m)$$

剪力：
$$Q_{g1} = \left[0.16 \times 0.75 + \frac{1}{2} \times 0.6 \times (0.25 - 0.16)\right] \times 1.0 \times 25 = 3.675(kN \cdot m)$$

(2) 成桥后

梁肋间板的计算跨径：考虑到本例为窄肋 T 形梁，计算跨中弯矩时取 $l = 2.35$m，计算支点剪力时取 $2l_0 = 2.15$m。另外，考虑到本例中多跨连续板的内力计算所采用的是近似计算方法，偏安全考虑，计算中将现浇部分的桥面板恒载由 $l = 2.35$m 的简支板承担(图 7-30)。恒载集度分别如下：

沥青混凝土面层 g_{11}:$0.08 \times 1.0 \times 23 = 1.84 (\mathrm{kN/m})$。
C40 防水混凝土面层 g_{12}:$0.09 \times 1.0 \times 24 = 2.16 (\mathrm{kN/m})$。
现浇部分桥面板 g_2:$0.16 \times 1.0 \times 25 = 4.00 (\mathrm{kN/m})$。

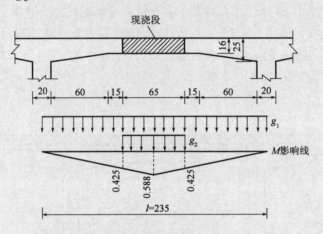

图 7-30 简支板二期恒载作用计算图(尺寸单位:cm)

计算得到简支板二期恒载作用下跨中弯矩和支点剪力为:
跨中(弯矩):
$$M_{g\mathrm{II}} = \frac{1}{2} \times (0.588 + 0.425) \times 0.65 \times 4.0 + \frac{1}{8} \times (1.84 + 2.16) \times 2.35^2$$
$$= 4.078 (\mathrm{kN \cdot m})$$

支点(剪力):
$$V_{g\mathrm{II}} = \frac{1}{2} \times 4.0 \times 0.65 + \frac{1}{2} \times (1.84 + 2.16) \times 2.15 = 5.600 (\mathrm{kN})$$

(3) 恒载作用总效应
支点:
$$M_{sg} = M_{g\mathrm{I}} + (-0.7 M_{g\mathrm{II}}) = -1.378 - 0.7 \times 4.078 = -4.233 (\mathrm{kN \cdot m})$$
$$V_{sg} = V_{g\mathrm{I}} + V_{g\mathrm{II}} = 3.675 + 5.600 = 9.275 (\mathrm{kN})$$
跨中弯矩:
$$M_{sg} = 0.5 \times M_{g\mathrm{II}} = 0.5 \times 4.078 = 2.039 (\mathrm{kN \cdot m})$$

2) 活载内力
根据《公桥通规》(JTG D60—2015),采用车辆荷载主要技术指标标准值。将加重车后轮作用于单向板跨中及支点附近等最不利荷载位置,后轴作用力为 $P = 2 \times 140 \mathrm{kN}$,后两轴轴距 1.4m,车轮平行单向板方向最小间距 1.3m;汽车后轮的着地长度 $a_1 = 0.20 \mathrm{m}$,宽度 $b_1 = 0.60 \mathrm{m}$。

(1) 车轮垂直板跨径方向的荷载分布宽度计算
跨径中部:
$$a_0 = a_1 + 2H + l/3 = 0.2 + 2 \times 0.17 + 2.35/3 = 1.323 (\mathrm{m})$$
$$a_0 \geq 2l/3 = 2 \times 2.35/3 = 1.567 (\mathrm{m}), 取 a_0 = 1.567 \mathrm{m}$$

此时由于后轴的两轮间距为 $1.4\mathrm{m} < a_0 = 1.567\mathrm{m}$，则后两轮有效分布宽度按照发生重叠的情况重新计算。则：

$$a_0 = a_1 + 2H + d + l/3 = 0.2 + 2 \times 0.17 + 1.4 + 2.35/3 = 2.723(\mathrm{m})$$

$$a_0 \geqslant 2l/3 + d = 2 \times 2.35/3 + 1.4 = 2.967(\mathrm{m}), 取\ a_0 = 2.967\mathrm{m}$$

折合成一个后轮荷载的有效分布宽度为：

$$a_0 = 2.967/2 = 1.484(\mathrm{m})$$

板的支承处：

该处仅需对其结构的抗剪进行验算，因此计算跨径改用 $2.15\mathrm{m}$。

$$a_0' = a_1 + 2H + t = 0.2 + 2 \times 0.17 + 0.16 = 0.7(\mathrm{m})$$

$$a_0' \geqslant l_0/3 = 2.15/3 = 0.717(\mathrm{m}), 取\ a_0' = 0.717\mathrm{m}$$

板的支承附近（距支承处距离为 x）：

$$a_x = a_0' + 2x = 0.717 + 2x$$

(2) 车轮平行板跨径方向的荷载分布宽度计算

$$b = b_1 + 2H = 0.60 + 2 \times 0.17 = 0.94(\mathrm{m})$$

(3) 简支板跨中弯矩

$$M_{0\mathrm{p}} = (1+\mu)\frac{P}{8a_0}\left(l - \frac{b}{2}\right) = 1.3 \times \frac{140}{8 \times 1.484} \times \left(2.35 - \frac{0.94}{2}\right) = 28.821\ (\mathrm{kN \cdot m})$$

计算简图见图 7-31。

(4) 简支板支点剪力

$$V_{\mathrm{sp}} = (1+\mu)(A_1 y_1 + A_2 y_2 + A_3 y_3 + A_4 y_4) \tag{7-26}$$

式中：

$$A_1 = \frac{P}{2a_0} = \frac{140}{2 \times 1.484} = 47.170(\mathrm{kN})$$

$$A_2 = \frac{P}{8a_0 a_0' b} \times (a_0 - a_0')^2 = \frac{140 \times (1.484 - 0.717)^2}{8 \times 1.484 \times 0.717 \times 0.94} = 10.293(\mathrm{kN})$$

$$A_3 = p \times 0.85 = \frac{P}{2a_0 b} \times 0.85 = \frac{140}{2 \times 1.484 \times 0.94} \times 0.85 = 42.654(\mathrm{kN})$$

$$A_4 = A_2 = 10.293(\mathrm{kN})$$

$$y_1 = \frac{2.15 - 0.94/2}{2.15} = 0.781;\ y_2 = \frac{2.15 - 0.384/3}{2.15} = 0.940$$

$$y_3 = \frac{0.85/2}{2.15} = 0.198;\ y_4 = \frac{0.384/3}{2.15} = 0.060$$

以上结果代入式 (7-26)，得：

$$V_{\mathrm{sg}} = 1.3 \times (47.170 \times 0.781 + 10.293 \times 0.940 + 42.654 \times 0.198 + 10.293 \times 0.060)$$
$$= 72.252(\mathrm{kN})$$

由此可得连续单向板活载作用效应：

支点弯矩：
$$M_{sp} = -0.7 \times M_{0p} = -0.7 \times 28.821 = -20.175(\text{kN} \cdot \text{m})$$
支点剪力：
$$V_{sp} = 72.252(\text{kN})$$
跨中弯矩：
$$M_{cp} = 0.5 M_{0p} = 0.5 \times 28.821 = 14.411(\text{kN} \cdot \text{m})$$

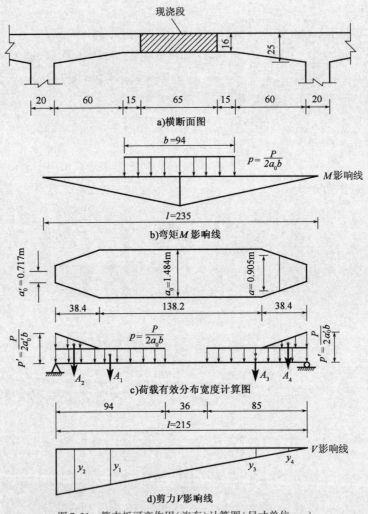

图 7-31 简支板可变作用(汽车)计算图(尺寸单位：cm)

3) 内力组合
(1) 承载能力极限状态内力组合计算
基本组合
支点：
$$M_{ud} = 1.2 M_{sg} + 1.8 M_{sp} = 1.2 \times (-4.233) + 1.8 \times (-20.175) = -41.395(\text{kN} \cdot \text{m})$$
$$Q_{ud} = 1.2 Q_{sg} + 1.8 Q_{sp} = 1.2 \times 9.275 + 1.8 \times 72.252 = 141.184(\text{kN})$$

跨中：
$$M_{ud} = 1.2 \times 2.039 + 1.8 \times 14.411 = 28.387(\text{kN} \cdot \text{m})$$

(2) 正常使用极限状态内力组合计算

频遇组合

支点：
$$M_{fd} = M_{sg} + 0.7M_{sp}/1.3 = (-4.233) + 0.7 \times (-20.175)/1.3 = -15.096(\text{kN} \cdot \text{m})$$
$$Q_{fd} = Q_{sg} + 0.7Q_{sp}/1.3 = 9.275 + 0.7 \times 72.252/1.3 = 48.180(\text{kN})$$

跨中：
$$M_{fd} = 2.039 + 0.7 \times 14.411/1.3 = 9.799(\text{kN} \cdot \text{m})$$

准永久组合

支点：
$$M_{qd} = M_{sg} + 0.4M_{sp}/1.3 = (-4.233) + 0.4 \times (-20.175)/1.3 = -10.441(\text{kN} \cdot \text{m})$$
$$Q_{qd} = Q_{sg} + 0.4Q_{sp}/1.3 = 9.275 + 0.4 \times 72.252/1.3 = 31.506(\text{kN})$$

跨中：
$$M_{qd} = 2.039 + 0.4 \times 14.411/1.3 = 6.473(\text{kN} \cdot \text{m})$$

例题 7-2： 计算图 7-32 所示 T 梁翼板所构成铰接悬臂板的设计内力。汽车荷载为公路—Ⅰ级。桥面铺装为 20mm 厚的沥青混凝土面层（重度为 23kN/m³）和平均厚为 90mm 的 C25 混凝土面层（重度为 24kN/m³）。T 梁翼板钢筋混凝土的重度为 25kN/m³。

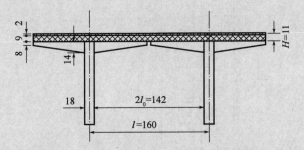

图 7-32　铰接悬臂行车道板（尺寸单位：cm）

解： 1) 恒载内力（以纵向 1m 的板条进行计算）

(1) 每延米板上的恒载 g

沥青混凝土面层 $g_1 = 0.02 \times 1.0 \times 23 = 0.46(\text{kN/m})$

C25 混凝土垫层 $g_2 = 0.09 \times 1.0 \times 24 = 2.16(\text{kN/m})$

T 梁翼板自重 $g_3 = \dfrac{0.08 + 0.14}{2} \times 1.0 \times 25 = 2.75(\text{kN/m})$

合计：$g = \Sigma g_i = 5.37(\text{kN/m})$

(2) 每米宽板条的恒载内力

弯矩：
$$M_{sg} = -\frac{1}{2}gl_0^2 = -\frac{1}{2} \times 5.37 \times 0.71^2 = -1.35(\text{kN} \cdot \text{m})$$

剪力：
$$Q_{sg} = g \cdot l_0 = 5.37 \times 0.71 = 3.81(kN)$$

2）活载内力

根据《公桥通规》(JTG D60—2015)，采用车辆荷载主要技术指标标准值。将加重车后轮作用于铰缝轴线上为最不利荷载布置，后轴作用力为 $P = 2 \times 140kN$，此时两边的悬臂板各承受一半的车轮荷载，轮压分布宽度如图 7-33 所示。汽车后轮的着地长度 $a_1 = 0.20m$，宽度 $b_1 = 0.60m$，则板上荷载压力面的边长为：

$$a = a_1 + 2H = 0.20 + 2 \times 0.11 = 0.42(m)$$
$$b = b_1 + 2H = 0.60 + 2 \times 0.11 = 0.82(m)$$

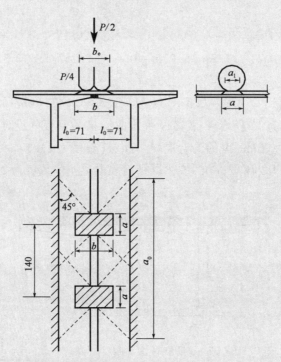

图 7-33 标准车辆荷载的计算图式(尺寸单位：cm)

荷载作用于悬臂根部的有效分布宽度：

$$a_0 = a + d + 2l_0 = 0.42 + 1.4 + 2 \times 0.71 = 3.24(m)$$

由于这是汽车荷载局部加载在 T 梁的翼板上，因此冲击系数为：$\mu = 0.3$。

作用于每米宽板条上的弯矩，由式(2-16)求得：

$$M_{sp} = -(1+\mu)\frac{P}{2a_0}\left(l_0 - \frac{b}{4}\right) = -1.3 \times \frac{2 \times 140}{4 \times 3.24} \times \left(0.71 - \frac{0.82}{4}\right) = -14.18(kN \cdot m)$$

作用于每米宽板条上的剪力为：

$$Q_{sp} = (1+\mu)\frac{P}{4a_0} = 1.3 \times \frac{2 \times 140}{4 \times 3.24} = 28.09(kN)$$

3)内力组合

(1)承载能力极限状态内力组合计算

基本组合：
$$M_{ud} = 1.2M_{sg} + 1.8M_{sp} = 1.2 \times (-1.35) + 1.8 \times (-14.18) = -27.14(\text{kN} \cdot \text{m})$$
$$Q_{ud} = 1.2Q_{sg} + 1.8Q_{sp} = 1.2 \times 3.81 + 1.8 \times 28.09 = 55.13(\text{kN})$$

故桥面板的设计内力为：
$$M_{ud} = -27.14(\text{kN} \cdot \text{m})$$
$$Q_{ud} = 55.13(\text{kN})$$

(2)正常使用极限状态内力组合计算

频遇组合：
$$M_{sd} = M_{sg} + 0.7M_{sp}/1.3 = (-1.35) + 0.7 \times (-14.18)/1.3 = -8.99(\text{kN} \cdot \text{m})$$
$$Q_{sd} = Q_{sg} + 0.7Q_{sp}/1.3 = 3.81 + 0.7 \times 28.09/1.3 = 18.94(\text{kN})$$

准永久组合：
$$M_{qd} = M_{sg} + 0.4M_{sp}/1.3 = (-1.35) + 0.4 \times (-14.18)/1.3 = -5.71(\text{kN} \cdot \text{m})$$
$$Q_{qd} = Q_{sg} + 0.4Q_{sp}/1.3 = 3.81 + 0.4 \times 28.09/1.3 = 12.45(\text{kN})$$

以上正常使用组合中均不计冲击效应，故除以1.3。

五、桥面板的配筋

计算得出桥面板的设计控制内力后，就可按钢筋混凝土或预应力混凝土结构设计原理的方法来设计板内的钢筋，并进行相应的验算。

在进行截面强度验算时，对于与梁肋整体连接且具有承托的悬臂板(图7-34)，《混凝土桥规》(JTG 3362—2018)规定桥面板的计算高度可按式(7-27)计算。

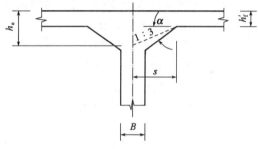

图7-34 承托处板的计算高度

$$h_e = h'_f + s \cdot \tan\alpha \tag{7-27}$$

式中：h_e——自承托起点至肋中心线之间板的任一验算截面的计算高度；

h'_f——不计承托时板的厚度；

s——自承托起点至肋中心线之间的任一验算截面的水平距离；

α——承托下缘与悬臂板底面夹角，当 $\tan\alpha$ 大于1/3时，取1/3。

此外，桥面板的配筋还应满足构造要求。行车道板内主钢筋直径不应小于10mm，人行道板内的主钢筋直径不应小于8mm。在简支板跨中和连续板支点处，板内主钢筋间距不应大于200mm，其最小净距和层距应使振捣器可以顺利插入。

行车道板内主钢筋可在沿板高中心纵轴线的1/6~1/4计算跨径处按30°~45°弯起。通过支点的不弯起的主钢筋，每米宽板内不应少于3根，并不应少于主钢筋截面面积的1/4。

行车道板内应设置垂直于主钢筋的钢筋。分布钢筋设在主钢筋的内侧，其直径不应小于8mm，间距不应大于200mm，截面面积不宜小于板的截面面积的0.1%。在主钢筋的弯折处，应布置分布钢筋。人行道板内分布钢筋直径不应小于6mm,其间距不应大于200mm。

布置四周支承双向板钢筋时,可将板沿纵向及横向各划分为3部分。靠边部分的宽度均为板的短边宽度的1/4。中间部分的钢筋应按计算数量设置,靠边部分的钢筋按中间部分的半数设置,钢筋间距不应大于250mm,且不应大于板厚的2倍。

第三节 伸 缩 缝

一、伸缩间隙与伸缩缝简介

为了保证桥跨结构在气温变化、活载作用、混凝土收缩与徐变等影响下按静力图式自由变形,需要在相邻跨梁端之间、在梁端与桥台背墙之间设置可供伸缩的空间,称之为伸缩间隙或缝隙。

细长结构在截面均匀变化温度作用下,沿杆长方向产生胀缩变形,以 Δl 表示,可按式(7-28)计算:

$$\Delta l = \alpha_c l_t \Delta t = \alpha_c l_t (t - t_0) \tag{7-28}$$

式中:Δl——杆件(因温度变化引起的)胀缩变形;

α_c——材料线膨胀系数;

l_t——温度计算长度(温度变形覆盖区域的梁体长度);

Δt——有效温度变化值;

t——构件截面有效温度;

t_0——构件截面基准温度。

图 7-35 给出两根简支梁,从竖向受力来说,都是静定结构。但对于温度变形来说,图 7-35a)仍为静定结构,而图 7-35b)为超静定结构。

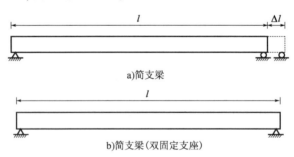

图 7-35 简支梁的温度伸缩变形与内力计算示意图

当梁受到有效温度变化值 Δt 作用时,对于图 7-35a)的简支梁,梁产生 Δl 的变形,但由于变形没有受到约束,梁体内没有产生附加内力。而对于图 7-35b)的双固定支座简支梁,根据材料力学,因温度变形受到约束,会在梁体内产生附加纵向力;当梁为等截面梁时,可按式(7-29)计算。温度附加内力除以截面面积,就得温度附加应力。

$$\Delta N = \frac{\Delta l}{l} EA \tag{7-29}$$

式中:ΔN——温度附加内力;

E——梁体材料的弹性模量;

A——梁体的截面面积。

例题 7-3: 某单跨钢筋混凝土桥,材料线膨胀系数 α_c 为 $10^{-5}℃^{-1}$,主梁为 $l=20m$ 的简支梁,位于我国南方的温热地区。设结构的安装温度为 $15℃$,结构的有效最高与最低温度分别为 $-3℃$ 和 $+34℃$。

解: 由式(7-28)可得,温度升高引起的梁体总伸长量为:

$$\Delta l_t^+ = 10^{-5} \times (34-15) \times 20 \times 10^3 = 3.80(mm)$$

温度降低引起的梁体总缩短量为:

$$\Delta l_t^- = 10^{-5} \times [15-(-3)] \times 20 \times 10^3 = 3.60(mm)$$

如果梁体为双固定支座简支梁[图 7-35b)],假定单根梁体的面积 A 为 $390.2 \times 10^3 mm^2$,材料的弹性模量 E 为 $3.25 \times 10^4 MPa$,忽略支座对梁体温度变形长度与固结长度的影响,仍以 $l=20m$ 计算。

由式(7-29)可得,温度升高时梁体内产生的轴向压力为:

$$\Delta N^+ = \frac{3.80}{20 \times 10^3} \times 3.25 \times 10^4 \times 390.2 \times 10^3 = 2.41 \times 10^3 (kN)$$

梁体内产生的压应力为:

$$\Delta \sigma^+ = \frac{\Delta N^+}{A} = \frac{2.41 \times 10^3}{390.2 \times 10^{-3}} = 6.18(MPa)$$

同理可得,温度下降时梁体内产生的轴向拉力 $\Delta N^- = 2.28 \times 10^3 kN$,拉应力 $\Delta \sigma^- = 5.86 MPa$。

从例题 7-3 的计算可知,梁体受约束温度变化引起的变形不能自由伸缩时,在梁体内产生的内力与应力很大。对于抗拉强度低的混凝土结构,温度收缩产生的拉应力,容易导致混凝土开裂。例题 7-3 中,梁体的拉应力达 5.86MPa,远大于普通混凝土的抗拉强度,主梁将因此开裂。同时,这个拉力也将在桥台中产生很大的弯矩,导致圬工桥台开裂。所以,为了不约束温度变化等引起的桥梁结构的纵向伸缩变形,以避免由此在梁体中产生温度附加内力,桥梁可以设置伸缩间隙,以适应温度变形的需要。

对于设置伸缩间隙的现代公路桥梁,为使车辆能够平稳、安全通过,并防止污水、杂物进入这个间隙,就要在桥面的相应位置设置伸缩缝。

伸缩缝应满足以下三个主要的使用要求:①能适应结构因温度变化所引起的伸缩变形;②车辆驶过时应平顺、不打滑,无突跳和过大的噪声与振动;③具有安全排水防水功能的伸缩缝构造,除能防止雨水侵蚀、垃圾泥土的阻塞外,还可以避免桥面以下支座损坏,不影响其他结构功能的正常发挥。同时,伸缩缝还要求具有较强的承受车辆荷载的能力,不易损坏,有较好的耐久性;施工安装、养护维修与更换方便;经济性好。由于伸缩缝为易损构件,在进行经济分析时,应综合考虑前期施工成本与后期维修养护成本,即全寿命周期成本或全寿命成本(life cycle cost)。

伸缩缝设置处,栏杆与桥面铺装都要断开。伸缩缝本身必须耐用,它与桥面的连接也必须牢固且埋入一定的深度。如果伸缩缝结构埋置太浅,在车辆不断冲击下会使伸缩缝附近的桥面铺装崩碎破坏。伸缩缝是桥梁的薄弱位置,很微小的不平整就会使它承受很大的冲击作用,因此常常是养护和维修的重点。所以,伸缩缝的本身的安装、检查、养护、清除污物都要简单方便。

如果一座桥梁取消所有的伸缩缝,它就成为无伸缩缝桥梁,简称为无缝桥,详见第八章的介绍。需要指出的是,这里所说的"伸缩间隙""伸缩缝"(图7-36中括号外的术语)采用的是《公路无伸缩缝桥梁技术规程》(T/CECS G:D60-01—2020)所给的术语和定义:

伸缩间隙(joint gap):为适应材料胀缩等变形而在桥梁上部结构中设置的间隙。

伸缩缝(deck joint,expansion joint):具备桥面功能,使车辆平稳通过,且满足桥梁结构伸缩变形需要的装置。

在《公路桥梁伸缩装置通用技术条件》(JT/T 327—2016)中,"伸缩缝"是指本书所说的"伸缩缝隙",而将本书的"伸缩缝"称为"伸缩装置",即采用图7-36中括号内的术语。

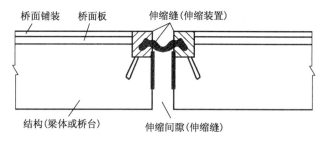

图7-36 伸缩缝有关名词术语示意图

在实际工程中,国内外的工程技术人员、管理人员、生产厂家,均直接用伸缩缝称呼"伸缩装置",一些教材和专著也是如此。故本书采用伸缩间隙、伸缩缝的术语,而没有采用伸缩缝、伸缩装置的术语。

二、伸缩缝的类型与构造

1. 分类

伸缩缝种类繁多,分类有按伸缩量大小分的,有按材料分的,也有按伸缩原理分的,其具体分类见图7-37。《公路桥梁伸缩装置通用技术条件》(JT/T 327—2016)将伸缩缝分为三类,即模数式伸缩缝、梳齿板式伸缩缝、无缝式伸缩缝。该标准给出的装置类型及代号、构造示意和伸缩量见表7-4。

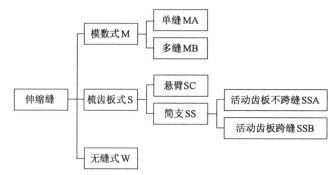

图7-37 《公路桥梁伸缩装置通用技术条件》(JT/T 327—2016)的伸缩缝分类

伸缩缝的构造示意（JT/T 327—2016）

表 7-4

装置类型		构造示意	伸缩量 e（mm）
模数式伸缩缝	单缝 MA	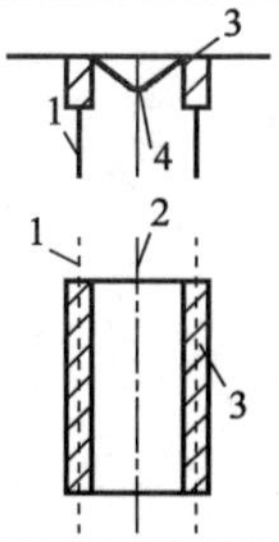 1-桥梁端部或桥台； 2-伸缩缝中心线； 3-边纵梁； 4-橡胶密封带	$20 \leq e \leq 80$
	多缝 MB	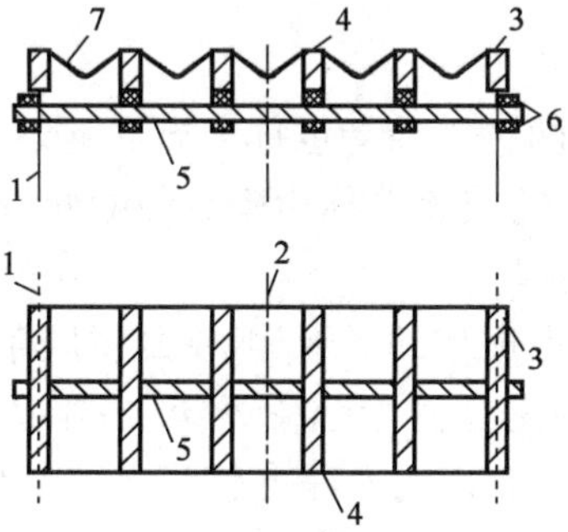 1-桥梁端部或桥台； 2-伸缩缝中心线； 3-边纵梁； 4-中纵梁； 5-横梁； 6-弹性支承元件； 7-橡胶密封带	$e \geq 160$
梳齿板式伸缩缝	悬臂 SC	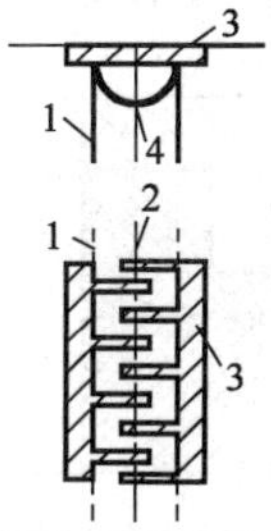 1-桥梁端部或桥台； 2-伸缩缝中心线； 3-悬臂梳齿板； 4-导水装置	$60 \leq e \leq 240$
	简支且活动梳齿板的齿板位于伸缩缝一侧 SSA	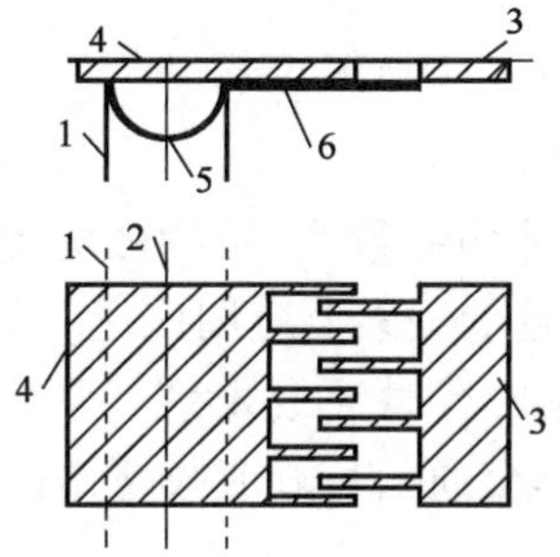 1-桥梁端部或桥台； 2-伸缩缝中心线； 3-固定梳齿板； 4-活动梳齿板； 5-导水装置； 6-不锈钢板	$80 \leq e < 1000$
	简支且活动梳齿板的齿板跨越伸缩缝 SSB	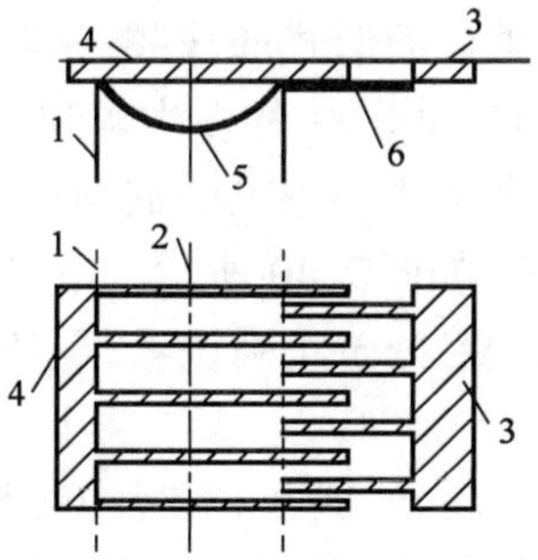 1-桥梁端部或桥台； 2-伸缩缝中心线； 3-固定梳齿板； 4-活动梳齿板； 5-导水装置； 6-不锈钢板	$e \geq 1000$

续上表

装置类型		构造示意		伸缩量 e (mm)
无缝式伸缩缝	W		1-桥梁端部或桥台； 2-伸缩缝中心线； 3-弹性伸缩体； 4-隔离膜	$20 \leq e \leq 100$

2. 模数式伸缩缝

模数式伸缩缝可分为单缝和多缝两种。前者也称为异形钢条形橡胶伸缩缝或条带伸缩缝(strip seal joint)，后者也称为组合伸缩缝或直接称为模数伸缩缝(modular joint)。

(1) 单缝模数式伸缩缝(条带伸缩缝)

单缝模数式伸缩缝由热轧整体一次成型的异形钢、密封橡胶条和锚固系统三部分组成，如图7-38所示。图7-38a)左半边采用的是坚固型锚固系统，右半边则是简便型(标准)锚固系统。单缝模数式伸缩缝代号为MA。由于其埋入深度较浅，所以特别适合于旧桥伸缩缝的改造，对于伸缩量不大(80mm以内)的新桥也非常适用。

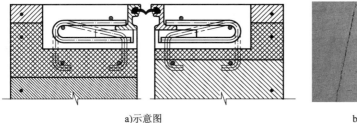

a) 示意图　　　　　　　　　　　　　b) 实例照片(RG40型)

图7-38　单缝模数式伸缩缝

(2) 多缝模数式伸缩缝(模数伸缩缝)

多缝模数式伸缩缝(代号MB)是一种伸缩量大、结构较为复杂但功能比较完善的一种伸缩缝，见图7-39。它在高速公路等大交通量桥梁上应用广泛。但它造价较高，安装复杂，同样会有橡胶条老化、损坏、拉裂、挤出等现象，有时还会出现异形钢(中梁)断裂、锚固混凝土开裂、破坏等病害。它的位置最好不要紧邻交通信号灯或收费站，以免承受车辆紧急制动产生的很大的制动力作用。

这种伸缩缝的主体是由异形钢与各种截面形式的橡胶条组成的伸缩体，它们均为定型产品。橡胶常用的有箱形或条形截面，如图7-39b)中的左半幅和右半幅。它有两个或两个以上的伸缩体，异形钢除边梁外，还有至少一个中梁。边梁的截面形式与条形伸缩缝一样，形式多样，见图7-40。中梁的截面形状较为单一，如图7-40所示。中梁支承并套在下方横梁上，承受大部分车轮压力。为了保证伸缩时中梁始终处于正确位置，且各中梁同步位移，将中梁底部连接在连杆式或弹簧式的位移控制系统上。

当伸缩体做成60mm、80mm、100mm的三种型号时，视中梁根数不同，可以组合成宽度为相应倍数的伸缩缝，以满足不同伸缩量的需求。安装在我国润扬长江大桥的LR27型组合伸缩缝,最大位移量可达 2160mm。

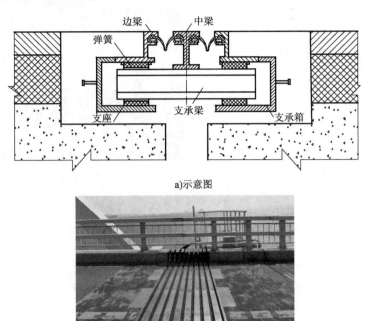

a)示意图

b)实例照片

图 7-39 多缝模数式伸缩缝

3. 梳齿板式伸缩缝

梳齿板式伸缩缝(finger plate joint, comb or toothed joint)由分别连接在相邻两个梁端的梳齿形钢板交错咬合而成,利用梳齿的张合来满足桥体的伸缩要求。它可以适应较大的伸缩量,是一种传统的伸缩缝。优点是构造简单、伸缩自如、伸缩量大,最大可达 1000mm 以上,如杭州湾大桥应用的梳齿板伸缩缝,其伸缩量可达 1120mm。相对于模数式伸缩缝,其造价和维修费用低,且修复较易,可不中断全断面交通。缺点是其本身

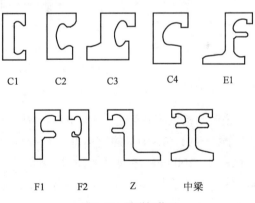

图 7-40 异形钢截面

不防水,防水需要靠钢板下方的防水装置;齿板对有纵坡的桥梁适应性差;梁端转角会在齿端形成折角,使路面不平,高速行车时引起跳车;杂物易填塞在齿缝中,且清理不易;此外,安装时不能随安装温度而调整安装宽度。常见的病害主要有混凝土开裂和局部剥落、梳齿板松动、局部梳齿缺失、底部混凝土损坏等。

梳齿式伸缩缝根据梳齿板的受力特点又可分为悬臂式和简支式(跨缝式)两种。

(1)悬臂梳齿板式伸缩缝

悬臂梳齿板式伸缩缝(代号 SC)中,两块梳齿板均为固定板,如图 7-41 所示。当伸缩缝较宽时,应采用较厚的悬臂板,且要有牢固的锚固构造。

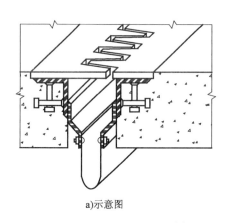

a) 示意图　　　　　　　　　　　　b) 实例照片

图 7-41　悬臂梳齿式伸缩缝

(2) 简支梳齿板式伸缩缝

简支梳齿板式伸缩缝(代号 SS)中,一块梳齿板为固定板,另一块为活动板。固定板较窄,没有跨缝,整个支撑于一端的梁体上。活动板较宽,跨过伸缩间隙,由两侧的梁体支撑,简支受力,如图 7-42 所示。简支式比悬臂式能提供更大的竖向刚度,以保证其与两侧桥面较为平整的连接。

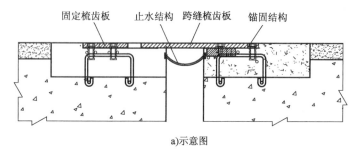

a) 示意图　　　　　　　　　　　　b) 实例照片

图 7-42　简支梳齿式伸缩缝

按活动板的齿板部分与伸缩间隙的相对位置,它又分为活动板的梳齿部分位于伸缩缝一侧(代号 SSA)和活动板的梳齿部分跨越伸缩间隙(代号 SSB)两种,详见表 7-4。前者的伸缩量 e 在 80~1000mm 之间,后者的伸缩量 e 大于 1000mm。但对于 SSB 这种伸缩缝,由于伸缩缝隙的上方为齿板部分,没有完全盖住,雨水会直接注入,污物也易于填塞,对下方的防水设施质量和对养护清扫等要求均更高。

4. 无缝式伸缩缝

无缝式伸缩缝,是指结构不连续、桥面铺装连续的伸缩缝。它在 20 世纪 70 年代由英国发展起来,以弹性伸缩体(多采用改性沥青)来填充桥面铺装层处作为伸缩缝。弹性伸缩体多采用改性沥青,即沥青塞材料(asphalt plug materials),相应的伸缩缝国外称为 asphaltic plug joint 或 flexible plug joint。国内则称这种材料为 TST(弹塑体的第一个拼音字母)材料。

无缝式伸缩缝一般构造见图 7-43。弹性伸缩体以改性沥青为主,在施工过程中,需要将耐高温海绵背衬条填充到伸缩缝中,塞紧不留空隙,以防止施工中接缝料等填入阻止其伸缩,也防止后期水汽等从下方侵入腐蚀上方的钢板。

第七章 桥面系、支座与附属设施

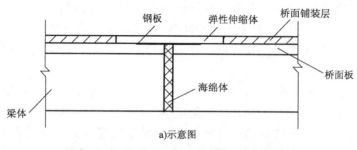

a) 示意图

b) 实例照片

图 7-43　无缝式伸缩缝

通常在缝隙的上方盖有钢板或橡胶板（表 7-4 中的隔离膜），用于阻止上面的改性沥青在车辆荷载和伸缩变形作用下落入伸缩缝。采用钢板时，早期是将其固定在滑槽中，以便伸缩；目前则改为仅一端固定。缝隙中填塞有耐高温海绵、背衬条等，以防止施工中接缝料等填入阻止其伸缩，也防止后期水汽等从下方侵入腐蚀上方的钢板。无缝式伸缩缝是一种小伸缩量的伸缩缝，由表 7-4 可知它适用的伸缩量是 20~100mm。

无缝式伸缩缝构造简单，不需设专门的机械式伸缩缝，施工方便、快速，铺装冷却后，即可开通交通。对于小跨径旧桥的伸缩缝维修，可最大限度减少对交通的中断和干扰。主要缺点有：材料耐久性低；强度与基材不同，会发生沉降或与基材脱开；与路面会有色差等。

这种伸缩缝的"关键技术"和"关键材料"是弹性伸缩体，它也在不断发展之中，目前主要采用第四代的黏结料 GTF（高弹塑体）和 TST（弹塑体）。这种材料在承受车轮的瞬时竖向力和高频振动时显示弹性，而以温变为主的纵桥向伸缩力作用下，显示塑性[62,63]。《公路桥梁伸缩装置通用技术条件》（JT/T 327—2016）对弹性伸缩体的拉伸强度、拉断伸长率、撕裂强度、黏结剥离强度等提出了技术要求。《桥梁无缝伸缩缝沥青胶结料》（JT/T 1129—2017）则对沥青胶结料提出了技术要求。目前，弹性体材料进口材料造价高，而国产材料耐久性一般偏短，影响此类伸缩缝的推广应用。

上述三种类型的伸缩缝，主要是针对今后新建桥梁的应用。除这三类外，还有其他类型的伸缩缝在现有桥梁中大量存在，如各种各样以橡胶为伸缩体的条式橡胶伸缩缝（橡胶条有空心板形、M 形、Ω 形及管形等）、板式橡胶伸缩缝，以钢材为主的滑板式伸缩缝、波形板式伸缩缝以及带锯缝的暗缝等。详见本书之前的版本和文献[64,65]。

三、伸缩缝的选择与安装

在选择伸缩缝类型时，要考虑桥梁结构的伸缩量和车辆荷载、交通量。伸缩量大小由计算确定,并考虑一定的附加量。对于含有橡胶材料的伸缩缝,要注意它损坏时是否会产生碎片,如果产生碎片是否会阻碍变形。对于钢板伸缩缝,要注意钢板是否容易弯曲或变形,使得滑动面滑动条件变坏,变形受到阻碍。要特别注意雨水和尘土从伸缩缝泄漏对桥梁支座的损害和对支座功能正常发挥的影响。

桥梁伸缩缝的材料及其成品的技术要求应符合交通行业标准《公路桥梁伸缩装置通用技术条件》(JT/T 327—2016)的有关规定。采用定型生产的各类伸缩缝时,可根据桥梁所在地区的气温条件和施工季节,选择伸缩缝的安装温度,计算桥梁接缝处梁体的伸长量和缩短量(接缝的闭口量和开口量),选用伸缩缝的类型和型号。自行设计伸缩缝时,对于承受汽车荷载的钢构件,应考虑冲击作用及重复作用引起的疲劳影响。

根据伸缩缝的安装宽度,绘制桥梁接缝处的结构图,标明安装伸缩缝所必需的槽口尺寸(深度及上、下口宽度)、伸缩缝连接所需的预埋件及其位置。同时,图纸上还应标明下列内容:槽口内填筑的材料种类及其强度等级;安装伸缩缝的温度范围,在该范围内安装伸缩缝,可保证在安装后伸缩缝工作正常;伸缩缝的类型和型号,该装置的最大及最小工作宽度(B_{max}及B_{min});伸缩缝的安装宽度或出厂宽度(板式伸缩缝为压缩后的宽度,可由工厂临时固定出厂);伸缩缝施工时应注意的事项。

伸缩缝安装以后的伸缩量,可考虑下列因素进行计算:

(1)由温度变化引起的伸缩量:

由式(7-28)可知,温度上升和下降引起的梁体伸长量Δ_l^+和Δ_l^-分别为:

$$\Delta_l^+ = \alpha_c l(T_{max} - T_{set,l}) \tag{7-30a}$$

$$\Delta_l^- = \alpha_c l(T_{set,u} - T_{min}) \tag{7-30b}$$

式中:T_{max}、T_{min}——当地最高、最低有效气温值;

$T_{set,u}$、$T_{set,l}$——预设的安装温度范围的上限值和下限值;

l——计算一个伸缩缝伸缩量所采用的梁体长度;

α_c——梁体混凝土材料线膨胀系数,$\alpha_c = 0.00001 ℃^{-1}$。

式(7-30)中的梁体长度l,视桥梁长度分段及支座布置情况而定。支座布置情况见下一小节介绍。

(2)由混凝土收缩引起的梁体缩短量Δ_s^-:

$$\Delta_s^- = \varepsilon_{cs}(t_u, t_0) l \tag{7-31}$$

式中:$\varepsilon_{cs}(t_u, t_0)$——伸缩缝安装完成时梁体混凝土从龄期$t_0$至收缩终了时龄期$t_u$之间的收缩应变。

(3)由混凝土徐变引起的梁体缩短量Δ_c^-:

$$\Delta_c^- = \frac{\sigma_{pc}}{E_c} \phi(t_u, t_0) l \tag{7-32}$$

式中:σ_{pc}——由预应力(扣除相应阶段预应力损失)引起的截面重心处的法向压应力,当计算的梁为简支梁时,可取跨中截面与1/4跨径截面的平均值;当梁体为连续梁或连续刚构时,可取若干有代表性截面的平均值;

E_c——梁体混凝土弹性模量;

$\phi(t_u, t_0)$——伸缩缝安装完成时梁体混凝土从龄期t_0至徐变终了时龄期t_u之间的徐变系数。

(4)由制动力引起的板式橡胶支座剪切变形而导致的伸缩缝开口量Δl_b^-或闭口量Δl_b^+:

$$\Delta l_b^- \text{ 或 } \Delta l_b^+ = \frac{F_k t_e}{G_e A_g} \tag{7-33}$$

式中：F_k——分配给支座的汽车制动力标准值；
　　　t_e——支座橡胶层总厚度；
　　　G_e——支座橡胶剪变模量；
　　　A_g——支座平面毛面积。

(5)按照梁体的伸缩量选用伸缩缝的型号：

①伸缩缝在安装后的闭口量 C^+：

$$C^+ = \beta(\Delta_l^+ + \Delta l_b^+) \tag{7-34}$$

②伸缩缝在安装后的开口量 C^-：

$$C^- = \beta(\Delta_l^- + \Delta_s^- + \Delta_c^- + \Delta l_b^-) \tag{7-35}$$

式中：β——伸缩缝伸缩量增大系数，可取 $\beta = 1.2 \sim 1.4$。

③伸缩缝的伸缩量 C 应满足：

$$C \geq C^+ + C^- \tag{7-36}$$

对于影响伸缩缝伸缩量的其他因素，如地震作用、风荷载、梁的挠度等，应视具体情况予以考虑。当施工安装温度在设计规定的安装温度范围以外时，伸缩缝应另行计算。

设所选用的伸缩缝的最小工作宽度为 $B_{\min}$，伸缩缝安装与工作示意见图7-44。理想的安装宽度为 $(B_{\min} + C^+)$。实际的安装宽度在 $B_{\min}$ 和 $(B_{\min} + C)$ 之间。

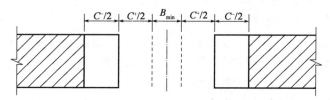

图7-44　伸缩缝安装与工作示意图

伸缩缝的伸缩量与相邻两道伸缩缝之间的主梁长度（温度计算长度 l_t）有关，这与伸缩缝在桥梁中的布置有关，而伸缩缝的布置又与支座布置密切相关。伸缩缝的布置见本章第四节的介绍。

大量的调查研究表明，施工质量是伸缩缝使用质量最重要的因素，越是构造复杂、锚固系统复杂的伸缩缝，其使用质量越是受施工质量的影响。伸缩缝的施工质量要符合设计、厂家和《公路桥涵施工技术规范》(JTG/T 3650—2020)[简称《施工规范》(JTG/T 3650—2020)]的相关要求。

对于具有机械构造的模数式伸缩缝或梳齿板式伸缩缝，在主梁的相应位置留有伸缩缝安装的空间，如图7-44所示。伸缩缝的安装一般放在桥梁施工的后期，以使桥墩、桥台的沉降变形尽可能多地完成，避免不均匀沉降引起伸缩缝的不平顺和不利受力。伸缩缝安装时的大气温度最好是当地的年平均温度，使伸缩缝尽可能多的时间内处于非拉压状态。伸缩缝安装前应对伸缩缝隙进行检查和整修，确保其宽度和顺直度。伸缩缝安装位置要正确，钢构件的焊接质量、后浇混凝土的质量以及相应位置桥面铺装层的压实度，要得到充分保证。后浇混凝土部分受力复杂，为提高其使用寿命，目前提出的改进材料有环氧树脂混凝土、硫铝酸盐混凝土、磷酸盐混凝土、铁铝酸盐混凝土、超高韧性混凝土和超高性能混凝土[66]。

第四节 支 座

一、支座类型与受力要求

1. 支座类型

桥梁支座的分类方法多样,常用的有按变形方向分类、按结构形式分类、按材料分类等。

按照变形方向可分为固定支座、活动支座。固定支座允许上部结构在支座处自由转动但不能水平移动,活动支座则不仅能自由转动,还能水平移动。一般桥梁支座水平活动方向可分为纵桥向和横桥向,据此可将支座分为双向固定、双向活动和单向活动。单向活动有纵桥向固定横桥向活动、纵桥向活动横桥向固定两种,分别简称为横桥向活动支座和纵桥向活动支座。

支座按照结构形式可分为弧形支座、摇轴支座、辊轴支座、板式橡胶支座、四氟板式橡胶支座、盆式橡胶支座和球型支座等。

支座按材料可分为钢支座、聚四氟乙烯支座、橡胶支座、混凝土支座和铅支座五种。早期桥梁的支座以油毛毡等简易支座和钢支座为主。随着合成橡胶和塑料工业的发展,工程橡胶及塑料在桥梁支座上的应用越来越多。

随着桥梁跨度及载重的不断增加和科学技术的进步,已发展出由不同材料做成的各种形式的支座。综合前述的几种分类方法,大致可将其分为简易支座、钢支座、钢筋混凝土支座、橡胶支座以及特种支座(如减震支座、拉力支座等)。目前,公路与城市桥梁上常用的支座有小跨径桥涵上采用的简易支座和一般桥梁上采用的橡胶支座。

简易支座是指在梁底和墩台顶面之间设置垫层来支承上部结构的支座。垫层可用油毛毡、石棉板或铅板等做成,利用这些材料比较柔软又具有一定强度的特性,来承受支点荷载,并适应梁端比较微小的转动与伸缩变形。固定的一端,加设套在铁管中的锚钉锚固,锚钉预埋在墩、台帽内。简易支座仅适应于跨度 10m 以下的桥梁。这种支座由于自由伸缩性差,为避免主梁端部和墩台混凝土拉裂,宜在支座部位的梁端和墩台顶面布设加强钢筋网。

橡胶支座与钢支座相比,具有构造简单、加工方便、节省钢材、造价低、结构高度小、安装方便等一系列优点。此外,橡胶支座能适应任意方向的变形,故对于宽桥、曲线桥和斜桥具有特别强的适应性。橡胶的弹性还能消减上、下部结构所受的动力作用,能减小车桥振动和地震反应。我国橡胶支座自 20 世纪 60 年代开始发展,并很快得到推广,现已成为桥梁的主要支座类型。下一小节将主要介绍公路桥梁常用的板式橡胶支座、盆式橡胶支座和球型支座。

2. 受力要求

支座将上部结构承受的各种荷载传递给桥墩和桥台,应能适应桥梁结构的变形(位移和转角)要求,使上、下部结构的实际受力情况符合设计计算图式[63]。

支座由于受力面积小,往往承受着很高的应力。因此,支座首先应具有足够的承载能力,以保证安全可靠地传递支座反力。其次,对设计为可自由伸缩、转动的梁体来说,支座对其变形(位移和转角)约束应尽可能小,同时又能满足设计中的限位要求。再次,支座应便于安装,造价经济。最后,支座是桥梁的重要构件,也是易损和可更换构件,《公桥通规》(JTG D60—

2015)规定其设计使用年限不应低于15年(表9-1),且应便于养护、维修和更换。

从受力方面来说,作用在支座上的竖向力有结构自重(恒载)和活载的支点反力。公路与城市桥梁自重较大,一般情况下支座较少出现拉力,所以以仅受压的支座为主。当支座在荷载组合作用下产生负反力时,应设置能承受拉力的支座(简称为受拉支座),但受拉支座疲劳问题突出,公路与城市桥梁中应尽可能避免设置。

除竖向力外,正交直线桥的支座,一般仅需计入纵向水平力。斜桥与弯桥的支座,还需考虑由于车辆离心力及风力等产生的横向水平力。

桥梁支座形式多样,其支座形式和规格的选用,要考虑的因素包括桥梁跨径、支点反力、对建筑高度的要求、适应单向和多向位移及其位移量的需要,以及防震、减震的需要。

二、常用橡胶支座

目前,公路桥梁上最常用的橡胶支座有板式橡胶支座(elastomeric bearing)、盆式支座(pot bearing)、球型支座(spherical bearing)和减隔震支座(seismic isolation bearing)等[63]。其中,减隔震支座是减隔震装置中的一种,在下一节介绍。

1. 板式橡胶支座

板式橡胶支座,以橡胶板为受力主体,构造简单,适用于中、小跨径的桥梁。它又分为普通板式橡胶支座和四氟板式橡胶支座。常用的橡胶有天然橡胶和人工合成氯丁橡胶。人工合成氯丁橡胶的使用温度应不低于-25℃,天然橡胶应不低于-40℃。承载力小于5000kN的公路桥梁板式橡胶支座的生产、检验和使用,应符合《公路桥梁板式橡胶支座》(JT/T 4—2019)的要求。

(1)普通板式橡胶支座

橡胶的抗压弹性模量很小,在竖向荷载作用下的压缩变形很大,在横向挤出时会在内部形成很大的径向拉力,足以使橡胶开裂。所以,无加劲层的纯橡胶支座,其容许压应力甚小,约为3MPa,故只适合于小跨径桥梁。

大量使用的板式橡胶支座是加劲板式橡胶支座(steel reinforced elastomeric bearing, elastomeric laminated bearing)。如图7-45所示,它在橡胶内设置若干层用帆布橡胶片、钢丝网、薄钢片或带孔钢片做成的加劲物,以承受橡胶受压时的水平径向拉力。它的承载能力可以达到2000~8000kN,而加劲层对橡胶板的转动变形和剪切变形几乎没有影响。因应用广泛,实际工程中将加劲板式橡胶支座简称为板式橡胶支座。

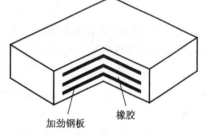

图7-45 加劲板式橡胶支座构造示意图

橡胶的硬度、压缩弹性模量、剪切弹性模量、容许压应力、容许剪切角的正切等,应根据桥梁的使用要求,按现行的有关规定取用。根据试验分析,橡胶压缩弹性模量、容许压应力和容许剪切角的值,均与支座的形状系数有关。形状系数S为板式橡胶支座的承压面积与自由表面积之比,可用式(7-37)表示,式中的符号意义见图7-46。

$$S = \frac{ab}{2(a+b)h} \tag{7-37}$$

式中:a——纵桥向橡胶支座的长度;

b——横桥向橡胶支座的长度;
h——橡胶层的厚度。

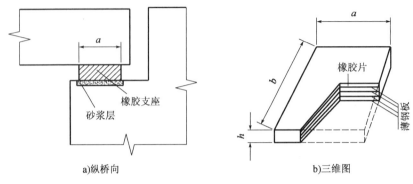

图 7-46 板式橡胶支座尺寸示意图

形状系数用来表示支座的形状特征。为满足橡胶的容许压力和支座能适应转动的要求,支座的长度 a 与宽度 b 之比取决于主梁下的有效宽度及所需的剪切角。一般应充分利用有效宽度 b,而尽可能减小 a 的尺寸,以降低阻抗力矩。

板式橡胶支座的变形机理如图 7-47 所示。压缩变形如图 7-47a) 所示,水平位移利用其剪切变形实现[图 7-47b)],转角变形利用橡胶的不均匀弹性压缩实现[图 7-47c)]。因橡胶与钢或混凝土之间有足够大的摩阻力(摩擦系数 0.25 ~ 0.40),橡胶板与梁底和墩台顶之间一般无须连接。在墩台顶部,需铺设一层砂浆,以保证支座放置平稳。

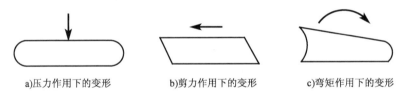

图 7-47 板式橡胶支座的变形

由于板式橡胶支座具有一定的水平位移能力,但这个能力又不是很大,所以它的变形性能介于活动支座与固定支座之间;一般情况下,梁桥的主梁不分固定支座和活动支座,应用相同的板式橡胶支座,所有水平力由各个支座均匀分担。必要时也可采用不等高的橡胶板来调节各支座传递的水平力。同时,板式橡胶支座在两个方向均可变形,可适用于宽桥、斜桥、弯桥等情况。

当需要较大的水平位移量时,设置滑动量较大的四氟板式橡胶支座(随后介绍),相对应地,将一般的这种支座称为普通板式橡胶支座。

(2) 四氟板式橡胶支座

当支座需要具备较大的水平位移能力时,即该支座需设为活动支座时,若仍采用普通板式橡胶支座,需采用较厚的橡胶板产生较大的剪切变形才能满足要求。然而,这将导致多耗材料,支座不稳,甚至导致相邻支座上方的桥面衔接处行车不顺。为了克服这一缺点,在普通板式橡胶支座的橡胶板顶面上贴一片聚四氟乙烯板,再在其板与梁底之间垫上一块光洁度很高的不锈钢薄板,其水平位移能力就得到很大的提高,它也就可用作活动支座,这就是四氟板式橡胶支座[PTFE (Teflon) plate-type rubber bearing]。由于聚四氟乙烯板与不锈钢板之间的摩阻力极小(摩擦系数 μ 小于0.04),故可以利用它们之间的滑动来满足活动支座位移的需要,如图7-48所示。

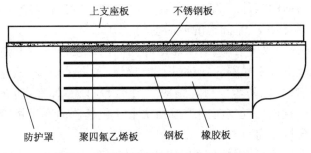

图7-48 四氟板式橡胶支座构造示意图

2. 盆式支座

盆式支座(图7-49)将素橡胶置于圆形钢盆内,使其受压后变形受到钢盆的约束,而处于三向受压状态,从而提高盆式支座的承载力,其容许抗压强度可达25MPa。密封在钢盆内的橡胶,转动十分灵活,同时橡胶密封在钢盆内,与大气及紫外线隔绝,其耐老化性能有较大的提高。承载力为1000~80000kN的公路桥梁盆式支座的生产、检验和使用,应符合《公路桥梁盆式支座》(JT/T 391—2019)的要求。盆式支座的使用年限不应低于50年。

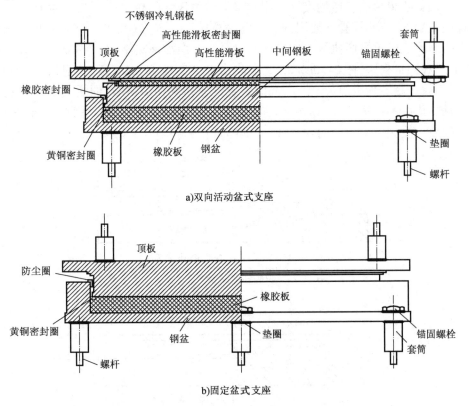

图7-49 盆式支座构造示意图

与钢支座相比,盆式支座构造简单、加工容易、体积小、重量轻。在同样的载重下,它的体积(高度)和重量不到钢支座的1/10,而且它在纵向及横向均可转动及伸缩,在功能上优于钢支座,能满足宽桥在支座横向也需要转动及伸缩的要求。因此,盆式支座在大跨度铁路、公路和城市桥梁上均有广泛的应用。

盆式支座分固定与活动两种。此外,还有减震型的盆式支座,它在一般支座中增加了高阻尼橡胶圈等减震元件,同样可以是固定的或活动的。

活动盆式支座,又分为双向活动、纵向活动和横向活动支座。它们由顶板、不锈钢冷轧钢板、高性能滑板、高性能滑板密封圈、中间钢板、橡胶板、黄铜密封圈、钢盆、锚固螺栓、套筒、螺杆、橡胶密封圈、垫圈、螺杆和防尘围板等组成。图7-49a)为双向活动支座的构造示意图(未示出防尘围板)。纵向、横向活动支座的顶板挡块上还包括侧向不锈钢冷轧钢条,对应的中间钢板两侧设有三层复合板导向滑条。

将活动盆式支座中的顶板和中间钢板连成整体(仍称为顶板),取消两者之间的滑动构件,就成固定盆式支座,见图7-49b)(未示出防尘围板)。固定盆式支座由顶板、橡胶板、黄铜密封圈、钢盆、锚固螺栓、套筒、螺杆、垫圈、橡胶密封圈和防尘围板等组成。

3. 球型支座

图7-50为球型支座的构造剖面示意图,其构造与盆式橡胶支座相似。但对于支座的转动,盆式橡胶支座利用橡胶的内外压缩差来实现,而球型支座则是利用球冠形钢衬板的旋转来实现,转动能力更大。为减小滑动阻力,在球冠形钢衬板与承托它的钢盆(下支座板)之间设有球面形聚四氟乙烯滑板。球型支座适用于梁端转角较大的桥梁。承载力为1500~60000kN的桥梁球型支座的生产、检验和使用,应符合《桥梁球型支座》(GB/T 17955—2009)的要求,其他工程用的球型支座可参照执行。球型支座可分为双向活动支座[图7-50a)]、单向活动支座[图7-50b)]和固定支座[图7-50c)]。它们均由上支座板、下支座板、球冠衬板、平面聚四氟乙烯板、球面聚四氟乙烯板组成。所不同的是上支座板的构造,在双向活动支座中它为平板,在单向活动支座中不可滑动方向的两侧有下折边,下支座板在相应的顶面有一凸边,这样支座在该方向的变位受到下支座板的约束;固定支座则在四侧均有下折边。

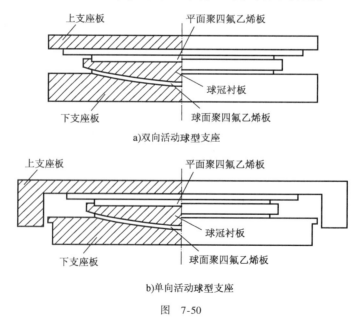

a)双向活动球型支座

b)单向活动球型支座

图 7-50

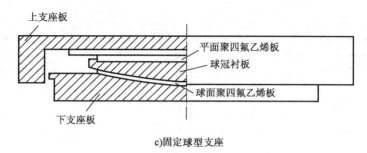

c)固定球型支座

图 7-50　球型支座构造示意图

三、支座布置

1. 纵桥向布置

支座的布置方式,主要根据桥梁的结构形式、桥梁宽度、伸缩缝的布置等因素确定[63]。简支梁桥在理论上一端设固定支座,另一端设活动支座。伸缩缝一般仅设置一道,设在活动支座一侧,如图 7-51a)所示,温度计算长度为 l_t,即全跨长。

现有的公路单孔桥梁,支座常采用橡胶支座。对跨径不大的单孔桥梁,梁的两端均采用板式橡胶支座,这种支座既不属于固定支座,也不属于活动支座,而是通过橡胶弹性体的变形,可以适应一定量的梁体胀缩变形。因此,可在两桥台处均设置伸缩缝,如图 7-51b)所示。此时温度计算长度为 $l_t/2$,即半跨长,伸缩量也比一道伸缩缝相应减半。

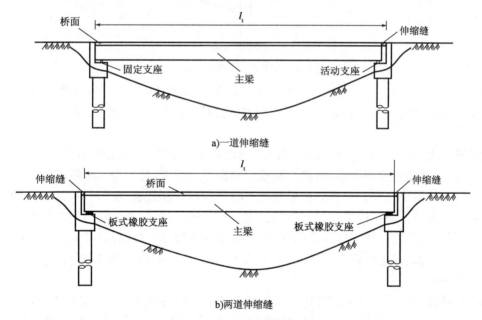

图 7-51　单跨简支梁伸缩缝布置图

对于两跨简支梁桥,理论上伸缩缝的布置方式可以有单缝式、双缝式和三缝式三种,如图 7-52 所示。但实际工程中,以图 7-52b)的双缝式最为常见,墩上设置板式橡胶支座,通过采用连续桥面板取消伸缩缝,称这种结构为简支、桥面连续梁;两道伸缩缝设在桥台上,台上的支座常采用四氟板式橡胶支座(活动支座)。

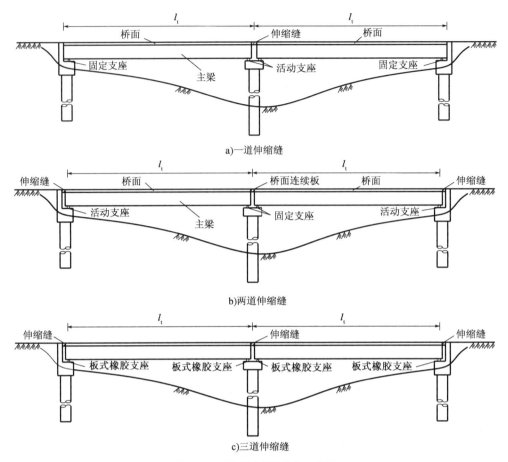

图 7-52 两跨简支梁伸缩缝布置图

伸缩缝是易损构件,目前的趋势是少缝化、无缝化,因此图 7-52c)的三缝式,现在已基本不用。图 7-52a)的单缝式虽然能减少一道伸缩缝,但该缝的伸缩量变大,温度计算长度为 $2l_t$,因此也不常采用。

当桥梁为上、下行分离,行车方向固定时,从结构本身的受力来说,固定支座可布置在行车方向的前方,这样能使梁的下缘、墩顶在制动力的作用下受压,对于桥台除能使台顶受压外,还能平衡一部分台后土压力。当桥梁位于坡道上时,固定支座应设在较低一端,以使梁体在竖向荷载沿坡道方向分力的作用下受压,以便能抵消一部分竖向荷载产生的梁下缘拉力。

多跨梁桥采用简支、桥面连续的形式,虽然能减少伸缩缝的数量,但没有减少伸缩缝隙,桥面连续板受力复杂,易出现病害。因此,多跨梁桥采用连续的结构,如连续梁、连续刚构,是当代桥梁的发展趋势。

连续梁桥每联只设一个固定支座。为避免梁的活动端伸缩缝过大,固定支座宜置于每联的中间支点上,如图 7-53 所示。但若该处墩身较高,则应考虑避开,或采取特殊措施,以避免该墩身承受水平力过大。

图 7-53 连续梁支座布置示意图

在梁的单个支承点上,纵桥向不宜设置双支座。由第三章可知,采用先简支后连续施工的连续梁,通常需要进行支座转换,将桥墩上相邻跨主梁在简支状态时的纵桥向临时双支座转换成永久性的单支座。

2. 平面布置

前面所介绍的支座布置,仅考虑纵桥向。对于窄桥,如铁路桥,横桥向的胀缩变形很小,可以不考虑,而只考虑纵桥向的变形与约束,采用双向固定和单向活动的支座,如图7-54a)所示,图中箭头表示可以移动的方向,无箭头者表示不能活动。对于横桥向宽度不大的箱梁,尤其是梯形箱梁,也可以不考虑横桥向的胀缩变形,采用双向固定支座和单向活动支座。

对于预制空心板桥,也可不考虑横桥向的胀缩变形,如图7-54b)所示。每块板下一端有两个小型的支座,一般的支座可采用板式橡胶支座,可以不分方向,介于双向活动与双向固定之间;伸缩缝处采用四氟板式橡胶支座,为纵桥向单向活动支座。

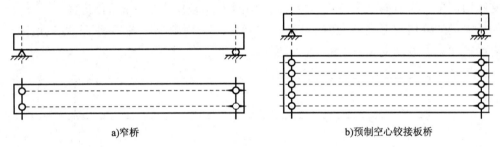

图7-54 平面单向支座布置示意图

对于横桥向较宽的单跨简支梁桥、板桥或下承式系杆拱桥,除考虑纵桥向按一端固定、一端活动布置外,还要考虑横桥向的变形与约束,常见的支座布置有四种。除图7-54的单向布置外,其他三种如图7-55所示。

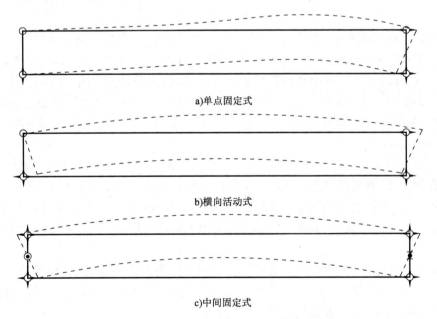

图7-55 考虑横向变形的简支梁三种支座布置图

最常见的是图 7-55a)的单点固定式,即四个支座中只有一个为双向固定支座,斜对角的为双向活动支座,同一端的相邻支座为横向可动、纵向固定的单向活动支座,而在另一端的同一侧设置一个纵向活动、横向固定的单向活动支座。这种布置的好处是纵桥向的水平力能够由固定端一侧的两个支座共同承担。

如果固定端的另一个支座也为双向活动支座,即四个支座中只有一个约束纵桥向的变形,受力明确,但制动力等纵桥向水平力也只有一个固定支座来承担,见图 7-55b)。当纵桥向与横桥向的约束功能分开时,支座的布置见图 7-55c)。对于很宽的桥,横桥向的支座较多时,横桥向的固定支座一般固定在桥轴线附近。

对横桥向设两个支座的两跨连续梁,如箱梁桥,可采用图 7-56a)所示的布置,在桥墩上设纵桥向的固定支座,桥台处设纵桥向活动支座;在横桥向一侧[图 7-56a)中上边一侧],支座横桥向不可平移,而另一侧[图 7-56a)中下边一侧]则横桥向可平行移动。如果桥梁较窄,则两侧的支座均可采用横桥向固定的支座,全部采用图 7-56a)中上边一侧的支座。

如果主梁的抗扭刚度足够大(如箱梁),中间墩可采用圆形独柱墩,柱上可只设置一个位于横隔梁轴线正下方的支座,如图 7-56b)所示。

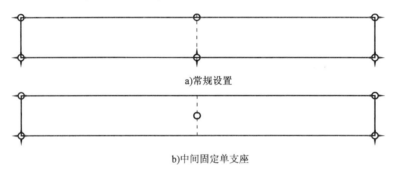

a)常规设置

b)中间固定单支座

图 7-56 两跨连续梁支座布置示意图

对于多跨连续弯箱梁桥,当建设条件特殊,如在跨越道路中央分隔带的墩位、桥墩必须采用独柱单支座式结构时[图 7-57a)],应避免采用连续的独柱单支座式结构,以免箱梁的抗扭跨径过大,不能有效保障箱梁的抗倾覆性能。所以,即使是独柱墩,中间墩上也仍宜采用双支座,如图 7-57b)所示。设计时,支座横向间距应尽量拉开,以增大梁的抗扭能力。如空间受限制,独柱墩上的两支座之间的距离可略小于台上的两支座距离。支座的变形与约束可参考前面的介绍[图 7-56a)]。

当结构受力满足要求时,可采用墩梁固结,如图 7-57c)所示。它在三种形式中,对箱梁抗倾覆最为有利,梁的倾覆失稳问题转换成了构件的抗扭承载力问题。这种上、下部结构连为一体的为连续刚构,超静定次数高,次内力大,所以,墩和梁的受力应能满足设计要求。对于高墩,墩的柔度大,次内力减小;同时它的倾覆后果更加危险。所以,采用墩梁固结设计更有利也更必要。

本小节主要介绍单跨、两跨的简支梁与连续梁平直桥的支座布置,当跨径多于两跨时,支座的布置原理与上述双跨梁相似,只是变化更多些,本书不再赘述。对于弯、坡、斜桥,支座处的变形与受力比较复杂,请查阅相关的专著与手册等。

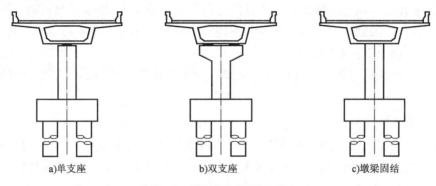

图 7-57　独柱墩的典型结构形式

四、支座设计

桥梁支座已形成系列定型产品,桥梁设计时,一般可根据受力需要选择定型成品支座。有特殊要求时,经专门研究论证后,可选用非定型支座,或进行专门的支座设计。

1. 支座的受力与变位分析

在选择桥梁支座类型与型号前,需求得每个支座上所承受的竖向力和水平力以及需适应的位移和转角,必要时需进行支座的强度、稳定性等各项验算。

(1) 受力分析

在计算活载的支点反力时,要按照最不利位置加载,并计入冲击效应。当支座可能会出现上拔力(负反力)时,应分别计算支座的最大竖向压力和最大上拔力。当连续梁边跨较小而中跨较大时,或桥跨结构承受较大的横向风力时,支座锚栓会受到负反力(上拔力)的作用。

支座除承受竖向反力外,还要承受水平力,尤其是固定支座。水平力包括汽车制动力、风力、支座摩阻力或温度变化、支座变形所引起的水平力以及其他原因(如有纵坡桥梁受自重作用)产生的水平力。制动力及其在各支座上的分配应按《公桥通规》(JTG D60—2015)的要求确定。水平力宜偏大地取用,支座应伸至上、下部结构中进行锚固或销结。

当在横桥向采用多于两个支座时,应考虑部分支座脱空带来的不利影响。引起支座脱空的原因有施工质量、运营环境等。支座脱空将导致相邻支座受力增大,易出现支座逐个破坏的可能。同时,加大的支反力还会引起桥梁结构承托(牛腿、支座上方)部位局部受力加大,引发混凝土开裂等病害。

位于地震区的桥梁支座的设计计算,应根据设计的地震烈度,按相应公路《桥梁抗震规范》(JTG/T 2231-01—2020)或《城市桥梁抗震设计规范》(CJJ 166—2011)的规定进行。

(2) 位移分析

支座的水平位移包括纵向位移和横向位移。支座纵向位移有温度伸缩位移、混凝土收缩徐变变位、活载作用下梁体下翼缘伸长、下部结构的纵向位移等;支座横向位移有温度伸缩位移、混凝土收缩徐变变位、下部结构横向位移、斜桥和弯桥荷载引起的横向变位等。

支座沿纵向的转角有结构自重和活载产生的梁端转角、混凝土收缩徐变产生的梁端转角、因下部结构变位产生的梁端转角等。

位移量的计算要考虑各种可能出现的工况,对温差产生的位移,要有足够的估计。此外,主梁的挠曲、基础的不均匀沉降都会产生纵向位移。对于高桥墩,墩顶位移可通过活动支座上的挡块加以限制,以限制基底反力变化量和不均匀沉降量。由于一些不可估计的因素,通常计算的位移量宜乘以1.3左右的放大系数。

把以上各项支座反力和变位的计算结果按桥规的规定进行组合,就可为支座的设计提供计算数据。

2. 支座选型

橡胶支座应根据地区气温条件选用。《公路桥梁板式橡胶支座》(JT/T 4—2019)规定,常温型板式橡胶支座适用温度为 $-25 \sim +60$℃,采用氯丁橡胶生产;耐寒型板式橡胶支座适用温度为 $-40 \sim +60$℃,采用天然橡胶生产。《公路桥梁盆式支座》(JT/T 391—2019)也将盆式支座分为常温型和耐寒型,适用温度与板式支座相同,但规定常温型采用氯丁橡胶或天然橡胶,耐寒型采用天然橡胶或三元乙丙橡胶。球型支座的温度适用范围也可分为常温型和耐寒型,但《桥梁球型支座》(GB/T 17955—2009)未对橡胶材料给出品种要求。

板式橡胶支座的类型与规格应按《公路桥梁板式橡胶支座》(JT/T 4—2019)选用,选择的产品需满足最小设计容许承载力、最小支座高度(满足汽车产生的制动力控制要求)、支座偏转、支座抗滑性能等要求。

为适应各种布置复杂、纵横坡较大的立交桥及高架桥,早期曾使用带球冠的板式橡胶支座和坡形板式橡胶支座,但应用效果不好。所以,《公桥通规》(JTG D60—2015)规定不宜采用带球冠的板式橡胶支座(图7-58)和坡形板式橡胶支座(图7-59),而是要通过梁底、墩帽(盖梁)顶面的调平,来保证支座上、下传力面的水平。

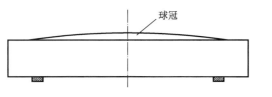

图7-58 桥梁球冠板式橡胶支座

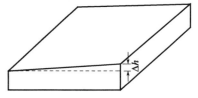

图7-59 坡形板式橡胶支座

盆式橡胶支座应按《公路桥梁盆式支座》(JT/T 391—2019)选用。设计验算内容有:确定聚四氟乙烯板和氯丁橡胶板的尺寸;确定钢盆环的直径;盆塞的计算(包括底面积尺寸、盆塞厚度、盆塞的抗滑验算等);钢密封环的设计;橡胶密封圈的设计;盆环顶偏转的控制;钢盆环与顶板之间的焊缝应力验算等。而实际工程中,设计人员主要是根据支座反力和变形直接在成品目录上选配适合的支座,同时考虑温度和地震等级两个因素,以确定适配常温型和耐寒型支座和采用何种抗震型支座或抗震措施。

我国成品盆式橡胶支座系列主要有GPZ系列、TPZ-1系列等,支座竖向承载力从1000~80000kN分为33级,有效水平位移量从±50mm到±250mm,支座的容许转角不小于0.02rad。有SX(双向活动)、ZX(纵向活动)、HX(横向活动)、GD(固定)等型号。减震型则在相应的代号前加JZ,如减震型固定支座的代号为JZGD。

球型支座能适应较大的转动角度,但转动刚度较小,在弯桥设计中为增大主梁抗扭刚度,一般采用盆式橡胶支座,只有转角较大或其他特殊要求时才采用球型支座。

支座不仅应满足结构变形的需要,还应确保支座具有良好的抗滑移性能。其最大支承反力一般不超过支座容许承载能力的5%,最小支承反力不低于容许承载力的80%,以确保支座具有良好的抗滑移性能。规定最小支承反力的目的是保证支座具有良好的滑移性能,因为聚四氟乙烯板的摩阻系数与压力成反比,如果低于规定的数值,则摩阻系数将会增大。例如计算得到一个支座的最大支承反力为4100kN,最小支承反力为3700kN,则宜选择承载力为4000kN的支座,而不宜选用承载力为5000kN的支座。这是因为4000kN的支座允许反力变化范围是3200～4200kN,而5000kN的支座允许反力变化范围是4000～5200kN。

3. 与支座相关的结构设计

结构设计时,应充分考虑支座安装施工时的温度,以及施工阶段的其他因素,如预应力张拉等。否则,易出现成桥后支座受力和变形"超量",造成支座剪切变形过大等病害。

《公桥通规》(JTG D60—2015)规定支座上、下传力面应保持水平,以保证传力均匀,且不允许通过支座本身来调节纵横坡,即前述的不宜采用带球冠或坡形的板式橡胶支座。对于板式橡胶支座,可采取措施(如梁底预埋钢板、设楔形块等)保持支座上、下面水平,盆式支座和球型支座有纵坡时要调平梁底后方可安装。当桥墩盖梁或桥台台面有横坡时,支座垫石顶面应设计成水平的。同样,预制梁的支座处也要有支座楔形块。

活动支座处应设置可靠的限位构造,单向受压支座处宜设置防止脱空的构造。

墩台构造应满足支座的检查、养护、更换要求,在墩台帽顶面与主梁底面之间预留支座更换所需空间。因为受橡胶性能的影响,板式橡胶支座设计使用寿命一般为20～30年,盆式支座、球型支座的使用寿命略长,但也低于主体结构的设计寿命。因此,进行桥梁结构设计时,要考虑桥梁在服役期间支座的维护和更换问题,设置支座的墩台应留有检查和更换支座的构造措施,并配以必要的操作安全防护设施。

支座的使用效果,与施工质量密切相关。在支座安装时,应使上部结构的支点位置与下部结构的支座中线对中。虽然绝对的对中很难做到,但要注意使可能的偏心在允许的范围内,不致影响支座的正常工作。

第五节 附 属 设 施

桥梁应根据需要设置安全防护设施、检查养护设施和照明、标示等附属设施。

一、抗震设施

地震是一种严重威胁人类和建筑物安全的自然灾害。桥梁是生命线系统工程中的重要组成部分。为减轻桥梁的地震破坏,必须进行桥梁抗震设计,具体设计方法与相关规定详见《桥梁抗震规范》(JTG/T 2231-01—2020)、《城市桥梁抗震设计规范》(CJJ 166—2011)和相关的专业书籍[67,68]。本小节主要介绍抗震设施。

1. 抗震设施分类

公路桥梁抗震设施按工作原理和功能,可分为三类,即刚性连接装置、隔震装置和减震装置(后两者合称减隔震装置)。《桥梁减隔震装置通用技术条件》(JT/T 1062—2016)给出的分类见表7-5。

公路桥梁抗震设施分类　　　　表7-5

装置类型			结构示意 平面	结构示意 正视 X方向	结构示意 正视 Y方向	装置名称（示例）
刚性连接装置	永久连接装置	固定	 ⊕	 图示	 图示	限位支座和防落梁装置
刚性连接装置	永久连接装置	单向滑动	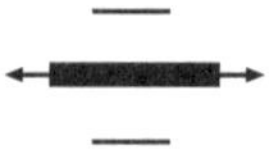 图示	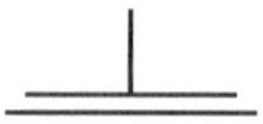 图示	 图示	限位支座和防落梁装置
刚性连接装置	熔断保护装置		 图示	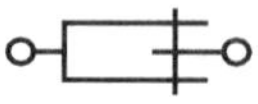 图示	—	保险销和剪力卡榫
刚性连接装置	速度锁定装置		 图示	 图示	—	—
隔震装置	橡胶隔震装置	叠层橡胶支座	—	图示	 图示	天然橡胶支座、高阻尼隔震橡胶支座和铅芯隔震橡胶支座
隔震装置	滑块隔震装置	曲面滑块隔震装置	 图示	 图示	 图示	摩擦摆式减隔震支座和双曲面减隔震支座
隔震装置	滑块隔震装置	平面滑块隔震装置	 图示	 图示	 图示	—
减震装置	位移相关型装置	金属阻尼器	 图示	 图示	—	弹塑性钢阻尼器（E型、C型、非线性型）、软钢阻尼器等
减震装置	位移相关型装置	摩擦阻尼器	 图示	 图示	 图示	
减震装置	速度相关型装置	流体黏滞阻尼器	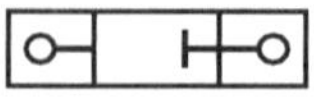 图示	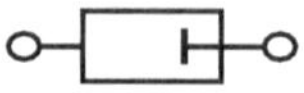 图示	—	
减震装置	速度相关型装置	黏弹性阻尼器	—	图示	 图示	

2. 刚性连接装置

刚性连接装置包括永久连接装置、熔断保护装置和速度锁定装置。

永久连接装置主要起限位和防落梁作用，也称为防落梁装置（unseating prevention system）。它的原理是限制结构的绝对或相对位移，可通过将普通支座改进为限位支座，或在普通支座上增加限位的元件（如拉杆、钢缆）得到。

由历史经验可知,落梁是一种常见的桥梁震害。采取有效的构造措施,是防止落梁的有效途径[69],它主要包含两个方面:一是限制支承连接部位的支承面最小宽度,这一点将在下一章桥墩与桥台的构造中介绍;二是约束相邻梁之间、梁与墩台之间的刚体位移,防止桥梁移出支承范围,即采用刚性连接装置。

《桥梁抗震规范》(JTG/T 2231-01—2020)规定,对于7度区及以上的桥梁,桥面不连续的简支梁,宜采用挡块、螺栓连接和钢夹板连接等防止纵、横向落梁的措施。连续梁和桥面连续简支梁桥,应采取防止横向产生较大位移的措施。桥墩、桥台上的横向挡块见下一章的介绍。

图 7-60 和图 7-61 所示的是拉杆式和挡块式这两种典型的纵向限位装置。在梁与梁之间、梁与桥台背墙之间,应加装橡胶垫或其他弹性衬垫,以缓和冲击作用,避免地震引起的桥梁碰撞损伤、破坏,但不应影响梁体正常使用时的自由伸缩。这些限位装置造价低,安装方便,防落梁效果好,在新建或加固桥梁中得到广泛的应用,但其在地震作用下耗能能力较小。近年研发的形状记忆合金限位器,耗能和自复位能力强,减小地震时桥梁结构碰撞和防落梁效果好,但材料价格高,目前应用不多[70]。

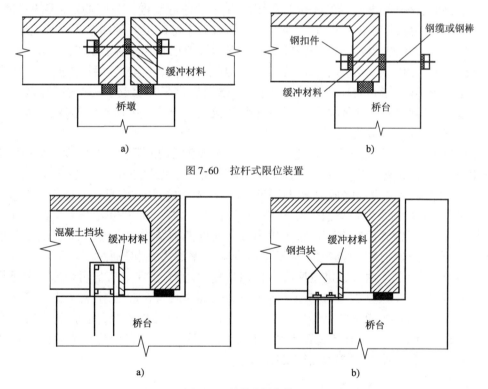

图 7-60　拉杆式限位装置

图 7-61　挡块式限位装置

对强震区桥梁和其他地区重要的桥梁,还可根据需要设置锚栓将上、下部结构连接在一起,如8度区的连续曲梁,边墩和上部构造之间宜采用锚栓连接,防止边墩与梁脱离,如图 7-62 所示。

对于支座较高的桥梁,为防止地震时支座的损坏造成主梁之间的高差,还可采用防落差装置。它用略低于支座的橡胶支座,沿纵桥向或沿横桥向布置。图 7-63 所示的是沿纵桥向布置的一种防落差装置。

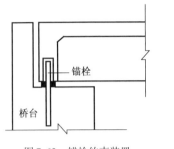
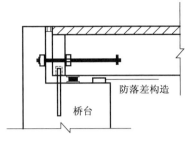

图7-62 锚栓约束装置　　　　图7-63 防落差装置

3. 减隔震装置

隔震装置(isolator)是通过延长桥梁结构特征周期来降低地震响应来实现隔离地震的装置。减震装置则是通过增大桥梁结构阻尼来减小地震响应来实现耗散地震能量的装置,也称为阻尼器(damper)。表7-2中将两者分开描述。但实际应用中,一个设施往往兼具两者的功能,合称为减隔震装置。

与防落梁装置一样,减隔震装置也常利用现有支座进行改进,以达到减隔震的目的,如上节所介绍的减震型盆式支座。再如,在普通板式橡胶支座基础上开发的铅芯橡胶支座。

公路桥梁上常用的橡胶支座,因橡胶属柔性支承且阻尼较大,在满足桥梁日常工作要求的同时,还能起到一定的减隔震作用。以普通板式橡胶支座(图7-45)为例,在地震水平力的作用下将发生变形,在变形过程中它能消耗能量,为结构提供阻尼,起到一定的减隔震作用。但它的阻尼较小,减隔震作用也不明显。通过在普通板式橡胶支座中插入铅芯,就开发出一种紧凑的隔震装置,即铅芯橡胶支座。

铅芯橡胶支座提供了地震下的耗能和静力荷载下所必需的屈服强度与刚度。在较低水平力作用下,因铅芯橡胶支座具有较高的初始刚度,其变形很小,在地震作用下,由于铅芯的屈服,一方面消耗地震能量,另一方面降低刚度以达到延长结构周期的目的,满足一个良好隔震系统所应具备的要求。铅芯橡胶支座是目前桥梁常用的减隔震支座之一,图7-64给出其构造示意图[67]。

当地震时,四氟板式橡胶支座由于摩擦力较小允许上部结构发生较大的滑动,从而使上部结构传递到下部结构的最大地震力不大于支座的最大摩擦力,同时通过摩擦消耗大量地震能量,降低结构的响应。但由于这类支座没有任何自复位能力,支座响应的可预测性和可靠性都不尽如人意,所以常将这类支座与其他装置组成新的隔震装置一起使用,称为滑动摩擦型减隔震支座。在这些装置中,通常整个结构的重量由聚四氟乙烯滑板承受,同时,为克服其摩擦系数低、水平抗力小的不足,由其他装置提供复位能力。图7-65是目前应用较多的一种滑动摩擦型减隔震支座,称为摩擦钟摆型隔震支座[67]。

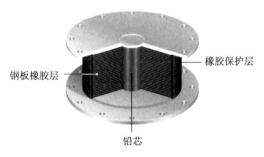
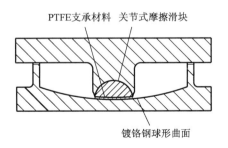

图7-64 铅芯橡胶支座构造示意图　　　　图7-65 滑动摩擦型减隔震支座构造示意图

高阻尼橡胶支座是目前常用的一种减隔震支座。它采用特殊配制的橡胶材料制作,其形状及构造与天然橡胶支座相同。但该橡胶材料黏性大,其自身可以吸收能量。由于与耗能功能集成在一起,可以节省使用空间,施工上也比较方便。

对强震区桥梁和其他地区重要的桥梁,在桥梁上还可以采用金属阻尼器、油阻尼器等装置来减小地震对桥梁结构的作用,用碰撞吸能装置能够有效减小相邻梁体间的碰撞。金属阻尼器在防落梁和防碰撞方面比传统限位装置更有效。橡胶缓冲装置由于所使用的天然橡胶存在耐久性问题,导致其应用受到一定限制。限位防落梁装置、减隔震装置和支座,可以组合起来形成混合装置。它结合两种或更多种材料或装置的优点,能够更有效减少桥梁结构的地震反应,防止落梁、碰撞,是今后发展的趋势[70]。

二、检查养护设施

桥梁在使用过程中,在自重、车辆、地基沉陷等因素影响下,可能会使主梁出现下挠、开裂、下沉、移位等病害。为了确保桥梁的安全,管养单位有必要进行定期检查,及时掌握桥梁的变形、位移状况。布设桥梁永久观测点并定期观测,是一种简单、实用、有效的桥梁变形监测方法。因此,特大桥和大桥应设置固定可靠的永久观测点。图 7-66 为拱桥拱肋、吊杆、桥面的高程观测点照片[25]。

a)拱肋

b)吊杆

c)桥面

图 7-66 高程观测点照片

对于跨河的特大桥、大桥和中桥,必要时桥墩(台)旁可设置水尺或标志,以观测水位和冲刷情况。

桥梁应设置维修养护通道,图 7-67 为拱肋检修通道[25]。特大、大桥应根据需要设置必要的检查平台、扶梯、内照明、入口井盖、专用检修车等设施;需借助墩顶作为检修平台时,桥墩应根据需要设置安全设施。

a)丫髻沙大桥

b)四川峨边大渡河大桥

图 7-67 拱肋检修通道

悬索桥、斜拉桥以及带吊杆的拱桥,由于拉索和吊杆的阻碍,不方便采用桥检车对主梁底面、侧面等进行检修;另外,大跨径梁桥中间支点处梁高较大,有时也无法采用桥检车下探至梁底进行检修。对于这类情况,在条件许可时宜配置专用检修车。图7-68为广州丫髻沙大桥检修车照片。

三、照明与标示

1. 照明

图7-68 广州丫髻沙大桥检修车照片

照明是交通设施之一,它能提高驾驶员夜间行车的视觉能力,对保证安全、高效的交通具有重要的意义。同时,它还能起到方便居民生活,减少道路上犯罪活动和美化环境的效果。一般公路桥梁不设置路灯等照明设施,必要时可设置。市政桥梁一般需要设置照明设施。

照明灯是每隔一定间距连续分布的。立交桥区域一般采用高杆灯照明的方式,以便驾驶员能够看到与白天相似的立交桥全景。

在城市桥梁及城郊行人和车辆较多的桥梁上,应设置照明设备,一般采用灯柱式照明。灯柱可以利用栏杆柱,也可单独设在人行道内侧。照明用灯一般高出车道 8~10m,灯柱的设计要经济合理,要确实起到照明作用。同时在全桥的立面上具有统一的风格和形式。近年来,公路桥梁上也有采用低照明和发光建筑涂层标记的。

出于养护的目的,桥梁照明设备一般采用气体放电灯具,如荧光灯、汞灯、低压钠灯、金属卤化物灯和高压钠灯等。白炽灯由于亮度较低以及灯泡的寿命不长,应用很少。

城市桥梁除满足基本照明要求外,有时还需要进行夜景工程设计。图7-69为桥梁照明的实例。

图7-69 桥梁照明实例

路灯等照明设备应经常养护。虽然它发生故障不一定会给交通带来灾难性的后果,但它会带来安全隐患,导致通行能力下降,所以其养护工作也应该受到重视。桥梁照明设备的日常养护内容有灯具的清洁,灯泡的更换,灯具、灯柱的检查与维修和照明电力系统的检查与维护。

2. 标示

标示包括交通标志和交通标线。交通标志是用图形符号和文字传递特定信息,用以管理

交通,保证交通安全,协助车辆顺利通行的安全措施。主要有六种标志,如下:

(1)禁令标志:禁止或限制道路使用者交通行为的标志。

(2)指示标志:指示道路使用者应遵循的标志。

(3)警告标志:警告道路使用者注意道路、交通的标志。

(4)指路标志:传递道路方向、地点、距离信息的标志。

(5)旅游区标志:提供旅游景点方向、距离的标志。

(6)告示标志:告知路外设施、安全行驶信息以及其他信息的标志。

另外,还有一种辅助性的标志,其作用是表示时间、车辆种类、区域或距离、警告、禁令理由及组合辅助标志等。

交通标线是向道路使用者传递有关道路交通的规则、警告、指引等信息的交通设施。它包括:路面标线、箭头、文字、立面标记、突起路标和路边线轮廓标等。它可以和交通标志配合使用,也可单独使用。

四、其他

跨越河流的桥梁,应根据需要进行河床的整治、加固,并根据需要修建调治构造物等附属设施。

小桥涵可在进、出口和桥涵所在范围内整治和加固河床,必要时应在进、出口处设置减冲、防冲设施。

对于一般的桥梁,为保证桥位附近水流顺畅,河槽、河岸不发生严重变形,必要时可在桥梁上、下游修建调治构造物,并应符合下列规定:

(1)调治构造物的形式及其布置应根据河流性质、地形、地质、河滩水流情况以及通航要求、桥头引道、水利设施等因素综合考虑确定。

(2)非淹没式调治构造物的顶面,应高出桥涵设计洪水频率的水位至少0.25m,必要时尚应考虑壅水高、波浪爬高、斜水流局部冲高、河床淤积等影响。

(3)允许淹没的调治构造物的顶面应高出常水位。

(4)单边河滩流量不超过总流量的15%或双边河滩流量不超过25%时,可不设导流堤。

桥头锥坡、台后搭板等附属结构,在第八章"桥墩与桥台"中介绍。除此之外,技术复杂的大型桥梁工程可根据需要设置必要的结构监测设施;根据需要设置通风、防火、导航设备等。对于特大桥、大桥等还可根据需要设置以及养护工房、库房和守卫房等,必要时可设置紧急电话。

桥梁作为跨越障碍的通道,有时还成为各种管线设施的支撑结构,充分发挥桥梁的功用。过桥管线设施的设置不得侵入公路桥涵净空限界,不得妨害桥涵交通安全,并不得损害桥涵的构造和设施。同时,严禁易燃、易爆、高压等管线设施利用或通过公路桥梁。

桥梁除结构受力应满足强度、刚度、稳定性等要求外,还要设置各种设施进行安全防护。位于桥面上的拉索、吊杆、拱肋等受力构件应设置必要的防撞保护设施。对于外层为聚乙烯(PE)防护层的拉索,如吊杆、斜拉索等,通常在人行道上2.0~2.5m范围内用锌铁皮或不锈钢管包裹,以避免其被刀刃利器割伤。此外,一些构件还应设置防攀爬设施。

桥梁应设置避雷设施,防雷设计可参考现行《建筑物防雷设计规范》(GB 50057—2010)、《高速公路设施防雷设计规范》(QX/T 190—2013)。

桥梁应根据需要进行抗风设计。除应根据桥位风环境、桥型、跨径等因素选择合适的桥梁结构体系及构件气动力外形外,还应根据《公路桥梁抗风设计规范》(JTG/T 3360-01—2018)的要求,通过气动措施、附加阻尼措施来改善或提高结构抗风性能。

桥梁在跨越公路和铁路部分应设置防抛网。桥墩不宜设置在被跨越公路的中央分隔带内,在通航水域中宜少设置。若设置,设计中应计入汽车或船舶、漂流物的撞击作用,并在相应位置设置警示标志和必要的防撞保护设施。

在规划航道内可能遭受大型船舶撞击作用的桥墩时,应根据桥墩的自身抗撞击能力、桥墩的位置和外形、水流流速、水位变化、通航船舶类型和碰撞速度等因素,根据《公路桥梁抗撞设计规范》(JTG/T 3360-02—2020)的要求,进行桥墩防撞设施的设计。桥墩防撞结构可以与墩台设在一起,也可以与墩台分开。

【复习思考题与习题】

7-1 结合你见过的桥梁介绍桥面的主要组成以及各组成的功能。

7-2 桥面铺装的主要类型与适用条件是什么?

7-3 桥面为什么要进行排水和防水?排水和防水的主要措施是什么?

7-4 什么是单向板、双向板?两者在受力性能及结构设计方面有何区别?

7-5 请推导十字梁在集中荷载作用下,两根梁的支座反力。

7-6 桥梁的桥面板的作用有哪些?实际桥梁工程中常见的行车道板按照受力图式如何分类?

7-7 试阐述桥面板有效工作宽度的概念。

7-8 计算图 7-70 所示 T 梁翼板所构成铰接悬臂板的设计内力,求单位板宽的铰接板和悬臂侧板的配筋面积(按承载能力极限状态计算)。桥面铺装为 30mm 厚的沥青混凝土面层(重度为 23kN/m³,混凝土强度等级为 C40)和平均厚 100mm 的 C25 混凝土面层(重度为 24kN/m³)。T 梁翼板钢筋混凝土的重度为 25kN/m³。汽车荷载等级为公路—Ⅱ级(车辆的着地尺寸同公路—Ⅰ级)。

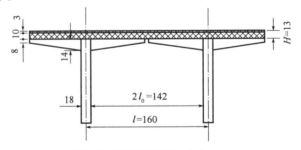

图 7-70 题 7-8 图(尺寸单位:cm)

7-9 计算图 7-71 所示 T 梁翼板(采用现浇连接)所构成多跨连续单向板的设计内力。汽车荷载为公路—Ⅱ级。桥面铺装为 100mm 厚沥青混凝土面层(重度为 23kN/m³)和平均厚 80mm 的 C40 防水混凝土面层(重度为 24kN/m³)。T 梁高 1.8m,其翼板钢筋混凝土的重度为 25kN/m³。

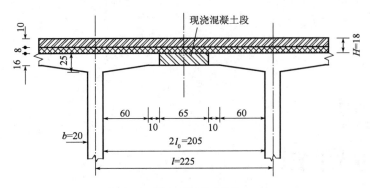

图 7-71 题 7-9 图(尺寸单位:cm)

7-10 伸缩缝的主要功能与要求是什么?

7-11 伸缩缝的主要类型与适用条件是什么?你见过哪几种类型的伸缩缝?举例你所发现的病害。

7-12 支座有哪些类型?支座设置要如何考虑?你见过哪几种类型的支座?

7-13 请简要叙述桥梁的主要附属设施及其作用。

第八章 桥墩与桥台

由第一章可知,桥梁结构一般由上部结构、下部结构、支座和附属构造等组成。第二章~第六章分别介绍了梁桥、拱桥、悬索桥和斜拉桥几种桥型的上部结构。第七章介绍了桥面系、支座与附属设施。下部结构包括桥墩、桥台及其基础,其中桥墩、桥台的基础在"基础工程"课程中介绍。本章介绍桥墩与桥台。

第一节 概 述

桥梁是一个整体,上、下部结构共同工作、相互影响,要重视下部结构与上部结构的协调。有些桥梁的上、下部结构中有支座将二者隔开,如简支梁桥;另一些桥梁的上、下部结构之间并没有支座,而是固结在一起,如连续刚构桥;有时,下部结构很难与上部结构截然分开,如整体式桥台。

1. 结构选型

桥梁下部结构设计,首先应选定墩台形式、拟定各部分尺寸。从美学角度整体考虑结构的造型,桥梁下部结构应与上部结构相协调,主桥与引桥的下部结构之间也要协调。对于城市桥梁、立交桥和高架桥来说,桥墩选型与体量对人们的日常生活、通行体验影响很大,选型与设计应做到稳定安全、轻巧美观、通视性好。随着城市桥梁的发展,出现了许多造型新颖、轻巧美观的桥墩结构形式,如柱式墩、Y形墩、刚架墩和无盖梁的梯形墩等,见图8-1。

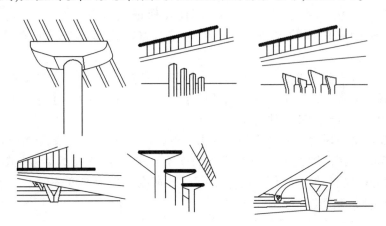

图8-1 各种轻型墩形式

城市桥梁的桥台应尽量减小桥台的体积,削弱桥台的存在感,如采用无台前溜坡的U形桥台、组合式桥台、墙式桥台等。如有引道时,桥台应与引道的直立式挡墙相匹配。

2. 设计计算

与上部结构相同,桥梁下部结构要计算各作用(荷载)值并进行最不利作用(荷载)组合,对钢筋混凝土结构进行配筋,选取验算截面和验算内容,计算各截面的内力,对结构按极限状态进行强度、刚度、稳定性等验算。

如图8-2所示,桥墩除承受自重、土的重力和上部结构传来的作用力外,还受到风力、流水压力以及可能发生的冰压力、船只和漂流物的撞击力、地震作用力;桥台还受台背填土的土压力以及填土上车辆荷载产生的附加土压力。所以,桥梁墩台设计中,除考虑上部结构的影响外,还要考虑土质构造和地质条件、水文、流速及河床性质等的影响。

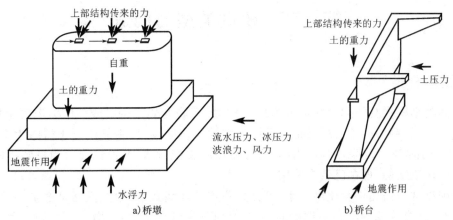

图8-2 下部结构所受作用示意图

由于上部结构所受的作用最终均通过桥台与桥墩传到基础和地基中,所以上部结构所受的作用,下部结构均要考虑,而有些下部结构要考虑的作用,上部结构却无须考虑,如表1-3中汽车引起的土侧压力、流水压力、冰压力、波浪力、船舶的撞击作用等。

桥梁墩台要置于稳定可靠的地基上,并通过设计和计算确定基础形式和埋置深度。桥梁下部结构经受洪水、地震、桥梁活载等的动力作用,要确保安全、耐久,就必须充分考虑上述各种因素的组合。桥梁墩台设计计算中,不仅要保证其自身具有足够的强度、刚度和稳定性,而且要保证地基的承载能力、沉降量、地基与基础之间的摩阻力等都能满足规范的要求。

对桥台要做好排水防水处理,尤其是高桥台,以避免台后土中产生较大的水压力、冻胀力和地基土的承载力下降。台后填土最好用砂性土,特别是靠台背处,避免水在台后的淤积,然后用暗管或盲沟将水从台前或台侧排出。

为防止接线道路与桥台之间不均匀沉降引起的台后跳车,台后一般设置有桥头搭板,搭板长度不宜小于5m;桥台高度大于5m时,搭板长度不宜小于8m。搭板宽度宜与桥台侧墙内缘相齐,并用柔性材料隔离,最小宽度不应小于行车道宽度。搭板厚度一般不宜小于0.25m,当搭板长度大于6m时,其厚度不宜小于0.30m。

3. 施工方法

桥梁墩台的施工,我国以就地施工为主。钢筋混凝土桥墩较多采用爬升模板连续浇筑施工,尤其是高桥墩、薄壁直墩和无横隔板的空心墩。近年来,我国正在推广应用预制装配法进行钢筋混凝土桥墩的施工,详见第十章第二节介绍。

对于大型桥梁的承台,混凝土体积较大,混凝土硬化过程中水化热所引起的温度升值与环境温度的差值较大,所产生的温差应力若大于混凝土的抗拉强度,就可能产生温度裂缝。为防止出现温度裂缝,常用的措施有:分层浇筑以减小混凝土体积、采用低水化热的配合比(减少胶凝材料用量)、控制入模温度(如晚上施工)、降低材料温度(碎石冷却、用冰代替水)、埋设冷却管、提高混凝土抗拉强度等。应该指出的是,单纯通过提高混凝土的强度等级,并不是解决温差开裂的有效办法。有时为了提高混凝土强度,采用较大量的胶凝材料,水化热所产生的温度也提高了,反而适得其反。

第二节　桥墩类型与构造

一、桥墩分类

桥墩的类型根据其使用材料可分为圬工桥墩、钢筋混凝土桥墩或预应力混凝土桥墩、钢-混凝土组合桥墩、钢桥墩等。桥墩是以受压为主的压弯结构,以钢筋混凝土桥墩为主,极少采用钢结构,个别特殊情况采用预应力结构,如在预制装配桥墩中,以预应力为拼装手段。过去曾大量采用圬工结构,现在已较少采用。

桥墩根据墩身截面长宽比例关系,可分为柱式墩和墙式墩;根据截面是否空心,可分为实体墩和空心墩(常为箱形墩);根据截面形状,又可分为圆形墩、矩形墩、八角形墩、六角形墩或圆端形墩。当桥墩较高时,可称为高桥墩,简称高墩,它多采用空心墩。

根据与上部结构的连接情况,桥墩可分为整体式和悬臂式。整体式桥墩与上部结构连成整体,不设支座与伸缩缝,如连续刚构桥中的桥墩,第三章第二节已有介绍,本章第四节中将进一步介绍。悬臂式桥墩指设有支座的桥墩,它可以看作固定于地基中的竖向悬臂结构,因此也称为支座型桥墩,不特别注明时所说的桥墩均指此类桥墩。

桥墩根据其受力原理可分为重力墩和轻型墩。重力墩采用实心墙式结构,以圬工材料为主,靠自身的重量来保证桥墩的刚度与稳定性。轻型墩包括空心式墩、柔性墩、桩(柱)式墩等多种形式,以钢筋混凝土结构为主。我国过去曾以重力墩为主,所以桥墩的分类主要按此分为重力墩和轻型墩,教材也以重力墩为主。改革开放以来,重力墩的应用日渐减少,再按此分类已不合适。

不同上部结构对其下部结构的受力与构造要求不尽相同。本节首先以梁桥的桥墩为主,根据我国目前梁桥常见桥墩的类型,按柱式墩、墙式墩(含重力式)、空心墩和其他桥墩来介绍其结构与受力特点以及主要应用范围。然后,再叙述拱桥的桥墩结构特点。对于悬索桥和斜拉桥,其桥墩与桥塔常连在一起,设计中以考虑桥塔的受力为主,有时还将桥面下的部分称为下塔,归到桥塔中,已在第五章和第六章中有基本的介绍,这里不再赘述。

二、柱式墩

柱式墩(column pier)以钢筋混凝土结构为主,具有自重轻、材料用量省、施工方便、轻巧美观等特点。它是目前公路与城市桥梁中应用最广泛的一种桥墩,特别是在桥宽较大、对桥下空间和行车通视性要求高的城市桥、立交桥和大桥的引桥中。

1. 柱子(墩身)

柱式墩的墩身是柱子,沿横桥向常由 1~4 根立柱组成。两车道桥常用的形式有单柱式、双柱式、哑铃式和混合双柱式四种。

单柱式墩也称为独柱墩(single-column pier)。当墩顶设有墩帽时,在国内称之为 T 形墩,国外则多称之为锤形墩(hammerhead pier)。独柱墩适用于斜交角大于 15°的桥梁,常在流向不固定的桥梁、匝道桥或立交桥上使用。它的截面形状丰富多样,常见的有圆形、矩形、八角形、六角形等。

独柱墩应用于连续箱梁匝道桥时,典型构造如图 7-57 所示。对于设置单支座的独柱墩[图 7-57a)],通常柱身截面具有足够的空间来布置支座,可以不设墩帽。双支座式独柱墩,如图 7-57b)所示,为布置双支座,柱身上会有一个墩帽。采用墩梁固结时,如图 7-57c)所示,由于柱子与梁直接固结,也就无需墩帽了。

双柱式墩在公路桥梁上用得较多,它的组成构件有两根柱子和柱子之上的盖梁。如果下部为桩基础,还有承台或系梁。当桥墩高度大于 6~7m 时,可设横系梁加强柱身横向联系。横系梁多为矩形,高度和宽度可分别取 0.8~1.0 倍和 0.6~0.8 倍的柱子直径或长边边长。横系梁四角应设置直径不小于 16mm 的纵向钢筋,并设直径不小于 8mm 的箍筋,箍筋间距不应大于横系梁的短边边长或 400mm。

图 8-3 所示的是上部为 30m 预应力混凝土 T 形简支梁(五梁式)、基础为双排钻孔灌注桩的双柱式墩构造图。它的设计荷载为公路—I 级,桥面净宽为 2×净 - 11.25 或 2×净 - 10.75,钻孔桩直径为 120cm,墩高为 10m[71]。

当桥墩位于有较多漂流物和流冰的河道中时,为避免漂流物塞在两柱之间,并提高桥墩的抗冲击能力,可在两柱之间设置薄墙,形成哑铃式桥墩(图 8-4),或者在下半段高度内采用实体的混合双柱式桥墩(图 8-5)。

当桥梁较宽时,为减小盖梁的受力,可采用多于两根的柱子,它与双柱墩一起可以称为排架墩(bent pier)。

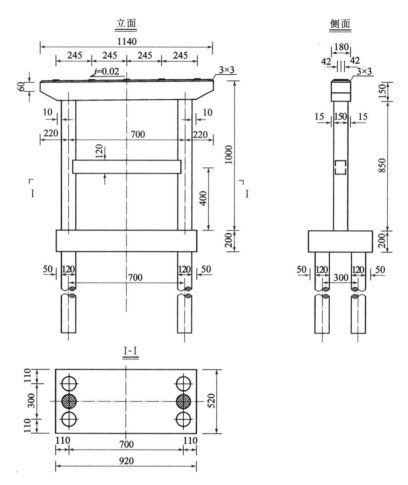

图 8-3 双柱式墩(双排桩)构造图(尺寸单位:cm)

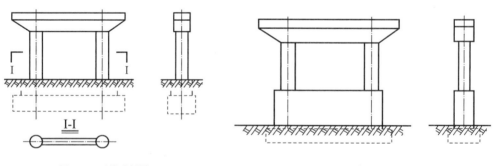

图 8-4 哑铃式桥墩　　　　图 8-5 混合双柱式桥墩

在实际应用中,采用独柱墩的桥梁曾经发生上部结构倾覆的事故。《混凝土桥规》(JTG 3362—2018)规定,应进行主梁的抗倾覆计算:在持久状况下,梁桥不应发生结构体系改变;在作用基本组合下,单向受压支座应始终保持受压状态,以防止出现支座脱空的现象;按作用标准值进行组合时,整体式截面简支梁和连续梁的作用效应应当符合式(8-1)的要求。

$$\frac{\sum S_{\mathrm{bk},i}}{\sum S_{\mathrm{sk},i}} \geqslant k_{\mathrm{qf}} \tag{8-1}$$

式中:k_{qf}——横向抗倾覆稳定性系数,取$k_{qf}=2.5$;
  $\sum S_{bk,i}$——使上部结构稳定的效应设计值;
  $\sum S_{sk,i}$——使上部结构失稳的效应设计值。

柱身采用圆形截面最多,方形次之,也有采用六角形等其他形状的。常见的圆形柱直径为 0.8~2.0m,圆形柱可使墩身具有较大的强度和刚度。

柱身以受压为主,为轴压或偏压结构,应满足《混凝土桥规》(JTG 3362—2018)中的配筋要求。纵向受力钢筋的直径不宜小于12mm,净距不应小于50mm且不宜大于300mm,截面面积不应小于箍筋圈内混凝土面积的0.5%(当混凝土为C50及以上等级时,不应小于0.6%)但不宜超过5%。箍筋应做成闭合式,其直径不应小于纵筋直径的1/4,且不应小于6mm。

柱身的纵向钢筋应伸至盖梁顶,自盖梁底算起的锚固长度应满足《混凝土桥规》(JTG 3362—2018)的相关要求。当盖梁的尺寸不足时,柱的纵向钢筋也可采用90°弯折锚固的方式。

2. 盖梁

对于简支梁,盖梁纵桥向的宽度b(图8-6)可根据上部构造形式、支座间距与尺寸,加上支座边缘至盖梁边缘的最小距离拟定,见式(8-2)。盖梁的宽度按式(8-2),计算取两式中的大值,有关符号意义见图8-6。

$$b \geq c + a + a' \tag{8-2a}$$

或

$$b \geq c + (d + d_1 + d_2) + (d' + d'_1 + d'_2) \tag{8-2b}$$

式中:c——伸缩缝宽度,见第七章第三节介绍,可按式(7-34)~式(7-36)计算,相邻跨跨径不同时取各跨所需宽度的一半相加;对于中小桥,一般取4~8cm;

$d、d_1、d_2、d'、d'_1、d'_2$——分别为两侧支座(指支座的顶底板)宽度、距梁端边缘最小距离和距盖梁边缘的最小距离;

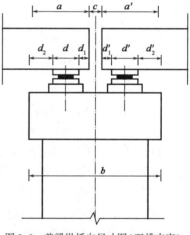

图8-6 盖梁纵桥向尺寸图(双排支座)

$a、a'$——根据《桥梁抗震规范》(JTG/T 2231-01—2020)规定,简支梁桥和连续梁桥上部结构梁端至盖梁边缘的最小距离,应满足式(8-3)的要求,且不应小于60cm。

$$a \geq 50 + 0.1L + 0.8H + 0.5L_k \tag{8-3}$$

式中:L——一联上部结构总长度(m);
  H——支承一联上部结构桥墩的平均高度(m),桥台的高度取值为0;
  L_k——一联上部结构的最大单孔跨径(m)。

斜桥与曲线梁桥的梁端比正桥更易发生落梁,因此要注意留有足够的梁端边缘距离,其最小值的规定详见《桥梁抗震规范》(JTG/T 2231-01—2020)。

当墩上仅有一排支座时(如连续梁桥,见图8-7),则b可由式(8-4)计算。

$$b \geq a + 2d \tag{8-4}$$

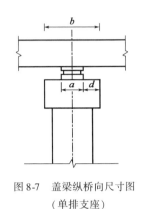

图 8-7 盖梁纵桥向尺寸图
（单排支座）

式中，b、a、d 的含义见图 8-7。

当式(8-4)计算出的最小宽度较小时,盖梁的纵桥向宽度一般由盖梁的受力和墩身的尺寸确定。当采用先简支后连续方法施工时,它还应满足施工中两简支梁的临时支座布置的要求。

柱式墩盖梁的横桥向盖梁最小宽度 B 应满足式(8-5)的要求,见图 8-8。

$$B \geqslant B_1 + 2d_3 \qquad (8-5)$$

式中：B_1——桥跨结构横桥向两边主梁支座外侧之间的距离；

d_3——支座垫板距盖梁外边缘最小距离。

对于简支梁,盖梁横桥向可能还设有防落梁的挡块,如图 8-8 所示,其宽度设计还应考虑这一构造要求。

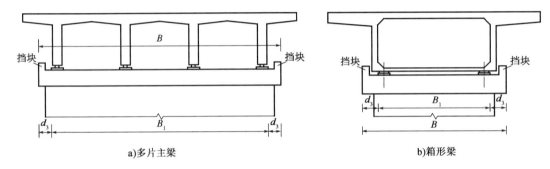

a) 多片主梁　　　　　　　　　b) 箱形梁

图 8-8　盖梁横桥向尺寸图

柱顶设置盖梁时,根据式(8-2)确定的盖梁纵桥向宽度 b 和根据式(8-5)确定的横桥向宽度 B,要大于柱子(墩身)的纵桥向和横桥向尺寸。当柱身的截面尺寸均大于盖梁沿纵桥向和横桥向的宽度时,可以不设盖梁,而将支座直接置于柱顶上,此时柱的混凝土强度等级不能太低,支座下要配置钢筋网进行局部加强。

盖梁顶面在横桥向一般设置与桥面横坡相同的坡度,这样铺装层在横桥向可以做成等厚。当桥宽较小时,盖梁顶也可以设成平坡,由桥面铺装下的混凝土三角垫层来实现桥面横坡。

对于在使用寿命期中需要更换支座的盖梁,进行顶面高程设计时,不仅要考虑支座下垫石的高度,还应考虑更换支座时安装千斤顶的空间要求。

对于相邻两跨为不等高度梁的桥墩,盖梁的底面仍为一平面,顶面做成台阶段来适应,如图 8-9 所示。当然,两支座中心线距桥墩(柱子)中心线的距离也不相同,而是根据桥墩与基础纵桥向所受弯矩尽可能小的原则来设置。梁的高度不等意味着相邻两跨的跨径不同,支座传来的力也不同。梁较高的一侧,跨径较大,支座传来的力也较大,支座中心线距桥墩中心线的距离 a_2 要小于另一侧的 a_1。

盖梁多为现浇钢筋混凝土结构,一般做成悬臂式,以减小其中间的跨径 L,如图 8-10 所示。对于跨高比不大于 5 的盖梁,宜采用强度等级较高的混凝土,且不应低于 C25。盖梁各截面尺寸与配筋需要通过计算来确定。盖梁截面内应设置箍筋,其直径不应小于 8mm,间距不宜大于 200mm。盖梁内两侧应设置纵向水平钢筋,其直径不应小于 12mm,间距不宜大于 200mm。盖梁的支座下应设置钢筋网以分布应力。盖梁的截面以矩形为主,也有个别采用 T 形截面的。

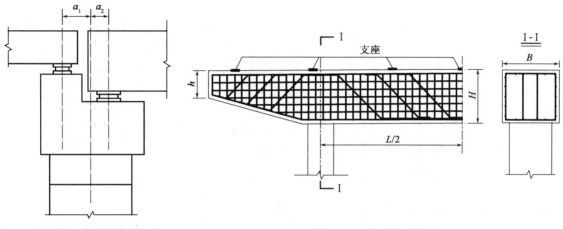

图 8-9 两端梁高不同的盖梁　　　　图 8-10 盖梁构造示意图

3. 承台或系梁

柱式墩的基础多为刚性扩大基础和桩基础。对于前者，则柱子直接与基础相接。柱子下端的纵筋应按照构造要求伸入基础中。

对于桩基础，当桩数与柱数相同时，一般柱与桩的几何中心一致。对于采用空心板的小跨径梁桥，柱与桩可直接相接，柱径一般略小于桩径，以适应桩基的施工误差。当桥墩高度较低时，只在柱顶设置盖梁。当柱的高度大于1.5倍桩的间距时，在桩顶处应设置横系梁，以加强其刚度，这种墩也称为桩柱式（桥）墩（pile extension pier, pile bent pier）。

图 8-11 所示的是某三桩柱式墩构造图，设计荷载为公路—Ⅰ级，桥面净宽为 2×净-14.75，上部结构为跨径 13m 的装配式预应力混凝土板，下部为直径 120cm 的钻孔灌注桩[71]。

当桩数与柱数不同时，无论上部结构的跨径大小，均需要在桩顶设置承台，柱身立于承台之上。承台的厚度不宜小于桩径的1.5倍，且不小于1.5m。当一根柱下面对应两根桩时，这两根桩一般沿纵桥向对称布置，柱与桩在横桥向的中心线一致，如图 8-3 所示。当一根柱下面对应的桩数多于两根时，原则上，柱子的中心也宜布置在这几根桩的中心处。

桩基承台根据桩柱布置形式可采用钢筋混凝土梁或拉压杆模型进行配筋计算。在构造方面，当桩中距不大于3倍桩直径时，承台受力钢筋应均匀布置于全宽度内；当桩中距大于3倍桩直径时，受力钢筋应均匀布置于距桩中心1.5倍桩直径范围内，在此范围以外应布置配筋率不小于0.1%的构造钢筋。如承台仅有一个方向的受力钢筋时，在垂直于受力钢筋方向，应设置直径不小于12mm、间距不大于250mm的构造钢筋。

承台底面内宜设一层钢筋网，底面内每一方向的钢筋用量宜为 1200～1500mm²/m，钢筋直径采用 12～16mm。承台竖向连系钢筋，其直径不应小于 16mm。

承台的桩中距大于或等于桩直径的3倍时，宜在两桩之间距桩中心各1倍桩直径的中间区段内设置吊筋（图 8-12），其直径不应小于 12mm，间距不应大于 200mm。

三、墙式墩

墙式墩（wall pier）横桥向的宽度明显大于纵桥向的厚度，且高度不高，如图 8-13 所示。它一般由墩帽、墩身和基础组成，当基础为桩基础时，墩身下方与承台相接。墙式墩以钢筋混凝土结构为主。

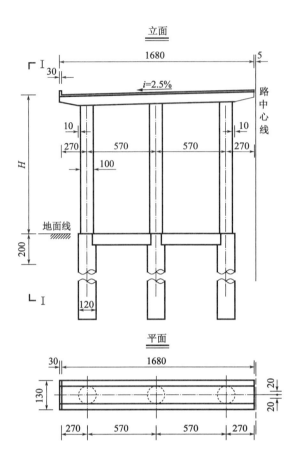

图 8-11 三桩柱式墩构造图(尺寸单位:cm)

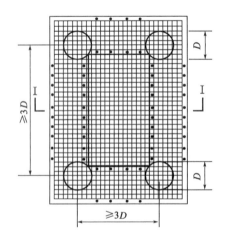
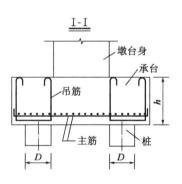

图 8-12 承台吊筋布置
D-桩直径

a) 等截面　　　　　b) 变截面＋悬臂盖梁墩帽　　　c) 变截面(花瓶式)

图 8-13　钢筋混凝土实体墩构造示意图

1. 一般构造

墩帽的平面尺寸要求与前述柱式墩盖梁的相同。墩身可以是等截面,如图 8-13a)所示,上设一平面尺寸略大于墩身的帽梁,帽梁的平面尺寸要求与柱式墩的盖梁相同。墩身截面也可以采用比桥宽小较多的等截面或上小下大的变截面[图 8-13b)],上端通过悬臂盖梁来满足主梁的支承空间要求。变截面也可以是上大下小[图 8-13c)]的花瓶式,当墩顶截面尺寸满足支承与防落梁的要求时,可不另设墩帽,直接将支座安排在墩身的顶面上。这种结构在城市高架桥、立交桥中常见,可节约地面空间、开阔视野。

2. 重力墩

墙式墩采用圬工结构时,主要靠自身的重量来平衡外力而保持其稳定,也称为重力式桥墩或重力墩(gravity pier)。重力墩的墩身比较厚,采用天然石材或片石混凝土砌筑。重力墩抵抗外界不利因素(如撞击、侵蚀)的能力较强,过去是中、小跨桥梁常用的桥墩形式,尤其在跨河桥中常用。由于其材料用量大、施工费用高、对地基承载力的要求高,现在已较少采用。

按墩身横截面形式,重力墩可分为矩形墩、圆端形墩、圆形墩等。

(1)矩形墩。其外形简单、施工方便、圬工数量较省。但对水流的阻力很大,引起局部冲刷也较大。一般用于无水或静水处。在水流影响小或不通航河流上的桥墩,或靠近河岸的桥墩,也可采用这种形式。

(2)圆端形墩。其截面是矩形两端各接一个半圆,施工稍麻烦,但较适合水流通过,可减少局部冲刷。一般用于水流斜交角小于 15°的桥梁,是水中桥墩使用最广泛的一种形式。

(3)圆形墩。其截面为圆形,圬工量较大,施工较麻烦,但其流水特性较前两种形式好。一般用于河流急弯、流向不固定或与水流斜交角大于 15°的桥梁。

重力墩由墩帽、墩身和基础三部分组成,见图 8-14。

墩帽位于桥墩顶部,它的主要作用是把桥梁支座传来的相当大的较为集中的力,均匀分散地传给墩身。《圬工桥规》(JTG D61—2005)规定的纵桥向支座垫石至墩、台身边缘最小距离,见表 8-1。图 8-15 为单边圆端形桥墩的支座垫石边缘至墩身边缘最小距离。

支座垫石边缘至墩、台身边缘的最小距离(m)　　　　　表 8-1

跨径 l (m)	纵 桥 向	横 桥 向	
		圆弧形端头(自支座边角量起)	矩形端头
$l \geqslant 150$	0.30	0.30	0.50
$50 \leqslant l < 150$	0.25	0.25	0.40
$20 \leqslant l < 50$	0.20	0.20	0.30
$5 \leqslant l < 20$	0.15	0.15	0.20

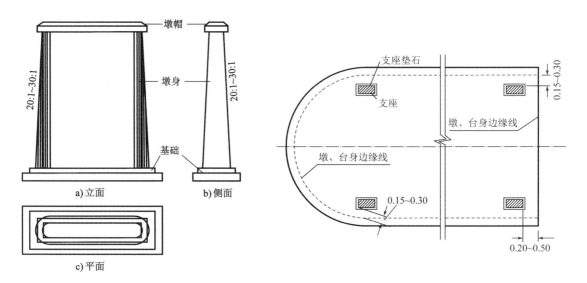

图 8-14　重力墩　　　　　图 8-15　支座垫石边缘至墩身边缘最小距离示意图(尺寸单位:m)

墩帽要求具有一定的厚度和较高的强度,且要满足桥梁支座布置的需要。墩帽与支座直接接触的部分称为支座垫石,其承受的应力更集中,需具有更高的强度。此外,墩帽要为施工架梁、移梁、顶梁提供必要的工作面,其平面尺寸一般要大于墩身尺寸,墩帽顶面与梁底之间应预留更换支座时的空间。当墩帽与墩身尺寸相近时,可仅在墩帽下设置 5～10cm 的檐口。但当两者尺寸相差较大时,则需在墩帽下设置托盘过渡,称为托盘式墩帽(图 8-16);或者让墩帽挑出墩身一定长度,称为挑臂式墩帽(图 8-17)。

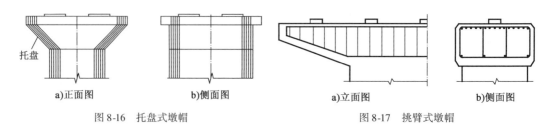

图 8-16　托盘式墩帽　　　　　图 8-17　挑臂式墩帽

中、小跨径桥梁,墩帽的厚度一般不小于 0.4m,特大、大跨径桥梁的墩帽不应小于 0.5m。墩帽一般采用 C25 以上的混凝土,加配构造钢筋。挑臂式墩帽的受力钢筋需经计算确定。设置支座的墩帽应设置支座垫石,在其内应设置一层或多层水平钢筋网,以便较好地分布支座压力。支座垫石尺寸一般较支座底板边缘每边大0.10～0.20m。支座垫石顶面应高出墩帽顶面排水坡的上棱。

墩身的主要尺寸包括墩高、墩顶面、墩底面的平面尺寸及墩身侧坡。墩身侧坡一般采用20∶1～30∶1。当桥梁跨度较小且墩高不大时,桥墩可做成直立式。高度很大的桥墩也可分节段做成阶梯状。墩身是桥墩的主体,小跨径桥梁的墩身顶宽不宜小于80cm;中跨径的不宜小于100cm;大跨径的则应视上部构造类型而定。为了便于水流和漂浮物通过,墩身平面形状可以做成圆端形[图8-18a)]或尖端形[图8-18b)],在有强烈流水或大量漂浮物的河道(冰厚大于0.5m,流冰速度大于1m/s)上,桥墩的迎水端应做成破冰棱体[图8-18c)],破冰棱体可由强度较高的石料砌成,也可以用高强度等级的混凝土辅以钢筋加固。

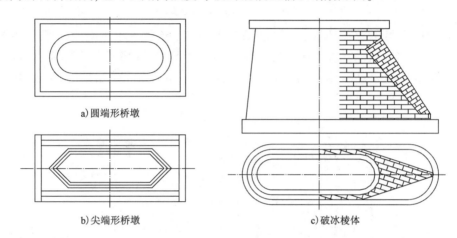

图8-18 重力墩形式

中、小型桥梁的重力墩基础一般采用不小于MU30～MU40的石材或C20混凝土(现浇)、C25(预制)混凝土和M5～M7.5砂浆的砌体建造,也可以用混凝土预制块砌筑。

四、空心墩

空心墩(hollow pier)是实体墩(solid pier)向轻型化发展的一种结构形式。空心墩可以充分利用材料的强度,节省材料,减轻桥墩自重,进而减少基础工程量。一般高度的空心墩比实体墩可节省20%～30%的圬工量,钢筋混凝土空心墩可节省50%左右的圬工量。空心墩可以采用爬升模板施工,施工速度快,质量好,节省模板支架,特别对于高墩,更显出其优越性。

空心墩按建筑材料可分为混凝土空心墩和钢筋混凝土空心墩两类。混凝土空心墩可在高度小于50m的桥梁中使用,而高桥墩一般采用钢筋混凝土空心墩。

空心墩的壁厚应根据设计和施工的要求来选定,目前采用的最小壁厚为30cm,最大壁厚达160cm。考虑到温度应力等的影响,墩身一般均应加设护面钢筋。此外,为减少墩内外温差,在离地面一定高度处的墩身周围,应设置直径20cm左右的通风孔。桥墩的截面形式有长方形、圆形和圆端形等数种,见图8-19。其中圆形及圆端形的截面形式便于施工。桥墩的立面布置可采用直立式、侧坡式和阶梯式等,直立式和侧坡式便于施工。

早期空心墩仿照竹节构造,每隔一定高度设置一道横隔板,见图8-20a)。横隔板对空心结构的抗扭有明显作用,对薄壁的稳定也有帮助。但内力分析和模型试验结果表明,一般空心墩所受扭矩很小,薄壁的局部稳定一般不控制设计。因此,现在的趋势是不设或少设横隔板,从而有利于施工,见图8-20b)。

图8-19 空心桥墩截面形式

空心墩的顶部可设置实体段,以便布置支座,均匀传力并减少对空心墩壁的冲击,如图8-20c)所示。实体段的高度取1~2m。为改善应力集中,在墩身与底部或顶面交界处,应采用墩壁局部加厚或设置实体段的措施。实体段以下应设置带门的进入洞或相应的检查设备。

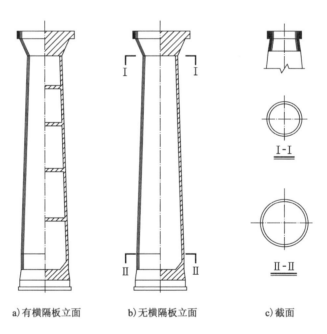

图8-20 圆形空心墩

墩身周围应设置适当的通风孔或泄水孔,孔的直径不小于20cm,用以调节壁内外温差和平衡水压力。在流速大并挟有大量泥砂石的河流,以及在可能有船只、冰和漂流物冲击的河流中采用薄壁空心墩时,应采取有效防护措施(如在设计水位以下的墩身改用实体段)。

五、拱桥桥墩

由第四章知道,拱分为有推力、无推力和部分推力三种。有推力拱桥中的拱肋或拱圈传给桥墩的力,除垂直力以外,还有较大的水平推力,无铰拱还有弯矩,这是拱桥桥墩与梁桥桥墩的最大不同之处。因此,拱桥桥墩的尺寸一般比梁桥的大,以保证其具有足够的强度、刚度和稳定性。在结构形式上,有推力拱桥桥墩更常用的是墙式墩(重力墩)、空心墩,其次是柱式和其他形式。

系杆拱桥属无推力结构,其桥墩的受力与梁桥相同,结构也基本相同,这里不作介绍。部分推力拱的桥墩所承受的水平推力介于有推力拱和梁桥之间,但更靠近后者,且桥墩与上部结构均为固结,所以其桥墩的结构与连续刚构桥的桥墩相近,它在第四章第二节已有介绍。本小节主要介绍有推力拱。

1. 重力墩

重力墩是拱桥最常用的桥墩,它主要靠自身的重量来平衡外力而保持稳定,由墩帽、墩身和基础三部分组成,见图8-21。

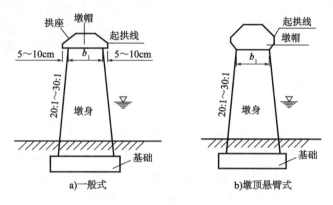

图8-21 拱桥重力墩

墩帽位于桥墩顶部,直接支承拱脚的部分称为拱座,其斜面与拱轴线垂直,应具有一定的厚度和较高的强度,对于肋拱桥应采用数层钢筋网加强,以扩散局部应力。为减小墩身体积,可以将墩帽挑出墩身一定长度,这种墩帽称为挑臂式墩帽。

重力墩墩身材料可用不小于C20(小桥)、C25(大中桥)片石混凝土或M5(小桥)、M7.5(大中桥)水泥砂浆砌片石或块石,也可以用混凝土预制块砌筑。过去以石砌为主,现在多用混凝土或钢筋混凝土建造。

墩身的主要尺寸包括墩高、墩顶面、墩底面的平面尺寸及墩身侧坡。墩身侧坡与梁桥的重力墩一样(图8-14),同为20:1~30:1。对于等跨双向墩的顶宽b_1,当采用石砌时,可按拱跨的1/20~1/10估算,随着跨径的增大采用较小的比值,且不宜小于800mm;混凝土桥墩可按拱跨的1/25~1/15估算。

墩身的平面形状一般在其两端做成圆端形或尖端形,在无水的岸墩也可以做成矩形,以便施工。重力墩的基础以扩大基础和沉井为主,也有采用桩基或管柱等。

对于等跨拱桥,桥墩不承担恒载产生的水平推力,因为相邻跨恒载所产生的水平推力相互抵消。桥墩主要承担单跨活载(相邻另一跨无活载)所引起的水平推力。当相邻孔跨径不同时,除活载水平推力外,桥墩还要承担恒载引起的不平衡水平推力。为减小墩身和基础的弯矩,可将小孔的起拱线设在高于大孔的起拱线处,使其对墩身与基础的力臂增大。同时,将墩身做成不对称的形式,增大其下部及基础的面积,如图8-22所示。

采用所示的桥墩时,更注意大小拱传递给桥墩的水平推力相差较大,换言之,桥墩所承受的水平剪力较大,桥墩要进行抗剪验算。同时,这种结构选型较不美观。如果将起拱线设在同一高程,通过上部结构的处理,来减小不平衡水平推力,可以取得较好的美学效果。例如,小孔采用较小的矢跨比(采用上承式)、较重的结构(如钢筋混凝土拱桥),大孔采用较大的矢跨比(采用中承式)、较轻的结构(如钢管混凝土拱桥),如图 8-23 所示。

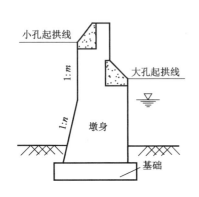

图 8-22　不等跨拱桥变截面桥墩

图 8-23　某不等跨拱桥照片

2. 空心墩

空心墩在梁桥中主要用于高墩,在拱桥中则用于桥墩体量较大的情况,可以是高墩,也可以不是高墩。图 8-24 是四川合川嘉陵江大桥主桥采用的空心钢筋混凝土桥墩一般构造图。该桥为中间三孔不等跨中承式钢管混凝土拱桥,两边拱为 58m 上承式钢筋混凝土拱。墩内空心部分采用挖基的砂岩片石填筑,并采用 M2.5 水泥砂浆灌饱满。为了美观,相邻拱的拱背在墩顶同一高程,但桥墩的断面采用不对称布置,大跨径一侧直立,小跨径一侧为 5∶1 的缓坡,这样可增大桥墩抵抗大跨径方向传来不平衡水平推力产生的倾覆力矩。桥墩基础置于新鲜的砂岩上。

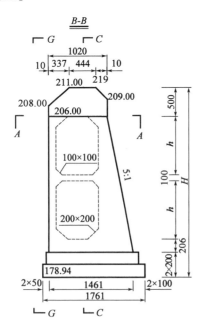

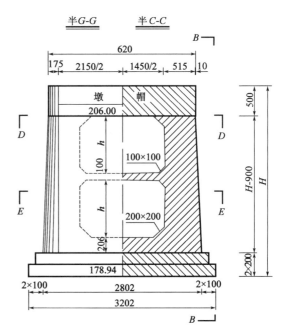

图　8-24

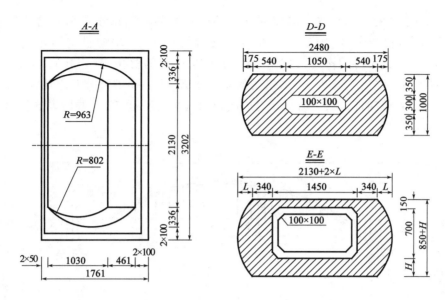

图 8-24　四川合川嘉陵江大桥空心桥墩一般构造图(尺寸单位:cm)

3. 柱式墩

拱桥的柱式墩(图 8-25)在拱桥中应用相对较少,主要用于水平推力不大的拱桥中,如采用桩基础、跨径不大的等跨有推力拱或刚架系杆拱。

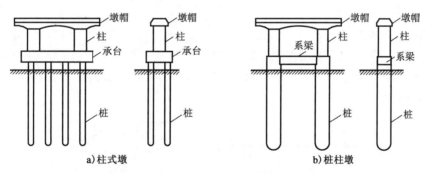

图 8-25　柱式墩

与拱桥的其他桥墩一样,柱式墩顶部设置拱座。墩身一般为钢筋混凝土立柱,有时也采用钢管混凝土立柱。一般情况下,柱式墩下端支承于桩基及其承台[图 8-25a)]或浅基础上。当柱较高时,柱的中部应设置横系梁以增强柱的刚度。当基础为单排桩时,柱子可直接支承于桩上,形成桩柱墩[图 8-25b)],在桩顶层设置系梁。桩、柱、承台、系梁应根据计算要求配置构造钢筋或受力钢筋。

当桥墩采用桩基高桩承台而起拱线较低时,拱桥的桥墩可能没有墩身,拱座直接设置于承台之上,图 8-26 所示的广州丫髻沙大桥是一个实例。该桥主桥为 76m+360m+76m 三跨钢管混凝土飞鸟式拱桥,其建成照片见图 4-41。

4. 单向推力墩

单向推力墩(pier against single direction thruster)又称为制动墩,它的主要作用是当其一侧的桥孔因某种原因遭到毁坏时,能承受住单向的恒载水平推力,以保证另一侧的拱不坍塌。

《混凝土桥规》(JTG 3362—2018)规定"多孔拱桥应根据使用要求设置单向推力墩或采用其他抗单向推力措施。单向推力墩宜每隔3~5孔设置一个"。单向推力墩在结构强健性中起拉链刹(zipper stopper)的作用,以防止某一孔破坏引起的解扣式(连孔)倒塌(zipper-typed collapse)。拱桥采用支架施工时,为了拱架的多次周转,或多孔拱桥分几个施工段施工时,也要在相应位置设置单向推力墩。与其相对应的桥墩可称为普通墩,一般所说的桥墩不特别指明时均指普通墩。

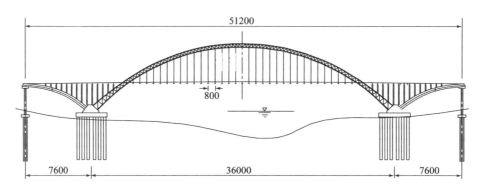

图8-26 广州丫髻沙大桥主桥总体布置图(尺寸单位:cm)

重力式桥墩可通过加厚墩身来形成单向推力墩。当桥墩较矮或单向推力不大时,可以考虑采取一些轻型的单向推力墩,其优点是阻水面积小,并可节约圬工体积。常用的形式有以下几种:

(1)悬臂墩[图8-27a)]

在桩柱式墩上加一对悬臂,拱脚支承在悬臂端。当某一孔坍塌时,邻孔恒载单向推力对桩柱身产生的弯矩,被恒载竖直反力产生的反向弯矩抵消一部分,从而减小桩柱身的弯矩,能够承受拱的单向推力。

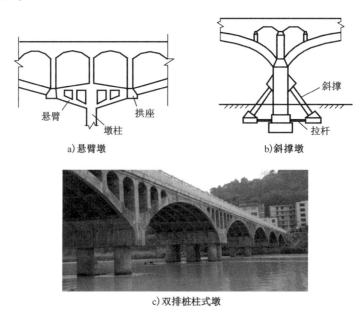

图8-27 单向推力墩

(2)斜撑墩[图8-27b)]

在柱式墩的每根立柱两侧增设一对钢筋混凝土斜撑(构造处理上只能承受压力,不能承受拉力),以提高抵抗单向推力的能力,从而保证某一孔被破坏而不影响邻孔。

(3)双排桩柱式墩[图8-27c)]

如果原来的桥墩为单排桩柱式墩,则可将单排桩柱改成双排,使其能抵抗拱的单向推力。

六、其他类型桥墩

1. 框架墩

框架墩的墩身为平面框架,以钢筋混凝土和预应力混凝土结构为主。框架可以是纵桥向的,也可以是横桥向的,主要形式有V形、Y形、X形、倒梯形等,其中较多采用V形墩(简称为V墩)。

如图8-28a)所示的连续梁桥,V墩的采用可缩短梁的跨径,减小正、负弯矩的绝对值,降低梁高,使结构轻巧美观。图8-28b)为一高架桥横断面,横桥向V墩的采用,减小了地面桥墩的宽度,具有较好的造型效果。但这两种墩的墩身均受到较大的弯矩,结构构造与施工较复杂。

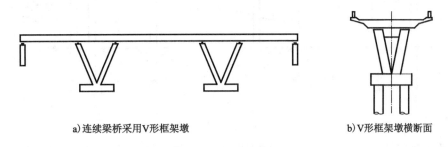

a)连续梁桥采用V形框架墩　　　　b)V形框架墩横断面

图8-28　框架形桥墩

在连续刚构桥中,墩身与主梁固结,V墩所受的弯矩比连续梁桥中的V墩小许多。因此,(纵桥向)V墩在连续刚构桥中的应用多于在连续梁桥中的应用。但采用V墩,将增加桥梁的超静定次数,强化桥墩的刚度,温度变化等在结构中产生的次内力可能更大,所以设计时要认真对待。

V墩除在梁桥中应用外,在拱桥中也有一些应用。图8-29所示的广州新光大桥就是一个实例。该桥跨越珠江,主桥为177m+428m+177m的三跨V墩钢桁肋系杆拱桥,大桥的两个主墩为V墩,它与桥面系梁形成三角刚架,主拱与其固结,形成整体结构。如果将V墩的斜向构件看成主拱肋的桥下部分,则可认为该桥为中承式;如果将V墩看成下部结构,则可认为该桥是下承式。

2. 柔性墩与高墩

桥墩根据刚度又可分为刚性墩(rigid pier)、柔性墩(flexible pier)。简支梁、连续梁(有支座)多采用刚性墩(如重力墩),连续刚构桥多采用柔性墩,如高墩和刚度比较小的柱式墩和薄壁墩。

在连续刚构桥发展起来之前,柔性墩专指用于多跨简支梁中墩身尺寸很小的桥墩,常由单排或双排的钢筋混凝土桩与盖梁连接而成,也称为柔性排架桩墩(图 8-30)。其主要特点是通过一些构造措施,将上部结构传来的水平力(制动力、温度影响力等)传递到全桥的各个柔性桥墩,或相邻的刚性墩台上,以减小单个柔性墩所受到的水平力,从而达到减小桩墩截面的目的。随着连续梁和连续刚构桥的发展,多跨简支梁桥已较少采用柔性墩。

图 8-29　广州新光大桥照片(李跃提供)

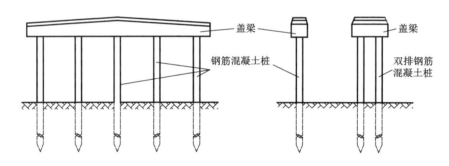

图 8-30　柔性排架桩墩

目前的柔性墩主要出现在山区的连续刚构桥高墩中,它的柔性主要由于桥墩较高而引起。连续刚构桥采用高墩,一方面因墩的水平抗推刚度较小,使温度等作用不会在上下部结构中产生太大的弯矩;另一方面因墩梁固结,有利于高墩的稳定和减小墩顶的变形。在受力方面,墩很高时要特别注意控制稳定,墩不高时要注意减小因温度、徐变可能产生的次内力,比如采用双薄壁墩,见第三章第三节介绍(图 3-22)。

关于高墩并没有具体的定义,泛指墩高相对一般桥墩较高的桥墩,其相对高度随着时代的发展在不断提高,早期认为 20~30m 以上的墩为高墩,现在从结构角度考虑则多将 50~60m 以上的墩称为高墩[72],《施工规范》(JTG/T 3650—2020)从施工角度将高度大于或等于 40m 的桥墩定义为高墩。当墩高不是特别高时,可采用实体墩;当墩高较高时,为节约材料,常采用空心墩、格构墩等。

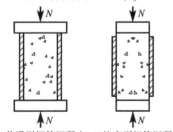

a)普通型钢管混凝土　b)约束型钢管混凝土

图 8-31　钢管混凝土柱的两种加载形式

3. 钢管混凝土桥墩

由第四章可知,钢管混凝土受压时,钢管与混凝土两种组成材料可以优势互补,具有良好的组合效应。钢管混凝土由于加载方式的不同,又可分为普通型钢管混凝土[图 8-31a)]和约束型钢管混凝土[图 8-31b)]。前者在钢管混凝土拱肋和小直径的钢管混凝土柱中得到广泛的应用,后者则主要用于直径较大的钢管混凝土桥墩。约束型钢管混凝土结构中,荷载仅施加于核心混凝土之上,钢管不参与轴向受力,仅对混凝土起约束作用,这样当直径较大时,就不必担心钢管受压的局部屈曲问题,可以采用较大的钢管径厚比。

深圳彩虹(北站)大桥[图8-32a)]和兰州雁盐黄河大桥[图8-32b)]是应用约束型钢管混凝土桥墩的两个实例。钢管内的混凝土配有钢筋,结构的受力以钢筋混凝土为主,钢管主要起约束混凝土的作用,施工时还可以作为浇筑混凝土的模板,不仅提高桥墩的承载力,也提高其延性和抗震性能[25]。

a)深圳彩虹(北站)大桥

b)兰州雁盐黄河大桥

图8-32 约束型钢管混凝土桥墩

近年来,钢管混凝土桥墩在山区桥梁中得到应用,如2012年建成通车的四川干海子大桥,高度在24~60m之间的桥墩采用了钢管混凝土格构柱,如图8-33a)所示。当桥墩高度大于60m(最高107m)时,桥墩下部分采用钢管混凝土复合柱,即以钢管混凝土为柱肢、主受力方向(面内)以钢筋混凝土板为连接板(缀板)的复合柱,与上部分的钢管混凝土格构柱共同组成混合柱,如图8-33b)所示[25]。

a)钢管混凝土格构柱

b)钢管混凝土复合柱和混合柱

图8-33 四川干海子钢管混凝土桥墩

第三节　桥台类型与构造

一、桥台分类

与桥墩一样,根据不同的划分方法桥台也可以包括许多类型。根据施工方法,桥台可分为现场施工桥台和预制装配式桥台,后者在我国的应用极少。根据与上部结构之间的关系,桥台可分为整体式桥台和支座式桥台。整体式桥台取消了伸缩缝和支座,属于无伸缩缝桥梁的一种;而一般的有支座和伸缩缝的桥梁属于支座式桥台。若仅从桥台是否设有伸缩缝来分,可分为有缝桥台和无缝桥台。本节主要介绍有缝桥台,无缝桥台见本章第五节的介绍。

根据主要建造材料,桥台可分为圬工桥台(砌体桥台、片石混凝土桥台)、钢筋混凝土桥台、加筋土桥台等。根据受力原理,可分为重力式桥台和各种轻型桥台。过去我国的桥台以现场施工的圬工重力式(有缝)桥台为主,因此大多此类专著和教材以重力式和轻型两大类为主线进行介绍。随着社会经济的发展和生产力水平的提高,圬工重力式桥台在我国的应用越来越少,目前已无新的应用,取而代之的是片石混凝土U形桥台和各种钢筋混凝土桥台(尤其是埋置式桥台)。如果还按原有的分类方法,则轻型桥台中的种类太多;同时,对圬工重力式桥台的介绍内容偏多。

桥台一端支承桥跨结构,而另一端与路基相接。与桥墩相比,除一样要承受上部结构传来的荷载外,桥台还要承受台后土压力。为此,本书提出采用全挡土桥台和埋置式桥台的分类,该分类方法既突出桥台与路堤之间的关系,也明晰桥台是否起正前方的挡土作用。

全挡土桥台(full-retaining abutment),如图8-34所示,无台前溜坡,台身(主要指前墙)从引道的路堤地面开始直达上部结构全部外露,所以也称为全高桥台(full-height abutment, full abutment),它对台后的填土起挡土墙的作用,台后的填土被封闭在桥台中,因此有时也称为闭端桥台(closed-end abutment)。

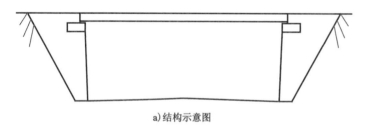 

a)结构示意图　　　　　　　　　　b)实例照片

图8-34　全挡土桥台

全挡土桥台,台身较高,工程量较大。对于跨线桥,将来其下穿的道路较难拓宽,且对桥下通行车辆驾驶员视线有较大的阻挡。但采用这种桥台的桥梁,桥长较短。同时,因无台前溜坡,体量显得较小,结构边界清晰、干净,常在城市高架桥、立交桥中应用。当所接的引道有边坡时,桥台两侧有锥坡与路堤相接。

根据受力原理,全挡土桥台又可分为重力式桥台和轻型桥台。

重力式桥台主要靠自重来平衡台后的土压力,台身多用片石混凝土(过去则多采用石块)

等圬工材料建造,并采用就地建造的施工方法。它以 U 形桥台为主,还有一字式、八字式等。

轻型桥台多为钢筋混凝土结构,有薄壁轻型(悬臂式、扶壁式、箱式)桥台、支撑梁轻型桥台等,此外加筋土桥台也属于轻型桥台。

埋置式桥台(stub abutment, spill-through abutment),如图 8-35 所示,在台前有溜坡,桥台及其基础埋置于路堤中,只露出台帽在外以安置支座与上部构造,没有与桥轴线垂直的挡土的前墙,有时也称为骨架桥台(skeletal abutment)或开端桥台(open-end abutment 或 open abutment)。

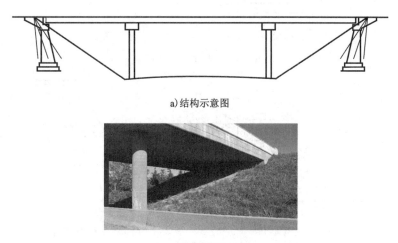

a) 结构示意图

b) 实例照片

图 8-35 埋置式桥台

台前溜坡对于台后路堤填土起到平衡作用,使桥台结构受到的土压力很小。因此埋置式桥台台身较矮,工程量较小,在跨线桥梁中应用时,对桥下通行车辆驾驶员的视线阻挡较小,且为今后桥下道路拓宽留下空间(可通过修改溜坡的坡度来实现拓宽)。但采用埋置式桥台后,桥长可能增大。如图 8-34b)所示的跨线桥,采用全挡土桥台只需一跨;而图 8-35b)所示的跨线桥,采用埋置式桥台,需要三跨。同时,溜坡的土工量也略大于锥坡,其防护要求也略高于锥坡。尤其是跨越河流的桥梁,台前溜坡要采取足够的措施,避免流水冲刷破坏。

埋置式桥台根据台身结构,主要有肋板式(或称为墙式)、桩柱式(或称为柱式)、框架式等。

在全挡土桥台和埋置式桥台这两大类之间,还有一种半挡土桥台(semi-retaining abutment),它们与全挡土桥台相似,有前墙起挡土墙作用;又像埋置式桥台一样,将桥台埋置于路堤中,台前有溜坡,但溜坡的土体与台后的土体没有相通。它有时也称为半高桥台(half-height abutment)。

衡重式桥台和后倾式桥台属于半挡土桥台。衡重式桥台可应用于台高较大的桥台,它将前墙做成变截面形状,利用衡重台及其上的填土重力平衡部分土压力,以节省工程量。图 8-36 所示为衡重式桥台结构图。后倾式桥台只有前墙没有侧墙,靠自重平衡台后土压力,前墙(台身)后倾,使重心落在基底截面的形心之后,以平衡台后填土的倾覆力矩,见图 8-37。衡重式桥台和后倾式桥台主要出现在砌体结构中,为减小圬工量而采用,目前在我国已少有应用,所以本书没有将其另列为一类。

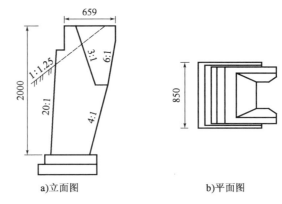

图 8-36　衡重式桥台(尺寸单位:cm)

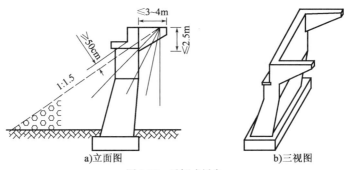

图 8-37　后倾式桥台

按这种分类,重力式桥台除包括前述全挡土桥台中的 U 形、一字式、八字式外,还包括半高式桥台(衡重式桥台和后倾式桥台);轻型桥台除包括全挡土桥台中的薄壁轻型桥台、支撑型桥台、加筋土桥台外,所有的埋置式桥台也归入其中。图 8-38 给出按全挡土桥台、半挡土桥台和埋置式桥台三大类的桥台分类以及它与过去按重力式桥台、轻型桥台分类之间的关系。

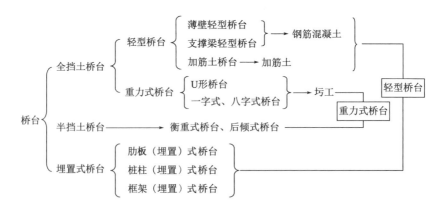

图 8-38　桥台分类图

不同上部结构对其桥台的受力与构造要求不尽相同。本节以梁桥的桥台为主,首先对目前我国最常用的全挡土桥台中的 U 形桥台、肋板式埋置式桥台进行重点介绍,对其他的桥台进行一般性的介绍。然后对拱桥的桥台特点进行分析。对于悬索桥和斜拉桥,其桥墩与桥塔常连在一起,其桥台多为引桥的梁式桥台,无特殊之处,故不再介绍。

除上述这些桥台外,还有一些因结构需要、特殊的地质条件等设计的桥台,如将桥台与挡土墙用梁结合在一起的过梁式的组合桥台,由支承上部结构竖向力的轻型台身和抵抗台后土压力的挡土墙组合而成的桥台,根据受力需要具有承拉功能的承拉桥台等,这里也不介绍,详见相关文献[71-73]。

二、全挡土桥台

1. U形重力式桥台

U形重力式桥台是常见的一种桥台,由台帽、台身(前墙、胸墙和后墙)及基础组成,台身由前墙和两侧墙组成 U 字形,简称 U 形桥台(U-shaped abutment 或者 U abutment)。其一般构造见图 8-39。实际上,只要平面上组成 U 字形的桥台均可称为 U 形桥台,但一般情况下不特别指明时,均指 U 形重力式桥台。

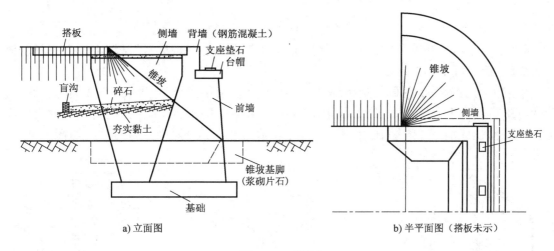

图 8-39 U 形桥台

桥台上部由背墙与台帽组成,如图 8-40 所示。台帽支承桥跨,设有支座垫石和排水坡,它一般用 C25 及以上混凝土或钢筋混凝土做成,配筋要求与墩帽相同。台帽的主要尺寸要求与桥墩类似,不同之处是纵桥向只设单排支座,横桥向的宽度一般要大于或等于桥面宽度,或等于引道路基宽度,以便于引道和桥上行车道的衔接。

背墙指台身前墙向上延伸、高于台帽、抵挡路堤填土的部分,其顶宽不宜小于 50cm。它在靠桥跨结构一侧做成垂直状,后侧可采用与前墙相同的坡度或做成垂直状,它与两侧的侧墙连成一体。若台后设有搭板,则还应有供搭板支承的构造。

桥台的主要尺寸有桥台全长、填土高度、埋置深度、台身平面尺寸等。

台身(含前墙、侧墙)承托着台帽,并支挡路堤填土,一般用片石混凝土做成。由于路堤土的压力随着深度的增大而增大,台身的截面尺寸也应随着深度的增大而增大。

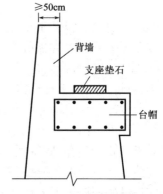

图 8-40 U 形桥台背墙与台帽结构示意图

前墙和侧墙顶面宽度均不宜小于50cm。前墙任一水平截面的厚度,不宜小于该截面至墙顶高度的0.4倍。侧墙的任一水平截面的宽度,对于石砌体不宜小于该截面至墙顶高度的0.4倍;对于块石、粗料石砌体或混凝土不宜小于该截面至墙顶高度的0.35倍(如桥台内填料为中、粗砂或砂砾时,则上述两项可分别相应减为0.35倍和0.30倍),见图8-41。

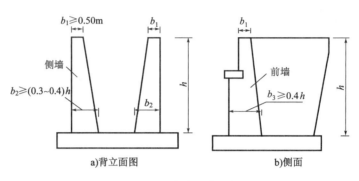

图8-41 U形桥台尺寸示意图

桥台上部应伸入路堤一定深度,以保证桥台和路堤的可靠连接。路基填土与U形桥台侧墙的搭接长度不宜小于75cm。

侧墙除采用图8-41的倒梯形下缩式外,还可以采用小悬臂式[图8-42a)]和大悬臂式[图8-42b)]。对于大悬臂式,需要采用钢筋混凝土结构,根据受力需要进行配筋。如果侧向边坡稳定、地质条件好,侧墙还可用台阶式,以适应地形条件,节约工程量,如图8-42c)所示[71]。

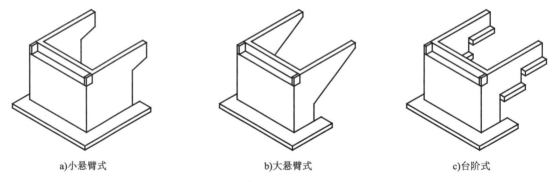

a)小悬臂式　　　　　b)大悬臂式　　　　　c)台阶式

图8-42 U形桥台侧墙结构示意图(边坡未示)

侧墙间的填土容易积水,结冰后冻胀,使得侧墙开裂。所以宜采用渗水性良好的土(如砂质土和砂砾等)填夯,并做好台后排水措施。在台帽或背墙底面应设砂砾滤水层及胶泥隔水层,在隔水层上设置一向台后纵坡为2%的碎石层(盲沟)延伸至台后,在碎石层的末端设置横向盲沟,将台内的渗水排至路基的两侧边沟中。

U形桥台适用于填土高度在8~10m以下、跨度稍大的桥梁。由于桥台体积与自重较大,故在桥台高度较高时要求地基土有较好的承载能力。U形桥台主要应用在浅基础,不均匀沉降是其最主要的病害,要特别注意基础应置于地质条件相同的地基中。

在路堤前端的填土应按一定坡度做成锥形护坡,简称锥坡。锥坡的坡脚不能超过桥台前缘。它在纵桥向路堤下方0~6m高度内,可采用1:1的纵坡,大于6m以上的部分,可采用1:1.5的纵坡;在横桥向,其坡度可与路堤的边坡坡度相同。当纵桥向与横桥向的坡度相同时,桥台一侧的锥坡为 1/4 的圆锥;当两向坡度不同时,为 1/4 的椭圆锥。锥坡可采用块石或片石砌筑防护,不砌部分用植被防护,避免雨水冲刷。对于采用土坡的锥坡,在设计洪水位加上 0.5m 的高程之下的护坡,应根据设计流速,采用块石或片石砌筑防护。

2. 八字翼墙或一字翼墙重力式桥台

八字翼墙或一字翼墙重力式桥台也属于全挡土桥台或封端式桥台。它有前墙,但与 U 形桥台不同之处在于其前墙两侧没有与之垂直且为整体的侧墙,代之以独立的翼墙(wing wall),翼墙与前墙之间用变形缝隔开。如图 8-43 所示,与前墙呈一定角度相交的翼墙,称为斜置式或八字式翼墙(flared wall),与前墙处于同一水平线的,称为一字式翼墙(in-line wall),相应的桥台简称为八字式或一字式桥台。同 U 形桥台一样,其他桥台也有采用这两种翼墙的,但一般不以翼墙的形状命名。不特别指明时,它们均指重力式桥台。

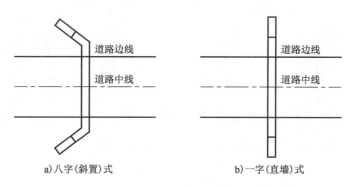

a) 八字(斜置)式   b) 一字(直墙)式

图 8-43 八字式和一字式桥台平面图

这种桥台适用于河岸稳定、桥台不高、河床压缩小的中、小跨径桥梁。在跨越人工河道的中、小桥和立交桥中也可采用。

翼墙的构造与地形、填土高度和接线有关。一般情况下,顶宽可取 40cm,外侧用 10:1 斜坡,内侧可用 8:1 ~ 10:1 的斜坡,长度可根据实际地形确定。图 8-44a)为八字式桥台,翼墙从前墙处向两侧减小,坡度由翼墙平面夹角和路堤边坡相交而定,尾端应保持一定高度。翼墙有独立的基础。

图 8-44b)和图 8-44c)均为一字式桥台,前者与前墙相接处采用全高,高度的变化与路堤边坡相适应;后者则与前墙相接处采用半高,因此边坡要提前用锥坡收坡,而图 8-44a)和图 8-44b)的桥台则都没有锥坡。由于有翼墙,图 8-44c)的锥坡体积要比一般的 U 形桥台体积小。

3. 薄壁轻型和支撑梁轻型桥台

薄壁轻型和支撑梁轻型桥台的斜交角(台身与桥纵轴线的垂线的交角)不应大于 15°,两侧可采用八字式和一字式翼墙挡土,如地形许可,可做成耳墙,形成埋置式轻型桥台并设置溜坡。

薄壁轻型桥台常用的形式有悬臂式桥台(cantilever abutment)、扶壁式桥台(counterfort abutment)、撑墙式桥台及箱式桥台等,如图 8-45 所示。一般情况下,薄壁轻型桥台的优点与薄壁墩类同,可依据桥台高度、地基强度和土质等因素选定。台身一般采用钢筋混凝土结构,适用于跨径不大、地基软弱的桥梁,其构造和施工比较复杂,钢筋用量也较多。基础多为柔性扩大基础,采用钢筋混凝土结构。

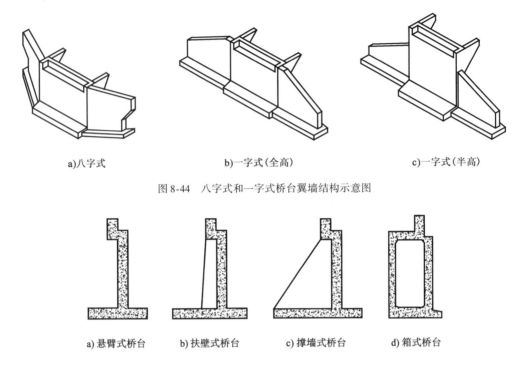

a)八字式　　　　　　　b)一字式(全高)　　　　　　c)一字式(半高)

图 8-44　八字式和一字式桥台翼墙结构示意图

a) 悬臂式桥台　　b) 扶壁式桥台　　c) 撑墙式桥台　　d) 箱式桥台

图 8-45　薄壁轻型桥台

跨径不大于 13m、桥长不大于 20m 的梁(板)式上部结构,在条件许可的情况下,可在轻型桥台之间或台与墩之间,设置 3~5 根支撑梁构成支撑梁轻型桥台,见图 8-46。它适合于跨径不大、流速不大和台身不高的桥梁。

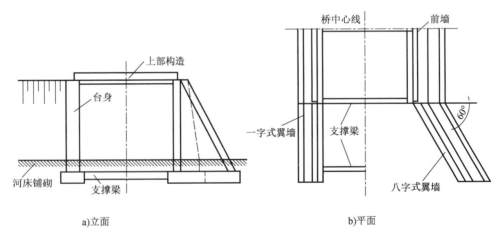

a)立面　　　　　　　　　　　b)平面

图 8-46　支撑梁轻型桥台

支撑梁设在冲刷线或河床铺砌线以下,中距宜为 2~3m,采用钢筋混凝土构件,其截面尺寸不宜小于 20cm(横)×30cm(竖),四角应设置直径不小于 12mm 的钢筋;如采用混凝土或块石砌筑,其截面尺寸不宜小于 40cm×40cm。梁与桥台设置直径不小于 20mm 的锚固栓钉,使上部结构与支撑梁共同支撑两端的桥台,承受台后土压力。此时桥台与支撑梁及上部结构形成四铰受力框架。

4.加筋土桥台

对台后路基填土不被冲刷的中、小跨径桥梁,当台高为3~5m时,可采用加筋土(mechanically stabilized earth,MSE)桥台,见图8-47a)。这类桥台一般由台帽和竖向面板、拉杆、锚定板及其间填料共同组成的台身组成。拉杆两端分别与竖向面板和锚定板连接,组成加筋土的挡土结构。它的工作原理是,竖向面板后填料的主动土压力作用到面板上,再通过拉杆将该力传递给锚定板,而锚定板则依靠位于板前且具有一定抗剪能力的土体所产生的抗拔力来平衡拉杆拉力,使整个结构处于稳定状态。加筋土桥台两侧也多用八字式或一字式翼墙挡土。

如果上部结构的垂直反力直接由单独的桩柱承受,则加筋土墙体与桩柱便构成加筋土组合桥台,它又可分为分离式和结合式两种形式。

分离式是台身与锚定结构分开,台身主要承受上部结构传来的竖向力和水平力,锚定结构承受上部土压力。锚定结构由锚定板、立柱、拉杆和挡土板组成,见图8-47b)。桥台与锚定结构间留空隙,上端做伸缩缝,桥台与锚定结构的基础分离,互不影响,受力明确。但这种形式结构复杂,施工不方便。

结合式的构造见图8-47c),它的锚定结构与台身结合在一起,台身兼作立柱或挡土板。作用在台身的所有水平力假定均由锚定板的抗拔力来平衡,台身仅承受竖向荷载。结合式结构简单,施工方便,工程量较省,但受力不明确。

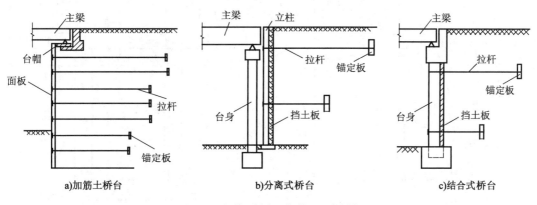

图8-47 加筋土桥台和加筋土组合桥台

三、埋置式桥台

1.肋板(埋置)式桥台

肋板(埋置)式桥台的台身由两块肋板(或称为墙板)和顶面帽梁组成。其适用于填土高度大于5m的桥台。肋板(埋置)式桥台设置有耳墙,耳墙埋入路堤中,并起挡土作用,伸入路堤至少75cm。

耳墙承受土压力的计算图式为悬臂板,如需支承人行道上的荷载,则要受到两个方向的弯矩和剪力,需要配置受力钢筋,且其主筋应伸入台帽或背墙锚固,见图8-48。耳墙长度不宜太长,一般不超过3~4m,厚度为15~30cm,高度为50~250cm。肋板厚为40~80cm,设少量钢筋。

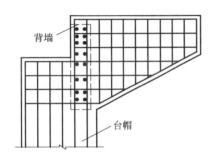

图 8-48 耳墙构造示意图

台帽在横桥向可做成悬臂式或简支式,需要配置受力钢筋。台身在 10m 及 10m 以上者,肋板之间需设系梁。帽梁、系梁和耳墙均需配置钢筋,并采用 C30 混凝土。台身与帽梁、台身与基础之间只需布置少量接头钢筋,台身及基础可用 C25 混凝土。采用浅基础时,台身钢筋应锚固于基础内。采用桩基础时,一般设有承台,将台身钢筋锚固于承台中。

埋置式桥台的溜坡坡度一般为 1∶1.5,坡面用砌石保护,并根据河岸冲刷深度确定护坡基础的埋置深度。溜坡面距台帽后缘应不小于 30cm,溜坡坡面和台身前沿相交处应比设计洪水位高出 25cm,以免雨水渗入溜坡(即桥台)内。由于台前护坡是用片石作表面防护的一种永久性设施,存在着被洪水冲毁而使台身裸露的可能,故埋置式桥台设计时必须进行强度和稳定性验算。

图 8-49 为后张法预应力混凝土简支梁使用的肋形(埋置式)桥台标准图示例[71]。其荷载等级为公路—Ⅰ级,适用于桥面净宽为净 −7 +2 ×0.75m。

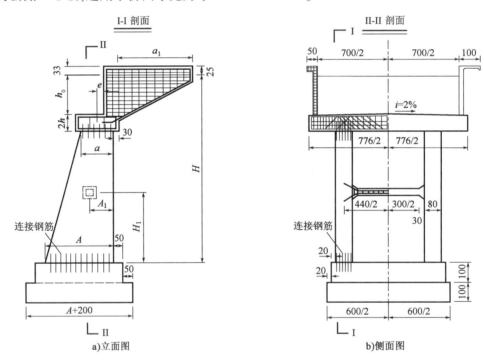

图 8-49 肋板(埋置)式桥台(尺寸单位:cm;台前溜坡未示)

2. 桩柱(埋置)式桥台

桩柱(埋置)式桥台常采用双柱,故又称为双柱式桥台,见图 8-50。它一般用于填土高度小于 5m 的情况。当桥较宽时,可采用多柱式。为了减少填土施工使桥台产生较大的水平位移,可先填土后钻孔。桩柱(埋置)式桥台适于各种地基条件。采用浅基础时,柱子需嵌固在基础之中。采用桩基础时,可设置承台,将柱子嵌固于承台中。当柱式桥台采用钻孔桩基础并延伸做台身时,可不设承台,只设系梁,成为桩柱(埋置)式桥台(pile bent abutment)。

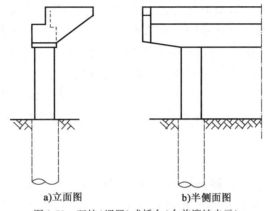

图 8-50　双柱(埋置)式桥台(台前溜坡未示)

3. 框架(埋置)式桥台

框架(埋置)式桥台的台身构造在纵桥向呈框架结构,适用于地基承载力较低、台身较高、跨径较大的梁桥。它比肋板(埋置)式桥台挖空率更高,更节省材料;比桩柱式桥台有更好的刚度。

框架(埋置)式桥台(图 8-51)结构具有斜杆,能够产生水平分力以平衡土压力,加之基底较宽,又通过系梁连成一个框架体,所以稳定性较好,可用于填土高度在 5m 以上的桥台,可与跨径为 16m 和 20m 的梁式上部结构配合应用。其不足之处是必须用双排桩基,台身材料用量均较桩柱式的多。对于预制的框架,预制时应留出预埋段,埋入承台,见图 8-51a);当框架采用现浇时,承台中应预埋有连接钢筋,将框架与承台连在一起,见图 8-51b)。

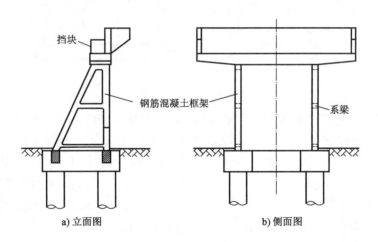

图 8-51　框架(埋置)式桥台(台前溜坡未示)

四、拱桥桥台

与桥墩相似,有推力拱桥的桥台较之梁桥桥台,主要的区别在于要考虑水平推力的影响。就拱桥本身而言,桥墩与桥台均要承担活载引起的水平推力。但对于等跨拱桥的普通桥墩,相邻跨恒载水平推力相互抵消,它无需承担恒载引起的水平推力;而桥台只有一边有拱跨,因此要承担拱的恒载水平推力。也就是说,拱桥桥台承担水平推力的问题比桥墩更突出。所以,拱桥桥台以全挡土式桥台为主,以借助台后填土抵抗拱的水平推力,最常用的是重力式 U 形桥台。当地质条件较差时,为减小地基应力和节省工程量,也可采用非重力式桥台,如组合桥台、齿槛式桥台、空腹式(L)桥台等。桥台的选型与构造,除要考虑桥位处的地质、水文、跨径、荷载等级及施工方法等因素外,还要考虑拱的矢跨比等因素。

与桥墩一样,系杆拱桥的桥台与梁桥相似,而刚架系杆拱一般两端配有引桥,引桥一般为梁桥,相应的桥台采用梁桥桥台,这样系杆拱桥自身不直接与桥台相接。所以,本小节仅介绍有推力拱桥的桥台。

1. 重力式 U 形桥台

重力式 U 形桥台,简称 U 形桥台,与梁式桥桥台一样,由台帽、背墙、前墙和侧墙组成。常采用锥形护坡与路堤连接,锥坡的坡度根据加固形式、坡高、地形等确定,一般为 1:1~1:1.5。与梁式桥台不同的是,U 形桥台台帽具有与拱轴线垂直的斜面,位于高程较小的起拱线处,背墙较高,台身的厚度较大,以适应拱的推力产生的剪力,如图 8-52 所示。

U 形桥台多采用片石混凝土,过去则常用石砌体。基础以刚性扩大基础为主,基岩埋置较深时,可采用沉井。

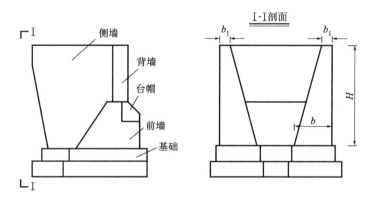

图 8-52 重力式 U 形桥台

桥台前墙任一水平截面的宽度,不宜小于该截面至墙顶高度的 0.4 倍。侧墙的水平截面宽度,采用片石砌体时,不小于该截面至墙顶高度的 0.4 倍;采用块石料石及混凝土时,不小于该截面至墙顶高度的 0.35 倍。前墙、侧墙的顶宽,片石砌体不宜小于 50cm,块石料石砌体及混凝土不宜小于 40cm。这样设置的桥台可按 U 形整体截面验算截面强度。侧墙的后端应伸入锥坡顶点内 75cm。

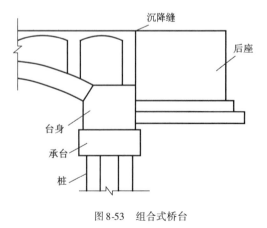

图 8-53 组合式桥台

2. 组合式桥台

当地质条件较差、需要采用桩基础时,组合式桥台是一种较好的解决方案。这种桥台由台身和后座两部分组成,见图 8-53。拱的垂直力主要由台身桩基础来承受。由后座的自重摩阻力及台后的土侧压力来平衡拱的水平推力。因此,后座基底高程应低于起拱线的高程。台身与后座间应密切贴合并设沉降缝,以适应两者的不均匀沉降。在地基土质较差时,对后座地基也应做适当处理,以免后座倾斜,导致台身和拱圈变形。此外,若后座需要较长的长度,则宜进行分段,各段之间设置变形缝,以适应可能的不均匀沉降。当台后地面具有较大斜坡时,后座还可以设计成梯形,以适应地形变化并节约工程量。

20 世纪中叶,我国在地质条件较差桥位处修建轻型拱桥时,提出并采用了较多的轻型桥台,如齿槛式桥台、空腹式(L)桥台、一字台、H 形台、E 字台、U 形台、倾一字台等,现在已较少采用。

3. 拱座

在山区跨越河谷的上承式拱桥,往往采用一大跨跨越,与道路相接的桥台为引桥梁式桥的桥台,主拱本身并没有桥台结构,代之以拱座与基础。当地质条件较好时,拱的反力(包括水平推力、竖向反力和弯矩)直接由拱座传给基础。图 8-54 所示是日本的富士川桥总体布置图。该桥位于东京以西约 150km 处,桥宽 18.5m,跨径 265m,是日本跨径最大的钢筋混凝土拱桥,其拱座直接坐落于岩石上,为增强地基承载力并减少开挖量,采用阶梯状的拱座基础。

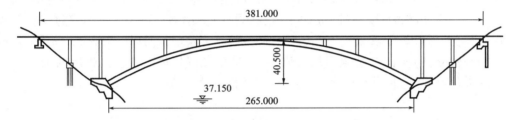

图 8-54　日本富士川桥总体布置图(尺寸单位:m;高程单位:m)

如果在浅层没有合适的岩层时,为抵抗拱的巨大水平推力,拱座基础可以由两部分组成,一部分以承受竖直力为主,另一部分以承受水平力为主,即组合拱座基础。它的设计思想与前面的组合式桥台相同。

克罗地亚的 Krk-Ⅰ桥,主跨达 390m,于 1979 年建成,建成照片见图 1-20,施工照片见图 4-58。其总体布置见图 8-55。

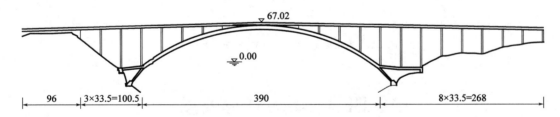

图 8-55　Krk-Ⅰ桥总体布置图(尺寸单位:m;高程单位:m)

该桥的主拱为由平撑与斜撑构成的三角形构造支撑(图 8-56)。斜撑基本在水面下,与水平方向成 50°倾角,长约 21m,截面高度为 2.2m,宽度从顶处的 13m 变化到基础处的 17m。斜撑的钢筋混凝土基础平均尺寸为 6.0m×20.0m。平撑在水面上,接近水平,长 33.5m,为箱形截面,与拱连接处尺寸为 4.82m×13.0m,在梁的铰接端尺寸为 3.0m×20.0m。主拱和斜撑杆用混凝土 Freyssinet 型铰连接,即在连接处将其面积减小到 1/3 的撑杆面积,并与平撑固结。

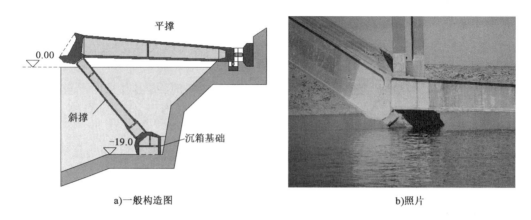

图 8-56　Krk-Ⅰ桥圣马克岛侧的拱座与基础构造（高程单位：m）

主跨 420m 的万州长江大桥，桥型布置见图 8-57。该桥位处两岸岩体卸荷裂隙发育，基岩下卧有软质页岩层，主拱拱座同样采用组合式结构，由拱座、水平撑和人工挖孔桩三部分组成。拱座坐落在巨厚砂岩层内，以一对 5m×5m（半圆洞顶）的钢筋混凝土水平撑穿过卸荷裂隙发育区，南岸长 32m，北岸长 45m，支撑在裂隙已微细的砂岩层内。另以一对 5m×5m、深 21m 的人工挖孔方桩（立柱）竖向穿透软弱的页岩夹层，支承在厚层砂岩内。主拱座为大体积混凝土，为消除水化热，避免混凝土开裂，将其设计成肋板式填心结构。

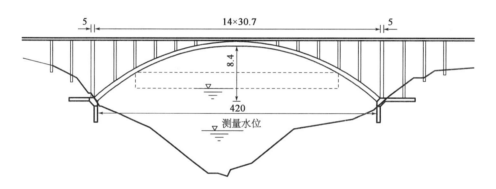

图 8-57　万州长江大桥桥型布置图（尺寸单位：m）

第四节　墩台计算要点

在进行墩台计算时，首先应确定作用在墩台上的作用。各作用计算值，应采用墩台在各种可能的最不利作用效应组合下结构有可能出现的作用最大值。墩台所受的各种作用，除恒载外，其他作用的数值是变化的，且不一定同时发生，详见表 1-10。

由前面介绍可知，墩台的类型较多，但计算内容相差不大，这里仅对梁式桥中最常见的柱式墩和重力式桥台的计算进行介绍。拱桥墩台的计算原理与梁式桥的相似。无缝桥墩台（主要是桥台）的计算在本章下一节中简要介绍。

一、柱式墩计算要点

1. 桥墩的作用与作用组合

在纵桥向主要有两种可能的作用组合：

（1）按在桥墩各截面上可能产生的最大竖向力的情况进行组合。这种组合用来验算墩身强度和基底最大应力，应在相邻两跨满布活载的一种或几种，见图8-58a）。必要时还可布置附加荷载（如制动力等）以使墩身或基底压应力最大。

（2）按桥墩在纵桥向各截面上可能产生的最大偏心和最大弯矩的情况进行组合。这种组合用来验算墩身强度、基底应力、偏心及桥墩的稳定性，应在跨径较大的一孔上布置活载的一种或者几种[图8-58b）]，以及可能产生的附加荷载，如制动力、纵向风力、支座摩阻力等。

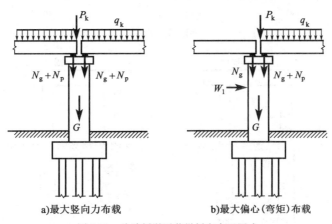

图8-58 公路桥墩活载纵桥向布置图式

在横桥向有三种可能的作用组合：

（1）按盖梁最大弯矩的组合。对于T形墩主要是盖梁的负弯矩，如图8-59a）所示。对于其他柱式墩，要考虑盖梁的正、负弯矩。

（2）按墩身在横桥向可能产生最大偏心和最大弯矩的情况进行组合。它用来验算横桥向的墩身强度、基底应力、偏心及桥墩的稳定性。将活载偏于桥面的一侧布置，如图8-59b）所示，此外还应考虑其他可变荷载，如横向风力、流水压力等。

（3）按墩身轴力最大的组合，如图8-59c）所示。

柱式墩的计算，包括盖梁和柱身两部分，桥墩基础计算属于"基础工程"课程的内容。

2. 盖梁计算

（1）计算图式与承载力验算

柱墩中柱子的钢筋伸入盖梁内，与盖梁的钢筋绑扎成整体，因此两者的连接是固结。《混凝土桥规》（JTG 3362—2018）规定，当盖梁与柱的线刚度 EI/l 之比大于5时，柱子对盖梁的转角变形约束较小，盖梁的受力接近于梁的受力，双柱墩的盖梁可按简支梁或悬臂梁计算，多于双柱时可按连续梁计算。当盖梁与柱的线刚度 EI/l 之比不大于5时，柱子对盖梁转角变形的约束较大，按刚架计算。

目前我国采用的桩基础柱式墩中，柱和桩的尺寸均较大，而根数较少，盖梁与柱的线刚度之比一般不大于5，《混凝土桥规》（JTG 3362—2018）统一规定墩台盖梁宜按刚架计算。为便于计算,可将每根基桩模拟为图 8-60 中固结于底部的等效基础,固结点深度一般取 $1.8/\alpha$, α 为桩的变形系数,按式(8-6)计算。

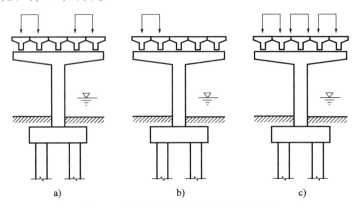

图 8-59　公路桥墩活载横桥向布置示意图

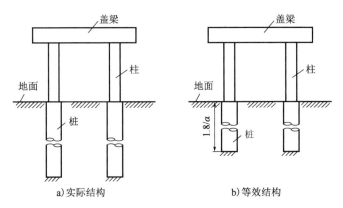

图 8-60　排架墩桩基结构计算简图

$$\alpha_0 = \sqrt[5]{\frac{mb_1}{0.8EI}} \tag{8-6}$$

式中:EI——桩的抗弯刚度;

　　　m——非岩石地基土水平向抗力系数的比例系数,可由《基础规范》(JTG 3363—2019)中查表得到;

　　　b_1——桩的计算宽度,可按式(8-7)和式(8-8)计算。

当 $D \geqslant 1.0$ m 时:

$$b_1 = k_f(D + 1) \tag{8-7}$$

当 $D < 1.0$ m 时:

$$b_1 = k_f(1.5D + 0.5) \tag{8-8}$$

式中:D——桩径或受力方向桩宽;

　　　k_f——桩的形状系数,圆形为 0.9,矩形为 1.0。

《混凝土桥规》(JTG 3362—2018)规定,当盖梁跨中部分的跨高比 $l/h > 5.0$ 时(l 为盖梁的计算跨径,h 为盖梁的高度),按钢筋混凝土一般构件计算。当盖梁跨中部分的跨高比为 $2.5 < l/h \leqslant 5.0$ 时,按第 8.4.3 条~第 8.4.5 条规定进行承载力验算。

公路桥梁的墩台盖梁,其跨高比 l/h 绝大多数在 3~5 之间,也即前述规定的 $2.5 < l/h \leqslant$

5.0范围内,属于深受弯构件的短梁,但未进入深梁范围,所以其计算方法应按深受弯构件计算,而其构造则不必按深梁的特殊要求。

(2)作用计算

作用包括上部结构永久作用引起的支点反力、盖梁自重、活载和桥墩沿纵向的水平力。施工计算时,还应考虑施工吊装荷载。

应当注意的是,汽车荷载的轮重不是直接作用在盖梁上,而是通过设在盖梁上一定间距的支座来传递的。

对于汽车荷载,首先应根据规定的车道荷载,按其在盖梁上可能产生的最不利情况,求出支点最大反力作为盖梁的活载;其次,根据盖梁内力影响线决定活载最不利横向布置。

(3)内力计算

公路梁桥桩柱式墩台的帽梁通常采用双悬臂式,计算时的控制截面应选取支点和跨中截面。在计算支点负弯矩时,采用非对称布置活载与恒载的反力;在计算跨中正弯矩时,采用对称布置活载与恒载的反力。

桥墩沿纵向的水平力以及当盖梁在沿桥纵向设置两排支座时,上部结构活载偏心力将对盖梁产生扭矩,应予以计入。

(4)配筋验算

盖梁的配筋验算方法与钢筋混凝土梁配筋类同,根据弯矩包络图配置受弯钢筋,根据剪力包络图配置弯起钢筋和箍筋。在配筋时,还应计算各控制截面扭矩所需要的箍筋及纵向钢筋。当采用预应力混凝土盖梁时,预应力钢筋的配置及普通钢筋的配置同预应力混凝土梁。

3.柱身计算要点

(1)作用计算

作用在墩柱上的垂直力有上部结构、盖梁的永久作用力和柱身自重;活载按设计荷载进行最不利布置,经组合求得最不利的作用效应组合。其中,汽车荷载的布置及其横向分布计算的方法与盖梁内力计算类似。

桥墩上纵桥向的水平力有汽车制动力和固定支座的摩阻力。目前我国的公路桥梁的柱式桥墩中,比较多地采用较大摩阻力的板式橡胶支座,要考虑温度变化、混凝土收缩、徐变产生的纵桥向水平力。对于多跨桥,这些力在各桥墩之间的分配计算较为复杂,后面将专门介绍。对于桥墩,还要按规定计算横桥向的水平力。

(2)内力计算与验算

根据作用和作用组合,计算出墩身相应截面的内力。对于采用桩基础的柱墩,计算出在各种最不利组合内力作用下桩柱的内力和桩的入土深度,按刚架算出柱子的内力,按《混凝土桥规》(JTG 3362—2018)规定进行墩柱截面配筋和强度、刚度、稳定性等承载能力验算和使用极限状态的最大裂缝宽度等验算。对于较高的桥墩,须验算墩顶弹性水平位移。相邻墩台间均匀沉降差(不包括施工中的沉降)不应使桥面形成大于0.2%的纵坡;对超静定结构桥梁,墩台间的均匀沉降差还应满足结构的受力要求,设计计算应计入由其产生的次内力。

对于双柱或多柱墩,一般按纵桥向和横桥向分别进行验算。对于独柱墩,进行弯矩计算和稳定性验算时应考虑两个方向弯矩的合力。

(3)柱身纵桥向水平力计算

板式橡胶支座在水平力的作用下,将发生较小的水平向剪切变形,当桥跨结构采用连续的构造时,可按在节点处设置水平弹簧支承的框架图式计算,如图 8-61 所示。下面将着重对它的计算特点进行简要介绍。

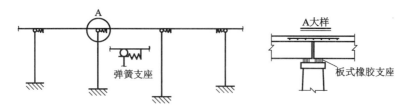

图 8-61 柔性桩柱式墩计算图式

①基本假定

a. 外荷载除汽车荷载外,还要计入汽车制动力、温度影响力,梁身混凝土的收缩、徐变引起的作用,必要时还包括墩身受到的风力等。

b. 计算制动力时,各墩台受力按墩顶抗推刚度分配。在计算土压力时,假设由岸墩承受土压力,并假定此时各个墩顶与上部构造之间不发生相对位移。

c. 计算温度变形时,墩对梁产生的竖向弹性拉伸或压缩影响忽略不计,而只计桩墩顶部水平力对桩墩所引起的弯矩的影响。

d. 在计算桥墩之间橡胶支座的水平力剪切变形时,忽略因梁体的偏转角 θ 对它的影响。

②计算步骤

a. 桥墩抗推刚度 $\overline{K}_i$ 的计算

抗推刚度 $\overline{K}_i$ 是指使墩顶产生单位水平位移所需施加的水平反力。

$$\overline{K}_i = \frac{1}{\delta_i} \tag{8-9}$$

当墩柱下端固定在基础或承台顶面时,有:

$$\delta_i = \frac{h_{1i}^3}{3 \times 0.8 E_{h1i} I_{h1i}} + \frac{h_{2i}^3 - h_{1i}^3}{3 \times 0.8 E_{h2i} I_{h2i}} \tag{8-10}$$

当考虑桩侧土的弹性抗力时(图 8-62),有:

$$\delta_i = \frac{h_{1i}^3}{3 \times 0.8 E_{h1i} I_{h1i}} + \frac{h_{2i}^3 - h_{1i}^3}{3 \times 0.8 E_{h2i} I_{h2i}} + \delta_{HH}^{(0)} + \delta_{HM}^{(0)} \cdot h_{2i} + \delta_{MH}^{(0)} \cdot h_{2i} + \delta_{MM}^{(0)} \cdot h_{2i}^2 \tag{8-11}$$

式中: δ_i——单位水平力作用在第 i 个柔性墩顶产生的水平位移(m/kN);

h_{1i}、h_{2i}——第 i 墩柱高、第 i 墩柱顶至最大冲刷线(或下端固接处)的高度(m);

E_{h1i}、E_{h2i}——墩柱(桩基)混凝土抗压弹性模量(kN/m²);

I_{h1i}、I_{h2i}——墩身(桩基)横截面对形心轴的惯性矩(m⁴);

$\delta_{HH}^{(0)}$、$\delta_{HM}^{(0)}$、$\delta_{MH}^{(0)}$、$\delta_{MM}^{(0)}$——用 m 法计算桩基的有关系数,详见《基础规范》(JTG 3363—2019)附录 P。

式(8-10)、式(8-11)中,$E_{h1i} I_{h1i}$、$E_{h2i} I_{h2i}$ 前的 0.8 折减系数,源自《基础规范》(JTG 3363—2019)的规定。

b. 橡胶支座抗推刚度 K_b 的计算

由材料力学知,剪应力 τ 与剪切角 γ 具有如下的关系,如图 8-63 所示。

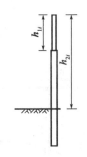 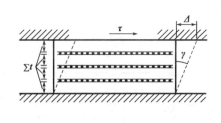

图 8-62　桩柱式墩抗推刚度计算示意图　　图 8-63　板式橡胶支座的剪切变形示意图

$$\tau = G\gamma \tag{8-12}$$

将式(8-12)两边各乘以 $\sum t \cdot \sum A_b$，并注意到：

$$\sum A_b \tau = H \tag{8-13}$$

$$\sum t\gamma = \sum t\tan\gamma = \Delta \tag{8-14}$$

经过整理简化后，得支座的抗推刚度 K_b 为：

$$K_b = \frac{H}{\Delta} = \frac{G\sum A_b}{\sum t} \tag{8-15}$$

式中：G——橡胶材料的剪切模量；

$\sum t$——橡胶片的总厚度；

$\sum A_b$——支座承压面积的总和；

H、Δ——分别为水平力和相应剪切位移。

c. 墩与支座的组合抗推刚度 K_i

$$K_i = \frac{1}{\delta_i} = \frac{1}{\delta_i + \delta_{bi}} = \frac{1}{\frac{1}{\overline{K_i}} + \frac{1}{K_{bi}}} \tag{8-16}$$

d. 墩顶制动力的计算

$$H_{iT} = \frac{K_i}{\sum K_i} T \tag{8-17}$$

式中：H_{iT}——作用在第 i 墩台的制动力；

T——全桥(或一联)承受的作用在第 i 墩的制动力。

因此，墩顶水平位移 Δ_{iT} 为：

$$\Delta_{iT} = \frac{H_{iT}}{K_{iT}} \tag{8-18}$$

e. 主梁混凝土收缩、徐变和温度变形引起的水平力

大气温度变化会引起梁体的轴向变形，带动墩柱顶产生相应的位移，从而使得墩柱顶产生附加内力。梁体混凝土的收缩、徐变影响也会使得梁体产生收缩变形，从而产生与温度影响力类似的墩柱顶附加内力，一般将其与温度影响力一并考虑计算。下面仅介绍温度变化影响力的计算，梁体混凝土的收缩、徐变影响力可以按照温度下降时的影响力计算。

当温度下降时，桥梁上部结构将缩短，两岸边桥墩向河心偏移。当温度上升时，桥梁上部结构将伸长，两岸边桥墩向路堤偏移。因此，无论温度升高或降低，必然存在一个温度变化时偏移值等于零的位置 x_0(称为温度中心)。在求墩柱顶的偏移值时，需先求出 x_0 的位置，

如图 8-64 所示。

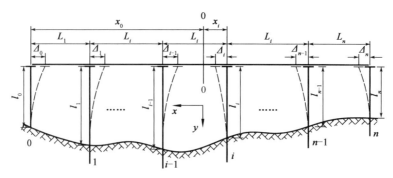

图 8-64 温度变化时柔性桩柱式墩的偏移图式

x_0-温度中心 0-0 线至 0 号墩(台)的距离；i-桩的序号，$i=0,1,2,\cdots,n$，n 为总排架数减 1；L_i-第 i 跨的跨径

如果用 $x_1, x_2, \cdots, x_i$ 表示自 0-0 线至 $1, 2, \cdots, i$ 号桥墩的距离，则得各墩顶部由温度变化引起的水平位移为：

$$\Delta_{it} = \alpha \Delta t x_i \tag{8-19}$$

式中：α——上部结构的线膨胀系数；

Δt——温度升降的度数。

Δt、x_i 均带有正负号，以自 0-0 线指向 x 轴正轴为正。

$$x_i = x_0 - (L_1 + L_2 + \cdots + L_i) = x_0 - \sum_{j=1}^{i} L_j \tag{8-20}$$

各排架桩顶所受的温度力为：

$$H_{it} = K_i \Delta_{it} \tag{8-21}$$

在温度作用下，各墩顶水平力之和为零，即：

$$\sum_{i=0}^{n} H_{it} = 0 \tag{8-22}$$

联立解式(8-19)～式(8-22)便得到：

$$x_0 = \frac{\alpha \Delta t \cdot \sum_{i=1}^{n} K_i (\sum_{j=1}^{i} L_j)}{\alpha \Delta t \cdot \sum_{i=1}^{n} K_i} \tag{8-23}$$

当各跨径相同，都为 L 时，有

$$x_0 = \frac{\alpha \Delta t \cdot \sum_{i=1}^{n} K_i (iL)}{\alpha \Delta t \cdot \sum_{i=0}^{n} K_i} \tag{8-24}$$

当一联桥跨的两端设有滑动支座时，有

$$x_0 = \frac{\alpha \Delta t \cdot \sum_{i=1}^{n} K_i (iL) \mp \sum \mu R}{\alpha \Delta t \cdot \sum_{i=0}^{n} K_i} \tag{8-25}$$

式中：μ——联端墩(台)上滑动支座的摩阻系数；

R——联端墩(台)上滑动支座的支反力。

4. 算例

下面通过一个计算实例来说明桩柱式墩的设计计算。

例题 8-1：计算图 8-65 所示为三跨桥面连续的装配式预应力简支 T 梁桥，跨长 $L=30\mathrm{m}$，车道净宽 12m，桥梁总宽 15m，钢筋混凝土为三柱式墩（$d=1.5\mathrm{m}$），钻孔灌注桩基础（$D=1.6\mathrm{m}$），桥梁剖面图如图 8-66 所示。桩柱混凝土强度等级均为 C30。在墩顶设置两排共 14 个 $300\mathrm{mm}\times350\mathrm{mm}\times57\mathrm{mm}$ 板式橡胶支座，在两桥台台帽上各设 7 个 $300\mathrm{mm}\times350\mathrm{mm}\times59\mathrm{mm}$ 四氟板式橡胶滑动支座，墩台支座的橡胶层厚均为 42mm，橡胶材料的剪切模量 $G=1.0\mathrm{MPa}$。单跨上部结构重量 6066.51kN。试计算由于温降、混凝土梁体收缩徐变及车辆制动力引起的 1 号桥墩所受水平力。

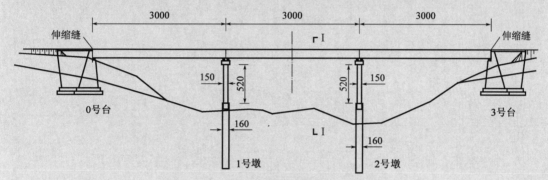

图 8-65 例 8-1 桥梁立面布置图(尺寸单位：cm)

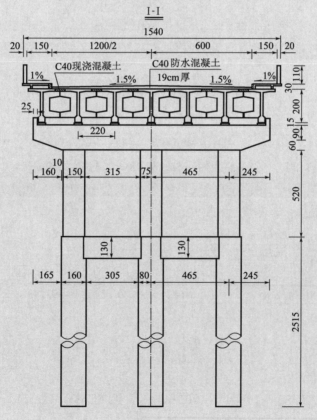

图 8-66 例 8-1 桥梁剖面图(尺寸单位：cm)

(1)汽车荷载:公路—Ⅱ级;人群荷载:3.3kN/m²。

(2)降温29℃;依据已往的设计经验,预应力混凝土 T 梁收缩、徐变的变形与降温10℃、20℃等效。

(3)地基土变形系数 $m = 40000\text{kN/m}^4$。

解:(1)计算桥墩抗推刚度 $\overline{K}_i$

$$\overline{K}_i = \frac{n}{\dfrac{h_{1i}^3}{3 \times 0.8 E_{h1i} I_{h1i}} + \dfrac{h_{2i}^3 - h_{1i}^3}{3 \times 0.8 E_{h2i} I_{h2i}} + \delta_{HH}^{(0)} + \delta_{HM}^{(0)} \cdot h_{2i} + \delta_{MH}^{(0)} \cdot h_{2i} + \delta_{MM}^{(0)} \cdot h_{2i}^2}$$

(8-26)

式中:n——取 3(桥墩的墩柱数);

h_1——取 5.20m;

h_{21}——取 11.2m;

h_{22}——取 14.6m;

I_{h1}——单柱毛截面惯性矩,$I_{h1} = \dfrac{\pi d^4}{64} = \dfrac{\pi \times 1.5^4}{64} = 0.2485(\text{m}^4)$;

I_{h2}——单桩毛截面惯性矩,$I_{h2} = \dfrac{\pi d^4}{64} = \dfrac{\pi \times 1.6^4}{64} = 0.3217(\text{m}^4)$;

E_{h1}、E_{h2}——墩柱(桩基)抗压弹性模量,取 $3.0 \times 10^7 \text{kN/m}^2$。

1 号墩、2 号墩桩基长均为 10.0m,则根据《基础规范》(JTG 3363—2019)桩基计算宽度 b_1 为:

$$b_1 = k \times k_f (d + 1) = 1.0 \times 0.9 \times (1.6 + 1) = 2.34(\text{m})$$

桩基变形系数为:

$$\overline{\alpha} = \sqrt[5]{m b_1 / (0.8 E_{h2} I_{h2})} = \sqrt[5]{40000 \times 2.34 / (7720.80 \times 10^3)} = 0.4137$$

由于对于 1 号墩和 2 号墩,$\overline{\alpha}h$ 数值一样,为 $\overline{\alpha}h = 0.4137 \times 10\text{m} = 4.137 > 3.5$,所以利用规范公式时取 $k_h = 0$;且由于两墩的 $\overline{\alpha}h > 4.0$,取 4.0,因而两墩的 $\delta_{HH}^{(0)}$、$\delta_{HM}^{(0)}$、$\delta_{MH}^{(0)}$、$\delta_{MM}^{(0)}$ 计算值是一样的,根据《基础规范》(JTG 3363—2019):

$$\delta_{HH}^{(0)} = \frac{1}{\alpha^3 \times 0.8 E_{h2} I_{h2}} \times \frac{B_3 D_4 - B_4 D_3}{A_3 B_4 - A_4 B_3}$$

$$= \frac{1}{0.4137^3 \times 7720.80 \times 10^3} \times \frac{-11.73066 \times (-23.14040) - (-0.35762) \times (-15.07550)}{-1.61428 \times (-0.35762) - 9.24368 \times (-11.73066)}$$

$$= 44652.8 \times 10^{-10} (\text{m/kN})$$

$$\delta_{HM}^{(0)} = \delta_{MH}^{(0)} = \frac{1}{\alpha^2 \times 0.8 E_{h2} I_{h2}} \times \frac{A_3 D_4 - A_4 D_3}{A_3 B_4 - A_4 B_3}$$

$$= \frac{1}{0.4137^2 \times 7720.80 \times 10^3} \times \frac{-1.61428 \times (-23.14040) - 9.24368 \times (-15.07550)}{-1.61428 \times (-0.35762) - 9.24368 \times (-11.73066)}$$

$$= 12297.6 \times 10^{-10} (\text{rad/kN})$$

$$\delta_{MM}^{(0)} = \frac{1}{\alpha \times 0.8E_{h2}I_{h2}} \times \frac{A_3C_4 - A_4C_3}{A_3B_4 - A_4B_3}$$

$$= \frac{1}{0.4137 \times 7720.80 \times 10^3} \times \frac{-1.61428 \times (-15.61050) - 9.24368 \times (-17.91860)}{-1.61428 \times (-0.35762) - 9.24368 \times (-11.73066)}$$

$$= 5482.0 \times 10^{-10} (\text{rad/kN})$$

将上述各值代入式(8-26),计算后得:

$$\overline{K_1} = \frac{3}{\frac{5.20^3}{3 \times 5964.12^3} + \frac{11.2^3 - 5.20^3}{3 \times 7720.80 \times 10^3} + 44652.8 \times 10^{-10} + 2 \times 12297.6 \times 10^{-10} \times 11.2 + 5482.0 \times 10^{-10} \times 11.2^2}$$

$$= 16739.2 (\text{kN/m})$$

$$\overline{K_2} = \frac{3}{\frac{5.20^3}{3 \times 5964.12 \times 10^3} + \frac{14.6^3 - 5.20^3}{3 \times 7720.8 \times 10^3} + 44652.8 \times 10^{-10} + 2 \times 12297.6 \times 10^{-10} \times 14.6 + 5482.0 \times 10^{-10} \times 14.6^2}$$

$$= 10225.71 (\text{kN/m})$$

(2) 支座抗推刚度 K_b

墩上支座刚度:

$$K_b = \frac{G\sum A_b}{\sum t} = \frac{1.0 \times 14 \times 300 \times 350}{42} = 35000 (\text{N/mm}) = 35000 (\text{kN/m})$$

台上支座刚度:

$$K_b = \frac{G\sum A_b}{\sum t} = \frac{1.0 \times 7 \times 300 \times 350}{42} = 17500 (\text{N/mm}) = 17500 (\text{kN/m})$$

(3) 墩与支座的组合抗推刚度 K_i

$$K_1 = \frac{\overline{K_1} \cdot K_b}{\overline{K_1} + K_b} = \frac{18380.1 \times 35000}{18380.1 + 35000} = 12051.37 (\text{kN/m})$$

$$K_2 = \frac{\overline{K_2} \cdot K_b}{\overline{K_2} + K_b} = \frac{10225.71 \times 35000}{10225.71 + 35000} = 7913.64 (\text{kN/m})$$

由于两重力式 U 形桥台刚度很大,则其组合刚度等于支座刚度,为 17500 kN/m。

(4) 温降及混凝土收缩徐变影响计算

① 确定偏位移为零的位置

以偏位移为零的位置为原点,令其与 0 号桥台支座中心的距离为 x_0,混凝土线膨胀系数 $\alpha = 1 \times 10^{-5}$,温降及混凝土收缩徐变合计相当于温降 59℃,则先假定两桥台所受的力小于支座摩阻力,可由式(8-25)得:

$$x_0 = \frac{\alpha\Delta t \cdot \sum_{i=1}^{n} K_i(iL)}{\alpha\Delta t \cdot \sum_{i=0}^{n} K_i}$$

$$= \frac{0.00059 \times (17500 \times 0 + 12051.37 \times 30 + 7913.64 \times 60 + 17500 \times 90)}{0.00059 \times (17500 + 12051.37 + 7913.64 + 17500)}$$

$$= 43.87 (\text{m})$$

则根据 0 号桥台距离温度中点的距离和桥台的集成刚度 $K_0 = 17500\text{kN}$，得其所受水平力为 $H_0 = 0.00059 \times 17500 \times 43.87 = 452.96(\text{kN})$，大于桥台摩阻力 $[6066.51/2 \times 0.06 = 182.00(\text{kN})]$，则假定不成立。

所以桥台所受到的力为支座摩阻力，且正负相消，故：

$$x_0 = \frac{\alpha \Delta t \cdot \sum_{i=1}^{n} K_i(iL)}{\alpha \Delta t \cdot \sum_{i=0}^{n} K_i}$$

$$= \frac{0.00059 \times (0 \times 0 + 12051.37 \times 30 + 7913.64 \times 60 + 0 \times 90)}{0.00059 \times (0 + 12051.37 + 7913.64 + 0)}$$

$$= 41.89(\text{m})$$

② 1 号墩墩顶的位移量 Δ_1

1 号墩至温度偏移零点的距离：

$$x_1 = 41.89 - 1 \times 30 = 11.89(\text{m})$$

则 1 号墩墩顶位移值为：

$$\Delta_{1t} = \alpha \Delta t x_1 = 1 \times 10^{-5} \times (-59) \times 11.89 = -7.02 \times 10^{-3}(\text{m}) \quad （指向右岸）$$

③ 3 号墩承受的温度影响力

$$H_{1t} = K_1 \cdot \Delta_{1t} = 12051.37 \times (-7.02 \times 10^{-3}) = -84.60(\text{kN}) \quad （指向右岸）$$

(5) 汽车制动力

按《公桥通规》(JTG D60—2015) 规定，公路—Ⅱ级车道荷载的均布荷载为：

$$q_k = 0.75 \times 10.5 = 7.875(\text{kN/m})$$

集中荷载为：

$$p_k = 0.75 \times [180 + 25/45 \times (360 - 180)] = 210(\text{kN})$$

制动力按《公桥通规》(JTG D60—2015) 规定为加载长度上总重力的 10%，将车道荷载满布于桥跨方向，公路—Ⅱ级车道荷载在该段的布置如图 8-67 所示。本桥最多可布置成三车道，但同向行驶最多以两车道计算其汽车制动力：$0.1 \times (210 + 7.875 \times 90) \times 2(\text{车道}) = 91.875 \times 2(\text{车道}) = 183.75(\text{kN})$。桥台上由于设活动支座，在前面温降影响力计算中已知其所受力已经达到最大摩阻力，故不考虑其参与分配制动力。

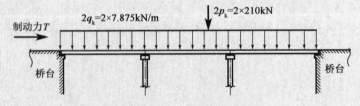

图 8-67 公路—Ⅱ级车道荷载布置

由于温降产生的墩顶水平力指向右岸，因此这里仅需计算汽车向右岸行驶时的制动力分配，按式(8-17)计算：

$$H_{iT} = \frac{K_i}{\sum K_i} T = \frac{12051.37 \times 183.75}{12051.37 + 7913.64} = 110.92(\text{kN}) \quad （指向右岸）$$

以上计算了由于温降、混凝土梁体收缩徐变及车辆制动力引起 1 号墩柱顶所受到的水平力,其他的计算流程简述如下:

①三墩柱反力横向分配系数计算中盖梁按连续梁计算,经计算比对,在考虑车道折减后,以三车道对称布置不利,得到中柱的横向影响系数 $\eta_2 = 1.851$。

②活载按设计荷载布置车列,将全桥满跨布载并将集中力作用于 1 号墩顶位置(控制桩长的桩顶最大竖向力),计算得到墩顶轴力为 1035.25kN、弯矩为 107.60kN·m,将 1 号孔单跨布载并将集中力作用于 1 号墩顶的 1 号孔侧位置(控制桩内力的桩顶最大弯矩),得到墩顶轴力为 762.25kN、弯矩为 167.69kN·m。

③将墩顶所受水平力、恒载引起的墩柱轴力、汽车荷载产生墩顶内力以及人群效应共同参与组合,得到桩基顶部所受弯矩最大时(控制桩基配筋)的内力组合为:轴力 3620.58kN、剪力 61.20kN、弯矩 1278.55kN·m[按照《基础规范》(JTG 3363——2019)第 1.0.5 条采用承载能力极限状态的基本组合];桩基顶部所受轴力最大值(控制桩基入土深度)为 3632.82kN[按照《基础规范》(JTG 3363—2019)第 1.0.8 条采用短期效应,其组合系数均为 1.0]。

④按照《基础规范》(JTG 3363—2019)计算出桩基最小入土深度。

⑤根据《基础规范》(JTG 3363—2019)附录 P 计算出桩基最大弯矩时的内力组合,并按照《混凝土桥规》(JTG 3362—2018)对所拟定的桩基及墩柱,采用偏心距增大系数与构件计算长度相结合的 $\eta - l_0$ 近似计算方法进行配筋设计。

二、重力式桥台计算要点

1. 桥台的作用与作用组合

与桥墩一样,在进行桥台设计时,首先应确定荷载(作用)及其组合。与桥墩最大的不同之处是,桥台受土压力作用,包括台后土在自重作用下的土压力和活载作用下的土侧压力。在计算抗倾覆和抗滑动稳定性时,桥墩、桥台、挡土墙前侧地面以下不受冲刷部分土侧压力可按静土压力计算。

静土压力的标准值可按式(8-27)~式(8-29)计算。

$$e_j = \xi \gamma h \tag{8-27}$$

$$\xi = 1 - \sin\varphi \tag{8-28}$$

$$E_j = \frac{1}{2}\xi \gamma H^2 \tag{8-29}$$

式中:e_j——任一高度 h 处的静土压力(kPa);
ξ——压实土的静土压力系数;
γ——土的重度(kN/m³);
h——填土顶面至任一点的高度(m);
φ——土的内摩擦角(°);
H——填土高度(m);
E_j——高度 H 范围内单位宽度的静土压力标准值(kN/m)。

台后土压力一般采用库仑主动土压力公式,按横桥向全宽均匀分布处理。

(1)当土层特性无变化且无汽车荷载时,作用在桥台、挡土墙前后的主动土压力标准值可按式(8-30)和式(8-31)计算。

$$E = \frac{1}{2}B\mu\gamma H^2 \tag{8-30}$$

$$\mu = \frac{\cos^2(\varphi - \alpha)}{\cos^2\alpha \cdot \cos(\alpha + \delta)\left[1 + \sqrt{\dfrac{\sin(\varphi + \delta)\sin(\varphi - \beta)}{\cos(\alpha + \delta)\cos(\alpha - \beta)}}\right]^2} \tag{8-31}$$

式中:E——主动土压力标准值(kN);

γ——土的重度(kN/m³);

B——桥台的计算宽度或挡土墙的计算长度(m);

H——计算土层高度(m);

β——填土表面与水平面的夹角,当计算台后或墙后的主动土压力时,β按图8-68a)取正值;当计算台前或墙前主动土压力时,β按图8-68b)取负值;

α——桥台或挡土墙背与竖直面的夹角,俯墙背(图8-68)时为正值,反之为负值;

δ——台背或墙背与填土间的摩擦角,可取$\delta = \varphi/2$。

主动土压力的着力点自计算土层底面算起,$C = H/3$。

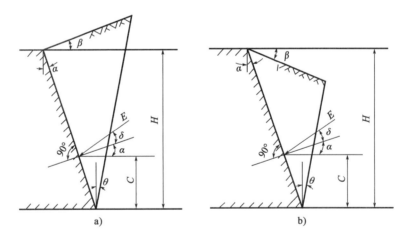

图8-68 主动土压力计算图

(2)当土层特性无变化但有汽车荷载作用时,作用在桥台、挡土墙后的主动土压力标准值$\beta = 0°$,可按式(8-32)计算。

$$E = \frac{1}{2}B\mu\gamma H(H + 2h) \tag{8-32}$$

式中:h——汽车荷载的等代均布土层厚度(m)。

主动土压力的着力点自计算土层底面算起,$C = \dfrac{H}{3} \times \dfrac{H + 3h}{H + 2h}$。

(3)当$\beta = 0°$时,棱体破裂面与竖直线间夹角θ的正切值可按式(8-33)计算。

$$\tan\theta = -\tan\omega + \sqrt{(\cot\varphi + \tan\omega)(\tan\omega - \tan\alpha)} \quad (\omega = \alpha + \delta + \varphi) \tag{8-33}$$

式中符号意义同前。

拱桥的桥台受到台后方向作用的水平推力,当棱体形成滑动面时,台后土对桥台的作用力是被动土压力。但《圬工桥规》(JTG D61—2005)规定拱桥台后土压力仍宜按主动土压力计算,因为被动土压力较主动土压力要大许多,当内摩擦角 φ 为 30°时,被动土压力约为主动土压力的 9 倍。而实际的桥梁中,因土体向台后产生很大的水平位移从而使台后土的棱体出现滑动面达到被动土压力计算值的情况很少。

桥台的荷载组合也和桥墩一样,依据不同的验算项目进行各种可能的荷载组合。桥台只需进行顺桥向的验算,桥墩中考虑的横向荷载如风力、流水压力、船撞力等可不考虑。由于活载既可布置在桥跨结构上,也可布置在台后。因此,有三种荷载布置形式(图 8-69):①最大水平力和最大后端弯矩组合工况,台后布置活载而桥上无活载,即只在台后填土的破坏棱体上布置车辆荷载;②最大前端弯矩工况,桥上满布活载而台后无活载,即只在桥上布置车道荷载;③最大竖向力组合工况,桥上、台后同时布置活载,即车道荷载同时布置在桥跨结构和桥台及破坏棱体上[73]。

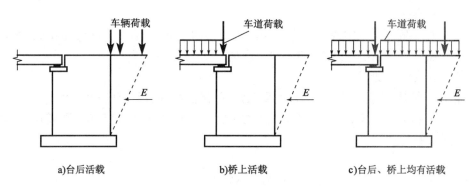

图 8-69 桥台活载布置示意图

a)台后活载　　　b)桥上活载　　　c)台后、桥上均有活载

2. 重力式桥台的计算内容

进行桥台设计计算,目的在于确定经济合理的尺寸,并保证其在施工和使用阶段的安全。就重力式桥台来说,应满足以下两方面的要求:

一是桥台本身有足够的强度和稳定性,并且不出现过大的开裂和变形。为此,应进行强度验算、弹性体稳定性验算及偏心验算。

二是桥台作为一个整体,不能发生不容许的变位。为此,就扩大基础而论,应进行基底应力验算、整体性(刚体)验算(包括抗倾覆稳定性和抗滑稳定性)。

具体来说,重力式桥台的验算包括下列内容(凡验算式中的荷载值均指最不利荷载组合值):

(1)强度验算

验算截面通常选在台身的底面与截面突变处。重力式桥台为圬工结构,公路桥梁采用极限状态设计方法,按式(8-34)验算墩身控制截面的极限承载力。

$$\gamma_0 S \leqslant R(f_d, a_d) \tag{8-34}$$

式中：γ_0——结构重要性系数，对应于《公桥通规》(JTG D60—2015)规定的一级、二级、三级设计安全等级，分别取用1.1、1.0、0.9；

S——作用效应组合设计值，按《公桥通规》(JTG D60—2015)的规定计算；

$R(\cdot)$——构件承载力设计值函数；

f_d——材料强度设计值；

a_d——几何参数设计值。

当U形桥台两侧墙宽度之和不小于同一水平截面前墙全长的0.4倍时，可按U形整体截面验算截面强度。

受压偏心距小于《圬工桥规》(JTG D61—2005)规定极限值(见下一项验算内容)的砌体或混凝土构件，其承载能力按下式计算：

$$\gamma_0 N_d \leqslant \varphi A f_{cd} \tag{8-35}$$

式中：N_d——轴向力设计值；

A——对于砌体取其构件截面面积，组合截面按强度比换算；对于混凝土构件，取其受压区面积A_c，计算方法参见《圬工桥规》(JTG D61—2005)；

f_{cd}——砌体或混凝土轴心抗压强度设计值，按《圬工桥规》(JTG D61—2005)相应规定取值；

φ——砌体偏心受压构件承载力影响系数或混凝土轴心受压构件弯曲系数，按《圬工桥规》(JTG D61—2005)相应规定取值。

(2)截面合力偏心距验算

为防止圬工结构裂缝开展过大而影响耐久性，并保证结构有足够的稳定性，应进行截面合力偏心距验算。若偏心距e超过《圬工桥规》(JTG D61—2005)给出的容许值，则需用式(8-36)验算(仅以单向偏心为例)。

$$\gamma_0 N_d \leqslant \varphi \frac{A f_{tmd}}{\frac{Ae}{W} - 1} \tag{8-36}$$

式中：A——构件截面面积，对于组合截面应按弹性模量比换算为换算截面面积；

W——单向偏心时，构件受拉边缘的弹性抵抗矩，对于组合截面应按弹性模量比换算为换算截面弹性抵抗矩；

f_{tmd}——构件受拉边层的弯曲抗拉强度设计值，按《圬工桥规》(JTG D61—2005)相应规定取值。

(3)抗倾覆稳定性验算

重力式桥台的抗倾覆稳定性验算，可按式(8-37)计算。

$$K_0 = \frac{M_{\text{稳}}}{M_{\text{倾}}} = \frac{s \sum P_i}{\sum (P_i e_i) + \sum (H_i h_i)} = \frac{s}{e_0} \tag{8-37}$$

式中：K_0——抗倾覆稳定系数；

$M_{\text{稳}}$——稳定力矩；

$M_{\text{倾}}$——倾覆力矩；

P_i——不考虑其分项系数和组合系数的作用标准值组合或偶然作用(地震除外)标准值

组合引起的竖向力(kN);

e_i——竖向力 P_i 对验算截面重心的力臂(m);

H_i——不考虑其分项系数和组合系数的作用标准值组合或偶然作用(地震除外)标准值组合引起的水平力(kN);

s——在截面重心与合力作用点的连接线上,自截面重心至验算倾覆轴的距离(m),如图 8-70 所示;

e_0——所有外力的合力 R 在验算截面的作用点对基底重心的偏心距。

(4)抗滑稳定性验算

重力式桥台的抗滑稳定性验算,可按式(8-38)计算。

$$K_c = \frac{\mu \sum P_i + \sum H_{ip}}{\sum H_{ia}} \tag{8-38}$$

式中:K_c——抗滑稳定系数;

$\sum P_i$——各竖向力的总和(包括水的浮力);

$\sum H_{ip}$——抗滑稳定水平力总和;

$\sum H_{ia}$——滑动水平力总和,如图 8-71 所示;

μ——基础底面(圬工)与地基土之间的摩擦系数。

桥台整体抗倾覆、抗滑动稳定计算中的允许稳定系数及基底与地基土间摩擦系数的数值可查《基础规范》(JTG 3363—2019)。

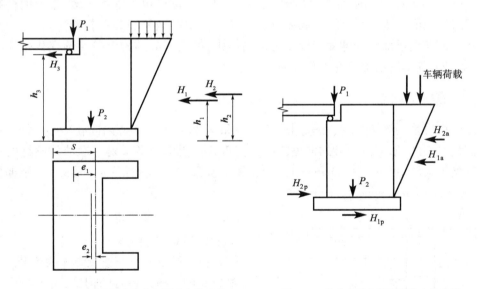

图 8-70 重力式桥台的抗倾覆稳定性验算　　图 8-71 重力式桥台的抗滑稳定性验算

(5)其他

重力式桥台的台帽一般可不进行验算,按构造要求配筋。桥台的沉降与前面桥墩的要求一样,即相邻墩台间均匀沉降差,不应使桥面形成大于2‰的纵坡;对超静定结构,还应满足结构的受力要求。重力式桥台一般采用刚性扩大基础,基底土的承载力及偏心距验算详见"基础工程"相关教材、《基础规范》(JTG 3363—2019)和其他相关文献。

重力墩的计算原理与重力式桥台相同,不同之处在于无须考虑台后土压力,但跨河桥梁要考虑流水压力等,同时要考虑墩顶水平位移等。

第五节 无伸缩缝桥梁的桥墩与桥台

桥梁伸缩缝的老化和损坏是不可避免的,其寿命往往比桥体本身要短很多,公路桥梁设计时对其设计寿命的要求是15年(表9-1),实际使用中往往难以达到设计寿命。伸缩缝病害是直接影响桥梁的使用性、耐久性和整体性的主要原因之一,它的养护也成为桥梁养护中最繁重的工作。为此,一方面,人们不断地对伸缩缝性能进行改进;另一方面则通过各种工程措施,尽量减少伸缩缝的使用。

将伸缩缝完全取消的桥梁,即无伸缩缝桥梁(jointless bridge,简称无缝桥),能从根本上解决伸缩缝的问题,即所谓"无缩缝"是最好的伸缩缝(No joint is the best joint)。相应于无缝桥,有伸缩缝的桥称为有缝桥(jointed bridge)。

现代无缝桥在20世纪二三十年代由美国提出,随后在美国、加拿大、英国、德国和日本等国得到大量的应用[74]。无缝桥20世纪末引入我国,近年来也得到不断的发展[75]。无缝桥作为一种可持续发展的桥梁,近几十年的研究不断深入,新技术不断涌现,在各国的应用不断增多[76]。

我国《无伸缩缝桥梁技术规程》(T/CECS G:D60-01—2020)对无伸缩缝桥梁的定义是:上部结构(含引板)连续且无伸缩缝的桥梁。其中,"上部结构"包含支承于墩、台上的桥跨结构和支承于路基上的引板;"引板"(approach slab)是指与主梁连续的桥头搭板。

虽然无伸缩缝桥取消的伸缩缝处于上部结构中,但它引起结构上较大的变化是在桥梁下部结构,所以无缝桥的内容放在本章介绍。

一、无缝桥的桥台

多跨梁桥可采用连续结构,如采用连续梁桥和连续刚构桥,相邻跨间就不必像简支梁那样设置伸缩缝。因此,取消桥台处的伸缩缝成为实现桥梁无缝化的关键。取消伸缩缝的桥台主要类型有整体式桥台(integral abutment)、半整体式桥台(semi-integral abutment)和延伸桥面板桥台(deck-extension abutment)三种。

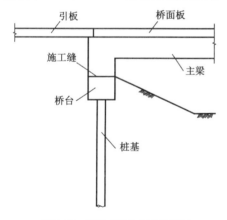

图 8-72 整体式桥台构造示意图

1. 整体式桥台与整体桥

(1)整体桥的受力特点

整体式桥台是指与主梁连成整体的桥台。图8-72所示是最常见的整体式桥台的构造,主梁与桥台及其基础连成整体。它属于埋置式桥台中的桩柱式桥台。从本章第三节可知,桩柱式桥台刚度小,在有缝桥的桥台中应用很少,但它在整体式桥台中应用很多。

采用整体式桥台的无缝桥为整体桥(integral bridge)。整体桥中桩帽以上结构一方面起挡土、支撑上部结构的作用外,即发挥桥台台身和背墙的作用;另一方面起主梁端横梁的作用,可称为端墙(end-wall)。而主梁除起桥跨作用外,它为两端桥台提供了对顶支撑,基本消除了桥台因台后土压力而产生的倾覆、滑移失稳问题。整体桥的上下部结构合二为一,形成整体。它不像有缝桥那样,上、下部结构以支座为界,有着明确的划分,形成基本独立受力的不同结构。

有缝桥中,为使主梁可以自由伸缩而无附加内力,梁与桥台之间设置支座和伸缩缝。整体桥由于主梁和桥台连成整体,其主梁在温度变化等作用下的纵桥向伸缩变形受到了桥台和台后土、桩基础和桩周土以及引板底摩阻力的约束,将在上、下部形成的整体结构中产生附加内力,如图8-73所示。

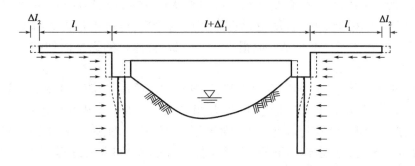

图8-73 纵向变形作用下单跨整体桥的受力

仅分析主梁时,可将其简化为两端受弹性约束的简支梁(纵桥向超静定)。为与第七章图7-35的两根简支梁比较,采用一端固定、一端弹簧约束的简支梁进行分析,如图8-74所示。

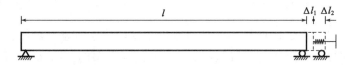

图8-74 一端固定、一端弹簧约束的简支梁

设它在纵桥向有自由变形量 Δl,由于受到弹簧约束,这个变形由主梁轴向弹性变形和弹簧变形两部分组成,见式(8-39)。

$$\Delta l = \Delta l_1 + \Delta l_2 \tag{8-39}$$

式中:Δl_1——主梁轴向弹性变形;

Δl_2——弹簧变形。

由材料力学可知:

$$\Delta l_1 = \int \varepsilon dl = \int \frac{\Delta N}{EA} dl \tag{8-40}$$

对于等截面构件 $\Delta l_1 = (\Delta N/EA)/l$,记 EA/l 为梁的线刚度 k_1,则有:

$$\Delta l_1 = \frac{\Delta N}{k_1} \tag{8-41}$$

假定弹簧刚度为 k_2,则:

$$\Delta l_2 = \frac{\Delta N}{k_2} \tag{8-42}$$

联立解式(8-39)~式(8-42),可求得主梁附加的轴向力 ΔN:

$$\Delta N = \frac{k_1 k_2 \Delta l}{k_1 + k_2} \tag{8-43}$$

式(8-43)中当k_2等于零时,转化为静定简支梁[图7-35a)],纵向变形不产生附加内力ΔN;k_2等于无穷大时,为双固定支座简支梁,纵向变形产生附加内力ΔN最大。由式(8-43)可知,整体桥的纵向变形引起的附加内力随着弹簧刚度k_2的增大而增大。换言之,整体桥中主梁的轴向刚度与桥台系统的水平刚度越小,附加轴力也越小。

整体桥中主梁所受到的附加轴力ΔN使梁体产生变形Δl_1,余下的变形Δl_2(即弹簧的变形)传给桥台系统(包括台身、桥台基础和台后的土体),在桥台及其基础中产生弯矩ΔM和剪力ΔQ,它又反过来作用于主梁上,使主梁也有相应的弯矩,这些附加内力都是无缝桥在设计计算中要考虑的。由于梁体变形Δl_1值很小,$\Delta l_2 \approx \Delta l$,整体桥的纵桥向伸缩量基本上传到了引板的末端。

整体桥中纵向变形主要由温度变化引起,温升时主梁受压,温降时主梁受拉;桥台、桩与主梁形成框架结构,并与台后土、桩周土共同受力,即台-土、桩-土相互作用;两边桥台所受的台后土压力通过主梁互相平衡,解决了桥台倾覆、滑动失稳问题,使桥台工程量极大减少。同时,整体桥可避免地震和洪水作用下的落梁问题,台后的填土可吸收地震时桥梁振动的能量。

无论是从经济性、日常使用性还是防灾能力方面,整体桥在三种无缝桥中都是最优的,宜优先选用。

(2)整体式桥台的构造特点

由式(8-43)可知,为减小结构中的附加内力,需减小k_2值,即所采用的桥台抗推刚度要小。从本章第三节可知,桩柱式桥台的抗推刚度k_2小,在有缝桥中应用很少。它在整体桥中应用最多。

由于台身一般刚度较大,因此桥台的抗推刚度主要取决于桩基础的刚度,故在美国多采用单排H形钢桩(柔性桩),并多以弱轴向设置。对于我国常用的混凝土桩,应满足弹性长桩的要求,桩基入土深度z不应小于等代桩长h或20倍桩径。等代桩长h按式(8-44)计算。

$$h = \frac{5.0}{\alpha_0} \tag{8-44}$$

式中:α_0——桩的变形系数,见式(8-6)。

采用混凝土桩的整体式桥台,可在桩顶段不小于2.0m深度范围内采用包缠布隔离或扩孔填充等刚度弱化措施。扩孔应采用易变形的柔性材料填充,其纵桥向的单侧填充材料厚度应不小于主梁的自由伸缩变形值,见图8-75。在计算桩基承载力时,弱化段长度不应计入桩基的入土深度。

整体式桥台台前路堤边坡顶与桥梁底间的净空不宜小于1.20m,以便于检查。路堤边坡坡率宜缓于1:1.5,以利于边坡稳定。为了保证台后填土的稳定,采用桩基础时桥台底部嵌入路堤不宜小于0.54m。同时,台背宜设置盲沟,还可在台背设置一层透水性衬背(图8-76),将台后填土中可能的积水排出桥台。

整体桥桥台处的桥面板与端墙固结且要承受端部负弯矩,桥面板纵筋伸入桥台端墙的锚固长度应不小于$35d$(d为钢筋直径),钢筋的锚固构造应满足《混凝土桥规》(JTG 3362—2018)的要求。主梁为T形截面或箱形截面时,伸入端墙的锚固钢筋宜布置在腹板处,不宜布置在翼缘板中,以减小此处连接刚度,减小梁顶的负弯矩。

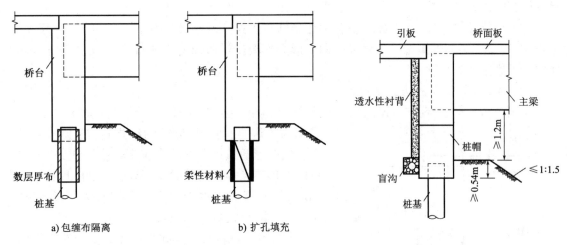

图 8-75　整体式桥台桩顶刚度弱化构造　　　图 8-76　整体式桥台排水构造

2. 半整体式桥台与半整体桥

(1) 半整体桥的受力特点

半整体式桥台由两部分组成,上部分(称为端梁)与主梁连续,上、下部分通过支承连接。它能应用于采用刚性基础的桥台或采用刚度较大的桩基础桥台中,保留了支座。主梁在温度变化等作用下,端部的转动和水平变位可通过支座部分实现,但受到桥台上半部及其台后土的约束。

采用半整体式桥台的无缝桥为半整体桥(semi-integral bridge)。如图 8-77 所示,半整体式桥台的上半部与整体式桥台一样,与上部结构连成整体,温度变化引起的梁体伸缩受到台后土和引板与土体摩阻力等约束作用,主梁也发挥了抵抗台后土压力的作用;但桥台的下半部则相对独立,温度变形不会对支座下的桥台结构产生附加力。所以,桥台基础不必采用柔性桩,可以采用刚度较大的混凝土桩或者刚性扩大基础。同时,桥台还要抵抗后土压力,也存在抗倾覆和抗滑移问题。半整体式桥台多采用全挡土桥台,也可以采用基础和桥台刚度较大的埋置式桥台。

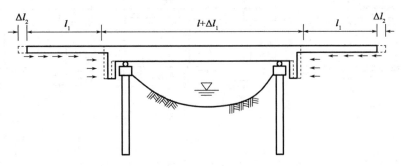

图 8-77　单跨半整体桥

具体来说,相比于整体桥,由于约束的减弱,较小的 k_2 使得相同自由变形量 Δl 作用下的轴向附加内力 ΔN 要小于整体桥的。相应地,梁体变形 Δl_1 也小于整体桥的,而余下的变形 Δl_2 大于整体桥的。半整体桥可应用于总长大于整体桥的桥梁中,可用于非柔性桥台。它既可以用于新桥的建设,又很适合于旧桥的改造。但它的地震耗能能力和整体性差于整体式桥台桥梁,且支座仍需维修与更换。

与有缝梁不同的是,半整体式桥台的上半部与主梁连成整体,它既是桥台的一部分,起挡土作用,又是主梁的端横梁。主梁纵桥向变形受到端横梁后面的土体抗力以及引板与其下土体之间的摩阻力约束。

(2)半整体式桥台的构造特点

主梁与桥台的上部分连成整体,不设伸缩缝和伸缩装置,主梁与桥台之间设支座,桥台可采用刚性基础,是半整体桥的结构特点;上部结构的纵桥向变形通过桥台处的支座变形来适应,是半整体桥的变形特点。为简单起见,常将桥台的上半部称为端墙,下半部直接称为桥台。根据端墙与桥台的关系,半整体式桥台可分为悬挂式和支承式两种。

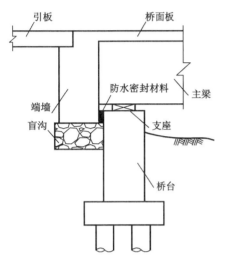

图8-78 悬挂式半整体式桥台构造

如图8-78所示,悬挂式半整体式桥台端墙跨越桥台结构,并与其留有一定的间隙,间隙中填塞可压缩的泡沫类材料,以减弱梁体伸缩时所受的约束,并防止台后水渗入支座部位。悬挂部分有利于提高桥梁的抗灾防落梁能力。但端墙悬出台帽使得附近台背回填土压实机械操作难度大,压实度较难保证。此外,支座应采用滑动支座,并满足支座的检查、养护、更换要求,预留更换所需空间。台前路堤、端墙与主梁的连接构造与整体式桥台的要求相同。

为防止台后的水和土等进入支座,悬挂式半整体式桥台的端墙底面应低于台顶,其高差应不小于30cm,以防止端墙因边跨挠曲引起的向上位移过大。端墙背面与支座的水平距离不宜大于1.5m。端墙与台身之间间隙应满足上部结构纵桥向伸缩位移的要求,同时应采用防水密封措施和盲沟排水措施。防水密封构造有L形、竖向和水平向三种,如图8-79所示。有的还在桥台的后背粘贴复合排水构造。

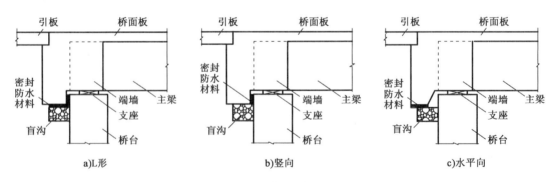

图8-79 悬挂式半整体式桥台防水密封构造

支承式半整体式桥台,如图8-80所示,端墙支承于桥台台面之上而不跨越。它又可分为支座支承式[图8-80a)]、滑移层支承式[图8-80b)]。支座支承式的滑动量大于滑移层支承式,适用的桥台基础刚度可稍大些。

支承式半整体式桥台的端墙应高于主梁,高度差应不小于30cm,这样还能通过一定的转动来减小主梁伸缩变形时的端墙滑动量。这种桥台台后土和水到支座的路径,较之悬挂式更短、更直接,因此,支承式端墙与桥台之间的水平缝,应在台背处进行封缝。由于封缝构造很难检测其是否完好,所以封缝材料的耐久性和构造可靠性显得尤为重要。同时,它也应设置盲沟排水,盲沟应设置于缝隙的下方,并从两侧引出桥台,排入路堤边沟中。同时,要特别注意支座支承式半整体式桥台[图 8-80a)]端墙底模在施工后要拆除,避免支座被架空。

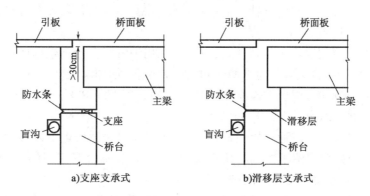

图 8-80　支承式半整体式桥台结构示意图

3. 延伸桥面板桥台与延伸桥面板桥

(1)延伸桥面板桥受力特点

延伸桥面板桥台与主梁不连成整体,两者之间仍设有伸缩间隙和支座,但没有伸缩缝,引板与主梁直接相连,盖住伸缩间隙,形成连续的桥面。可视为将桥面板向台后延伸成引板,故名为延伸桥面板桥台。

采用延伸桥面板桥台的无缝桥称为延伸桥面板桥(deck-extension bridge)。如图 8-81 所示,延伸桥面板无缝桥主梁在温度变化时所受的约束主要来自引板与其下土体的摩阻力。研究表明,该摩阻力很小,几乎可以忽略不计。因此,主梁轴向弹性变形 Δl_1 很小,所以纵桥向受力与变形特点与有缝桥相近,简化计算时可按图 7-35a)的简支梁进行受力分析。延伸桥面板桥的台后土压力均由桥台承担,主梁的纵桥向伸缩仅受到引板与地基的摩阻力的弱约束作用,无论是主梁还是桥台,结构受力均与有缝桥相似。

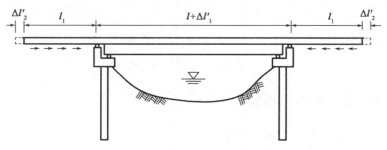

图 8-81　单跨延伸桥面板无缝桥

通俗地说,延伸桥面板桥可看作将有缝桥的伸缩缝从桥台与主梁相接处后移到引板与接线道路相接处的一种无缝桥。因其主梁与桥台连接处仍有伸缩间隙,有些国家与地区没有将其纳入无缝桥中。然而,这种桥应用范围广,尤其在既有桥梁改造时,简便易行,工程量小。如忽略引板对主梁的约束,其工作原理可通俗地解释为将桥台处的桥面伸缩缝引至引板与道路接线处,这种解释易为工程师所接受。所以,延伸桥面板桥更易于推广应用,这种桥在我国得到较多的应用。

对于相同梁长的桥梁,相同均匀温度变化产生的自由胀缩量 Δl 是相同的。无缝桥可视为纵向受弹性约束的梁(图 8-74),三种无缝桥的两个变形存在如下关系:

主梁轴向弹性变形 Δl_1:整体桥≥半整体桥≥延伸桥面板桥($\Delta l_1 \approx 0$)。

弹簧变形 $\Delta l_2 (= \Delta l - \Delta l_1)$:延伸桥面板桥($\Delta l_2 \approx \Delta l$)≥半整体桥≥整体桥。

(2) 延伸桥面板桥台的构造特点

延伸桥面板桥台既可采用全挡墙桥台,也可以采用埋置式桥台。根据桥面板与桥台背墙之间的关系,延伸桥面板桥台又可分为外伸式和外包式两种,如图 8-82 所示。外伸式[图 8-82a)]的桥面板与引板连成整体,相当于连续梁结构;而外包式[图 8-82b)]则是桥面板与背墙固结成整体,相当于固端梁结构。

与半整体式桥台相似,在延伸桥面板桥台上,主梁相对于桥台也可以转动和水平移动。不同的是,延伸桥面板桥台保留了主梁与桥台间的伸缩间隙,桥台有完好的背墙,不存在土体和水通过两者之间的缝隙侵入支座的问题。

采用延伸桥面板桥台时,在主梁端部与桥面板间应设置无黏结层,且宜在背墙与桥台台身之间设施工缝,以避免不规则开裂。外伸式还应在背墙与引板之间设置滑移层,以利于减小引板伸缩变形所受到的阻力。

延伸桥面板桥台背墙与主梁之间的伸缩间隙大小,应满足主梁纵桥向伸缩变形和台后土压力变形的需要。台上支座宜采用滑动支座,支座滑动量应满足桥梁纵桥向伸缩变形需要。

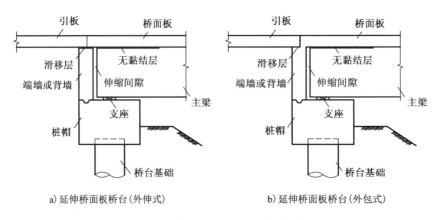

图 8-82 常见的无伸缩缝桥梁结构体系

二、无缝桥桥墩与多跨无缝桥

1. 无缝桥桥墩类型

无缝桥桥墩常见类型如图 8-83 所示。多跨无缝桥可分为结构连续桥[图 8-83a) ~ c)]和仅桥面连续桥[图 8-83d)]两大类。从上、下部结构的关系,可分为整体式桥墩(整体墩)、半整体式桥墩(semi-integral pier)和支座型桥墩(bearing type pier)三种。

整体式桥墩主梁与桥墩刚接[图 8-83a)],常用于桥墩较柔的结构,它与主梁形成刚构桥。整体式桥墩主梁与桥墩采用钢棒(栓销)半刚接[图 8-83b)],常用于半刚性桥墩,它与主梁形成半刚构桥。支座型桥墩采用支座支承主梁[图 8-83c)、d)],主梁与桥墩受力相对独立,用于连续梁桥和仅桥面连续桥。

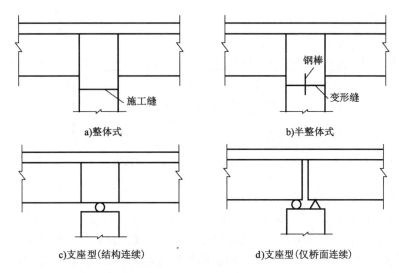

图 8-83　无缝桥桥墩类型

2. 多跨无缝桥桥墩与桥台的组合

对于多跨无缝桥,从桥梁整体性、使用功能与耐久性来说,选择的优先顺序依次为:连续刚构、连续半刚构和连续梁(以上三种为结构连续)以及仅桥面连续梁。它们与整体式桥台、半整体式桥台和延伸桥面板桥台的组合,形成各种多跨无缝桥的桥型,如表 8-2 所示。

多跨无缝桥桥墩与桥台及上部结构的组合　　　　表 8-2

桥台结构	上部结构与桥墩结构			
	连续刚构	连续半刚构	连续梁	仅桥面连续梁
整体式桥台	○○○	○○○	○○	×
半整体式桥台	○○○	○○○	○○○	○
延伸桥面板桥台	○○○	○○○	○○○	○○

注:表中"×"表示不允许的组合;"○"表示没有明令禁止,但不推荐采用的组合;"○○"表示可采用的组合;"○○○"表示宜采用的组合。

多跨整体桥(桥台为整体式桥台)应采用结构连续且主梁与桥墩之间刚接[图 8-83a)]或半刚接[图 8-83b)]的构造,不推荐采用支座的连续梁结构,因为若主梁为连续梁,将来支座更换较为困难。多跨半整体桥、多跨延伸桥面板桥(桥台为半整体式桥台或延伸桥面板桥台)的主梁宜采用连续结构[图 8-83a)~c)]。

图 8-83a)~c)的主梁均为连续结构,而图 8-83d)的主梁不连续,仅桥面连续,称之为桥面连续的简支梁(only-deck continuous beam)或部分连续梁(partial continuous beam),也即图 7-35b)所示的简支、桥面连续梁。其桥面连续部分称为桥面连续板或连接板(link slab)。连接板除受车轮的冲击作用外,还要承受主梁伸缩变形对其产生的拉压作用,以及承受梁端转角和自身连续的负弯矩,从而导致连接板的受力较为复杂,易于损坏。因此,采用连续结构才能从根本上解决伸缩缝带来的问题。对于图 8-83d)的无缝桥,桥台可采用延伸桥面板桥台,因其对主梁纵桥向的变形约束最小,不应采用整体式桥台(约束最强),且不宜采用半整体式桥台。

为改善连接板的受力,一般在其与主梁之间设置长度为净跨径5%～10%的隔离层,形成无黏结区域,以降低该处的抗弯刚度,减小连接板负弯矩,如图8-84所示。无黏结层可以采用玻璃纤维布等材料。

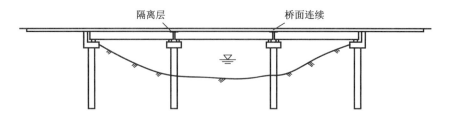

图8-84　仅桥面板连续的延伸桥面板桥构造

3. 多跨无缝桥总体布置特点

多跨连续无缝桥桥跨结构的温度变形零点宜设在桥梁中点,因为这样能使主梁在两桥台处和引板末端的纵桥向变形量相近,使构造简单。对多跨连续刚构桥或连续半刚构无缝桥,当墩、台桩柱等因地形地质条件不同而导致桥梁两侧的刚度差别较大时,可通过短桩上部扩孔的方式适当调整,也可通过采用具有不同刚度的Z式引板[图8-88d)]来调整。

与一般的连续梁桥相似,连续梁无缝桥桥墩也有支座,可以是固定支座,也可以是滑动支座;基础可以是浅基础,也可以是深基础,但桥墩与上部结构是相对独立的,应具有一定刚度,以保证自身的稳定性。多跨仅桥面连续无缝桥,相邻跨主梁之间设有伸缩间隙,宜将各跨跨中视为温度变形零点,按有缝桥设置伸缩缝和滑动支座。多跨整体桥和半整体桥的主、边跨跨径的比例设计,可考虑边跨端承受负弯矩的影响;当桩基具有抗拔承载力时,还可考虑桩基负摩擦力的影响。

多跨无缝直桥和斜桥的桥台与桥墩宜平行设置。弯桥的桥台宜与主梁纵桥向轴线正交。因为,若桥台与桥墩非平行设置,将使一跨内横桥向各主梁与桥面板的长度不同,温度变形和所受的约束也不同,容易导致主梁、桥墩、桥台等结构受力不合理。

斜、弯半整体桥、延伸桥面板桥,宜在桥台上设置主梁纵桥向变形导向支座,以引导主梁纵桥向的变形沿纵桥向运动,避免斜桥在台后土压力作用下发生较大的转动位移和弯桥在径向的运动。导向支座可以利用防落梁挡块进行设置,但抗剪强度和局压强度应通过验算。

对于多跨弯、斜无缝桥,因上部结构的变形方向并不固定沿着纵桥向方向,所以最好采用柔性墩、连续刚构或连续半刚构构造,以适应各种可能的变形。如果采用连续梁,则需要万向支座,万向支座不仅造价高,而且支座不一定能满足某一方向变形的需要。

由第三章可知,我国的连续刚构桥一般应用于跨径较大的桥梁。实际上,刚构桥也可以在小跨径无缝桥中应用,即采用整体式桥墩。它可以用混凝土柱式墩、薄壁墩等结构,桥墩的盖梁可以升到主梁中,即隐性盖梁,也可以是显性盖梁或半插入式盖梁,如图8-85所示。

对于多跨整体桥,由于整体式桥台具有较大的抗扭刚度,这样中间桥墩可以用柔性的独柱墩,如图8-85a)所示。我国曾因在个别弯梁出现刚体转动倒塌,使独柱墩受到质疑而在近期的工程建设中几乎绝迹。对于许多跨线桥,独柱墩可以取得较好的通透视觉效果,也节省工程量,采用墩梁固结的整体式桥墩[图7-57c)]能有效提高梁的抗扭性能,若两端还能采用墩梁固结的双柱墩、多柱墩或整体式桥台,则效果更佳。

a) 隐性盖梁

b) 显性盖梁(柱式墩)

c) 显性盖梁(实体墩)

图 8-85　整体式桥墩实例照片

三、无缝桥侧向挡土结构、引板与接线

1. 侧向挡土结构

无缝桥桥台的侧向挡土结构与桥台类型有关。

采用埋置式桥台时,侧向挡土结构为耳墙。它为悬臂结构,与桥台背墙连接,连接处应设置水平钢筋,以抵抗土侧压力产生的悬臂弯矩,不设基础。耳墙伸入路堤应不小于 0.75m,一侧长度不宜大于 3m(从台背算起),否则受力太大。

在温度变化等作用下,由于整体式与半整体式桥台的耳墙将与上部结构一起发生纵向变形,耳墙与接线道路挡墙之间应设置伸缩间隙,以适应这种纵桥向的变形(图 8-86)。

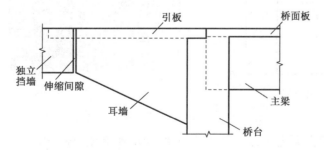

图 8-86　桥台 U 形耳墙挡土结构

采用 U 形等全挡土桥台时,侧向挡土结构均较长,一般设置成具有基础的侧墙、翼墙或独立的挡墙。常用有 U 形桥台的侧墙(图 8-39)、一字形或八字形翼墙(图 8-43)。对于整体式桥台,翼墙与桥台结构之间应设置不约束上部结构纵桥向位移的变形缝,如图 8-87 所示[74]。

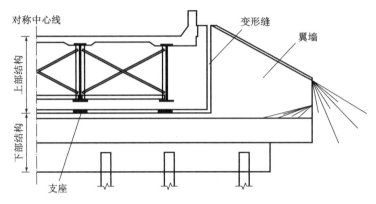

图 8-87　半整体桥翼墙与桥台之间变形缝示意图

2. 引板

无缝桥的引板由有缝桥的搭板发展而来。有缝桥设置搭板的主要目的,是在桥梁与接线道路之间提供一个平稳的过渡,减小桥头台后不均匀沉降的不良影响。无缝桥的引板除上述功能外,还要把主梁除弹性变形外的伸缩变形传递到它与接线道路相接处。引板是无缝桥必不可少的重要组成部分。

引板可分为面板式[图 8-88a)]、平埋式[图 8-88b)]、斜埋式[图 8-88c)]和 Z 式[图 8-88d)]。接线道路为水泥混凝土路面时,宜采用面板式或 Z 式。接线道路为沥青混凝土路面时,宜采用平埋式、斜埋式或 Z 式。

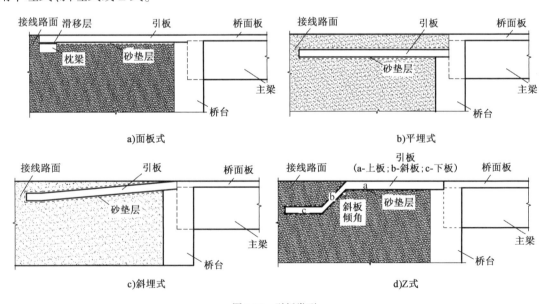

图 8-88　引板类型

引板一般为钢筋混凝土实心板,当接线道路为水泥混凝土路面时,采用面板式引板,可兼作路面,经济合理。当接线道路为沥青混凝土路面时,宜采用平埋式引板或斜埋式引板。这样,沥青混凝土路面可直接铺到桥头,可减少车辆荷载对引板的冲击影响,从而减少引板的破损和沉降,取消引板与路面之间的接缝。Z 式引板是上述三种引板的综合,适用于两种接线路面。引板板厚不应小于 25cm;长度大于 6m 的引板,板厚不宜小于 30cm。

U 形桥台采用平埋式引板、斜埋式引板或 Z 式引板时,引板的宽度应小于桥台翼墙两内侧面的间距。面板式引板或 Z 式引板的面板部分,应在板底和两侧设置滑移层,避免引板纵桥向位移受到约束而引起开裂破坏,隔离缝宽度一般取 3~6cm,斜桥与弯桥宜取大值。两侧滑移层应采取防水密封措施,避免雨水从隔离构造处进入引板下的路基(图 8-89)。

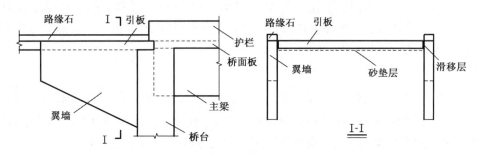

图 8-89 引板横桥向布置

为减小引板末端下沉变形,其末端宜位于桥台土体位移影响区之外。当桥台高度较小时,引板可跨过填土区。面板式引板长度不宜小于 5m;桥台高度大于 5m 时,引板与过渡板总长不宜小于 8m。

引板与桥梁结构之间要设置连接筋,以防止引板在反复变形过程中与桥梁结构脱离,形成病害。因此,引板与桥梁结构之间应设置水平拉结筋[图 8-90a)]或斜向拉结筋[图 8-90b)]。当路面发生沉降时,水平拉结筋可以使引板以悬臂板的形式工作,并允许在变形缝的顶部出现裂缝。斜向拉结筋法允许发生不可避免的转动,在引板与桥面连接处形成柔性连接。目前采用斜向拉结筋法的较多,它使桥面和引板的连接刚度降低,弯矩减小,从而降低出现裂缝的可能性。

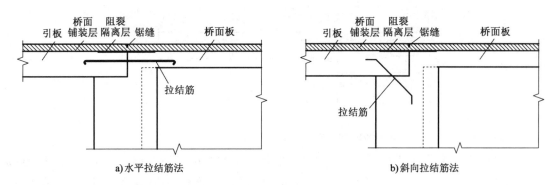

图 8-90 引板与桥梁结构的连接方法

引板与桥面板之间应设置变形缝,以避免负弯矩引起的不规则开裂。采用沥青铺装层时,铺装层底面、变形缝处应设置阻裂隔离层,以防裂缝反射到铺装层中。同时还应在铺装层相应位置设置锯缝,防止出现不规则裂缝。

抗震设防烈度为 8 度及 8 度以上地区延伸桥面板桥的引板,可设置微型桩基础。微型桩一般指桩径在300mm以下、长细比大于30的小直径桩。强震区无伸缩缝桥面板式引板中设置抗水平变形能力好的微型桩基础,有助于提高抗震性能。此外,微型桩也能减小引板下沉,有利于解决台后跳车问题。

面板式引板、Z式引板面板部分的板底与路基之间应设置砂垫层等滑移层。平埋式引板、斜埋式引板、Z式引板埋入台后土中的部分,宜在板的四周与端部设置砂垫层等滑移层。滑移层可采用细砂、沥青混凝土或沥青砂等,厚度不宜小于20mm。

面板式引板、Z式引板面板部分的板底滑移层下的路基,宜设置底基层和基层。底基层可采用水泥稳定碎石或级配碎石,厚度宜为150~250mm;基层可采用素混凝土,厚度宜为150~300mm。素混凝土基层纵、横向缩缝的设计应按《公路水泥混凝土路面设计规范》(JTG D40—2011)的有关规定执行。

3. 接线

由式(8-39)可知,无缝桥的主梁有部分纵桥向变形(Δl_2)将传到引板的末端。因此,当接线为水泥混凝土路面而引板为面板式引板时,两者之间还要设置一条胀缝,以适应引板的伸缩变形需要,同时能释放水泥混凝土路面热胀压应力。胀缝下可设置枕梁(图8-91)。胀缝应填充抗渗材料,防止雨水浸湿路基。引板与枕梁之间宜设置两层聚乙烯或纤维布等滑移层。

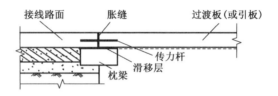

图8-91 过渡板(或引板)与水泥混凝土路面连接方法

引板或过渡板与沥青混凝土路面相接处,其下可不设枕梁(图8-92),使刚度过渡更平顺,但应设置变形构造,其上与铺装层之间应设置阻裂隔离层,铺装层相应位置处可设置锯缝。

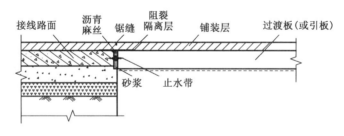

图8-92 过渡板(或引板)与沥青路面连接方法

引板长度大于8m或引板末端位移超过《公路无伸缩缝桥梁技术规程》(T/CECS G:D60-01—2020)第3.4.6条规定时,宜在引板与路面之间设置过渡板(图8-93),过渡板与引板间,也宜设置胀缝和枕梁。

枕梁有矩形梁和倒T梁两种。设置枕梁不仅为其上的结构(如引板、过渡板、刚性路面)提供支承,减小下沉量,还为胀缝设置提供空间。枕梁长度宜比被支承结构宽度大至少60cm,以避免应力集中;枕梁宽度宜为被支承结构厚度的1~2倍,并应满足支承构造要求。引板与枕梁之间可设置滑移层,以减小引板位移的阻力,滑移层可采用油毛毡等材料。

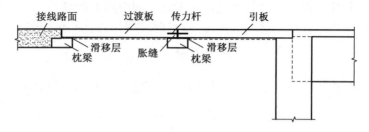

图 8-93 过渡板

四、无缝桥的计算与施工要点

1. 计算要点

无缝桥中延伸桥面板桥的设计计算与有缝桥相似。以下主要介绍整体桥与半整体桥的计算要点,以整体桥为主。

无缝桥设计中需要考虑的荷载(作用),与有缝桥基本相同。整体桥纵桥向为超静定结构,需要考虑相应变形受约束产生的内力。变形产生的来源有温度变化、收缩徐变效应及制动作用,其中以均匀温度变形为主。变形仍按式(7-28)计算,关键在于有效温度取值。有关研究表明,采用《公桥通规》(JTG D60—2015)表4.3.12-2推荐值计算(表3-2)的结果比实测值偏大,采用当地大气温度(历史最高、最低气温)会使计算结果吻合度有所提高,但仍偏大。在没有更精确的计算方法之前,《公路无伸缩缝桥梁技术规程》(T/CECS G:D60-01—2020)规定分别取当地历史最高气温和最低气温作为最高有效温度和最低有效温度。

整体桥或半整体桥的台后土压力,不考虑实际上整体式桥台在无纵梁变形时就受到土压力的作用,它属于永久作用。当不考虑梁体温度变化伸缩变形时,其台后土压力为永久作用,仍应按《公桥通规》(JTG D60—2015)规定的主动土压力计算。

整体式桥台常用桩柱(埋置)式,对于桩(柱)所受到的土侧压力(图8-94),按式(8-45)~式(8-47)计算。

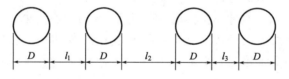

图 8-94 柱的土侧压力计算宽度

(1)当 $l_i \leq D$ 时,作用在每根柱上的土压力计算宽度可按式(8-45)计算。

$$b = \frac{nD + \sum_{i=1}^{n-1} l_i}{n} \tag{8-45}$$

式中:b——土压力计算宽度(m);

D——柱的直径或宽度(m);

l_i——柱间净距(m);

n——柱数。

(2) 当 $l_i > D$ 时,应根据柱的直径或宽度来考虑柱间空隙的折减。

当 $D \leqslant 1.0\text{m}$ 时,作用在每一柱上的土压力计算宽度可按式(8-46)计算。

$$b = \frac{D(2n-1)}{n} \tag{8-46}$$

当 $D > 1.0\text{m}$ 时,作用在每一柱上的土压力计算宽度可按式(8-47)计算。

$$b = \frac{n(D+1)-1}{n} \tag{8-47}$$

无缝桥桥台除作用有如有缝桥一样的土压力外,温度变化引起主梁的伸缩变形,带动桥台的变形,使台后土中产生了土抗力,它是可变作用。这个土抗力加上原始土压力,成为整体式桥台考虑温度变化的台后土压力。《公路无伸缩缝桥梁技术规程》(T/CECS G:D60-01—2020)规定,当温度下降、桥台往桥跨方向变形时,台后土压力按主动土压力计算,对结构的承载能力不利时,取作用分项系数1.4;对结构的承载能力有利时,取作用分项系数1.0。当温度上升、桥台往台后变形时,可按被动土压力计算,对结构的承载能力不利时,取作用分项系数1.0;对结构的承载能力有利时,取作用分项系数0.5。温升时土压力的计算,考虑了反复变形作用下,台后土压力的累积效应,使其接近被动土压力值,但对作用分项系数进行折减。

对于无缝桥纵桥向受力的结构计算图式,整体桥、半整体桥和延伸桥面板桥可分别采用图8-73、图8-77和图8-81的图式。对主梁与桥台的连接节点应进行负弯矩验算,其余控制截面的弯矩、剪力和支座反力等可按有伸缩缝桥梁结构进行计算。端墙和引板的设计计算除应计入主梁纵桥向约束产生的附加内力外,还应计入竖向荷载作用和水平荷载作用。整体式桥台桩基础内力与变形计算,考虑桩土相互作用时,可采用《基础规范》(JTG 3363—2019)标准规定的"m法"计算土抗力。

进行无缝桥受力分析时,宜将引板作为桥梁结构的组成部分,并应考虑引板对结构变形的约束作用。引板板底摩阻系数宜按实测取值;无实测值且对结构的承载能力不利时,可取为0.7,作用分项系数取1.4;对结构的承载能力有利时,可取为0.4,作用分项系数取1.0。引板计算宜考虑纵桥向变形受约束产生的内力与应力。除Z式引板外,无缝桥引板可按搭板的构造设计与计算。采用Z式引板时宜进行特殊设计计算。

引板设有枕梁时,引板末端伸缩位移量不宜超过2.5cm;不设枕梁时,其值不宜超过1.2cm。枕梁下的地基应力应不大于150kPa。在车辆荷载作用下,枕梁最大竖向变形引起的接线路面与引板之间的竖向高差不应超过1.5cm。

2. 无缝桥施工

整体桥的上部结构在温度作用下的伸缩变形由桥台的柔性变形和台后的土体变形来实现。因此,台后的填土材料要求排水性能较好,且达到95%的压实度,以消除引板可能产生的沉陷。路面与桥台相接部分设置引板,起到桥梁与相邻路基的过渡作用,使得行车平顺,并减小对桥梁的冲击力。同时,引板在桥梁端部提供了更均匀的荷载分布,减少了对桥台的损坏。带有排水装置的引板可以帮助调节路基排水,避免对台后填土的腐蚀或台后填土积水冻结和解冻带来的破坏。

整体式桥台桩基础抗弯刚度与抗弯承载力较小,施工时上部结构未对其形成水平向约束前为悬臂桩,水平荷载作用下的弯矩较大,因此应进行施工阶段水平荷载作用下的桩基承载力验算。

整体式桥台采用柔性打入桩时,在施工顺序上,宜先填土后打桩。若先打桩后填土,则填土对桩施加较大的水平力,可能导致桩的开裂或破坏。对于混凝土梁桥,主梁与桥台连接处(端墙)的施工,宜在全桥主梁纵、横向接缝全部完成并确认无误后进行。如果先将主梁与端墙连成整体,主梁的接缝若出现错位,则难以调整,强行连接将产生较大的应力。主梁宜采用预制装配施工,保证一定的存放时间,以尽量减少收缩徐变的影响。施工宜选择温度变化小的日期,混凝土浇筑宜在气温较低时进行,且宜在当天气温峰值到达前4h前完成。端墙混凝土的养护时间不得低于10d,端墙混凝土强度达到设计强度的65%及以上时,方可现浇混凝土桥面[74]。

整体桥一般采用先简支、后刚构的方法进行施工,受恒载作用的计算应根据施工情况分阶段进行。在施工第一阶段,主梁与桥台未连成整体前,荷载模型施加在简支结构上[图8-95a)]。在两者连成整体后所施加的荷载(二期恒载)和成桥后的活载等,则宜按刚架结构进行计算[图8-95b)]。

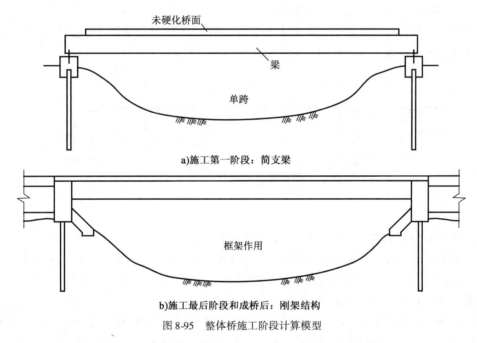

图 8-95　整体桥施工阶段计算模型

整体桥和半整体桥的台背填料宜采用透水性强的砂性土、砂砾、碎(砾)石等颗粒状、级配合理的材料,严禁采用淤泥土、腐殖土、膨胀土或冻块土。多孔跨径总长超过40m的整体式桥台背颗粒状填料的峰值内摩擦角不宜超过45°。

延伸桥面板桥的施工与有缝桥基本相同,半整体桥的施工介于整体桥与延伸桥面板桥之间,此处不再赘述。

【复习思考题与习题】

8-1　梁桥的桥墩、桥台类型有哪些?各种类型的适用情况如何?桥墩与桥台的主要共同点和不同点是什么？结合你所见到的桥梁工程，谈谈这些桥梁的墩台都分别属于哪些类型？

8-2 桥墩设计计算时，主要考虑哪些工况？桥墩活载计算中，什么时候用车道荷载，什么时候用车辆荷载？

8-3 墩台验算的主要内容有哪些？简述柱式桥墩和桩柱式(埋置)式桥台的盖梁计算模型。

8-4 图 8-96 所示为四跨桥面连续的预应力混凝土简支空心板桥，跨长 $L=20m$，车道净宽 7m，桥梁总宽 9m，按双向两车道设计，钢筋混凝土双圆柱式墩（$D=1.3m$），墩柱混凝土强度等级为 C30，墩台的扩大基础均落于基岩上。每墩顶设置两排共 24 个直径为 20cm 圆形板式橡胶支座，在两桥台的梁端下各设 12 个直径为 20cm 四氟板式橡胶滑动支座，墩台支座的橡胶层厚均为 40mm，$G=1.0MPa$。单跨上部结构重量为 2100kN。试计算由于温降、混凝土梁体收缩徐变及车辆制动力引起的 3 号桥墩所受水平力。

(1) 汽车荷载：公路—Ⅱ级；人群荷载：$3.3kN/m^2$。

(2) 降温 25℃；钢筋混凝土 T 梁收缩影响力及混凝土徐变影响力，依据以往的设计经验，假定分别按相当于降温 10℃和降温 20℃的影响力计。

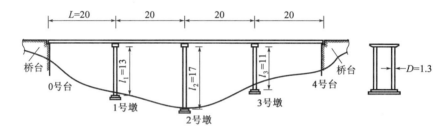

图 8-96 题 8-4 图（尺寸单位：m）

8-5 《公桥通规》(JTG D60—2015)中的汽车荷载由车道荷载和车辆荷载组成，并规定：桥梁结构的整体计算采用车道荷载；桥梁结构的局部加载、涵洞、桥台和挡土墙土压力等的计算采用车辆荷载；车道荷载与车辆荷载的作用不得叠加。请你根据这些规定，谈谈你对图 8-69 桥台验算的三种荷载布置形式的理解。

8-6 简述拱桥桥墩与桥台的主要类型、构造特点以及与梁桥的不同之处。拱桥下部墩台结构设计中，应求出拱脚内力值，此时应如何在拱中布置荷载？

8-7 为什么多跨上承式拱桥中宜设置单向推力墩？如何设置？

8-8 你如何理解"无伸缩缝是最好的伸缩缝，无支座是最好的支座"。你认为桥梁在什么情况下要设伸缩缝，什么情况下可以不设伸缩缝。从结构受力和设计计算角度，比较一下有缝桥与无缝桥的不同。

8-9 什么是无缝桥梁？常见的类型有哪些？

8-10 比较单跨整体桥与采用桩柱(埋置)式桥台的有缝桥的受力。

8-11 将整体桥的主梁简化为两端受弹性约束的简支梁（纵桥向超静定），分析它有纵桥向自由变形量 Δl 时的内力，并与一端固定、一端弹簧约束的简支梁（图 8-74）分析结果[式(8-43)]进行比较。

8-12 从结构功能、受力与构造特点方面，比较一下有缝桥的拱板和无缝桥的引板。

第九章 桥梁设计

在前面各章介绍的桥梁上、下部结构受力、构造等内容的基础上,本章首先介绍桥梁设计程序、原则、基本内容等,然后介绍桥梁纵、横断面和平面设计,最后讨论桥型选择。本章还对前面各章未能介绍的特殊问题,如弯桥、斜桥的受力与结构特点、钢梁、组合桥梁的基本原理等进行了补充介绍;同时,还对上部结构采用不同材料的桥梁特点进行了分析。学习本章内容时,可对前述各章进行回顾。本章与第一章同属于综合性内容,与第一章形成呼应,也能为"桥梁工程"的课程设计和毕业设计打下基础。

第一节 概 述

一、桥梁设计程序

道路中的桥梁设计一般随着道路的设计程序而进行。对于独立大桥或特大桥的设计,通常需经过前期研究和设计两大阶段。

前期研究一般是在规划的基础上,开展预可行性研究(preliminary feasibility study,简称预可)和工程可行性研究(feasibility study,简称工可)。预可与工可的研究内容与目的基本一致,只是研究深度不同。前期研究的重点在于建桥的必要性、可行性,并确定建桥的地点、规模、标准、投资控制等一些宏观问题和重大问题。预可着重研究建设上的必要性和经济上的合理性。在预可研究的基础上,撰写项目建议书,并根据工程规模和管辖权限上报相应政府部门。项目建议书批准后,工程便可立项。

工可是在工程立项后,在预可行性研究的基础上,着重研究工程上和投资上的可行性。工可上报相应主管部门批准后,形成设计任务书。根据设计任务书进行桥梁工程的设计工作。

一座桥梁的设计所涉及的因素很多,特别是对于工程比较复杂的大、中桥梁的设计,为了从错综复杂的客观情况中得出合理的设计,需要进行各种不同设计方案的分析比较,从中选定最优方案,并编制成推荐上报的初步设计(preliminary design),这是设计的第一阶段。

初步设计中除了着重解决桥梁总体规划问题(如桥位选定、分孔、桥型、纵横断面布置等)以外,尚需初步拟定桥梁结构的主要尺寸、估算工程数量,提供主要材料的用量和全桥造价的概算指标。然后报请投资者审批。初步设计的概算应作为控制建设项目投资和以后编制施工预算的依据。

桥梁设计的第二阶段是编制施工图(技术复杂结构又分为技术设计和施工图设计两阶段),它是根据批准的初步设计中所核定的修建原则、桥梁各部分构件进行详细的设计计算,绘制施工详图,编制施工组织设计和施工预算。

目前,我国对独立公路大桥的勘测设计工作一般均采用上述两阶段的设计程序。对于技术简单的中、小桥,也可采用一阶段设计,即以扩大的初步设计来包含两阶段设计的主要内容;对于复杂的大桥,则在初步设计与施工图设计中还有技术设计阶段。

我国公路桥梁各设计阶段与建设程序的关系见图9-1。

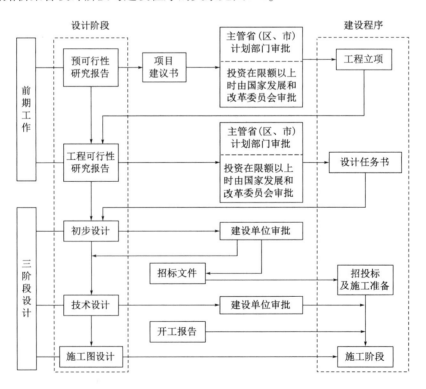

图9-1 我国公路桥梁各设计阶段与建设程序关系图

二、桥梁设计基本原则

《公桥通规》(JTG D60—2015)规定公路桥梁的设计应遵循"安全、耐久、适用、环保、经济和美观"的原则。

桥梁是道路的重要组成部分,特别是大、中桥梁对当地的政治、经济、国防等都具有重要意义。除跨越河流与道路等障碍物需要外,在线路中,当道路所处的土方路段的基础为厚软基时,桥梁方案可与道路方案作比较;对于城市道路,由于土地资源稀缺,建设桥梁可以节约土地,因此桥梁方案也可与道路方案进行比较。

桥梁的桥型、跨径、孔数,应根据公路功能和技术等级,考虑因地制宜、就地取材、便于施工和养护等因素进行总体设计,在设计使用年限内应满足规定的交通荷载通行需要。

1. 安全

安全(safety)是桥梁结构设计的第一要求。设计要保证桥梁在设计荷载作用下具有足够的安全性。桥梁应具有足够的抵抗各种作用以及偶然作用(如漂流物撞击、船撞甚至恐怖袭击)、地震作用的能力,故必须对桥梁进行抗风、抗震、抗撞等减灾防灾设计,保证桥梁的抗灾能力。

对于跨河桥,应根据桥梁所在道路的交通功能、等级、通行能力,结合河势演变、河流水文、河床地质、通航要求、环境影响等进行综合设计,并设置完善的防护设施,以安全宣泄设计洪水。特大桥、大桥的桥位应选择河道顺直稳定、河床地质良好、河槽能通过大部分设计流量的河段,不宜从断层、岩溶、滑坡、泥石流等不良地质地带通过。

桥梁结构及其各部分构件,在制造、运输、安装和使用过程中应具有足够的强度、刚度、稳定性和耐久性。桥梁结构的强度应使全部构件及其连接构造的材料抗力和承载能力具有足够的安全储备。

对于刚度的要求,应使桥梁在荷载作用下的变形不超过规定的容许值。过大的变形会使结构的连接松弛,而且会导致高速行车困难,引起桥梁剧烈的振动,使行人不适,甚至危及桥梁结构的安全。

结构的稳定性,是指桥梁结构在各种外力作用下,具有能保持原来的形状和位置的能力,如桥跨结构和墩台的整体不致倾倒和滑移,受压构件不致引起纵向屈曲失稳等。在地震区修建桥梁时,在结构上还要满足抵御地震破坏力的要求。刚度较小桥梁还要考虑抗风安全问题。

为了加强桥梁的安全管理,增强安全风险意识,优化工程建设方案,提高工程建设和运营的安全性,桥梁设计阶段须开展风险评估。

2. 耐久

结构的耐久性(structural durability)是指在设计确定的环境作用和养护、使用条件下,结构及其构件在设计使用年限内保持其安全性和适用性的能力。

设计使用年限是体现桥梁耐久性的重要指标,它是指在正常设计、施工、使用和养护条件下,桥涵结构或结构构件不需要进行大修或更换,即可按其预定目的使用的年限。根据《公桥通规》(JTG D60—2015)规定,我国公路桥涵主体结构和可更换部件的设计使用年限不应低于表9-1规定的年限。

公路桥涵设计使用年限(年) 表9-1

公路等级	主体结构			可更换部件	
	特大桥、大桥	中桥	小桥、涵洞	斜拉索、吊索、系杆等	栏杆、伸缩装置、支座等
高速公路、一级公路	100	100	50	20	15
二级公路、三级公路	100	50	30		
四级公路	100	50	30		

应按照设计使用年限和环境条件对桥梁进行耐久性设计。进行耐久性设计前,要对桥位进行现场勘察,并查相关资料,掌握所在地的气候、地质、水文、环境等条件;然后,分析预测各种条件下所建桥梁结构的退化趋势;最后,提出保证耐久性的措施,并在设计文件中体现。

3. 适用

适用是指桥梁要能够满足建设目的,即能发挥其建设所要求的功能。所以,桥梁设计原则中的适用性(applicability),亦即桥梁具有设计的功能性(functionality)。

桥上的行车道和人行道宽度应保证车辆和行人通行的安全畅通,不仅要满足建成时的交通需求,还应满足将来交通量增长的需要。桥型、跨度大小和桥下净空应满足泄洪、安全通航或通车等要求,并便于检查和维修。

靠近村镇、城市、铁路及水利设施的桥梁,应结合各有关方面的要求适当考虑综合利用,位于农村的桥梁应适当考虑农田排灌的需要。对于城市桥梁,要考虑可能过桥的管线的需要,可敷设电信电缆、热力管、给水管、电压不高于10kV配电电缆和压力不超过0.4MPa的燃气管,但必须采取有效的安全防护措施。同时,不得在桥上敷设污水管、压力超过0.4MPa的燃气管和其他可燃、有毒或腐蚀性的液、气体管。

桥梁结构在设计荷载作用下不出现过大的变形和过宽的裂缝,桥的两端方便车辆的进入和疏散,不致产生交通堵塞现象。桥梁结构设计应考虑对桥面铺装进行综合设计。桥面铺装应有完善的桥面防水、排水系统。桥梁结构设计要考虑检查和维护时便于到达,并设有必要的设施和通道。

4. 环保

桥梁的设计必须注重环境保护(environmental protection)和可持续发展(sustainable development),从桥梁建设起的全寿命周期内,最大化地降低对各种资源的使用、对环境的不利影响,最大程度地减少废弃物的产生。

在桥梁设计的初始勘探环节,必须结合地理地貌科学测绘,准确、全面、有效地掌握桥位处地形、地貌、地质特点,以便在桥位选择、桥跨布置、规模大小、桥梁造型、基础方案、墩身外形、上部结构、施工方法、交通预测等桥梁设计工作中考虑。

尽量采用绿色环保、可回收利用的建设材料,减少资源消耗,减少碳排放,避免污染问题的发生。桥梁结构尽可能地采用装配式结构,采用机械化和工厂化施工,减少对当地环境的影响。桥梁设计中可提出桥梁建设和使用过程中必须采取的环境监测保护体系。

5. 经济

经济性(economy)目前主要指桥梁的修建能以合适的费用达到建设的目的。桥梁设计应体现经济上的合理性。在设计中必须进行详细周密的技术经济比较,使桥梁的总造价和材料、能源等的消耗最小。

桥梁建设的费用由直接费用和间接费用组成,直接费用包括结构的材料费、机具设备使用费、人工费等,间接费用包括建设单位管理费、拆迁补偿费等。在经济性中,还应考虑时间的因素,如采用能满足快速施工要求的设计,使建造工期缩短,也能降低工程造价,而且提早通车也会带来经济效益。

应注意的是,要全面而精确地计及所有的经济因素往往是困难的,在技术经济比较中,应充分考虑桥梁在使用期间的运营条件以及养护和维修等方面的问题,考虑全寿命周期内的综合经济性。这方面的内容见下一小节的介绍。

6. 美观

桥梁作为一种公共建筑,在其生命周期内对周围的环境景观、人们的生活有着较大的影响,其美观(aesthetics)越来越受到重视。在安全、耐久、适用、环保和经济的前提下,应尽可能使桥梁具有优美的外形,与周围自然环境和景观相协调。特大桥和上跨高速公路、一级公路的跨线桥,应结合自然环境、桥梁结构特点,进行景观设计。城市桥梁和风景区的桥梁,更应考虑建筑艺术上的要求。

美观与人的主观感受有关,不属于工程技术的范畴,难以定义和量化。一般来说,桥梁的美观设计,要处理好桥梁结构与环境的关系。这种关系与桥梁本身的规模与结构形式有关,也与桥梁所处的环境有关,这里的环境不仅包含物质环境,还包含人文环境。

就桥梁规模与物质环境的关系而言,特大桥和大桥因其体量大,可能主导环境,成为标志性的建筑,甚至成为地标;小桥,最好能融入环境,"小桥流水人家","虽有人作,宛若天成";而一般规模的桥梁,则应强调与周围环境的协调。

就桥梁本身而言,合理的结构布局和轮廓是美观的主要因素,桥梁各部分结构在空间中应具有和谐的比例,注意细部构造的美学处理,不应把美观片面地理解为豪华的细部装饰,尤其是对以交通功能为主的公路、铁路桥梁。

随着计算机技术、新材料、施工新工艺的发展,使许多过去难以设计分析与建设的新结构形式得以实现。然而,应该指出的是,桥梁毕竟是以功能为主的公共建筑物,追求造型美应有"度"。第一,桥梁的造型应具有实际的结构或功能意义,不应仅仅为了外观的"新"而"新",为猎奇而使结构异化的倾向不应提倡,需要掌握结构的"度"。第二,造型美应该是具有相当共识的美,考虑当地人文环境,应该有公共的美学价值"度"。第三,从经济方面来说,这个"度"应包含百分数和总价两个指标,造价的增加应该有"度"。第四,能够应用于小桥或人行桥的非常规结构,不能无限制地推广到大桥上,要有尺"度"。第五,要提倡创新,注意知识产权保护,避免盲目跟风抄袭,要掌握道德与法律的"度"。

在"安全、耐久、适用、环保、经济和美观"的桥梁设计基本原则中,结构物的安全、耐久是最基本的要求。在保证安全和耐久的前提下,桥梁设计要优先考虑满足功能需求,即要满足"适用"的要求,再根据具体情况考虑环保、经济和美观的要求。环保问题关系到社会的可持续发展,须给予高度重视。接下来,对桥梁安全性、适用性、耐久性和可持续发展开展进一步讨论。

三、桥梁的安全性、适用性设计

由第一章第三节可知,我国公路桥梁的设计方法是以概率理论为基础、按分项系数表达的极限状态设计法、按承载能力极限状态和正常使用极限状态进行设计,以保证结构的安全和适用。

1. 安全性

承载能力极限状态,是指桥涵结构或其构件达到最大承载能力或出现不适于继续承载的变形或变位的状态,是结构安全性对应的极限状态。当结构或构件出现下列状态之一时,应认为超过了承载能力极限状态:

(1) 结构构件或连接因承受超过材料强度的作用而破坏,或因过度变形而不适于继续承载;

(2) 结构转变为机动体系;

(3) 结构或结构构件丧失稳定;

(4) 地基丧失承载力而破坏;

(5) 结构或结构构件的疲劳破坏;

(6) 整个结构或其一部分构件失去平衡;

(7) 结构因局部破坏而发生连续倒塌。

超过结构承载能力极限状态将导致结构破坏、人身伤亡和经济损失,因此任何结构和构件均应避免出现这种状态。

上述极限状态中的第(1)~(5)点在相应的设计规范和"结构设计原理"、"基础工程"、"钢桥"课程中有较详细的介绍,这里不再赘述。验算可采用"作用效应≤抗力"形式来统一表达,即 $\gamma_0 S \leqslant R$。式中,γ_0 为结构重要性系数,见表1-11;S 为作用组合的效应设计值,见式(1-6);R 为构件的抗力设计值,见相关规范或"结构设计原理"教材。图9-2直观表达了影响作用效应和抗力的因素。

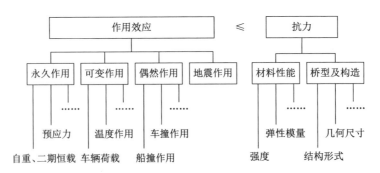

图 9-2 影响作用效应和抗力的因素

第(6)点结构失去平衡的破坏,它包括桥台的倾覆、滑移,也包括简支梁桥或连续梁桥的倾覆和垮塌,详见第八章的介绍。其中关于主梁的抗倾覆验算采用"稳定作用效应≥稳定性系数×失稳作用效应"的表达式。主梁抗倾覆性能的影响因素包括:主梁材料、结构形式、支承形式、初始平衡状态、荷载的大小和作用位置等。桥梁结构除正常使用中要防止刚体不平衡导致的破坏外,还要通过构造措施防止偶然作用和地震作用下的刚体不平衡破坏,如采用第七章介绍的防落梁措施。

接下来讨论第(7)点。第四章第二节讨论了悬吊桥面系的结构强健性问题。强健性的英语 robustness(音译为鲁棒性)为健壮和强壮的意思,原为统计学术语,也应用于控制理论等,用以表征控制系统对特性或参数摄动的不敏感性。它是在异常和危险情况下系统生存的关键。结构强健性核心是发生极端事件后,结构不发生与原始动因不成比例的破坏(disproportionate collapse),即不发生连续倒塌(progressive collapse)[77]。

从传统的"结构在设计荷载作用下不破坏"的安全性原则,向"结构在局部构件失效时,仍具有足够的整体牢固性"的强健性原则转变,是结构设计理念的发展趋势,并越来越受到重视。

结构强健性设计包括概念设计和结构设计及计算。概念设计主要是通过概念性的构造措施来提高结构的抗连续倒塌的能力。对于概念设计措施,国内外有关规范均有相关规定,主要基于提高结构强健性,从结构体系的完整性与一致性、第二道防线、备用路径或多荷载路径与冗余、延性、应变硬化、后屈曲能力、拉链刹、连接构造、防护装置和关键构件的判别及构造措施等方面进行结构方案和结构布置设计,避免存在易导致结构连续倒塌的薄弱环节;或者对于某类构件破坏后剩余结构无法找到替代传力路径或实现替代传力路径代价较大,可能引起较大范围的倒塌,将该类构件视为关键构件进行加强设计,提高其抵抗意外荷载的能力,降低局部破坏的风险[77]。

强健性的结构设计包括关键构件的设计和关键构件失效后剩余结构的设计两部分。关键构件设计可靠度指标应高于其他构件,所考虑的荷载、荷载组合和变异系数、材料强度变异系数等均有所不同。剩余结构强健性设计所对应的是"破坏安全极限状态",也称为"条件极限状态",与承载能力极限状态和正常使用极限状态的可靠度指标有所不同。目前,这方面的研究还不够深入,我国现行的桥梁设计规范还未将"条件极限状态"列入。

在此情况下,强健性设计有赖于设计师对强健性重要性的认识、对结构体系受力概念的理解与掌握以及对构造措施的把握,更有赖于设计人员的社会责任感。桥梁强健性设计包含以下内容:①分析桥梁的易损构件与部位,对易损构件与部位采取可靠的构造措施、加大安全系数,提出检查、维修、更换的措施;②确认易损构件或部位发生局部破坏不会导致结构产生连续倒塌破坏,造成恶性的事故;③分析结构内部是否具有冗余,是否能构成完全封闭的传力体系,并尽力改善之;④分析结构约束条件的基本假定是否满足要求,保证结构在意外作用下不会产生刚体位移。此外,设计还应考虑极端事件之后结构的可修复性[29]。

2. 适用性

适用性除指桥梁的宽度(主要是行车道宽度)、线形、纵坡等满足桥梁的交通需求外,桥梁在使用过程中要处于正常的状态,在设计上则要进行正常使用极限状态设计。正常使用极限状态是指桥梁结构或其构件达到正常使用或耐久性的某项限值的状态,是结构适用性和耐久性对应的极限状态。当结构或构件出现下列状态之一时,应认为超过了正常使用极限状态:

(1)影响正常使用或外观的变形;
(2)影响正常使用或耐久性的局部损坏;
(3)影响正常使用的振动;
(4)影响正常使用的其他特定状态。

各种结构或构件都有不同程度的结构正常使用极限状态要求。当结构超过正常使用极限状态时,虽然已不能满足适用性和耐久性功能要求,但结构并没有破坏,不会导致人身伤亡。因此,从重要性来讲,其重要性程度不如承载力,但是从结构设计的角度,正常使用极限状态也是必须满足的指标。对于混凝土桥梁,《混凝土桥规》(JTG 3362—2018)规定的正常使用极限状态验算内容主要包括:

(1)变形。桥梁结构承载受力以后都会发生变形,过大的变形会影响结构的使用功能,并引起使用者的心理压力,要求对受弯构件的变形或挠度进行验算,对拉、压、剪等内力引起的变形不做规定。

(2)裂缝控制。混凝土是脆性材料,抗拉强度低,其开裂是难以避免的,这是由材料本身所决定的特性。肉眼可见的明显裂缝,标志着抗力的消耗程度,会引起使用者的不安,并影响结构的耐久性。根据构件的受力状态和使用功能,两类裂缝控制要求为:

①裂缝宽度:B类预应力混凝土构件和钢筋混凝土构件,应验算受力裂缝宽度。

②抗裂性能:全预应力混凝土构件和A类预应力混凝土构件,应验算混凝土拉应力(主拉应力)。

混凝土桥梁的正常使用极限状态验算,要求在一定作用的条件下,所产生的效应不超过某一规定的限值,采用"$S \leqslant C$"来表达。式中,S为作用组合的效应(应力、裂缝宽度)设计值;C为验算规定的限值。

四、桥梁耐久性、全寿命周期与可持续发展

1. 桥梁耐久性设计

在桥梁设计基本原则中,耐久性强调了时间因素。现有的桥梁设计,普遍要求进行耐久性设计[78,79]。对于钢筋混凝土和预应力混凝土桥梁,《混凝土桥规》(JTG 3362—2018)规定了各类环境下应采用的混凝土强度等级,如表9-2所示。表9-2中的环境类别划分,如表9-3所示。

公路桥涵混凝土强度等级最低要求 表9-2

构件类别	梁、板、塔、拱圈、涵洞上部		墩台身、涵洞下部		承台、基础	
设计使用年限(年)	100	50、30	100	50、30	100	50、30
Ⅰ类-一般环境	C35	C30	C30	C25	C25	C25
Ⅱ类-冻融环境	C40	C35	C35	C30	C30	C25
Ⅲ类-近海或海洋氯化物环境	C40	C35	C35	C30	C30	C25
Ⅳ类-除冰盐等其他氯化物环境	C40	C35	C35	C30	C30	C25
Ⅴ类-盐结晶环境	C40	C35	C35	C30	C30	C25
Ⅵ类-化学腐蚀环境	C40	C35	C35	C30	C30	C25
Ⅶ类-磨蚀环境	C40	C35	C35	C30	C30	C25

公路桥涵混凝土结构及构件所处环境类别划分 表9-3

环境类别	条件
Ⅰ类-一般环境	仅受混凝土碳化影响的环境
Ⅱ类-冻融环境	受反复冻融影响的环境

续上表

环境类别	条件
Ⅲ类-近海或海洋氯化物环境	受海洋环境下氯盐影响的环境
Ⅳ类-除冰盐等其他氯化物环境	受除冰盐等氯盐影响的环境
Ⅴ类-盐结晶环境	受混凝土孔隙中硫酸盐结晶膨胀影响的环境
Ⅵ类-化学腐蚀环境	受酸碱性较强的化学物质侵蚀的环境
Ⅶ类-磨蚀环境	受风、水流或水中夹杂物的摩擦、切削、冲击等作用的环境

混凝土结构中,普通钢筋和预应力钢筋的混凝土保护层厚度应满足下列要求:

(1)普通钢筋保护层厚度取钢筋外缘至混凝土表面的距离,不应小于钢筋公称直径;当钢筋为束筋时,保护层厚度不应小于束筋的等代直径。

(2)先张法构件中预应力钢筋的保护层厚度取钢筋外缘至混凝土表面的距离,保护层厚度不应小于钢筋公称直径;后张法构件中预应力钢筋的保护层厚度取预应力管道外缘至混凝土表面的距离,保护层厚度不应小于其管道直径的1/2。

(3)最外侧钢筋的混凝土保护层厚度不应小于表9-4的规定值。

混凝土保护层最小厚度 $C_{\min}$(mm) 表9-4

构件类别	梁、板、塔、拱圈、涵洞上部		墩台身、涵洞下部		承台、基础	
设计使用年限(年)	100	50、30	100	50、30	100	50、30
Ⅰ类-一般环境	20	20	25	20	40	40
Ⅱ类-冻融环境	30	25	35	30	45	40
Ⅲ类-近海或海洋氯化物环境	35	30	45	40	65	60
Ⅳ类-除冰盐等其他氯化物环境	30	25	35	30	45	40
Ⅴ类-盐结晶环境	30	25	40	35	45	40
Ⅵ类-化学腐蚀环境	35	30	40	35	60	55
Ⅶ类-磨蚀环境	35	30	45	40	65	60

除混凝土的强度等级、保护层厚度外,公路桥梁混凝土结构及构件还应采取以下耐久性技术措施:

(1)预应力混凝土结构中的预应力体系,根据具体情况采用相应的多重防护措施。

(2)有抗渗要求的混凝土结构,混凝土的抗渗等级符合有关标准的要求。

(3)严寒和寒冷地区的潮湿环境中,混凝土应满足抗冻要求,混凝土抗冻等级符合有关标准的要求。

(4)桥涵结构形式、结构构造有利于排水、通风,避免水气凝聚和有害物质积聚。

对于钢桥,《公路钢结构桥梁设计规范》(JTG D64—2015)规定应对其进行防腐、防火设计,其中钢结构防腐年限不应小于15年,应采取以下防腐措施:

(1)除锈后应采取涂装或喷镀等防腐措施。

(2)对受侵蚀介质作用的结构以及在使用年限内不能重新涂装的结构部位应采取其他有效的防锈措施。

(3)构造设计应便于养护、检查,应减少能积留湿气和大量灰尘的死角或凹槽。闭口截面构件应沿全长和端部焊接封闭。

(4) 封闭的箱、鞍座、锚碇和主缆内部宜做除湿设计。

钢结构桥梁设计应采取措施,减少老化、腐蚀、疲劳和设计使用年限内偶然作用导致的损伤。

2. 桥梁全寿命周期设计

(1) 桥梁全寿命周期的阶段划分

就一座桥梁而言,其全寿命周期(life cycle)可分为规划建设期和使用与回收期两大阶段。规划建设期又可分为规划、设计与施工三个阶段,使用与回收期又可分为使用养护期和拆除回收期两个阶段,因此桥梁生命周期可细分为五个阶段[78]。这五个阶段从所占用时间上来说,一般规划阶段占2%~3%,设计阶段占2%~3%,施工阶段占4%~6%,使用阶段所占时间最长,占88%~92%。

虽然规划与设计阶段从时间上来说,在桥梁全寿命周期中的时间并不长,然而,这个阶段的工作对于桥梁使用寿命的影响而言,是最重要的一个阶段。因此,从桥梁的规划、可行性研究开始,一直到桥梁的施工图设计,都应该引入全寿命周期的理念。施工阶段主要是根据规划设计的内容实施,施工的质量也对整个使用阶段的服务水平与维修成本有着根本性的影响。使用阶段主要是根据桥梁的实际状况进行管理与养护维修,它在整个寿命期中所占时间最长,合理的使用和养护,特别是预防性养护,对于保证桥梁的服务水平、延长有效的使用寿命和减少全寿命周期的费用,也是至关重要的。养护是公路桥涵安全性和耐久性的重要保障,公路桥涵设计应考虑养护的需要,按照可到达、可检查、可维修和可更换的要求进行设计。

就我国来说,改革开放四十余年来,桥梁全寿命周期中的规划建设期(规划、设计与施工)的时间越来越短,这一方面固然有技术的进步,如设计中计算机的大量应用使计算与绘图时间大大缩短,如施工装备与技术的不断提高使工期大大缩短,等等;另一方面也与我国处于大规模的建设时期,建设单位由于非技术原因要求缩短规划建设期有关。应该强调的是,由于规划建设时间的不足,导致规划设计中存在着结构选型、结构构造上的先天缺陷,由于施工工期要求太短,导致赶工造成施工质量的问题,是当前我国一些桥梁在投入使用后时间极短就出现严重问题甚至事故的一个重要原因。一些桥梁还存在着边设计边施工的做法,更容易给桥梁质量埋下隐患。因此,从桥梁全寿命的观点出发,给规划建设期以合理的时间保证,是当前我国桥梁建设面临的最大问题。

除此之外,理论研究上的不足,规范与标准落后于实际且更新慢,新结构应用之前缺乏充分的论证等,也是影响桥梁寿命的一个重要因素。同时,重建设、轻管理,重新桥、轻旧桥,加上我国处于大规模建设时期,大量的人力、物力投入到新桥中,对使用中的桥梁重视不够,也是影响我国桥梁使用质量和有效寿命的另一重要因素。

(2) 基于全寿命周期的规划与设计

在桥梁的规划、预可和工可阶段,主要是在经济合理性和实施可行性方面来考虑桥梁全寿命周期的问题。在本阶段,要研究外业调查工作中涉及全寿命周期设计的自然环境条件和详细内容,如环境条件对钢材锈蚀和混凝土的腐蚀影响是外业调查的一项重要内容。再如,对于地质条件较差的地区,在选择桥型时,要考虑超静定结构桥梁由于基础变形产生的内力与变形对结构的受力和耐久性的影响。

本阶段根据桥梁建设的目的和条件提出桥梁的设计使用年限。确定设计使用年限后,初拟桥梁方案,基于全寿命周期成本,对全寿命周期设计的经济与环境进行分析,在此基础上进行基于全寿命周期设计的工程方案比较。必要时还应就结构可能的工程方案开展结构耐久性专题研究。

在桥梁设计阶段(含初步设计、施工图设计和必要时的技术设计),应对可能和确定的工程方案有针对性地开展自然环境条件的不同深度的调查,提出设计各阶段应开展的耐久性研究并根据研究结果制定技术要求,明确结构的设计使用年限,进行全寿命周期工程概算和工程预算的编制,在初步设计阶段进行桥梁方案的比较。在施工图设计阶段,根据结构中各构件的重要性和可更换性,确定各构件的设计使用年限。对于可更换构件进行更换施工方案的设计。提出桥梁使用期间的管理与养护要求、实施大纲或手册。

大跨与大型桥梁设计应该考虑养护维修的需要,设置必要的检测与检修通道。对于中、下承式结构,如斜拉桥和悬索桥的高大桥塔,中、下承式的拱肋等,要为检修人员检查维修提供通道。对于采用钢梁或钢-混凝土组合梁作为桥面系的桥梁,要考虑钢梁的检查与防腐维修的方便,一般应设计专用的检查车。

在桥梁设计中引入全寿命周期设计理念后,需将桥梁结构中各构件分为主要构件和次要构件,可修复构件和不可修复构件,可更换构件和不可更换构件。

主要构件指桥梁结构构件,当主要构件低于设计标准时需进行修复、补强或更换,否则将影响桥梁的安全性。次要构件为桥梁非结构构件,当次要构件或附属结构低于标准时,虽然可能不影响结构的整体安全,但也将影响桥梁的服务水平或行车、行人的安全,设计时要考虑易于更换或维修。常见的次要构件有引道路堤及其护栏护坡、桥面排水设施、缘石及人行道、栏杆与防撞栏、防震挡块、伸缩缝等。

对于不可修复的主要构件如桥梁桩基础、悬索桥主缆、拱桥主拱肋等,构件的设计年限要大于或等于结构的设计使用年限,采用较大的安全系数,以确保设计寿命期间该构件不需更换或修复。对于中、下承式拱中的关键易损构件,如吊杆、系杆,由于其造价在工程总造价中所占比重不大,因此设计时也可采用较高的安全系数,并采取良好的防水、防腐蚀措施,还要便于检查和更换。

桥面板、桥面铺装、伸缩缝和支座是桥梁的易损构件,设计时要充分考虑其耐久性和维修更换方便。桥面板要有足够的厚度。伸缩缝要采用适于变形且易于更换的类型。

(3) 全寿命周期成本

桥梁全寿命周期成本包括从规划、设计、施工到运营和最后拆除整个生命周期中所需的一切费用,与目前桥梁建设中仅考虑新建成本相比,它还要考虑运营期间的养护费用和拆除回收期的费用。

运营期间的养护费用包含定期养护费用和不定期养护费用。定期养护费用包括管理人员费用、桥梁清扫、附属设施维修、委托检查检测费用、支座与伸缩缝及桥面铺装等更换费用、钢构件定期涂装费用等确定性成本和不确定性成本。第八章介绍的无缝桥,一般情况下除前期的投入成本较低外,可大量降低使用期间的养护、伸缩缝更换等成本,大大降低全寿命周期成本,是一种可持续的桥梁,值得大力推广应用。

不定期养护费用主要指由水灾、地震等天灾和车辆撞击、火灾等人为因素造成的损坏引起的特殊检查和维修与加固的费用,或由于用途改变而需重建的成本。这些费用由于无法事先预计,一般只能以总费用的一定百分率的方式予以预估。拆除回收期的费用除考虑拆除成本外,一般还要加上施工期间交通改道和交通维护的成本。进行桥梁全寿命周期成本分析时,还应将桥梁生命周期内不同年份的资金流量折算为同一年份的资金,即要考虑折现率。

3. 桥梁工程的可持续发展

可持续发展的概念于20世纪70年代提出,1987年,世界环境与发展委员会出版《我们共同的未来》报告,将可持续发展定义为:"既能满足当代人的需要,又不对后代人满足其需要的能力构成危害的发展"。可持续发展涉及人类社会的方方面面。对于桥梁工程,可用图9-3所示的理论框架来解释可持续或可持续发展理念:一个可持续原则——不能索取任何大于自然再生能力的物质资料,两个可持续目标——保持长期协调增长的目标和不至于损害后代发展的目标,三个可持续指标——生态可持续性、经济可持续性和社会可持续性指标,四个可持续要求——概念设计中的创新、施工过程中的新技术实现、结构运营中的提高耐久性和使用寿命中的灾变控制,以及五个可持续阶段——项目规划、结构设计、工程施工、运营管理和整体移除[81]。

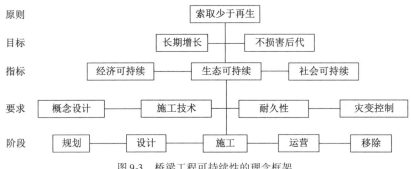

图9-3 桥梁工程可持续性的理念框架

随着国际交往的不断增多和经济社会发展的内在要求,在我国的桥梁工程等领域,可持续与创新理念已引起关注,然而由于大规模建设时间紧、任务重、人才缺乏,大量技术人员的时间与精力主要以完成现有的任务为主,对可持续与创新的研究与实践还没有深入地开展,远不能满足我国的桥梁建设与使用管理的要求。

气候变化对21世纪人类社会发展造成深刻危机。为化解和减缓这种危机,需要全世界携手进行碳减排,2020年,我国提出了"2030年碳达峰、2060年碳中和"的重大战略决策。建筑、工业、交通为能源消耗的三大领域,也是温室气体排放的主要来源,桥梁建设与使用与这三大行业密切相关,在可持续发展研究中应强调减碳的内容。

我国目前仍处于现代化建设的重要时期。在今后相当长的时间内,基础设施建设任务还很艰巨,仍然有大量的新建桥梁。随着有限的交通空间的建设和先易后难的规律,今后的桥梁建设自然条件将更加复杂与困难,工程造价将急剧上升,资源、能源耗费对环境的影响可能更大。因此,应该以新材料、新结构、新技术的研发的创新活动,强调节能、环保、低碳等可持续发展理念,全面推进桥梁工程科学技术的进步,促进基础设施建设和社会经济建设的健康、协调和可持续发展。例如,对于混凝土桥梁,采用更高性能的混凝土,以减少材料的用量;开发应用再生混凝土;采用以受压为主的混凝土拱结构,避免一般混凝土结构带裂缝工作所带来的耐久性问题;采用整体桥,取消易损、需更换的伸缩缝和支座,减少维修与更换。

与此同时,随着越来越多的桥梁投入使用,并伴随着桥龄的增长,在气候、环境等自然因素以及一些不可预测的自然破坏力作用下,不少桥梁的老化和功能退化已呈现加速的趋势;且随着社会对交通运输能力要求的不断提高,荷载等级、交通流量、行车速度等也必然提高,如何保证桥梁的安全、耐久、全寿命服务品质这些可持续发展问题,都是摆在我们面前的重要问题。

以可持续发展理念,桥梁设计不仅要考虑刚建成时的结构性能,还要考虑全寿命周期中的耐久性;不仅要考虑初期建设成本,还要考虑全寿命周期内维修养护的成本;不仅要考虑工程成本,还要考虑环境成本、碳排放、能耗等社会成本;不仅要考虑建设的成本,还要考虑拆除、再利用、废弃物处理的成本。以可持续发展理念,桥梁设计时,不仅要考虑满足当前的需要,还要考虑对将来的影响,从结构耐久性,向结构全寿命周期、多寿命周期展望。以目前的公路桥梁为例,现有的规范要求的一般桥梁的设计寿命是100年,对于一座山区中几十米的桥梁,一般的混凝土梁桥可能是经济的,而一座石拱桥可能是不经济的。但以现有的古桥来看,有的石拱桥寿命长达上千年。若按200多年来看,它已是一般混凝土梁桥的两个生命周期,拆除后一些石块还可再利用。综合起来,从可持续发展理念来看,它可能是更好的选择。

五、桥梁结构设计的基本内容

结构设计是桥梁设计的重要内容,它主要包括以下五个方面的内容。

(1)结构设计

结构设计包含结构方案的选择确定和具体构造的设计。根据建设条件和使用功能的要求,遵循安全、耐久、适用、环保、经济、美观的原则,结合施工和管养,确定结构体系,选择结构形式。结构方案的选择,在整个设计中起引导性作用。对于大跨径或大规模的桥梁,结构方案的选择贯彻预可、工可以及概念性设计等项目前期阶段,它随着对项目功能要求、建设条件等研究的不断深入,反复讨论,不断修改与细化,直到初步设计阶段才能基本定型。

在初步设计阶段,应确定主要承重构件的基本构造与连接形式。在施工图阶段,则要确定所有结构与构件的具体构造。桥梁结构受力复杂,设计计算常通过假定来实现,为保证结构的安全,在大量工程经验基础上,规范、指南、手册中提出许多构造要求和连接方式的要求,应予以遵循或参照执行。

为满足结构体系中构件之间的连接,按计算简图及基本假定所确定的状态承载受力,应采取必要的基本连接、构造措施,作为结构受力的有效保证。

(2)材料选择

前述结构方案选定时,包含桥梁结构的主要材料,即所选的桥是混凝土桥、钢桥或钢-混凝土组合桥。当结构方案选定后,可根据结构方案和环境特点,选择合适的材料种类与强度等级,如混凝土桥中的混凝土强度等级、适当的钢筋品种,并确定相应的设计参数。结构方案与材料选择时,要处理好工程应用的成熟度与技术创新的关系,既要稳妥可行,也不能因循守旧。

(3)作用分析

作用分析指桥梁结构在各种作用及其组合下的结构反应。根据结构的使用功能,按《公桥通规》(JTG D60—2015)或《城桥规范》(CJJ 11—2011)的规定,确定结构上的作用或荷载,建立计算图式,设定基本假定,按计算假定求解结构的作用效应。

进行作用分析时,一般假定结构处于弹性阶段,按材料力学和结构力学的方法求解。过去以手算为主,目前以有限元计算机程序分析为主。要掌握结构受力的基本力学原理,能对计算结果进行判断。

(4)极限状态验算

目前我国公路桥梁和城市桥梁按承载能力极限状态和正常使用极限状态进行设计。具体桥梁根据其结构,按《圬工桥规》(JTG D61—2005)、《混凝土桥规》(JTG 3362—2018)、《公路钢结构桥梁设计规范》(JTG D64—2015)等规范的规定进行验算。

(5)耐久性设计

以使用年限和环境作用作为耐久性设计的控制标准,通过材料、构造、附加防护措施、施工和管养要求进行全面的耐久性设计。具体桥梁根据其结构,按其相应规范进行设计。混凝土桥梁的耐久性设计还应符合《公路工程混凝土结构耐久性设计规范》(JTG/T 3310—2019)的规定,其耐久性设计还可参照文献[78]等进行。

六、桥梁设计调查

桥梁设计中需要进行的调查工作,一般包括桥梁本身、桥位及所在地区的自然条件和社会条件等。具体来说有以下几方面:

(1)调查桥梁的使用任务。对于独立大桥,要调查所建设的桥梁将来桥上的交通种类和行车、行人的往来密度,以此根据相关规定确定桥梁的荷载等级和行车道、人行道宽度等。有关桥面宽度的设计见本章第二节介绍。对于道路中非独立的大桥,桥梁的荷载等级和车道宽度等,根据道路等级规定确定。

调查桥上是否需要通过各类管线(如电力线、通信线和水管等)。如需要,应设置专门的构造、装置。要调查各类管线的重力等作用力、需要的空间等,供设计考虑。

(2)调查所跨越的障碍物情况。

对于跨河桥梁,要调查和测量河流的水文情况,为确定桥梁的桥面高程、跨径和基础埋置深度提供依据。其内容包括:

①河道性质:了解河道是静水河还是流水河,有无潮水,河床及两岸的冲刷和淤积,以及河道的自然变迁和人工规划的情况。

②测量桥位处河床断面。

③调查了解洪水位的多年历史资料,通过分析推算设计洪水位。

④测量河床比降,调查河槽各部分的形态高程和粗糙率等,计算流速、流量等有关数据,通过计算确定设计水位下的平均流速和流量,结合河道性质确定桥梁所需要的最小总跨径,选择通航孔的位置和墩台基础形式及埋置深度。

⑤向航运部门了解、协调并确定设计通航水位和通航净空,根据通航要求与设计洪水位,确定桥梁的分孔跨径与桥跨底缘设计高程。

对于跨线桥,则需要调查被跨越道路交通要求、荷载等级、宽度、净空要求、规划路网等情况。

(3)桥位处的地形、地质、地貌、水文、气象等自然条件。桥位(bridge site)是为建桥所选择的位置。调查内容包括:

①测量桥位附近的地形,绘制地形图供设计和施工应用。

②调查和收集有关气象资料,包括气温、雨量、风速(或台风影响)等情况。

③探测桥位的地质情况,包括土壤或岩层的分层高程、物理力学性能、地下水等,并根据钻探所得资料绘制地质剖面图。对于所遇到的地质不良现象,如滑坡、断层、溶洞、裂隙等,应详加注明。为使地质资料更接近实际,可根据初步拟定的桥梁分孔方案将钻孔布置在墩台附近。

(4)调查桥梁所在地区的社会、经济、技术条件。

①调查当地建筑材料(砂、石料等)的来源,水泥、钢材等大宗建筑材料的供应情况以及水

陆交通的运输情况。

②调查可能参与施工、监理、科研单位的技术水平、装备、能力等情况,以及施工现场的动力设备和电力供应情况。

③调查新建桥位上、下游有无老桥,其桥型布置和使用情况等,为桥型选择与总体布置提供参考。

④调查当地风土人情、建筑风格、文化传统、旅游景点等,为桥梁建筑设计提供参考。

⑤调查桥位附近天然气、高压线以及国防光缆等情况。《公桥通规》(JTG D60—2015)规定,天然气输送管道离特大桥、大桥、中桥的安全距离不应小于100m,离小桥的安全距离不应小于50m。高压线跨河塔架的轴线与桥梁的最小间距,不得小于1倍塔高。高压线与公路桥涵的交叉应符合《公路路线设计规范》(JTG D20—2017)的规定。

第二节 纵、横断面设计

一、纵断面设计

桥梁纵断面(profile)设计包括确定桥梁的总跨径、桥梁的分孔、桥面高程、桥上和桥头引道的纵坡以及基础的埋置深度等。桥梁纵断面的设计是桥梁总体设计最主要的内容,往往作为设计文件的第一张图纸,或者桥位平面图之后的第一张图纸。本书的第一个图(图1-1),实际上也是梁式桥的纵桥向一般布置图。第一章第一节"一、桥梁组成"中桥梁纵断面总体设计、跨径、规模、桥下净空和水位等五组名词术语,也都与桥梁纵断面的设计密切相关。

1. 桥梁总跨径的确定

对于一般跨河桥梁,总跨径可参照水文计算来确定。公路桥梁的设计洪水频率应按表9-5计算。如果桥梁墩台和桥头路堤压缩河床,使桥下过水断面减小,则流速加大,会引起河床冲刷。因此,桥梁总跨径必须保证桥下有足够的排洪面积,使河床不产生过大的冲刷。但为了使总跨径不致过大而增加桥梁的总长度,同时又要允许有一定的冲刷,所以桥梁的总跨径不能机械地根据计算和规定冲刷系数来确定,而必须按具体情况分别对待。

桥梁设计洪水频率 表9-5

公路等级	设计洪水频率			
	特大桥	大桥	中桥	小桥
高速公路	1/300	1/100	1/100	1/100
一级公路	1/300	1/100	1/100	1/100
二级公路	1/100	1/100	1/100	1/50
三级公路	1/100	1/50	1/50	1/25
四级公路	1/100	1/50	1/50	1/25

如当桥梁墩台基础埋置较浅时,桥梁的总跨径应大一些,可接近于洪水泛滥宽度,以避免河床过多的压缩,加剧冲刷,而引起桥梁基础的破坏;对于深基础,允许较大冲刷,可适当压缩桥下排洪面积,以减小桥梁总跨径。山区河流一般河水流速较大,应尽可能少压缩或不压缩河

床,因为伸入河床的桥头路堤和锥体护坡往往难以承受高流速的冲刷。平原宽滩河流虽然可允许较大的压缩,但必须注意壅水对河滩路堤以及附近农田和建筑物可能产生的危害。

对于城市桥梁,设计宜采用百年一遇的洪水频率,对特别重要的桥梁可提高到三百年一遇。对于城市中防洪标准较低的地区,当按百年一遇或三百年一遇的洪水频率设计,导致桥面高程较高而引起困难时,可按相交河道或排洪沟渠的规划洪水频率设计,但应确保桥梁结构在百年一遇或三百年一遇洪水频率下的安全。

2. 桥梁的分孔

对于一座较长的桥梁,应当分成几孔设计。孔数和各孔跨径的选定,不仅影响到使用效果、施工难易程度等,而且在很大程度上关系到桥梁的总造价。跨径越大、孔数越少,上部结构的造价就越高,桥墩及其基础等下部结构的造价就越低;反之,则上部结构的造价降低,而下部结构造价将提高。这与桥墩的高度以及基础工程的难易程度有密切关系。最经济的分孔方式是使上、下部结构的总造价趋于最低。

对于通航河流,在分孔时首先应考虑桥下通航的要求。桥梁的通航孔应布置在主航道上或航行最方便的河域。对于变迁性河流,鉴于航道位置可能发生变化,需要多设几个通航孔。

在山区的深谷上、在水深流急的江河上、在水库上建桥时,为了减少中间桥墩,应加大跨径。条件允许时,可采用特大跨径单孔跨越。在布置桥孔时,有时为了避开不利的地质段(如岩石破碎带、裂隙、溶洞等),也要将桥基位置移开,或适当加大跨径。

在有些结构体系中,如连续梁、连续刚构、斜拉桥,为了结构受力合理和用材经济,分跨布置时要考虑合理的主边跨比例或各孔跨径的比例,详见第三章和第六章。

跨径的选择还与桥梁经济跨径、施工能力、工期要求等有关。总体而言,随着时代的进步,桥梁经济跨径不断增大,施工能力不断提高,设计分孔时,孔数减少、跨径增大是一种趋势。基础工程往往对工期起控制作用,对于工期紧的桥梁,从缩短工期出发,分孔时往往采用大跨、少孔的桥梁。

总之,桥梁的分孔是一个复杂的问题,必须根据使用任务、桥位处的地形和环境、河床地质、水文、施工条件与工期要求等具体情况,通过技术经济等方面的分析比较,才能做出比较完美的设计方案。

3. 桥上纵断面线形与高程

对于线路中的非独立大桥,在桥梁与道路衔接时,需注意的是,桥面高程指的是桥梁中轴线上的高程,而道路高程指的是路肩的高程。桥面高程确定后,就可根据两端桥头的地形和线路要求来设计桥梁的纵断面线形。小桥通常做成平坡桥。大、中桥梁为了利于桥面排水和降低引道路堤高度,往往设置从中间向两端倾斜的双向纵坡。

公路桥梁,桥上纵坡不宜大于4%;桥头引道纵坡不宜大于5%。对位于市镇混合交通繁忙处的桥梁,桥上纵坡和桥头引道纵坡均不得大于3%。城市桥梁,桥面最小纵坡不宜小于0.3%。桥面最大纵坡、坡长与竖曲线布设应符合《城市道路工程设计规范》(CJJ 37—2012)的规定。桥梁纵断面设计时,应考虑到长期荷载作用下的构件挠度和墩台沉降的影响。

由第一章第一节"二、桥梁的分类"可知,按桥面与桥跨结构相对位置不同,桥梁可分为上承式、下承式和中承式。一般来说,梁桥为上承式;斜拉桥、悬索桥为下承式;钢桁梁桥上、中、下承式都有,但中承式的应用较少;拱桥则上、中、下承式都很常见。对于钢桁梁和拱桥,影响其桥面位置设计的一个重要因素是桥面及其接线道路的高程。当接线道路较高时,桥梁可采用上承式;反之,当接线道路高程较低,通航、排洪等所要求的桥梁高程也不高而跨径较大导致桁梁的建筑高度或拱的矢高较大时,则可采用中承式或下承式。

4. 桥下净空

桥下净空中最重要的指标是桥下净高,据此加上建筑高度可以得出桥面的高程。在平原区建桥时,桥面高程的抬高往往伴随着桥头引道路堤土方量的显著增加。在修建城市桥梁时,桥过高会使两端引桥或过道过长,不经济且不利于交通组织。因此必须根据设计洪水位、桥下通航(或通车)净空等需要,结合桥型、跨径等一起考虑,以确定合理的桥面高程。

对于跨河桥,桥下净空还应能满足河流功能的要求,根据排洪、流冰、漂流物、冰塞以及河床冲淤等情况确定。在不通航河流上,为了保证桥下流水净空,桥下净高不应小于表9-6的规定。

非通航河流桥下净高　　　　　　　　　　　　　表9-6

桥梁的部位		高出计算水位(m)	高出最高流冰面(m)
梁底	洪水期无大漂流物	0.50	0.75
	洪水期有大漂流物	1.50	—
	有泥石流	1.00	—
支承垫石顶面		0.25	0.50
拱脚		0.25	0.25

由第四章第一节(图4-3)可知,无铰拱的拱脚可被设计洪水位淹没,但不宜超过拱圈高度的2/3,且拱顶底面至计算水位底净高不得小于1.0m。在不通航和无流筏的水库区域内,梁底面或拱顶底面离开水面的高度不应小于计算浪高的0.75倍加上0.25m。当河流中有形成流水阻塞的危险或有漂浮物通过时,桥下净空应按当地具体情况确定。对于有淤积趋势的河床,桥下净空应适当加高。

对于跨河桥,当有通航或流放木筏时,桥下净空应符合通航标准及流放木筏的要求。对于多孔桥梁,可根据河道、航道的实际情况,结合桥型选择,设置通航孔,以满足安全通航的要求。在此情况下,桥跨结构下缘的高程,应高出自设计通航水位算起的通航净空高度。所谓通航净空,是指在桥孔中垂直于流水方向所规定的空间界限,任何结构构件或航运设施均不得伸入其内。我国对于通航净空的规定见图9-4和表9-7。

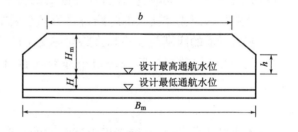

图9-4　水上过河建筑物通航净空要求

天然和渠化河流水上过河建筑物通航净空尺度(m)　　　　表9-7

航道等级	代表船舶、船队	净高 H_m	单向通航孔			双向通航孔		
			净宽 B_m	上底宽 b	侧高 h	净宽 B_m	上底宽 b	侧高 h
I	(1)4排4列	24.0	200	150	7.0	400	350	7.0
	(2)3排3列	18.0	160	120	7.0	320	280	7.0
	(3)2排2列		110	82	8.0	220	192	8.0

续上表

航道等级	代表船舶、船队	净高 H_m	单向通航孔 净宽 B_m	单向通航孔 上底宽 b	单向通航孔 侧高 h	双向通航孔 净宽 B_m	双向通航孔 上底宽 b	双向通航孔 侧高 h
II	(1)3排3列	18.0	145	108	6.0	290	253	6.0
II	(2)2排2列	18.0	105	78	8.0	210	183	8.0
II	(3)2拍1列	10.0	75	56	6.0	150	131	6.0
III	(1)3排2列	18.0☆ / 10.0	100	75	6.0	200	175	6.0
III	(2)2排2列	10.0	75	56	6.0	150	131	6.0
III	(3)2排1列	10.0	55	41	6.0	110	96	6.0
IV	(1)3排2列	8.0	75	61	4.0	150	136	4.0
IV	(2)2排2列	8.0	60	49	4.0	120	109	4.0
IV	(3)2排1列	8.0	45	36	5.0	90	81	5.0
IV	(4)货船	8.0	45	36	5.0	90	81	5.0
V	(1)2排2列	8.0	55	44	4.5	110	99	4.5
V	(2)2排1列	8.0 或 5.0▲	40	32	5.5 或 3.5▲	80	72	5.5 或 3.5▲
V	(3)货船	8.0 或 5.0▲	40	32	5.5 或 3.5▲	80	72	5.5 或 3.5▲
VI	(1)1拖5	4.5	25	18	3.4	40	33	3.4
VI	(2)货船	6.0	25	18	4.0	40	33	4.0
VII	(1)1拖5	3.5	20	15	2.8	32	27	2.8
VII	(2)货船	4.5	20	15	2.8	32	27	2.8

注:1. 角注☆的尺度仅适用于长江。
  2. 角注▲的尺度仅适用于通航拖带船队的河流。

对于跨线桥,桥下净空应符合被跨越公路、铁路、其他道路等建筑限界的规定,保证被跨越道路的通行安全。同时,应设置通行限高的警示标志。

公路与铁路立体交叉的跨线桥桥下净空要求为:当公路从铁路桥下穿行时,桥下净空以及路肩或人行道的净高与公路和公路立体交叉的规定相同;行车道部分的净高一般为5m;当铁路从公路桥下穿行时,跨线桥桥下净空应符合铁路净空界限的要求,详见铁路有关规范的规定。

5. 其他因素

桥梁纵断面的设计,除考虑上述介绍的总跨径、分孔、桥面高程与线形、桥下通航、净空等基本要素外,还要综合考虑许多其他因素,并在设计过程中,伴随着可行性研究和初步设计、技术设计、施工图设计的进行,不断调整、完善。

桥梁纵断面的设计,与桥梁结构形式选择密切相关。本书第二章~第六章介绍的各种桥梁结构,是以纵桥向桥跨结构受力特征来分类的。从图3-1可以看出,多跨梁式桥的恒载弯矩与主梁结构形式(简支梁、悬臂梁、连续梁或连续刚构)密切相关。同是三跨连续梁,由图3-2可知,在均布荷载作用下,不同的边、中跨布置,梁所承受的弯矩相差极大。至于拱桥、悬索桥和斜拉桥,由第四章~第六章的可知,其主受力结构的拱和索以受压、拉为主,弯矩较之同跨径的梁小许多甚至几乎可以不计,而桥面系的纵桥向跨径大大减小,因此跨越能力得以增大。

在各种桥型中,除第二章简支梁没有给出具体的纵断面布置图外,其他各章都有。

第三章的连续梁与连续刚构桥中,除图3-1的对称布置外,图3-24还给出了中间孔不等跨连续刚构布置示意图。此外还给出多座具体桥梁的立面布置图,如图3-3的广东容奇大桥立面布置图,图3-16的广东虎门珠江辅航道桥的立面布置图,图3-17的南昆线清水大桥和图3-37a)的厦门高集海峡大桥立面图。

关于拱桥的立面布置图,第四章中有图4-30的沪昆高铁北盘江立面布置图;第八章中有图8-54和图8-55的日本富士川桥和克罗地亚Krk-Ⅰ桥总体布置。

第五章的悬索桥中,图5-9~图5-12分别给出了单跨、三跨、多塔多跨(地锚式)悬索桥以及自锚式悬索桥的纵桥向结构形式。

第六章斜拉桥中,图6-1、图6-8和图6-12分别给出三塔、双塔和多塔斜拉桥的纵桥向结构示意图,图6-2给出单塔地锚式斜拉桥纵桥向示意图。图6-26a)和图6-26b)为两座组合梁斜拉桥的立面图。另外,图6-10、图6-11和图6-14,还给出斜拉索纵桥向布置形式、塔梁之间连接方式和索塔纵桥向结构形式。

本章第四节将对桥型选择进行进一步的讨论。

二、横断面设计

桥梁横断面(cross section)的设计中,桥面净空应符合现行《公路工程技术标准》(JTG B01)中的公路建筑限界规定,见图9-5。

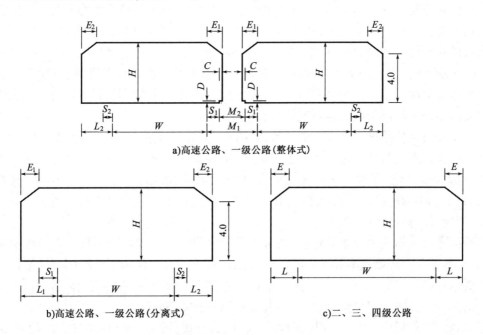

图9-5 各级公路的建筑界限(尺寸单位:m)

双向通行的高速公路、一级公路的桥梁,横断面上可采用整体式[图9-5a)]和分离式[图9-5b)];对于一般桥梁,以修建上、下行两座独立桥梁为宜;对于特大跨径的悬索桥、斜拉桥等,则多采用整体式,以节约投资。二、三、四级公路一般采用整体式[图 9-5c)]。当需要的交通断面很大或桥上能通行不同类型的交通(如汽车与轨道交通)时,桥梁横断面布置也可采用上、下层交通分离的双层桥面形式。

桥面宽度、桥跨结构横截面的布置是桥梁横断面设计的主要内容。桥面宽度由桥面净宽加上其他宽度组成。桥面净宽主要取决于行车和行人的交通需要,即行车道宽度 W 和人行道(或检修道)宽度。其他宽度,如左侧、右侧路肩宽度 L_1、L_2,左侧、右侧路缘带宽度 S_1、S_2,侧向宽度 L,中间带、中央分隔带宽度 M_1、M_2 以及系数 C 等,见《公路工程技术标准》(JTG B01—2014)的相关规定。

行车道宽度 W 主要取决于车道数和每个车道的宽度。车道宽度与设计速度有关。各级公路的设计速度见表 9-8,车道宽度见表 9-9。

各级公路设计速度 表 9-8

公路等级	高速公路			一级公路			二级公路		三级公路		四级公路	
设计速度(km/h)	120	100	80	100	80	60	80	60	40	30	30	20

公路车道宽度 表 9-9

设计速度(km/h)	120	100	80	60	40	30	20
车道宽度(m)	3.75	3.75	3.75	3.50	3.50	3.25	3.00(单车道为 3.50m)

注:高速公路上的八车道桥梁,当设置左侧路肩时,内侧车道宽度可采用 3.5m。

确定桥面净宽时,应首先考虑与桥梁相连的道路路基宽度,保持桥面净宽与路基同宽。多车道公路上的特大桥为整体式上部结构时,其中央分隔带宽度应根据所采用的护栏形式确定。桥上人行道和自行车道的设置,应根据实际需要而定。人行道的宽度宜为 1m,如大于 1m 时按 0.5m 的倍数增加。一条自行车道的宽度为 1m,当单独设置自行车道时,一般不应小于两条自行车道的宽度。不设人行道和自行车道的桥梁,可根据具体情况,设置栏杆和安全带。与路基同宽的小桥和涵洞可仅设缘石或栏杆。

桥面净高也是桥梁横断面设计的内容,即图 9-5 中的净空高度 H 和各种建筑限界顶角宽度 E、E_1、E_2、$E_左$、$E_右$,具体规定见《公路工程技术标准》(JTG B01—2014)。桥梁结构、桥上设置的各种管线等设施、各种安全设施及标志,均不得侵入桥梁净空限界。桥梁净空的其他指标,如路缘石高度 D、检修道和人行道高度 d 等,也应按《公路工程技术标准》(JTG B01—2014)的规定,以保证行人的安全。

当桥面宽度根据交通要求确定后,便可以进行桥跨结构的横截面布置。它是桥梁设计的重要内容,本书从一开始就有相关内容的介绍,第一章中图 1-2 给出了公路(T 形)梁桥横截面一般布置示意图。之后,从第二章~第六章在各种桥梁结构中,都有相应的内容。以下给出一些有关的图号及其内容,具体横截面的布置可见相关的文字介绍。

第二章简支梁桥中,图 2-2 为梁桥常用的横截面形式,图 2-5 给出装配式实心板横桥向的构造。在第二章第一节"三、简支 T 梁",对装配式 T 梁的主梁片数与间距布置进行详细的讨论之后,图 2-18 给出了跨径为 20m 的 T 梁桥横桥向的一般构造图,图 2-20 给出公路预应力混凝土 T 形梁(简支梁)横桥向的构造图。

第三章连续梁桥和连续刚构桥中,图 3-7 给出跨径 30m 公路后张法预应力混凝土小箱梁的横截面布置,图 3-37b)给出厦门高集海峡大桥(预应力混凝土连续箱梁桥)的横截面布置。

第四章拱桥中,图 4-24 给出板拱与箱拱横桥向构造,图 4-29 则给出上承式(拱肋拱)的横向结构示意图。

第五章悬索桥中,图 5-14 给出了悬索桥桥面横截面布置,图 5-17 为索塔横桥向结构形式,图 5-28 和图 5-31 分别给出钢桁梁横向桁架的形式和钢箱加劲梁的形式。

第六章斜拉桥中,图 6-9 和图 6-15 分别给出斜拉索和索塔的横桥向布置,图 6-21 给出钢主梁横截面布置图,图 6-23 和图 6-24 分别为适用于双索面和单索面的混凝土主梁截面实例,图 6-25 则为组合梁截面示意图。

第三节 平面设计与弯桥、斜桥

一、桥梁平面布置

中小桥的线形设计应符合路线设计的总体要求。特大桥、大桥的线形设计应综合考虑路线总体走向、桥位地质、地形、安全通行、通航、已有建筑设施、环境敏感区等因素。特大桥、大桥宜采用较高的平曲线指标。桥梁的线形及桥头引道要保持平顺,使车辆能平稳地通过。

桥梁作为道路的组成部分,为服从线路线形的需要,有时不是以直线、垂直角相交的形式跨越河流或其他障碍物,于是便出现了弯桥(也称为曲线桥)和斜桥。相对于正桥来说,弯桥与斜桥的设计、施工均要复杂得多。因此,过去道路定线时尽可能地回避弯桥、斜桥结构,在必须建造时也常"以折代弯"(用多折线代替弯桥的曲线形状)、"斜桥正做"(仍做成正交直线桥,桥长比斜桥要增长)。随着桥梁技术的进步,在高等级公路和城市路网中,弯桥、斜桥的应用越来越多,在立交匝道桥中也很常见。后面简要介绍弯梁桥、斜梁桥的主要类型与受力特点。

二、弯梁桥

弯桥是指桥梁轴线在平面上呈曲线的桥,为与拱、索等竖向曲线结构相区别,有时称为平面弯桥。弯桥以弯梁桥最为常见,它的承重结构为梁式结构,也称为曲线梁桥,即平面线形呈某种曲线形状的梁桥。

1. 弯梁桥的类型

图 9-6 所示是一座弯梁桥。弯梁桥的分类方法可以从平面形状、曲线形状、建造材料种类、横截面形式、结构体系和施工方法等方面划分。

(1)按平面形状分类

弯梁桥可分为扇形弯梁桥[图 9-7a)]和斜交弯梁桥[图 9-7b)]。显然,上述平面形状中扇形曲线梁桥是研究弯梁桥的最基本形状。

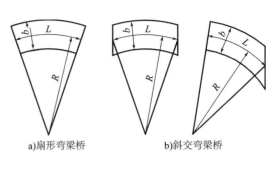

图 9-6 某弯梁桥　　　　　图 9-7 弯梁桥的曲线平面形状

a)扇形弯梁桥　　b)斜交弯梁桥

（2）按曲线形状分类

弯梁桥中常用的曲线有圆曲线、缓和曲线等。其中,圆曲线采用最多,其次是缓和曲线,有时还采用由两种不同曲线组合而成的曲线。

（3）按建造材料种类分类

弯梁桥可分为钢弯梁桥、钢筋混凝土弯梁桥和预应力混凝土弯梁桥等。美国、日本、欧洲等采用钢弯梁桥和钢-混凝土组合弯梁桥较多,我国采用钢筋混凝土和预应力混凝土弯梁桥较多。

（4）按横截面形式分类

与直线梁桥一样,弯梁桥的截面也有板、T 梁、I 梁和箱梁等形式,分别见图 2-2、图 2-12、图 3-5 等。由于弯桥对抗扭能力要求高,所以一般跨径的弯梁桥截面以箱形为主,跨径很小时用板式截面。为了使各片主梁受力更为合理,在构造上满足设置单向超高横坡的要求,也有采用增大外侧主梁断面高度的布置方案。

（5）按结构体系分类

弯梁桥最常采用连续梁体系,但在中小跨径时,也有采用简支梁的。为了降低弯梁桥的跨间弯矩,常在跨间增设"独柱墩",但其抗扭跨径并未缩减,所以增设"独柱墩"对提高抗扭能力效果不大。独柱墩上宜设双支座或墩梁固结,见图 7-58b)和图 7-58c)),或在两端采用墩梁固结的双柱墩、多柱墩或整体式桥台。

（6）按施工方法分类

与直线梁桥相同,弯梁桥可以整体现场浇筑施工,也可预制拼装施工,还可以采用顶推法等。但是,由于弯梁桥中各构件尺寸的一致性较差,且弯梁桥的配筋也较复杂,故我国目前以整体现浇施工为主,顶推法在钢弯箱梁中有一定的应用。

2. 弯梁桥的受力特点

（1）恒载作用

以等厚度矩形截面实心板为例,当在桥中心轴线上截取单位弧长,再从弯曲中心引出两根辐射线与该弧长两端相连,便构成两个扇形面积,如图 9-8 所示。

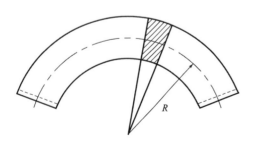

图 9-8 弯梁桥体积重心的偏心

由于外弧侧的扇形面积大于内弧侧面积,全截面的体积重心将偏离轴线向外弧的一侧,其偏心距离为 e。这就是说,即使桥面上为均布荷载,对弯梁桥的作用也可分解为一个作用于桥中心线的垂直分力和向外弧侧倾翻的扭矩[72]。

(2)活载作用

①汽车荷载

对于两端具有抗扭支座的单跨弯梁桥,如图 9-9 所示。当跨中 C 点有集中力 P 作用时,由于 A、B、C 三点不在同一直线上,且点 C 距 AB 连线的垂距为 e,故支点处除支反力 R_A 和 R_B 外,还有反力扭矩 T_A 和 T_B。因此,在桥跨内每个截面上除承受弯矩、剪力作用外,还承受扭矩作用。曲率半径越小,扭矩值越大。如果将每个支点上的支反力和反力扭矩先进行分解再合成,便会发现外侧支座反力大、内侧支座反力小(甚至为负反力)。

②汽车离心力

车辆在桥面上行驶时,如图 9-10 所示,有一个指向外弧且离桥面高度为 h_c 的离心力 P_h,该力对结构也要产生向外倾翻的扭矩 $T = h_c P_h$。汽车荷载离心力按车辆荷载(不计冲击力)乘以离心力系数 C 计算,其中离心力系数 C 见式(1-1)。

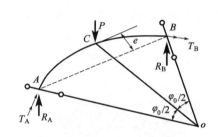

图 9-9 弯桥受集中力 P 作用

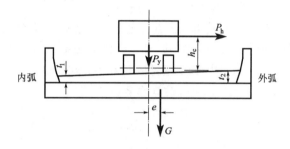

图 9-10 弯梁桥横坡和离心力的影响图

综上,弯梁桥的受力特点主要有以下三点:

(1)在结构自重作用下,除支点截面以外,弯梁桥外边缘的挠度一般大于内边缘的挠度,而且曲线半径越小这种差异越严重。

(2)在自重和外荷载作用下,梁在产生弯矩的同时,必然伴随产生"耦合扭矩",即所称的"弯-扭"耦合作用。

(3)对于两端均有抗扭支座的弯梁桥,其外弧侧的支座反力一般大于内弧侧,曲率半径较小时,内弧侧还可能出现负反力。

3. 弯梁桥的平面内变形特点

引起弯梁桥在水平面内产生位移的因素有两类,且两类位移的方向有很大的差别。

(1)由于温度变化和混凝土收缩引起的水平位移

这类位移属于弧线段膨胀或缩短性质的位移。将圆弧曲杆的中点固定,温度上升后,曲杆将发生如图 9-11a)所示的自由变形,弧长增长,曲率半径也增大,但圆心角不变。温度下降或混凝土收缩时,则发生与温度上升相反的变形。

对于如图 9-11b)所示的三跨连续曲梁桥,设左端为固定支座,则位于1、2、3支座处的桥面会分别产生指向固定支座 0 处的 δ_1、δ_2 和 δ_3 的水平位移。曲率半径发生改变,而圆心角不变,即 $r_0 \to r, \varphi_0$ 不变。

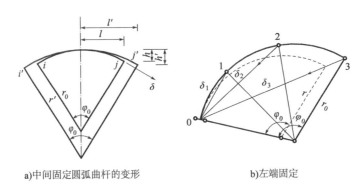

a) 中间固定圆弧曲杆的变形　　b) 左端固定

图 9-11　曲梁桥温度变化引起的弯梁变形

（2）由于预加力和混凝土徐变引起的水平位移

这类位移属于切线方向的位移。如图 9-12 所示是在截面形心处施加预应力时由弹性压缩和徐变变形所引起的水平位移。显然，曲率半径不发生改变，而圆心角却发生改变，即 r_0 不变，$\varphi_0 \rightarrow \varphi$。

（3）弯梁桥的爬移

由图 9-11b) 可知，温度变化和混凝土收缩均会引起弯梁横桥向的位移。虽然一般支座对横桥向的位移有约束作用，但当约束作用不足或失效时，弯梁桥"横桥向位移"经长期累积后，将使桥跨结构发生偏转"爬移"现象，如图 9-13 所示，从而影响通行或结构安全。因此，这一现象应引起设计人员和桥梁管理者的重视。

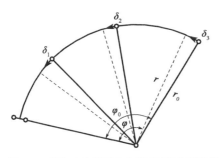
图 9-12　预加力和混凝土徐变引起的弯梁位移

图 9-13　某弯梁桥的横向爬移情况

三、斜板(梁)桥

1. 斜板(梁)桥的布置

桥梁上部结构的轴线与桥台、桥墩的支承轴线不垂直相交而是斜交的桥梁称为斜桥。从桥梁本身的经济性和施工方便来说，应尽可能避免桥梁与河流或与桥下路线斜交。斜桥的修建比正桥复杂。在设计上，斜桥的非对称性使其很难与周围环境相协调；在计算上，斜桥的受力比正桥复杂；在施工上，斜桥的配筋、构造等也均比正桥复杂。所以，过去当遇到桥轴线与水流流向斜交时，常采用"斜桥正做"的方法，如图 9-14b) 所示，其上部结构的面积为 bL_1，而 $L_1 = L/\cos\varphi + b\tan\varphi$。显然斜桥正做时桥梁的上部结构面积 b_1L_1，比斜桥 [图 9-14c)] 的上部结构面积 $b_1L = Lb/\cos\varphi$ 要大很多。

表征斜桥偏斜程度的方法有两种：一种是用桥轴线与支承轴线构成的小于 90°的角 α 表

示。另一种是用桥轴线与支承轴线的垂直线构成的角 φ 表示。如图9-14c)所示,显然,角 α 和角 φ 互为余角。由于角 φ 越大,表示斜交的程度越大,因此,我国公路桥梁中用支承轴线垂直线与桥纵轴线的夹角(即 φ)来定义斜桥的斜交角。

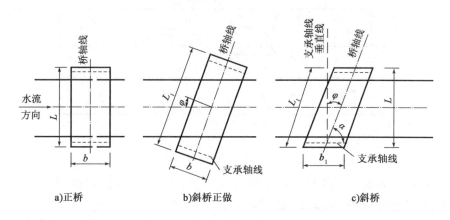

图9-14 斜交角的定义

对于公路中的中、小桥梁,为了改善路线线形,或城市桥梁受原有街道的制约时,只能修建斜交桥。《公桥通规》(JTG D60—2015)规定,在通航河流上桥梁的斜交角不宜大于5°;当斜交角大于5°时,宜增加通航孔净宽。对于通航河道上的桥梁,如图9-15所示,当斜交角大于5°时,宜增大通航跨径,其计算公式见式(9-1):

$$L_a = \frac{L + b\sin\alpha}{\cos\alpha} \quad (9\text{-}1)$$

式中: L_a——相应于计算水位的墩(台)边缘之间的净距(m);
L——通航要求的有效跨径(m);
b——墩(台)的长度(m);
α——垂直于水流方向与桥纵轴线间的交角(°)。

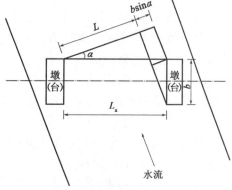

图9-15 斜桥的通航孔径要求示意图

上部结构为梁式结构时称为斜梁桥。与正梁桥相似,斜梁桥的截面也有板式、肋式和箱式,相应地称为斜板桥、斜肋梁桥和斜箱梁桥,后两种又统称为斜梁桥。

斜板桥的截面形式主要有实心板和空心板两种。按照制作工艺,钢筋混凝土斜实心板也可以分为整体式和预制装配式,整体斜实心板桥是小跨径斜桥常用的结构形式,它的模板简单,建筑高度小。装配式钢筋混凝土斜空心板标准跨径分为6m、8m、10m和13m等四种;装配式预应力混凝土空心板的最大跨径可达30m。

斜梁桥的截面形式通常有T形梁、I形组合梁、槽形组合梁、小箱梁和箱梁等多种形式,见图2-2、图2-12、图3-5等。其中,箱形截面抗扭刚度大,更适应斜梁的受力特点,在连续斜梁桥中应用较多。按截面形式一般可分为单箱单室和单箱多室,而以后者居多。由于其支座是斜置的,故较多采用支架施工,而较少采用悬臂施工。除箱梁外,其他截面形式的斜桥,可采用预制或现浇施工。

斜梁桥按跨数分有单跨斜梁桥及多跨(连续)斜梁桥。单跨斜梁桥按两端的斜度又可分为规则斜梁和异形斜梁,如图9-16所示。

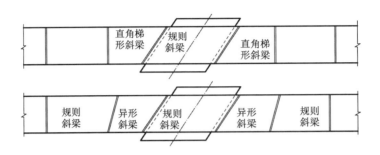

图9-16 正、斜桥桥型布置图

对于单跨斜梁来说,如果斜梁的两个斜度相等($\varphi_1 = \varphi_2$),即称为规则斜梁。由规则斜梁组成的桥梁,即为规则斜桥(regular skew bridge)。

对于单跨斜梁,当$\varphi_1 \neq \varphi_2$时,即为异形斜梁,也称为梯形斜梁。由此构成的斜桥即为异形斜桥,或称为不规则斜桥(irregular skew bridge)。直角梯形斜梁是异形斜梁的特例,即φ_1或φ_2中有一个为直角,而另一端不为直角。

2. 斜板桥的受力特点

(1)支承边反力

斜板在支承边上的反力很不均匀。钝角角隅处的反力可能比正板大数倍,而锐角处的反力却有所减小,甚至出现负反力;如图9-17a)所示,以钝角B、C处的反力最大,以锐角A、D处的最小,甚至可能出现负反力,使锐角向上翘。对于正板,支座的个数越多,每个支座分得的反力就越小;但对于斜板,支座的个数越多,反力却越集中于钝角。理论和试验研究发现,采用弹性支承可以使斜板的支承反力分布趋于均匀,且钝角上缘的负弯矩也有所减小。

(2)跨中主弯矩

斜板的荷载一般有向支承边的最短距离传递的趋势。宽跨比较小的情况下,主弯矩方向朝支承边的垂直方向偏转[图9-17b)];宽跨比较大的情况下,板中央的主弯矩几乎垂直于支承边,边缘的主弯矩平行于自由边[图9-17c)];并且弯矩值沿板宽分布也是不均匀的,对于均布荷载,中部弯矩值大于两侧,对于集中荷载,则以荷载点处的最大。

(3)钝角负弯矩

如同连续梁的中支点截面一样[图9-17d)],在钝角B、C处产生负主弯矩,有时它的绝对值比跨中正弯矩还要大,其负主弯矩的方向接近与钝角的二等分线相正交。

(4)横向弯矩

斜板的最大纵向弯矩虽比相应的正板小,可是横向弯矩却比正板大得多,尤其是跨中部分的横向弯矩。横向弯矩的增加量大致上可以认为等于纵向弯矩的减小量,并且沿自由边的横向弯矩还会出现负值,靠近锐角处为正,靠钝角处为负[图9-17c)]。

(5)扭矩

图9-17a)所示的A、D点,有翘起的趋势,如果固定A、D两点,那么将使斜板在两个方向产生扭矩,这也是斜板受力的一个重要特点。

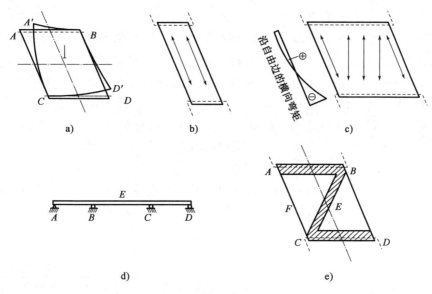

图 9-17 斜板桥的受力状态

综上所述,斜板的受力特点可以用图 9-17e)所示的以 ABCD 为支点的"Z"字形连续梁来比拟:跨中点 E 处的弯矩,大致在 BC 方向上最大;在钝角点 B 和 C 处产生较大的负弯矩和支点反力;在锐角点 A 和 D 处产生相当于连续梁边支承处的较小的反力;在支承轴线 AB 和 CD 上增加支座,对支承边的横向弯矩有较大影响,而对跨中点 E 处的弯矩影响不大。

在外界因素(如温度变化、混凝土收缩、徐变、预加力等)作用下,斜桥在其行车道平面内的各点将有位移产生,在各支承(支座)处会产生变位,即在支承(支座)上产生约束反力(与行车道平面平行),这些力可能会产生一个不平衡的旋转力矩,从而引起"斜桥的爬移"。另一方面,斜桥在外荷载(如制动力、风力、地震力等)作用下,如果这些力的合力不通过转动中心,则这些力即对转动中心产生不平衡的力矩及合力,引起斜桥在其平面内的转动及平移。斜桥的爬移实际上是由横桥向的水平累积位移引起。解决方法是在墩台上设置限制侧向位移的构造。

以半整体桥为例,各种因素引起上部结构纵桥向的变形,受到端墙土压力的作用而发生朝着锐角方向的平面转动(图 9-18)[74]。如果是延伸桥面板桥,这种转动比有缝桥略小,因为引板对转动有一定的约束作用。如果是整体桥,则在桥梁上、下部结构(尤其是桩基础)中产生附加内力。因此,无缝桥指南和规范均对斜桥的斜角有一定的限制。《无缝桥技术规程》(T/CECS G;D60-01—2020)规定适用于该规程的斜交角,整体桥和延伸桥面板桥为不大于30°,半整体桥不大于20°。

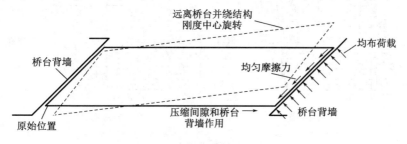

图 9-18 半整体斜桥的旋转示意图

3.斜板桥的钢筋布置及构造特点

斜板桥的受力特点与桥的宽跨比 b/l_1 有很大的关系,因此钢筋布置也与宽跨比有关。这里跨径 l_1 指的是斜跨径,桥宽 b 为垂直于桥轴线轴的桥(板)宽,如图9-19所示。

当整体式斜板桥的斜交角不大于15°时,可按正交板计算,计算跨径为:当 $l_1 > 1.3b$ 时,按纵桥向纵轴线的斜跨径 l_1 计算;当 $l_1 \leq 1.3b$ 时,按两支承轴线间的垂直距离 l 计算。装配式铰接斜板桥的预制板块,可按宽为两板边垂直距离,计算跨径为斜跨径的正交板计算[图9-19a)]。

当整体式斜板桥的斜交角大于15°时,应根据斜板的受力性能,进行计算和配筋。

斜板桥的钢筋布置有以下特点:

(1)当 $l_1 > 1.3b$ 时[图9-19a)],为窄斜板桥(或为预制装配斜板桥中的预制斜板),纵向钢筋平行于自由边布置;横向钢筋,跨中垂直于自由边布置,两端平行于支承边布置,如图9-20所示。

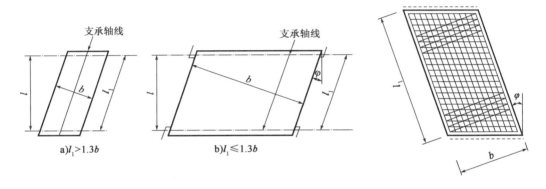

图9-19 斜板桥的宽跨比形式　　图9-20 $l_1 > 1.3b$ 的钢筋布置示意图

(2)当 $l_1 \leq 1.3b$ 时[图9-19b)],桥梁宽度较大(一般是整体式斜板桥),纵向钢筋在板中央垂直于支承边布置,在两边缘则平行于自由边布置;横向钢筋平行于支承边布置。常见的钢筋布置方式有两种:渐变布置[图9-21a)]、重叠布置[图9-21b)]。斜交角较小时($\varphi \leq 15°$),纵向钢筋可以完全平行于自由边布置[图9-21c)];斜交角较大时($\varphi > 15°$),可以完全垂直于支承轴布置[图9-21d)]。

为抵抗自由边的扭矩,可在距自由边1倍板厚的范围内设置加强箍筋[图9-21c)、d)]。

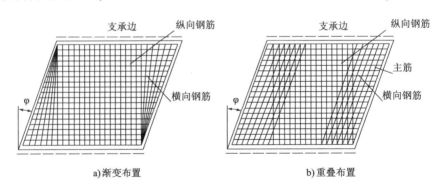

图 9-21

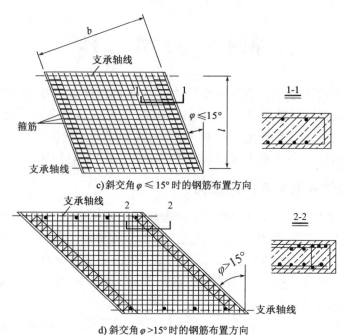

c) 斜交角 $\varphi \leqslant 15°$ 时的钢筋布置方向

d) 斜交角 $\varphi > 15°$ 时的钢筋布置方向

图 9-21　$l_1 \leqslant 1.3b$ 斜板桥的钢筋布置示意图

在钝角顶面 $l_1/5$ 范围内,应在角平分线的垂直方向设置抵抗负弯矩的钢筋。单位宽度内钢筋数量 A_{g1} 可按下式计算:

$$A_{g1} = kA_g \tag{9-2}$$

式中:A_g——每米桥宽的主钢筋数量;

k——与 φ 有关的系数,按表 9-10 取值。

k 值 表　　　　　表 9-10

φ	k	φ	k
0~15°	0.6	30°~45°	1.0
15°~30°	0.8		

(3)为承担很大的支反力,应在钝角底面平行于角平分线方向上设置加强钢筋(图 9-22)。另外必须注意,斜交板桥在运营过程中,在平面内有向钝角方向转动的趋势,如果板的支座没有充分锚固住,应加强锐角处桥台顶部的背墙,使它免遭挤裂。

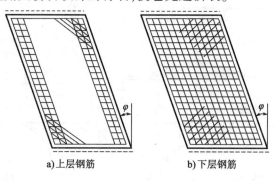

a) 上层钢筋　　　　b) 下层钢筋

图 9-22　钝角部位的加强钢筋

第四节 桥型选择

桥型选择是桥梁设计的关键,它与前面纵、横和平面的设计密切相关、相互影响。这里所说的桥型指结构类型和材料类型,在第一章有过极简要的介绍,前面各章以结构类型为主线进行较详细的介绍,在其中也介绍了因所用材料不同而采用明显不同的结构与构造。本节通过综合比较,介绍供桥型选择时参考的一些关键因素,特别强调了采用不同材料的桥梁结构与构造特点。

一、桥梁结构体系划分与跨越能力

梁、拱、吊是三种古老的桥梁结构形式。随着桥梁结构形式的发展,一些新的桥型不断出现,这些新桥型可以看成梁、拱和吊之间的组合,比如斜拉桥和刚构桥。由于斜拉桥和刚构桥在近代得到很大的发展,目前常将这两种结构与梁、拱、吊三种传统的桥梁形式并列,因此我国常将桥梁按结构划分为五种桥式,即梁桥、刚架桥、拱桥、悬索桥、斜拉桥,本教材对它们在第二章~第六章进行重点介绍。

这样的划分方法是以主结构的受力性质来划分的,没有从结构体系上考虑,有时同一结构形式中不同体系的跨越能力会有较大的不同,如有推力拱和无推力的系杆拱。为便于理解桥梁结构与跨越能力的关系,从支撑桥面系结构的角度,可将桥梁结构体系划分为三种:墩支桥体系、塔支桥体系和拱支桥体系,以下分别简称为墩支桥、塔支桥和拱支桥。本小节介绍这三种结构体系所包含的桥型、结构与构造特点和跨越能力,它们的施工特点和常用的方法见第十章第二节的介绍。

1. 结构体系划分

(1)墩支桥

墩支桥依靠桥墩支承主结构和行车系结构。包含了梁桥(简支梁桥、悬臂梁桥、连续梁桥)、刚构桥(包括连续刚构桥、斜腿刚构桥)、以部分斜拉桥为主的索辅梁桥、拱梁组合体系(含无推力的系杆拱桥和有推力的倒朗格尔梁等),见图9-23。

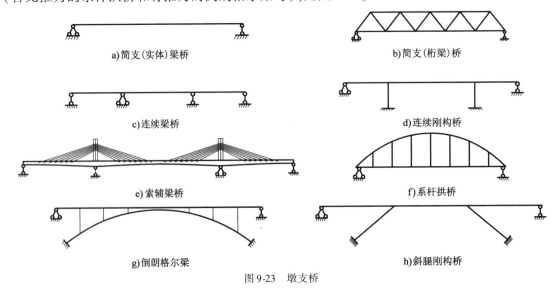

图9-23 墩支桥

墩支桥的桥面系结构常常为主结构的一部分,如T梁、箱梁的上翼缘,既是主梁的截面构成部分,也是桥面板;又如系杆拱,系杆是拱梁组合结构的重要组成部分,也是桥面系的纵梁;再如桁架拱、刚架拱,上弦杆既是主结构的重要组成部分,也是桥面系的纵梁。而对于板桥,主结构也是行车系结构。显然,墩支桥是以梁桥为主,但范围大于梁桥。

墩支桥除系杆拱为下承式、桁梁桥可采用下承式甚至中承式外,其余均为上承式。随着跨径的增大,其上部结构自重和材料用量将迅速增加,因而,桥墩间距不能太大,即跨越能力不大。

《公桥通规》(JTG D60—2015)规定,当标准设计或新建桥涵跨径在50m及以下时,宜采用标准化跨径(standardized span, l_b),且采用标准化跨径的桥涵宜采用机械化和工厂化施工的装配式结构。桥涵标准跨径规定为0.75m、1.0m、1.25m、1.5m、2.0m、2.5m、3.0m、4.0m、5.0m、6.0m、8.0m、10m、13m、16m、20m、25m、30m、35m、40m、45m、50m。

墩支桥是中小跨径最常用的桥型。对于跨径不大于50m的桥梁,常采用钢筋混凝土和预应力混凝土梁桥。《混凝土桥规》(JTG 3362—2018)规定:

钢筋混凝土梁桥跨径宜满足下列要求:

①装配式钢筋混凝土板桥的跨径不大于10m。
②整体现浇钢筋混凝土板桥,简支时跨径不大于10m,连续时跨径不大于16m。
③装配式钢筋混凝土T梁桥的跨径不大于16m。
④整体现浇箱形截面梁桥,简支时跨径不大于20m,连续时跨径不大于25m。

预应力混凝土梁桥跨径宜满足下列要求:

①装配式预应力混凝土空心板桥的跨径不大于20m。
②整体现浇预应力混凝土板桥,简支时跨径不大于20m,连续时跨径不大于25m。
③装配式预应力混凝土T梁桥的跨径不大于50m。
④装配式预应力混凝土组合箱梁桥的跨径不大于40m。

除上述传统的板、梁桥外,对于软弱地基路段以桥代堤时,还可以采用一种桩板式(pile-deck)桥梁结构。桥梁高程较低,一般仅高出地面3~5m;跨径较短,常用跨径为5~10m;而总长较长,一般连续50~100m。当遇到河流或其他较大的障碍物时,桩板桥会用一跨大跨或一组较大跨径的结构跨越[80]。

(2)塔支桥

塔支桥依靠桥塔和索支承上部结构,也称为索支承桥梁[10],由于索只受拉,所以要有高于桥面的塔为索拉住桥面结构提供支承点。塔支桥均为下承式,包含悬索桥、斜拉桥,见图9-24。

塔支桥的桥面系结构(纵桥向)由吊索或斜拉索弹性支承,单位长度的桥面系自重几乎不随着主跨径的增加而增加,建筑高度低、自重轻;而索结构以受拉为主,采用高强材料,自重轻。所以,塔支桥跨越能力大。

从静力角度来说,桥面结构(加劲梁、桥面纵横梁及桥面板)是斜拉桥承重结构的组成部分,而桥面结构不是悬索桥承重结构的组成部分,第一代悬索桥甚至没有桥面系结构。然而,现代大跨径悬索桥,动力性能极其重要,桥面结构不仅从交通功能来说不可或缺,从动力性能来说,它也是悬索桥的主体部分。

(3)拱支桥

拱支桥指除拱梁组合体系外的各类拱桥,含有推力拱桥和部分推力的刚架系杆拱桥,见图9-25。

它的范围小于第四章所介绍的拱桥。

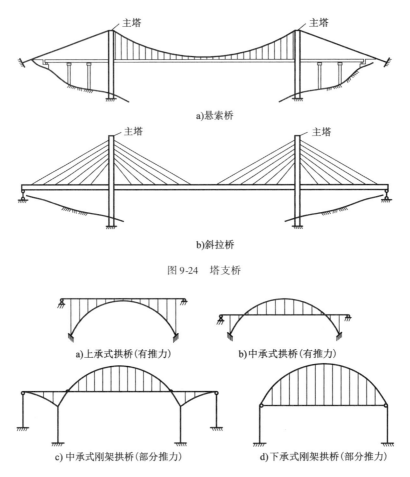

图 9-24 塔支桥

图 9-25 拱支桥

拱支桥通过两墩(台)之间跨空的拱来支承桥面系结构,它可以是上承式,也可以是下承式或中承式。其桥面结构通过立柱或吊杆的支承,可采用不大的跨径,单位长度的桥面系自重也不随主跨径的增大而明显增大。但主结构——拱以受压为主,稳定问题较为突出,要求刚度较大,因而自重也较大。拱支桥的跨越能力介于墩支桥和塔支桥之间。

拱支桥中,桥面结构主要提供行车功能,不参与总体受力。上承式人行拱桥甚至可以直接在拱上设置台阶而不另设桥面结构。

桥梁结构丰富多彩,进行结构体系与桥型的划分是为了更好地供设计选型参考。然而,这些划分是相对的。如系杆拱,拱是其整体受力的主要结构,本书在前面介绍时将其归入拱桥一章,这里根据其跨越能力又归到墩支桥中。又如部分斜拉桥,它的外形与一般斜拉桥相似,有塔、梁、斜拉索,本书在第六章的斜拉桥中进行了介绍。但从结构受力上来说,它的斜拉索相当于预应力梁桥的体外索,在这里也将其归入墩支桥。这种桥名一开始英语名是 extradosed PC bridge,归在预应力混凝土梁桥中,但我国的芜湖长江大桥的主梁为钢桁梁,日本的木曾川桥和揖斐川桥的主梁边段为预应力混凝土、中间一段为钢梁,又不能归在预应力梁桥中。对于实际的桥梁工程,不必强调它的归类。事实上,许多新桥型正是通过不同类型的组合、从不同结构的过渡形式中产生的。

2. 跨越能力

表9-11列出按这三种体系划分的各桥型的跨越能力,包括经济跨径、已建(在建)桥梁的最大跨径,可供桥型选择时参考。

桥梁跨径表 表9-11

桥梁体系与桥型		经济跨径（m）	已建(在建)最大跨径	
			桥名	主跨(m)
墩支桥	预应力简支梁	20~40	中国昆明南过境干道高架桥	63
	预应力梁整体桥	20~60	马来西亚 Batu 6 桥	100
	预应力连续梁桥	50~120	挪威伐罗德2号桥	260
	部分斜拉桥	100~300	中国安徽芜湖长江大桥	312
	连续刚构桥	120~300	中国重庆石板坡长江大桥复线(混合梁)	330
	钢桁架桥	50~200	加拿大魁北克桥	549
	钢箱梁桥	30~180	意大利 Sfalassa 高架桥	376
	钢系杆拱桥	50~200	美国佛里蒙特桥	382.6
	钢管混凝土系杆拱桥	50~150	中国河南蒲山大桥(拱桥)	225
塔支桥	悬索桥(钢)	500以上	日本明石海峡大桥	1991
	混凝土梁斜拉桥	200~500	挪威 Skarnsund 桥	530
	组合梁斜拉桥	500~600	中国福建青州闽江桥	605
	钢梁斜拉桥	600~1000	俄罗斯俄罗斯岛大桥	1104
拱支桥	石拱桥	30~60	中国山西丹河新桥	146
	钢拱桥	150~400	中国重庆朝天门大桥	552
	混凝土拱桥	50~200	中国广西天峨龙滩特大桥(在建)	600
	钢管混凝土拱桥	80~400	中国广西平南三桥	575

对于混凝土桥梁,文献[82]给出的典型结构体系适用范围见表9-12。

混凝土桥梁典型结构体系适用范围 表9-12

墩高范围(m)	跨径范围(m)	结构体系	上部结构	下部结构	施工方法
≤15	10~20	简支梁	装配式板梁	桩柱式桥墩	预制吊装
15~30	20~30		装配式T梁	桩柱式桥墩	预制吊装
			装配式组合箱梁		
30~60	30~40	连续梁	装配式T梁	Y形墩或空心薄壁墩	预制吊装
			装配式组合箱梁		
	30~60		等高度箱梁	薄壁墩	顶推或支架现浇
	30~70		等高度箱梁	薄壁墩	悬臂施工
	>60		变高度箱梁	薄壁墩	悬臂施工
≥60	>100	连续刚构	变高度箱梁	薄壁墩	悬臂施工
		刚构-连续组合	变高度箱梁	薄壁墩	悬臂施工
		拱桥	—	—	—

二、不同材料桥梁特点、应用与发展

1. 不同材料桥梁的特点

(1) 混凝土桥

钢筋混凝土和预应力混凝土桥梁一直是我国公路与城市桥梁的主要桥型。对于一般跨径桥梁,其经济性好于钢桥,一般认为它具有就地取材、耐久性好、养护费用低、适应性强、整体性好等特点。但其与钢桥相比,自重较大,跨越能力受到制约。然而,人们对混凝土桥梁优势的认识随着时间的推移而发生变化,如"就地取材"在许多地方已不现实,因为砂石材料来源受限;"耐久性好"并不意味着没有耐久性问题,有时还很严重;"整体性好"若指采用整体现浇混凝土施工的话,该优点也并不比钢桥突出,因为现在预制装配式的混凝土桥应用也越来越多。

在施工方面,总体而言,混凝土桥梁不如钢桥。对于预制混凝土构件,其自重大、架设难度较大、连接构造较复杂;对于现浇混凝土桥,其施工周期长、支架和模板费用较高。

(2) 钢桥

相对于混凝土,钢材虽然重度大,但其强度高,其重度与强度的比值较混凝土小很多。钢构件的自重轻,跨越能力强,因此,钢材是大跨径桥梁常用的材料。同时,钢材便于工厂化加工、运输和架设,施工速度快。所示,对于要求工期短、对现场干扰小的桥梁,钢桥常常是很好的选择。

然而,钢材易受腐蚀。对处于易腐蚀环境的桥梁,其养护费用高。钢材腐蚀、受拉疲劳、受压失稳是钢桥破坏的主要原因。同时,钢桥的材料费用与加工费用一般高于混凝土桥梁,这在发展中国家更为突出。相对而言,发达国家钢桥应用较多。在受力方面,高强钢材的刚度偏弱、损伤敏感性强、受压稳定、受拉疲劳、索结构的动力稳定性等均是应用中需要特别重视的问题。

(3) 组合桥与混合桥

组合桥主要指钢-混凝土组合桥,它能发挥钢与混凝土的各自优势,获得整体结构的合理性与经济性。组合材料的应用是桥梁工程发展的一个重要方向。

在第六章第二节中对斜拉桥主梁采用钢-混凝土组合梁进行了简要介绍。钢-混凝土组合梁除了在斜拉桥中的应用外,在中等跨径梁桥中有更多的应用。在桥梁结构中,除了结合梁,墩柱、桥塔、主拱等也都可以采用组合结构。在第四章中介绍的钢管混凝土拱就是组合结构在主拱中的典型应用。下一小节"钢桁梁与桥梁组合结构"中,将对桥梁中的组合结构进行更多的介绍。

混合桥是指同一主要受力构件由两种或两种以上材料组成的桥梁。第三章介绍的重庆石板坡长江大桥复线桥,主跨达330m,中间段采用长度103m的钢梁,其余为预应力混凝土梁,就是一座典型的混合梁桥(图3-23)。

混合梁在斜拉桥中也有较多的应用[46]。当斜拉桥主边跨之比较大时,为了平衡受力,主跨采用钢主梁,而边跨采用混凝土主梁。我国的汕头礐石大桥(主跨518m,1999年建成)、武汉白沙洲长江大桥(主跨618m,2000年建成)、浙江舟山桃夭门大桥(主跨580m,2001年建成)福厦高铁乌龙江特大桥(主跨432m,2021年建成)、安九铁路鳊鱼洲长江大桥(主跨672m,2021年建成)、湖南省马路口资水特大桥(主跨500m,在建)、湖北省丹江口水库特大桥(主跨

760m,在建)都属于混合梁斜拉桥。

除主梁外,桥塔、拱等也都可以采用混合结构。混合梁中钢结构与混凝土结构相接的部位(结合部)的构造是设计、施工需要高度重视的重要的构造细节,图 6-27 给出了常见的几种连接形式。

(4)圬工桥

圬工材料包括砖、石和素混凝土,它们被广泛应用于桥梁的基础和墩台等下部结构中,但用于上部结构则主要是在以受压为主的拱桥中,在小跨径的石梁桥中也有一定的应用,如图 1-10a)所示的福建泉州万安桥(洛阳桥)。

历史上曾经大量修建圬工拱桥,一些遗存至今,如图 1-11 的法国加尔输水桥、图 1-12 的中国赵州桥、图 1-13 的大利里亚托桥。在欧洲的铁路桥梁中,圬工拱桥约占 60%。我国公路桥梁中,圬工拱桥也曾经占主导地位,现今它仍是地方道路中数量最多的桥型之一。圬工拱桥虽然材料费用低,但架设困难、人工费用和施工费用高、跨越能力弱,其竞争能力已越来越低。现在除涵洞、公园小桥以及少量富有石材的山区的中小桥梁外,已极少用圬工材料来修建桥梁。

(5)其他材料桥梁

木材曾经在桥梁中得到广泛的应用,历史上修建了大量的木桥。然而,由于其耐久性差、耐火等级低、承载力小,在我国的公路永久性桥梁中已无采用。木材在公园、临时性桥梁中还有应用。从低碳和环保角度而言,木材是可再生资源,木桥在国外现代桥梁中仍有应用,但多采用胶合木而非原木。

铝合金具有重量轻、耐腐蚀性能好、易于养护、容易加工、回收率高等特点,它在桥梁中也有应用。由铝合金建成的桥称为铝结构桥或铝桥(aluminum bridge)。但由于其造价较高,铝结构桥的实际应用并不多。除主结构外,铝材在桥梁附属构造(如栏杆、防护栏)和桥面板等局部受力构件中也有一些应用。

此外,不锈钢、特种玻璃、工程塑料、竹等材料也都可用于桥梁的建设,但由于各种原因,工程应用极少或仍在探索之中。

2. 不同桥梁结构体系中的材料应用情况

在现代桥梁中,钢和混凝土是两种最主要的建筑材料,钢桥、混凝土桥和钢-混凝土组合桥应用最多。在本书第二章~第六章所介绍的桥型中,上部结构的主要应用材料,归纳如下:

简支梁桥,主要适用于小跨径桥梁,在我国公路桥梁和城市桥梁中多采用钢筋混凝土和预应力混凝土结构,第二章的介绍也以它们为主。

连续梁桥和连续刚构桥,预应力混凝土结构在国内外都常用,所以成为第三章介绍的重点。

拱桥的主拱以受压为主,所应用的材料最为丰富,过去以圬工材料为主,现在混凝土、钢和钢-混凝土组合结构均较为常见,所以在第四章中均给予介绍。

现代悬索桥,不仅主缆是高强钢材,加劲梁也以钢材为主,所以第五章的介绍以钢悬索桥为主。

斜拉桥的斜拉索与悬索桥的主缆相似,为高强钢材,主梁与拱相似,也是压弯结构,可采用钢、混凝土和钢-混凝土组合梁,主塔则以混凝土结构为主,第六章的介绍没有将其按材料归到某一种材料桥型,而是根据实际的材料应用情况进行介绍。

钢和混凝土材料有各自的特点,所修建的钢桥和钢-混凝土组合桥也有各自的特点。桥梁设计时应综合考虑,进行建造材料的选择。

3. 桥梁材料发展趋势

(1) 材料发展促进桥梁技术进步

桥梁结构与所用材料密切相关。从第一章第一节可知,桥梁按上部结构的主要建造材料可分为木桥、石桥、混凝土桥、钢桥、钢-混凝土组合桥等。桥梁技术的进步与材料科学与技术的发展密不可分。桥梁工程中所用的材料从远古的天然材料到今天以钢和混凝土为主的人工材料,不断发展,材料强度与性能不断提高,桥梁的跨越能力也随之不断增大,桥梁工程技术在不断进步。

从第六章可知,斜拉索在自重作用下不可避免地要产生垂度,使得拉索的拉伸刚度下降,对所拉结构(主梁)的支承作用减弱。早期的拉索,强度低、自重大,自重作用下的垂度大,拉索的拉伸刚度小,对加劲梁的弹性支承作用很小。同时,如果为了减小斜拉索的垂度,给它施加了相对较大的初始拉应力,则斜拉索的强度主要消耗在克服自重垂度上,很难为其他恒载、活载做出较大的贡献,斜拉索的作用也得不到发挥。高强钢索的出现,使拉索充分发挥其对加劲梁的弹性支承作用,才使得斜拉桥得到发展。高强钢材是促进悬索桥发展的重要因素。

反过来,桥梁对材料的要求,也促进了材料技术的发展。如我国为了建设跨长江的铁路桥梁,开发出的16锰桥梁钢、15锰钒氮钢、14锰铌钢等,均极大地促进了我国钢铁工业的技术进步。

(2) 钢材

相对于钢丝极高的强度,一般钢材目前也正从一般强度向高强钢材(high strength steel, HSS)和超高强钢材(ultra-high strength steel, UHSS)发展,从汽车等行业的应用向土木工程应用发展[83]。高强钢材指屈服强度范围为460~690MPa的结构钢,我国目前主要有Q460、Q500、Q550和Q620等。超高强钢材指屈服强度大于690MPa的结构钢材。

除强度不断提高外,桥梁用钢材在耐气候性能、可焊性、韧性、抗疲劳性能等方面都不断取得进步。高强或高性能钢材在我国的桥梁结构中已开始得到应用,但超高强钢材的应用还处在探索阶段[84]。

(3) 混凝土材料

混凝土材料强度与性能的不断提高,也不断地促进混凝土桥梁的发展。在20世纪20年代、50年代和70年代,工程中所用混凝土的平均强度分别为20MPa、30MPa和40MPa。之后,由于减水剂和高活性掺合料的开发和应用,强度超过60MPa的高强混凝土被研发出来并在工程中得到不断应用,此后随着对耐久性等性能的要求,高性能混凝土的应用不断增多。20世纪末,抗压强度超过120MPa、具有一定抗拉性能且耐久性能好的超高性能混凝土(UHPC)研发成功并在实际工程中得到不断的应用,1997年其首次在加拿大的Sherbrooke人行桥中得到应用,截至2020年,全世界已建成二百余座的UHPC桥[14,85]。图9-26为我国首座公路UHPC桥[86]。除减轻自重、增大跨径等效应外,它还将引发结构构造与设计方法的变化,如无腹筋梁、无普通钢筋的节段预应力梁等。此外,混凝土的再生利用研究与实际应用也在不断推进之中。

(4) 其他材料

除钢与混凝土外,最近几十年,纤维增强复合材料(fiberglass-reinforced polymer/plastic, FRP)、碳纤维增强复合材料(carbon-fiber-reinforced polymer/plastic, CFRP)和玻璃纤维增强复

合材料(glass-fiber-reinforced polymer/plastic, GFRP,即玻璃钢)等材料,因其具有高强、耐久性能好等优点,在桥梁工程中的应用不断增多,目前主要用于旧桥的维修加固中。

图 9-26　我国第一座公路 UHPC 桥(河北石安高速公路跨线桥)

三、钢桁梁和桥梁组合结构

混凝土梁桥和钢箱梁桥的截面形式前面已有较多介绍。本节简要补充介绍钢桁梁、钢-混凝土组合梁及其他桥梁组合结构。

1. 钢桁梁

用于钢梁桥的上部结构主要有钢板梁、钢桁梁和钢箱桥。钢板梁桥通常由主要受力的钢板主梁和支承于其上的钢筋混凝土桥面板组成,早期不考虑桥面板与主梁共同作用,现在一般考虑二者相互作用,使其成为钢-混凝土组合梁。钢桁梁、钢箱梁的跨越能力比钢板梁大,我国过去主要应用于铁路桥中,近年来在公路桥梁、城市桥梁中的应用不断增多。

根据桥面系与主结构的相对位置,钢桁梁桥又分为上承式、中承式和下承式三种,图 9-27 为典型的下承式钢桁梁的结构示意图[6]。

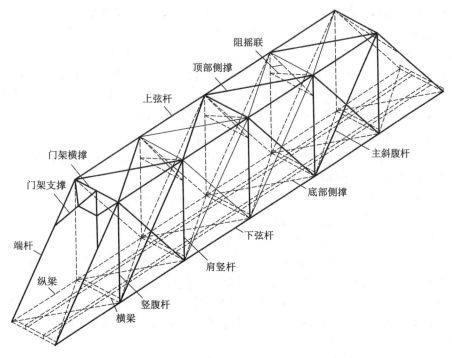

图 9-27　下承式钢桁梁结构示意图

桁架形式丰富多样,常见的简单桁架有华伦式桁架(Warren truss)(也称三角形桁架)、普拉特桁架(Pratt truss)(也称 N 形桁架)、空腹式桁架(Vierendeel truss)(也称弗伦第尔桁架)以及双交叉华伦桁架(double interaction Warren truss)等,如图 9-28 所示。在 Warren 桁架中主要的节点为 K 形节点,在 Pratt 桁架中的主要节点为 N 形节点,在 Vierendeel 桁架中主要节点为 T 形节点,在带交叉腹杆的桁架中节点是 KT 形复合节点。华伦式桁架加上直腹杆后,称为改进型华伦式桁架,如图 5-28 所示。对于全焊的钢桁架,实际上各杆件除承受轴向力外,一般还要受到弯矩的作用,但这种弯矩与轴力相比通常比较小,所以在近似计算时,仍可以按桁架理论进行计算。

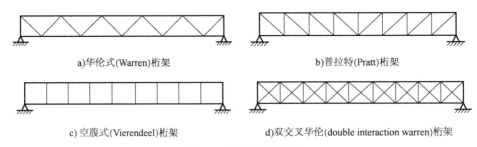

a)华伦式(Warren)桁架　　　　　　b)普拉特(Pratt)桁架

c)空腹式(Vierendeel)桁架　　　　d)双交叉华伦(double interaction warren)桁架

图 9-28　钢桁架基本类型

钢桁架不仅可用于简支梁,还常用于连续梁中,如图 1-24 所示的武汉长江大桥。它用于公铁两用桥,可做成双层桥面。钢桁架还是悬索桥常见的加劲梁,第五章中有较多的介绍,如图 5-28 ~ 图 5-30 所示。钢桁梁在斜拉桥中也有应用,特别是双层桥面的公铁两用桥,如 2022年 1 月通车的重庆白居寺长江大桥,主跨 660m,为公铁两用钢桁梁斜拉桥。

2. 钢-混凝土组合梁

钢-混凝土组合桥梁最早可追溯到 20 世纪初,将主要受力的钢梁与局部受力的混凝土桥面板通过剪力键联结成整体受力结构,即钢-混凝土组合梁。随着研究与应用的不断发展,在第二次世界大战后,这种桥梁逐渐成为与钢桥、混凝土桥并列的三大桥梁类型之一。

钢-混凝土组合在大部分桥型中都有应用,按结构形式可分成组合梁桥、组合刚构桥、组合拱桥、组合斜拉桥等,其基本力学原理是充分利用钢材的高抗拉强度和混凝土的高抗压强度,形成经济合理的受力构件,进而组成桥梁结构,以最大程度地发挥两种材料的相对优势。由于混凝土抗拉强度低,因此这种组合构件主要用于受弯与受压构件中。

从受力特性出发,钢-混凝土组合桥梁结构的主要构件可分为以受弯为主的梁(板)、以受压为主的柱(及塔和桩),以及介于梁与柱之间的拱[87]。组合梁桥、组合刚构桥、组合斜拉桥等桥梁均可以看成由梁和柱两类基本构件或结构组成。

(1)基本原理

一般所说的钢-混凝土组合梁是由钢板梁或钢桁梁通过抗剪连接件(剪力键,shear connector)与混凝土桥面板组合而成的梁。图 9-29 给出采用钢板梁与现浇混凝土桥面板通过栓钉剪力键连接的钢-混凝土组合梁横截面示意图。更具体地说,它是钢梁-混凝土板组合梁。简单地称之为组合梁。相应的桥梁,简称为组合梁桥。

对于简支梁桥而言,相比于钢梁,组合梁中的混凝土桥面板参与主梁的受力,能减小钢梁的上翼缘或上弦杆所需的承压面积,充分发挥混凝土和钢材的受力特性,以取得较好的综合技术、经济效益。

组合梁近几十年来在我国的应用越来越多,今后应用范围将会不断扩大。目前公路与城市桥梁行业规范《公路钢结构桥梁设计规范》(JTG D64—2015)、《公路钢混组合桥设计与施工规范》(JTG/T D64-01—2015)和国家标准《钢-混凝土组合桥梁设计规范》(GB 50917—2013)等,均以这种组合梁为主要内容。

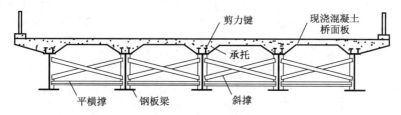

图9-29 钢-混凝土组合梁横截面示意图(桥面铺装未示)

如果是板结构,钢与混凝土组合则成为组合板。钢-混凝土组合板在桥梁工程中也有应用,主要用于桥面板等局部受力结构,在钢管混凝土拱桥中也有应用,如四川合江长江一桥。对于主要承重结构为钢桁梁的桥梁,也可以采用混凝土桥面板并将其与钢桁架通过剪力连接件组合在一起共同受力,即成为钢-混凝土组合桁梁。

关于组合作用原理,以一简支梁为例进行说明。设该梁由两片宽 b、高 h 的矩形梁在高度方向重叠和组合而成,在跨中集中力作用下的受力情况分别见图9-30 和图9-31。对于图9-30 的重叠梁(非组合梁),由材料力学可知,跨中弯矩最大值为 $M = PL/4$,截面抗弯惯性矩为 $I = 2bh^3/12$,上、下缘最大应力为:

$$\sigma_{c,t} = \frac{\frac{PL}{4}}{2 \times \frac{bh^3}{12}} \frac{h}{2} = \frac{3PL}{4bh^2} \tag{9-3}$$

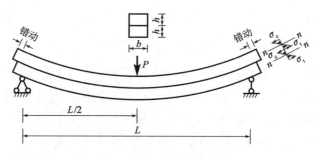

图9-30 重叠梁受力原理

而对于图9-31 的组合梁,上梁的下缘与下梁的上缘之间通过联结措施使二者共同变形,如同一片高度为 $2h$ 的梁,截面抗弯惯性矩为 $I = b(2h)^3/12$,上、下缘最大应力为:

$$\sigma_{c,t} = \frac{\frac{PL}{4}}{\frac{b(2h)^3}{12}} h = \frac{3PL}{8bh^2} \tag{9-4}$$

比较式(9-3)和式(9-4)可见,组合梁最大应力比非组合梁的要小了一半。用同样的方法可知,集中力作用下组合梁的挠度也比非组合梁的小很多。

桥梁中的钢-混凝土组合梁的工作原理与图9-31 的简支梁相似,混凝土桥面板相当于上梁,钢梁相当于下梁,剪力键相当于黏结剂,将桥面板与钢梁组合起来,共同承受荷载。由于桥面板作为行车平面是必备的功能与受力部分,将其组合到主梁的受力中,能充分发挥其作用,节省主梁的材料与工程数量。

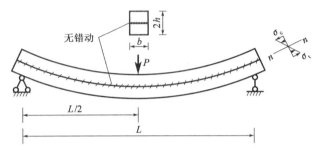

图 9-31 组合梁受力原理

(2)主要构造

钢-混凝土组合梁桥较少采用工厂生产的成品的工字形钢,一般采用钢板焊接而成的钢板梁。为了充分发挥钢材的作用,常用下翼缘加宽的非对称工字形截面的钢板梁,见图 9-32a)。在拼接钢板梁时,应尽可能采用三块钢板焊接而成。当板厚不能用其他方法解决时,可采用外贴钢板的形式,见图 9-32b)。外贴钢板原则上宜采用一块钢板。当组合梁的跨径不大时,为节省钢材也可设计成倒 T 形的钢梁,见图 9-32c)。

图 9-32 钢板梁组合梁

钢板梁的一般间距为 2~4m。单根钢板梁的刚度较小,一般需要横撑将相邻的钢梁联系在一起以保证其稳定性。横向联系应防止各种可能的失稳模态,包括整体失稳、横向联系之间梁段的局部失稳等。横向联系的构造和设计详见钢梁桥的设计资料。

大跨径的组合梁桥多采用钢箱梁的截面形式,称之为箱形组合梁桥。箱形组合梁的抗扭刚度大,特别适合于建造曲线梁桥、斜交桥,且在纵桥方向大多做成连续结构。其常用的截面形式有开口的槽形钢梁[图 9-33a)]、闭口的钢箱梁[图 9-33b)、c)]。无论是开口还是闭口箱,腹板均有直腹板和斜腹板两种形式,闭口箱有时还可采用多室箱。开口箱可节约钢材,目前应用较多。

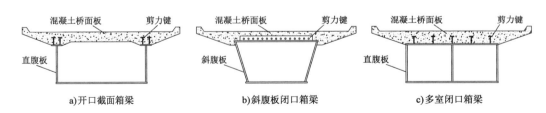

图 9-33 组合箱梁截面形式

组合梁桥的混凝土桥面板的施工方法与构造,见第十章第二节。

从图 9-31 可知,要使混凝土桥面板与钢梁共同作用,成为组合梁,二者之间不能自由滑移,相对滑移量越小组合效应越好。为此,常在钢梁上翼缘顶面设置剪力键(也称为连接件),以承受钢梁和混凝土翼缘板之间界面上的纵向剪力,保证混凝土板与钢梁的组合作用发挥。

组合梁中采用的剪力键的种类很多,从工作性能上可划分为刚性剪力键、柔性剪力键两大类。刚性剪力键通常是指用槽钢、角钢等制作的剪力键。柔性剪力键通常是指由栓钉、钢筋等制作的剪力键[85]。桥梁工程中常用的有栓钉剪力键、弯筋剪力键和型钢剪力键三种形式,其中尤以栓钉剪力键和弯筋剪力键使用较多,见图 9-34。

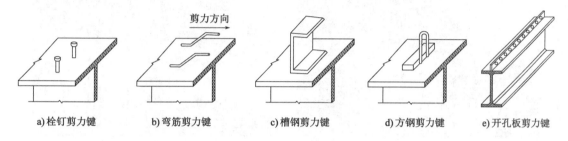

a) 栓钉剪力键　　b) 弯筋剪力键　　c) 槽钢剪力键　　d) 方钢剪力键　　e) 开孔板剪力键

图 9-34　组合梁中常用的连接件形式

另外,开孔板剪力键[图 9-34e)],又叫作 PBL 键,在桥梁组合结构中应用较多。它将开孔的钢板焊于主梁顶面,施工时将现浇混凝土板内的横向钢筋(直径小于开孔)穿过孔口,钢筋与现浇混凝土共同形成抗剪构件。它通过开孔内混凝土的抗剪强度增加剪力键的纵向抗剪能力和抗掀起能力,利用钢板受压承担横向剪力,可以免去栓钉剪力键的专用焊机,提高焊接质量且便于混凝土桥面板内钢筋的布置,具有很好的工程应用前景。

剪力键选用原则如下:当钢梁与混凝土桥面板结合面剪力的作用方向不明确时,应选用栓钉剪力键;当栓钉剪力键布置过密,或对抗剪刚度、抗疲劳性能有较高要求时,宜选用开孔板剪力键;当对抗剪刚度要求很高,且拉拔力作用较小时,可选用槽钢剪力键。不同形式的剪力键不宜在同一截面混合使用。

3. 其他桥梁组合结构

(1) 钢腹板(杆)-PC 组合箱梁

钢腹板(杆)-PC 组合箱梁从预应力混凝土箱梁发展而来,采用钢结构替代混凝土腹板,最早采用的平钢腹板,由于其抗剪屈曲强度低、吸收纵向预应力能力强等原因应用较少。目前的主要形式分为波形钢腹板-PC 组合箱梁和钢腹杆-PC 组合箱梁两种。

1986 年在法国建成世界上首座波形钢腹板箱梁桥——康纳克(Cognac)桥。随后法国相继修建多座波形钢腹板组合箱梁桥。此后,这种桥型在日本、挪威、委内瑞拉、德国和韩国等国家得到应用,其中以日本应用最多。其结构形式有简支梁桥、连续梁桥、连续刚构桥、斜拉桥和部分斜拉桥。这种桥型在 20 世纪 90 年代被引入国内,21 世纪初开始在国内修建,目前已有较多的应用[89]。图 9-35 是深圳某实桥照片。近年来,我国相继出版了若干相关的专著[90]和技术标准,如《波形钢腹板组合梁桥技术标准》(CJJ/T 272—2017)、《公路波形钢腹板组合桥梁技术规程》(T/CECS G: D60-30—2020)。

钢腹杆-PC 组合箱梁由混凝土顶底板、钢腹杆、体内体外预应力钢束等构成。钢腹杆可采用型钢或钢管,对于受压力较大的钢管,可在管内灌注混凝土形成抗压强度很高的钢管混凝土。由于腹杆抗屈曲能力较之波形钢腹板大,因此它可采用较高的截面,从而提高截面的抗弯效率,适用于跨度较大的连续梁桥、刚构桥以及斜拉桥等其他桥型中。

国内的上海闵浦大桥,为双塔双索面双层桥面公路斜拉桥,其主跨主梁采用钢桁梁,边跨主梁采用钢腹杆-PC 箱梁(图 9-36),以有效平衡主跨主梁的自重,减小边跨主梁的长度及用钢量。

图 9-35 深圳某波形钢腹板预应力梁桥

图 9-36 上海闵浦大桥施工照片

(2)钢管混凝土梁

钢管混凝土梁,因截面由钢管和核心混凝土组成,也属于钢-混凝土组合梁。除极个别直接采用单根钢管混凝土梁作为主要受力结构外,基本以桁梁的形式出现。

钢管混凝土桁梁由具有自重轻、施工简单且外观轻盈美观等特点的钢管桁梁发展而来。钢管桁梁结构,在桥梁结构中多有应用,但节点刚度与承载力较小,节点疲劳问题也很突出,这些制约其应用范围。管内灌注了混凝土后的钢管混凝土则能够克服或缓解上述这些问题,因而得到了较多的应用,有用于连续梁、连续刚构的,也有用于斜拉桥加劲梁之中的。第八章介绍的四川干海子大桥,除桥墩用钢管混凝土结构外,上部结构采用钢管混凝土桁梁,见图 8-33。

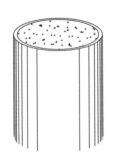

a)钢管混凝土柱　　b)型钢混凝土柱

图 9-37　钢-混凝土组合柱

(3)组合柱

钢-混凝土组合柱,以两种材料的相对位置可分为混凝土灌注在钢管内的钢管混凝土柱和型钢外包混凝土的型钢混凝土(Steel Reinforced Concrete,SRC)柱,如图 9-37 所示。

钢管混凝土柱主要用于桥梁墩柱与桥塔中,可方便施工、减小断面和提高结构延性。当构件直径较小时,可采用普通钢管混凝土结构;当其直径较大时,常采用约束型钢管混凝土,详见第八章介绍。

型钢混凝土柱在我国桥梁工程中的应用,更多的是采用钢管,管内填有混凝土形成钢管混凝土,管外再外包混凝土成型钢混凝土,这种结构更多的是基于施工的需要,钢管(或钢管混凝土)为埋置支架。此外,在桥墩中还有采用钢管混凝土复合柱、混合柱等新结构,在第八章第二节已有介绍,这里不再赘述。

(4) 组合拱

拱由于支承处水平推力的存在，使压力成为重要的内力，稳定问题突出，这一点与以受压为主的柱相似。然而，拱又是跨空结构，主要应用于桥梁的上部结构之中，一般也受到弯矩的作用，这一点与梁类似。所以拱是介于柱与梁之间的一种特殊结构，在组合结构中将其与梁、柱并列为一种，单独介绍。

从以受压为主、类似于柱的受力的角度，组合柱中的两种主要结构形式均可用于拱结构中，前者为钢管混凝土拱，后者称为美兰拱，详见第四章介绍。美兰拱施工时的埋置支架在成桥后的受力中所起的作用较小，所以这种拱在受力和设计计算上，更多地被视为混凝土结构而非组合结构。由第四章第四节可知，当采用钢管混凝土为埋置拱架时，成桥后的结构可称为钢管增强混凝土结构[33]。

以上介绍的是与两种组合柱相似的组合拱的结构形式。组合拱是否也可以借鉴组合梁的结构形式呢？组合梁中有三种形式，第一种钢-混凝土组合梁的截面形式对于拱结构借鉴意义不大，一是拱受的弯矩沿拱轴线的变化复杂，二是拱圈不能直接利用桥面板。第三种形式，钢管混凝土梁，与钢管混凝土柱相似，已被应用于拱中，即钢管混凝土拱。第二种形式，钢腹板（杆）-混凝土组合梁，其截面形式还未见应用于拱结构中，而它有可能适用于拱结构。为此，本书作者提出钢腹板（杆）-混凝土组合拱，具体包含波形钢腹板-混凝土组合拱、平钢腹板-混凝土组合拱和钢腹杆-混凝土组合拱三种组合拱结构。

波形钢腹板-混凝土组合拱是将混凝土拱圈中的混凝土腹板用波形钢腹板来代替，顶底板仍采用混凝土，减轻拱圈（肋）的自重，也减少现浇法中现场混凝土浇筑的工作量，缩短工期。这种新桥型的试设计、模型拱试验（图9-38）和受力性能等系列研究表明，它的受力性能与钢筋混凝土拱相近，主拱自重比混凝土拱桥主拱自重可减轻30%左右，拱的轴力和基础的水平推力明显降低，地震反应也明显减小。施工时，由于混凝土腹板被钢构件代替，可免除腹板模板的布设、浇筑混凝土等施工工序，拱圈浇筑的施工周期缩短近三分之一，具有很好的应用前景[91-93]。目前在建的主跨270m的贵州乌蒙山特大桥为世界上首座钢腹杆-混凝土组合拱桥（2021年开工，预计2024年建成）。

a)波形钢腹板　　　　　　　b)平钢腹板　　　　　　　c)钢腹杆

图9-38　钢腹板（杆）-混凝土组合箱拱模型试验

【复习思考题与习题】

9-1 桥梁设计的主要阶段和各阶段的主要内容是什么?

9-2 为什么要进行桥梁设计资料调查?主要的调查内容是什么?

9-3 桥梁纵断面布置要考虑哪些因素?

9-4 何谓桥梁全寿命周期设计?它的主要内涵是什么?

9-5 桥梁设计的原则是什么?

9-6 谈谈你对桥梁美学的想法,介绍几座你见到美学效果好的桥梁,并分析其原因。

9-7 什么是弯桥?其按照不同分类方法可以分为哪些类型?

9-8 简述弯桥的受力特点与平面变形特点。什么是弯桥的"以折代弯"?

9-9 针对弯梁桥中经常发生的支座脱空,你认为弯梁桥在设计时应采取哪些措施?

9-10 斜桥及斜交角是如何定义的?"斜桥正做"是什么?

9-11 与正桥相比斜板桥的受力有何特点?钢筋混凝土斜板桥的钢筋布置有哪些要点?

9-12 从钢材发展及其在主缆中应用的角度,简要叙述悬索桥的发展。

9-13 计划修建一座跨河桥梁,桥轴线处的河床断面如图 1-12 所示。请对题 1-12 中提出的三个桥梁设计方案进行修改。

第十章
桥梁施工与养护

　　本章主要介绍桥梁的施工与养护。连续梁桥、连续刚构桥、拱桥、悬索桥、斜拉桥等桥梁的施工方法,在第三章~第六章中已有针对性的介绍。本章将在第一、二节对桥梁施工进行补充介绍,其中第一节较为详细地叙述混凝土简支梁的施工;第二节则侧重于采用不同桥型或不同材料桥梁在施工方法的共性与比较。

　　从上一章的介绍可知,桥梁的可持续发展、全寿命周期内的安全与使用质量,都与养护密切相关。随着我国越来越多的桥梁建成投入使用,桥梁的养护任务越来越重。第三节介绍桥梁使用管理的工作内容、技术要求等,第四节介绍桥面系等桥梁工程的养护与维修。

　　作为全书的最后一章,本章最后一节对桥梁发展进行展望。

第一节　混凝土简支梁施工

　　简支梁的受力与构造在所有桥型结构中最为简单,其施工也相对简单。对于混凝土简支梁桥,根据混凝土施工方法,可分为(就地)现浇法(cast-in-site method)与预制安装法(precast and erection method)两种。

　　现浇法是在主梁下部搭设支架,其上立模,浇筑梁体混凝土。这种方法适用于桥面离地面不高的引桥和城市高架桥,或靠岸边水不深且无通航要求的中小跨径桥梁。其主要优点是不需要大型的吊装设备和专门的预制场地;梁体结构中横桥向的主筋不用中断,故其结构的整体性能好。其主要缺点是,需要大量的模板和支架,施工材料费和人工费均较高,工期较长,混凝土浇筑质量控制较难。对于多跨桥,为缩短工期,可全桥一次性立架立模,但支架、模板用量大;采用多次周转使用的方法,可减少支架、模板用量,但工期较长。

预制安装法是将桥跨结构划分成若干个独立的构件,在桥位附近专门的预制场地或工厂成批制作,然后运至桥孔处安装就位。它适用于同类桥梁跨数较多、桥墩较高、河水较深且有通航要求等情况。其主要优点是,桥梁的上、下部结构可以平行施工,工期可缩短;可集中在一处成批生产,节省支架、模板,降低制作成本;无需在高空进行构件制作,质量易控制。主要缺点是需要大型的运输、吊装设备,需增加设备使用费;构件之间的连接,如采用T形梁间的横隔板接头,则增加施工工作量和工期;如采用干接,则需搭架或吊篮;如采用湿接,则混凝土达到设计强度需一定时间。装配式结构的整体性低于现浇结构。

装配式与整体现浇的经济性,与实际情况有关。总体而言,随着我国生产力、施工技术与装备性能的不断提高,越来越多的混凝土简支梁桥采用定型化、标准化设计和预制拼装方法施工。

无论采用哪一种施工方法施工,混凝土简支梁结构本身一般均须经过图10-1的基本施工工艺流程才能成型。

图10-1 混凝土构件基本施工工艺流程

一、现浇施工

(就地)现浇施工,首先要在桥下架设支架,以支撑模板和现浇混凝土的重量。本小节依照现浇施工的工艺流程,介绍支架、模板的类型与施工方法,钢筋骨架的基本构成与施工方法,混凝土施工(包括浇筑、振捣、养护)以及最后的模板拆除。

1. 支架

支架按其构造形式分为立式支架、梁式支架和梁-柱式支架,按材料种类可分为木支架、钢支架、钢木混合结构支架等。图10-2 示出按构造分类的几种支架构造。

图10-2a)和图10-2b)为立式支架,跨内设有支架立柱,可用于陆地、不通航河道以及桥墩不高的小桥施工。其中,图10-2a)支架立柱间距很小,俗称为满堂架,可直接在其上面设模板,但支架用材量大,现已较少采用;图10-2b)中的支架立柱数量相对较少。

图10-2c)和图10-2d)为梁式支架,跨内没有支架立柱,适用于桥墩较高、支架下需要排洪但桥梁跨径不大的情况。其中,钢板梁适用于跨径小于20m,钢桁梁适用于大于20m的情况。

图10-2e)和图10-2f)为梁-柱式支架,适用于桥墩较高、跨径较大且支架下需要排洪的情况。支架纵梁可以是简支梁,也可以是连续梁。

简支梁桥现浇施工的支架形式,应根据桥孔跨径、桥孔下面覆盖土层的地质条件、水的深浅等因素,合理选择。支架本身要有足够的强度、刚度,支架的基础必须坚实可靠。在模板、支架、混凝土自重和风荷载等作用下,支架变形和基础沉降应不超过《施工规范》(JTG/T 3650—2020)的规定,以保证所浇筑梁体的尺寸与线形符合设计要求。

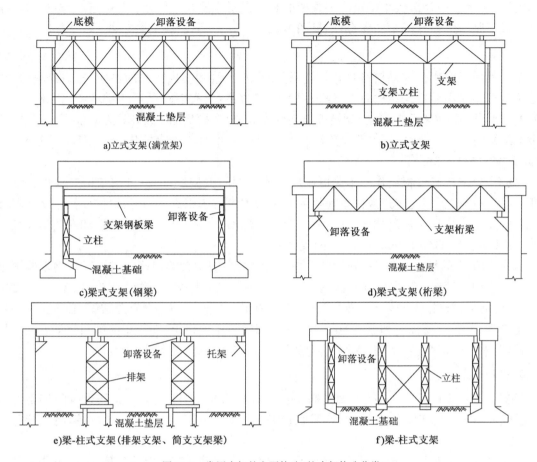

图 10-2 常用支架的主要构造(按支架构造分类)

支架失稳破坏是桥梁施工事故的一个重要原因[94,95]。支架和基础的承载力要满足要求，弹性稳定性和抗倾覆稳定性均应验算，以保证施工过程安全。弹性分支点失稳系数应不小于 4.0，抗倾覆稳定系数应不小于 1.3。

对于跨径不大的满堂架[图 10-2a)]，可以将立柱基脚设置在枕木上，枕木下的垫基层必须夯实；对于梁-柱式支架，因其荷载较集中，故其基脚宜支承在临时桩基础上[图 10-2e)和图 10-2f)]，也可直接支承在永久结构的墩身或基础的上面[图 10-2c)和图 10-2d)]。

支架与模板的架设安装要设置预拱度，使上部结构在卸架后的线形满足设计的要求。预拱度包括结构本身需要的预拱度 δ_0 和施工需要的预拱度。前者按设计文件执行，后者由施工单位计算。施工预拱度应考虑模板、支架承受施工荷载(施工人员、机具、设备等荷载)引起的弹性变形 δ_1、非弹性变形 δ_2(由杆件接头的挤压和卸落装置压缩产生)、支架地基的沉降变形 δ_3。

简支梁跨中挠度最大，支点处预拱度为零。计算出跨中预拱度后，其他各点的预拱度，可按直线或二次抛物线进行分配。如果施工中对支架采用了与施工荷载相同的重量进行预压，则在预拱度的设置时，可不考虑施工预拱度 $\delta_1 \sim \delta_3$，直接采用 δ_0 进行设置。

支架应结合模板的安装一并设置卸落(架)设备，专用支架按其产品要求设置，自行设计的普通支架则应在适当部位设置木楔、木马、砂筒(图 4-53)或千斤顶等卸落设备。卸落量根据结构形式、承受的荷载大小确定。满堂架的卸落设备应放在立柱处,梁式支架、梁-柱式支架的卸落设备则应放在支架梁的支点处,见图10-2。

2. 模板

常用的模板有木模和钢模,根据同类桥跨结构的数量和模板材料的供应来选择模板。当建造单跨或多跨不同桥跨结构时,一般采用木模或竹模;当有多跨同样的桥跨结构,或外形有特殊要求时,可采用钢模或其他大型模板组装构件,以提高模板周转使用次数。实践表明:模板与上部结构的工程造价比值,在工程数量和模板周转次数相同的情况下,木模或竹模为4% ~ 10%,钢模为2% ~ 3%[96]。

木模主要采用胶合板制作。木模可制成整体定型的大型块件;也可按结构要求预先制作成小块件,然后在支架上用连接件迅速拼装而成。木模宜选用机械制造,以保证其形状和尺寸满足精度要求。模板制作尺寸要求的偏差、表面局部不平整度、板间缝隙宽度和安装偏差均应符合《施工规范》(JTG/T 3650—2020)的规定。

钢模大都做成大型块件,一般长8 ~ 10m,由钢板和加劲骨架焊接组成。通常钢板厚度取8 ~ 10mm。钢模骨架由水平肋和竖向肋构成,肋由钢板或角钢做成,肋距0.5 ~ 0.8m。大型钢模块件之间用螺栓或销连接。在梁的下部,常集中布置受力钢筋成预应力索筋,必要时可在钢模板上开设天窗,以便浇筑和振捣混凝土。多次周转使用的钢模,在使用前可用化学方法或机械方法清扫。在浇筑混凝土前,在钢模内壁要涂润清油或脱模剂,以便于脱模[94]。

3. 钢筋骨架

钢筋骨架由纵向钢筋(主筋)、架立筋、箍筋、弯起钢筋(斜筋)、分布钢筋以及附加钢件构成,详见《结构设计原理》[13]。钢筋骨架通过钢筋整直→切断→除锈→弯曲→钢筋连接等工序成型。

钢筋的连接可采用焊接、机械连接和绑扎连接。在钢筋骨架的制作工序中,除采用绑扎的连接工序外,其他都可应用相应的机械设备来完成。对于就地现浇的结构,钢筋连接工序多放在现场支架上完成,其余均可在桥位附近的钢筋加工车间完成。因此,这里着重叙述钢筋连接施工要点。

受力钢筋的连接接头应设置在内力较小区段,并应错开布置。对于焊接接头和机械连接接头,在接头长度区段内,同一根钢筋不得有两个接头;对于绑扎接头,两接头间的距离应不小于1.3倍搭接长度。配置在接头长度区段内的受力钢筋,其接头的截面面积占总截面面积的百分率,应符合表10-1的规定。

接头长度区段内受力钢筋接头面积的最大百分率　　　　表10-1

接头形式	接头面积最大百分率(%)	
	受拉区	受压区
主钢筋绑扎接头	25	50
主钢筋焊接接头	50	不限制

钢筋的连接宜采用焊接和机械连接,仅当钢筋构造复杂、施工困难时方可采用绑扎连接。焊接接头宜采用闪光对焊,或采用电弧焊、电渣压力焊、气压焊。电渣压力焊仅可用于竖向钢筋的连接,不得用于水平钢筋和斜筋的连接。

钢筋的焊接接头可采用对焊、搭叠式和夹杆式接头。当采用搭叠式电弧焊接时,钢筋端都应预先折向一侧,使两接合钢筋轴线一致。搭接时,双面焊缝的长度不得小于$5d$(d为钢筋直径),单面焊缝的长度不得小于$10d$,如图10-3a)所示。当采用夹杆式电弧焊接时,夹杆的总截面面积不得小于被焊钢筋的截面面积。夹杆长度:如用双面焊缝,不应小于$5d$;用单面焊缝,不应小于$10d$,如图10-3b)所示。

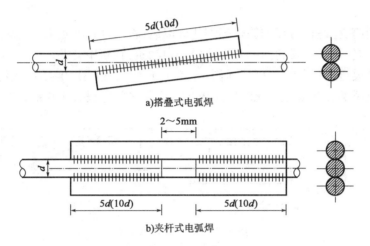

图10-3 钢筋接头焊缝形式

电弧焊宜采用双面焊缝,仅在双面焊无法施焊时,方可采用单面焊缝。电弧焊接与钢筋弯曲处的距离应不小于$10d$,且不宜位于构件的最大弯矩处。

钢筋的机械连接宜采用镦粗直螺纹、滚轧直螺纹或套筒挤压接头。各种形式的接头施工要求,详见《施工规范》(JTG/T 3650—2020)。

4. 混凝土制备与浇筑

(1)混凝土的制备、运输

混凝土的配合比通过设计和试验室确定。混凝土一般采用搅拌机拌制。目前,混凝土的拌制通常由搅拌站完成,然后运输到施工现场。混凝土的运输能力应满足混凝土凝结速度和浇筑速度的需要,应使浇筑工作不间断且混凝土运到浇筑地点时仍保持其均匀性及适宜浇筑的坍落度。混凝土的运输宜采用搅拌车运输,或在条件允许时采用泵送方式输送,对寒冷、严寒或炎热的天气情况,搅拌运输车的搅拌罐和泵送管应有保温或隔热措施;如采用吊斗或其他方式运输时,运距宜不超过100m且不得使混凝土产生离析。

采用泵送混凝土时,应符合下列规定:

①混凝土的供应必须保证输送混凝土泵能连续工作。在泵送过程中,受料斗内应具有足够的混凝土,以防止吸入空气产生阻塞。

②输送管线宜直,转弯宜缓,接头应严密、不漏气。向低处泵送混凝土,管道向下倾斜时,应采取必要措施,防止混入空气产生阻塞,也应防止混凝土离析。

③泵送前应先用水泥浆润滑输送管道内壁。混凝土出现离析现象时,应立即用压力水或其他方法冲洗管内混凝土,泵送间歇时间不宜超过15min。

(2)混凝土的浇筑

混凝土应按一定的厚度、顺序和方向分层浇筑。上下层分别浇筑时,为保证所浇筑混凝土的整体性,防止在浇筑上层混凝土时破坏下层混凝土,上层混凝土应在下层混凝土初凝或能重塑前浇筑完成。上下层同时浇筑时,二者的前后浇筑距离应保持在 1.5m 以上。在倾斜面上浇筑混凝土时,应从低处开始逐层扩展升高,并保持水平分层。

自高处向模板内倾卸混凝土时,应防止混凝土离析。直接倾卸时,自由倾落高度宜不超过 2m;超过 2m 时,应通过串筒、溜管(槽)或振动溜管(槽)等设施下落;倾落高度超过 10m 时,应设置减速装置。

跨径不大的简支梁桥,可在钢筋全部绑扎好以后,将梁与桥面板沿一跨全部长度用水平分层法浇筑,或者用斜层法从梁的两端对称地向跨中浇筑,在跨中合龙。

较大跨径的梁桥,可用水平分层法[图 10-4a)]或斜层法[图 10-4b)]先浇筑纵横梁,然后沿桥的全宽浇筑桥面板混凝土。此时桥面板与纵横梁之间应设置工作缝,如图 10-4 所示。

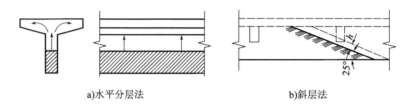

a)水平分层法　　b)斜层法

图 10-4　混凝土的浇筑方法

当桥面较宽且混凝土数量较大时,可分成若干条纵向单元分别浇筑,每个单元的纵横梁也应沿其全长采用水平分层法或斜层法浇筑。纵梁之间的横梁处按照单元的划分留置工作缝,待各纵向单元浇筑完成后,再填接缝混凝土。最后对于桥面板按全面积一次浇筑完成,不设工作缝。混凝土的浇筑宜连续进行,因故中断产生间歇时,其间歇时间应小于前层混凝土的初凝时间或能重塑时间。

浇筑混凝土的施工缝位置,应在混凝土浇筑之前确定。施工缝一般设置在受剪力和弯矩较小且便于施工的部位,并应按下列要求进行处理:

①施工缝处混凝土表面的光滑表层、松弱层应予以凿除,凿毛的最小深度应不小于 8mm。施工缝处混凝土的强度:当采用水冲洗凿毛时,应达到 0.5MPa;人工凿除时,应达到 2.5MPa;采用风动机凿毛时,应达到 10MPa。

②经凿毛处理后的混凝土面,在新混凝土浇筑前,应采用洁净水冲洗干净。

③对重要部位及有抗震要求的混凝土结构或钢筋稀疏的钢筋混凝土结构,宜在施工缝处补插适量的锚固钢筋。补插的锚固钢筋直径可比结构主筋小一个规格,间距宜不小于 150mm,插入和外露的长度均不宜小于 300mm。有抗渗要求的混凝土,其施工缝宜做成凹形、凸形或设置止水带;施工缝为斜面时应浇筑成或凿成台阶状。

(3)混凝土的振捣

混凝土的振捣一般采用插入式振捣器、平板式振捣器或振动台等设备,这需依据不同构件和不同部位的需要来选用,目的是使模板内的软体混凝土密实,避免混凝土内存在较大的空洞、蜂窝和麻面。采用振动器振捣混凝土时,应符合下列规定:

①插入式振动器的移位间距应不超过振动器作用半径的 1.5 倍,与侧模应保持 50～100mm 的距离,且插入下层混凝土中的深度宜为 50～100mm。

②表面振动器的移位间距应使振动器平板能覆盖已振实部分不小于 100mm。

③附着式振动器的布置距离,应根据结构物形状和振动器的性能通过试验确定。

④每一振点的振捣延续时间宜为20~30s,以混凝土停止下沉、不出现气泡、表面呈现浮浆为度。

5.混凝土养护与模板拆除

混凝土浇筑完毕后,应在收浆后尽快予以覆盖和洒水保湿养护。必要且具备条件时,可加设棚罩。覆盖时不得损伤或污染混凝土表面。洒水保湿养护时间应不少于7d,且依据环境条件、水泥品种、是否掺用塑化剂等情况酌情延长。养护期间,混凝土表面应始终保持湿润状态。

混凝土构件经过养护后,非承重侧模在混凝土抗压强度达到2.5MPa后,且能保证其表面及棱角不致因拆模而受损时,可以拆除。芯模和预留孔道的内模,应在混凝土强度能保证其表面不发生塌陷或裂缝现象时,方可拆除;承重模板和其余模板,在混凝土达到设计强度后,可全部拆除。

模板、支架的拆除应遵循"后支先拆、先支后拆"的原则进行。混凝土简支梁的模板宜从跨中向支座方向依次循环卸落拆除,在横向应同时卸落,在纵向应对称均衡卸落。拆除模板时,不得损伤混凝土结构。

二、预制安装施工

1.构件预制方法

装配式混凝土简支梁通常在横截面方向上划分成若干片梁或板,在桥的纵向则为整孔长。这时构件之间需有纵向接缝。设计时应考虑划分方法与接头的构造。预制板的横向连接构造见图2-6和图2-7。

T形梁之间的翼板需要连成整体,有钢板焊接和现浇混凝土连接两种。具有中间隔板的T形梁,横隔板之间的连接可加强其整体性,其连接方式有钢板连接和现浇混凝土连接两种,见图2-14。T形梁之间无中间横隔板时,其横向仅靠翼板的连接,故应加强,一般在铺装层内要增设连接处的钢筋,如图2-15所示,且翼板之间宜采用现浇混凝土连接[图2-15b)]。

构件的预制有立式和卧式两种。等高度的T形梁和箱梁在预制时采用立式预制。这样构件在预制后无需翻转即可直接运输和吊装。对于变高度的梁,宜采用卧式预制,这样可通过预制平台上的底模来体现梁的变高度,而侧模体现的是梁的宽度,为等高度模板。卧式预制也大大方便了钢筋绑扎和混凝土浇筑,构件尺寸和混凝土质量也易得到保证。卧式预制的构件需在预制后翻身竖起。一般构件在起吊之后进行翻身的操作。

构件预制方法按作业线布置不同分固定式预制和活动台车上预制两种。固定式预制,是构件在整个预制过程中一直在一个固定底座上,立模、扎筋、浇筑和养护混凝土等各个工序依次在同一地点进行,直至构件最后制成被吊离底座(即所谓"出坑")。一般规模桥梁工程的构件预制大多采用此方法。在活动台车上预制构件时,台车上具有活动模板(一般为钢模板),能快速装拆,当台车沿着轨道从一个地点移动到另一个地点时,作业也就按顺序一个接一个进行。

预制场布置成一个流水作业线,构件分批进入蒸养室进行养护。如果是后张法预应力混凝土构件,则从蒸养室出来后,即进入预应力张拉作业点。用这种方法预制构件,可采用强有力的底模振捣和快速有效的养护,以提高构件的预制质量和速度。这种方法适用于大批或永久性地制造构件的预制工厂内采用。

2. 预制模板

混凝土简支梁的预制模板主要采用钢模,少量采用木模。图10-5是目前常用空心板梁芯模构造。除构成截面形状的外模(侧模和底模)和内模壳板外,还要沿构件的纵向每隔一定间距设置衬档和螺栓等来固定外模板,而固定内模则用骨架、活动撑板、拉杆和铁铰链等。脱模时,只要抽动拉杆将撑板从顶部拉脱,并借助铁铰链,便可拆除内模板。

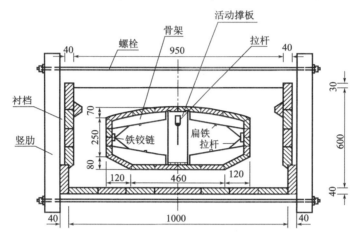

图10-5 空心板梁芯模构造(尺寸单位:mm)

图10-6是用于制造T形梁的装拆式钢模板构造,它同样是除用于截面成型的钢壳板以外,还要用角钢做成水平肋、竖向肋、斜撑、直撑、固定侧模用的顶部和底部拉杆等部件来固定模板位置。不论采用何种模板,均需在浇筑混凝土之前,在模板的内表面涂以隔离剂,以防止壳板与混凝土粘连。

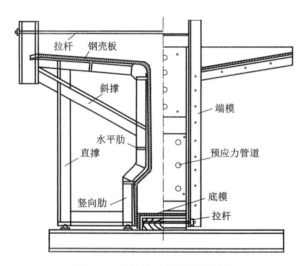

图10-6 装拆式T形梁钢模板构造

3. 简支梁制作工艺

钢筋混凝土简支梁构件的预制较为简单,这就是在地面专门的场地上,按照图10-1的基本施工工艺流程来完成构件的制作,然后堆放在场地的一侧,等待运到桥孔处进行安装。

预应力混凝土简支梁的制作工艺与预应力张拉在施工过程的顺序有关。先张法在浇筑混凝土之前先进行预应力钢筋的张拉,并将其临时固定在张拉台座上,然后立模浇筑混凝土,待混凝土达到规定强度时,逐渐将预应力钢筋放松,利用预应力钢筋回缩和与混凝土之间的黏结作用,使构件获得预应力。

后张法则先浇筑混凝土梁体,然后张拉预应力钢筋。它与先张法的不同之处主要有两点:第一,在绑扎钢筋成型这个施工过程的同时,要按设计图中的位置布设制孔器,即在混凝土构件中预留孔道,供以后预应力钢筋的穿入;第二,当完成混凝土养护和拆除模板后,按照设计图中所规定的混凝土龄期强度,将制备好的预应力钢筋穿入孔道中,完成张拉过程。由于它是在完成混凝土构件的制作之后再施加预应力,故把这种构件称为后张法预应力混凝土预制构件。预应力混凝土简支梁的先张法与后张法的制作工艺、预应力张拉设备等,详见有关文献[98,99]。

4. 预制梁的运输与安装

为了把在预制构件厂或桥梁施工现场预制的简支梁安放到设计位置,还需要完成两个重要的施工过程,即预制构件的水平运输和预制构件的垂向安装。

(1) 预制构件的运输

从工地预制场至桥头处的运输,称为场内运输。通常铺设钢轨便道从预制处通向桥头。运输时,可用龙门吊机将预制构件装上运梁平车,由运梁平车运抵桥头。当采用水上浮吊架梁时,还需在河岸适当位置修建临时栈桥(码头),再将钢轨便道延伸到这里,以便将预制构件运上驳船,再开往桥孔下面进行架设。

从预件厂至施工现场的运输称为场外运输,通常用大型平板车、火车或驳船等运输工具。采用驳船等进行水上运输作业时,应有相应的封舱加固措施,并应根据天气状况安排装卸和运输作业时间,同时应满足水上(海上)作业的相关安全规定。

板式构件运输时,宜采用特制的固定架稳定构件。对小型构件,宜顺宽度方向侧立放置,并应采取措施防止倾倒;如平放,在两端吊点处必须设置支搁方木。

梁的运输应按高度方向竖立放置,以符合受力方向;应有防止倾倒、滑动或跳动的固定措施,如斜撑、木楔等;装卸梁时,必须在支撑稳妥后,方可卸除吊钩。

大型梁、板构件运输时,车长应能满足支点间的距离要求,支点处应设活动转盘,防止搓伤构件混凝土;运输道路应平整,当有坑洼或高低不平时,应事先处理平整。同时,可采用图10-7所示的措施,防止构件产生负弯矩而断裂。构件装上平板拖车的垫木上后,在构件的中部设一立柱,用钢丝绳穿过两端吊环,中间搁在立柱上,并以花篮螺钉将钢绳拉紧,只有这样,构件在运输途中才不致发生负弯矩。

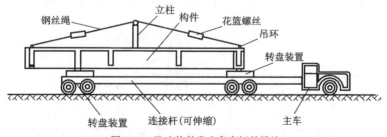

图 10-7　防止构件发生负弯矩的措施

(2) 预制构件的安装

安装预制简支梁构件的机械设备和方法众多[96-99],这里不逐一介绍,现仅就几种常见的架梁方法略加说明。

①自行式起重机架梁

当桥梁跨径不大、质量较轻时可以采用自行式起重机(汽车起重机或履带起重机)架梁。如果是岸上的引桥或者桥墩不高时,可以视吊装重量的不同,用一台或两台(抬吊)起重机直接在桥下进行吊装[图10-8a)];如果桥下是河道或桥墩较高时,则将起重机直接开到桥上,利用起重机的伸臂边架梁、边前进[图10-8b)]。不过,此时对于已经架好的桥孔主梁,当横向尚未连成整体时,必须核算主梁是否能够承受起重机、被吊构件、机具以及施工人员的重力。

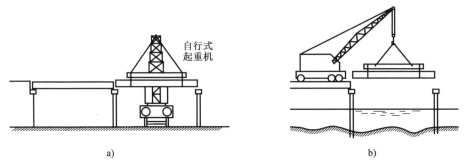

图 10-8 小跨径梁的架设

②浮式起重机架梁

浮式起重机实际是起重机与驳船的联合体,它可在通航河道上的桥孔下面架桥,而装有成批预制构件的装梁船,则停靠在浮式起重机的一旁,随时供浮式起重机起吊,如图10-9所示。浮式起重机宜逆流而上,先远后近安装。吊装前应先下锚定位,航道要临时封锁。

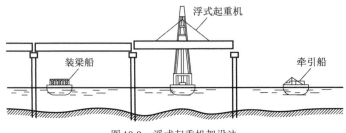

图 10-9 浮式起重机架设法

③跨墩门式起重机架梁

当桥不太高,架桥孔数又多,且沿桥墩两侧铺设轨道不困难时,可以采用跨墩的门式起重机,见图10-10。此时,尚应在门式起重机的内侧设运梁轨道,或者设便道用拖车运梁。

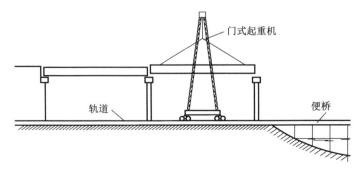

图 10-10 跨墩门式起重机架梁法

④架桥机架梁

架桥机(girder erecting machine)是架设预制混凝土桥梁的专用成套施工设备。按照所架设的梁体的类型,可分为T形梁架桥机、箱梁架桥机和公铁两用架桥机(能够整体横移,用于公路、铁路桥梁的架设)。按照架桥机的架设方式,可分为定点起吊式、导梁过孔式、运架一体式、一跨步履式、二跨步履式以及隧道内外通用式架桥机。架桥机属特殊设备,应由有相应许可证的单位制造、安装、拆卸、改造和维修。其运输、安装、拆卸均应制定专项的方案。图10-11给出铁路T形梁架桥机结构示意图。有关架桥机的架梁技术要求,详见中国铁路总公司企业标准《铁路架桥机架梁技术规程》(Q/CR 9213—2017)。

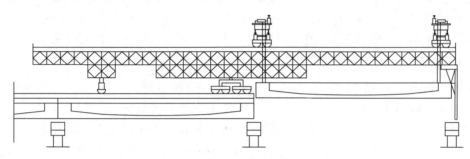

图10-11　铁路T形梁架桥机结构示意图

第二节　其他桥梁施工

桥梁为跨长结构物,施工过程比起成桥使用期来说虽然时间短暂,但施工过程的结构行为并不比成桥后的简单。桥梁施工技术是桥梁技术的重要组成部分,在一些情况下如大跨拱桥,它还往往是关键技术。

一、施工方法

本节讨论的桥梁施工方法,主要以上部结构为主。施工方法种类繁多,划分原则多样。这里介绍一些常见的提法。

1. 支架法

支架法是指在支架上现浇或拼装结构的方法,它是桥梁施工最古老的施工方法,在19世纪之前,几乎所有桥梁的施工都采用支架法。今天,支架法仍是桥梁施工的一种重要方法。它主要适用于小跨径、陆上或不通航、或通航要求不高、水深较浅等桥梁,否则支架的费用较高,安全风险也偏大。支架法在大跨桥梁中已基本不采用。第三章第五节"二、支架整体现浇法"、第四章第四节"一、支架法"分别介绍连续梁桥、拱桥的支架法施工。

支架按使用材料可分为木拱架、钢拱架、竹拱架、竹木拱架等。早期以满布式竹、木拱架为主。近现代则多采用钢支架。梁式桥的支架按其构造形式,有立柱式(含满堂架)、梁式和梁-柱式支架等,见图10-2。拱桥的支架,竖向支承部分与梁桥的支架相似,不同在于它有支承主拱的拱盔部分。悬索桥、斜拉桥为大跨径桥梁,基本不用支架法。

与支架法相对应的是无支架法。现代的桥梁施工以无支架法为主。

2. 节段施工法

节段施工法(segmental construction method)是现代大跨混凝土桥梁常用的施工方法,在混凝土连续梁桥、连续刚构桥、拱桥、斜拉桥中都有很多的应用,也常将采用此方法建成的桥梁称为混凝土节段桥梁(concrete segmental bridge)。在预应力混凝土连续梁、连续刚构桥中,它将主梁纵桥向分成若干节段,逐段预制或现浇,以预应力为手段,不断接长,直到完成。第三章第三节的悬臂法、第三章第四节的逐孔施工法、第三章第五节中的少支架预制拼装-整体法、顶推法,可归入节段法中[19]。

在斜拉桥中,除主梁的预应力外,斜拉索是节段施工法支撑施工过程桥梁结构的主要受力构件。拱桥的主拱一般为钢筋混凝土结构,主拱中无预应力索,也无斜拉索,采用节段施工法,需借助临时的拉索,形成悬臂斜拉或悬臂桁架结构,不断接长各节段,直至合龙。

3. 快速施工法

快速施工(Accelerated Bridge Construction,ABC)法,顾名思义,是以施工速度快为特点的施工方法。它是在1970年前后由美国提出来的。美国的公路大规模建设在第二次世界大战后到20世纪70年代末基本完成,在形成完整的交通网络后,桥梁维修更换影响交通,甚至中断交通,给社会生产、生活带来极大的影响。要最大限度减小这种影响,就需要采用快速施工的技术[100]。

快速施工仍以安全和经济为基本原则,在保证桥梁结构整体质量的前提下,对规划、设计、施工方法等方面进行全盘考虑,通过构件的工厂化预制,采用一些专门的运输设备将构件运至现场进行安装,以加快桥梁现场建设速度的桥梁。采用这种技术,桥梁构件的质量和生产、施工效率均得以显著提升;现场作业量和人力大幅减少,现场施工组织简化且施工安全性提升;工地噪声、粉尘污染等问题明显减少。与传统施工方式动辄数百天甚至2~3年的施工期相比,快速施工桥梁的现场建设时间有望缩短至数周,甚至数天之内。

快速施工强调的是桥梁现场的施工速度,针对的是已形成交通网络的桥梁维修和重建。因此,结构构件不能在桥梁上制作,而要在工厂或桥位旁的场地制作、预拼甚至组装完成。它与预制装配法施工的内涵不尽相同。预制装配法的对象是混凝土桥,相对应的是现浇法。快速施工不限于混凝土桥梁,也适用于钢桥、组合桥,相对应的是时间较长的传统施工方法。

4. 自架设施工法

所谓自架设施工法,是指在施工阶段将桥梁上部结构分成若干组成部分,按多个施工阶段现浇或拼装起来,后期架设的部分以已完成的结构部分作为支撑体系,直至全桥的完成。

自架设施工法按照结构形成的步骤,可以分为三类。第一类是构件增加法,如连续刚构桥的悬臂施工方法,通过悬臂单元不断增加形成结构整体。第二类是截面增大法,如悬索桥主缆的施工,截面是不断形成的。第三类为混合法,即成桥过程中既有构件的增加,伴随着截面的增大,如组合梁斜拉桥,钢主梁的架设采用构件增加法,然后施工混凝土桥面板,属于截面增大法。

与自架设施工法相对应的是非自架设方法,它是指所建结构在施工过程中没有发挥作用的方法,而是借助临时的施工设施来完成桥梁的架设,主要有支架法、直接吊装法和转体法。将施工方法分为自架设和非自架设方法,主要目的是开展施工方法研究。

支架法前已介绍。直接吊装法是指利用吊装设备将预制好的桥梁上部结构整孔吊装成孔的方法。它受吊装能力的限制,除深水河流或近海中采用大型浮吊吊装的桥梁跨径稍大外,一般也只能应用于小跨径的桥梁,在简支梁、先简支后连续的连续梁等有较多的应用,在中小跨径系杆拱中也有应用。

吊装本身只是将构件或结构运输提升至设计位置的一个施工过程或施工工序。根据吊装设备,吊装方法有缆索吊装、浮运吊装、吊机吊装等。将一般构件、主结构节段采用吊装后拼装而成的施工方法,不包含在直接吊装法中。

转体施工法(转体法)将桥跨建造从难以搭设支架的河流中或所跨的线路中转移到岸上,然后竖转或平转到桥轴线处合龙,适应的跨径较大,最大的转体质量已接近5万t。转体法在连续梁、连续刚构中的应用见第三章第五节"一、转体法"介绍,转体法在拱桥中的应用见第四章第四节"四、转体法"介绍。转体法在斜拉桥中也有应用,但较少。

随着桥跨的增大,非自架设方法的施工设备与临时设施的费用将急速上升。因此,无论从施工的可能性,还是经济合理性来说,大跨径桥梁的施工一般只能采用自架设方法。

二、不同结构类型桥梁的施工方法

1. 施工方法总体分析

第三章~第六章介绍连续梁桥与连续刚构桥、拱桥、悬索桥、斜拉桥时,均对其施工方法进行了介绍。第二章的简支梁桥没有介绍施工方法,本章的第一节已补充。简支梁的施工主要采用非自架设法,主要有支架现浇法和预制吊装法;个别情况,如预制-整体组合式板[图2-2e)],采用部分预制、部分现浇的组合法,可看成自架设的截面增大法。对第二章~第六章的五种桥型的施工方法进行总结,见表10-2。表中黑体部分为常用的方法,第一列为自架设方法中的截面增大法,第二列和第三列的悬臂、顶推属于构件增加法,其余属于非自架设方法。

不同桥梁结构类型的施工方法　　　　表10-2

桥　型	自　架　设				非　自　架　设	
	无支架					有支架
简支梁桥	预制-现浇				**预制吊装**	支架现浇
连续梁桥与连续刚构桥	预制-整体	**悬臂**	顶推	转体	移动模架	支架现浇
拱桥	埋置拱架 (美兰法)	**悬臂**		转体		支架现浇
悬索桥	PWS、空中纺丝					
斜拉桥		**悬臂**	顶推	转体		支架现浇

以下按照第九章第四节桥梁结构的划分方法,对墩支桥、塔支桥和拱支桥上部结构常用的施工方法进行简要分析。

墩支桥适用的跨径较小,因而非自架设方法应用较多,例如简支梁的预制吊装方法,拱梁组合体系的少支架方法和整体浮运法。随着预应力技术在墩支桥(如连续梁、T刚、连续刚构等)上的应用,一方面提高材料的强度减轻了结构自重,另一方面实现节段施工(或称为悬臂施工),即自架设方法施工,使墩支桥中的跨径得以增大,应用范围得以扩展。

塔支桥结构自身具备自架设的优势,跨径大,也只能采用自架设方法。悬索桥在墩、塔完成后,先架设主缆,再以主缆为支承体系架设加劲梁和桥面系。斜拉桥则在墩、塔完成后,逐步悬臂拼装斜拉索和主梁,形成整桥。若将斜拉桥的斜拉索视为梁桥中的体外索,则斜拉桥的施工方法与梁式桥的悬臂施工方法有类似之处。不过,从结构上来说,斜拉桥的主梁在受力上属于压弯杆件,梁式桥的主梁以受弯为主。

拱支桥的施工方法既有自架设方法也有非自架设方法。非自架设方法主要有支架法、转体法等。支架法多用于石拱桥或跨径不大的混凝土拱桥。随着跨径的增大,拱支桥探索各种自架设的施工方法,如悬臂法、美兰法等。墩支桥和塔支桥中的桥墩和桥塔均顺着重力的方向,施工难度较小;之后的墩支桥的上部结构因跨径小,架设难度要小于拱支桥;塔支桥虽然跨度比拱支桥大,但它们可用自架设方法,难度也比拱支桥小。拱支桥从一开始就要架设跨空的拱结构,且在合龙之前它还能像拱一样受力,所以拱支桥的施工难度在三者中最大。

2. 自架设方法

从前面分析可知,自架设施工法能利用所要修建结构本身,能减少施工临时措施费,从这点来说,其经济性优于非自架设方法。

自架设方法施工的三个关键因素:①先期架设的结构要轻、强度要高、能为后续施工的结构提供强有力的支撑。②结构在架设过程的受力与成桥后的受力相近。二者越相近,就越能减少施工中的临时辅助设施和因施工需要而增加的结构材料;③自架设体系桥梁先架设部分先受力,后架设部分后受力,因而结构要有受力自调整能力,或易于借助外来力量调整内力。

悬索桥的施工方法,完全具备前述的三个关键因素,因此具有很强的优越性。主缆是其主要承重构件,是最先架设的构件,它本身很轻且强度很大;施工过程与成桥后均是受拉的索;在施工过程中,随着构件的不断增加,索通过大变形来自动调整内力。

斜拉桥的自架设性能也悬索桥相近,但它通过构件增加法而不是截面增大法来自架设。先期架设的结构自重较悬索桥重;内力调整时还要兼顾加劲梁的线形;架设过程的受力与成桥后的受力,还略有不同,如三跨两塔的斜拉桥,悬臂施工时为两个独立的单塔斜拉结构。另外,斜拉桥的加劲梁在施工过程中还存在着局部或整体失稳的问题。

墩支桥自架设施工时,除钢-混凝土组合梁采用截面增大法外,先期架设的结构一般来说并不轻。架设过程与成桥后的受力,虽说都是梁,但对于有正负弯矩的连续梁和连续刚构来说,弯矩的大小与符号,并不一定相同或相近。结构内力的调整:当为预应力混凝土结构时,可通过预应力筋适当调整,但其调整的能力显然不如悬索桥和斜拉桥。因此,其自架设性能要低于塔支桥。不过,墩支桥由于跨度不大,这些不利就没有被放大。

拱支桥的主要受力结构——主拱以受压为主,从结构受力特性来说存在着稳定的问题,因此不能像塔支桥那样采用高强度、低刚度的索为承重结构。主拱在未形成结构之前无法发挥拱的作用,所以它在施工过程的结构与成桥的结构相差甚远,因此施工过程必然需要借助临时结构。至于内力调整,主要依赖于合龙、拆除临时结构后的主拱内力自调整,存在施工过程内力固化(残余应力或初应力)的现象。总之,拱支桥的施工难度是三种桥型中最大的,一直是其向大跨径发展过程中的难点与重点,尤其是自重较大的混凝土拱桥。

由第一章第二节可知,我国修建了大量的混凝土拱桥,1997年万县长江大桥建成以来,一直保持着世界跨径纪录。2007年以来,我国新建和在建的跨径超过200m的混凝土拱桥不少于22座,而国外仅7座[11,29]。我国混凝土拱桥技术领先于世界的一个重要原因,是施工方法的进步。由第四章第四节可知,我国跨径250m及以上的混凝土拱桥,均采用钢管混凝土米兰法。这种方法先架设钢管拱架,再内灌、外包混凝土,总体而言,为截面增大的自架设法。钢管拱架本身的架设可用悬臂法、转体法、支架法等,后期外包现浇的混凝土常采用分环分段施工。因此,这种方法综合起来应该说是一种混合法,一种以截面增大为主的混合法。采用钢管混凝土拱作为埋置拱架,是中国工程师对米兰法发展的重要贡献,施工时截面增大的步骤从型钢拱架的一步扩大到两步,极大节省埋置拱架的用钢量,从而极大提高施工经济性,能够在大跨径混凝土拱桥中发挥着主导性的作用[33]。

3. 结构体系转换与施工方法对成桥结构的受力影响

前述自架设方法施工的三个关键因素中的后两个,均与施工过程是否存在体系转换有关。简支梁桥、悬索桥、斜拉桥的施工过程,结构体系基本上与成桥结构相同,都还是简支梁、悬索结构和斜拉结构。如前所述,斜拉桥有时也存在着体系的变化,如两个独塔斜拉结构成为三跨二塔的斜拉结构,但属于小变化。而拱桥、连续梁和连续刚构桥,存在着明显的体系转换问题。

拱桥施工时主要受力的拱结构,常需要其他辅助结构来协助其受力,如斜拉悬臂法中的斜拉索和塔架、桁架悬臂法中的斜拉杆等。对于无铰拱,施工时往往在拱脚设铰,使得施工过程的线形调整时,不在拱内产生较大的附加内力。主拱合龙后,将辅助结构拆除,主拱成为二铰拱,拱的内力进行自我调整,拱脚处的弯矩为零,使成桥后往往成为控制截面的拱脚弯矩尽可能小。对于美兰拱,虽然先期施工的埋置拱架成拱后固化在结构中,不可避免存在残余应力或初应力,但它在整个截面中所占的面积或承载力比值不大,因此对成桥后结构受力的影响不大。

对于连续梁、连续刚构桥来说,当采用自架设方法施工时,要从先期施工的静定结构转换成成桥后的连续结构。因施工方法不同,转换前的结构受力也不同,有的以正弯矩为主,有的以负弯矩为主。而这种不同,难以通过结构自身或外来的力量进行内力调整,它被固化到结构之中,这就导致其结构、构造与配筋与施工方法密切相关。因此,在所有桥梁中,连续梁、连续刚构桥的受力受施工方法的影响最大,这是本书第三章的编排与其他章不同、采用以施工方法为主线进行编排的主要原因。

对于第三章连续梁桥、连续刚构桥的施工方法,按一期恒载所受的弯矩性质,大致可归结为四类:①以负弯矩为主,即先悬臂后连续,如悬臂法、转体法。②以正弯矩为主。其中,以先简支后连续,只有正弯矩;先伸臂后连续,也以正弯矩为主,但其最大值因有伸臂的存在而比先简支后连续的略小,如移动模架法。③与成桥后的连续梁相似,即支架整体现浇的直接连续。④变化连续,顶推法。对于少支架预制拼装法,它的受力根据支架的布置和拼装的顺序,有的结构受力接近于直接连续,有的则可看成先伸臂后连续。

三、不同材料桥梁的施工方法

按上部结构的主要建造材料,现代的桥梁主要有钢桥、混凝土桥和钢-混凝土组合桥。从前面各章的介绍特别是第九章第四节"二、不同材料桥梁特点、应用与发展"的总结可知,不同材料桥型在不同结构中的应用不同、跨越能力不同、承载能力与使用性能也不尽相同。本节主要阐述其施工方面的不同。

1. 钢桥

钢桥的结构与构件均可在工厂中加工,构件重量相对较低,运输、架设方便,连接可采用栓接、焊接,也优于混凝土结构。因此,总体而言,钢桥的施工性能优于混凝土桥。

钢桥也有采用支架法的,但因自身有一定的承载能力且自重较轻,一般不用满堂架,少支架即可。其他施工方法,混凝土桥梁所用的,钢桥也均可采用。当然,钢构件不似混凝土构件有所谓的预制和现浇的说法,钢桥的施工均是装配拼装的方法,也就不必强调这一点,也无必要采用"装配式钢桥"这样的提法。

2. 混凝土桥

混凝土桥的结构自重较大,支架法施工一般仅适用于小跨径。跨径较大时,应以无支架施工方法为主。混凝土桥施工,根据混凝土工程的实施情况,可分为现浇和预制安装两大类,本章第一节介绍混凝土简支梁桥的这两种施工方法。

现浇施工周期长,支架或其他辅助设施费用高。由第三章可知,对于预应力混凝土连续梁和连续刚构桥,现浇法根据支架的类型,可分为支架整体现浇、支架逐孔现浇、悬臂现浇、移动模架现浇等。由第四章可知,大跨度混凝土拱桥在我国以美兰法施工为主,混凝土主拱通过现浇外包拱架而成;在国外则多采用斜拉悬臂浇筑的方法进行。由第六章可知,混凝土斜拉桥则可采用斜拉悬臂浇筑法施工。

混凝土构件采用预制时,现场的施工则为拼装或装配,所以合称为预制拼装法或预制装配法。采用这种方法施工,混凝土结构或构件由工厂预制,运送至现场拼装,拼装成设计的结构。所建成的桥梁称为预制装配桥梁,简称装配式桥梁或预制桥梁。

本书的大量内容均为混凝土桥梁,其施工方法已有介绍,这里仅补充混凝土桥施工中几个特殊的问题。

(1)预制梁的构件划分

工厂预制的构件,质量易于保证。装配化施工可缩短现场工期,降低人工成本,减低能耗,减少建设过程对交通的干扰和对环境的不利影响,是混凝土桥梁建造工业化的重要发展途径[101]。混凝土装配式桥梁的技术关键是标准化设计、工厂化生产、装配化施工、信息化管理。在桥梁设计方面,要通过材料与结构的创新,减轻自重,重点解决预制件之间拼接可靠性与施工便利性。

混凝土桥梁采用预制拼装施工,构件自重大,由此引起的运输与架设难度增大,构件之间的连接也比钢结构复杂、耗时,连接处也易于成为结构的薄弱环节。

根据桥梁跨径及使用材料的不同,其预制构件的节段或梁体构件划分、构件间连接形式有所不同。以连续梁为例,在纵桥向依据节段长度与跨径的关系,有小节段、等跨节段和超跨节段三种划分。

①小节段。一孔主梁划分为若干节段,每节段远小于跨径长度,可用于大跨径桥梁,如悬臂拼装法、少支架预制拼装法、架桥机下挂预制节段拼装法等,如图10-12a)所示。

②等跨节段。一孔主梁整体预制安装,节段长度与跨径相近,适合于跨径不大的桥梁,如简支转连续、伸臂转连续,如图10-12b)所示。

③超跨节段。预制吊装节段超过一孔梁的长度,仅当跨径不大而起重能力较强时采用,如图10-12c)所示的五跨连续梁,可预制成三个节段,两边梁连同中梁的一部分预制成2根单悬臂梁,加上中孔跨中部分(中央段)1个节段。施工时,先架设两单悬臂梁,使悬臂端做成临时牛腿,随后安装中央段,不需要设置临时支架。

(2)柱墩装配化施工

目前,我国桥梁预制装配化施工已取得重要的进展,并从上部结构向墩台等下部结构扩展,向全预制装配式桥梁发展。桥梁墩柱与承台的连接主要有整体现浇式、灌浆套筒、灌浆金属波纹管、承插式等[102]。图 10-13 是一种预制混凝土墩柱与盖梁、承台连接示意图,其墩柱与盖梁、墩柱与承台采用灌浆套筒方式连接,前者的套筒设置于盖梁内,后者则设置于墩柱内。施工承台及与之连接的墩柱时,在承台顶及墩柱顶应设置连接插筋。现场吊装拼接时,在拼接面铺设 2cm 厚的高强无收缩砂浆,其 28d 抗压强度应不小于 60MPa 且高出被连接构件强度等级的一个等级(7MPa)。灌浆连接套筒采用高强无收缩灌浆料对钢筋与连接套筒之间的间隙进行填充,硬化后形成接头,从而将一根钢筋中的力传递至另一根钢筋。灌浆完成后在接缝处采用环氧砂浆进行密封处理。

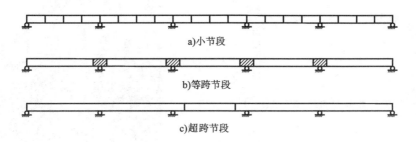

图 10-12　纵桥向节段划分

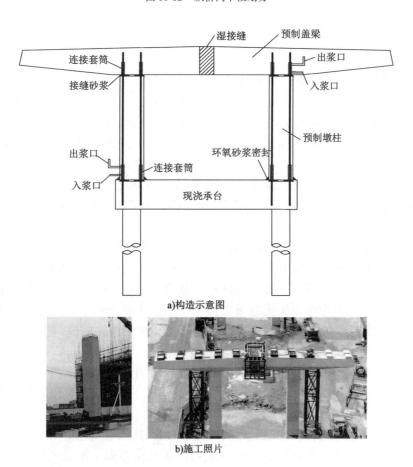

图 10-13　预制混凝土墩柱与盖梁、承台连接示意图(肖泽荣提供)

（3）混凝土高墩的埋置拱架法施工

混凝土高墩的施工常采用翻模或爬模施工。在高地震地区,高墩的施工还可采用埋置骨架,不仅服务于施工,也能提高桥墩的抗震性能。四川省雅(安)—西(昌)高速公器中的黑石铺、腊八斤大桥部分桥墩施工时,首先架设空钢管,然后内填混凝土,再外包混凝土,形成箱形桥墩,如图 10-14a)所示。

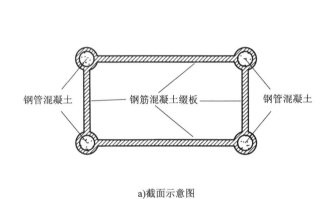 

a)截面示意图　　　　　　　　　　　　　b)施工照片

图 10-14　四川腊八斤大桥桥墩

3. 钢-混凝土组合桥

钢-混凝土组合桥的施工特点介于混凝土桥和钢桥之间。由于以钢结构承重为主,施工方法更接近于钢桥,施工性能也优于混凝土桥。施工时,一般先架设钢梁,然后施工混凝土桥面板,属于截面增大的自架设方法。混凝土桥面板可采用现浇板、预制装配板、装配-整体式组合板三种形式。少数桥梁在吊装能力允许时,可以将钢梁与混凝土桥面板一起制作安装。

现浇混凝土板的厚度因钢梁的间距和横隔梁的布置情况而定,通常为 15～30cm 厚。为适应板所受横向内力的变化和设置剪力键的需要,通常在混凝土板与钢梁的支承边缘设置承托,见图 9-29。

组合梁桥中采用预制混凝土翼板时,可以采用平行桥跨方向的板[图 10-15a)]或垂直于桥跨方向的板[图 10-15b)]。对于多主梁结构的宽桥,布置在中间行车道部分的板可支承在两根相邻钢梁上。在钢梁上翼板顶面中间设置剪力键的部位,预留出 10～30cm 宽的现浇段。相邻板端伸出的横向钢筋应予以焊接或做成扣环接头。预制板端面混凝土应做凿毛处理,然后在预留空隙处浇筑高强度等级混凝土。通过剪力键和相互连接的横向钢筋将预制混凝土板与钢梁连接成整体。

预制混凝土板沿顺桥方向的构件宽度应根据横隔梁的间距和施工吊装能力,从方便施工的角度划分。在一般情况下相邻板间的横缝可不予连接。预制板还可以采用顶推法安装,如图 10-15a)所示。

预制板与钢梁通过栓钉与现浇混凝土的连接,可以采用带状布置[图 10-15a)],也可以采用孔状布置[图 10-15b)]。对于孔状布置,预留孔宜做成由下向上扩大的锥形,孔中的连接件宜采用刚性连接件。预留孔与连接件间的空隙应按如下情况考虑:在承压一边不宜小于 5cm;

其余边不宜小于3cm。预留孔的角隅处应设置抗剪构造钢筋,以免混凝土挤碎。预制混凝土板安装就位后,向预留孔浇筑高强度等级小石子混凝土,将剪力键埋入其中。为防止钢梁上翼板锈蚀,在钢梁与混凝土板之间应做砂浆垫层。对于主梁间距较大的组合梁桥,若采用钢筋混凝土桥面板,结构自重较大、易开裂,可以采用先张法预应力混凝土板做预制桥面桥,以提高桥面板的抗裂性。

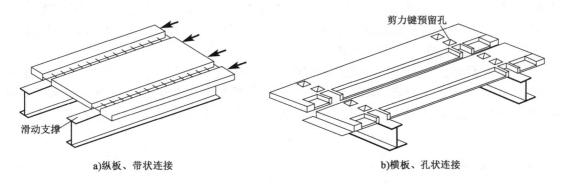

图10-15 组合梁预制板的形式与连接方式

装配-整体式组合板是以支承在各相邻钢梁上翼板端的较薄的先张法预应力混凝土板(或压型钢板)兼作模板,然后在其上直接浇筑整体混凝土而形成混凝土组合结构,见图10-16。为加强新旧混凝土之间的黏结,作为模板的预应力混凝土板的顶面可做成凸凹不平或粗糙不平的表面,亦可在其表面涂抹有利于新旧混凝土黏结的界面剂。这种组合桥面板构造简单,施工方便,整体混凝土可与桥面铺装层混凝土一起浇筑,结构的整体性良好,具有广泛的应用前景。

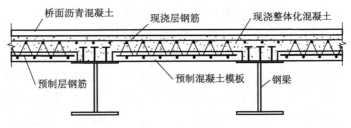

图10-16 装配-整体式组合板

钢-混凝土组合拱桥,以钢管混凝土拱桥为主,先架设钢管拱,再灌管内混凝土。其中钢管拱的架设,可采用斜拉悬臂、桁架悬臂、转体等,详见第四章第四节。管内混凝土的灌注施工,见《钢管混凝土拱桥》[25]一书介绍。钢-混凝土组合斜拉桥的施工,一般先架设钢梁,然后施工混凝土桥面板,与前述的钢-混凝土梁相似。组合桥墩目前也是以钢管混凝土墩为主,见第八章第二节"六、其他类型桥墩"。它的施工也是先架钢管,再灌管内混凝土。

第三节 桥梁使用管理

桥梁方便交流与沟通,缩短距离,为人们的生产和生活提供方便,满足人类社会的需要,它的功能作用勿须质疑。然而,要想实现桥梁的可持续、高质量地为人类服务,就必须对已建桥梁实行合理、规范化的管理与日常养护维修,预防发生病害,及时根治缺陷,确保其持续安全运营,维持较高服务水平和通行能力,并满足交通持续增长的需要。以德国为例,一般每年每座桥需要耗费其建设成本的 0.4%~2% 用于它的养护与维修,现有桥梁的平均使用年限为 40 年,以 80 年的设计寿命计,全寿命周期内剩余 40 年还需要 16%~80% 建筑成本的费用用于一座桥的运营、养护维护和最后的拆除[100]。我国大部分桥梁建于改革开放之后,桥梁的平均使用年限较小,设计寿命基本为 100 年,估计全寿命成本的上限将超过建设成本。最近二三十年,我国对桥梁养护工作越来越重视,已建立起以《公路桥涵养护规范》(JTG 5120—2021)、《城市桥梁养护技术标准》(CJJ 99—2017)为主的标准体系。

桥梁使用管理涉及人、财、务的方方面面,这里仅简要介绍与工程技术内容相关的桥梁结构安全与耐久方面的内容,本节主要是交通管理、桥梁使用系统、桥梁技术档案和检查评定,养护与维修也属于桥梁使用管理的内容,但内容较多,且工程技术属性更强,将在下一节介绍。

一、桥梁管理与管理系统

1. 桥梁建成前管养部门的介入

桥梁管养部门应在桥梁建成前介入。桥梁的建设与管理养护最好是同单位或部门,否则不利于桥梁的全寿命管理。但现实中,往往并非如此,经常的情况是桥梁建成之后由建设单位移交给管养单位。如果能在桥梁建设之初就确定管理养护单位,使管养单位不是被动地等待移交,而是在桥梁建设前期就主动介入,提出桥梁耐久性的指标,并要求设计单位在桥梁设计时考虑今后使用管理与养护的需要。

在施工阶段,建设单位或将来的管养部门要通过监理严把质量关,并积极收集施工资料,尤其有关桥梁施工质量监控的数据。对于重要的桥梁,应考虑今后检测的需要,预先设置固定测点。这些测点的设置可结合施工监测监控和成桥静动载试验综合考虑。

对于大桥和新型桥梁,在建成后通车前,一般要进行成桥静动载试验,对桥梁结构受力进行全面检测、分析、评定桥梁结构的承载能力与使用条件,既为成桥的验收提供数据,也为桥梁使用管理养护提供基础数据。成桥静动载试验所收集到的成桥初始阶段的受力性能和结构基本信息,可以用于建立桥梁档案资料,如果是属于桥梁管理系统中的桥梁,还可将这些信息输入桥梁管理系统(bridge management system,BMS)之中。同时,测试资料有助于建立基准有限元模型,为日后的桥梁状况有限元分析、损伤识别提供对比的原始状态资料。

2. 桥梁建成后的交通管理

公路与城市桥梁以汽车通行为主要目的。交通管理既要保证交通本身的顺畅、安全,也要保证桥梁结构的耐久与安全。这里着重介绍对后者的考虑。以通行的车辆为例。由第一章可知,在桥梁结构设计计算中,我们按表 1-9 的冲击系数,考虑了汽车荷载的冲击作用。该冲击系数根据桥梁结构的基频 f 取值。然而,研究表明除桥梁结构的基频 f 外,它还受许多因素的影响,如路面平整度、结构形式、伸缩缝、车辆作用位置等。使用过程中,铺装层的破损要及时修补,桥面要整洁,以减小车辆行驶引起的振动。另外,桥梁伸缩缝也是引起桥梁振动的主要因素,它的病害要及时治理,若能采用第八章第五节介绍的无伸缩缝技术将其取消则更好,所谓"最好的维修是取消"。

车辆制动力也是桥梁结构设计计算中要考虑的一个作用。研究表明,它除会对主结构产生较大的水平力外,还会引起桥梁的振动,导致铺装层推挤磨损甚至破坏。虽然设计中考虑车辆荷载的制动力,但桥梁养护部门仍应注意维持桥面良好的行车条件,尽量避免车辆的紧急制动,特别是高速行驶车辆的紧急制动。当然,更应防止桥上交通事故的发生。

第一章介绍的桥梁设计中所考虑的汽车荷载(包括车道荷载和车辆荷载),是由大量的调查统计后得出的具有一定保证率的数值。在桥梁实际使用过程中,车辆通过桥梁应有限载、限速和限高的要求。对于应用超过限制要求的车辆进行的运输均称为超限运输,其中以超载最多。超载车辆主要有两类:一类是装载特殊设备的车辆,通过适当的管理予以通行;另一类是非法超载运输,车辆轴重或总重极大超过设计荷载,给桥面铺装、桥面板、桥梁承受结构等带来极大的损伤,应该禁止。车辆超高的问题也较为突出。对于跨越公路的桥梁,当车辆高度超过设计净高时,也就是超高车辆,行驶经过时经常撞击损坏上部结构,甚至造成上部结构的倒塌。

对于人行桥,当其宽跨比不大、刚度较小时,横向受力性能较差,在管理上应注意特殊场合下人群荷载在桥梁横向的严重不均衡;同时,其动力性能差,要避免各种较大的动力冲击和振动。

3. 桥梁管理系统

桥梁建成后,应实行合理、规范化的管理与养护。首先,管养部门应建立资料档案,内容包括施工过程记录、成桥静动载试验资料等,同时基于上述试验建立基准有限元模型,便于对桥梁结构长期监测与状态评定。将来还要将进行定期与非定期检查与维修的记录添加进去。在养护过程中要预防病害的发生,设法解决和处理设计、施工留下的缺陷,及时处理桥梁出现的病害。管养部门应通过日常检查、定期检查和特殊检查,及时了解通过桥梁的车辆荷载、车辆数,了解交通量,注意交通标牌设立是否完整,要保持桥面的整洁,减小跳车对桥梁的冲击影响。同时要注意检查桥梁结构构件的使用情况,尤其是易损构件如吊杆、斜拉索、系杆、支座、伸缩缝的使用情况、锈蚀问题等,进行经常性的保护性养护与维修更换。

在桥梁使用管理方面,桥梁管理系统目前已得到广泛的应用。它是一个自成体系的计算机软、硬件系统,是一门新的综合管理技术,是基于桥梁基础数据、病害数据、检查与检测、技术状况评估、结构退化预测、维护对策与政策基准以及经济分析的计算机管理信息系统,是协助桥梁管理部门制定合适的桥梁养护管理政策、长期维护规划和可用资金的最优维护策略的工具[103]。计算机硬件是计算机软件的实现平台,计算机软件则是计算机硬件的价值体现。桥梁管理系统组成如图10-17所示。

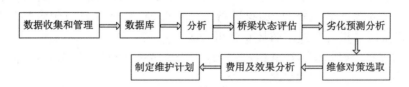

图10-17 桥梁管理系统组成

桥梁管理系统有网络级和项目级两类。网络级管理系统主要针对特定的国家或地区、特定路线、某一桥龄范围或某种类型桥梁群体的管理。其主要目的是确定管理范围内各桥梁状态、合理分配预算维护资金以及确保整个桥梁网络交通处在一个可接受的服务水平。项目级管理系统的对象是某个独立的桥梁或桥梁的组成部分,制订合理、详细的维护计划是其主要目的。项目级管理系统可作为网络级管理系统的某个组成部分。

项目级与网络级管理系统一个重要区别在于维护优化方面。项目级管理系统主要考虑桥梁本身的缺损、维护措施的效果、维护时机和相关费用;而网络级管理系统从保证整个交通网络的交通质量出发,综合考虑除结构退化和维护措施因素以外的其他因素,如交通量、道路等级、相关道路、政治因素等。

桥梁管理系统最早出现在美国。20世纪70年代开始,欧洲的一些经济发达国家也相继加强桥梁的养护管理,随后各国开发出一批各具特色的桥梁管理系统,如丹麦的DANBRO系统、法国的EDOUARD系统、英国的NATS系统、挪威的BRUTUS系统、芬兰的国家公路署管理系统等。在亚洲,较为典型的管理系统有日本的道路公用桥梁管理系统、韩国的SHBMS系统、印度桥梁管理系统等。

我国桥梁管理管理系统的开发始于20世纪90年代初期,由交通部门开发的中国公路桥梁管理系统,90年代中后期作为重点推广应用项目开始在全国范围内推广应用。新网络版公路桥梁管理系统按照模块内容共分为数据管理、养护管理、辅助决策、报表管理和角色管理五个模块。

数据管理模块共包括十个子模块,分别为桥梁综合处理(包括桥梁定期检查)、涵洞综合处理、桥梁综合查询、涵洞综合查询、经常性检查、特殊检查、桥上事故、重车过桥、地理信息采集和批量导入。

养护管理模块主要包括四个子模块,分别是养护计划、维修确认、定期检查报告和年度养护报告。

辅助决策模块共包括五个子模块,分别是桥梁状况发展趋势、桥况分类汇总分析、桥涵技术状况评价、桥梁病害趋势分析、人机评价差异。

报表管理模块包括基本视图、统计报表、社会服务子模块三部分。

角色管理模块包括角色管理、管养单位和用户管理三个子模块。

二、桥梁技术档案

桥梁技术档案的建立是养护工作的基础。桥梁技术档案内容应包括桥梁基础资料、管理资料、检查资料、养护维修资料、特殊情况资料等。

桥梁基础资料包括:桥梁设计施工图及竣工图,结构计算分析报告;施工过程中的试验检测及科研资料;工程事故处理资料;施工全过程的结构位移或变形测试资料;观测或监测点(部件)资料;交工和竣工验收资料,如果进行了施工监控,则该资料应包含施工监控的方案、实施细则、过程阶段性报告和施工监控总结报告等。

桥梁管理资料包括桥梁管养单位、监管单位及其分管领导、桥梁养护工程师等的基本资料。

桥梁检查资料包括桥梁经常检查、定期检查结果、养护对策建议、特殊检查建议报告、养护建议计划等技术资料,以及检查的时间、实施人员等基本资料。特殊检查还应包括检测(试验)方案、检测(试验)报告、照片及多媒体材料,检测(试验)方的资质证书(复印件)、业绩证明(复印件)以及主要检测人员的资格证书(复印件)等。

对于建成后通车前有进行成桥静、动载试验的桥梁,试验所收集到的成桥初始阶段的受力性能和结构基本信息,可为桥梁使用管理养护提供基础数据,可用于建立桥梁档案资料;如果是属于桥梁管理系统中的桥梁,还可将这些信息输入桥梁管理系统之中。同时,测试资料有助于建立基准有限元模型,为日后的桥梁状况有限元分析、损伤识别提供对比的原始状态资料。

桥梁养护维修资料应包括以下内容:小修保养工程的实施技术资料和养护质量评定结果,以及工程实施的时间、组织实施人员等;桥梁的中修、大修、改建工程的设计图纸、竣工图纸、施工资料、监理资料、监控(监测)资料、质量事故处理报告、交(竣)工验收等技术资料,以及设计、施工、监理和监控(监测)等各方的资质证书(复印件)、业绩证明(复印件)及其主要检测人员的资格证书(复印件)等。

桥梁特殊情况资料主要包括地质灾害、气象灾害、超限运输等特殊事件的具体情况、损害程度、处治方案等。

档案资料的形式可以是文字资料、图纸、照片、录像、电子文档等,宜尽可能电子化和数字化。对于已采用桥梁管理系统的单位,桥梁技术档案的建立应按照系统的要求进行。对于尚未采用的单位,应考虑今后桥梁管理系统建库的需要。

对于已建桥梁,桥梁技术档案中需要的资料采集可分为内业和外业两个途径。内业是指对已有资料的整理和向相关部门和单位收集,外业指对桥梁的实地调查、检查和检测,不断补充完善桥梁的基础资料。

当前,对于大跨径和重要的桥梁,应尽可能采用建筑信息模型(building information model,BIM)建立技术档案,这种模型也称为桥梁信息模型(bridge information model,BrIM)。BIM或BrIM基于三维(3D)技术的集成智能化的模型,可衔接建筑生命期不同阶段的数据、资源和过程,能改变传统二维(2D)模型条件下建筑设计、施工、管理等各阶段与各参与方各自为战形成的"信息孤岛"带来的各种问题。BIM已成为当前建设行业应用和研究的热点,也正逐步在桥梁工程中得到应用。采用这一技术建立的BrIM,能包含桥梁生命周期里需要的全部信息,尤其是桥梁损伤、劣化及其预测模型[104]和桥梁检查与技术评定模型[105],将带来桥梁养护技术革命性的变化。

三、桥梁检查与评定

桥梁管养部门要及时进行桥梁的检查,系统、准确、及时掌握桥梁的使用与技术状况。桥梁检查按时间频率可分为经常性检查、定期检查和特殊检查三种方式。按检查方式,除外观检测外,还有静动载试验和实时健康监测。

1. 经常性检查、定期检查和特殊检查

(1)经常性检查(regular inspection):经常性检查主要是指对桥面设施、上部结构、下部结构及附属构造物的技术状况进行的检查。经常性检查主要以目测方式进行,也可配以简单的工具进行测量,周期为每月不得少于一次;现场要登记所检查项目的缺损类型,估计缺损范围及养护工作量,提出相应的小修保养措施,为编制所管理的桥梁养护计划提供依据。如果发现桥梁重要构件存在明显缺陷时,应及时向上级提交专项报告。

(2)定期检查(periodic inspection):定期检查是指按照规定周期,对桥梁主体结构及其附属构造物的技术状况进行定期跟踪的全面检查,它为桥梁养护管理系统搜集结构技术状况的动态数据。通常依靠富有经验的专职桥梁检查工程师,以目视观察为主,辅以必要的工具、常规测量仪器、照相机和其他现场用器材等手段,实地判断桥梁病害原因,做出质量状况评定,并估计需要维修的范围和方法,提出交通限制的建议。对需要进一步查明原因或继续观察的缺损部件,提出特殊检查和下次检查的时间要求。

(3)特殊检查(special inspection):特殊检查是指在特定情况下对桥梁技术状况进行鉴定,判定桥梁承载能力,以采取加固、改善措施。通常分为专门检查和应急检查。

专门检查:根据经常性检查和定期检查的结果,对需要进一步判明损坏原因、缺损程度和使用能力的桥梁,针对病害进行专门的现场试验检测、验算与分析等鉴定工作。

应急检查:当桥梁受到灾害性损伤后,为查明破损状况,采取应急措施,组织恢复交通,对结构进行的详细检查和鉴定工作。

公路桥梁的经常性检查、定期检查和特殊检查执行情况表见表10-3。

经常性检查、定期检查和特殊检查执行情况表　　　　表10-3

类型	组织实施单位	检测对象	方法	频率	项目	实施者	检查报告
经常性检查	养护生产单位	所有桥梁	目测方法	每月	专用表格	桥梁检查员、桥梁监管员	简要概括说明
	公路分局			季度		县级桥梁养护工程师	
定期检查	设区市公路局	所有桥梁(重点在三、四、五类桥梁)	目测为主仪器为辅	竣工接养1年后	专用表格	市级桥梁养护工程师	详细总结分析说明
				永久性桥梁每3年			
				非永久性桥梁每年			
特殊检查	设区市公路局	重点针对技术难度大的中桥,以及大桥和特大桥	仪器为主目测为辅	桥梁运行状况或定期检查结果确定	依据合同要求来确定	具有相应检测资质单位	一桥一份报告

2. 桥梁荷载试验

(1)概述

荷载试验(load test)是桥梁检验的一个重要手段。从时间上划分,主要有刚建成时的成桥荷载试验和投入使用后,为检查桥梁状况所进行的定期或不定期的荷载试验。

对于新建桥梁投资高、构件更换困难或新结构、大跨度桥梁,在工程竣工后,一般通过荷载试验,对桥梁的整体性能、施工质量和实际承载能力做一次全面的评价,为桥梁竣工验收和质量评定,提供科学的依据,为即将投入使用的桥梁的使用条件和管理养护提供科学依据。同时,它对于了解结构设计方案的合理性、丰富设计经验和提高设计水平也具有积极的意义。

既有桥梁在运行过程中,因受到地震、台风、雨雪、冰冻等自然因素的影响以及冲击荷载等人为因素的作用和随着时间的推移,桥梁结构都会受到不同程度的损害。通过荷载试验,可以评估其使用性能和承载能力,了解桥梁的实际损害程度,找出病害原因,以便决定采取何种养护或维修措施。当然,桥梁因提高所在线路运输等级而进行改建或重建时,也常常有必要对既有桥梁进行荷载试验,以对实际承载能力和耐久性等进行检测与评定,从而决定采用何种措施来满足线路对桥梁的诸如承载能力、桥宽、纵坡等各项指标的要求。

桥梁荷载试验涵盖的内容较为丰富,其核心内容是:通过测试在荷载直接作用下的桥梁各结构部位以及整体的响应参数,从而反映和揭示桥梁的实际承载能力和使用性能。与桥梁的理论计算与分析体系一样,桥梁荷载试验都属于对桥梁结构进行微观分析与评价的内容,但又自成体系,桥梁荷载试验与分析评定,是对于桥梁结构理论计算与分析的有机延伸和完善与补充。

桥梁荷载试验从采用荷载性质的不同,又可分为静载试验(static load test)和动载试验(dynamic load test)。静载试验和动载试验在试验目的、测试内容等方面有所不同,是两种性质的试验,但对于全面分析掌握桥梁结构的工作性能是同等重要的。

对于桥梁荷载试验,公路桥梁按照《公路桥梁荷载试验规程》(JTG/T J21-01—2015)、城市桥梁按照《城市桥梁检测与评定技术规范》(CJJ/T 233—2015)的相关规定执行。

(2)静载试验

桥梁静载试验,是将静止的荷载作用在桥梁上的指定位置,然后对桥梁结构的静力位移、应变、裂缝等参量进行测试,从而对桥梁结构在荷载作用下的工作性能及使用能力做出评价的一种荷载试验。静载试验是桥梁荷载试验中最常见的基本试验。因为桥梁结构工作时所受的荷载主要是静力荷载,其自重当然属于静力荷载,荷载位置随时间而变的移动车辆荷载,在设计计算时一般也是作为静载来考虑的。

桥梁结构静载试验,一般可以通过重力或其他类型的加载设备来实现,并能满足试验要求。静载试验的加载过程是从零开始逐步递增,一直到预定的荷载为止。静载试验是了解结构特性的重要手段,不仅用它来直接解决结构的静力问题,而且在进行结构动力试验时,一般也要先进行静载试验,以测定结构有关的参数。

一般情况下,桥梁静载试验可分为三个阶段,即准备阶段、试验阶段和测试结果分析总结阶段。

①准备阶段

准备阶段包括对桥梁技术资料的收集、现场考察、试验方案制定、现场测试准备等。大量实践表明,准备工作对试验工作的顺利进行有很大的影响。

试验前所需收集的桥梁技术资料包括桥梁设计文件、施工记录、监理记录、原有试验资料、桥梁养护与维修记录、环境因素的影响、现有交通量及重载车辆的情况等,掌握这些资料,能使我们对于试验桥梁的技术状况有一个全面的了解。

在试验准备阶段应明确试验目的,抓住主要问题。桥梁静载试验涉及理论计算、测点布置、加载、测试、数据分析整理等多个方面,因此,在进行试验之前一定要明确试验目的,预测试验桥梁的结构行为。这样才能有的放矢,合理选择仪器仪表,准确确定加载设备及加载程序,科学布置测点及测试元件,充分利用有限的人力、物力及其他有利条件,采取各种必要的手段,以达到预期的试验效果。

②试验阶段

现场测试,包括加载与观测,是在各项准备工作就绪的基础上,按照预定的试验方案与试验程序,利用适宜的加载设备进行加载,运用各种测试仪器,观测试验结构受力后的各项性能指标如挠度、应变、裂缝宽度等,并记录各种观测数据和资料。有时,为了使某一加载、观测方案更为完善,可先进行试探性试验,以便更完美达到原定的试验目的。需要强调的是,对于静载试验,应根据当前所测得的各种指标与理论计算结果进行现场分析比较,以判断受力后结构行为是否正常,是否可以进行下一级加载,以确保试验结构、仪器设备及试验人员的安全,这对于存在病害的既有桥梁结构尤为重要。

静载试验可采用堆载、车辆加载等方式。加载试验一般要中断交通,因此应事先申请,并做好交通组织工作。试验时,除观测记录设定的测试内容外,还要对气温和结构表面温度进行观测记录,以消除温度影响。为保证测试结果的稳定性,通常选择在温度相对稳定的阴天或晴天的早晚进行(由于需进行试验准备,更多是选择在傍晚到晚上的时间)。为配合整体结构的静载试验,必要时还要进行构件材性的试验。

现场测试阶段是整个试验工作的中心环节,应精心准备、严密组织。桥梁静载试验由于观测项目比较多、测点多、不同仪器仪表多,这就要求试验工作必须有严格的组织,统一的指挥,并能够紧密配合,协同作战。在正式试验之前,要做好充分的准备工作,对一些关键性的测试项目和测点要考虑备用的测试方法,注意防止和消除意外事故。

试验过程中要注意对测试结果的记录,记录的手段包括文字记录和照相、录像记录,记录的内容包括与加载工况相对应的各种测试数据,以及试验过程中出现的各种异常情况。在结束试验前,要对测试中所获取的资料进行检查,并与试验前的分析结果进行初步的对比分析,如发现遗漏和重大的偏差,应根据实际情况决定是否对某些工况进行补测或重新测试。

③测试结果分析总结阶段

在测试工作完成后要及时对原始测试资料进行综合分析与总结。原始测试资料包括大量的观测数据、文字记载和图片等材料。受各种因素的影响,原始测试数据一般显得缺乏条理性与规律性,未必能深刻揭示试验结构的内在行为。因此,应对它们进行科学的分析处理,去伪存真、去粗存精,进行综合分析比较,从中提取有价值的资料。对于一些数据或信号,有时还需按照数理统计的方法进行分析,或依靠专门的分析仪器和分析软件进行分析处理,或按照有关规程的方法进行计算。这一阶段的工作,直接反映整个检测工作的质量。测试数据经分析处理后,按照相关规范或规程以及检测的目的要求,对检测对象做出科学的判断与评价。

在整理试验原始数据整理时,应在测试前进行理论分析的基础上,根据测试结果进行有限元计算模型的修正和补充工况的分析。通过理论分析结果与测试结果的比较,对结构性能做出评价。如果试验的目的是为了探索结构内在的某种规律,或者是某一计算理论的准确度或适用程度,就需要对试验结果进行综合分析,找出互有联系的诸变量之间的相互关系,总结出相应的数学表达式或关系表。如果试验属于生产鉴定试验,则应从试验资料的整理分析中,提取充分而必要的数据,对结构的承载能力、使用性能做出判断,进而说明结构安全可靠和满足使用要求的程度。

(3)动载试验

桥梁动载试验是利用某种激振方法激起桥梁结构的振动,然后测定其固有频率、阻尼比、振型、动力冲击系数、行车响应等参量,从而判断桥梁结构的整体刚度、行车性能等。桥梁结构的动载试验,主要包括两方面的内容:一是测量移动车辆荷载作用下桥梁指定断面上的动应变或指定点的动挠度;二是测量桥梁结构的自振特性和动力响应。桥梁动载试验可以与桥梁静载试验同时进行,也可以单独进行。与桥梁静载试验相似,桥梁动载试验也可分为三个阶段,即准备阶段、试验阶段和试验结果分析总结阶段。

①准备阶段

准备阶段的工作内容与静载试验基本相同,在进行动载测试的试验方案制定时,同样也要进行预分析。

②试验阶段

动载测试对于新建桥梁与静载测试一样是在无交通荷载情况下进行。对于既有桥梁,可以中断交通,也可以在开放交通情况下进行。

桥梁动载试验是在桥梁处于振动状态下,利用振动测试仪器对振动系统各种振动量进行测定、记录并加以分析的过程。在进行动载试验时,首先应通过激振方法使桥梁处于一种特定的振动状态中,以便进行相应项目的测试。动载试验常见的振动源有突然释放的荷载、爆炸、移动车辆等,其次,要合理选取测试仪器仪表,组成振动测试系统。振动测试系统一般由拾振部分、放大部分和分析部分组成。这三部分可以由专门仪器配套使用,也可以配换使用。

动力荷载试验的测试系统,一般可采用电磁式测试系统、压电式测试系统、电阻应变式测试系统或光电式测试系统。在选择测试系统时,应注意选择测振仪器的技术指标,使测试系统的灵敏度、动态范围、幅频特性和幅值范围等技术指标满足被测结构动力特性范围的要求。

③试验结果分析总结阶段

桥梁结构的动载试验中,常有大量的物理量如位移、应变、振幅、加速度等,需要进行量测、记录和分析。在静载试验中,可以通过仪器仪表观测而直接获得数据序列;在动载试验中,可通过仪器仪表将振动过程中大量的物理量进行测量并记录下来,这些随时间变化的物理量,一般称为信号,而测得的结果称为数据。根据这些数据,可以进行有关振动量之间相互关系的分析。

桥梁结构动力性能的一些参量,如固有频率、阻尼比、振型、动力冲击系数,以及动力响应的大小,是宏观评价桥梁结构的整体刚度、运营性能的重要指标,也是一些规范评价桥梁安全运营性能的主要指标,目前,虽然国内外规范对桥梁结构的动力响应、动力特性尚无统一的评价尺度,但一般认为桥梁结构的动力特性反映了结构的整体刚度、桥面的平整程度及耗散外部振动能量输入的能力。过大的动力响应会影响车辆的安全行驶,会引起驾驶员、乘客的不舒适,应予以设法避免。

3. 桥梁实时健康监测

桥梁实时健康监测是指对运营阶段的桥梁结构及其工作环境进行实时监测,并根据监测得到的信息分析桥梁结构的健康状况,评价桥梁承受静、动载的能力以及结构的安全可靠性,为运营维护管理提供决策依据[106,107]。它是当前桥梁工程研究的一个热点,已引起国内外桥梁使用与管理部门的高度重视。在这方面的研究与应用正处于起步阶段,目前在一些投资大、重要性突出的桥梁中已经开始这项应用。如何针对我国的环境与经济特点和桥梁特点,探索出经济、实用、方便、有效的桥梁使用状态的健康诊断与长期监测系统,是一个亟待研究的课题。

健康监测是一个复杂的系统工程,需要多方面的工作,内容主要包括软件与硬件部分。软件部分主要由数据采集、信息管理、智能健康诊断以及安全预警与决策等模块组合而成。其中,数据采集、信息管理模块应在桥梁结构投入使用后就应该开始工作,获取桥梁结构最为原始的信息资料;而智能健康诊断和安全预警与决策模块则应在相应的规定期限内完成,使其尽快充分发挥作用。硬件部分主要是指系统中安装的所有检测仪器、相应的信号传输设备以及监控装置。这些硬件设备的开发、安装与调试应和桥梁的施工过程以及系统软件的开发协调一致。

基于振动信息的无损伤检测技术目前在航天机械等领域得以广泛研究。由于该方法的无损伤性,且在桥梁运营过程桥梁结构的振动信息可以通过环境振动法获得,简单易行,因此这一方法已成为结构整体性能评估研究的热点,具有较强的发展潜力。

结构模态参数常被用作结构的指纹特征,也是系统识别方法和神经网络法的主要输入信息。另外基于结构应变模态、应变曲率以及其他静力响应的评估方法也在不同程度上显示各自的检伤能力。然而尽管某些整体性评估技术已在一些简单的结构上有成功应用的例子,但还不能可靠地用于复杂结构。阻碍实际应用的主要原因有:结构与环境的不确定性和非结构因素影响;测量信息谱不完备;测量精度不足和测量信号噪声;桥梁结构赘余度大,并且测量信号对结构局部损伤不敏感。

健康监测系统安装用于环境、结构响应与形变测量的传感装置,旨在获取识别结构主体性能和安全性能的各种记录,逐步建立结构整体性能与安全性能的实时监测。国内大跨度桥梁健康监测也已开始受到人们的重视,一些重要的大型桥梁如青马大桥、江阴长江大桥等也都安装了健康监测系统。

桥梁健康监测系统理论的研究主要集中于结构整体性评估和损伤识别。结构整体性评估方法可以归结为模式识别法、系统识别法及神经网络方法三类。

应该提出的是,桥梁实时健康监测的理论与技术还处于发展阶段,还存在许多问题,如埋设在结构中的传感器等测试器件的测试范围有限,其寿命可能低于结构的寿命;大量测试数据的处理和有效利用,以及实时健康监测所需的经费与它的效果的比值,都是确定一座桥梁是否需要进行实时健康监测要考虑的。在当前的情况下,除非特大跨径或具有特殊性的桥梁、进行实时健康监测的试验研究的桥梁进行实时健康监测外,一般的桥梁以定期和不定期的检查更为合适。

公路桥梁的健康监测应根据《公路桥梁结构监测技术规范》(JT/T 1037—2022)的有关规定进行。

4. 桥梁评定

(1)评定内容与方法

桥梁评定(估)是利用有关的信息,对既有桥梁的安全、使用性能进行评价估计,为桥梁的使用、管理、修复和加固改造提供技术基础的一项工作。评估的主要内容有承载能力评估、耐久性评估、使用性能评估等。

承载能力评估是桥梁评估中最基本和最重要的内容。它评估桥梁整体和各组成部分在强度、刚度等方面是否满足现有运输荷载的要求。有时还要对其能否适应运输荷载进一步发展做出评估。公路桥梁的承载力评定应按照《公路桥梁承载能力检测评定规程》(JTG/T J21—2011)的规定进行。

耐久性评估包括对桥梁材料的耐久性、结构抗疲劳损伤能力和剩余寿命的评估。它的工作量和深度均较大,只有在某些特殊情况或委托方专门要求时才进行。

使用性能评估主要是指对车辆通过桥梁时的行走安全性、乘客舒适度等进行评估。

桥梁的评估是一项非常困难的工作,评估的方法有多种,如基于外观检测的评估方法、基于荷载试验的评估方法等。目前尚没有被广泛认可和可靠的结构评估程序。桥梁的结构行为取决于许多参数,但这些参数的改变会产生哪些影响,对此人们缺少经验。而且,许多桥梁无法从外部直接看到的内部构件。评估的结果直接影响到桥梁使用管理的决策,低估桥梁的承载力,可能带来不必要的维修与重建的经济负担;高估桥梁的承载能力,又可能面临桥梁与交通安全的威胁。

为了进行高效评估,通常将桥梁评估分为初步评估和详细评估两个层次。以外观检测和经验为主的初步评估,经济易行,可快速从大量的桥梁中筛选出技术状况较差的桥梁进一步进行详细的检测评估。根据评估结果,对于可能需要维修、加固或改造的桥梁,根据具体情况再进行荷载试验或其他更深入的检测评估。

(2)公路桥梁技术状况评定

《公路桥梁技术状况评定标准》(JTG/T H21—2011)采用分层综合评定与5类桥梁单项控制指标相结合的方法,依层次分别对桥梁各构件、桥梁各部件和桥梁三大组成部分(桥面系、上部结构和下部结构)进行评定,最后进行全桥总体技术状况评定,评定指标如图10-18所示。

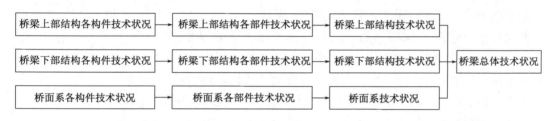

图 10-18 公路桥梁技术状况评定指标

需要指出的是,《公路桥梁技术状况评定标准》(JTG/T H21—2011)中的三大组成部分与第一章中所述的桥面系、上部结构和下部结构内涵不尽相同。

在《公路桥梁技术状况评定标准》(JTG/T H21—2011)中,"桥面系"不含桥面板部分,评价部件为桥面铺装、伸缩缝、人行道、栏杆、护栏、排水系统、照明、标志等,桥面板等桥面结构归在"上部结构"中进行评定;"上部结构"除承重结构外,不仅包含桥面板,还包含支座;"下部结构"中,除桥墩、桥台、基础外,还包含调治构造物、河床,同时,"翼墙、耳墙""锥坡、护坡"也作为独立与桥台的部件进行评价。

对桥梁构件和部件的评定,采用扣分的方式进行,根据缺损状况进行判定并给出评分,以完好状况100分减去该值得出评分,在部件评定时还考虑了各部件的加权值。再集成桥面系、上部结构和下部结构的评分,最后考虑它们的权重,进行全桥技术状况评定。桥梁技术状况评定结果分类见表10-4。

桥梁技术状况分类界限表 表10-4

技术状况评分	技术状况等级 D_j				
D_r (SPCI、SBCI、BDCI)	1类	2类	3类	4类	5类
	[95, 100]	[80, 95)	[60, 80)	[40, 60)	[0, 40)

评定结果为1类的桥梁,其技术状况完好、良好,只需进行正常的保养即可;评为2类的桥梁,技术状况较好,需进行小修;评为3类的桥梁,技术状况较差,需进行中修,并酌情进行交通管制;评为4类的桥梁,桥梁技术状况很差,需进行大修或改造,及时进行交通管制,如限载、限

速通过,当缺损较严重时,应关闭交通;评为 5 类的桥梁,其技术状况极差、有较大的危险,应及时关闭交通,进行改造或重建。

在技术状况评定时,对于出现下列情况(5 类桥梁单项控制指标)之一的桥梁,无论总体评分结果如何,整座桥均应评定为 5 类桥:

①上部结构有落梁,或有梁、板断裂现象。

②梁式桥上部承重构件控制截面出现全截面开裂,或组合结构上部承重结合面开裂贯通,或造成截面组合作用严重降低。

③梁式桥上部承重异常位移,存在失稳现象。

④结构出现明显的永久变形,变形大于规范值。

⑤关键部位混凝土出现压碎或杆件失稳倾向,或桥面板出现严重塌陷。

⑥拱式桥拱脚严重错台、位移,造成拱顶挠度大于限值;或拱圈严重变形。

⑦圬工拱桥拱圈大范围砌体断裂,脱落现象严重。

⑧腹拱、侧墙、立墙或立柱产生破坏造成桥面板严重塌落。

⑨系杆或吊杆出现严重锈蚀或断裂现象。

⑩悬索桥主缆或多根吊索出现严重锈蚀、断丝。

⑪斜拉桥拉索钢丝出现严重锈蚀、断丝,主梁出现严重变形。

⑫扩大基础冲刷深度大于设计值,冲空面积达 20% 以上。

⑬桥墩(桥台或基础)不稳定,出现严重滑动、下沉、位移、倾斜等现象。

⑭悬索桥、斜拉桥索塔基础出现严重沉降或位移,或悬索桥锚碇有水平位移或沉降。

因此,公路桥梁技术状况评定的工作流程,可用图 10-19 表示。

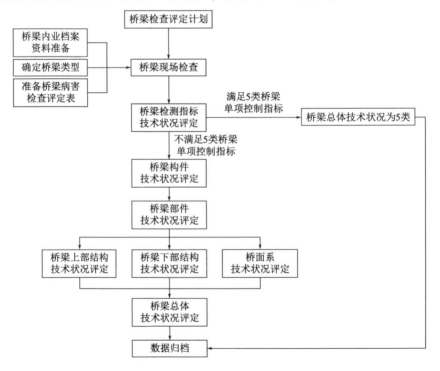

图 10-19 公路桥梁技术状况评定工作流程图

(3)城市桥梁技术状况评定

《城市桥梁养护技术标准》(CJJ 99—2017)根据城市桥梁在道路系统中的地位,将城市桥梁养护类别分为Ⅰ~Ⅴ类,共五类。

Ⅰ类养护的城市桥梁为特大桥梁及特殊结构的桥梁。特大桥是指多孔跨径总长大于或等于500m,单孔跨径大于或等于100m。特殊结构桥是指钢-混凝土组合梁桥、吊桥、吊杆拱桥和斜拉桥。Ⅰ类养护的桥梁完好状态分为两个等级:合格级和不合格级。合格级是指桥梁结构完好或结构构件有损伤,但不影响桥梁安全,应进行保养、小修;不合格级是指桥梁结构构件损伤,影响结构安全,应立即修复。

Ⅱ类养护的城市桥梁为城市快速路网上的桥梁;Ⅲ类养护的城市桥梁为城市主干路上的桥梁;Ⅳ类养护的城市桥梁为城市次干路上的桥梁;Ⅴ类养护的城市桥梁为城市支路和街坊路上的桥梁。Ⅱ~Ⅴ类养护的城市桥梁的完好状态,根据桥梁状况指数(bridge condition index,BCI),分为五个等级。

A 级为完好状态,BCI^* 达到 90~100,应进行日常保养;

B 级为良好状态,BCI^* 达到 80~89,应进行日常保养和小修;

C 级为合格状态,BCI^* 达到 66~79,应进行专项检测后保养、小修;

D 级为不合格状态,BCI^* 达到 50~65,应检测后进行中修或大修工程;

E 级为危险状态,BCI^* 小于 50,检测评估后进行大修、加固或改扩建。

桥梁总体技术状况指数 BCI,由各分部技术状况加权而得,见式(10-1)。

$$BCI = BCI_m \cdot w_m + BCI_s \cdot w_s + BCI_x \cdot w_x \tag{10-1}$$

式中:BCI_m、BCI_s 和 BCI_x——分别代表桥面系、上部结构和下部结构的技术状况指数,详见《城市桥梁养护技术标准》(CJJ 99—2017)的 4.5.1 和 4.5.2 的规定;

w_m、w_s、w_x——分别代表桥面系、上部结构和下部结构的权重,分别取 0.15、0.40、0.45。

注:BCI^* 表示 BCI、BCI_m、BCI_s 或 BCI_x。

对于城市桥梁的承载力评定,详见《城市桥梁检测与评定技术规范》(CJJ/T 233—2015)的相关规定。

第四节 桥梁养护与维修

一、养护内容

公路、城市桥梁的养护应按照《公路桥涵养护规范》(JTG 5120—2021)或《城市桥梁养护技术标准》(CJJ 99—2017)的要求进行。从内容来看,桥梁的养护有广义和狭义之分。广义的桥梁养护包含桥梁的日常养护、维修、加固等内容。狭义的桥梁养护(maintenance)是指桥梁的日常养护,这一小节所说的桥梁养护是指狭义的桥梁养护。

从目的来看,养护又可分为预防性养护(preventive maintenance)和修复性养护(restorative maintenance)。预防性养护是指日常进行的、为防止桥梁出现故障而进行的保养工作;或在桥梁出现小毛病时就进行工程量不大的更换和维修,以防止桥梁大故障出现的养护工作。所以,养护与维修工作是分不开的。预防性养护具有系统性、计划性和前瞻性的特点,养护的依据是事先编制的养护计划。

从确定养护时间方面来看,预防性养护可分为定期养护和根据状态进行的养护。定期养护的时间通常按日历或桥梁运行时间来确定。按照日历确定养护周期时,时间间隔取决于养护有问题的组件,一般所用的时间为125h、250h、500h、1000h、每周、每月、每两个月等。这有助于系统性维护及持续地调整最佳养护的间隔时间。若按照桥梁运营确定养护周期时,由自动计数器(或人工)记录工作时间,过程记录将显示不同类型的维修与养护之间的间隔时间。根据状态进行的养护首先对桥梁各部分组成进行检查和评估,然后确定在何时、何种范围内进行必要的整修或更换等,以降低养护成本。

修复性养护也称为治疗性养护,是在桥梁出现故障或事故发生后要进行的养护措施,亦称为基于故障的养护。修复性养护是事后的补救,无计划性,往往带有突发性,且需要大量资金,并对正常交通有重大影响,桥梁养护中应尽量避免,一旦出现要尽快完成。

桥梁预防性养护不能理解为简单的保洁工作。除保持桥梁外观整洁外,要通过日常的预防性养护,使桥梁的功能设施完善、结构完好、桥面坚实平整、标志齐全明显、横坡适度、行车舒适、排水畅通、绿化协调。

除做好上述的工作外,应充分利用日常养护人员在及时发现桥梁病害上的作用。一方面,日常养护人员从人数上要远多于桥梁养护工程师,他们在桥梁现场的时间比桥梁养护工程师和检查人员要多得多;另一方面,他们在日常保洁与养护过程中,通过清扫可能发现检查人员未发现的病害。如果他们能在日常的养护过程中及时发现问题,对于一些小问题能及时处理,无法处理的及时上报,并积极配合养护技术人员进行检查与维修,则能最大限度提高桥梁的服务水平,降低维修费用。然而目前我国桥梁日常养护人员所受教育程度普遍较低,受专业训练的水平就更低,主要是临时雇用的保洁人员。因此,加强对基本队伍的培训,提高他们发现桥梁病害和小修的能力,增强责任感,是十分重要的工作。

二、养护计划制订

公路养护工程计划编制遵循"先重点、后一般,先干线、后支线"的原则,这个原则同样可以用到公路主要构造物——桥梁的养护计划的编制指导。对于高速公路和国省干线公路中的桥梁,具有重大政治、经济、国防意义的公路中的桥梁,城市生命线之中的桥梁和大型独立的桥梁的养护工程、抗灾抢险工程,要优先安排。

桥梁养护计划的制订要强调预防性、周期性、系统性和主动性。大量经验表明,预防性的养护比治疗性的养护更安全也更经济,应该成为桥梁养护的重点,通过预防性养护以减少治疗性养护。周期性是指桥梁的养护定期的检查与保养要按时进行,不能随意变动或认为正常就随意取消。系统性一方面是指对管养单位所辖的所有桥梁养护计划的统筹考虑,另一方面指对单体桥梁各组成部分养护的统筹考虑。主动性是指桥梁养护除了维护现有桥梁技术状况的正常发挥外,对由于设计施工等原因造成现有桥梁功能不全、结构或构造有缺陷等问题有计划地进行改造,提高其服务水平和使用寿命。

桥梁管理机构在安排养护工程项目时,应认真审阅桥梁检查报告,参照桥梁管理系统评定结果,做到决策科学化,必要时还应派专人对现场进行考察。

进行考察的工作人员应该具有一定的工作经验以及相关的专业知识。考察人员应该对养护部位、工作量在现场再予以确认,以制订更准确的养护计划。对养护区域的交通情况进行考察，以便制订有针对性的养护工作区交通控制措施。考察现场施工条件，以便为制订上部结构的养护维修计划需要的机械设备和脚手架等临时结构物提供参考。对桥梁附近的区域进行调查，以便安排施工平面，如储料场、设备停放场地等，同时根据区域情况尽可能减小施工对环境的影响。

在进行现场考察时，考察人员最好能够顺便对其他部位进行考察。如果发现新的问题，应考虑调整养护计划的可能性，对于一座桥梁一次执行多个养护任务的费用显然比多次执行要低得多。

三、养护工程管理

桥梁养护工程要积极采用现代化管理手段和先进养护技术，大力推广和应用新技术、新材料、新工艺、新设备，不断提高桥梁养护管理技术水平。同时，把养护工程质量管理放在首位，建立健全质量控制体系，严格检查验收制度，提高投资效益。

桥梁检查与养护作业应注意安全施工。由于桥梁为架空构造物，检查与养护经常为高空或临空作业，桥下为河流或道路，要注意防范安全事故。桥梁管理部门应制定安全工作条例，对员工进行安全培训。安全培训是一项重要的长期性工作，无论是经验丰富的养护人员，还是刚刚从事这项工作的人员，只有经过不断接受安全培训，养成安全操作习惯，才能有效实现作业中的安全。由于发生事故会造成停工和物质的损失，所以从这个意义上来说，安全性的养护工作才是有效率的养护工作。安全培训的内容包括训练养护人员使用正确的养护工具和设备、穿带有明显标志的工作服和应用正确的人身安全防护设备。

公路桥梁的养护作业应执行《公路养护安全作业规程》(JTG H30—2015)的有关规定。养护维修作业单位应根据国家规定建立安全管理部门，配备专职或兼职安全管理人员。作业时，养护作业人员要配备专门的工具设备和特别的保护措施，严格遵守各项安全技术操作规程。养护工作管理人员要特别注意那些影响工作区安全的因素，对养护维修安全作业进行监督和检查。养护维修作业的设施应始终处于良好的工作状态，在作业完成前，不能随意撤除或改变安全设施的位置、扩大或缩小控制区范围，以保证养护维修作业控制区安全控制的有效性。

由于桥梁往往是交通的咽喉，所以日常的养护一般不宜进行交通全封闭作业，而开放交通条件下的养护作业更应注意安全防护，设置作业控制区并制定交通控制方案是必要的。对于特大桥，在进行养护维修作业控制区的布置时，要尽量减少封闭车道，至少要保持一条车道的交通畅通，最好只封闭一条车道。

四、桥面系与支座的养护

各种桥梁根据其结构的特点，对主要受力构件的检查与养护重点与方法也不尽相同，这里不详细介绍。这里主要介绍各种桥梁中共性的部分，即直接受交通荷载和环境作用，易受损害的桥面系与支座的养护。

1. 桥面铺装

桥面铺装的技术状况直接影响行车的舒适、安全和畅通。在轮胎和自然因素不断作用下，桥面铺装又是桥梁结构中是最容易损坏的部分，特别是使用时间较长的旧桥。桥面铺装出现损坏时，轻则会使行车有轻微的颠簸，重则会产生跳车，引起相连梁段的严重振动。若不及时改善,将缩短桥梁的使用寿命。因此,桥面铺装是所有桥梁的日常养护重点之一,应保持其坚实、平整、清洁。养护的主要内容有:经常性的桥面清扫保洁,积水的及时排除,冰棱和积雪的清除,桥面铺装的经常性维修保养。

对于沥青铺装,如出现泛油、拥包、裂缝、波浪、坑槽等病害,可采取挖补形式修复。如铺装层损坏面积较大时,不宜在原桥面上直接加铺,可进行局部翻修或将整孔铺装凿除,重铺铺装层,以免增加桥梁恒载。桥面防水层如有损坏,应与桥面铺装同时修复。

如考虑在原桥面上直接铺设,则应计算铺装重量增加后上部结构的受力。如果结构受力不允许,则不能在原桥面上直接加铺。如受力允许,加铺时应对桥面防水层重新施工,且原桥面要求凿毛、清理干净。

对于水泥混凝土铺装,如出现断裂、破损、裂缝、麻面等病害,应及时处理。对于出现少量的裂缝,可采用压浆处理;对于其他病害可局部凿除修补。如果损坏面积较大,应将原铺装整孔凿除,重新铺装。在此之前,应进行临时的修补,保证平稳和安全行车的需要。近年来,当允许中、小桥梁对自重略有增大时,可采用沥青罩面方法进行维修。

为减小加铺层自重对结构受力的不利影响,在原沥青铺装层或水泥混凝土铺装层上加铺沥青时,加铺层宜采用薄层罩面(压实厚度为30mm±5mm)或超薄层罩面(压实厚度在20mm±5mm)[59]。

桥面铺装维修时,要注意对原有的伸缩缝和变形缝功能的保证,尽可能同时进行相应的维护。一定要防止在维修桥面铺装时,原有的伸缩缝和变形缝被桥面铺装罩住,被杂物塞住。

2. 桥面板

最常用的桥面板为钢筋混凝土结构。桥面板一旦出现病害,会在每天大量车辆荷载的作用下迅速恶化,如果不能及时发现及时维修,则会使桥梁的服务水平迅速下降,也会增大过桥车辆的不安全因素。当桥面板病害严重时,维修费用也会大大增加。因此,它的定期检查周期要比桥梁结构本身缩短,每年应至少一次。一旦出现病害及时采取有效措施,防止病害加剧,保证桥梁使用功能的正常发挥。

位于桥面板上的铺装层有时会掩盖桥面板的病害,所以桥面板检查时应特别仔细认真。如果铺装层有裂缝、折断或其他反射现象,一般来说表明桥面板有问题存在。如果不能确定桥面板某位置是否有异常情况,可以剥离适当的铺装层进行进一步的检查。桥面板损坏一般有混凝土开裂、混凝土剥离、断面破损、钢筋外露、锈蚀、混凝土质量劣化、产生不正常的变形等类型。许多桥面板的病害是由于钢筋锈蚀引起的,而且一旦出现这种情况,混凝土会很快散落、剥离,所以应特别注意混凝土桥面板中钢筋的锈蚀问题,尤其是寒冷地区冬季在桥面上撒盐解冰和沿海地区空气中含盐量大的情况,更容易使桥面板中的钢筋锈蚀。

3. 桥面排水设施

桥面排水设施是防止雨水渗入梁体、确保桥梁正常使用与耐久性的重要措施。如果桥面排水设施不能正常发挥作用,如泄水孔堵塞,不仅会影响行车与行人的安全,还会使垃圾和泥土聚积在护轮带和主梁间,影响桥面结构的寿命,也影响桥梁的通行能力。因此,对桥梁的排水设施要进行经常性的养护。

泄水管常见的病害有:在外界作用影响下而产生局部破裂、损伤,出现洞穴而产生漏水;管体由于接头连接不牢而产生掉落,失去排水作用;管内有泥石杂物堵塞,从而排水不畅,水流不通;管口有泥石杂物堆积,金属排水管道由于锈蚀出现漏水或堵塞等。引水槽常见的病害有:堆泥、堵塞,水流不畅,槽口破裂损坏而出现漏水、积水等。

排水设施的养护维修包括以下几个方面:

(1)要定期检查桥面上下的尘土和异物累积情况,泄水管、引水槽要及时清扫、疏通。桥面的缘石的横向泄水孔道,不够长的要加以接长,避免桥面水流沿梁侧流泻。

(2)泄水管损坏要及时修补,接头不牢或已掉落的要重新安装接上,损坏严重的要予以更换。

(3)引水槽破裂的要重新修理,长度不足时予以接长。当槽口太小,不能满足排水沟需要时要扩大槽口重新修筑。

在进行桥面排水的维修设计时,不要盲目认为现有排水系统是合理的。由于我国幅员辽阔,各地气候相差甚大,桥面排水要求相差甚远。然而在现有桥梁设计中,桥面排水系统往往不受重视,设计人员常常照搬照套,使一些桥梁的排水系统设计不合理。桥梁养护部门应该根据当地的降雨情况和实际桥梁的排水系统工作情况,总结出适合于本地区的桥面排水系统、排水设施的布置与构造要求,重新审视现有桥梁的排水系统,以确定是否更新、加大或重新设计。然后根据实际养护经费,有重点地分批解决现有桥梁的排水系统问题。同时,应把相应的排水要求与较适合本地区的排水系统向上级部门反映,推荐给新桥的设计单位。

4. 伸缩缝的养护

伸缩缝从被安装在桥上的那一刻起,就开始受到各种自然条件(雨、雪、臭氧、温度变化、潮湿、二氧化碳、紫外线等)和人为因素(除冰剂、工业污染物、汽车活载等)的作用,导致了其不可避免的老化和损坏。

如果伸缩缝的伸缩性能不能得到保证,温度和其他荷载将可能在结构中产生很大的附加内力,在伸缩缝及其附近区域产生很大的应力,从而严重影响桥梁的功能发挥,引起结构的损坏甚至破坏。除上述不可避免的自然因素和人为因素外,加速桥梁伸缩缝损坏的其他原因主要有设计不当、施工质量低和缺少养护。所以,对桥梁伸缩缝进行适时的养护,保证其处于良好的工作状态与服务水平,延长其使用寿命,降低维修成本是桥梁养护的重要内容之一。

伸缩缝的清扫是其养护中最重要也是最基本、最有效的内容之一,它比其他部位的保洁更为重要。同时,应注意除伸缩缝本身的清扫外,还要将伸缩缝下方的伸缩间隙和防水设施内的尘土与杂物清除干净。

伸缩缝轻微损坏时应立即修复,使其发挥正常作用,如任其发展将引起伸缩缝的严重损坏或功能丧失,甚至引起桥体结构的损坏并增加维修与改造的费用。伸缩缝修复时,一般的工作顺序是先清除伸缩缝缝隙中的杂物,清理外露的桥面板和钢筋表面,并在钢筋表面涂上环氧涂层,然后维修伸缩缝垫层,保证伸缩缝的支撑和锚固结实、可靠。最后拆除和更换伸缩缝中损坏的部分。

伸缩缝出现以下这些情况时应考虑更换,如梳齿板伸缩缝中钢板变形、螺栓脱落、伸缩不能正常进行,模数式伸缩缝中橡胶老化、脱落,固定角钢变形、松动、缺失等。

在伸缩缝维修与改造中必须十分注意伸缩缝垫层的施工,尤其是当桥面板存在许多裂缝和含有大量的氯化物时。如果没有对垫层进行改进,现有桥面板状况的继续恶化,会在短期内使新修的伸缩缝的支撑遭到破坏,甚至导致一次更大的维修。另一方面,更换伸缩缝往往涉及清除伸缩缝周围的部分或全部桥面板顶缘并重新浇筑。这样,更换后的伸缩缝能更好锚固在桥面板垫层上,比修复伸缩缝更持久耐用,其性能也更好。

在修复前,工作人员应该事先阅读设计和施工文件,了解伸缩缝的支撑结构,以保证在清除混凝土时不会对其产生破坏。对密封橡胶应检查防水性能,对受损部位的修复应按照相应规范的规定进行,保证伸缩缝的正常功能。维修或更换伸缩缝时,应采取相应措施维持交通。如分两半幅施工,应在伸缩缝上架设跨缝设施等。

有条件时,可进行无缝化改造,将有缝桥改造成无缝桥,即所谓的"取消是最好的维修"(the best joint maintenance is to eliminate the joint)。有关无缝桥,详见第八章的介绍。

5. 人行道、栏杆和护栏的养护

桥梁使用过程中,应保持人行道牢固、完整,若出现松动、缺损应及时进行修正或更换。修补应用警示灯或栅栏等表示。桥面路缘石、护轮带应经常保持完好状态,如有缺损要及时修整或更换。

桥梁栏杆、护栏应经常保持完好状态,桥面栏杆破损或不完整的主要原因有车辆碰撞损坏、人为盗窃破坏和自然损坏或设计不当引起损坏等。如果受到车辆撞击,可能会危及过往行人的交通安全,应立即检查并予以修复或与桥梁养护工作结合进行。对城市桥梁而言,桥面栏杆的破损或不完整不仅影响美观,破坏城市的形象,也使行人或通行的车在桥上缺乏安全感。

栏杆柱应竖立正直,伸缩缝处的水平杆件应能自由伸缩,如有缺损,应及时补齐。如发现栏杆被车撞坏,应及时采取防护措施,避免行人或车辆从桥上落下,同时必须尽快修理恢复。应注意观察栏杆的线形,如出现栏杆的异常变形有时是由于主体结构的异常变形引起的。要注意检查主体结构的情况,必要时测量桥面和主结构的线形,以判断桥梁主体结构是否有异常变位。钢栏杆应经常除锈、刷漆,腐蚀严重时应进行更换。

钢筋混凝土人行道与栏杆如发现钢筋裸露,应及时修补;栏杆如发现裂缝或剥落,轻者可灌注环氧树脂封闭裂缝,严重的应凿除损坏的部分,重新修补,并检查损坏是否和梁及下部构造有关。桥梁两端的栏杆柱或防撞墙面可涂以20cm宽红白相间的油漆,顶部20cm为红色,油漆应鲜明。

6. 照明与标志的养护

路灯等照明设备能够为车辆驾驶人员以及行人创造良好的夜间视觉环境,从而达到减少交通事故,保障交通安全,提高运输效益的目的。照明设备发生故障不一定会给交通带来灾难性的后果,但它会带来安全隐患,导致通行能力下降,所以其养护工作也应该受到重视。桥梁照明设备的日常养护内容有灯具的清洁、灯泡的更换、灯具、灯柱的检查与维修和照明电力系统的检查与维护。

标示包括交通标志和交通标线。它的养护的最主要内容是保持其清洁、清晰、通视良好和设施完好。

7. 支座的养护

清扫保洁是支座养护中是最基本的内容之一。桥梁墩台应预留安装、维护、更换支座的工作空间和操作安全防护通道。由于支座在桥面之下,其清扫的难度比较大,但其受污染的程度相对也比桥面与伸缩缝低些,清扫的时间间隔可长一些,一般每3~6个月应清扫一次,对于雨季和冬季可根据具体情况加强清扫。

无论是固定支座还是滑动支座,只要发生变化,就说明桥梁结构存在问题,所以应定期检查。检查的内容包括支座的锚固螺栓是否牢固、有无剪断损坏,螺母有无松动;滑动支座的滑动面是否干涩、锈蚀;滑动范围是否在设计范围内;滑动轨迹是否正常;橡胶支座是否老化、变形或断裂,位置是否正确;检查支座垫层混凝土是否存在裂缝、散落等情况。

当桥梁结构遭受异常情况后,如有严重超载车辆通过、地震后或受到船只或漂浮物的撞击,应仔细检查支座的情况,发现异常迅速采取措施并报告有关部门。

五、桥梁的补强、加固与改造

广义上说,桥梁补强、加固与改造也属于桥梁养护的内容,但为区别于上一小节狭义的桥梁养护的内容,这里另辟一小节专门论述。

桥梁的补强(rehabilitation)是指根据所制订计划将桥梁提升到需要的服务水平所采取的工程措施。它一般包含对于有结构缺陷桥梁承载能力有明显的提高或对其寿命有明显的延长作用。它与维修(repairs)有一定的区别。维修是指在日常养护中影响到桥梁功能的桥梁损坏所采取的措施或步骤,如修补桥面铺装的破损、维修或更换受损的上部构件,维修或清洗冰冻的支座等。以桥面铺装为例,补强可能是整个桥面铺装的翻新或更换,而不是局部的修修补补。

加固(strengthening)的目的是为了使桥梁恢复使用功能、提高承载能力、增强安全性和耐久性、满足现行设计规范要求,它通过对桥梁的主要承重结构、构件及相关部分采取增强、局部更换或调整其内力等措施来实现。2008年我国颁布了《公路桥梁加固设计规范》(JTG/T J22—2008)和《公路桥梁加固施工技术规范》(JTG/T J23—2008),目前这两本规范正在修订中。在加固工程中,为提高桥梁抗震能力进行的加固,称为抗震加固(seismic strengthening);地震破坏桥梁的修复称为震后修复(seismic retrofit)。

桥梁的补强与加固涉及的内容很多。对于上部结构,主要有以下四种措施:一是增加、更换或更改构件或支座,二是减轻恒载,三是应用体外预应力或构件加强或改造结构体系,四是增大桥梁纵桥向或横桥向的刚度。

改造(upgrading)是指对不能满足运输要求的桥涵设施进行彻底的整治、改善和更新。改造的目的是提高原有桥梁建筑物的荷载等级和通过能力,如拓宽桥梁的行车道和人行道;升高桥梁上部构造的高度,以提高桥下通行空间;更换桥梁行车道路面或引桥路面的结构;部分或全部更换桥梁损坏或破旧结构物,提高桥梁承载能力,以适应新的规范要求等。

桥梁加宽改造是我国当前和今后一段时期内的重要任务。桥梁加宽根据新旧桥上部结构和下部结构是否连接可分为三大类,即上下部结构均连接、上部结构连接下部结构不连接、上下部结构均不连接。应用较多的是上部结构连接、下部结构不连接的方式。新旧桥上部结构连接,主要需解决新旧桥基础沉降差问题,混凝土的收缩引起的新旧桥纵桥向的变形差问题,混凝土徐变引起的新旧桥竖向变形差问题,接缝方式与受力性能,等等。

随着我国越来越多桥梁投入使用和早期桥梁年限的增大以及交通条件的变化,桥梁补强、加固与改造的工作显得越来越重要,工作量和所需资金也将越来越多。然而,有些桥梁的补强可能是不经济的,是进行补强、加固或改造,还是重建,需要进行评估。

第五节 桥梁发展展望

早期的桥梁均利用天然材料,简易而跨越能力弱。此后,砖的发明开始了人工材料应用的历史,而铁的发现一方面为开采石材扩大其应用提供了可能,另一方面铁直接用于桥梁也推动了桥梁技术的进步。19世纪混凝土的发明、钢的应用,使桥梁技术产生了革命性的飞跃,之后进入了混凝土桥与钢桥并驾齐驱的时代。新材料的应用是桥梁技术前进的巨大动力之一,而计算理论与计算方法的发展是桥梁技术进步的另一个重要因素。从远古的经验积累,到后来的理论力学、材料力学、结构力学、弹塑性力学等计算理论,容许应力法、极限状态法以及全概率法等设计方法,从人工计算到计算尺、计算器和计算机的计算工具的进步,从手算、图表应用到有限元等数值分析及其计算软件的计算方法发展,这些都不断推动着桥梁技术的进步。施工技术的进步和不断的创新更使得当今的桥梁结构日新月异。可以说桥梁建筑从古至今得到极大的发展,现在已经进入技术全面进步的时代。

桥梁技术的进步与各个领域新的理论和技术成果不断得以应用是分不开的。除上述的材料、计算理论与方法、施工技术外,桥梁施工装备能力与智能水平的提升、施工控制和管理的理论与方法、数字与通信技术的发展也是桥梁技术进步的重要因素。因而,桥梁技术进步反映着一国一地的综合能力和科技水平的提高。另一方面,随着人类交往的日益增进,人类文明成果更快更广泛得以传播,加速了桥梁技术进步的进程。因此,桥梁技术伴随着人类文明的发展而不断进步,它反过来也不断促进工程技术的进步,在一定程度上成为人类文明的表征,代表着一个时期和一个地区的文化与科学技术的水平,还经常成为一城一地的象征,如美国旧金山的金门大桥,英国伦敦的塔桥,澳大利亚悉尼的钢拱桥,上海的南浦大桥、杨浦大桥和卢浦大桥。

桥梁与政治、军事、宗教有着密切的联系。有趣的是,历史上中西方的宗教大都把建桥看成积善行德之事,许多牧师和僧人都积极参与了桥梁的建设,有些还成为杰出的桥梁技术人员,为桥梁建设与技术进步做出了积极的贡献。由于桥梁的重要性,"桥梁"二字除指物质的桥梁外,早已有了更深刻的内涵。

进入21世纪,桥梁工程还将继续探索向更大的跨径发展,以适应修建跨越海峡桥梁的需要。已完成初步设计的连接意大利本土与西西里岛的墨西拿海峡(Messina Strait)桥,为跨径3300m的悬索桥,可惜迟迟没有开工。另外有几大洲之间或两国之间的跨海工程在议论之中,如联系美洲与亚洲,总长75km的白令海峡;联系欧洲与非洲,总长15km的直布罗陀海峡;联系德国与丹麦,总长25km的费曼带海峡等。还有许多本国之内的海峡,如中国的琼州海峡工程(约29.5km)、渤海海峡工程(约75km)、台湾海峡工程(约120km)等。这些工程若采用桥梁方案,要求桥梁有很大的跨越能力,比如3000~5000m,深水基础深度可能在百米以上。为此,需要探索的有关课题和关键技术有:超大跨径桥梁的新型建筑材料和合理的结构形式,抗风、抗震、抗海浪的技术措施;结合海洋工程的经验,探索100m以上深水基础的形式与施工方法;探索结构材料防腐的措施与方法;探索智能化结构的设计理论;等等。

对于新建桥梁,新材料、新结构的研发与应用将持续推进,智能建造技术的应用将越来越多。设计时采用更为完善的设计理论,以BrIM体现设计结果,更加注重与环境的协调与美观,注重节能、低碳与环境保护,考虑全寿命的安全、服务质量和经济,将耐久性提到重要的位置,考虑易损构件的养护、维修与更换。在施工方面,应用现代通信与信息技术进行施工组织与现场管控,更多采用预制化、工厂化制作,施工机械化、智能化水平不断提高,加强施工过程的安全与质量控制,对大型与复杂桥梁进行施工过程的监控并为生命期的健康监测打下基础。

对于已建的桥梁,智能管养技术的研发与应用是发展趋势。通过采用先进的桥梁管理系统,定期与不定期的桥梁检查,大型或特殊桥梁的实时健康监测,发现问题及时解决,做好管理与养护工作,是保证服务质量和有效服务期的重要途径。发展安全监测技术,提高桥梁安全风险预警、防控能力,实现桥梁结构和交通运输的安全可控。加强对已建桥梁的检测、评定、维修、加固与改造,加强对桥梁建筑文化遗产的保护,也是桥梁养护的发展方向。

【复习思考题与习题】

10-1 简支梁(板)桥的施工方法有哪些?结合你所见到的简支梁桥的施工,谈谈你对这些桥梁施工方法的理解。

10-2 混凝土简支梁桥采用现浇法施工时的技术要点是什么?采用预制拼装法时,其主要的安装方法有哪些?

10-3 不同结构类型桥梁的施工方法有什么不同?请对墩支桥、塔支桥和拱支桥的施工方法进行简要的评述。

10-4 不同材料类型桥梁的施工方法有什么不同?请对钢桥、混凝土桥和钢-混凝土组合桥的施工方法进行简要的评述。

10-5 为什么说拱桥的施工难度大?分析大跨混凝土拱桥采用钢管混凝土埋置拱架施工的创新意义。

10-6 为什么说连续梁、连续刚构桥的结构受力与施工方法密切相关?请简要分析不同的施工方法下,连续梁桥、连续刚构桥受力特点。

10-7 连续梁预制拼装法施工中,预制构件纵桥向依据跨径大小有三种划分方法,请画出这三种方法的示意图,并给出简要说明。

10-8 桥梁使用管理与养护包括哪些内容?介绍你见到的桥梁病害,提出你对其养护、维修的看法。

10-9 为什么桥梁要进行定期检查?

10-10 桥梁技术状况评定方法有哪些?公路桥梁与城市桥梁的技术状况评定方法有哪些异同点?

10-11 以梁桥为例,对比分析并具体指出本书第一章和《公路桥梁技术状况评定标准》(JTG/T H21—2011)中"桥面系、上部结构和下部结构"内涵的异同点。

10-12 简述桥梁工程的发展方向,谈谈你对哪些方向有兴趣,为什么?

附录一 中英文术语对照表

第一章

桥梁(bridge)
桥梁工程(bridge engineering)
涵洞(culvert)

第一节

上部结构(superstructure)
下部结构(substructure)
支座(support, bearing)
承重结构(resistance structure, primary structure)
联结构造(bracing, secondary members)
桥面系(deck system, floor system)
桥墩(pier)
桥台(abutment)
基础(foundation)
主桥(main bridge)
引桥(approach bridge, approach span)
桥梁纵坡(bridge longitudinal gradient, bridge gradient)
净跨径(clear span)
单孔跨径(single span)
标准跨径(nominal span)
计算跨径(effective span, design span)
桥梁全长(total length of bridge)
多孔跨径总长(total length of spans)
桥下净空(clearance of bridge span)
桥下净空高度(clearance height under the bridge)
桥梁建筑高度(construction depth of bridge)
低水位(low water level)
高水位(high water level)
设计水位(design water level)
通航水位(navigable water level)
桥梁净空(clearance profile of bridge)
桥面净空(clearance above bridge floor)
净宽(clear width)
车道(lane)
桥梁宽度(bridge width)
桥梁全宽(overall width of bridge)
行车道或车行道(carriage way)
非机动车道(bicycle lane, bicycle path)
人行道(sideway, pedestrian walkway)
桥梁横坡(cross-slope, cross fall)
桥面铺装(wearing surface, wearing source, overlay)
正交桥或正桥(straight bridge, right bridge)
斜交桥或斜桥(skewed bridge)
曲线桥或弯桥(curved bridge)
梁桥(beam bridge, girder bridge)
刚构桥(rigid frame bridge)
拱桥(arch bridge)
悬索桥(suspension bridge)
斜拉桥(cable-stayed bridge)
索支承桥梁(cable supported bridge)
木桥(timber bridge)
石桥(stone bridge)
混凝土桥(concrete bridge)
钢桥(steel bridge)
组合桥(composite bridge)
混合桥(hybrid bridge)
钢筋混凝土桥(reinforced concrete bridge, RC bridge)
预应力混凝土桥(prestressed concrete bridge, PC bridge)
高性能混凝土(high performance concrete, HPC)
超高性能混凝土(ultra-high performance concrete, UHPC)
钢-混凝土组合梁(steel-concrete composite beam)
钢管混凝土(concrete-filled steel tube, CFST)
公路桥(highway bridge)

城市桥(municipal bridge)
铁路桥(railway bridge)
公铁两用桥(highway and railway bridges)
人行桥(pedestrian bridge, foot bridge)
双层桥面桥(double-deck bridge)
特大桥(super-large bridge)
大桥(large bridge)
中桥(medium bridge)
小桥(small bridge)
跨河桥(river crossing bridge)
跨谷桥(gorge-crossing bridge)
高架桥(viaduct)
跨线桥(overpass bridge)
立交桥(flyover bridge)
上承式桥(deck bridge)
下承式桥(through bridge)
中承式桥(half-through bridge)
开启桥或活动桥(movable bridge)
军用桥(military bridge)
贝雷梁(Bailey beam)
浮桥或舟桥(floating bridge)

第二节
第三节

作用(action)
荷载(load)
永久作用(permanent action)
可变作用(variable action)
偶然作用(accidental action)
地震作用(seismic action)
恒载(dead load)
活载(live load)
车道荷载(lane load)
车辆荷载(truck load, standard truck)
车队荷载(truck train load)
冲击系数(vehicular impact factor)
汽车荷载离心力(vehicular centrifugal force)
汽车荷载引起的土侧压力(earth pressure induced by vehicular loads)
汽车荷载制动力(vehicular braking force)

人群荷载(pedestrian load)
风荷载(wind load)
温度作用(temperature action)
均匀温度作用(uniform temperature action)
竖向温度梯度(vertical temperature gradient)
支座摩阻力(bearing friction)
流水压力(stream pressure)
冰压力(ice pressure)
波浪力(wave force)
船舶的撞击作用(vessel collision)
漂流物的撞击作用(drift collision)
汽车的撞击作用(vehicle collision)
作用组合(combination of actions, load combination)
承载能力极限状态(ultimate limit state)
正常使用极限状态(serviceability limit state)
作用的标准值(characteristics value of an action)
作用的代表值(representative value of an action)
作用的设计值(design value of an action)
可变作用的伴随值(accompanying value of a variable action)
可变作用的组合值(combination value of a variable action)
可变作用的频遇值(frequent value of a variable action)
可变作用的准永久值(quasi-permanent value of a variable action)
设计基准期(design reference period)
设计状况(design situation)
持久状况(permanent situation)
短暂状况(transient situation)
偶然状况(accidental situation)
地震状况(seismic situation)
安全等级(safety class)
结构重要性系数(factor for importance of structure)
基本组合(fundamental combination of actions)
偶然组合(accidental combination of actions)
频遇组合(frequent combination of actions)
准永久组合(quasi-permanent combination of

actions)

第二章
简支梁(simply supported beam, simple beam)
第一节
实心板(solid slab)
空心板(voided slab, hollow slab)
多格式板(cellular slab)
肋板梁(ribbed beam)
T 梁(T-shaped beam)
箱形梁(box girder)
先张法(pre-tensioning method)
后张法(post-tensioning method)
第二节
活载横向分布(distribution of live load)
活载横向分配系数(live-load distribution factor)
G-M 法(Guyon-Massonet method)
第三节
第四节

第三章
第一节
悬臂梁(cantilever beam, cantilever girder)
T 形刚构(T-shaped rigid frame)
连续梁(continuous beam, continuous girder)
连续刚构(continuous rigid-frame, continuous spans with fixed superstructure-pier connection)
悬臂法(cantilever method)
逐孔法(span-by-span method)
先简支后连续法(simple spans made continuous method)
移动模架法(movable scaffolding system method, MSS method)
转体法(swing method)
支架整体现浇(cast-in-situ on framework)
少支架预制拼装法(precast-spliced method)
顶推法(incremental launching method)
第二节
变截面连续梁(continuous beam with variable section)
变梁高连续梁(continuous beam with variable depth)
承托(haunch)
倒角或梗胁(fillet)
锚固齿块(anchorage blister)
第三节
平衡悬臂施工法(balanced cantilever construction method)
双薄壁墩(double wall piers)
第四节
桥式龙门吊(overhead gantry)
第五节
整体墩(integral pier)
第六节
徐变(creep)
收缩(shrinkage)
畸变(distorsion)
剪力滞(shear lag)

第四章
第一节
上承式拱桥(deck arch bridge)
下承式拱桥(through arch bridge)
中承式拱桥(half-through arch bridge)
主拱(arch)
拱上立柱(spandrel column)
拱上建筑(spandrel structure)
净跨径(clear span)
矢高(rise)
净矢高(clear rise)
计算矢高(effective rise)
矢跨比(rise-span ratio, rise to span ratio)
吊杆(hanger, suspender)
三铰拱(three hinged arch)
二铰拱(two hinged arch)
无铰拱(hingeless arch)
固端拱或固定拱(fixed arch)
分支点失稳(bifurcation buckling)

特征值(eigenvalue)
极值点失稳(limit-load buckling)
面内(in plan)
面外(out of plan)
圬工拱桥(masonry arch bridge)
实腹式(filled spandrel, solid spandrel)
空腹式(open spandrel)

第二节

板拱(slab arch)
箱拱(box arch)
横撑(bracings)
组拼拱(braced rib arch)
主拱圈或拱圈(arch ring, arch barrel)
主拱肋或拱肋(arch rib)
实肋(solid rib)
桁肋(truss rib)
套箍系数、约束效应系数(confinement coefficient, hooping coefficient)
单管(single tube)
哑铃形(dumbbell-shaped)
坦拱(flat arch)
陡拱(steep arch)
圆弧线(circle)
抛物线(parabolic)
悬链线(catenary)
提篮拱(lift-basket arch)
敞口拱(open arch)
有推力拱(true arch)
强健性(robustness)
系杆拱(tied arch, bowstring arch)
朗格尔梁(Langer girder)
洛泽梁(Lohse girder)
悬臂拱(cantilever arch)
尼尔森拱(Nielsen arch)
网拱(net arch)
刚架系杆拱(rigid-frame tied arch bridge)
飞鸟式拱(fly-bird-type arch)

第三节

弹性中心(elastic center)

第四节

拱架(arch scaffolding, centering)
美兰法(Melan method)
埋置支架(embedded framework)
美兰拱(Melan arch)
钢管增强混凝土(steel tube reinforced concrete, STRC)
平转法(horizontal swing method)
竖转法(vertical swing method)

第五章

第一节

主缆(cable, main cable)
索塔(tower, pylon)
锚碇(anchorage)
加劲梁(stiffening girder)
垂跨比(sag ratio, ratio of sag to span)
索鞍(cable saddle)
重力式锚碇(gravity anchorage)
隧道锚碇(tunnel anchorage)
岩锚(rock anchorage)
地锚式(earth-anchored)
自锚式(self-anchored)

第二节

预制平行索股法(prefabricated parallel wire strand method, PPWS法)
空中纺线法(aerial spinning method, AS法)
索夹(cable band, cable clamp)
散索鞍(splay saddle)
改进的华伦式桁架(modified Warren truss)

第三节

弹性理论(elastic theory)
挠度理论(deflection theory)
有限位移理论(finite deformation theory)

第四节

猫道(catway)

第六章

第一节

斜拉索(stay cable)

第二节

辐射形(radial-type)
扇形(fan-type)
竖琴形(harp-type)
星形(star-type)
扇形体系(fan system)
飘浮体系(floating system)
半飘浮体系(semi-floating system)
塔梁固结体系(fixed system between pylon and girder)
塔梁墩固结体系(rigid frame system)
冷铸镦头锚(high amplitude 锚,HiAm 锚)
高密度聚乙烯(high density polyethylene,HDPE,PE)

第三节

第四节

第五节

部分斜拉桥(extradosed PC bridge,extradosed bridge)

第七章

排水(drainage)
防水系统(waterproofing)
栏杆(rail)
护栏(safety guard)

第一节

第二节

第三节

全寿命周期成本或全寿命成本(life cycle cost)
伸缩间隙(joint gap)
伸缩缝(deck joint, expansion joint)
异形钢条形橡胶伸缩缝或条带伸缩缝(strip seal joints)
模数式伸缩缝(modular joint)
梳齿板式伸缩缝(finger plate joint, comb or toothed joint)
无缝式伸缩缝(asphaltic plug joint, flexible plug joint)

第四节

板式橡胶支座(elastomeric bearing)
盆式橡胶支座(pot bearing)
球型支座(spherical bearing)
减隔震支座(seismic isolation bearing)
加劲板式橡胶支座(steel reinforced elastomeric bearing, elastomeric laminated bearing)
四氟板式橡胶支座(fabric pad sliding bearing, plate-type polytetrafluoroethylene rubber bearing, PTFE(Teflon)plate-type rubber bearing)

第五节

防落梁装置(unseating prevention system)
隔震装置(isolator)
阻尼器(damper)

第八章

第一节

第二节

柱式墩(column pier)
独柱墩(single-column pier)
T形墩、锤形墩(hammerhead piers)
排架墩(bent pier)
桩柱式(桥)墩(pile extension pier, pile bent pier)
墙式墩(wall pier)
重力式桥墩、重力墩(gravity pier)
空心墩(hollow pier)
实体墩(solid pier)
单向推力墩(pier against single direction thruster)
解扣式倒塌(zipper-typed collapse)
拉链刹(zipper stopper)
柔性墩(flexible pier)

第三节

全挡土桥台(full-retaining abutment)
全高桥台(full-depth abutment, full abutment)
闭端桥台(closed-end abutment)
埋置式桥台(stub abutment, spill-through abutment)
骨架桥台(skeletal abutment)

开端桥台(open-end abutment, open abutment)
半挡土桥台(semi-retaining abutment)
半高桥台(partial-depth abutment)
U形桥台(U-shaped abutment, U abutment)
翼墙(wing wall)
斜置式、八字式翼墙(flared wall)
一字式翼墙(in-line wall)
加筋土(mechanically stabilized earth, MSE)
悬臂式桥台(cantilever abutment)
扶壁式桥台(counterfort abutment)
桩柱式桥台(pile bent abutment)

第四节
第五节

无伸缩缝桥梁(jointless bridge)
有缝桥(jointed bridge)
引板(approach slab)
整体式桥台(integral abutment)
半整体式桥台(semi-integral abutment)
延伸桥面板桥台(deck-extension abutment)
整体桥(integral bridge)
端墙(end-wall)
半整体桥(semi-integral bridge)
延伸桥面板桥(deck-extension bridge)
半整体式桥墩(semi-integral pier)
支座型桥墩(bearing type pier)
桥面连续简支梁(only-deck continuous beam)
部分连续梁(partial continuous beam)
连接板(link slab)

第九章
第一节

预可行性研究(preliminary feasibility study)
工程可行性研究(feasibility study)
初步设计(preliminary design)
安全(safety)
结构的耐久性(structural durability)
适用性(applicability)
功能性(functionality)
环境保护(environmental protection)

可持续发展(sustainable development)
经济性(economy)
美观(aesthetics)
不成比例的破坏(disproportionate collapse)
连续倒塌(progressive collapse)
生命周期(life cycle)
桥位(bridge site)

第二节

纵断面(profile)
横断面(cross section)

第三节

规则斜桥(regular skew bridge)
不规则斜桥(irregular skew bridge)

第四节

铝桥(aluminum bridge)
高强钢材(high strength steel, HSS)
超高强钢材(ultra-high strength steel, UHSS)
纤维增强复合塑料(fiberglass-reinforced polymer/plastic, FRP)
华伦式桁架(Warren truss)
普拉特桁架(Pratt truss)
空腹桁架、弗伦第尔桁架(vierendeel truss)
双交叉华伦桁架(double interaction Warren truss)
碳纤维增强复合塑料(carbon-fiber-reinforced polymer/plastic, CFRP)
玻璃纤维增强复合塑料(glass-fiber-reinforced polymer/plastic, GFRP, 即玻璃钢)
剪力键(shear connector)
型钢混凝土(steel reinforced concrete, SRC)

第十章
第一节

就地现浇法(cast-in-site method)
预制安装法(precast and erection method)
架桥机(girder erecting machine)

第二节

节段施工法(segmental construction method)
混凝土节段桥梁(concrete segmental bridge)

快速施工(accelerated bridge construction, ABC)

第三节

桥梁管理系统(bridge management system, BMS)

建筑信息模型(building information model, BIM)

桥梁信息模型(bridge information model, BrIM)

经常性检查(frequency inspection)

定期检查(periodic inspection)

特殊检查(special inspection)

荷载试验(load test)

静载试验(static load test)

动载试验(dynamic load test)

健康监测(health monitoring)

桥梁状况指数(bridge condition index, BCI)

第四节

养护(maintenance)

预防性养护(preventive maintenance)

修复性养护(restorative maintenance)

补强(rehabilitation)

维修(repairs)

加固(strengthening)

抗震加固(seismic strengthening)

震后修复(seismic retrofit)

改造(upgrading)

第五节

附录二 常用桥梁规范及其在本书中的简称

(1)《公路桥涵设计通用规范》(JTG D60—2015),简称《公桥通规》(JTG D60—2015)
(2)《城市桥梁设计规范》(CJJ 11—2011),简称《城桥规范》(CJJ 11—2011)
(3)《城市人行天桥与人行地道技术规范》(CJJ 69—95)
(4)《公路桥梁抗风设计规范》(JTG/T 3360-01—2018)
(5)《公路桥梁抗震设计规范》(JTG/T 2231-01—2020),简称《桥梁抗震规范》(JTG/T 2231-01—2020)
(6)《城市桥梁抗震设计规范》(CJJ 166—2011)
(7)《公路工程技术标准》(JTG B01—2014)
(8)《公路工程抗震规范》(JTG B02—2013)
(9)《公路钢筋混凝土及预应力混凝土桥涵设计规范》(JTG 3362—2018),简称《混凝土桥规》(JTG 3362—2018)
(10)《公路桥涵地基与基础设计规范》(JTG 3363—2019),简称《基础规范》(JTG 3363—2019)
(11)《公路圬工桥涵设计规范》(JTG D61—2005),简称《圬工桥规》(JTG D61—2005)
(12)《钢管混凝土拱桥技术规范》(GB 50923—2013)
(13)《公路钢管混凝土拱桥设计规范》(JTG/T D65-06—2015)
(14)《公路钢结构桥梁设计规范》(JTG D64—2015)
(15)《公路悬索桥设计规范》(JTG/T D65-05—2015),简称《悬索桥规》(JTG/T D65-05—2015)
(16)《公路斜拉桥设计规范》(JTG/T 3365-01—2020),简称《斜拉桥规范》(JTG/T 3365-01—2020)
(17)《公路钢混组合桥设计与施工规范》(JTG/T D64-01—2015)
(18)《钢-混凝土组合桥梁设计规范》(GB 50917—2013)
(19)《公路水泥混凝土路面设计规范》(JTG D40—2011)
(20)《公路沥青路面设计规范》(JTG D50—2017)
(21)《公路钢桥面铺装设计与施工技术规范》(JTG/T 3364-02—2019)
(22)《城镇桥梁沥青混凝土桥面铺装施工技术标准》(CJJ/T 279—2018)
(23)《公路无伸缩缝桥梁技术规程》(T/CECS G:D60-01—2020)
(24)《公路桥涵施工技术规范》(JTG/T 3650—2020),简称《施工规范》(JTG/T 3650—2020)
(25)《公路桥梁伸缩装置通用技术条件》(JT/T 327—2016)
(26)《桥梁无缝伸缩缝沥青胶结料》(JT/T 1129—2017)
(27)《公路桥梁板式橡胶支座》(JT/T 4—2019)
(28)《公路桥梁盆式支座》(JT/J 391—2019)
(29)《桥梁球型支座》(GB/T 17955—2009)
(30)《桥梁减隔震装置通用技术条件》(JT/T 1062—2016)

(31)《建筑物防雷设计规范》(GB 50057—2010)
(32)《高速公路设施防雷设计规范》(QX/T 190—2013)
(33)《公路工程混凝土结构耐久性设计规范》(JTG/T 3310—2019)
(34)《公路路线设计规范》(JTG D20—2017)
(35)《城市道路工程设计规范》(CJJ 37—2012)
(36)《路架桥机架梁技术规程》(Q/CR 9213—2017)
(37)《公路桥涵养护规范》(JTG 5120—2021)
(38)《城市桥梁养护技术规范》(CJJ 99—2017)
(39)《公路桥梁荷载试验规程》(JTG/T J21-01—2015)
(40)《城市桥梁检测与评定技术规范》(CJJ/T 233—2015)
(41)《公路桥梁技术状况评定标准》(JTG/T H21—2011)
(42)《公路桥梁承载能力检测评定规程》(JTG/T J21—2011)
(43)《公路桥梁结构监测技术规范》(JT/T 1037—2022)
(44)《公路养护安全作业规程》(JTG H30—2015)
(45)《公路桥梁加固设计规范》(JTG/T J22—2008)
(46)《公路桥梁加固施工技术规范》(JTG/T J23—2008)

参 考 文 献

[1] 万明坤,项海帆,秦顺全,等.桥梁漫笔[M].北京:中国铁道出版社,2015.
[2] 范立础.桥梁工程(上册)[M].3版.北京:人民交通出版社股份有限公司,2017.
[3] 魏进,王晓谋.基础工程[M].5版.北京:人民交通出版社股份有限公司,2021.
[4] 高冬光,王亚玲.桥涵水文[M].6版.北京:人民交通出版社股份有限公司,2022.
[5] CHEN W F,DUAN L. Bridge engineering handbook[M]. Second Edition. London:CRC Press,2013.
[6] TALY N. Design of modern highway bridges[M]. New York:The McGraw-Hill Companies,INC,1998.
[7] 韩伯林.世界桥梁发展史[M].上海:知识出版社,1987.
[8] JOHNSON VICTOR D. Essentials of bridge engineering[M]. Third Edition. New Delhi:Oxford & IBH Publishing Co.,1980.
[9] 茅以升.中国古桥技术史[M].北京:北京出版社,1980.
[10] GIMSING NIELS J. GEORGAKIS CHRISTOS T. Cable supported bridges:concept and design[M]. Third Edition. New York:Wiley,2012.
[11] 陈宝春,张梦娇,刘君平,等.我国混凝土拱桥应用现状与展望[J].福州大学学报(自然科学版),2021,49(5):80-86.
[12] CHEN B C,LIU J P,WEI J G. Concrete-filled steel tubular arch bridges[M]. Singapore:China Communication Press Co. Ltd and Springer,2022.
[13] 叶见曙.结构设计原理[M].5版.北京:人民交通出版社股份有限公司,2021.
[14] XUE J Q,BRISEGHELLA B,HUANG F Y,et al. Review of ultra-high performance concrete and its application in bridge engineering[J]. Construction and Building Materials,2020,260:119844.
[15] 张鑫,关于高速公路中等桥宽桥梁T梁断面形式选择的探讨[J].公路交通科技(应用技术版),2011,(11):202-20.
[16] 李国豪,石洞.公路桥梁荷载横向分布计算[M].北京:人民交通出版社,1987.
[17] 徐岳,邹存俊,张丽芳,等.连续梁桥[M].北京:人民交通出版社,2012.
[18] 彭元诚,潘海,冯鹏程,等.混凝土连续刚构桥建设技术与发展[M].北京:人民交通出版社股份有限公司,2021.
[19] HUANG D Z,HU B. Concrete segmental bridges:theory,design,and construction to AASHTO LRFD specifications[M]. London:CRC Press,2020.
[20] ZHAO JIM J,TONIAS DEMETRIOS E. Bridge engineering:design,rehabilitation,and maintenance of modern highway bridges[M]. Fourth Edition. New York:McGraw-Hill Education,2017.
[21] 唐建华,向中富,冯强,等.特大跨连续刚构桥研究与实践:重庆长江大桥复线桥[M].北京:人民交通出版社,2008.
[22] 黄国兴,惠荣炎,王秀军.混凝土徐变与收缩[M].北京:中国电力出版社,2012.
[23] 郭金琼,房贞政,郑振.箱形梁设计理论[M].2版.北京:人民交通出版社,2008.
[24] CHEN B C. Chapter 8:Arch bridges,in superstructure design,bridge engineering handbook

[M]. Second Edition. edited by CHEN W F. DUAN L, London: CRC Press, 2013.

[25] 陈宝春. 钢管混凝土拱桥[M]. 3版. 北京:人民交通出版社股份有限公司,2016.

[26] GALAMBOS THEODORE V. Guide to stability design criteria for metal structures[M]. Sixth Edition. New York: John Wiley & Sons, INC. 2010.

[27] 项海帆,刘光栋. 拱结构稳定与振动[M]. 北京:人民交通出版社,1990.

[28] YAN YANG, SHOZO NAKAMURA, BAOCHUN CHEN, et al. Mechanical behavior of Chinese woven timber arch bridges[J]. Engineering Structures, 2019, 195:340-357.

[29] 陈宝春,刘君平. 最近二十年国际拱桥的建设与技术发展[J]. 交通运输工程学报,2020, 20(1):27-41.

[30] 陈宝春,范冰辉,余印根,等. 钢管混凝土拱桥强健性设计[J]. 桥梁建设,2016,46(6): 88-93.

[31] FAN B H, WANG S G, CHEN B C. Cable-breaking dynamic effect of through tied arch bridge considering structural robustness[J]. Journal of Performance of Constructed Facilities, 2020, 34(5):04020089.

[32] 顾懋清,石绍甫. 公路桥涵设计手册:拱桥(上册)[M]. 北京:人民交通出版社,2000.

[33] CHEN B C. Construction methods of arch bridges in China[C].//Proceedings of 2nd Chinese-Croatian Joint Colloquium on Long Span Arch Bridges, Fuzhou, China, 2009:1-186.

[34] SAVOR Z, BLEIZIFFER J. From Melan patent to arch bridges of 400 m spans[C].// Proceedings of Chinese-Croatian Joint Colloquium on Long Span Arch Bridges, Brijuni Islands, Croatia, 2008:349-356.

[35] 郑皆连. 500米级钢管混凝土拱桥创新技术[M]. 上海:上海科学技术出版社,2020.

[36] 日本土木学会,日本コンケリート長大ァーチ橋－－支間600mクラヌーの設計施工 [M]. 东京:日本土木学会,2003.

[37] 钱冬生,陈仁福. 大跨悬索桥的设计与施工[M]. 成都:西南交通大学出版社,2015.

[38] STEINMAN D B. MELAN J. Theory of arches and suspension bridges[M]. Andesite Press, 2009.

[39] 葛耀君. 大跨度悬索桥抗风[M]. 北京:人民交通出版社,2011.

[40] 肖恩源. 悬索桥百年实践与探索[M]. 北京:人民交通出版社股份有限公司,2016.

[41] 张劲泉,冯兆祥,杨昀. 多塔连跨悬索桥技术研究[M]. 北京:人民交通出版社,2013.

[42] 张哲. 混凝土自锚式悬索桥[M]. 北京:人民交通出版社,2005.

[43] 李传习. 现代悬索桥静力非线性理论与实践[M]. 北京:人民交通出版社股份有限公司,2014.

[44] 中交第二公路工程局有限公司. 公路桥梁施工系列手册:悬索桥[M]. 北京:人民交通出版社股份有限公司,2014.

[45] 林元培. 斜拉桥[M]. 北京:人民交通出版社,2004.

[46] 徐国平,张喜刚,刘玉擎,等. 混合梁斜拉桥[M]. 北京:人民交通出版社,2013.

[47] 项海帆. 高等桥梁结构理论[M]. 2版. 北京:人民交通出版社,2013.

[48] 同济大学,浙江大学,兰州交通大学,等. 高等桥梁结构动力学[M]. 北京:人民交通出版

社股份有限公司,2020.

[49] 葛耀君.大跨度斜拉桥抗风[M].北京:人民交通出版社股份有限公司,2019.

[50] 顾安邦,张永水.桥梁施工监测与控制[M].北京:机械工业出版社,2005.

[51] 张喜刚,王仁贵,杨文孝,等.多塔斜拉桥关键技术研究与实践[M].北京:人民交通出版社股份有限公司,2021.

[52] 橘善雄.中井博改订.桥梁工学[M].东京:共立出版株式会社,1996.

[53] 中交第二航务工程局有限公司.公路桥梁施工系列手册:斜拉桥[M].北京:人民交通出版社,2014.

[54] 张鸿.千米级斜拉桥施工关键技术研究与实践[M].北京:人民交通出版社股份有限公司,2015.

[55] 陈宝春,彭桂瀚.部分斜拉桥发展综述[J].华东公路,2004(3):89-96.

[56] 詹建辉,张铭.预应力混凝土部分斜拉桥[M].北京:人民交通出版社股份有限公司,2016.

[57] 四川省交通厅公路规划勘测设计研究院.水泥混凝土桥面铺装技术指南(SCG F31—2010)[M].成都:西南交通大学出版社,2010.

[58] 李洪军,丁庆军,赵明宇.钢桥面铺装层组合结构性能研究[J].公路工程,2016,41(6):188-193.

[59] 于华洋,马涛,王大为,等.中国路面工程学术研究综述·2020[J].中国公路学报,2020,33(10):1-66.

[60] 陈宝春,杨简,吴香国,等,UHPC 力学性能的多指标分级[J].中国公路学报,2021,34(8):23-34.

[61] 邵旭东,胡建华.钢-超高性能混凝土轻型组合桥梁结构[M].北京:人民交通出版社股份有限公司,2015.

[62] 于天来,吴思刚.改性沥青桥梁伸缩缝的研究[J].公路交通科技,2004(5),78-82.

[63] BALAKUMARAN S S G, O'NEILL K, SPRINGER T C, et al. Elastomeric concrete plug joints: a new durable bridge expansion joint design[J]. Transportation Research Record, 2017,2642:18-25.

[64] RAMBERGER G, ROBRA J. Structural bearings and expansion joints for bridges[J]. Structural Engineering International,2003,13(4):268-270.

[65] 李扬海,程潮洋,鲍卫刚,等.公路桥梁伸缩装置[M].北京:人民交通出版社,2007.

[66] 任亮,梁明元,王凯,等.桥梁伸缩缝超高性能混凝土关键性能的研究与应用[J].硅酸盐通报,2018,37(6):2048-2052.

[67] 范立础,卓卫东.桥梁延性抗震设计[M].北京:人民交通出版社,2001.

[68] 范立础.桥梁抗震[M].上海:同济大学出版社,1997.

[69] 王军文,李建中,范立础.桥梁中抗震限位装置设计方法的研究[J].土木工程学报,2006,11:90-96.

[70] 张轩,温佳年,韩强,等.桥梁结构防落梁与碰撞装置综述[J].北京工业大学学报,2021,47(4):403-420.

[71] 廖朝华,刘红明,胡志坚,等.公路桥涵设计手册:墩台与基础[M].2 版.北京:人民交通

出版社,2013.
[72] 杨昀,周列茅,周勇军. 弯桥与高墩[M]. 北京:人民交通出版社,2011.
[73] 盛洪飞,马俊,孙航,等. 桥梁墩台与基础工程[M]. 2版. 北京:人民交通出版社,2014.
[74] MARTIN P,BURKE JR. Integral & semi-integral bridges[M]. New York:Wiley-Blackwell,2009.
[75] 陈宝春,庄一舟,黄福云,等. 无伸缩缝桥梁[M]. 2版. 北京:人民交通出版社股份有限公司,2019.
[76] 陈宝春,黄福云,薛俊青,等. 无伸缩缝桥梁研究综述[J]. 交通运输工程学报,2022,22(5):1-41.
[77] KNOLL F,VOGEL T. Design for robustness-structural engineering documents 11[R]. Zurich:IABSE,2009.
[78] 陈艾荣,等. 公路桥梁混凝土结构耐久性设计指南[M]. 北京:人民交通出版社,2012.
[79] 陈艾荣. 基于给定结构寿命的桥梁设计过程[M]. 北京:人民交通出版社,2009.
[80] MONDORF P E. Concrete bridges[M]. London:Taylor & Francis,2006.
[81] 葛耀君,项海帆. 桥梁工程可持续发展的理念与使命[C]//中国土木工程学会桥梁及结构工程分会. 第十九届全国桥梁学术会议论文集(上册). 北京:人民交通出版社,2010.
[82] 中交公路规划设计院有限公司.《公路钢筋混凝土及预应力混凝土桥涵设计规范》应用指南[M]. 北京:人民交通出版社股份有限公司,2018.
[83] FATEMEH J,HEIDARPOUR A,ZHAO X,et al. Fundamental behaviour of high strength and ultra-high strength steel subjected to low cycle structural damage[J]. Engineering Structures 2017,143:427-440.
[84] 陈宝春,李莉,罗霞,等. 超高强钢管混凝土研究综述[J]. 交通运输工程学报,2020,20(5):1-21.
[85] 陈宝春,韦建刚,苏家战,等. 超高性能混凝土(UHPC)应用进展[J]. 建筑科学与工程学报,2019,36(2):10-20.
[86] 陈宝春,黄卿维,苏家战,等. 中国第一座超高性能混凝土(UHPC)公路桥梁的设计与施工[J]. 中外公路,2021,41(5):74-78.
[87] 陈宝春,牟廷敏,陈宜言,等. 我国钢-混凝土组合结构桥梁研究进展及工程应用[J]. 建筑结构学报,2013,34(S1):1-10.
[88] Collings D. Steel-concrete composite bridges[M]. London:Thomas Telford Limited,2005.
[89] 陈宝春,陈宜言,林松. 波形钢腹板桥梁应用调查分析[J]. 中外公路,2010(1):109-118.
[90] 陈宜言. 波形钢腹板预应力混凝土桥设计与施工[M]. 北京:人民交通出版社,2009.
[91] 陈宝春,王远洋,黄卿维. 波形钢腹板混凝土拱桥新桥型构思[J]. 世界桥梁,2006,34(4):10-14.
[92] 黄卿维,叶琳,陈宝春. 平钢腹板-混凝土组合拱桥试设计研究[J]. 福州大学学报(自然科学版),2016,44(2):232-237.
[93] 韦建刚,牟廷敏,缪锋,等. 钢腹杆混凝土新型组合箱拱桥试设计研究[J]. 交通科学与工程,2009,25(2):40-45.
[94] AKESSON B. Understanding bridge collapse[M]. London:Taylor & Frances Group,2008.
[95] SCHEER J. Failed bridges-case studies,causes and consequences[M]. Berlin:Wilhelm Ernst

& Sohn,2010.

[96] 魏红一,王志强.桥梁施工及组织管理上册[M].3版.北京:人民交通出版社股份有限公司,2016.

[97] 鲍卫刚,周泳涛,等.预应力混凝土梁式桥梁设计施工技术指南[M].北京:人民交通出版社,2009.

[98] 刘山洪.简明预应力混凝土桥梁施工手册[M].北京:人民交通出版社,2006.

[99] 中交第二公路工程局有限公司.公路桥梁施工系列手册:梁桥[M].北京:人民交通出版社股份有限公司,2020.

[100] 项贻强,竺盛,赵阳.快速施工桥梁的研究进展[J].中国公路学报,2018,31(12):1-27.

[101] 周志祥,钟世祥,张江涛,等.桥梁装配式技术发展与工业化制造探讨[J].重庆交通大学学报(自然科学版),2021,40(10):29-40,72.

[102] 丁世聪,韩艳,王江江,等.承插式预制桥墩抗震性能研究综述[J].安徽建筑,2020,10:59-61.

[103] RYALL M J. Bridge management[M]. Second Edition. London:CRC Press,2019.

[104] ARTUS M,KOCH C. State of the art in damage information modeling for RC bridges-A literature review[J]. Advanced Engineering Informatics,2020,46(7):101171.

[105] MCGUIRE B,ATADERO R,CLEVENGER C,et al. Bridge information modeling for inspection and evaluation[J]. Journal of Bridge Engineering,2016,21(4):04015076.

[106] 张建,吴刚.长大跨桥梁健康检测与大数据分析-方法与应用[M].北京:中国建筑工业出版社,2019.

[107] KOH H M,FRANGOPOL D. Bridge maintenance,safety management,health monitoring and informatics[M]. London:Taylor & Francis,2009.